Theo Feist, Heinz Goebel, Hubert Reip, Wolfgang Ulshöfer

Wirtschaftslehre

für Technische Gymnasien und Berufskollegs technischer Richtung

9. Auflage

Bestellnummer 00786

Bildungsverlag EINS – Gehlen

Angaben über die Verfasser:

Dipl. Kaufmann *Theo Feist,* Professor am Seminar für Didaktik und Lehrerbildung (Berufliche Schulen) Freiburg.

Dipl.-Handelslehrer *Heinz Goebel,* Professor a. D. am Staatlichen Seminar für Schulpädagogik (Berufliche Schulen) Stuttgart.

Dipl.-Volkswirt *Hubert Reip,* Professor a. D. am Staatlichen Seminar für Schulpädagogik (Berufliche Schulen) Stuttgart.

Dipl. Kaufmann *Wolfgang Ulshöfer,* Studiendirektor und stellvertretender Schulleiter an der Robert-Franck-Schule, Ludwigsburg.

Abbildungen:
Globus Infografik GmbH, S. 264, 279, 282, 283, 284, 287, 354
Erik Liebermann, S. 13
Erich Schmidt Verlag, Berlin, S. 232, 306, 311, 312, 322, 329, 343, 358
Archiv der Autoren

Für dieses Buch wurden Textteile und Abbildungen aus **Grill/Reip „Allgemeine Wirtschaftslehre“** (Gehlen 07035) sowie aus **Reip „Volkswirtschaftslehre in Problemen“** (Gehlen 00022) verwendet.

www.bildungsverlag1.de

Gehlen, Kieser und Stam sind unter dem Dach des Bildungsverlages EINS zusammengeführt.

Bildungsverlag EINS
Sieglarer Straße 2, 53842 Troisdorf

ISBN 3-441-**00786**-7

Vorwort

Das vorliegende Lehrbuch ist für den Unterricht in der Sekundarstufe II der beruflichen Schulen bestimmt, die keine kaufmännische Berufsausbildung zum Ziel haben. Es soll vor allem Schülerinnen und Schülern Technischer Gymnasien und Berufskollegs technischer Richtung als Lernhilfe dienen.

Das Unterrichtsfach Wirtschaftslehre hat in diesen nicht-kaufmännischen Schularten die Aufgabe, Grundlagen der Betriebs- und Volkswirtschaftslehre zu vermitteln und damit Einsicht in die Wirk- und Sinnzusammenhänge der arbeitsteiligen Wirtschaft zu geben. Damit soll insbesondere ein Beitrag zum Verständnis der vielfältigen Verknüpfungen technischer, wirtschaftlicher und sozialer Sachverhalte geleistet werden. Es soll die Bereitschaft geweckt werden, sich mit wirtschaftlichen Problemen sachlich und vorurteilsfrei auseinander zu setzen und bei der Lösung von Konfliktsituationen Toleranz und soziale Verantwortung zu beweisen.

Dabei gilt es vor allem aufzuzeigen, dass Entscheidungen im Bereich der Wirtschaft stets auch unter sozial-ethischen Gesichtspunkten gesehen und beurteilt werden müssen und dass dieser Anspruch als ein wesentliches Merkmal der sozialen Marktwirtschaft in der Bundesrepublik Deutschland anzusehen ist.

Das Unterrichtsfach Wirtschaftslehre soll den eher naturwissenschaftlich-technisch orientierten Schülerinnen und Schülern eine ökonomische Grundbildung vermitteln, die es ihnen ermöglicht, Bedingungen und Auswirkungen des eigenen Handelns in einer arbeitsteiligen Wirtschaftsgesellschaft zu analysieren und damit die Voraussetzung für ein eigenverantwortliches, wertorientiertes Handeln im ökonomischen Bereich zu schaffen. Die Wirtschaftslehre soll ihnen Kenntnisse, Fähigkeiten und Fertigkeiten zur Bewältigung von Lebenssituationen am Arbeitsplatz und im privaten Bereich vermitteln.

Das Lehrbuch ist in 20 überschaubare **Themenkreise** gegliedert. Jedes Kapitel ist nach dem Prinzip aufgebaut:

Problemsituation mit Leitfragen,
Information,
Aufgaben und Probleme,
Wiederholung des Grundwissens.

Aus den Zielsetzungen ergibt sich, dass Unterricht in diesem Fach problemorientiert zu gestalten ist. Die **Leitfragen,** die aus kontroversen Meinungen oder aus **Problemsituationen** abgeleitet werden, sollen helfen, die Problemstruktur zu erfassen, die Notwendigkeit der nachfolgenden Informationen zu begründen und zur Auseinandersetzung mit den Problemen des Themenkreises zu motivieren.

Die Verfasser waren bemüht, Begriffe und Regeln nur dann in den Informationsteil des Buches aufzunehmen, wenn sie für das Verständnis der komplexen Zusammenhänge im Bereich der Wirtschaft und als Grundlage für selbstständige Problemlösungen exemplarische Bedeutung haben. Das Kernwissen der Informationen ist in **Merksätzen** herausgestellt.

Die **Aufgaben und Probleme** sollen es ermöglichen, das erworbene Grundwissen anzuwenden. Viele Aufgaben sind auch geeignet, mithilfe der im Buch enthaltenen Informationen das Grundwissen selbstständig zu erarbeiten. Die Aufgaben können dem Lehrer auch als Anregung dienen, eigene Fragestellungen zu entwerfen oder stoffliche Aktualisierungen vorzunehmen.

Zur Förderung einer umfassenden Handlungskompetenz enthält dieses Lehrbuch vielfältige Anregungen für den Einsatz von Unterrichtsformen, die eine handlungsorientierte Themenbearbeitung zulassen. Neben Entwürfen von Rollenspielen und Aufgaben, die einen PC-Einsatz beinhalten, werden auch Anregungen für Projekte und ein Unternehmensplanspiel vorgestellt, das als Einstiegsversion die Simulation unternehmerischer Grundentscheidungen ermöglicht.

Die Fragen zur **Wiederholung des Grundwissens** am Ende eines jeden Abschnitts beschränken sich auf die Reproduktion von Wissen. Sie dienen der Festigung von Begriffen und Regeln, die bei der Lösung von Aufgaben und Problemen benötigt werden.

Verfasser und Verlag sind für jede Anregung dankbar, die aus der Arbeit mit diesem Buch gewonnen wird.

Die Verfasser

Inhaltsverzeichnis

1 Wirtschaftliche Grundlagen 13

1.1 Die Bedürfnisse des Menschen 14
1.1.1 Bedürfnisse als Antriebskräfte für das menschliche Verhalten 14
1.1.2 Einteilung der Bedürfnisse nach der Bedeutung für das menschliche Verhalten 14
1.1.3 Individual- und Kollektivbedürfnisse 15
1.1.4 Bedarf und Nachfrage 16
1.2 Güter 16
1.2.1 Freie und wirtschaftliche Güter 16
1.2.2 Einteilung der wirtschaftlichen Güter 17
1.3 Das ökonomische Prinzip 18
1.4 Produktionsfaktoren 19
1.4.1 Die Einteilung der Produktionsfaktoren aus volkswirtschaftlicher Sicht 19
1.4.2 Die Einteilung der Produktionsfaktoren aus betriebswirtschaftlicher Sicht 21
1.5 Kapitalbildung und Investition 22
1.5.1 Der Kapitalbildungsprozess in der Volkswirtschaft 22
1.5.2 Arten der Investition 24
1.5.3 Die Kombination der Produktionsfaktoren 25
1.6 Der Wirtschaftskreislauf 26
1.6.1 Einzelwirtschaften in der Volkswirtschaft 26
1.6.2 Hauptströme des Wirtschaftskreislaufs 28
1.6.3 Unternehmen und Haushalte im Wirtschaftskreislauf einer stationären Wirtschaft 29

Aufgaben und Probleme 30
Zur Wiederholung des Grundwissens 33

2 Rechtliche Grundlagen 34

2.1 Rechtsquellen 34
2.1.1 Geschriebenes Recht und Gewohnheitsrecht 34
2.1.2 Überblick über das Bürgerliche Recht 35
2.2 Rechts- und Geschäftsfähigkeit 35
2.2.1 Rechtsfähigkeit 35
2.2.2 Geschäftsfähigkeit 37
2.3 Rechtsgeschäfte 39
2.3.1 Zustandekommen von Rechtsgeschäften 39
2.3.2 Formvorschriften für Rechtsgeschäfte 40
2.3.3 Nichtigkeit und Anfechtbarkeit von Rechtsgeschäften 41
2.4 Entstehung und Erfüllung von Verträgen 42
2.4.1 Der Abschluss eines Vertrages 42
2.4.2 Vertragsarten 43
2.4.3 Schutzbestimmungen für bestimmte Verträge mit Verbrauchern 45
2.4.4 Allgemeine Geschäftsbedingungen (AGB) 46
2.4.5 Die Erfüllung von Verträgen 47
2.5 Störungen bei der Erfüllung von Verträgen 49
2.5.1 Der Begriff Vertragsstörungen 49
2.5.2 Nicht rechtzeitige Lieferung und Lieferungsverzug 49
2.5.3 Nicht rechtzeitige Zahlung und Zahlungsverzug 51

2.5.4 Schlechtleistung 53
2.5.5 Annahmeverzug 59
2.6 Verjährung 60
2.6.1 Verjährungsfristen 60
2.6.2 Beginn der Verjährung 60
2.6.3 Hemmung der Verjährung 61
2.6.4 Neubeginn der Verjährung 62
2.7 Mahn- und Klageverfahren 62
2.7.1 Das gerichtliche Mahnverfahren 62
2.7.2 Die Zwangsvollstreckung 63
2.8 Verbraucherinsolvenz – Restschuldbefreiung 64

Aufgaben und Probleme 65
Zur Wiederholung des Grundwissens 67

3 Existenzgründung und Unternehmung 68

3.1 Die Aufgaben der Unternehmung 68
3.1.1 Unternehmung und Betrieb 68
3.1.2 Ziele unternehmerischen Handelns 69
3.2 Gründung eines Unternehmens 70
3.2.1 Anforderungen an unternehmerisches Handeln 70
3.2.2 Der Standort der Unternehmung 70
3.2.3 Hilfestellungen bei der Existenzgründung 72
3.3 Rechtsformen der Unternehmung 72
3.3.1 Die Wahl der Rechtsform 72
3.3.2 Die Einzelunternehmung 73
3.3.3 Die Offene Handelsgesellschaft (OHG) 74
3.3.4 Die Kommanditgesellschaft (KG) 76
3.3.5 Die Aktiengesellschaft (AG) 77
3.3.6 Die Gesellschaft mit beschränkter Haftung (GmbH) 80
3.3.7 Die Genossenschaft (eG) 82
3.4 Kooperation und Konzentration in der Wirtschaft 85
3.4.1 Wettbewerbsfähigkeit und Kooperation 85
3.4.2 Formen der Unternehmenskonzentration 85

Aufgaben und Probleme, **PROJEKT** 86
Zur Wiederholung des Grundwissens 88

4 Arbeitsrecht 89

4.1 Grundlagen des Arbeitsrechts 90
4.1.1 Aufgaben des Arbeitsrechts 90
4.1.2 Rechtsquellen des Arbeitsrechts 90
4.1.3 Rangordnung arbeitsrechtlicher Regelungen 92
4.2 Das Arbeitsverhältnis 92
4.2.1 Arbeitsverhältnis und Arbeitsvertrag 92
4.2.2 Abschluss des Arbeitsvertrags 93
4.2.3 Pflichten und Rechte des Arbeitnehmers 94
4.2.4 Pflichten und Rechte des Arbeitgebers 95
4.2.5 Beendigung des Arbeitsverhältnisses 96
4.2.6 Der Kündigungsschutz 99
4.3 Das Arbeitsschutzrecht 101
4.3.1 Begriff und Aufgabe des Arbeitsschutzes 101
4.3.2 Bereiche und Personengruppen des Arbeitsschutzes 101
4.4 Die Arbeitsgerichtsbarkeit 102

4.5 Tarifvertrag und Arbeitskampf ... 103
4.5.1 Der Tarifvertrag ... 103
4.5.2 Die Betriebsvereinbarung ... 104
4.5.3 Der Arbeitskampf ... 104
4.6 Das Recht der Mitbestimmung ... 106
4.6.1 Die Ebenen der Mitbestimmung ... 106
4.6.2 Die Beteiligungsrechte des Arbeitnehmers auf der Ebene des Arbeitsplatzes ... 107
4.6.3 Die Beteiligungsrechte des Betriebsrats (betriebliche Mitbestimmung) ... 107
4.6.4 Unternehmensmitbestimmung ... 109

Aufgaben und Probleme ... 112
Zur Wiederholung des Grundwissens ... 115

5 Betriebliche Leistungserstellung ... 117

5.1 Betriebliche Grundfunktionen ... 117
5.1.1 Beschaffung ... 118
5.1.2 Leistungserstellung ... 118
5.1.3 Absatz ... 119
5.1.4 Finanzierung ... 120
5.2 Die Fertigung ... 121
5.2.1 Fertigungsplanung ... 121
5.2.2 Fertigungsverfahren ... 124
5.3 Rationalisierung ... 131
5.3.1 Ziele der Rationalisierung ... 131
5.3.2 Rationalisierung durch Vereinheitlichung ... 131
5.3.3 Rationalisierung durch Fertigungstechnik ... 132
5.3.4 Lean Production – Lean Management ... 134
5.4 Produktivität, Wirtschaftlichkeit, Rentabilität ... 135
5.4.1 Messung der Produktivität ... 135
5.4.2 Messung der Wirtschaftlichkeit ... 136
5.4.3 Messung der Rentabilität ... 138
5.5 Entlohnung der Arbeitsleistung ... 139
5.5.1 Das Problem der gerechten Entlohnung ... 139
5.5.2 Der Lohn in Arbeits- und Tarifvertrag ... 140
5.5.3 Übersicht über die Lohnformen ... 141
5.5.4 Zeitlohn ... 141
5.5.5 Akkordlohn ... 144
5.5.6 Prämienlohn ... 146
5.5.7 Erfolgsbeteiligung ... 147
5.6 Arbeitsbewertung ... 148
5.6.1 Ziele und Verfahren der Arbeitsbewertung ... 148
5.6.2 Summarische Verfahren ... 149
5.6.3 Analytische Verfahren ... 150

Aufgaben und Probleme, **PROJEKT** ... 153
Zur Wiederholung des Grundwissens ... 155

6 Betriebliches Rechnungswesen ... 157

6.1 Kosten- und Leistungsrechnung ... 157
6.1.1 Aufgaben der Kosten- und Leistungsrechnung ... 157
6.1.2 Ausgaben, Aufwand, Kosten ... 158
6.1.3 Einteilung der Kosten ... 159
6.2 Kostenstellenrechnung ... 160
6.2.1 Aufgabe der Kostenstellenrechnung ... 160

6.2.2 Der Betriebsabrechnungsbogen (BAB) 160
6.2.3 Die Verteilung der Gemeinkosten im Betriebsabrechnungsbogen 162
6.2.4 Ermittlung der Zuschlagssätze 163
6.3 Kostenträgerrechnung 163
6.3.1 Aufgaben der Kostenträgerrechnung 163
6.3.2 Divisionskalkulation 165
6.3.3 Zuschlagskalkulation 166
6.3.4 Kalkulation mit Maschinenstundensätzen 168
6.4 Kosten und Beschäftigung 169
6.4.1 Beschäftigungsgrad und Kapazität 169
6.4.2 Fixe und variable Kosten 169
6.4.3 Die Nutzenschwelle 172
6.4.4 Teilkostenrechnung 173
6.4.5 Kostenanalyse als Entscheidungshilfe 175
6.5 Der Jahresabschluss 177
6.5.1 Das Inventar 177
6.5.2 Die Bilanz 177
6.5.3 Die Gewinn- und Verlustrechnung 180

Aufgaben und Probleme, PC-EINSATZ 182
Zur Wiederholung des Grundwissens 188

7 Markt und Preis 189

7.1 Der Markt und seine Funktionen 189
7.2 Marktformen 191
7.2.1 Einteilung nach der Zahl der Marktteilnehmer 191
7.2.2 Einteilung nach der Vollkommenheit der Marktbedingungen 191
7.2.3 Der vollkommene Wettbewerb 191
7.3 Preisbildung bei vollkommenem Wettbewerb 191
7.3.1 Die Bildung des Gleichgewichtspreises 191
7.3.2 Der Anpassungsprozess bei der Preisbildung 194
7.3.3 Die Änderung von Angebots- und Nachfrageplänen und ihre Wirkung auf den Preis 195
7.4 Die Märkte in der Realität 196
7.5 Das Monopol 197
7.5.1 Die Preisbildung des Monopols ohne Berücksichtigung der Kosten 197
7.5.2 Der Einfluss der Kosten auf den Monopolpreis 198
7.6 Preisbildung des Polypols auf dem unvollkommenen Markt 199

Aufgaben und Probleme, **COMPUTER-SIMULATION** 200
Zur Wiederholung des Grundwissens 201

8 Idealtypen der Wirtschaftsordnung 202

8.1 Zentrale oder dezentrale Planung 202
8.2 Geistige Grundlagen der Wirtschaftsordnungen 203
8.2.1 Der Liberalismus 203
8.2.2 Der Sozialismus 204
8.3 Die freie Marktwirtschaft 205
8.3.1 Das Lenkungssystem der freien Marktwirtschaft 205
8.3.2 Der Ordnungsrahmen der freien Marktwirtschaft 208

8.4 Die Zentralverwaltungswirtschaft ... 209
8.4.1 Das Lenkungssystem der Zentralverwaltungswirtschaft ... 209
8.4.2 Der Ordnungsrahmen der Zentralverwaltungswirtschaft ... 214

Aufgaben und Probleme ... 215
Zur Wiederholung des Grundwissens ... 216

9 Soziale Marktwirtschaft in der Bundesrepublik Deutschland ... 217

9.1 Leitidee und Grundsätze ... 218
9.1.1 Der neoliberale Einfluss ... 218
9.1.2 Der Einfluss von Keynes ... 218
9.2 Ziele der Wirtschaftspolitik in der sozialen Marktwirtschaft ... 219
9.3 Träger der Wirtschaftspolitik in der sozialen Marktwirtschaft ... 221
9.4 Mittel der Wirtschaftspolitik in der sozialen Marktwirtschaft ... 222
9.4.1 Beeinflussung des Preismechanismus ... 222
9.4.2 Globalsteuerung ... 224
9.4.3 Ordnungspolitik in der Bundesrepublik Deutschland ... 225
9.5 Wettbewerbspolitik in der Bundesrepublik Deutschland ... 227
9.6 Verbraucherschutz und Verbraucheraufklärung ... 229
9.7 Sozialpolitik ... 230
9.7.1 Das System der sozialen Sicherung in der Bundesrepublik Deutschland ... 230
9.7.2 Die Sozialversicherung im System der sozialen Sicherung ... 232
9.8 Umweltschutzpolitik ... 234
9.8.1 Die Umweltsituation ... 234
9.8.2 Aufgaben und Prinzipien der Umweltschutzpolitik ... 234
9.8.3 Instrumente der Umweltschutzpolitik ... 235

Aufgaben und Probleme, **ROLLENSPIEL, ENTSCHEIDUNGS-BEWERTUNGSMATRIX** ... 236
Zur Wiederholung des Grundwissens ... 239

10 Sozialistische Wirtschaftsordnungen ... 240

10.1 Merkmale und Formen sozialistischer Wirtschaftsordnungen ... 241
10.2 Die sozialistische Planwirtschaft am Beispiel der ehemaligen DDR ... 242
10.2.1 Das Lenkungssystem der sozialistischen Planwirtschaft ... 242
10.2.2 Der Ordnungsrahmen der sozialistischen Planwirtschaft ... 243
10.2.3 Das Versagen der sozialistischen Planwirtschaft ... 244

Aufgaben und Probleme ... 245
Zur Wiederholung des Grundwissens ... 247

11 Wirtschaftskreislauf und Inlandsprodukt ... 248

11.1 Der Kreislauf einer evolutorischen Wirtschaft ... 248
11.1.1 Grafische Darstellung des Kreislaufs einer evolutorischen Wirtschaft (ohne ökonomische Aktivität des Staates und ohne Außenhandel) ... 248
11.1.2 Die Darstellung des Kreislaufs einer evolutorischen Wirtschaft (ohne ökonomische Aktivität des Staates und ohne Außenhandel) mithilfe von Gleichungen ... 250
11.2 Der Staat im Wirtschaftskreislauf ... 251
11.3 Der Begriff des Inlandsprodukts ... 253
11.3.1 Güter- und Einkommensströme als Grundlage der Berechnung des Inlandsprodukts . 253
11.3.2 Inlandsprodukt und Bruttonationaleinkommen ... 253
11.3.3 Das Bruttoinlandsprodukt ... 254
11.3.4 Das Nettoinlandsprodukt ... 256
11.3.5 Nominales und reales Inlandsprodukt ... 257

11.4 Entstehungs-, Verteilungs- und Verwendungsrechnung . . . 257
11.4.1 Die Entstehungsrechnung . . . 257
11.4.2 Die Verteilungsrechnung . . . 257
11.4.3 Die Verwendungsrechnung . . . 257
11.5 Kritik am Inlandsprodukt als gesamtwirtschaftliche Messgröße . . . 259
11.5.1 Ermittlungsprobleme bei der Berechnung des Inlandsprodukts . . . 259
11.5.2 Soziale Indikatoren als Messzahlen für den Wohlstand . . . 260

Aufgaben und Probleme . . . 262
Zur Wiederholung des Grundwissens . . . 264

12 Konjunktur und Konjunkturpolitik . . . 265

12.1 Schwankungen wirtschaftlicher Aktivität . . . 265
12.2 Phasen und Indikatoren des Konjunkturverlaufs . . . 267
12.3 Ursachen konjunktureller Schwankungen . . . 269
12.3.1 Endogene und exogene Theorie . . . 269
12.3.2 Rein monetäre Konjunkturtheorie . . . 269
12.3.3 Überinvestitionstheorie . . . 269
12.3.4 Unterkonsumtionstheorien . . . 270
12.4 Konjunkturpolitik . . . 271
12.4.1 Grundpositionen der Konjunkturpolitik . . . 271
12.4.2 Fiskalismus . . . 272
12.4.3 Das Gesetz zur Förderung der Stabilität und des Wachstums . . . 273
12.4.4 Monetarismus . . . 274

Aufgaben und Probleme . . . 275
Zur Wiederholung des Grundwissens . . . 276

13 Steuern und Steuerpolitik . . . 277

13.1 Überblick über das Steuersystem . . . 277
13.1.1 Die Einnahmen des Staates . . . 277
13.1.2 Steuerarten . . . 278
13.1.3 Steuern nach dem Gegenstand der Besteuerung . . . 278
13.1.4 Steuern nach Art der Erhebung . . . 279
13.1.5 Steuerarten nach Steuerempfängern . . . 280
13.2 Steuerpolitik . . . 281
13.2.1 Steuergerechtigkeit . . . 281
13.2.2 Steuern als Mittel der Sozialpolitik . . . 283
13.2.3 Steuerpolitik im Konjunkturverlauf . . . 285
13.2.4 Steuern und Umweltpolitik . . . 286
13.3 Einkommensbesteuerung . . . 288
13.3.1 Die Steuern auf Einkommen . . . 288
13.3.2 Die Ermittlung des zu versteuernden Einkommens . . . 290
13.3.3 Der Einkommensteuertarif . . . 293
13.3.4 Die Besteuerung der Arbeitnehmereinkommen . . . 294

Aufgaben und Probleme . . . 295
Zur Wiederholung des Grundwissens . . . 296

14 Geldschöpfung und Geldpolitik . . . 297

14.1 Die Entwicklung des Geldwesens . . . 297
14.1.1 Das allgemeine Tauschgut . . . 297
14.1.2 Die staatliche Ordnung des Geldwesens . . . 299
14.1.3 Vom Bargeld zum Buchgeld . . . 300

14.2 Zahlungsformen . . . 302
14.2.1 Überblick über die Zahlungsformen . . . 302
14.2.2 Barzahlung . . . 303
14.2.3 Halbbare Zahlung . . . 303
14.2.4 Bargeldlose Zahlung . . . 304
14.3 Das Bankensystem . . . 309
14.3.1 Zentralbanken und Geschäftsbanken . . . 309
14.3.2 Das System der Europäischen Zentralbanken (ESZB) . . . 309
14.3.3 Die Europäische Zentralbank (EZB) . . . 310
14.3.4 Die Deutsche Bundesbank . . . 311
14.4 Geldfunktionen und Geldmenge . . . 313
14.4.1 Geldfunktionen . . . 313
14.4.2 Geldmenge . . . 314
14.5 Geldschöpfung . . . 315
14.5.1 Die Zentralbank im Prozess der Geldschöpfung . . . 315
14.5.2 Geldschöpfung einer einzelnen Geschäftsbank . . . 317
14.5.3 Geldschöpfung im Geschäftsbankensystem . . . 319
14.6 Die Messung des Geldwerts . . . 321
14.6.1 Geldwert und Preisniveau . . . 321
14.6.2 Preisindizes . . . 322
14.7 Geldwert und Reallohn . . . 323
14.8 Erscheinungsbild einer Inflation . . . 324
14.8.1 Inflation und Deflation . . . 324
14.8.2 Arten der Inflation . . . 324
14.9 Ursachen der Inflation . . . 325
14.9.1 Monetäre Inflationstheorien . . . 325
14.9.2 Die Nachfragesoginflation (Demand – Pull – Inflation) . . . 327
14.9.3 Angebotsdrucktheorie . . . 327
14.9.4 Beziehungen zwischen den Inflationstheorien . . . 328
14.10 Geldpolitik im Europäischen System der Zentralbanken (ESZB) . . . 328
14.10.1 Ziele und Orientierungspunkte der Geldpolitik . . . 328
14.10.2 Zuständigkeiten für die Geldpolitik im Europäischen System der Zentralbanken (ESZB) . . . 329
14.10.3 Mittel der Geldpolitik . . . 330
14.10.4 Offenmarktpolitik . . . 330
14.10.5 Mindestreservepolitik . . . 331
14.10.6 Ständige Fazilitäten . . . 333

Aufgaben und Probleme, **COMPUTER-SIMULATION** . . . 333
Zur Wiederholung des Grundwissens . . . 337

15 Außenwirtschaftliche Beziehungen und Außenwert des Geldes . . . 339

15.1 Bedeutung des Außenhandels . . . 339
15.2 Grundpositionen der Außenhandelspolitik: Liberalismus und Protektionismus . . . 340
15.3 Die Zahlungsbilanz . . . 341
15.3.1 Begriff und Zweck . . . 341
15.3.2 Hauptgruppen der Zahlungsbilanz . . . 342
15.3.3 Die Teilbilanzen der Zahlungsbilanz . . . 343
15.3.4 Zahlungsbilanz und außenwirtschaftliches Gleichgewicht . . . 345
15.4 Wechselkurse und ihre Wirkung auf den Außenhandel . . . 345
15.4.1 Die Bedeutung der Wechselkurse für den Außenhandel . . . 345

15.4.2 Das System fester Wechselkurse ... 347
15.4.3 Das System freier Wechselkurse ... 349
15.5 Internationale Verträge und Organisationen zur Regelung außenwirtschaftlicher Beziehungen ... 351
15.5.1 Der Internationale Währungsfonds (IWF) ... 351
15.5.2 Die Welthandelsorganisation (WTO) ... 353
Aufgaben und Probleme ... 355
Zur Wiederholung des Grundwissens ... 355

16 Die Europäische Union ... 356

16.1 Die Entstehung der Europäischen Union ... 357
16.1.1 Von der Europäischen Gemeinschaft für Kohle und Stahl zur Europäischen Gemeinschaft ... 357
16.1.2 Der Vertrag von Maastricht: Von der Europäischen Gemeinschaft zur Europäischen Union ... 358
16.2 Agrarpolitik in der Europäischen Union ... 359
16.3 Währungspolitik in der Europäischen Union ... 360
16.3.1 Historischer Rückblick: Das Europäische Währungssystem ... 360
16.3.2 Die Entstehung der Europäischen Wirtschafts- und Währungsunion ... 361
16.3.3 Der Euro ... 361
16.3.4 Der neue Europäische Wechselkursmechanismus (WKM II) ... 362
Aufgaben und Probleme ... 363
Zur Wiederholung des Grundwissens ... 364

Sachwortverzeichnis ... 365

1 Wirtschaftliche Grundlagen

Die Werbung verführt zum Konsum

In der kapitalistischen Wirtschaft verführt die Werbung zum Konsum. Unter dem Einfluss der Werbung werden die Menschen unaufhörlich gezwungen, Bedürfnisse zu befriedigen, die unnatürlich sind und ohne den Einfluss der Werbung gar nicht bestehen würden. Die Bemühungen der Werbung sind ausschließlich darauf gerichtet, private materielle Bedürfnisse zu befriedigen. Sie bewirkt damit, dass die höheren, nicht-materiellen Stufen menschlicher Bedürfnisse vernachlässigt werden.

LEITFRAGEN

Welchen Einfluss übt die Werbung auf die Bedürfnisse der Verbraucher aus? Interpretieren Sie in diesem Zusammenhang die nebenstehende Karikatur.

Welche Bedürfnisse sind nach Ihrer Ansicht „natürlich", welche „unnatürlich"?

Die Werbung kann nur unmündige Bürger zum Konsum verführen

In unserer Gesellschaft besteht die Freiheit der Meinungsäußerung und der Information. Wer sich als aufgeklärter und kritischer Bürger manipuliert fühlt, entschuldigt nur seine eigene Urteilsschwäche.

Welche Gefahren für Mensch und Natur sehen Sie in einer einseitig an der Befriedigung von materiellen Bedürfnissen orientierten Gesellschaft?

INFORMATION

1.1 Die Bedürfnisse des Menschen

1.1.1 Bedürfnisse als Antriebskräfte für das menschliche Verhalten

Jede wirtschaftliche Tätigkeit ist auf das Endziel gerichtet, Bedürfnisse zu befriedigen, d.h. dem Menschen Konsum zu ermöglichen. Die Bedürfnisse setzen die **Ziele,** die durch wirtschaftliche Tätigkeit erreicht werden sollen. Das starke Streben des Menschen, seine Bedürfnisse zu befriedigen, ist **Antriebskraft** für seine wirtschaftliche Tätigkeit.

Bedürfnis ist das Gefühl eines Mangels, verbunden mit dem Streben, ihn zu beseitigen.

Das Streben der Menschen, ihre Bedürfnisse zu befriedigen, wirkt als starke Antriebskraft. Die Bedürfnisse sind damit Motor und Steuerung für jede wirtschaftliche Tätigkeit.

In der Wirtschaftswissenschaft wird unterstellt, dass die Bedürfnisse der Menschen unersättlich (unbegrenzt) sind. Natürlich kann es sein, dass ein Mensch trotz steigendem Einkommen ein bestimmtes Gut, z.B. Brot, nicht vermehrt nachfragt, weil sein Bedarf an Brot gedeckt ist. Heinrich Gossen[1] hat die Gesetzmäßigkeit entdeckt **(Gossen'sches Gesetz)**, dass mit zunehmender Versorgung mit einem Gut die Intensität der Befriedigung abnimmt und zuletzt sogar Widerwillen eintritt. Mit der Feststellung der Unersättlichkeit der menschlichen Bedürfnisse soll nicht behauptet werden, dass die Bedürfnisse des Menschen absolut grenzenlos sind; gemeint ist, dass ganz allgemein das Verlangen des Menschen nach Gütern größer ist als die zur Befriedigung dieses Verlangens zur Verfügung stehenden Mittel. Das zwingt den Menschen zu Überlegungen, wie er die knappen Mittel auf die verschiedenen Bedürfnisse aufteilen soll, welche Bedürfnisse für ihn dringender sind und welche ihm weniger dringlich erscheinen. Die Knappheit zwingt den Menschen zum Wirtschaften.

1.1.2 Einteilung der Bedürfnisse nach der Bedeutung für das menschliche Verhalten

Es gibt verschiedene Versuche, die Bedürfnisse systematisch zu ordnen. Abraham Maslow[2] hat eine Rangordnung der menschlichen Bedürfnisse nach ihrer Bedeutsamkeit für das menschliche Verhalten aufgestellt. Auf der untersten Ebene befinden sich die **physiologischen (körperlichen) Bedürfnisse.** Dazu zählt z.B. das Verlangen nach Nahrung, Obdach und Ruhe. Die nächste Ebene betrifft das **Verlangen nach Sicherheit,** das ist der Schutz vor Bedrohung und Beraubung, der Schutz vor Krankheit und vor Verlust des Arbeitsplatzes. Auf der nächsthöheren Ebene richtet sich das Bedürfnis nach **Zugehörigkeit und Liebe** auf die Beziehung zum Mitmenschen, auf Freundschaft und Familie. Weiter aufsteigende Ebenen betreffen das Bedürfnis nach **Wertschätzung** durch andere und das Bedürfnis nach **Selbstverwirklichung.** Das Verlangen nach Selbstverwirklichung bezieht sich auf die Entfaltungsmöglichkeiten für die Anlagen der eigenen Persönlichkeit.

[1] Gossen, Hermann Heinrich, 1810–1859, preußischer Beamter.
[2] Maslow, Abraham, 1908–1970, amerikanischer Sozialpsychologe.

Die Rangordnung der Bedürfnisse nach Maslow[1]

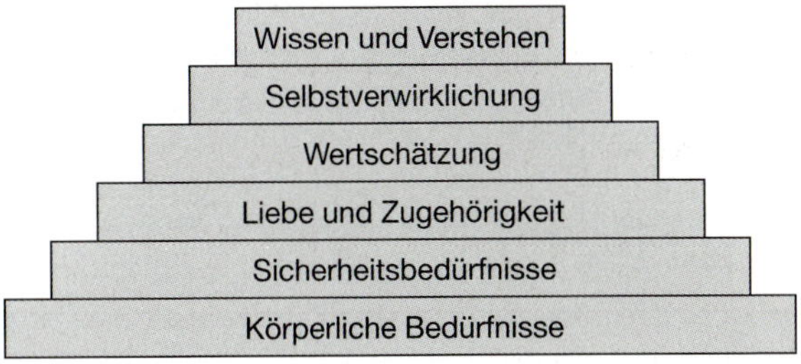

Diese von Maslow aufgestellte Rangordnung wird häufig in Form einer Pyramide dargestellt und als **Bedürfnispyramide** oder **Bedürfnishierarchie** bezeichnet. Die Hierarchie (das Prinzip der Über- bzw. Unterordnung) besteht darin, dass die Bedürfnisse einer bestimmten Ebene erst dann für den Menschen bedeutsam werden, wenn die Bedürfnisse der darunter liegenden Ebene ganz oder doch weitgehend befriedigt sind. Danach tritt z.B. das Bedürfnis nach Sicherheit bei Menschen erst dann stärker hervor, wenn Hunger und Durst gestillt sind.

Diese Gliederung der Bedürfnisse legt offen, dass die Lebensqualität des Menschen nicht mit Sicherheit dann verbessert wird, wenn das Ausmaß der Versorgung mit produzierten Gütern zunimmt. Die höheren Ebenen der menschlichen Bedürfnisse können oft mit von der Wirtschaft produzierten Sachgütern und Dienstleistungen gar nicht befriedigt werden.

Wenig ergiebig ist die Unterteilung in Existenz-, Kultur- und Luxusbedürfnisse. Zu den **Existenzbedürfnissen** sollen all die Bedürfnisse gerechnet werden, die aus dem menschlichen Selbsterhaltungstrieb entstehen. **Kulturbedürfnisse** gehen über das physiologische und soziale Existenzminimum hinaus, werden aber von der Gesellschaft nach dem Stand der Sitte und Kultur noch als normal empfunden. Was über die Kulturbedürfnisse hinausgeht, soll zu den **Luxusbedürfnissen** gehören. Da jeder Mensch seine eigene Bedürfnisskala hat, ist eine Zuordnung von Bedürfnissen nach dieser Gruppierung eine subjektive Entscheidung. Der eine ernährt und kleidet sich lieber einfach, um sich eine Urlaubsreise leisten zu können, der andere hält eine Urlaubsreise für nicht so dringlich. Außerdem wird an verschiedenen Orten, zu verschiedenen Zeiten und in verschiedenen Gesellschaftsschichten unterschiedlich empfunden, was zur „normalen Lebenshaltung" gehört. Rundfunkempfang galt vor 70 Jahren als Luxus, heute wird er als Existenzbedürfnis angesehen.

Kollektivbedürfnisse

Es ist nicht zweckmäßig und den meisten Menschen gar nicht möglich,

- Privatlehrer für ihre Kinder einzustellen,
- das Trinkwasser laufend zu untersuchen,
- eine Privatpolizei zu beschäftigen.

Politische Entscheidungen über Kollektivbedürfnisse

In politischen Gremien (z.B. im Landtag) wird entschieden

- wie viel Lehrer eingestellt werden,
- wie groß die Klassen sind,
- wie viel Stunden Berufsschulunterricht je Woche erteilt werden sollen.

Es kann nicht jeder Schüler nach seinen ganz persönlichen Bedürfnissen entscheiden.

1.1.3 Individual- und Kollektivbedürfnisse

Bedürfnisse werden immer von Individuen empfunden. Doch nicht alle Bedürfnisse können einzeln befriedigt werden, oder es ist

[1] Abraham H. Maslow, Motivation und Persönlichkeit, Hamburg 1981, S. 62–79.

zumindest nicht immer zweckmäßig. Deshalb werden z. B. die Güter zur Befriedigung von Bedürfnissen aus dem Bereich der Gesundheit, Ausbildung und Rechtssicherheit häufig durch Kollektive (Staat, Gemeinde, Verbände) zur Verfügung gestellt.

Bei kollektiver Befriedigung von Bedürfnissen ist dem Einzelnen die Entscheidungsmöglichkeit über die Dringlichkeit der Bedürfnisse genommen und auf eine politische Instanz übertragen.

Vom Staat oder einem seiner Organe zur Verfügung gestellte Güter werden als **öffentliche Güter** bezeichnet.

Einteilung der Bedürfnisse		
Nach der Bedeutung für das menschliche Verhalten	**Nach der Dringlichkeit**	**Nach der Art der Befriedigung**
Wissen und Verstehen Selbstverwirklichung Wertschätzung Liebe und Zugehörigkeit Sicherheitsbedürfnisse Körperliche Bedürfnisse	Luxusbedürfnisse Kulturbedürfnisse Existenzbedürfnisse	Individuelle Bedürfnisse Kollektive Bedürfnisse

1.1.4 Bedarf und Nachfrage

Als **Bedarf** bezeichnet man die Güter, auf die sich die Wünsche der Verbraucher zur Befriedigung ihrer Bedürfnisse richten. Zur Befriedigung des Verlangens nach Nahrung, das zu den körperlichen Bedürfnissen zählt, richtet sich z. B. das Begehren eines bestimmten Menschen u. a. auf Schwarzbrot und Wurst. Sein Verlangen nach Wissen und Verstehen soll z. B. mit einem Buch befriedigt werden. Das Buch und die Güter Schwarzbrot und Wurst gehören zum Bedarf dieses Menschen. Der Bedarf ergibt sich aus der Konkretisierung von Bedürfnissen.

Nachfrage ist der Teil des Bedarfs, der durch einen Kaufentschluss am Markt wirksam wird. Zur Nachfrage kann nur der Teil des Bedarfs werden, für dessen Beschaffung Kaufkraft vorhanden ist.

1.2 Güter

1.2.1 Freie und wirtschaftliche Güter

Die Nachfrage nach Waren und Dienstleistungen, mit denen die Menschen ihre Bedürfnisse befriedigen, ist insgesamt gesehen größer als der angebotene Vorrat. Nachgefragte Waren und Dienstleistungen werden in der Wirtschaftswissenschaft als Güter bezeichnet.

Güter sind alle Mittel, die der Befriedigung menschlicher Bedürfnisse dienen.

Die meisten Güter sind knapp. Sie stehen nicht wie im Schlaraffenland unbegrenzt und ohne Mühe aufzuwenden zur Verfügung. Güter, die nur begrenzt zur Verfügung stehen, unter Aufwand produziert werden und deshalb auch einen Preis haben, werden **wirtschaftliche Güter** genannt.

Stehen Güter unbegrenzt zur Verfügung, dann werden sie als **freie Güter** bezeichnet. Da zu ihrer Bereitstellung keine Aufwendungen gemacht werden müssen, haben sie auch keinen Preis. Die Erfahrung zeigt, dass mit Gütern, die nichts kosten, auch nicht sorgsam umgegangen wird.

Freie Güter
Luft ist im Allgemeinen ein freies Gut. Für den Bergmann ist Luft kein freies Gut, weil Aufwendungen gemacht werden müssen, um Luft mithilfe von Belüftungsanlagen in die Stollen zu bringen.

Wirtschaftliche Güter
Rund 500 Millionen Jahre waren nötig, um rund 500 Milliarden Tonnen Erdöl zu bilden. Bisher wurden davon 44,5 Milliarden Tonnen ausgebeutet: Das ist der Ertrag von 44¼ Millionen Jahren.

Herbert Gruhl, Ein Planet wird geplündert. Frankfurt am Main: Fischer-Taschenbuch-Verlag 1992.

Güter sind kaum einmal unerschöpflich vorhanden. Die Rohstoffvorräte erschöpfen sich durch Abbau. Güter müssen mit Arbeitsaufwand gewonnen und be- oder verarbeitet werden. Sie sind das Ergebnis eines Produktionsvorgangs.

Unter Produktion verstehen wir die Herstellung und Bereitstellung von Gütern zur Bedarfsdeckung.

Freie und wirtschaftliche Güter

Güter

Freie Güter	**Wirtschaftliche Güter**
• stehen unbegrenzt zur Verfügung	• stehen nur begrenzt zur Verfügung
• verursachen keine Aufwendungen zu ihrer Bereitstellung	• verursachen Aufwendungen zu ihrer Bereitstellung
• haben keinen Preis	• haben einen Preis

1.2.2 Einteilung der wirtschaftlichen Güter

Der Befriedigung menschlicher Bedürfnisse dienen materielle und immaterielle Güter. Materielle Güter (körperliche Güter) bezeichnen wir als Sachgüter oder Sachleistungen, immaterielle Güter als Dienste oder Dienstleistungen.

Materielle Güter: Lebensmittel, Rohstoffe, Maschinen, Musikinstrumente.
Immaterielle Güter: Leistungen eines Arztes, Leistungen eines Friseurs.

Konsumgüter können die Bedürfnisse von Verbrauchern unmittelbar befriedigen.
Produktionsgüter werden zur Herstellung anderer Güter eingesetzt.
Verbrauchsgüter verwandeln sich bei ihrer Verwendung oder gehen dabei unter.
Gebrauchsgüter unterliegen einer längeren Abnutzung.

Gebrauchs- und Verbrauchsgüter gibt es sowohl bei den Konsum- als auch bei den Produktionsgütern. Das **Konsumgut** Anzug ist ebenso ein Gebrauchsgut wie das **Produktionsgut** Bohrmaschine. Die **Gebrauchsgüter** unter den Produktionsgütern werden auch als Investitionsgüter bezeichnet. Das Konsumgut Brot ist ebenso ein **Verbrauchsgut** wie das Produktionsgut Kohle.

Unter den **Dienstleistungen** gibt es solche, die der Produktion, und solche, die dem Konsum dienen. Die Dienstleistung eines Musikers dient z. B. dem Konsum, der Transport von Werkzeugmaschinen durch die Bahn der Produktion.

Ob ein Gut ein Konsumgut oder ein Produktionsgut ist, wird nicht etwa durch eine besondere physische Eigenschaft des Gutes bestimmt, sondern allein von der tatsächlichen Verwendung. Ein Auto ist ein Konsumgut, wenn es für eine Urlaubsfahrt verwendet wird. Wird es von einem Handelsvertreter zum Besuch seiner Kunden benutzt, dann ist es ein Produktionsgut.

Einteilung der wirtschaftlichen Güter					
Sachgüter				**Dienstleistungen**	
Konsumgüter		**Produktionsgüter**		**Dienstleistungen für den Konsum**	**Dienstleistungen für die Produktion**
Gebrauchsgüter	**Verbrauchsgüter**	**Gebrauchsgüter (Investitionsgüter)**	**Verbrauchsgüter**		
Beispiele:					
Fernsehgerät in einem privaten Haushalt	Butter, Benzin für Urlaubsreise	Büromöbel, Maschinen	Dieselkraftstoff für den Lkw einer Spedition	Heilmassage	Reparatur eines Geschäftswagens

1.3 Das ökonomische Prinzip

Technisch gesehen gibt es für die Produktion eines bestimmten Gutes fast immer mehrere Möglichkeiten. Sojabohnen z. B. können auf einer geringen Bodenfläche unter hohem Einsatz von Düngemitteln, Arbeit und landwirtschaftlichen Maschinen produziert werden; es wäre aber auch möglich, die Produktion von Sojabohnen auf einer relativ großen Bodenfläche unter geringem Einsatz von Düngemitteln, Arbeit und landwirtschaftlichen Maschinen durchzuführen. Das Gleiche gilt für die industrielle Produktion. Ein Bücherschrank kann in handwerklicher Technik unter relativ hohem Einsatz des Faktors Arbeit und mit geringem Einsatz von Maschinen (arbeitsintensiv) hergestellt werden oder aber in einer industriell organisierten Möbelfabrik am Fließband mit relativ großem Maschineneinsatz und unter Einsparung des Faktors Arbeit (kapitalintensiv). Wegen der Knappheit der Ressourcen ist es ein Gebot vernünftigen Handelns, dass das technische Verfahren gewählt wird, das den geringsten Einsatz von Produktionsfaktoren erfordert. Das dem Gebot vernünftigen Handelns entsprechende Prinzip wird **Wirtschaftlichkeitsprinzip** oder **ökonomisches Prinzip,** aber auch **Rationalprinzip** genannt. Es wird als Maximal- oder als Minimalprinzip angewendet.

Das Rationalprinzip ist erfüllt, wenn mit gegebenen Mitteln der größtmögliche Nutzen erzielt wird (Maximalprinzip) oder wenn ein bestimmter Nutzen mit dem geringsten Einsatz von Mitteln erreicht wird (Minimalprinzip).

Das ökonomische Prinzip gilt für die Produktion von Gütern in Betrieben ebenso wie für den Verbrauch von Gütern in Haushalten. Es gilt in jeder Wirtschaftsordnung. Wirtschaftliches Handeln geschieht, indem man z. B. mit der Einsparung von Rohstoffen nach dem Minimalprinzip handelt oder bei Erhöhung des Produktionsergebnisses durch Verbesserung des Produktionsverfahrens nach dem Maximalprinzip.

Das Wirtschaftlichkeitsprinzip (Minimalprinzip) im Sprichwort:
„Man soll nicht mit Kanonen auf Spatzen schießen."

Wirtschaftliches Handeln und Ethik
Da „wirtschaftliches Handeln" von den Motiven des Handelns unabhängig ist, so sind Ethik und Wirtschaft nicht Größen derselben Art. Man kann einerseits aus wirtschaftlichen Motiven und doch z. B. aus Ungeschick nicht „wirtschaftlich" handeln, andererseits kann man ganz aus altruistischen Motiven handeln und doch „wirtschaftlich" verfahren. Wenn man z. B. jemand aus dem Wasser zieht, so ist das im Allgemeinen sicher altruistisch gehandelt. Und doch lassen sich auf den Vorgang gewisse wirtschaftliche Grundsätze anwenden: Man schwimmt auf dem kürzesten Weg auf den Betreffenden zu, erfasst ihn in der zweckmäßigsten Weise und versucht ihn so schnell wie möglich, mit dem geringsten Kraftaufwand als möglich, wieder an Land zu bringen.
Joseph Schumpeter[1], Wesen und Hauptinhalt der theoretischen Nationalökonomie, Berlin 1970; unveränderter Nachdruck der 1908 erschienenen 1. Auflage.

Das ökonomische Prinzip gilt nicht nur im Bereich der Wirtschaft. Es ist ein allgemeiner Grundsatz vernünftigen Handelns. Wissenschaftler versuchen ihre Forschungsergebnisse in ökonomischer Weise zu erreichen. Sportler wollen auf der Grundlage ihrer physischen und psychischen Anlagen zur bestmöglichen Leistung kommen. Selbst die Hilfeleistung für einen in Not geratenen Menschen erfolgt vernünftigerweise unter Beachtung des Wirtschaftlichkeitsprinzips.

1.4 Produktionsfaktoren

1.4.1 Die Einteilung der Produktionsfaktoren aus volkswirtschaftlicher Sicht

In der Natur finden wir selten Güter vor, die ohne Be- oder Verarbeitung zu verwenden sind. Konsumreife Güter entstehen aus Naturstoffen meist erst in einem langen Produktionsprozess. Wir können diesen volkswirtschaftlichen Produktionsprozess zurückverfolgen und die Güter danach einteilen, wie weit sie vom konsumreifen Gut entfernt sind. Unmittelbar dem menschlichen Bedürfnis dienende Güter nennt man Güter erster Ordnung.

Verfolgt man eine Produktionskette zurück bis zu den Gütern, die selbst nicht mehr herstellbar sind, dann erhält man als Ergebnis die letzten Faktoren der Produktion.

[1] Schumpeter, Joseph Alois, 1883–1950, bedeutender österreichischer Nationalökonom, lebte seit 1932 in den USA.

Dabei erkennen wir, dass die **Arbeit** und die Stoffe und Kräfte der **Natur** als ursprüngliche Produktionsfaktoren am Anfang des volkswirtschaftlichen Produktionsprozesses stehen. Eine moderne Produktion ist kaum noch denkbar, in der neben den ursprünglichen Produktionsfaktoren Natur und Arbeit nicht auch produzierte Produktionsmittel eingesetzt werden. Unter produzierten Produktionsmitteln versteht man Produktionsgüter, die selbst wieder unter Einsatz der **ursprünglichen Produktionsfaktoren Natur und Arbeit** hergestellt wurden. Die produzierten Produktionsmittel werden auch als Sach- und Realkapital bezeichnet und als dritter Produktionsfaktor berücksichtigt.

- Zu dem Produktionsfaktor **Natur** rechnen
  - die Naturkräfte, z. B. Wasserkraft, Sonnenenergie, Regen oder Wind;
  - die Bodenschätze, z. B. Rohöl, Kohle oder Eisenerz;
  - der Boden selbst als Standort der Industrie und Erwerbsgrundlage der Landwirtschaft.

Der Umgang mit den natürlichen Ressourcen hat dazu geführt, dass auf der Erde zunehmend Lebensmöglichkeiten zerstört werden. Die Abholzung von Waldbeständen vor allem in den Entwicklungsländern führt dazu, dass jährlich ca. 50 000 Tier- und Pflanzenarten aussterben. Die industrielle Produktion, der Verkehr sowie das Verbrennen von Holz durch Brandrodung erzeugen zur Zeit einen Ausstoß von jährlich ca. 27 Milliarden Tonnen Kohlendioxid (CO_2). Nach wissenschaftlichen Berechnungen können die Ozeane und die Biosphäre pro Jahr lediglich 14 Milliarden Tonnen Kohlendioxid aufnehmen. Der entstehende Treibhauseffekt führt zu einer globalen Klimaveränderung. Überschwemmungen, Dürrekatastrophen und die Ausdehnung von Wüstenregionen treten als zwangsläufige Folgen dieser Wirtschaftsweise auf.

Als neue Leitidee hat sich durch die Umweltbewegungen der letzten Jahrzehnte das Konzept der **nachhaltigen Entwicklung (sustainable development)** herausgebildet. Das Prinzip der Nachhaltigkeit stammt ursprünglich aus der Forstwirtschaft und besagt, dass in einer Periode nur so viel Holz geschlagen werden darf, wie in dieser Periode auch nachwächst. In seiner jetzigen Bedeutung besagt dieses Prinzip, dass die Weltbevölkerung nur nachwachsende und erneuerbare Ressourcen nutzen soll. Die Einhaltung dieses Prinzips würde sicherstellen, dass auch künftige Generationen die Chance haben, ihre Bedürfnisse in der gleichen Weise zu befriedigen wie die derzeit lebenden Menschen.

Das Prinzip der nachhaltigen Entwicklung wurde bereits im Jahre 1992 auf der Konferenz der Vereinten Nationen in Rio de Janeiro als verbindliches Ziel internationaler Politik formuliert. Die Rio-Erklärung über Umwelt und Entwicklung wurde von insgesamt 170 Staaten unterzeichnet. Seit 1994 ist der Umweltschutz als Staatsziel in der Verfassung der Bundesrepublik Deutschland verankert.

- Unter **Arbeit** wird jede menschliche Tätigkeit verstanden, mit der der Mensch aktiv auf die Natur einwirkt, um die Naturstoffe seinen Bedürfnissen anzupassen. Gemeint ist hier sowohl die manuelle als auch die geistige Arbeit.
- Zum Produktionsfaktor **Kapital** zählen alle Hilfsmittel, die der Mensch einsetzt, um in der Produktion die Ergiebigkeit seiner Arbeit zu erhöhen, z. B. Werkzeuge, Maschinen, Transportmittel. Neben diesen dauerhaften Produktionsmitteln rechnen zum Kapital aber auch Güter, die im Produktionsprozess verbraucht, umgewandelt oder veredelt werden, z. B. Schmiermittel, Rohstoffe, Halberzeugnisse und die Lagerbestände an hergestellten Gütern (Fertigerzeugnisse, unfertige Produkte).

Ursprüngliche Produktionsfaktoren sind zur Produktion notwendige Güter, die selbst nicht mehr herstellbar sind.

Der volkswirtschaftliche Kapitalbegriff erfasst die realen Güter, mit denen volkswirtschaftliche Produktion erfolgt (Realkapital). Geld, das im Betrieb für Investitionszwecke bereitgestellt wird, ist eine Vorstufe des Realkapitals.

Einteilung der Produktionsfaktoren

ursprüngliche (originäre) Faktoren					**abgeleiteter (derivativer) Faktor**		
Natur			**Arbeit**		**Kapital**		
Naturkräfte, z. B. Wasserkraft, Sonnenenergie, Wind, Regen	Bodenschätze, z. B. Rohöl, Kohle, Eisenerze	Boden als Standort für Industrie und Landwirtschaft	manuelle Arbeit, z. B. Bauhilfsarbeiter	geistige Arbeit, z. B. Konstrukteur	dauerhaft produzierte Produktionsmittel, z. B. Gebäude, Maschinen, Werkzeuge, Transportmittel	Produktionsmittel, die verbraucht, umgewandelt oder veredelt werden, z. B. Rohstoffe, Schmierstoffe	Lagerbestände an hergestellten Gütern, z. B. Fertigerzeugnisse, unfertige Produkte

1.4.2 Die Einteilung der Produktionsfaktoren aus betriebswirtschaftlicher Sicht

In der Betriebswirtschaftslehre werden dispositive und ausführende Arbeit, Betriebsmittel und Werkstoffe als Produktionsfaktoren bezeichnet.

- Arbeit kann **dispositive** oder **ausführende Tätigkeit** sein. Zur **dispositiven Arbeit** zählen Aufgaben der Leitung und Planung, der Organisation und Überwachung wirtschaftlicher Vorgänge, mit denen ein hohes Maß an Entscheidungsspielraum und Verantwortung verbunden ist. **Ausführende Arbeit** ist weisungsgebunden, sie erfolgt auf Anordnung und hat weniger Entscheidungsraum. Der Verantwortungs- und Entscheidungsraum nimmt mit der hierarchischen Stellung im Betrieb zu. Ein Lagerarbeiter hat geringere Befugnisse als der Lagerverwalter, eine Datentypistin weniger als der Sachbearbeiter im Einkauf.
- **Betriebsmittel** sind alle materiellen Güter, die über längere Zeit hinweg Nutzungen für die betriebliche Leistungserstellung abzugeben in der Lage sind. Hierzu zählen z. B. Gebäude, Maschinen und Werkzeuge, der Fuhrpark und die Büroeinrichtung.
- **Werkstoffe** sind alle Güter, die im Fertigungsprozess ihre Eigenschaft als selbstständiges Gut verlieren. Rohstoffe (z. B. Blech, Holz) werden zu Hauptbestandteilen, Hilfsstoffe (z. B. Leim, Schrauben, Schalter) zu Nebenbestandteilen des Produkts, Betriebsstoffe werden bei der Produktion verbraucht (z. B. Schmiermittel, Energie).

- In der Betriebswirtschaftslehre findet der Begriff **Kapital** eine andere Verwendung als in der Volkswirtschaftslehre.

Der **betriebswirtschaftliche Kapitalbegriff** bezieht sich auf die Bilanz des Unternehmens. **Kapital ist der „abstrakte Wertausdruck" für das Vermögen** und stellt somit den **Geldwert für das Vermögen** dar.

Die Bilanz zeigt Mittelherkunft und Mittelverwendung:

A	Bilanz P
Gebäude Maschinen Werkzeuge usw.	Eigenkapital Fremdkapital
Vermögen	**Kapital**

Der Kapitalbegriff bezeichnet in der Bilanz die Herkunft der Mittel. Eigenkapital stammt vom Unternehmer, Fremdkapital von Kreditgebern. Vermögen bezeichnet die Verwendung der Mittel.

Betriebswirtschaftliche Einteilung der Produktionsfaktoren		
Arbeit	**Betriebsmittel**	**Werkstoffe**
dispositive : ausführende	Gebäude, Maschinen	Roh-, Hilfs-, Betriebsstoffe

1.5 Kapitalbildung und Investition

1.5.1 Der Kapitalbildungsprozess in der Volkswirtschaft

Es wäre unzweckmäßig, lediglich mit den naturgegebenen Werkzeugen des Menschen, den Händen und Füßen, die Stoffe der Natur zu gewinnen und zu bearbeiten. Oft ist es auch gar nicht möglich. Ohne Bohrturm kann kein Erdöl gefördert werden. Deshalb müssen Umwege bei der Produktion von Konsumgütern gemacht werden. Im Wirtschaftsprozess arbeitet die überwiegende Zahl der Menschen gar nicht mehr unmittelbar an Gütern für den Endverbrauch.

In jeder Wirtschaftsperiode werden z. B. Maschinen, Geräte und Transportmittel hergestellt, mit denen erst in Zukunft Konsumgüter hergestellt werden sollen. Diese dauerhaften produzierten Produktionsmittel rechnen zum Realkapital. Der Produktionsumweg wird gemacht, weil der Einsatz dauerhafter Produktionsmittel dem Menschen die Arbeit bei der Herstellung von Konsumgütern erleichtert und ihre Wirksamkeit erhöht.

Durch den Einsatz dauerhafter produzierter Produktionsmittel wird die Arbeitsproduktivität erhöht.

Bis ein Konsumgut dem Verbraucher auf dem Markt angeboten wird, durchläuft es in der arbeitsteiligen Volkswirtschaft meist einen langen Produktionsweg. In allen Betrieben, die ein Konsumgut auf seinem Produktionsweg durchläuft, lagern deshalb nicht nur Roh-, Hilfs- und Betriebsstoffe, die für den Produktionsbeitrag dieses Betriebes zur Herstellung des Konsumgutes benötigt werden, sondern auch Zwischenprodukte, die von im Produktionsprozess vorgelagerten Betrieben übernommen wurden oder an nachfolgende Betriebe abgegeben werden. Diese Lagerbestände der Unternehmen an nichtdauerhaften Produktionsmitteln, die im Produktionsprozess verbraucht, umgewandelt oder veredelt werden, zählen ebenfalls zum Realkapital, genauso wie die Bestände an Fertigerzeugnissen. Durch die Erhöhung der Bestände an dauerhaften produzierten Produktionsmitteln und an Vorräten in den Unternehmen einer Volkswirtschaft erfolgt in einer Volkswirtschaft eine Kapitalbildung (Investition).

Als Investition bezeichnet man den Teil der volkswirtschaftlichen Gesamtproduktion, der nicht verbraucht worden ist.

Die Erhöhung des **Sachgüterbestandes von privaten Haushalten** wird bei der Berechnung der volkswirtschaftlichen Investitionen nicht berücksichtigt, weil die Anschaffung langlebiger Gebrauchsgüter in voller Höhe als Konsum angesehen wird. Von der Statistik werden auch einige bedeutsame Erhöhungen des Sachgüterbestandes öffentlicher Haushalte bei der Berechnung der volkswirtschaftlichen Investitionen nicht mit einbezogen, z. B. der Bau von Kasernen.

Wer heute mit der Produktion von dauerhaften Produktionsmitteln oder von Zwischenprodukten beschäftigt ist, die erst noch zu Konsumgütern weiterverarbeitet werden müssen, arbeitet bereits für den Konsum von morgen. Dahinter steht die Entscheidung, in der Gegenwart auf einen möglichen Konsum zugunsten der Zukunft zu verzichten. Da die Investition einer Volkswirtschaft aus dem Teil der Gesamtproduktion besteht, der nicht verbraucht worden ist, setzen Investitionen Verzicht auf Konsum voraus. Konsumverzicht wird als Sparen bezeichnet.

Konsumgüter oder Investitionsgüter (Produktionsgüter):
„Aus ein und demselben Ei kann man nicht ein Spiegelei und ein Küken bekommen."
(Russisches Sprichwort)

Aufteilung der Bruttoproduktion	
Konsum	Investition

Voraussetzung für jede Kapitalbildung ist der Verzicht auf einen gegenwärtig möglichen Konsum.

Es ist ein schwieriges Problem, in einer Volkswirtschaft den zur Kapitalbildung notwendigen Warteprozess zu organisieren: Wer soll vorläufig auf Konsum verzichten, in welcher Höhe und wie lange? In einer modernen, arbeitsteiligen Industriegesellschaft, in der als allgemeines Tauschmittel Geld verwendet wird, ist das nicht mehr so einfach zu lösen wie von Robinson.

Die Investitionen des Robinson Crusoe:
Robinson Crusoe, der nach einem Schiffsunglück auf einer unbewohnten Insel lebt, macht einen Produktionsumweg, wenn er ein Netz knüpft, statt in dieser Zeit Fische mit der Hand zu fangen. Sobald er aber mithilfe des Netzes fischen kann, wird der Ertrag einer Arbeitsstunde sehr viel größer sein als früher. Robinson investierte. Er bildete Kapital (Netz = Realkapital). Voraussetzung dafür war, dass er zeitweise auf das Fischen verzichtete und damit weniger Nahrungsmittel zur Verfügung hatte.

Die Finanzierung der Kapitalbildung (Investitionen) erfolgt in der Geldwirtschaft durch

- freiwilliges Sparen
  - im Haushalt,
  - im Betrieb. Gewinne werden zur Selbstfinanzierung von Investitionen zurückbehalten.
- erzwungenes Sparen, z. B. über Steuern und Sozialversicherungsbeiträge.
- Abschreibungen, deren Gegenwert zum Ersatz abgenutzter dauerhafter Produktionsmittel (z. B. Maschinen, Transportmittel) verwendet wird.

1.5.2 Arten der Investition

Für differenzierte Betrachtungen des Investitionsvorgangs wird der Begriff der Investition weiter unterteilt.

Der Investitionsbegriff umfasst sowohl die Ausstattung einer Volkswirtschaft mit dauerhaften Produktionsmitteln als auch die Lagerbestände der Unternehmen. Da die Veränderung der Ausstattung einer Volkswirtschaft mit Produktionsanlagen eine ganz andere Bedeutung hat als die Veränderung der Lagerbestände, die auch auf Absatzschwierigkeiten der Unternehmen zurückzuführen sein kann, werden die Investitionen in Anlage- und Vorratsinvestitionen unterteilt.

Brutto-Anlageinvestition ist die Summe der in einer Volkswirtschaft in einer Wirtschaftsperiode hergestellten dauerhaften Produktionsmittel.

Vorratsinvestition (Lagerinvestition) ist eine Erhöhung der volkswirtschaftlichen Lagerbestände an nicht dauerhaften Produktionsmitteln und eigenen Erzeugnissen.

Der Bestand der dauerhaften Produktionsmittel ist einer ständigen Abnutzung unterworfen. Soweit Investitionen nur dem Ersatz der abgenutzten Produktionsmittel dienen, erfolgt dadurch keine Vergrößerung des für das Produktionspotenzial einer Volkswirtschaft so entscheidenden Bestandes an Investitionsgütern. Deshalb wird zwischen Ersatz-Anlageinvestitionen (Re-Investitionen) und Neu-Anlageinvestitionen (Erweiterungsinvestitionen) unterschieden.

Neu-Anlageinvestition (Erweiterungsinvestition) ist der Zuwachs an dauerhaften Produktionsmitteln.

Als Ersatz-Anlageinvestition (Re-Investition) wird der Ersatz der verbrauchten dauerhaften Produktionsmittel bezeichnet.

Mit **Bruttoinvestitionen** bezeichnet man den gesamten Zugang von Anlagen und Vorräten **(Gesamtheit aller Investitionen).** Zieht man von den Bruttoinvestitionen die **nutzungsbedingten Abschreibungen** ab, erhält man die **Nettoinvestitionen.** Die Nettoinvestitionen geben rechnerisch in EUR an, in welcher Höhe das gesamte Sachvermögen zugenommen hat. Dabei geht man von der Annahme aus, dass rechnerisch ein Teil der Bruttoinvestitionen zum Ausgleich der durch Abschreibungen erfassten Abnutzung der Anlagen dient **(Ersatzinvestitionen).**

Berechnung der Nettoinvestition

Ausgangslage:

Vermögenszugänge

Anlagen	100000,00 EUR
Vorräte	30000,00 EUR
Abschreibungen	20000,00 EUR

Berechnungsmethode 1:

Bruttoanlageinvestition	100000,00 EUR
+ Lagerinvestition	30000,00 EUR
Bruttoinvestition	130000,00 EUR
− Abschreibungen	20000,00 EUR
Nettoinvestition	110000,00 EUR

Berechnungsmethode 2:

Bruttoanlageinvestition	100000,00 EUR
− Abschreibungen	20000,00 EUR
Nettoanlageinvestition	80000,00 EUR
+ Vorratsinvestition	30000,00 EUR
Nettoinvestition	110000,00 EUR

Bruttoinvestition – Ersatzinvestition = **Nettoinvestition**

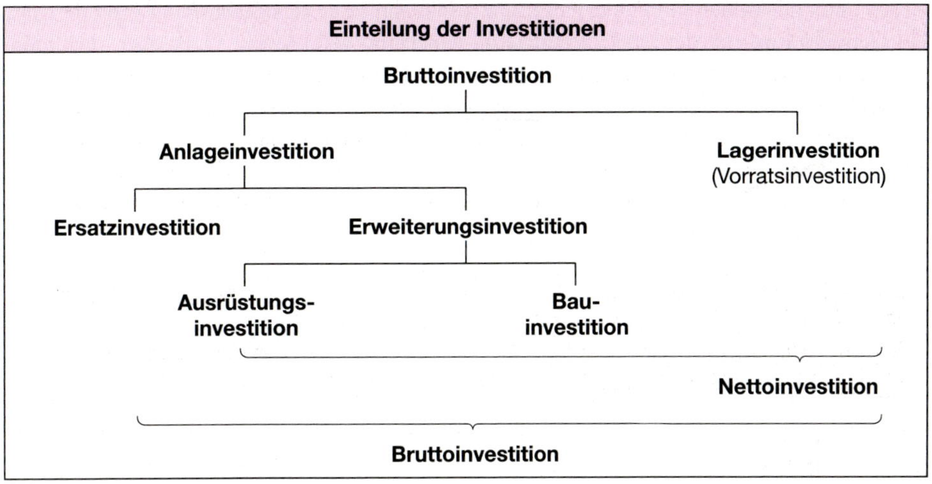

Zu den **Ausrüstungsinvestitionen** gehören Maschinen, Anlagen, Fahrzeuge usw., zu den **Bauinvestitionen** Wohn- und Verwaltungsbauten, Straßen, Dämme, Wasserwege usw.

In der obigen Darstellung wurde davon ausgegangen, dass die Anlageinvestitionen größer sind als die Summe der Abschreibungen. Ist die Anlageinvestition kleiner als die Summe der Abschreibung, dann decken die Ersatzinvestitionen nicht mehr den entstandenen Verschleiß. Der Produktionsapparat der Volkswirtschaft wird verkleinert. Es erfolgt eine **Desinvestition.**

Bruttoinvestitionen in der Bundesrepublik Deutschland[1]
(in Preisen von 1995, Mrd. Euro)

Jahr	Brutto-investition	Anlage-investition	davon Ausrüstungen	davon Bauten und so. Anlageinv.	Vorrats-veränderung
1950	66,6	57,4	14,9	42,5	9,2
1960	159,6	146,8	46,3	100,5	12,8
1970	236,9	221,8	77,0	144,8	15,1
1980	257,1	250,0	94,0	156,0	7,1
1990	301,5	292,4	132,3	160,1	9,1
2000	436,0	444,1	176,5	267,6	−8,1
2003	378,2	385,6	147,9	237,7	−7,4

[1] Bis 1980 früheres Bundesgebiet

Quelle: Statistisches Bundesamt, Jahrbücher

1.5.3 Die Kombination der Produktionsfaktoren

Bei der Produktion eines Gutes werden in der Regel alle drei Produktionsfaktoren eingesetzt. Oft liegt das Verhältnis, in dem die Produktionsfaktoren eingesetzt werden müssen, nicht fest. Das ist dann der Fall, wenn einer der Produktionsfaktoren durch einen anderen ersetzt werden kann, ohne dass der Ertrag sich ändert. Getreide kann z. B. so produziert werden, dass der Boden mit einem einfachen, von einem Tier gezogenen Pflug gepflügt wird. Das Getreide wird mit der Sense gemäht und von Hand gedroschen. Es ist aber auch möglich, den Boden mit einem modernen vielscharigen Pflug zu pflügen, der von einer Zugmaschine gezogen wird, und bei der Ernte einen Mähdrescher einzusetzen. In diesem Beispiel wird der Produktionsfaktor Arbeit durch den Produktionsfaktor Kapital ersetzt.

Entscheiden in einer Marktwirtschaft selbstständige Unternehmer ohne staatliche Anweisungen über die Kombination der Produktionsfaktoren, dann wählen sie die Kombination, die die geringsten Kosten verursacht. Mit dieser Kombination erzielen sie auch den größtmöglichen Gewinn.

Steigt der Preis eines Produktionsfaktors und ändern sich die Preise der anderen Produktionsfaktoren nicht, dann ersetzt der Unternehmer den teurer gewordenen Faktor durch den nun relativ billigeren Faktor. So erhöht er seinen Gewinn.

Das Beispiel in der Tabelle zeigt, wie als Auswirkung einer Lohnerhöhung der Unternehmer dazu veranlasst wird, ein anderes Produktionsverfahren zu wählen. Dabei werden dann statt 3000 Arbeitsstunden wie vor der Lohnerhöhung nach der Lohnerhöhung nur noch 500 Arbeitsstunden eingesetzt. Arbeiter werden durch Maschinen ersetzt. Das kann man daran erkennen, dass die Kapitalkosten von bisher 40000,00 EUR auf 100000,00 EUR steigen. Infolge der Lohnerhöhung wurde der Produktionsfaktor Arbeit durch Kapital ersetzt.

Die Substitution des Produktionsfaktors Arbeit durch den Produktionsfaktor Kapital

Herstellung einer Serie von 2 000 Paar Langlauf-Skier

	vor der Lohnerhöhung		**nach der Lohnerhöhung**	
	Verfahren 1: überwiegend Handarbeit	Verfahren 2: maschinelle Fertigung	Verfahren 1: überwiegend Handarbeit	**Verfahren 2:** maschinelle Fertigung
Arbeitsstunden	3 000	500	3 000	500
Stundenlohn (EUR)	20	20	25	25
Lohnkosten (EUR)	60 000	10 000	75 000	12 500
Maschinenkosten (EUR)	40 000	100 000	40 000	100 000
Materialkosten (EUR)	20 000	20 000	20 000	20 000
Kosten insgesamt (EUR)	120 000	130 000	135 000	132 500

Die Preise der Produktionsfaktoren müssen ihre relative Knappheit zum Ausdruck bringen. Nur dann führt die Entscheidung der Unternehmer zur Einsparung des Produktionsfaktors, der in der Volkswirtschaft am knappsten ist.

Die Minimalkostenkombination ist diejenige Kombination von Produktionsfaktoren, bei der ein bestimmter Ertrag mit den geringsten Kosten erzielt wird.

1.6 Der Wirtschaftskreislauf

1.6.1 Einzelwirtschaften in der Volkswirtschaft

Der Wirtschaftsprozess einer Volkswirtschaft besteht aus einer verwirrenden Vielfalt von Vorgängen. Er ist das Ergebnis unzähliger Entscheidungen von Millionen Menschen. Um die Wirtschaftsprozesse leichter durchschaubar zu machen, werden bei volkswirtschaftlichen Analysen die folgenden Entscheidungseinheiten unterschieden, die auch als „Einzelwirtschaften“ bezeichnet werden: der Haushalt, das Unternehmen und der Staat.

Das Unternehmen ist eine selbstständig planende und entscheidende Wirtschaftseinheit mit eigener Rechtspersönlichkeit, in der Güter produziert und gegen Entgelt verkauft werden.

Die Begriffe **„Unternehmen“** und **„Betrieb“** werden in der Wirtschaftswissenschaft nicht einheitlich verwendet. Hier wird das Unternehmen als das Entscheidungszentrum angesehen, dem mehrere Betriebe untergeordnet sein können. Im Unternehmen werden die Entscheidungen getroffen, orientiert an den wirtschaftlichen Oberzielen, wie z. B. dem der Rentabilität. Der Betrieb übernimmt die technische Durchführung der Produktion. Der Betrieb hat weder eigene Rechtspersönlichkeit noch disponiert er selbstständig. Die Produktion erfolgt auf Rechnung und Gefahr des Unternehmens.

Als Haushalt im Sinne der Wirtschaftstheorie bezeichnet man eine private Wirtschaftseinheit, in der die Entscheidungen über den Güterverbrauch getroffen werden.

Zu den privaten Haushalten rechnen in der volkswirtschaftlichen Statistik auch alle privaten Organisationen ohne Erwerbscharakter, also z. B. Kirchen, politische Parteien, Gewerkschaften, Sportvereine.

Die Aufteilung in die Wirtschaftseinheiten Unternehmen und Haushalt ist keine personelle, sondern eine funktionelle. In der Regel ist eine Person sowohl im Sektor Unternehmen als auch im Sektor Haushalt tätig. Als Arbeitnehmer wirkt sie im Sektor Unternehmen, als Verbraucher im Sektor Haushalt am Wirtschaftsgeschehen mit. Ein Rentner z. B. ist nur im Sektor Haushalt beteiligt.

Einzelwirtschaften in der Volkswirtschaft

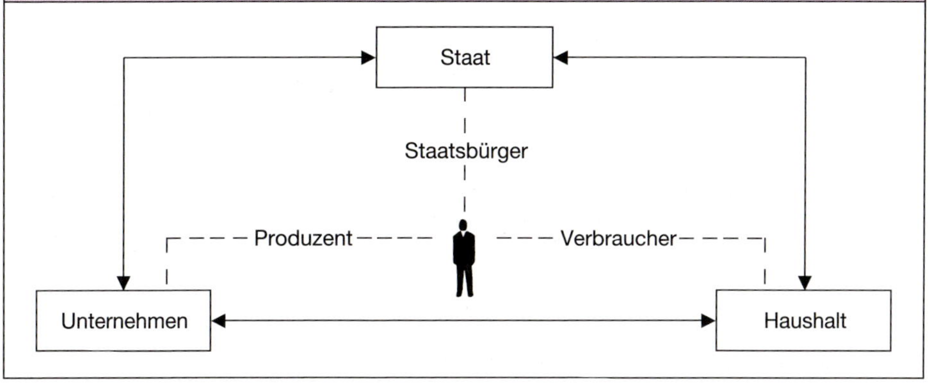

Zu dem Sektor Staat rechnen die Haushalte des Bundes, der Länder und der Gemeinden sowie die Haushalte der Sozialversicherungsträger.

Als Staat bezeichnet man in der Volkswirtschaftslehre die Zusammenfassung aller öffentlichen Haushalte.

Die öffentlichen Haushalte finanzieren sich vor allem durch Zwangsabgaben (Steuern und Gebühren). Güter, die sie produzieren, stellen sie in der Regel ohne direkte Gegenleistung den anderen Wirtschaftseinheiten zur Verfügung.

Das Neuartige, das durch die Verflechtung dieser Einzelwirtschaften entsteht, ist die **Volkswirtschaft.**

1.6.2 Hauptströme des Wirtschaftskreislaufs

In der arbeitsteiligen Wirtschaft werden nicht Güter gegen Güter getauscht. Die privaten Haushalte erhalten von den Unternehmen für ihre Leistungen Geldeinkommen, die sie wiederum für den Kauf von Sachgütern und Dienstleistungen verwenden. Dem Güterstrom fließt ein Geldstrom entgegen.

Da die Produktion eines Gutes heute so erfolgt, dass das Produkt von der Rohstoffgewinnung bis zur Fertigstellung viele Betriebe durchläuft, entsteht in der Volkswirtschft ein verschlungenes System von Güter- und Geldströmen.

Die Hauptströme dieses verwirrenden Systems werden erkennbar, wenn wir den Güter- und den Geldstrom betrachten, den eine Konsumausgabe von 2400,00 EUR für ein Farbfernsehgerät in Bewegung setzt (siehe Abbildung S. 29).

Im Wirtschaftskreislauf werden die Ausgaben von Wirtschaftssubjekten zu Einnahmen anderer Wirtschaftssubjekte. Auf jeder Produktionsstufe wird die Differenz zwischen den Einnahmen und den zu bezahlenden Vorleistungen in Form von Löhnen oder Gewinn zu Einkommen. Dies geschieht auf den verschiedenen Produktionsstufen so lange, bis die gesamte ursprüngliche Einnahme wieder zu Einkommen geworden ist.

In einer arbeitsteiligen Wirtschaft durchlaufen die Güter auf ihrem Weg zum Verbraucher in einem Reifungsprozess viele Unternehmungen.

Dem Geldstrom fließt ein Güterstrom entgegen. Das Geld kreist in der Wirtschaft.

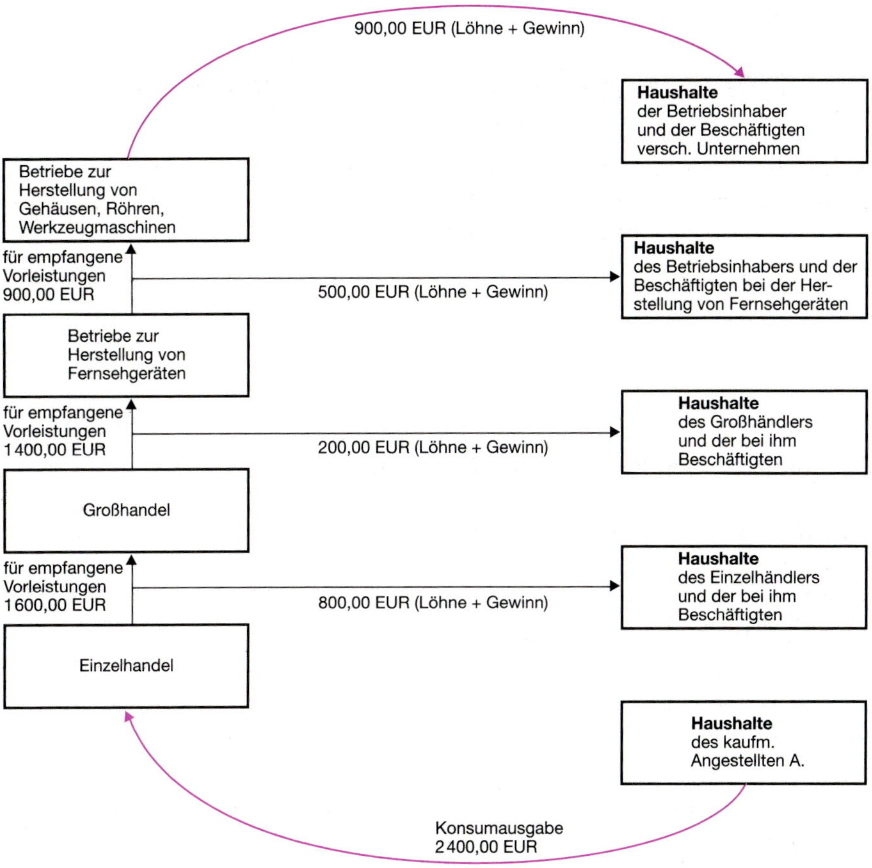

1.6.3 Unternehmen und Haushalte im Wirtschaftskreislauf einer stationären Wirtschaft

In der Darstellung des gesamtwirtschaftlichen Kreislaufs sind zwei Hauptströme zu erkennen: der Geldstrom und der Güterstrom. Von den Unternehmen geht ein **Güterstrom** auf die Haushalte zu. Von den Haushalten fließt ein **Geldstrom** zu den Unternehmen, mit dem die Haushalte die gelieferten Güter bezahlen. Die Haushalte erhalten das Geld zur Bezahlung der Güter als Einkommen für ihre Tätigkeit in den Unternehmen.

Im Wirtschaftskreislauf fließt jedem Güterstrom ein wertgleicher Geldstrom entgegen. Zur Vereinfachung kann man auf die Darstellung des Güterstroms verzichten.

In dem nebenstehenden Bild wurden, wie das übliche ist, die Konsumausgaben mit C und das Einkommen mit Y bezeichnet. Es stellt eine Wirtschaft dar, in der die Haushalte ihr gesamtes Geld für den Konsum ausgeben. Die Haushalte sparen nicht. Die Unternehmen investieren nur in dem Umfang, in dem sie die Abnutzung der Anlagen ausgleichen, d.h. die Nettoinvestition beträgt 0. Finanziert werden die Ersatzinvestitionen aus den Abschreibungsrückflüssen. Lagerbestände werden keine gebildet. Die Wirtschaft ist stationär.

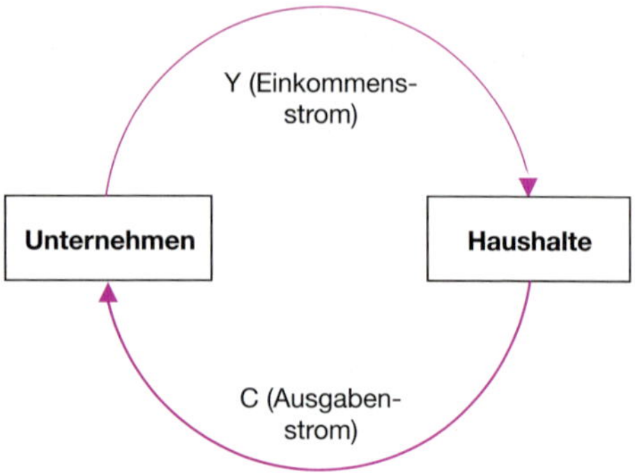

In einer stationären Wirtschaft bleiben alle wichtigen ökonomischen Größen im Zeitablauf unverändert, es gibt keine Nettoinvestition und kein Sparen.

Produktionsprozess und Verbrauch wiederholen sich unverändert.

Mithilfe der Symbole Y für das Einkommen und C für die Konsumausgaben lässt sich der Kreislauf einer stationären Wirtschaft auch in Form einer Gleichung darstellen.

In einer stationären Wirtschaft gilt die Gleichung $Y = C$

Einerseits zeigt die Gleichung die Verwendung des Einkommens. Die Haushalte geben ihr gesamtes Einkommen für Konsumgüter aus. Andererseits zeigt sie die Zusammensetzung des Produktionsergebnisses, bei dessen Erstellung Einkommen entsteht. Die gesamte Produktion besteht aus Konsumgütern.

Da es in der stationären Wirtschaft keine Nettoinvestition gibt, entwickelt sich die Wirtschaft nicht weiter. **Die stationäre Wirtschaft ist eine Wirtschaft ohne Wachstum.**

AUFGABEN UND PROBLEME

1.1 Stufenleiter der Bedürfnisse

Der amerikanische Sozialpsychologe Maslow stellte eine Stufenleiter der menschlichen Bedürfnisse fest, die auch die Hierarchie der Bedürfnisse bezeichnet und in Form einer Pyramide dargestellt wird. Dabei folgen auf die erste Stufe der körperlichen Bedürfnisse die Bedürfnisstufen Sicherheit, Liebe und Zugehörigkeit, Wertschätzung, Selbstverwirklichung und Wissen und Verstehen. Diese Bedürfnishierarchie beruht auf der Annahme, dass die Bedürfnisse einer unteren Bedürfnisgruppe ausreichend, wenn auch nicht völlig gestillt sein müssen, bevor die Bedürfnisse einer höheren Stufe so vorherrschend werden, dass sie das Verhalten des Menschen maßgebend steuern.

In einem Unternehmen finden für die Leistungsmotivierung und die Führung der Mitarbeiter die auf der nächsten Seite aufgezählten Gesichtspunkte Berücksichtigung.

- Stellen Sie für jeden der im Folgenden aufgezählten Gesichtspunkte fest, welcher Bedürfnisgruppe (nach Maslow) er zuzuordnen ist.

Betriebliche Altersversorgung – Gewährung von Aufstiegsmöglichkeiten – Gestaltung des Arbeitsplatzes – Verleihung von Titeln – Zuteilung von Weisungsbefugnis – Maßnahmen zur Förderung einer harmonischen Betriebsgemeinschaft – Maßnahmen der betrieblichen Weiterbildung – innerbetriebliche Mitbestimmung – Pflege eines kooperativen Führungsstils.

1.2 Arten der Güter

- 1. Entscheiden Sie in den folgenden Fällen, um welche Art von Gütern es sich handelt. Beachten Sie dabei die in der amtlichen Statistik angewandte Regel, dass alle Güter zu den Konsumgütern gerechnet werden, die sich im Besitz von privaten Haushaltungen befinden.

Zur Lösung können Sie eine Tabelle mit der folgenden Kopfspalte benutzen, indem Sie die Güter in die entsprechende Spalte eintragen:

Sachgüter		**Dienstleistungen**	
Konsumgüter	**Produktionsgüter**	für den **Konsum**	für die **Produktion**

Zuzuordnende Güter

Wurst im Vorrat einer privaten Haushaltung – Mehl im Vorrat eines Bäckers – Reparatur eines Personalcomputers in einem Reisebüro – Waschmaschine im Besitz einer privaten Haushaltung – Kreissäge im Besitz eines Schreinerbetriebs – Dienstleistung eines Friseurs an einer privaten Kundin – Waschautomat im Besitz eines gewerblichen Wäschereibetriebs – Bleche im Vorrat einer Automobilfabrik – Reparatur einer Waschmaschine im Besitz einer privaten Haushaltung – privat genutztes Einfamilienhaus – Heizöl im Vorrat einer privaten Haushaltung – Transport einer Werkzeugmaschine zu einem Industrieunternehmen.

2. Private Haushalte sind nicht nur Orte der Bedürfnisbefriedigung, in privaten Haushaltungen wird auch produziert.

- Welche Sachgüter und Dienstleistungen sind anders als bei Aufgabe 1 zuzuordnen, wenn dies berücksichtigt wird?

1.3 Wirtschaftlichkeit und Gewinn

- Beurteilen Sie den nebenstehenden Auszug aus einem Zeitungsartikel, in dem der Jahresabschluss eines kommunalen Straßenbahnbetriebs besprochen wird!

Straßenbahn macht wieder Verlust
Auch in diesem Jahr hat der Straßenbahnbetrieb unserer Stadt, genauso wie im vergangenen Jahr, mit Verlust abgeschlossen. Das beweist wieder einmal, dass öffentliche Betriebe nicht in der Lage sind, wirtschaftlich zu arbeiten.

1.4 Kombination der Produktionsfaktoren: Wirkung von Preisänderungen auf den Faktoreinsatz (rechnerische Lösung)

Ein Unternehmen stellt Langlaufskier jeweils in einer Serie von 2000 Paar her. Infolge einer Lohnerhöhung durch einen neuen Tarifabschluss steht das Unternehmen vor der Frage, ob verstärkter Maschineneinsatz sinnvoll ist.

	Vor der Lohnerhöhung	**Nach** der Lohnerhöhung	
		ohne verstärkten Maschineneinsatz	**mit** verstärktem Maschineneinsatz
Materialkosten	20000,00 EUR	20000,00 EUR	20000,00 EUR
Arbeitsstunden	4000	4000	1000
Stundenlohn	25,00 EUR	30,00 EUR	30,00 EUR
Maschinenabhängige Kosten	40000,00 EUR	40000,00 EUR	140000,00 EUR

- Überprüfen Sie rechnerisch, ob die Lohnerhöhung für das Unternehmen Anlass gibt, das Produktionsverfahren zu ändern!

1.5 Investitionen in einer Volkswirtschaft

- Berechnen Sie die in der folgenden Tabelle fehlenden Werte!

Investitionen in einer Volkswirtschaft in Millionen EUR						
Jahr	Ersatz-investition	Erweite-rungs-investition	Anlage-investition	Vorrats-investition	Brutto-investition	Netto-investition
1	80	?	180	5	185	105
2	90	110	200	4	?	114
3	100	125	225	6	231	?
4	110	100	210	?	211	101

1.6 Auswirkungen einer Konsumausgabe auf den Wirtschaftskreislauf

Ein Möbeleinzelhändler verkauft eine Schrankwand für 5000,00 EUR. Der Einzelhändler hat die Schrankwand für 3800,00 EUR vom Großhändler bezogen.

Der Großhändler hat dem Hersteller 3400,00 EUR gezahlt.

Der Hersteller der Schrankwand hat Vorlieferanten. Er stellt die Beschläge nicht selbst her. Außerdem bezieht er die zur Möbelherstellung notwendigen Maschinen und Werkzeuge. Alle diese Vorlieferanten zusammen erhalten von dem Hersteller der Schrankwand 1800,00 EUR von den erlösten 3400,00 EUR.

- 1. Erläutern Sie, warum beim Einzelhändler die Differenz zwischen Erlös und den Zahlungen an den Großhändler nicht gleich dem durch das Verkaufsgeschäft entstandenen Gewinn ist.
- 2. Stellen Sie den Weg der 5000,00 EUR von den Haushalten über Einzelhändler, Großhändler, Hersteller und Vorlieferanten des Herstellers zurück zu den Haushalten grafisch dar.
- 3. Vereinfachen Sie das Schaubild (siehe 2.) so, dass es nur noch die beiden Sektoren „Unternehmen“ und „Haushalte“ enthält. Zeichnen Sie in dieses Schaubild neben dem Geldstrom auch die Leistungsströme ein und bezeichnen Sie die Geld- und Leistungsströme.

ZUR WIEDERHOLUNG DES GRUNDWISSENS

1. In welche Stufen hat Maslow die menschlichen Bedürfnisse eingeteilt?
2. Was versteht man unter Kollektivbedürfnissen?
3. Welche Güter werden als öffentliche Güter bezeichnet?
4. Wie unterscheiden sich Bedarf und Nachfrage?
5. Welche Voraussetzungen müssen gegeben sein, damit Güter als freie Güter bezeichnet werden können?
6. Was bezeichnet man als Produktion?
7. Wie unterscheiden sich Produktions- und Konsumgüter?
8. Erläutern Sie die beiden Formen des ökonomischen Prinzips.
9. Zählen Sie die Produktionsfaktoren auf.
10. Wie unterscheiden sich ursprüngliche und abgeleitete Produktionsfaktoren?
11. Was versteht man unter Kapital im volkswirtschaftlichen Sinne?
12. Was versteht man unter Kapital im betriebswirtschaftlichen Sinne?
13. Welche Voraussetzungen müssen vorliegen, damit in einer Volkswirtschaft Kapital gebildet werden kann?
14. Welche Wirkung erhofft man sich von einer Kapitalbildung in der Volkswirtschaft?
15. Warum ist es sinnvoll, das Wirtschaftlichkeitsprinzip bei der Kombination der Produktionsfaktoren anzuwenden?
16. Definieren Sie die folgenden Investitionsbegriffe:
    - Bruttoinvestition
    - Brutto-Anlageinvestition
    - Vorratsinvestition (Lagerinvestition)
    - Neu-Anlageinvestition
    - Ersatz-Anlageinvestition
    - Nettoinvestition
17. Was versteht man unter dem Sektor „Haushalt“ im volkswirtschaftlichen Kreislauf?
18. Was versteht man unter dem Sektor „Unternehmen“ im volkswirtschaftlichen Kreislauf?
19. Welche Bedingung muss gegeben sein, damit man eine Wirtschaft als stationär bezeichnen kann?
20. Stellen Sie das Verhältnis des Einkommens (Y) und der Konsumausgaben (C) in der stationären Wirtschaft in Form einer Gleichung dar.

2 Rechtliche Grundlagen

Aus einem Gerichtssaal:

Das Amtsgericht Stuttgart verurteilt Fritz Hanstein zu 3000,00 EUR Geldstrafe. Er habe „die Zwangslage von Ausländern ausgenutzt, um horrende Summen einzustreichen“.

Hanstein hatte in mehreren Fällen an Ausländer Wohnungen vermietet, die nach Sachverständigenurteil „eigentlich kein Wohnraum, eher Kammern“ seien, und dafür Mieten verlangt, die weit über der üblichen Norm lagen. Die Mietverträge seien daher ungültig.

LEITFRAGEN

Warum bedarf es einer Rechtsordnung im Wirtschaftsleben?

Welche Rechtsquellen sind die wichtigsten Grundlagen?
Lässt Vertragsfreiheit nicht jede denkbare Vereinbarung zu?
Warum waren die Mietverträge ungültig?

INFORMATION

2.1 Rechtsquellen

2.1.1 Geschriebenes Recht und Gewohnheitsrecht

Recht entsteht als **geschriebenes Recht** oder als **Gewohnheitsrecht.**

- **Geschriebenes Recht** ist in Verfassungen (Grundgesetz der Bundesrepublik Deutschland, Verfassung eines Bundeslandes), Gesetzen (Bürgerliches Gesetzbuch, Handelsgesetzbuch, Aktiengesetz, Sozialgesetzbuch, Gewerbeordnung, Gemeindeordnung usw.), in Rechtsverordnungen und Satzungen festgelegt.

Arten des geschriebenen Rechts

Geschriebenes Recht
- Verfassungen
- Gesetze
- Rechtsverordnungen
- Satzungen

- Das **Gewohnheitsrecht** umfasst alle Rechte, die aus
  - **ständiger Übung** und
  - **Rechtsüberzeugung**

entstanden sind.

So entsteht Gewohnheitsrecht

Karl Müller duldet seit mehreren Jahren, dass Arbeitnehmer einer benachbarten Fabrik täglich sein Grundstück überqueren, um den Weg zum Bahnhof abzukürzen.

Müller will das Überqueren des Grundstücks künftig verbieten.

Das kann er nicht. Dadurch, dass er das Überqueren jahrelang geduldet hat, ist Gewohnheitsrecht entstanden.

2.1.2 Überblick über das Bürgerliche Recht

Das **Bürgerliche Recht** ist ein Teil des **Privatrechts.** Das Privatrecht regelt die Beziehungen der einzelnen Rechtspersonen untereinander. Es beruht auf dem **Grundsatz der Gleichordnung.** Im Mittelpunkt steht das **Bürgerliche Gesetzbuch** (BGB). Für die Rechtsordnung des Wirtschaftslebens sind darüber hinaus vor allem das **Handelsgesetzbuch** (HGB), das **Aktien-** und das **GmbHGesetz** sowie verschiedene Gesetze von großer Bedeutung, die arbeits- und sozialrechtliche Fragen betreffen. Zunehmend werden Gesetze und Richtlinien der **Europäischen Union** für unser Wirtschaftsleben wirksam.

Rechtsgrundlagen für das Wirtschaftsleben	
Rechtsgebiete:	Bürgerliches Recht, Handelsrecht einschließlich Gesellschaftsrecht, Wertpapierrecht, Wettbewerbsrecht, Arbeitsrecht, Mitbestimmungsrecht, Urheber- und Verlagsrecht usw.
Aufgaben:	Regelungen der Beziehungen der einzelnen Rechtspersonen untereinander

Die Gliederung des BGB

BGB

1. Buch: **Allgemeiner Teil**	2. Buch: **Recht der Schuldverhältnisse**	3. Buch: **Sachenrecht**	4. Buch: **Familienrecht**	5. Buch: **Erbrecht**
enthält Regelungen über – Rechtssubjekte – Rechtsobjekte – Rechtsgeschäfte	enthält Regelungen über – Rechte und Pflichten aus Schuldverhältnissen – einzelne Schuldverhältnisse (z.B. Kauf, Miete)	enthält Regelungen über – Rechte an Sachen (z. B. Eigentum, Grundpfandrechte)	enthält Regelungen über – Ehe – Verwandtschaft – Vormundschaft	enthält Regelungen über – die Rechtsnachfolge im Vermögen eines Verstorbenen

2.2 Rechts- und Geschäftsfähigkeit

2.2.1 Rechtsfähigkeit

Rechtsfähigkeit ist die Fähigkeit von Personen, Träger von Rechten und Pflichten zu sein.

Wer rechtsfähig ist, kann eigene Rechte wahrnehmen. Er kann unter bestimmten Voraussetzungen Verträge abschließen, erben, klagen und verklagt werden. Er muss aber auch eigene Pflichten erfüllen, z. B. Steuern zahlen.

Rechtsfähig und damit **Rechtsträger** sind **natürliche Personen, juristische Personen** und **rechtsfähige Personengesellschaften.**

- **Natürliche Personen** sind alle Menschen, und zwar unabhängig von ihrem Alter.
  Die Rechtsfähigkeit natürlicher Personen beginnt mit der Vollendung der Geburt und endet mit dem Eintritt des Todes (§ 1 BGB).

Rechtsfähigkeit eines zweijährigen Kindes

Die zweijährige Brigitte Feldt hat aufgrund eines Testaments ihres verstorbenen Großvaters eine Briefmarkensammlung geerbt. Sie ist Eigentümerin dieser Sammlung.

- **Juristische Personen** sind Vereinigungen von Personen, denen die Möglichkeit eingeräumt wird, als Träger von Rechten und Pflichten am Rechtsverkehr teilzunehmen.
  Von den **juristischen Personen des privaten Rechts** (eingetragene Vereine, Aktiengesellschaften, Genossenschaften, Stiftungen wie die Stiftung Warentest) sind die **juristischen Personen des öffentlichen Rechts** (Körperschaften wie Bund, Länder und Gemeinden; Anstalten wie Rundfunkanstalten, Sparkassen; Stiftungen wie die Stiftung Preußischer Kulturbesitz) zu unterscheiden.
  Juristische Personen können ihre Rechte und Pflichten nur durch ihre Vertreter wahrnehmen.
  Kapitalgesellschaften und Genossenschaften erlangen durch Eintragung in das Handelsregister bzw. das Genossenschaftsregister Rechtsfähigkeit. **Vereine** werden durch Eintragung in das Vereinsregister rechtsfähig. **Juristische Personen des öffentlichen Rechts** erlangen Rechtsfähigkeit durch Gesetz, Erlass oder Verleihung.

Die Chemo-Werke AG – eine juristische Person des privaten Rechts

Die Chemo-Werke AG – nicht aber deren Aktionäre – ist Eigentümerin von Grundstücken, Maschinen, Waren usw. Die AG hat die Pflicht, Körperschaftsteuer, Gewerbesteuer, Grundsteuer usw. zu zahlen **(Rechtsfähigkeit).** Die Aktionäre können zur Begleichung von Verbindlichkeiten der AG nicht herangezogen werden.

Rechtsfähigkeit der Industrie- und Handelskammer Südlicher Oberrhein

Die Industrie- und Handelskammer Südlicher Oberrhein hat ihren Geschäftssitz in Freiburg. Sie ist verpflichtet, dafür zu sorgen, dass vor ihrem Geschäftsgebäude in Freiburg der Winterdienst (z. B. Streupflicht) geleistet wird.

- „Eine **rechtsfähige Personengesellschaft** ist eine Personengesellschaft, die mit der Fähigkeit ausgestattet ist, Rechte zu erwerben und Verbindlichkeiten einzugehen“ (§ 14 Abs. 2 BGB).

Rechtsfähigkeit der Fritz Klumpp OHG

Fritz Klumpp hat für die Fritz Klumpp OHG eine Werkzeugmaschine bei der Emmendinger Maschinenfabrik AG gekauft. Gegebenenfalls kann die Emmendinger Maschinenfabrik AG die Fritz Klumpp OHG auf Zahlung verklagen. Die OHG ist eine rechtsfähige Personengesellschaft.

2.2.2 Geschäftsfähigkeit

Von der Rechtsfähigkeit zu unterscheiden ist die **Geschäftsfähigkeit.**

Geschäftsfähigkeit ist die Fähigkeit, Rechte und Pflichten durch Rechtsgeschäfte selbstständig erwerben zu können.

Rechtsfähigkeit ohne Geschäftsfähigkeit

Die zweijährige Brigitte Feldt hat durch die Erbschaft das Eigentumsrecht an der Briefmarkensammlung erworben. Sie kann aber selbst die Sammlung nicht verkaufen. Sie ist rechtsfähig, aber es fehlt die Geschäftsfähigkeit.

Juristische Personen sind im Rechtsverkehr nur handlungsfähig durch ihre Organe.

Geschäftsfähigkeit der Chemo-Werke AG

Vertreten durch ihren Vorstand schließt die Chemo-Werke AG Verträge mit Lieferanten und Kunden, Banken und Arbeitnehmern.

Der **Umfang der Geschäftsfähigkeit natürlicher Personen** hängt von deren Lebensalter ab:

Einteilung der Geschäftsfähigkeit nach dem Lebensalter

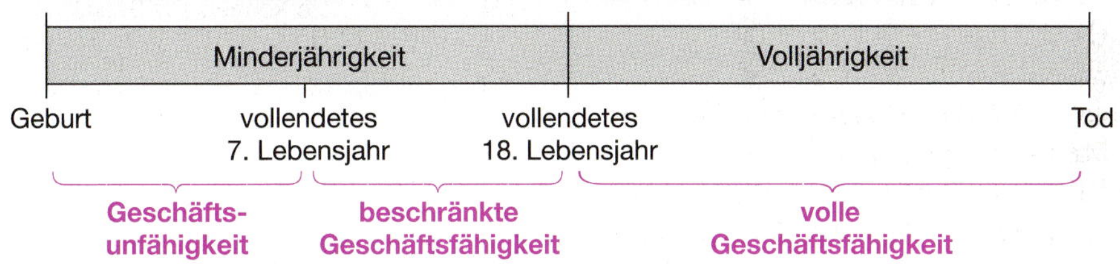

- **Voll geschäftsfähig** ist, wer ohne Einschränkung selbstständig rechtswirksame Willenserklärungen abgeben kann. Er ist damit gleichzeitig vertragsfähig.
- **Geschäftsunfähig** sind Personen bis zum vollendeten 7. Lebensjahr und Personen, die dauernd geisteskrank sind. **Willenserklärungen** Geschäftsunfähiger sind **nichtig.** Für sie handeln gesetzliche Vertreter (Eltern, Vormund, Betreuer).

Vormundschaft gibt es nur für Minderjährige (§ 1773 BGB). Für Volljährige wird ein **Betreuer** bestellt (§ 1896 BGB). Dieser übernimmt in festgelegten Aufgabenkreisen die gesetzliche Vertretung. Ist es zur Abwehr einer erheblichen Gefahr für die Person oder das Vermögen des Betreuten erforderlich, kann das Vormundschaftsgericht Einschränkungen für die Teilnahme des Betreuten am Rechtsverkehr anordnen. Der Betreute bedarf dann zu einer Willenserklärung der Einwilligung des Betreuers **(Einwilligungsvorbehalt).**

- **Beschränkt geschäftsfähig** sind Minderjährige, die das 7. Lebensjahr vollendet haben. **Willenserklärungen** beschränkt geschäftsfähiger Personen bedürfen grundsätzlich der **Zustimmung** durch den gesetzlichen Vertreter, entweder als **Einwilligung** (= vorherige Zustimmung) oder als **Genehmigung** (= nachträgliche Zustimmung). Für diesen Personenkreis gelten einige Sonderregelungen.

Willenserklärungen geschäftsunfähiger Personen sind nichtig. Willenserklärungen, die ohne Einwilligung des gesetzlichen Vertreters von beschränkt geschäftsfähigen Personen abgegeben werden, sind schwebend unwirksam.

Rechtswirksamkeit von Willenserklärungen, die beschränkt Geschäftsfähige abgeben	
1. Schließt ein beschränkt Geschäftsfähiger **mit vorheriger Zustimmung (Einwilligung) des gesetzlichen Vertreters** einen Vertrag, so ist dieser **rechtswirksam** (§ 107 BGB).	**Beispiele:** Der zwölfjährige Horst Kolb kauft drei CDs zum Preis von 24,00 EUR. Seine Eltern haben dem Kauf vorher zugestimmt. Damit ist der Kaufvertrag rechtswirksam.
2. Schließt ein beschränkt Geschäftsfähiger **ohne Einwilligung des gesetzlichen Vertreters** einen Vertrag, so ist die **Rechtswirksamkeit von der nachträglichen Zustimmung (Genehmigung) des gesetzlichen Vertreters abhängig.** Bis zur Erteilung der Genehmigung ist der Vertrag schwebend unwirksam (§ 108 BGB). Das BGB schützt somit den beschränkt Geschäftsfähigen. Vertragsschließende müssen den Grundsatz kennen: „Guter Glaube an die Geschäftsfähigkeit wird nicht geschützt."	In Abwesenheit seiner Eltern kauft der dreizehnjährige Michael Junk von einem vorbeikommenden Obstbauern (Straßenverkauf) eine Stiege Äpfel zum Preis von 12,00 EUR. Der Vertrag ist zunächst schwebend unwirksam. Er wird rechtswirksam, wenn die Eltern nachträglich zustimmen (genehmigen). Verweigern die Eltern dies und fordern sie die Rücknahme des Obstes gegen Erstattung des Geldes, so muss der Verkäufer dieser Forderung entsprechen.
3. **Willenserklärungen sind voll rechtswirksam ohne Einwilligung des gesetzlichen Vertreters,** wenn sie dem beschränkt Geschäftsfähigen lediglich einen **rechtlichen Vorteil** bringen (§ 107 BGB). Dabei kommt es nicht auf die wirtschaftliche Bewertung, sondern allein auf die Rechtsfolgen an.	Der vierzehnjährige Michael Junk erhält drei CDs im Wert von 72,00 EUR von seiner Tante geschenkt. Da hier keine rechtliche Pflicht (Bezahlung) besteht, ist das Rechtsgeschäft Schenkung gültig.
4. **Willenserklärungen sind voll rechtswirksam auch ohne Zustimmung des gesetzlichen Vertreters,** wenn der beschränkt Geschäftsfähige Verträge schließt und für die **Erfüllung der Verträge Mittel verwendet, die ihm zu diesem Zweck oder zur freien Verfügung** von seinem gesetzlichen Vertreter oder mit dessen Zustimmung von einem Dritten **überlassen worden sind** (§ 110 BGB).	Kauft der vierzehnjährige Michael Junk drei CDs zu 72,00 EUR und hat er diesen Betrag von seinem monatlichen Taschengeld zusammengespart oder hat er den Betrag von seinem Onkel geschenkt bekommen, ist der Kaufvertrag auch ohne Zustimmung seiner Eltern rechtswirksam.
5. **Beschränkt Geschäftsfähige** gelten in zwei Fällen als **voll geschäftsfähig:** a) Der beschränkt Geschäftsfähige wird **durch seinen gesetzlichen Vertreter ermächtigt, ein Dienst- oder Arbeitsverhältnis einzugehen.** Er ist dann im Rahmen dieses Vertragsverhältnisses unbeschränkt geschäftsfähig. b) Der beschränkt Geschäftsfähige wird **durch seinen gesetzlichen Vertreter mit Genehmigung des Vormundschaftsgerichts zum selbstständigen Betrieb eines Erwerbsgeschäftes ermächtigt.** Er ist dann für solche Rechtsgeschäfte unbeschränkt geschäftsfähig, die der Geschäftsbetrieb mit sich bringt.	Der sechzehnjährige Dieter Weiß hat mit Einwilligung seiner Eltern eine Tätigkeit in einem Betrieb übernommen. Der Betrieb zahlt den Lohn bargeldlos. Dieter Weiß darf sich ein Bankkonto einrichten lassen, also einen Kontovertrag mit einer Bank oder Sparkasse schließen, da er im Rahmen des Arbeitsverhältnisses voll geschäftsfähig ist. Aus Gesundheitsgründen überträgt der Geschäftsinhaber Walter Haber seinen Betrieb auf seinen siebzehnjährigen Sohn Peter. Für den Betrieb darf der beschränkt Geschäftsfähige rechtswirksame Verträge schließen.

2.3 Rechtsgeschäfte

2.3.1 Zustandekommen von Rechtsgeschäften

Rechtsgeschäfte entstehen aufgrund von **Willenserklärungen,** die bestimmte Rechtsfolgen nach sich ziehen. Sie können durch **eine** Willenserklärung **(einseitige Rechtsgeschäfte)** oder **mehrere** Willenserklärungen **(mehrseitige Rechtsgeschäfte)** zustande kommen.

▶ Einseitige Rechtsgeschäfte

Einseitige Rechtsgeschäfte kommen durch **eine Willenserklärung** zustande. Diese kann empfangsbedürftig (z. B. Kündigung) oder nicht empfangsbedürftig (z. B. das Testament) sein.

Beispiel 1: Kündigung
Klaus Freitag kündigt sein Arbeitsverhältnis. Der Arbeitgeber muss die Willenserklärung erhalten, damit sie wirksam wird.

Beispiel 2: Testament
Ferdinand Schulte legt seinen letzten Willen in seinem Testament fest. Seine Willenserklärung ist gültig, auch ohne dass seine Erben Kenntnis davon haben.

▶ Mehrseitige Rechtsgeschäfte (Verträge)

- **Ein Vertrag kommt durch gegenseitige, übereinstimmende Willenserklärungen zustande.** Am häufigsten sind dabei Verträge mit zwei Partnern, z. B. Käufer und Verkäufer beim **Kaufvertrag,** Kreditnehmer und Kreditgeber beim **Kreditvertrag** (zweiseitige Rechtsgeschäfte). Rechtsgeschäfte, bei denen meistens mehr als zwei Personen beteiligt sind, liegen z. B. bei **Gesellschaftsverträgen** vor.

Ein Mietvertrag entsteht
Der Student Toni Pfleiderer liest eine Anzeige, in der eine geeignete Studentenbude für ein halbes Jahr angeboten wird. Er sucht den Vermieter auf, verhandelt mit ihm über nötige Kleinreparaturen und über den Mietpreis. Man ist sich schließlich einig. Am 1. Oktober soll eingezogen werden. Der Mietvertrag ist durch die mündliche Vereinbarung entstanden.

Zwei Willenserklärungen liegen vor:
- Der **Antrag** ist die Willenserklärung,
  mit der einem anderen der **Abschluss eines Vertrages abgeboten** wird.
- Die **Annahme** ist die Willenserklärung,
  mit der dem Antragenden die **Zustimmung zum Vertragsabschluss** gegeben wird.

Rechtsgeschäfte entstehen durch Willenserklärungen. Einseitige Rechtsgeschäfte bedürfen einer Willenserklärung, mehrseitige Rechtsgeschäfte (Verträge) mehrerer Willenserklärungen.

▶ Überblick über die Rechtsgeschäfte

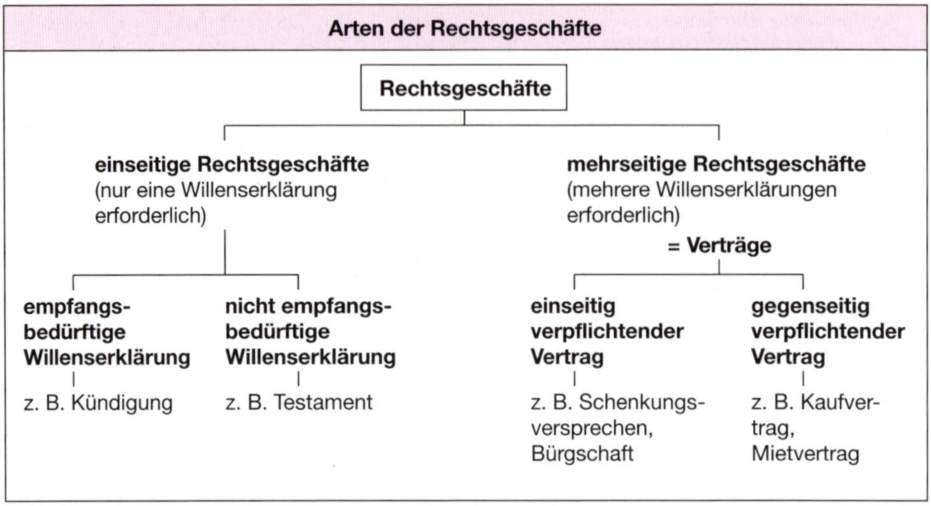

2.3.2 Formvorschriften für Rechtsgeschäfte

- **Rechtsgeschäfte** können **grundsätzlich formfrei** abgeschlossen werden. Willenserklärungen können mündlich, telefonisch, schriftlich, per Telefax, E-Mail, online – aber auch durch schlüssiges Handeln (konkludentes Handeln) – abgegeben werden. Jedoch sind folgende **Ausnahmen** zu beachten:
  - **Schriftform** (schriftliche Abgabe der Willenserklärung) ist z. B. für Miet- und Pachtverträge erforderlich, die länger als ein Jahr gelten sollen, und für Bürgschaftserklärungen von Nichtkaufleuten. Ist Schriftform vorgeschrieben, muss die Urkunde vom Aussteller eigenhändig durch Namensunterschrift unterzeichnet werden. Wird über einen Vertrag nur eine Urkunde ausgestellt, müssen beide Vertragspartner unterschreiben. Werden über einen Vertrag mehrere Urkunden ausgestellt, genügt es, wenn jede Partei die Urkunde unterzeichnet, die für die andere Partei bestimmt ist.

    Die **schriftliche Form** kann durch die **elektronische Form** (E-Mail, Bestellformular im Internet, Telefax) ersetzt werden, wenn sich aus dem Gesetz nichts anderes ergibt (§126 Abs. 3 BGB). So ist z. B. im Falle einer Bürgschaftserklärung (§766 Abs. 1 BGB) oder eines Schuldversprechens (§780 Abs. 1 BGB) die Erteilung in elektronischer Form vom Gesetz ausdrücklich ausgeschlossen.

    Die Verwendung der **elektronischen Form** erfordert, dass der Aussteller der Erklärung seinen Namen hinzufügt und das elektronische Dokument mit einer **qualifizierten Signatur** nach dem Signaturgesetz versieht (§126 a BGB). Eine qualifizierte elektronische Signatur ist eine Art Siegel zu digitalen Daten. Durch deren Verschlüsselung mithilfe besonderer Programme soll der Missbrauch vermieden werden.

    Ist vom Gesetz **Textform** vorgesehen (z. B. Verlangen einer Mieterhöhung – §558 a BGB, Garantieerklärung an einen Verbraucher – §477 Abs. 2 BGB), muss die Erklärung in einer Urkunde auf andere zur dauerhaften Wiedergabe in Schriftzeichen geeignete Weise abgegeben werden. Der **Erklärende** muss genannt und der Abschluss der Erklärung durch **Nachbildung der Unterschrift** oder anders erkennbar gemacht werden (§126 b BGB).

- **Öffentliche Beglaubigung** (schriftliche Abgabe der Willenserklärung und Beglaubigung der Unterschrift durch Notar oder Behörde) ist z.B. für Anträge auf Handelsregister- und Vereinsregistereintragungen und für Erklärungen zwecks Grundbucheintragung notwendig. Nicht der Inhalt der Erklärung wird beglaubigt, sondern nur die Echtheit der Unterschrift.
- **Notarielle Beurkundung** (Aufnahme der Willenserklärung in Form einer öffentlichen Urkunde) ist z.B. für Grundstückskaufverträge notwendig. Im Gegensatz zur öffentlichen Beglaubigung nimmt der Notar den gesamten Wortlaut der vertraglichen Abmachung zur Niederschrift auf.

- **Geschäfte des täglichen Lebens,** z.B. Ladenkäufe, werden **in der Regel mündlich** abgeschlossen. Bei Verträgen über größere Summen ziehen Verkäufer und Käufer die Schriftform vor, um in möglichen Streitfällen eindeutige Beweise zu haben. Kaufleute untereinander schließen Verträge fast immer schriftlich ab.

2.3.3 Nichtigkeit und Anfechtbarkeit von Rechtsgeschäften

In einigen besonderen Fällen, die im Bürgerlichen Gesetzbuch geregelt sind, können **Rechtsgeschäfte von Anfang an ungültig** sein oder **durch besondere Erklärung nachträglich ungültig** gemacht werden.

▶ Nichtige Willenserklärungen

Willenserklärungen sind von Anfang an ungültig, wenn der eigentliche Wille des Erklärenden nicht zum Ausdruck kommt oder wenn gegen gesetzliche Vorschriften verstoßen wird, die dem Schutz des Schwächeren dienen sollen.

Nichtige Willenserklärungen sind ungültige Willenserklärungen. Ein Rechtsgeschäft ist erst gar nicht entstanden.

Ein nichtiges Rechtsgeschäft

Ernst Gruber bietet einer Familie, die durch einen Brand ihre Wohnung verloren hat, eine leer stehende Dachgeschosswohnung an. Der Mietpreis ist allerdings doppelt so hoch wie bei einer vergleichbaren Wohnung. Der Familienvater unterschreibt in seiner Not den Mietvertrag.
Seine Unterschrift ist aber dann ungültig, wenn sich herausstellt, dass dies eine Wuchermiete war.

▶ Anfechtbarkeit von Willenserklärungen

Wer eine Willenserklärung abgibt, über deren Inhalt er im Irrtum war (Inhaltsirrtum), kann sie im Nachhinein für ungültig erklären, er kann das Rechtsgeschäft anfechten. Das Gleiche gilt, wenn sich der Erklärende verspricht oder verschreibt (Erklärungsirrtum) oder wenn er durch eine widerrechtli-

Ungültigkeit eines Rechtsgeschäfts durch Anfechtungserklärung

Herr Geiger will bei einem Versandhaus einen CD-Player mit der Bestellnummer 2504 bestellen. Aus Versehen schreibt er auf die Bestellkarte die Bestellnummer 2405 und erhält deshalb einen Tennisschläger zugeschickt.

che Drohung zu deren Abgabe gezwungen wurde.

Wer das Recht auf Anfechtung hat, dem bleibt die freie Wahl, ob er das Rechtsgeschäft durch Anfechtungserklärung ungültig machen will oder nicht. Ohne Anfechtungserklärung bleibt das Rechtsgeschäft gültig.

Anfechtbare Rechtsgeschäfte können durch Erklärung rückwirkend für ungültig erklärt werden.

Der Vertrag über den Tennisschläger ist durch übereinstimmende Willenserklärungen gültig zustande gekommen. Herr Geiger kann jedoch die abgegebene Willenserklärung wegen Irrtums in der Erklärung anfechten und den Tennisschläger zurückschicken. Er muss jedoch die dem Versandhaus entstandenen Kosten ersetzen.

Überblick über die Ungültigkeit von Rechtsgeschäften	
Nichtige Rechtsgeschäfte sind – Geschäfte von Geschäftsunfähigen (§ 105 BGB), – Scheingeschäfte (§ 117 BGB), – Scherzgeschäfte (§ 118 BGB), – Geschäfte, die gegen Gesetz oder gute Sitten verstoßen (§ 134 und § 139 BGB), – Geschäfte, die gegen Formvorschriften verstoßen (§ 125 BGB).	**Rechtsgeschäfte sind anfechtbar wegen** – Irrtums (Beispiel und § 119 BGB), – widerrechtlicher Drohung (§ 123 BGB), – arglistiger Täuschung (§ 123 BGB).

2.4 Entstehung und Erfüllung von Verträgen

2.4.1 Der Abschluss eines Vertrages

Am häufigsten kommen Verträge zwischen zwei Partnern zustande, zwischen Käufer und Verkäufer beim Kaufvertrag, beim Mietvertrag zwischen Mieter und Vermieter. Verträge, bei denen mehr als zwei Personen beteiligt sind, sind z. B. Gesellschaftsverträge.

Ein Vertrag kommt durch gegenseitige, übereinstimmende Willenserklärungen zustande.

Wie ein Kaufvertrag entsteht

Friedolin Großmann will seinen Stereokassettenrekorder 740 AV an seinen Sportfreund Andreas Kuhnle verkaufen. Er fordert dafür 70,00 EUR. Andreas ist damit einverstanden. Sie verabreden, dass der Rekorder am nächsten Tag gegen Barzahlung übergeben werden soll.

Zwischen Friedolin und Andreas ist ein Kaufvertrag entstanden.

Die für das Entstehen eines Vertrages notwendigen Willenserklärungen heißen **Antrag** und **Annahme.** Im Beispiel gibt der Verkäufer die erste Willenserklärung ab, er macht den Antrag. Der Käufer ist mit dem Angebot einverstanden, er nimmt den Antrag an.

Zustandekommen eines Kaufvertrages

Ein Kaufvertrag kann auch dadurch entstehen, dass der Käufer die erste Willenserklärung abgibt. Der Verkäufer müsste die Annahme erklären.

Der **Antrag** ist die Willenserklärung, mit der einem anderen der Abschluss eines Vertrages angeboten wird.

Die **Annahme** ist die Willenserklärung, mit der dem Antragenden die Zustimmung zum Vertragsabschluss gegeben wird.

Ein Antrag des Käufers

Andreas wünscht sich einen Stereokassettenrekorder wie den von Friedolin. „Für 70,00 EUR kaufe ich dir den ab", sagt Andreas bei einem Besuch zu Friedolin. Der überlegt kurz und ist einverstanden. Andreas machte einen rechtsgültigen (verbindlichen) Antrag.

Solange sich aber die Vertragspartner nicht über alle wesentlichen Punkte des Vertragsinhaltes geeinigt haben, ist im Zweifel der Vertrag nicht abgeschlossen (§ 154 BGB).

Es fehlt die Übereinstimmung

Friedolin will den Rekorder gegen sofortige Barzahlung abgeben. Andreas möchte ihn in drei Raten abzahlen. Man wird nicht einig.

2.4.2 Vertragsarten

Gesetzliche Regelungen über Verträge finden wir im Bürgerlichen Gesetzbuch, im Handelsgesetzbuch und in anderen Gesetzen.

Vertragsarten			
Bezeichnung des Vertrages	**Gesetzliche Grundlage**	**Inhalt des Vertrages**	**Beispiele:**
Kaufvertrag	§§433ff. BGB §§373ff. HGB	Verpflichtung zur Veräußerung von Sachen oder Rechten gegen Geld.	Informatikstudent Andreas verpflichtet sich durch eine mündliche Erklärung gegenüber seinem Mitbewohner Kurt, diesem seinen Laptop für 500,00 EUR zu verkaufen. Kurt verpflichtet sich zur Zahlung und Abnahme.
Mietvertrag	§§535ff. BGB	Vermieter verpflichtet sich, dem Mieter eine Sache zum Gebrauch gegen Zahlung eines Entgelts zu überlassen.	Eine Ferienwohnung wird für 250,00 EUR pro Woche gemietet. Für den Umzug des Sohnes zum Studienort mietet der Vater einen Kleintransporter.
Pachtvertrag	§§581ff. BGB	Der Verpächter verpflichtet sich gegenüber dem Pächter zur Überlassung einer Sache oder eines Rechts zum Gebrauch gegen Zahlung einer Pacht. Der Pächter darf die Erträge, die die Nutzung einbringt, behalten („Fruchtgenuss").	Ein kleiner Garten mit Obstanlagen wird verpachtet. Altershalber verpachtet Kfz-Meister Dees seine Werkstatt, bis sein Sohn die Ausbildung beendet hat.
Leihvertrag	§§598ff. BGB	Ein Verleiher verpflichtet sich zur Überlassung einer Sache zum Gebrauch ohne Entgelt. Es ist der selbe Gegenstand zurückzugeben.	Der Nachbar leiht sich den Rasenmäher für 2 Stunden und bringt ihn sauber zurück.
Darlehensvertrag	§§488ff. BGB	Der Darlehensgeber verpflichtet sich, dem Darlehensnehmer einen **Geldbetrag** in der vereinbarten Höhe zur Verfügung zu stellen. Der Darlehensnehmer ist verpflichtet, einen geschuldeten Zins zu zahlen und bei Fälligkeit das zur Verfügung gestellte Darlehen zurückzuerstatten.	Zum Kauf eines neuen Autos nimmt Hans Jörger bei seiner Freundin ein Darlehen in Höhe von 12000,00 EUR auf. Es wird vereinbart, dass das Darlehen nach 4 Jahren in einem Betrag zurückzuzahlen ist. Die Zinsen in Höhe von 8,2% sind jeweils zum Jahresende fällig.

Vertragsarten			
Bezeichnung des Vertrages	**Gesetzliche Grundlage**	**Inhalt des Vertrages**	**Beispiele:**
Verbraucher-darlehens-vertrag	§ 491 ff. BGB	Ein **Unternehmen** (z. B. Bank) schließt als Darlehensgeber mit einem **Verbraucher** als Darlehensnehmer einen **entgeltlichen** Darlehensvertrag.	Zum Kauf einer neuen Wohnungseinrichtung gewährt die Volksbank Freiburg Tanja Glück ein Darlehen in Höhe von 8000,00 EUR (Zinssatz: 9 %; Rückzahlung in monatlichen Raten zu jeweils 100,00 EUR).
Sach-darlehens-vertrag	§ 607 ff. BGB	Der Darlehensgeber verpflichtet sich, dem Darlehensnehmer eine vereinbarte **vertretbare Sache** zu überlassen. Der Darlehensnehmer ist zur Zahlung eines Darlehensentgelts und bei Fälligkeit zur Rückerstattung von Sachen gleicher Art, Güte und Menge verpflichtet.	Als Kurt Müller mit seinem Auto aus der Garage fahren will, stellt er fest, dass der Benzintank leer ist. Sein Nachbar gibt ihm einen Kleinkanister mit 5 l Inhalt. Am Abend des gleichen Tages gibt Kurt Müller das Benzin wieder zurück. *Hinweis: Im Sachdarlehensvertrag kann auch vereinbart werden, dass ein Entgelt nicht anfällt.*
Dienst-vertrag	§§ 611 ff. BGB	Einer der Partner verpflichtet sich zur Leistung einer bestimmten Tätigkeit, der andere zur Zahlung der vereinbarten Vergütung.	Ein Rechtsanwalt führt einen Prozess wegen Schadensersatzansprüchen bei einem Unfall.
Arbeits-vertrag	§§ 611 ff. BGB §§ 59 ff. HGB arbeits-rechtliche Sonder-gesetze	Er begründet ein Arbeitsverhältnis in einem Unternehmen. Zwischen Arbeitgeber und Arbeitnehmer werden nur noch Einzelheiten besonders vereinbart. Viele Regelungen für ein Arbeitsverhältnis sind bereits durch Betriebsrat und Tarifvertrag getroffen.	Friedolin wird als Konstrukteur eingestellt. Es wird die Gehaltsklasse vereinbart. Urlaubsregelung, Arbeitszeit und Pausen gelten entsprechend der Betriebsvereinbarung.
Girovertrag	§§ 676 ff. BGB	Ein **Kreditinstitut** wird durch diesen Vertrag verpflichtet, für den Kunden ein Konto einzurichten, eingehende Zahlungen auf dem Konto gutzuschreiben und Überweisungsaufträge zu Lasten dieses Kontos abzuwickeln.	Der Auszubildende **Stefan Talosi** hat mit der Sparkasse Freiburg einen Girovertrag abgeschlossen. Die Einrichtung eines Girokontos war u. a. deshalb erforderlich, damit der Ausbildungsbetrieb die monatliche Ausbildungsvergütung überweisen kann.
Haftpflicht-versicherungs-vertrag	§§ 149–158 Versicherungs-vertragsgesetz (VVG)	Ein Versicherer verpflichtet sich, einen Versicherten von Schadensersatzansprüchen eines Dritten freizustellen. Der Versicherte zahlt für diesen Versicherungsschutz entsprechende Beiträge.	Hausbesitzer **Kern** kommt versehentlich seiner Streupflicht im Winter nicht nach. Dadurch stürzt der Postbote und bricht sich ein Bein. Besteht eine entsprechende Haftpflichtversicherung, so übernimmt sie die Schadensregulierung.
Werkvertrag	§§ 631 ff. BGB	Der Unternehmer verpflichtet sich, ein bestimmtes Arbeitsergebnis (das Werk) zu liefern, der Besteller verpflichtet sich, die vereinbarte Vergütung zu zahlen.	Vor dem Urlaub wird der Pkw frisch lackiert.
Werk-lieferungs-vertrag	§ 651 BGB; Vorschriften über den Kauf	Zusätzlich zum Werkvertrag hat der Unternehmer die Pflicht übernommen, das benötigte Material selbst zu beschaffen.	Für die Dachwohnung wird beim Schreiner ein Bücherregal bestellt, das der vorhandenen Schrankwand anzupassen ist und gleiche Holzqualität haben soll.

2.4.3 Schutzbestimmungen für bestimmte Verträge mit Verbrauchern

Der Verbraucher ist im Gegensatz zu einem Unternehmer beim Abschluss von bestimmten Verträgen besonders schutzbedürftig. Deshalb hat der Gesetzgeber eine Reihe von Vorschriften erlassen, die diesem Schutzgedanken gerecht werden sollen.

▶ Haustürgeschäfte

Bei Verträgen, die von einem Unternehmer mit einem Verbraucher

- nach Verhandlungen an seinem Arbeitsplatz oder im Bereich der Privatwohnung,
- anlässlich einer vom Unternehmer durchgeführten Freizeitveranstaltung (z. B. Kaffeefahrt) oder
- im Anschluss an ein überraschendes Ansprechen in Verkehrsmitteln oder im Bereich öffentlicher Verkehrsflächen

geschlossen werden **(Haustürgeschäfte)**, steht dem Verbraucher ein Widerrufsrecht zu. Der Widerruf muss keine Begründung enthalten und ist in Textform oder durch Rücksendung der Sache innerhalb **von zwei Wochen** gegenüber dem Unternehmer zu erklären (§§ 312, 355 BGB). Der Unternehmer ist verpflichtet, den Verbraucher über das Widerrufs- oder Rückgaberecht zu belehren. Bei dieser Belehrung muss er insbesondere darüber informieren, welchen Wertersatz der Verbraucher zu leisten hat, wenn er die gekaufte Sache zunächst benutzt und anschließend zurückgibt (§ 357 Abs. 3 BGB).

> Frank Schultz wird am 16.10. d. J. auf dem Rotebühlplatz in Stuttgart von einem Mitarbeiter eines Buchclubs angesprochen. Spontan unterschreibt er eine Erklärung, durch die eine Mitgliedschaft begründet wird. Durch die Mitgliedschaft wird Frank Schultz verpflichtet, Bücher oder CDs für einen Gesamtbetrag von mindestens 24,00 EUR pro Quartal zu kaufen. Als „Eintrittsgeschenk“ erhält er einen CD-Gutschein im Wert von 50,00 EUR. Frank Schultz hat zwei Wochen Zeit, bei dem Unternehmen die Mitgliedschaft zu widerrufen, da es sich um ein **Haustürgeschäft** handelt.

▶ Fernabsatzverträge

Fernabsatzverträge sind Verträge über die Lieferung von Waren oder die Erbringung von Dienstleistungen, die von einem Unternehmer mit einem Verbraucher unter ausschließlicher Verwendung von Fernkommunikationsmitteln (Briefe, Kataloge, Telefonanrufe, E-Mails, Internet) abgeschlossen werden (§ 312b BGB). Wie bei einem Haustürgeschäft steht auch hier dem Verbraucher ein Widerrufsrecht von **zwei Wochen** zu (§ 312d BGB). Der Unternehmer ist verpflichtet, den Verbraucher rechtzeitig vor Abschluss eines Fernabsatzvertrages über Einzelheiten des Vertrages zu informieren. Hierzu gehören z. B. Informationen über

- die genaue Anschrift des Unternehmers,
- wesentliche Merkmale der Ware,
- den Preis der Ware einschließlich Steuern und anderer Preisbestandteile,

> Roland Beck sucht über das Internet nach Ersatzteilen für seine alte Vespa 200 E. Über eine Suchmaschine gelangt er auf die Seite des virtuellen Ersatzteilhändlers „Rollershop“. Per Mausklick bestellt er am 5. Mai d. J. die gesuchten Ersatzteile. Durch E-Mail wird der Auftrag bereits nach kurzer Zeit bestätigt (Auftragswert 260,00 EUR). Am 08.05. findet er in der Zeitschrift „Schnapp“ eine Anzeige, in der die Ersatzteile zum halben Preis angeboten werden.
>
> Roland Beck kann seine Internetbestellung innerhalb von 2 Wochen ohne Angabe von Gründen widerrufen. Der Vertrag ist bis zum Ablauf dieser Frist **schwebend wirksam.**

- Lieferung und Zahlung,
- gegebenenfalls zusätzlich anfallende Liefer- und Versandkosten,
- Bedingungen der Ausübung und Rechtsfolgen des Widerrufs- oder Rückgaberechtes.

▶ *Ratenlieferungsvertrag*

Ein Ratenlieferungsvertrag liegt vor, wenn ein Unternehmer mit einem Verbraucher einen Vertrag geschlossen hat,

- der darauf gerichtet ist in Form von Teilleistungen bzw. Teilzahlungen erfüllt zu werden oder
- die regelmäßige Lieferung von Sachen gleicher Art zum Gegenstand hat (§ 505 BGB).

Eleonore Brossmer hat in einem Kaffeegeschäft einen Vertrag abgeschlossen, wonach sie verpflichtet wird, für die Dauer von 2 Jahren monatlich 2 kg Kaffee zum Preis von 7,80 EUR/kg zu kaufen. Als Einstiegsgeschenk erhält sie dafür eine komfortable Kaffeemaschine „gratis". Eleonore Brossmer kann den Vertrag innerhalb von 2 Wochen widerrufen, da es sich um einen **Ratenlieferungsvertrag** handelt.

Auch in diesem Falle steht dem Verbraucher ein Widerrufsrecht von **zwei Wochen** zu. Darüber hinaus ist der Ratenlieferungsvertrag im Normalfalle nur gültig, wenn er **schriftlich** abgeschlossen wird (§ 505 Abs. 2 BGB).

▶ *Verbraucherdarlehen*

Für den Abschluss eines Verbraucherdarlehensvertrag (entgeltlicher Darlehensvertrag zwischen einem Unternehmer als Darlehensgeber und einem Verbraucher) ist grundsätzlich **Schriftform** vorgeschrieben (§ 492 Abs. 1 BGB). Darüber hinaus sind in der vom Darlehensnehmer unterzeichneten Vertragserklärung u. a. Angaben zu machen über

- den Nettodarlehensbetrag,
- den Gesamtbetrag, den der Darlehensnehmer für Tilgungs- und Zinszahlungen des Darlehens aufbringen muss,
- die Art und Weise der Rückzahlung,
- den Zinssatz sowie alle sonstigen Kosten des Darlehens,
- den effektiven Jahreszins (§ 492 BGB).

Manfred Muser hat mit einem Kreditvermittler schriftlich einen Darlehensvertrag über die Darlehenssumme von 8 000,00 EUR abgeschlossen. In dem Vertrag wurde vereinbart, dass das Darlehen nach zwei Jahren zu dem Betrag von 11 000,00 EUR einschließlich Zinsen und Kosten zurückzuzahlen ist. Mit der Rückzahlung sind nach dem Vertragsinhalt sämtliche Verpflichtungen abgegolten. Weitere Angaben sind in dem Darlehensvertrag nicht enthalten. Der **Verbraucherdarlehensvertrag** ist schon allein deshalb nichtig, weil der Kreditzins und der effektive Zins nicht im Vertragstext genannt sind.

Der Darlehensnehmer kann bei einem Verbraucherdarlehen den Vertrag binnen **zwei Wochen** nach Vertragsschluss widerrufen (§ 495 Abs. 1 und § 355 BGB).

2.4.4 Allgemeine Geschäftsbedingungen (AGB)

Die gesetzlichen Gewährleistungsansprüche werden oft vertraglich eingeschränkt. Vom Gesetz vorgeschriebene Rügefristen und Gewährleistungsansprüche stehen dem Käufer zu, wenn vertraglich – durch individuelle **Einzelabrede** oder durch Anerkennung der **Allgemeinen Geschäftsbedingungen** (AGB) – keine andere Regelung zwischen den Vertragspartnern getroffen wurde.

Allgemeine Geschäftsbedingungen sind alle für eine Vielzahl von Verträgen vorformulierte Vertragsbedingungen, die eine Vertragspartei der anderen Vertragspartei bei Abschluss eines Vertrages stellt.

Gesetzliche Grundlage der allgemeinen Geschäftsbedingungen ist das BGB (§§ 305ff.).

Allgemeine Geschäftsbedingungen (AGB) werden bei Verträgen mit Nichtkaufleuten Bestandteil eines Vertrages, wenn der Verwender bei Vertragsabschluss

- die andere Vertragspartei ausdrücklich oder durch deutlich sichtbaren Aushang auf sie hinweist und der anderen Vertragspartei ermöglicht, den Inhalt der AGB kennen zu lernen, und
- von der anderen Vertragspartei das Einverständnis über die Geltung der AGB hat.

Einzelvertragliche Abmachungen, also individuelle Vertragsabreden, haben Vorrang vor den AGB.

Gültige AGB

Tischlermeister Naegele hat auf seinen Auftragsformularen deutlich sichtbar seine AGB abgedruckt. Er lässt seine Kunden grundsätzlich unterschreiben.

In den AGB heißt es u.a.: Der Rechnungsbetrag ist zahlbar mit 2% Skonto bei Erhalt der Rechnung oder 30 Tage Ziel netto.

Fall 1: Ein Kunde lässt sechs Stühle reparieren. Der Auftrag wird ohne besondere Absprachen angenommen. Für den Reparaturauftrag gelten dann die auf den Auftragsformularen abgedruckten AGB.

Fall 2: Ein Kunde bestellt die Anfertigung einer Kiefernholztreppe für die Renovierung seines Bauernhauses. Abweichend von den AGB vereinbaren Naegele und der Besteller eine Gewährleistungsfrist (Nachbesserungspflicht für Mängel) von fünf Jahren.

Es gilt nicht die in den AGB festgelegte Gewährleistungspflicht von zwei Jahren, sondern die **Einzelvereinbarung** über eine Gewährleistung von fünf Jahren.

Zum Schutz der Käufer enthält das Bürgerliche Gesetzbuch Bestimmungen, die gewisse Klauseln in Allgemeinen Geschäftsbedingungen für unwirksam erklären.

Grundsätzlich unwirksam sind Bestimmungen in AGB, die den Vertragspartner des Verwenders entgegen den Geboten von Treu und Glauben unangemessen benachteiligen.

Unwirksam ist auch eine Bestimmung, durch die bei Verträgen über Lieferungen neu hergestellter Sachen die Gewährleistungsansprüche ausgeschlossen werden.

Unwirksame AGB-Klauseln

In den AGB der Kfz-Werkstatt Willmann heißt es:

„Sämtliche Gewährleistungsansprüche sind ausgeschlossen. Die Werkstatt haftet nicht für unsachgemäße Arbeit."

Diese Klausel ist unwirksam.

2.4.5 Die Erfüllung von Verträgen

▶ Das Verpflichtungsgeschäft

Wer einen Vertrag schließt, ist sich mit seinem Vertragspartner einig, dass damit jeder Partner bestimmte Pflichten übernommen, aber auch gleichzeitig bestimmte Rechte erworben hat. Den Abschluss eines Vertrages bezeichnet man daher auch als **Verpflichtungsgeschäft.**

Verpflichtungsgeschäfte sind schuldrechtliche Rechtsgeschäfte, die Verpflichtungen zu Leistungen begründen.

▶ Das Verfügungsgeschäft

Zur Erfüllung eines Verpflichtungsgeschäftes bedarf es eines weiteren Rechtsgeschäfts, mit dem die Rechtslage einer Sache verändert wird. Der Verkäufer muss bestellte Ware nicht nur liefern, sondern seine bisherigen Eigentumsrechte aufgeben und auf den Käufer übertragen. Beim Mietvertrag hat der Vermieter dafür zu sorgen, dass der Mieter die gemietete Wohnung in Besitz nehmen kann, um sie zu nutzen.

Die Erfüllung von Verträgen erfolgt in einem Verfügungsgeschäft.

Verfügungsgeschäfte sind Rechtsgeschäfte, die unmittelbar die Rechtslage einer Sache oder eines Rechts verändern.

Zusammenhang von Verpflichtungs- und Verfügungsgeschäft

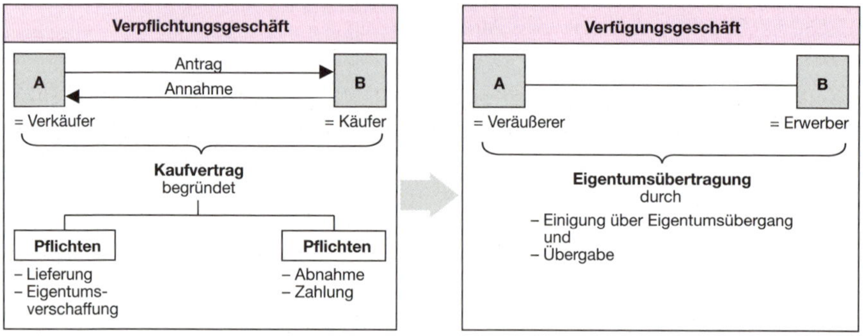

- **Bei Geschäften des täglichen Lebens,** z. B. bei Ladenkäufen, fallen Verpflichtungsgeschäft und Verfügungsgeschäft meistens zusammen und sind nicht als einzelne Rechtsgeschäfte zu erkennen: Ein Kunde kauft ein Buch, bezahlt es bar und nimmt das Buch als sein Eigentum mit.
- Bei **Grundstücksgeschäften** gelten besondere Regelungen:
  - Das **Verpflichtungsgeschäft (Grundstückskaufvertrag)** kommt durch Antrag und Annahme zustande. Beide Willenserklärungen müssen notariell beurkundet werden. Verkäufer und Käufer müssen den Vertrag vor einem Notar schließen.
  - Das **Verfügungsgeschäft,** also die Eigentumsübertragung als Erfüllung des Kaufvertrages, besteht aus der **Einigung über den Eigentumsübergang** (= Auflassung) und der Umschreibung des Eigentums im Grundbuch (= Eintragung). Das Grundbuch ist ein öffentliches Register aller Grundstücke eines Amtsgerichtsbezirks und wird von den Amtsgerichten geführt.[1]

[1] In Baden-Württemberg führen die Gemeindeverwaltungen das Grundbuch.

2.5 Störungen bei der Erfüllung von Verträgen

2.5.1 Der Begriff Vertragsstörungen

Aus jedem Vertrag ergeben sich für die Vertragspartner Pflichten und Rechte.

Werden Pflichten aus einem Vertrag nicht oder nicht vertragsgemäß erfüllt, sprechen wir von Störungen bei der Vertragserfüllung.

Bei der Erfüllung eines **Kaufvertrages** können folgende wesentlichen Störungen auftreten:

- Der Verkäufer liefert nicht oder verspätet **(Nicht rechtzeitige Lieferung).**
- Der Verkäufer zahlt nicht oder verspätet **(Nicht rechtzeitige Zahlung).**
- Der Verkäufer liefert falsche Ware, fehlerhafte Ware oder Ware in geringerer als der bestellten Menge (**Schlechtleistung**).
- Der Verkäufer nimmt die rechtzeitig gelieferte Ware nicht ab **(Annahmeverzug)**.

Vertragsstörungen

Karl Müller, der Inhaber des Fachgeschäfts für Bürobedarf, hat folgende Problemfälle zu erledigen: 1. Seit einer Woche ist eine Lieferung Heizöl fällig. 2. Ein Kunde hat eine Rechnung nicht beglichen. Eine Mahnung war erfolglos. 3. Bei einer Sendung Faxgeräte wird festgestellt, dass die Großbuchstaben nicht funktionieren. 4. Ein Kunde weigert sich, zwei bestellte Faxgeräte abzunehmen.

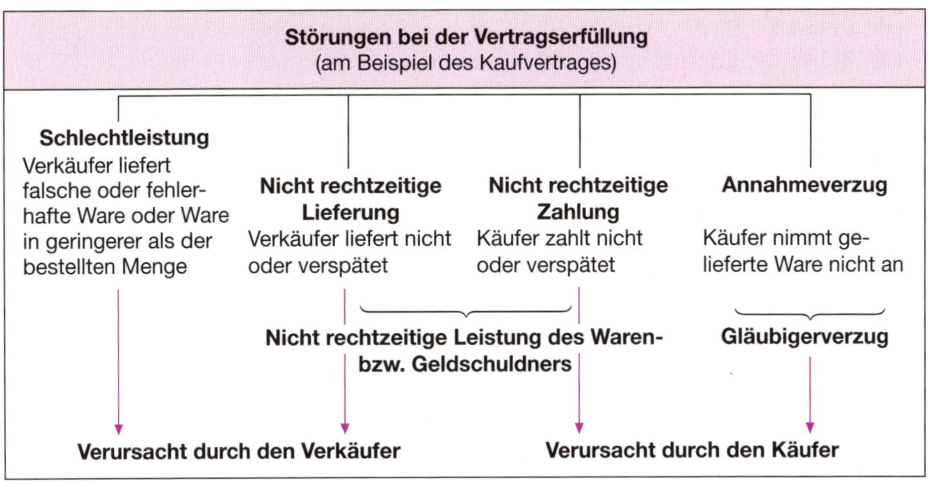

Wenn die Erfüllung eines Vertrages gestört ist, kann der andere Vertragspartner Rechte geltend machen. Diese Rechte sind abhängig von den vertraglichen Vereinbarungen oder – wenn diese fehlen – von den gesetzlichen Vorschriften.

2.5.2 Nicht rechtzeitige Lieferung und Lieferungsverzug

Erfüllt der Lieferer seine Lieferverpflichtung aus einem Kaufvertrag nicht zu dem vorgesehenen Zeitpunkt bzw. nicht innerhalb einer bestimmten Frist, so liegt eine nicht rechtzeitige Lieferung vor. Hat er die nicht rechtzeitige Lieferung zu vertreten, so liegt **Lieferungsverzug** vor.

Der Lieferer gerät in Lieferungsverzug, wenn die **Leistung** aus einem Vertrag
1. **fällig** ist,
2. nach Fälligkeit **angemahnt** worden ist (Mahnung ist unter bestimmten Voraussetzungen entbehrlich),
3. der Schuldner die Nichtleistung zu **vertreten** hat.

Heizöllieferant Neumann ist in Lieferungsverzug, wenn die folgenden Voraussetzungen erfüllt sind:
1. **Fälligkeit.** Ohne Vereinbarung kann der Gläubiger (Karl Müller) die Lieferung sofort verlangen (§ 271 BGB).
2. **Mahnung (Leistungsaufforderung).** Müller hat nach Eintritt der Fälligkeit gemahnt.
3. **Vertretenmüssen.** Der Schuldner hat grundsätzlich Vorsatz und Fahrlässigkeit zu vertreten. Durch das Eingehen einer **Gattungsverpflichtung**[1] hat er jedoch aufgrund des Inhalts des Schuldverhältnisses automatisch das **Beschaffungsrisiko** für diese Ware übernommen (§276 Abs. 1 BGB). Damit liegt es an ihm, diese reichlich vorhandene Ware zu beschaffen und zu liefern. Tut er dies nicht, hat er die Nichtleistung (= Pflichtverletzung) zu vertreten. Bei Gattungsschulden hat er somit die nicht rechtzeitige Leistung auch dann zu vertreten, wenn ihn kein Verschulden trifft.

Lieferungsverzug nach Mahnung

Karl Müller e. K. hat am 1. Februar 10000 l Heizöl zu 0,40 EUR je Liter bestellt. Am Ende des Monats Februar mahnt **Müller** den Heizöllieferanten **Neumann,** weil für eine Ausstellung die Beheizung von zwei Großräumen gesichert sein muss. Daraufhin teilt **Neumann** mit, dass er bedauere, zur Zeit nicht liefern zu können, weil die Mineralölgesellschaft auf Grund bestehender Förderbegrenzungen selbst nicht liefern kann.
Ergebnis: Neumann befindet sich in Lieferungsverzug (§286 BGB).

Unter bestimmten Voraussetzungen kann der Schuldner auch **ohne Mahnung in Verzug** geraten. Das ist dann der Fall, wenn für die Lieferung ein fester Kalendertermin **bestimmt** bzw. **bestimmbar** ist.

Lieferungsverzug ohne Mahnung

Fall 1:
Als Lieferungstermin war „Lieferung am 15. Februar ...“ vereinbart.
Der Lieferer gerät auch ohne Mahnung in Verzug, weil der Liefertermin kalendermäßig **bestimmt** ist (§286 Abs. 2 Nr. 1 BGB).

Fall 2:
Als Lieferungstermin war „4 Wochen nach Bestellung“ vereinbart.
Der Lieferer gerät ohne Mahnung in Verzug, weil der Liefertermin **bestimmbar** ist.

Verzug kann auch eintreten, wenn unter besonderen Gründen der sofortige Eintritt des Verzugs gerechtfertigt ist (§ 286 Abs. 2 Nr. 4 BGB).

Lieferungsverzug aufgrund besonderer Umstände

Pizzeriabesitzer **Juliano** bemerkt in seiner Pizzeria eines Morgens, dass der Pizzaofen defekt ist. Sofort ruft er Elektriker **God** an, der ihm zusagt, die Reparatur sofort auszuführen. **Juliano** weist darauf hin, dass mit erheblichen Umsatzeinbußen zu rechnen ist, wenn er die Pizzeria nicht um 12.00 Uhr öffnen kann. **God** trifft jedoch erst um 15.00 Uhr ein, deshalb entgeht **Juliano** ein Gewinn von 400,00 EUR. Da **God** – trotz zugesagter unverzüglicher Reparatur – erst Stunden später erscheint, ist es gerechtfertigt, den Verzug auch ohne Mahnung eintreten zu lassen.

[1] **Gattungswaren:** Vertretbare, d. h. mehrfach vorhandene Sachen (Öl, Kartoffeln, Wein etc.); **Stückschuld (Speziesschuld):** nur einmal vorhandene Sache (z. B. Originalgemälde).

Rechte, die der Käufer beim Lieferungsverzug wahlweise geltend machen kann	
Rechte des Käufers	**Interessenlage des Käufers Müller, dessen Heizöllieferant im Verzug ist.**
1. Ohne Nachfristsetzung:	
• **Recht auf Erfüllung (Lieferungsanspruch) (§ 433 Abs. 1 BGB)**	Heizöllieferant Neumann hat bislang seine Vertragspflicht noch nicht erfüllt. Demnach kann Müller Erfüllung verlangen.
• **Recht auf Erfüllung und Schadensersatz wegen Verzögerung (Verzögerungs-schaden) (§§ 280, 286 BGB)**	Musste Müller eine Ausstellung wegen Nichtbeheizbarkeit der Räume ausfallen lassen, so kann er den daraus entstandenen Schaden geltend machen.
2. Mit Nachfristsetzung bzw. nach Überschreiten eines fest vereinbarten Liefertermins:	
• **Rücktritt vom Vertrag (§ 323 Abs. 1 BGB)** **und/oder** (beide Rechte gleichzeitig anwendbar)	Müller kann unter der Voraussetzung, dass er dem Heizöllieferanten erfolglos eine angemessene Frist zur Leistung oder Nacherfüllung gesetzt hat, vom Vertrag zurücktreten. Die Fristsetzung kann entfallen, wenn der Lieferer zu einem im Vertrag bestimmten Termin bzw. innerhalb einer bestimmten Frist nicht liefert. Von dem Recht auf Rücktritt wird er dann Gebrauch machen, wenn er das Heizöl zwischenzeitlich von einem anderen Händler günstiger erhält. *Hinweis: Hat der Lieferer die nicht rechtzeitige Lieferung nicht zu vertreten, so dass kein Lieferungsverzug vorliegt, hat der Käufer dennoch ein Rücktrittrecht gem. § 323 BGB.*
• **Schadensersatz (Nichterfüllungs-schaden) statt der Leistung (§ 281 BGB)**	Müller wird von diesem Recht (Schadensersatz statt der Leistung) dann Gebrauch machen, wenn er das Heizöl zwischenzeitlich von einem anderen Händler zu einem höheren Preis eingekauft hat. Den Aufpreis macht er als Schaden geltend (Nichterfüllungsschaden). Hat Müller im Vertrauen auf die Leistung bereits Aufwendungen gemacht (z. B. Dekorationskosten für den Ausstellungsraum), dann kann er anstelle des Rechts auf Schadensersatz den **Ersatz vergeblicher Aufwendungen** (§ 284 BGB) verlangen.

Das Recht auf Rücktritt und/oder auf Schadensersatz (Nichterfüllungsschaden) kann nur geltend gemacht werden, wenn der Käufer dem Verkäufer eine **angemessene Nachfrist** (entbehrlich bei Fixgeschäft oder bei Leistungsverweigerung des Verkäufers) gesetzt hat.

2.5.3 Nicht rechtzeitige Zahlung und Zahlungsverzug

Während der Lieferer Warenschuldner ist, schuldet der Käufer die Zahlung des vereinbarten Kaufpreises. Mit Abschluss des Vertrages hatte er sich verpflichtet, den vereinbarten Kaufpreis zu den vereinbarten Zahlungsbedingungen zu entrichten, entweder sofort nach Lieferung, nach Ablauf einer bestimmten Frist (Zahlungsziel) oder in Raten zu bestimmten Terminen. Erfüllt er diese Verpflichtung nicht oder nicht rechtzeitig, gerät er unter bestimmten Voraussetzungen in **Zahlungsverzug** (Schuldnerverzug des Käufers).

► Fälligkeit als Voraussetzung für den Eintritt des Zahlungsverzugs

In gleicher Weise wie beim Lieferungsverzug ist auch für den Eintritt des Zahlungsverzugs Voraussetzung, dass die Leistung **fällig** ist.

1. Wurde für die Fälligkeit der Zahlung ein kalendermäßiger Zeitpunkt bestimmt, so kommt der Schuldner mit dem Eintritt der Fälligkeit **ohne** Mahnung in Verzug (§ 286 Abs. 2 BGB). Das gleiche gilt, wenn ein solcher Zeitpunkt bestimmbar ist (Bsp. „Zahlung zwei Wochen nach Lieferung").
2. Wurde für die Fälligkeit der Zahlung **kein** kalendermäßiger Zeitpunkt bestimmt, so kommt der Schuldner **30 Tage nach Fälligkeit und Zugang der Rechnung** in Verzug (§ 286 Abs. 3 BGB). Ist der Schuldner Verbraucher, so gilt diese Vorschrift nur dann, wenn in der Rechnung besonders darauf hingewiesen wurde **(Verbraucherprivileg).**

Eintritt des Zahlungsverzugs

1. Als Zahlungstermin war vereinbart: „Zahlbar bis spätestens 17.09.20...". Der Schuldner kommt ohne Mahnung in Zahlungsverzug, wenn er nicht spätestens am 17.09.20... der Bank den Überweisungsauftrag erteilt hat.
2. Einzelhändler E erhält am 15.05. d.J. zusammen mit der Warenlieferung des Großhändlers G die Rechnung. Wenn vertraglich zur Fälligkeit der Zahlung keine Vereinbarungen getroffen wurden, dann kommt E ohne Mahnung in Verzug, wenn er nicht spätestens am 14.06. d.J. seiner Bank den Überweisungsauftrag erteilt.

Grundsätzlich gilt, dass der Schuldner nicht in Verzug kommt, solange die Leistung infolge eines Umstandes unterbleibt, den er nicht zu vertreten hat (§ 286 Abs. 4 BGB). Geldschulden werden jedoch wie Gattungsschulden behandelt. Es gilt der Grundsatz „Geld hat man zu haben". Demnach liegt es am Geldschuldner, das Geld zu beschaffen. Tut er dies nicht, hat er die Nichtleistung zu vertreten (§ 276 Abs. 1 BGB).

► Rechte des Gläubigers bei Zahlungsverzug

Beim Zahlungsverzug stehen dem Gläubiger **wahlweise** Rechte zu, ähnlich wie sie dem Käufer im Falle des Lieferungsverzugs eingeräumt werden:

Inanspruchnahme verschiedener Rechte bei Zahlungsverzug

Autohaus Link liefert dem Kunden K am 04.01.20... einen Satz Winterreifen zum vereinbarten Kaufpreis von 450,00 EUR. Die Rechnung ging dem Kunden zusammen mit der Lieferung zu.

1. Ohne Nachfristsetzung:

- **Recht auf Erfüllung (Zahlungsanspruch)** (§ 433 Abs. 2 BGB)
  Von diesem Recht wird der Gläubiger dann Gebrauch machen, wenn kein oder nur ein kleiner Verspätungsschaden entstanden ist oder wenn der Schuldner ein guter Kunde ist.

1. **Kaufmann K** (Unternehmer) ist langjähriger Kunde des Autohauses. Er erhält am 08.02.20... eine Mahnung und begleicht die Rechnung am 18.02.20.... Das Autohaus verlangt Erfüllung des Vertrages und verzichtet in diesem Falle (langjähriger Kunde) auf Ersatz des Verspätungsschadens.

- **Recht auf Erfüllung (Zahlungsanspruch) und Ersatz des Verspätungsschadens** (§§ 280, 286 BGB)
  Ein Verspätungsschaden besteht darin, dass der Gläubiger erst verspätet über die Gegenleistung verfügen kann.

2. **Autohaus Link** könnte von seinem Kunden zusätzlich zur Zahlung noch Verzugszinsen für den Verzögerungsschaden verlangen. Ein Verzögerungsschaden tritt z. B. auf, wenn das Autohaus wegen der verspätet eingegangenen Zahlung gezwungen ist, einen Überziehungskredit bei der Bank aufzunehmen.

2. **Mit Nachfristsetzung:**

- **Rücktritt vom Vertrag** (§ 323 Abs. 1 BGB) und/oder
- **Schadensersatz (Nichterfüllungsschaden) statt der Leistung** (§ 281 BGB)

beide Rechte gleichzeitig anwendbar

3. Das **Autohaus Link** nimmt die Reifen wieder zurück, wenn die Zahlung nicht mehr zu erwarten ist.

4. Das **Autohaus Link** nimmt die Reifen wieder zurück und verlangt Rücknahmekosten, Verzugszinsen, Kosten für die Abnutzung und Ersatz des entgangenen Gewinns.

Das Recht auf Rücktritt und/oder auf Schadensersatz (Nichterfüllungsschaden) kann nur geltend gemacht werden, wenn der Verkäufer dem Käufer eine **angemessene Nachfrist** (entbehrlich bei fest vereinbartem Zahlungstermin oder bei Leistungsverweigerung des Käufers) gesetzt hat.

► *Schadensermittlung bei Zahlungsverzug*

Grundsätzlich hat der säumige Schuldner dem Gläubiger den Schaden zu ersetzen, der durch die nicht rechtzeitig geleistete Zahlung aufgetreten ist. Ist der Gläubiger z. B. gezwungen, einen Kredit aufzunehmen, so errechnet sich der entstandene Schaden aus den Kreditzinsen und den zusätzlichen Kosten (z. B. Bearbeitungsgebühr, Auslagenersatz). Aber auch dann, wenn der Gläubiger gar nicht darauf angewiesen ist, einen Kredit aufzunehmen, können Verzugszinsen geltend gemacht werden.

Der Zinssatz für Verzugszinsen beträgt

- 5 % über dem Basiszinssatz bei Rechtsgeschäften, an denen ein Verbraucher beteiligt ist (§ 288 Abs. 1 BGB);
- 8 % über dem Basiszins bei Rechtsgeschäften, an denen ein Verbraucher nicht beteiligt ist (§ 288 Abs. 2 BGB);

Der Basiszinssatz beträgt 1,21 %[1] (§ 247 Abs. 1 BGB) (Stand: 1. Januar 2005).

2.5.4 Schlechtleistung

Der Verkäufer ist verpflichtet, dem Käufer die Sache frei von Sach- und Rechtsmängeln zu verschaffen (Gewährleistungspflicht gem. § 433 Abs. 1 BGB).

[1] Der Basiszinssatz kann über die Homepage der Deutschen Bundesbank abgefragt werden.

▶ Mängelarten

Der Verkäufer hat gegenüber dem Käufer eine **Gewährleistungspflicht,** der Käufer gegenüber dem Verkäufer einen **Gewährleistungsanspruch.** Wenn der Verkäufer mangelhaft liefert, verletzt er eine Vertragspflicht mit der Folge, dass der Käufer Rechte geltend machen kann.

Sachmängel

Ein **Sachmangel** liegt vor, wenn die Sache zum Zeitpunkt der Übergabe (Gefahrenübergang) mit Fehlern behaftet ist. In folgenden Fällen handelt es sich jeweils um einen Sachmangel:

1. Die **tatsächliche** Beschaffenheit weicht von der **vereinbarten** Beschaffenheit ab (§ 434 Abs. 1 BGB).

   Ein Füllfederhalter wurde mit einer Goldfeder bestellt; geliefert wurde mit einer Stahlfeder.

2. Über die Beschaffenheit wurden **keine** ausdrücklichen vertragliche **Vereinbarungen** getroffen. Der Käufer kann die Ware jedoch nicht für den vorgesehenen und dem Verkäufer bekannten Zweck verwenden (§ 434 Abs. 1 Satz 2 Nr. 1 BGB).

   Ein Käufer verlangt in einem Schreibwarengeschäft eine Druckerpatrone für seinen Drucker „HP 5 L". Der Verkäufer verkauft eine Universalpatrone, die in das vorhandene Modell aber nicht passt.

3. Über die Beschaffenheit wurden **keine** ausdrücklichen vertraglichen **Vereinbarungen** getroffen. Die Ware weist jedoch nicht die **Beschaffenheit** auf, die der **Käufer erwarten kann,** um die Sache so zu verwenden, wie es bei solchen Sachen üblich ist (§ 434 Abs. 1 Satz 2 Nr. 2 BGB).

   Ein gekaufter Regenschirm ist nicht ganz wasserdicht.

4. Die **gelieferte Sache** entspricht **nicht** den Versprechungen in der **Werbung** (§ 434 Abs. 1 Satz 3 BGB).

   In der Werbung wird der durchschnittliche Benzinverbrauch eines Autos mit 5,5 l/100 km angegeben. Tatsächlich verbraucht es aber 7,5 l/100 km.

5. Die **Kennzeichnung auf der Verpackung oder auf der Ware selbst** weicht von den tatsächlich vorhandenen Eigenschaften ab (§ 434 Abs. 1 Satz 3 BGB).

   Das Rindfleisch in einem Supermarkt ist wie folgt gekennzeichnet: „Original Argentinisches Rindfleisch". Später stellt sich heraus, dass das Rindfleisch aus heimischer Zucht stammt.

6. Der **Verkäufer** selbst oder sein Monteur haben die Montage fehlerhaft durchgeführt (§ 434 Abs. 2 Satz 1 BGB).

   Ein Elektrofachgeschäft hat einen Geschirrspüler einschließlich Lieferung und Montage verkauft. Durch einen Fehler, der dem Verkäufer beim Anschluss unterlaufen ist, ging der Geschirrspüler kaputt.

7. Eine fehlerhafte **Montageanleitung** führt dazu, dass eine verkaufte Sache nicht fehlerfrei montiert werden kann (§ 434 Abs. 2 Satz 2 BGB).

Ein Möbelhaus händigt bei der Lieferung einer Schrankwand eine fehlerhafte Montageanleitung aus. Dadurch konnte die Schrankwand nicht richtig aufgebaut werden.

8. Mangel in der Art: Der Verkäufer liefert eine **andere als die bestellte** Sache (§ 434 Abs. 3 BGB).

Ein Obstgroßhändler liefert Äpfel statt Birnen.

9. Mangel in der Menge: Der Verkäufer liefert eine zu **geringe Menge** (§ 434 Abs. 3 BGB).

Der Verkäufer liefert statt der bestellten 5 000 Blatt Druckerpapier lediglich 1 000 Blatt.

Rechtsmängel

Ein **Rechtsmangel** liegt vor, wenn Dritte an der gelieferten Sache **Rechte** gegen den Käufer geltend machen können (§ 435 BGB).

Bei einer als Original verkauften Musik-CD handelt es sich um eine Kopie.

Im Hinblick auf die **Erkennbarkeit** lassen sich folgende Mängel unterscheiden:		
• **Offene Mängel**	Sie sind bei einer Prüfung der Kaufsache sofort erkennbar.	Beim Auspacken einer CD stellt sich heraus, dass diese starke Kratzer aufweist.
• **Versteckte Mängel**	Sie sind bei einer Prüfung nicht sofort erkennbar.	Obwohl das Haltbarkeitsdatum auf einer Dose noch nicht überschritten ist, ist das Fleisch verdorben.

Arglistig verschwiegene Mängel	Der Verkäufer verschweigt dem Käufer absichtlich versteckte Mängel.	Der Verkäufer eines Unfallwagens behauptet, dass dieser unfallfrei ist.

▶ *Rechte des Käufers bei Schlechtleistung*

Liefert der Verkäufer eine mangelhafte Sache, so kann der Käufer folgende Rechte geltend machen:

1. Nacherfüllung (§ 437 Nr. 1 BGB)

Im Rahmen dieses Rechts hat der Käufer ein Wahlrecht zwischen **Beseitigung des Mangels (Nachbesserung)** und **Lieferung einer mangelfreien Sache (Ersatzlieferung).** Der Verkäufer kann die Nacherfüllung verweigern, wenn diese bei ihm mit unverhältnismäßig hohen Kosten verbunden ist.

Verweigerung der Nachbesserung
Eine von einem Elektrofachhändler gelieferte Halogenlampe weist einen Kontaktfehler auf. Der Verkäufer weigert sich, den Mangel zu beseitigen, weil die anfallenden Arbeitskosten für die Reparatur ca. 45,00 EUR betragen würden. Die Lampe selbst wurde für 65,00 EUR verkauft.

Ersatzlieferung kommt nur bei **Gattungswaren**[1] in Betracht. Bei einem Originalgemälde z. B. ist Ersatzlieferung naturgemäß nicht möglich.

Die zum Zwecke der Nacherfüllung anfallenden Aufwendungen (Transportkosten, Materialkosten etc.) hat grundsätzlich der Verkäufer zu tragen (§ 439 Abs. 2 BGB).

Kostentragung bei Nacherfüllung

Ein Versandhaus hat einen fehlerhaften CD-Player geliefert. Die Kosten für die Rücksendung einschließlich Verpackung müssen vom Versandhaus getragen werden.

Eine Nachbesserung gilt als fehlgeschlagen, wenn der **zweite Nachbesserungsversuch** erfolglos war (§ 440 Satz 2 BGB).

Fehlgeschlagene Nachbesserung

Eine Telefonanlage ist mit Mängeln behaftet. Nach dem zweiten erfolglosen Nachbesserungsversuch kann der Käufer eine neue Anlage verlangen.

Andere Rechte als die Nacherfüllung kann der Käufer erst geltend machen, wenn eine von ihm gesetzte **angemessene Nachfrist** zur Nacherfüllung verstrichen ist. Die Verpflichtung zur Fristsetzung entfällt, wenn der Verkäufer beide Arten der Nacherfüllung verweigert oder wenn die Nacherfüllung als fehlgeschlagen zu erachten ist.

2. Rücktritt vom Vertrag (§ 437 Nr. 2 BGB)

Rücktritt bedeutet, dass Käufer und Verkäufer alles aus dem Vertragsverhältnis empfangene (Kaufgegenstand und/oder Geld) wieder zurückgeben. Er ist ausgeschlossen, wenn der Sachmangel unerheblich ist (§323 Abs. 5 Satz 2 BGB).

Rücktritt vom Vertrag nach fehlgeschlagener Nachbesserung

Die erfolglos nachgebesserte Telefonanlage wird zurückgegeben. Der Käufer hat zwischenzeitlich eine bessere und preisgünstigere Anlage entdeckt.

3. Minderung des Kaufpreises

Statt vom Vertrag zurückzutreten, kann der Käufer eine Minderung (Herabsetzung) des Kaufpreises verlangen (§ 441 Abs. 1 BGB).

Minderung des Kaufpreises

Ein gekauftes Faxgerät weist leichte Kratzer auf. Nachdem die angemessene Nachfrist für die Nacherfüllung abgelaufen ist, verlangt der Käufer Preisminderung.

4. Schadensersatz

Dieses Recht kann der Käufer nur dann geltend machen, wenn folgende Voraussetzungen erfüllt sind:

- Der Schuldner (Lieferer) oder sein Erfüllungsgehilfe (z. B. angestellter Verkäufer) hat die Vertragspflicht „Lieferung einer einwandfreien Sache“ verletzt.
- Der Schuldner hat die Pflichtverletzung zu vertreten (§280 Abs. 1 Satz 2 BGB).

Pflichtverletzung bei der Lieferung mangelhafter Ware

Der Verkäufer des Faxgerätes hat die Vertragspflicht, eine Sache frei von Sach- und Rechtsmängeln (§433 Abs. 1 BGB) zu liefern, verletzt, wenn das Gerät Kratzer aufweist.

[1] Gattungswaren: Vertretbare (d. h. mehrfach vorhandene) Sachen z. B. Kartoffeln, Wein etc.

Hat der Verkäufer eine **Garantie** übernommen (§ 276 BGB), so hat er damit eine Zusicherung für das Vorhandensein einer bestimmten Eigenschaft gegeben. Fehlt diese Eigenschaft, so hat er für alle Folgen (unabhängig von einem Verschulden) einzustehen.

Zu Gunsten des Käufers **wird vermutet,** dass der Verkäufer die Pflichtverletzung zu vertreten hat. Nur wenn er beweisen kann, dass dies nicht der Fall ist, treten die für ihn nachteiligen Rechtsfolgen nicht ein **(Beweislastumkehr).**

Sind obige Voraussetzungen erfüllt, kann der Käufer folgende Ansprüche geltend machen:

- Schadensersatz **statt der Leistung (kleiner Schadensersatz** gem. §280 Abs. 1 BGB): Bei Inanspruchnahme dieses Rechts behält der Käufer die Sache und erhält Ersatz des Minderwertes.
- Schadensersatz **statt der ganzen Leistung (großer Schadensersatz** gem. §281 Abs. 1 BGB): Bei diesem Schadensersatz gibt der Käufer die mangelhafte Sache zurück und verlangt Ersatz des Schadens, der ihm infolge Nichterfüllung des ganzen Vertrags entstanden ist. Der Käufer erhält den gezahlten Kaufpreis zurück und kann als Nichterfüllungsschaden z. B. die Kosten der Ersatzbeschaffung und/oder den entgangenen Gewinn geltend machen. Das Recht auf Schadensersatz statt der ganzen Leistung kann nur geltend gemacht werden, wenn der **Mangel erheblich** ist (§ 281 Abs. 1 Satz 3 BGB).

Kleiner Schadensersatz beim Kauf eines Laptops

Der Käufer eines Laptops mit defektem Netzteil baut ein neues Netzteil ein, das er in einem nahe gelegenen Fachgeschäft für Computerzubehör für 30,00 EUR gekauft hat. Als kleinen Schadensersatz kann er den Kaufpreis für das neue Netzteil zuzüglich eventuell entstandener Einbaukosten verlangen.

Großer Schadensersatz beim Kauf eines Gebrauchtwagens

Der Käufer eines Gebrauchtwagens hat eine Woche nach dem Kauf festgestellt, dass sich das Fahrzeug nicht einwandfrei lenken lässt. Er beauftragt einen Sachverständigen mit der optischen Vermessung des Fahrzeugs (Kosten des Gutachtens: 610,00 EUR). Ergebnis: Durch einen Unfall hat sich der Fahrzeugrahmen verzogen.
Selbst wenn der Verkäufer keine Kenntnis von dem Unfall hatte, kann der Käufer Schadensersatz statt der ganzen Leistung verlangen (Rückgabe von Fahrzeug und Geld sowie mindestens Erstattung der Gutachterkosten).

5. Ersatz vergeblicher Aufwendungen (§ 284 BGB)

Anstelle des Rechts „Schadensersatz statt der Leistung“ kann der Käufer Ersatz der Aufwendungen verlangen, die er im Vertrauen auf den Erhalt einer einwandfreien Leistung gemacht hat.

Der Käufer der CNC-Fräsmaschine hat bereits sein Personal für die Maschinenbedienung ausbilden lassen. Zusätzlich hat er bereits Umbaumaßnahmen ergriffen. Die dafür entstandenen Aufwendungen hat der Verkäufer zu tragen.

▶ Besonderheiten bei der Inanspruchnahme von Gewährleistungsansprüchen

1. Mangelkenntnis des Käufers

Dem Käufer stehen die Rechte aus der Schlechtleistung nicht zu, wenn er zum Zeitpunkt des Vertragsschlusses den Mangel bereits kennt (§ 442 BGB).

2. Garantieerklärung

Über die gesetzliche Verjährungsfrist (siehe unten) hinaus kann der Verkäufer zusätzlich eine längere Garantie für **Beschaffenheit** oder die **Haltbarkeit** der Sache übernehmen. In diesem Fall hat der Käufer neben den gesetzlichen Ansprüchen die in der Garantieerklärung angegebenen Rechte.

3. Verjährung von Mängelansprüchen

Die gesetzliche Verjährungsfrist für die Sachmängelhaftung bei beweglichen Sachen beträgt **zwei Jahre** (§ 438 Abs. 1 Nr. 3 BGB). Verschweigt der Verkäufer einen Mangel arglistig, so erhöht sich die Verjährungsfrist auf **drei Jahre** (§§ 438 Abs. 3, 195 BGB).

Die gesetzlichen Verjährungsfristen für die Sachmängelhaftung gelten nur dann, wenn vertraglich keine kürzeren oder längeren Fristen vereinbart werden. Werden in einem Kaufvertrag, an dem ein Verbraucher beteiligt ist (Verbrauchsgüterkauf) kürzere Fristen vereinbart, so hat diese Vereinbarung keine Gültigkeit.

Die Verjährung beginnt mit der Ablieferung der Sache (§438 Abs. 2 BGB). Wurde jedoch ein Mangel arglistig verschwiegen, so beginnt die Verjährung erst am Schluss des Jahres, in dem der Käufer vom Mangel Kenntnis erlangt (§§438 Abs. 3, 199 BGB).

Beim **zweiseitigen Handelskauf** (Käufer und Verkäufer sind Kaufleute) ist der Käufer verpflichtet, die eingegangene Ware unverzüglich zu prüfen und ggf. zu rügen (§ 377 Abs. 3 HGB).

4. Verbrauchsgüterkauf

Kauft ein Verbraucher von einem Unternehmer eine bewegliche Sache **(Verbrauchsgüterkauf)** so gelten wegen des besonderen Schutzbedürfnisses des Verbrauchers zusätzliche Vorschriften:

Schüler Kleinschmidt (Verbraucher) kauft von einem Automobilhändler (Unternehmer) einen gebrauchten Pkw.

- **Eingeschränkte Vertragsfreiheit** (§ 475 BGB)
  Ein Unternehmer kann sich gegenüber einem Verbraucher bei Vorliegen einer Schlechtleistung nicht auf Vertragsvereinbarungen berufen, die einen Verbraucher schlechter stellen als die gesetzliche Regelung es vorsieht. So kann ein Unternehmer seine Gewährleistung einem Verbraucher gegenüber nicht wirksam durch **Allgemeine Geschäftsbedingungen (AGB)** ausschließen. Lediglich für **gebrauchte Sachen** ist eine vertragliche Verkürzung der Verjährungsfrist auf ein Jahr möglich.
- **Beweislastumkehr** (§ 476 BGB)
  Weist eine gekaufte Sache innerhalb von **sechs Monaten seit Gefahrenübergang** (Übergabe) einen Mangel auf, so gilt die Vermutung, dass die Sache bereits bei Gefahrenübergang mangelhaft war. Dem Verkäufer gegenüber können nur dann keine Gewährleistungsansprüche durchgesetzt werden, wenn dieser **beweisen kann,** dass die Sache zum Zeitpunkt des Gefahrenübergangs einwandfrei war. Dieser Beweis dürfte in den meisten Fällen nur schwer zu erbringen sein. Während der restlichen 18 Monate bis zum Ablauf der Gewähleistung ist hingegen der Verbraucher beweispflichtig.

Jan Späth kauft beim Juwelier Knapp einen Reisewecker. Der Wecker funktioniert während der ersten vier Monate einwandfrei. Danach zeigt er die Uhrzeit nicht mehr genau an.

Jan Späth kann die Rechte aus mangelhafter Lieferung geltend machen, falls Juwelier Knapp nicht beweisen kann, dass der Wecker zum Zeitpunkt des Gefahrenübergangs keine Mängel aufwies. Allein die Tatsache, dass der Wecker während der ersten vier Monate einwandfrei funktioniert, reicht als Beweis nicht aus. Möglicherweise ist auf Grund eines Materialfehlers (fehlerhafter Anker) der Fehler erst zu einem späteren Zeitpunkt erkennbar. Kann der Juwelier jedoch beweisen, dass der Fehler z.B. durch einen Stoß verursacht wurde, so stehen Späth keine Ansprüche aus mangelhafter Lieferung zu.

- **Sonderbestimmungen für Garantie** (§ 477 BGB)
  Die Garantieerklärung eines Unternehmers gegenüber einem Verbraucher muss einfach und verständlich abgefasst sein. Sie muss folgende Bestandteile enthalten:
  1. den Hinweis, welche gesetzlichen Rechte dem Käufer zustehen und dass diese durch die Garantieerklärung nicht eingeschränkt werden,
  2. den Inhalt der Garantie sowie deren Geltungsdauer und -raum,
  3. den Namen und die Anschrift des Garantiegebers.
- **Gefahrenübergang beim Versendungskauf** (§§ 474 Abs. 2, 447 Abs. 1 BGB)
  Bei einem Verbrauchsgüterkauf geht die Gefahr des zufälligen Untergangs einer Ware nicht bereits mit Übergabe an den Spediteur oder Frachtführer über („Die Ware reist auf Gefahr des Verkäufers").

▶ *Produkt- und Produzentenhaftung*

Durch das **Produkthaftungsgesetz** wird die Frage der Haftung für Schäden, die dem Verbraucher durch Fehler eines Produktes entstehen können, geregelt. Diese **Produkthaftpflicht** bedeutet, dass ein Hersteller fehlerhafter Produkte die Haftung für alle Schäden zu tragen hat **(Produzentenhaftung)**, die ursächlich auf diesen Fehler zurückzuführen sind. Die Ersatzpflicht umfasst sowohl Sach- als auch Personenschäden.

Einen Ersatz des Schadens am fehlerhaften Produkt selbst umfasst die Produzentenhaftpflicht nicht. Den kann der Verbraucher nur über seine gesetzlichen Gewährleistungsansprüche geltend machen.

Produkthaftpflicht – Produzentenhaftpflicht

Herr Bohnes kaufte sich vor einem Jahr ein neues Tourenrad. Bei einer Abfahrt auf holpriger Straße stürzt er ohne ersichtlichen Grund. Er bricht sich beide Arme. Außerdem beschädigt er dabei noch einen parkenden Pkw. Das Rad ist schrottreif. Eine Untersuchung ergibt, dass der Rahmen Schweiß- und Materialfehler aufwies.

Der Hersteller hat den Pkw-Schaden zu tragen und Schmerzensgeld zu zahlen. Den Schaden für das schrottreife Fahrrad muss Herr Bohnes im Rahmen der Garantiebedingungen geltend machen.

2.5.5 Annahmeverzug

Zu den Pflichten eines Käufers gehört es auch, die bestellte Ware anzunehmen, wenn sie ihm zu den vereinbarten Bedingungen und termingerecht geliefert wird.

Ein Großhändler im Verzug

Die Küchengeräte-GmbH hat für einen Großhändler 500 Brotschneidemaschinen in einer bestimmten Ausführung hergestellt und will sie fristgemäß ausliefern. Als der Lastzug beim Großhändler vorfährt, will der die Brotmaschinen nicht abnehmen. Er habe die gleichen Geräte im Ausland billiger eingekauft.

§ 293 BGB: Der Gläubiger kommt in Verzug, wenn er die ihm angebotene Leistung nicht annimmt.

Der Käufer ist Gläubiger bei der Warenlieferung, der Verkäufer ist Gläubiger bei der Bezahlung. Deshalb wird der **Annahmeverzug** auch als **Gläubigerverzug** bezeichnet.

Beim Annahmeverzug kann der **Verkäufer** verschiedene **Rechte** geltend machen. Er kann:
- **Klage** auf Abnahme **erheben**,
- die **Ware** in einem öffentlichen Lagerhaus **hinterlegen**,
- die **Ware öffentlich versteigern** lassen.

2.6 Verjährung

Ansprüche auf Leistungen können nach Ablauf bestimmter Fristen nicht mehr geltend gemacht werden; sie unterliegen der **Verjährung.** Wenngleich der Anspruch auch weiterhin bestehen bleibt, so kann der Schuldner nach Eintritt der Verjährung die Leistung verweigern; ihm steht die **Einrede der Verjährung** zu. Ist jedoch ein bereits verjährter Anspruch erfüllt worden, kann die erbrachte Leistung nicht mehr zurückgefordert werden.

Ist Verjährung eingetreten, dann hat ein Schuldner das Recht, die Leistung zu verweigern.

Die Verjährung dient dem Rechtsfrieden und der Rechtssicherheit.

2.6.1 Verjährungsfristen

Wichtige gesetzliche Verjährungsfristen (Auszug)	
Fristen	**Gültigkeit (Beispiele)**
regelmäßige Verjährungsfrist: **3 Jahre** (§ 195 BGB)	Ansprüche der Privatleute, Gewerbetreibenden, Darlehensgeber
verlängerte Verjährungsfristen: 1. **10 Jahre** (§ 196 BGB) 2. **30 Jahre** (§ 197 BGB) **3 Jahre,** falls diese Ansprüche regelmäßig wiederkehrende Leistungen zum Inhalt haben (§ 197 Abs. 2 BGB)	– Ansprüche auf Übertragung des Eigentums an einem Grundstück – Ansprüche auf Gegenleistung (Zahlung) bei Grundstück – Herausgabeansprüche aus Eigentum und anderen dinglichen Rechten, – familien- und erbrechtliche Ansprüche, – rechtskräftig festgestellte Ansprüche (Urteile), – Ansprüche aus vollstreckbaren Vergleichen oder vollstreckbaren Urkunden, – vollstreckbare Ansprüche aus einem Insolvenzverfahren.
verkürzte Verjährungsfristen: **2 Jahre** (§ 438 Abs. 1 Nr. 3)	Gewährleistungsansprüche auf Nacherfüllung, Schadensersatz oder Aufwendungsersatz aus **Kaufverträgen.** **Ausnahme:** Regelmäßige Verjährungsfrist (3 Jahre), wenn der Verkäufer den Mangel arglistig verschwiegen hat (§ 438 Abs. 3 BGB).

2.6.2 Beginn der Verjährung

Die **regelmäßige Verjährungsfrist** beginnt mit dem **Schluss des Jahres,** in dem der Anspruch **entstanden ist** (§ 199 Abs. 1 BGB) und der Gläubiger davon Kenntnis hat.

Bei Ansprüchen, die **nicht der regelmäßigen Verjährungsfrist** unterliegen, beginnt die Verjährung **mit der Entstehung des Anspruches** (§ 200 BGB).

2.6.3 Hemmung der Verjährung

Ist die Verjährung gehemmt, so wird der Ablauf der Frist für eine bestimmte Zeit angehalten. Dadurch verlängert sich die Verjährungsfrist um die Zeitspanne der Hemmung (§ 203 ff. BGB).

Die Verjährung ist gehemmt bei (Beispiele):

***1. Rechtsverfolgung** (§ 204 BGB)*

- Erhebung von Klage auf Leistung
- Zustellung des Mahnbescheids im Mahnverfahren
- Anmeldung von Ansprüchen im Insolvenzverfahren

Die Hemmung endet **sechs Monate** nach der rechtskräftigen Entscheidung bzw. anderweitigen Beendigung des eingeleiteten Verfahrens (§ 204 Abs. 2 BGB).

Automobilhändler **Gerhardt** erhebt am 31.12.20.. beim zuständigen Amtsgericht Klage auf Zahlung des Autokaufpreises durch seinen Kunden **Schlick. Schlick** verweigert die Zahlung, weil das gekaufte Auto seiner Meinung nach Mängel aufweist.
Mit der Einreichung der Klage will **Gerhardt** verhindern, dass sein Anspruch verjährt. Durch die Klageerhebung wird die Verjährung gehemmt. Sechs Monate nach der rechtskräftigen Entscheidung endet die Hemmung. Die Verjährungsfrist beträgt nunmehr jedoch 30 Jahre ab Rechtskraft des Urteils (§§ 197 Abs. 1 Nr. 3, 201 BGB).

***2. Verhandlungen über den Anspruch** (§ 203 BGB)*

Finden zwischen dem Schuldner und dem Gläuber Verhandlungen über den Anspruch oder die den Anspruch begründenden Umstände statt, so ist die Verjährung gehemmt, bis einer der Beteiligten die Fortsetzung der Verhandlungen verweigert.

Die Verjährung tritt frühestens **drei Monate** nach Ende der Hemmung ein.

Zwischen einem Maschinenhersteller und dessen Kunden finden Verhandlungen über einen Nachbesserungsanspruch an einer gelieferten Spezialmaschine statt. Der Maschinenhersteller behauptet, dass der aufgetretene Schaden auf einen Bedienungsfehler zurückzuführen ist, während der Kunde sich auf einen Sachmangel beruft.
Die Verjährung des Nachbesserungsanspruchs ist **gehemmt.**

***3. Leistungsverweigerungsrecht des Schuldners** (§ 205 BGB)*

Fahrradhändler Schulz erfährt, dass sein Kunde Kern unverschuldet in Zahlungsschwierigkeiten geraten ist. In einem Schreiben teilt er Kern mit, dass er sich mit der bereits fälligen Zahlung des vor 12 Monaten erworbenen Fahrrades noch zwei Monate Zeit lassen kann.

Aufgrund der getroffenen Vereinbarung ist Kern für zwei Monate zur Verweigerung der Zahlung berechtigt. Dadurch ist die Verjährung gehemmt.

***4. Höhere Gewalt** (§ 206 BGB)*

Die Verjährung ist gehemmt, solange der Gläubiger innerhalb der **letzten sechs Monate der Verjährungsfrist** durch höhere Gewalt an der Rechtsverfolgung gehindert ist.

2.6.4 Neubeginn der Verjährung

Die Verjährung beginnt erneut (§ 212 BGB), wenn

- **der Schuldner** seine Schuld anerkennt (Beispiele: Abschlagszahlung, Zinszahlung, Bitte um Stundung).
- **der Gläubiger** eine gerichtliche Vollstreckungshandlung beantragt (Beispiel: Antrag auf Zwangsvollstreckung nach erfolglosem gerichtlichen Mahnverfahren). Ein außergerichtliches Mahnschreiben des Gläubigers führt nicht zu einem Neubeginn der Verjährung.

2.7 Mahn- und Klageverfahren

2.7.1 Das gerichtliche Mahnverfahren

Wer seinen Zahlungsverpflichtungen nicht vereinbarungsgemäß nachkommt, gerät unter bestimmten Voraussetzungen in **Zahlungsverzug.** Will der Gläubiger seine Forderung mithilfe der Gerichte eintreiben, dann muss er ein **gerichtliches Mahnverfahren** (§§ 688 ff. ZPO) einleiten. Er stellt auf bestimmten Vordrucken beim zuständigen Amtsgericht[1] einen **Antrag auf Erlass eines Mahnbescheids**. Das Amtsgericht erlässt den Mahnbescheid, prüft aber nicht, ob der Anspruch zu Recht besteht oder nicht. Nach Zustellung läuft das weitere Verfahren wie folgt ab:

Ablauf eines gerichtlichen Mahnverfahrens

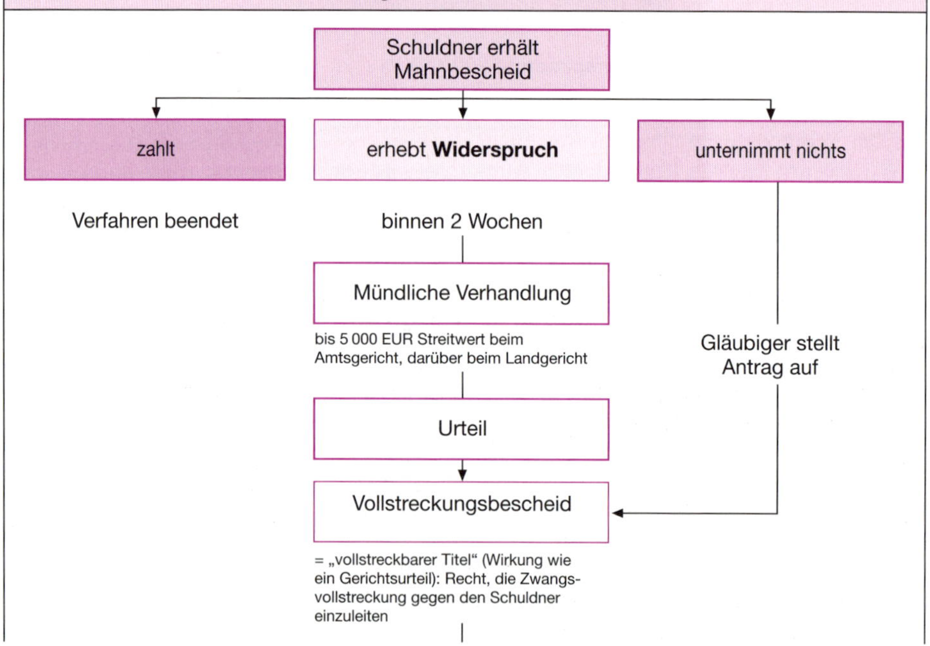

[1] Aus Rationalisierungsgründen werden die Mahnbescheide zentral je nach Bundesland bei einigen Amtsgerichten bearbeitet. Rechtliche Wirkung hat der Antrag mit Eingang beim zuständigen Amtsgericht.

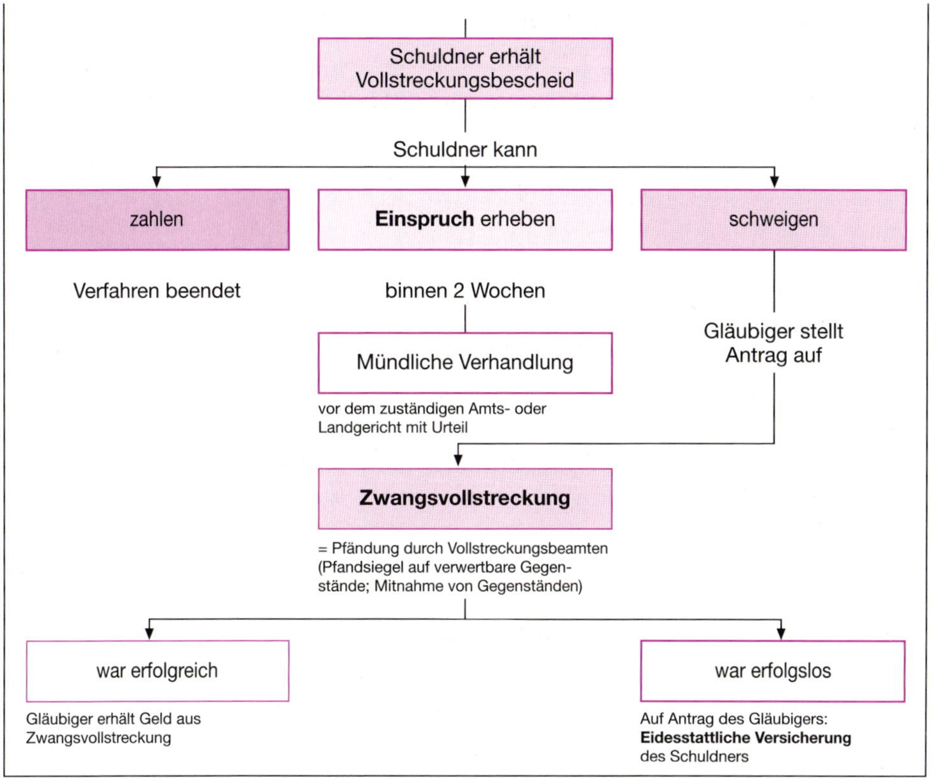

2.7.2 Die Zwangsvollstreckung

Mit einem **Vollstreckungsbescheid,** gegen den kein Einspruch erhoben oder ein Einspruch bereits abgewiesen wurde, kann der **Gerichtsvollzieher** die **Vollstreckung** betreiben.

Ein Vollstreckungstitel ist das Recht, mithilfe des Gerichtsvollziehers zwangsweise in das Vermögen eines Schuldners einzugreifen.

Pfändbare Gegenstände
Wertpapiere
Maschinen
Lagerbestände
Schmuck
Kunstgegenstände

Vom Gerichtsvollzieher werden die verwertbar erscheinenden Gegenstände entweder als **Faustpfand** sofort mitgenommen oder mit einem **Pfandsiegel** gekennzeichnet. Es können auch **Forderungen,** z. B. Bankguthaben, oder Rechte beschlagnahmt werden. Grundstücke werden z. B. durch Eintragung einer Hypothek belastet. Bei der Pfändung von Gegenständen hat der Gerichtsvollzieher Grenzen der Pfändbarkeit zu beachten.

Gegenstände des persönlichen Gebrauchs oder des Haushalts, die zu einer bescheidenen Lebensführung sowie zur Berufsausübung nötig sind, unterliegen dem Pfändungsschutz. Dies gilt auch für einen Teil des ständigen Einkommens.

Nicht pfändbar
Nahrungsmittel
Fahrrad des Schulkindes
einfache Kleidung
Berufswerkzeug

Nach erfolgreicher Pfändung werden die **Pfandsachen öffentlich versteigert.** Der erzielte Erlös wird nach Abzug der Kosten an den Gläubiger überwiesen.

Ist jedoch beim Schuldner nichts Pfändbares aufzutreiben, hat er nach Antrag des Gläubigers eine eidesstattliche Versicherung abzugeben. Diese Versicherung besteht in der Vorlage eines Vermögensverzeichnisses, aus welchem ersichtlich ist, dass er über pfändbare Werte nicht verfügt.

Abwicklung der Zwangsvollstreckung

Zwangsvollstreckung

• erfolgreiche Pfändung • öffentliche Versteigerung • Erlös an Gläubiger	• erfolglose Pfändung • Unpfändbarkeitserklärung • Eidesstattliche Versicherung bei Verweigerung: Haft bis 6 Monate

2.8 Verbraucherinsolvenz – Restschuldbefreiung

Private Verbraucher können eine Zwangsvollstreckung unter bestimmten Bedingungen vermeiden. Außerdem ist es möglich, durch eine **Restschuldbefreiung** nach sechs Jahren wieder völlig schuldenfrei zu sein. Die hierfür einschlägigen rechtlichen Bestimmungen sind in der Insolvenzordnung (InsO) insbesondere in den §§ 286 ff. enthalten.

Nach der **InsO** muss der Schuldner beim zuständigen **Insolvenzgericht** (Amtsgericht) einen Antrag auf **Eröffnung eines Insolvenzverfahrens** stellen. Hierfür ist einzureichen:

- Der Nachweis, dass eine außergerichtliche Einigung mit den Gläubigern bisher erfolglos war;
- ein Vermögens- und Einkommensverzeichnis;
- ein Antrag auf Erteilung einer **Restschuldbefreiung;**
- ein **Schuldenbereinigungsplan.**

Das zuständige Insolvenzgericht fordert die Gläubiger zur Stellungnahme auf. Sofern mehr als die Hälfte aller Gläubiger, die zusammen mehr als 50% der Forderungen beanspruchen, zustimmen, wird das Insolvenzverfahren eingestellt. Danach wird der **Schuldenbereinigungsplan** in Kraft gesetzt.

Schuldenfrei nach Insolvenzverfahren

Stefanie Gleich (30), Grafikerin, war zehn Jahre in einer erfolgreichen Werbeagentur tätig. Ihr Nettoeinkommen betrug zuletzt 1600,00 EUR. Vor drei Jahren hatte sie ihre Wohnung renoviert und neu eingerichtet. Für die Rückzahlung des Bankkredits und für die Teilzahlungsraten brachte sie monatlich 300,00 EUR auf. Vor einem Jahr wurde die Agentur geschlossen. Seitdem bezieht sie 750,00 EUR Arbeitslosengeld. Die Tilgungen kann sie in der bisherigen Höhe nicht mehr aufbringen. Inzwischen hat sie schon mehrere Mahnbescheide erhalten. Die Verbraucherzentrale rät ihr, ein Insolvenzverfahren zu beantragen.

Der Schuldner erklärt sich darin bereit, alle verwertbaren Vermögenswerte zu veräußern sowie die pfändbaren Teile seines Einkommens zur Schuldentilgung abzuführen. Das Gericht erteilt sodann die **Restschuldbefreiung.** Während des Verfahrens ist eine Zwangsvollstreckung gegen den Schuldner ausgesetzt.

Nach der Erfüllung des **Schuldenbereinigungsplans** ist das Verfahren abgeschlossen. Der Schuldner ist wieder völlig schuldenfrei.

AUFGABEN UND PROBLEME

2.1 Rechtswirksamkeit eines Kaufvertrages

Der sechzehnjährige Auszubildende Georg Krahn kauft eine Stereo-Anlage zum Preis von 950,00 EUR. Im Kaufvertrag ist vereinbart, dass der Kaufpreis in zwölf Monatsraten beglichen werden soll.

- 1. Kann Krahns Vater vom Verkäufer die Rücknahme des Gerätes verlangen?
- 2. Wie wäre die Rechtslage, wenn Krahn den Kaufpreis aus angesparter Ausbildungsvergütung sofort in einer Summe bezahlt und ihm sein Vater die Ausbildungsvergütung zur freien Verfügung gelassen hätte?

2.2 Ungültige Rechtsgeschäfte

Schreinermeister Kuhnle bittet seine Sekretärin, telefonisch 30 qm Pressspanplatten 12 mm stark wie bisher beim Pressplattenwerk zu bestellen. Nach einer Woche kommen 2 Lastzüge vorgefahren. Den Lieferpapieren ist zu entnehmen, dass 300 qm geladen sind. Herr Kuhnle weigert sich die Ladung abzunehmen.

- 1. Klären Sie mithilfe des Gesetzes, ob er sich zu Recht weigern kann.
- 2. Prüfen Sie, welche Folgen sich ergeben.

2.3 Ungültige Rechtsgeschäfte

Das Oberlandesgericht Düsseldorf hat in einem Grundsatzurteil entschieden, dass Kaufverträge, mit denen Käufer zu Verpflichtungen veranlasst werden, die ihre wirtschaftlichen Verhältnisse übersteigen, sittenwidrig und damit nichtig sind.

Ein Hersteller von Waschmaschinen hatte vornehmlich Rentnerehepaare aufsuchen lassen. Im Vertragsformular war eine Klausel, dass bei einem Rücktritt 35 Prozent der Kaufsumme zu zahlen sind.

- Diskutieren Sie dieses Urteil im Hinblick auf das marktwirtschaftliche Prinzip der Vertragsfreiheit.

2.4 Vertragsarten

Klaus Freitag schließt mehrere Verträge.

- Entscheiden Sie, welche Vertragsart jeweils vorliegt.

1. Er leiht sich von einem Freund 1000,00 EUR für drei Monate. Der Freund verzichtet auf Zinsen.
2. Bei der Sparkasse Neuhausen eröffnet er ein Konto zur Abwicklung seiner Zahlungen.
3. Mit seinem Umzug hat er die Möbelspedition Transmas AG beauftragt. Zum Transport einiger besonders wertvoller Gegenstände hat er sich von der Hannover-Autoverleih-GmbH einen Kleinlieferwagen geliehen.
4. Er nimmt Tanzunterricht in der Tanzschule Horst Nebel.
5. Er lässt von der Tischlerei Schrader einen Kiefernschrank bauen.
6. Mit der Suche nach einer neuen Wohnung beauftragt er das Hannoversche Wohnungskontor.

2.5 Schlechtleistung

Volker Kemmerich, Kraftfahrzeugmeister und Inhaber einer Tankstelle, Freiburg (Breisgau), Feldbergstraße 38, erhält eine vor 8 Tagen beim Kfz-Großhandelsversand Berger, Lörrach, bestellte Lieferung. Ein Mitarbeiter stellt beim Auspacken Folgendes fest:

- Statt der bestellten 500 Päckchen Autoshampoo FZ sind nur 450 Päckchen in der Sendung.
- Es wurden 100 Stück Scheinwerferlampen für 6 Volt geliefert, obwohl 12-Volt-Lampen bestellt waren. Von 6-Volt-Lampen hat man noch genügend auf Lager.
- 5 der 50 Lenkradbezüge 400 mm sind verschmutzt. Sie ließen sich aber verkaufen.

- 1. Welche Arten von Mängeln wurden festgestellt?
- 2. Begründen Sie, welche der gesetzlichen Gewährleistungsansprüche geltend gemacht werden sollen.
- 3. Stellen Sie fest, ob auch Schadensersatzansprüche entstanden sind.

2.6 Lieferungsverzug

Fritz Elsässer bestellte bei der Sport-Versand-GmbH, Heilbronn, ein Rennrad für 400,00 EUR, Katalog-Nr. 7550, zur Lieferung fest für den 25.07. (Beginn der Sommerferien). Elsässer hat geplant, zusammen mit Freunden seines Radsportclubs eine Portugal-Rundfahrt zu unternehmen. Bereits 2 Tage nach Bestellung hat die Sport-Versand-GmbH per E-Mail den Auftrag bestätigt. Da das Rennrad bis zum 26.07. nicht geliefert wurde, besorgt er sich ein vergleichbares Rad beim örtlichen Fahrradgeschäft Mertens für allerdings 450,00 EUR.

- 1. Befand sich die Sport-Versand-GmbH im Lieferungsverzug?
- 2. Kann der Mehrpreis geltend gemacht werden?

2.7 Zahlungsverzug

Das **Autohaus Link** hat seinem Kunden **Klaus Munz** am 05.10.01 einen Pkw im Wert von insgesamt 18300,00 EUR geliefert. Entsprechend der getroffenen vertraglichen Vereinbarungen über Lieferung und Zahlung ging **Munz** zusammen mit der Lieferung folgende Rechnung (Auszug) zu:

	Warenwert	%	MWSt-Betrag	Zahlungs-bedingungen	Rechnungs-betrag
	15775,86 EUR	16	2524,14 EUR	zahlbar sofort ohne Abzug	18300,00 EUR
Um zu vermeiden, dass Sie in Zahlungsverzug geraten, bezahlen Sie diese Rechnung innerhalb von 30 Tagen nach Rechnungsdatum.					

Die Buchhalterin des Autohauses **Link** stellt fest, dass **Munz** am 30.11.01 den ausstehenden Rechnungsbetrag noch nicht beglichen hat.

- 1. Prüfen Sie, ob sich **Munz** in Zahlungsverzug befindet.
- 2. Kann das **Autohaus Link** Verzugszinsen verlangen? Welcher Zinssatz kann dabei zu Grunde gelegt werden?

2.8 Verjährung

Sandra Jansen hatte sich vor drei Jahren Küchenmöbel einbauen lassen. Endlich überweist sie den Rest der Rechnung, 1500,00 EUR. Kurz danach meint sie, die Forderung sei doch verjährt, und fordert den überwiesenen Betrag zurück. Schreinermeister Füssenhäuser lehnt dies ab unter Hinweis auf § 214 BGB. Außerdem habe sie vor einem Jahr noch 500,00 EUR überwiesen.

- Klären Sie die Rechtslage mithilfe des BGB.

ZUR WIEDERHOLUNG DES GRUNDWISSENS

1. Nennen Sie die wichtigsten Rechtsquellen.
2. Erklären Sie den Unterschied zwischen Rechtsfähigkeit und Geschäftsfähigkeit.
3. Welche Rechtswirkung hat die Willenserklärung einer geschäftsunfähigen Person?
4. Wovon hängt die Rechtswirksamkeit von Willenserklärungen beschränkt geschäftsfähiger Personen ab?
5. Wann sind Willenserklärungen beschränkt geschäftsfähiger Personen voll wirksam?
6. Was sind juristische Personen?
7. Wie erlangen juristische Personen die Rechts- und Geschäftsfähigkeit?
8. Unterscheiden Sie an Beispielen einseitige von mehrseitigen Rechtsgeschäften.
9. Nennen Sie Beispiele für Rechtsgeschäfte, für die Schriftform vorgeschrieben ist.
10. Beschreiben Sie, wie ein Vertrag entstehen kann.
11. Erklären Sie den Unterschied zwischen Verpflichtungs- und Erfüllungsgeschäft.
12. Nennen Sie die wichtigsten Vertragsarten und erklären Sie die wesentlichen Merkmale.
13. Für welche Verträge mit Verbrauchern gelten besondere Schutzbestimmungen?
14. Worin besteht der Unterschied zwischen nichtigen und anfechtbaren Rechtsgeschäften?
15. Begründen Sie die Wirkung der Anfechtung eines Vertrages.
16. Unter welchen Voraussetzungen gerät ein Lieferer in Verzug?
17. In welchen Fällen kommt ein Lieferer auch ohne Mahnung in Verzug?
18. Welche Rechte kann der Käufer im Falle eines Lieferungsverzugs geltend machen?
19. Wann kommt ein Geldschuldner in Verzug, wenn für die Fälligkeit der Zahlung ein kalendermäßiger Zeitpunkt bestimmt wurde?
20. Wann kommt ein Geldschuldner in Verzug, wenn für die Fälligkeit der Zahlung ein kalendermäßiger Zeitpunkt **nicht** bestimmt wurde?
21. Welche Rechte hat ein Lieferer, wenn dessen Kunde in Zahlungsverzug gerät?
22. Nennen Sie Beispiele für Sach- und Rechtsmängel.
23. Worin unterscheiden sich offene, versteckte und arglistig verschwiegene Mängel?
24. Welche Rechte stehen dem Käufer bei einer Schlechtleistung des Lieferers zu?
25. Innerhalb welcher Fristen können Ansprüche aus einer Schlechtleistung des Lieferers geltend gemacht werden?
26. Welche Besonderheiten gelten für die Inanspruchnahme von Gewährleistungsansprüchen bei einem Verbrauchsgüterkauf?
27. Wann hat ein Käufer bei einer Schlechtleistung des Lieferers Anspruch auf Schadensersatz?
28. Was bedeutet die „Einrede der Verjährung“ für Schuldner und Gläubiger?
29. Für welche Fälle gelten jeweils regelmäßige, verkürzte oder verlängerte Verjährungsfristen?
30. Wann wird eine Verjährung gehemmt?
31. Welche Wirkung hat eine Hemmung auf den Ablauf einer Verjährungsfrist?
32. Wann wird ein Gläubiger ausstehende Forderungen mithilfe eines gerichtlichen Mahnverfahrens eintreiben?
33. Schildern Sie den Ablauf des gerichtlichen Mahnverfahrens.
34. Welche Gegenstände sind nicht pfändbar?
35. Warum unterliegen nicht alle Vermögensgegenstände der Pfändbarkeit?
36. Was ist unter einer eidesstattlichen Versicherung zu verstehen?

3 Existenzgründung und Unternehmung

Aus dem Anzeigenteil einer Tageszeitung:

> **Unternehmen**
> zur kurzfristigen Übernahme gesucht (keine Immobilien).
> Zuschr. erb. unt. A 7861 an
> Verlag, Postfach 100664, 45145 Essen

> **Wer sucht aktiven Teilhaber**
> mit größerer Einlage? Verkaufsleiter, 40 J., verh., wartet gespannt.
> Zuschriften unter R 7874 an
> Verlag, Postfach 100864, 45145 Essen.

LEITFRAGEN

Warum will jemand Unternehmer werden?

Welche Anforderungen erwarten einen „aktiven" Teilhaber?

Aus welchen Gründen wird ein Gesellschafter gesucht?

Welche Chancen und Risiken sind mit einer Beteiligung verbunden?

INFORMATION

3.1 Die Aufgaben der Unternehmung

3.1.1 Unternehmung und Betrieb

In jeder Volkswirtschaft werden die Leistungserstellung und die Leistungsverwertung in organisierten technischen, kaufmännischen und sozialen Wirtschaftseinheiten erbracht.

- Wirtschaftseinheiten, die diese Aufgaben rechtlich und finanzwirtschaftlich als selbstständige Gebilde erfüllen, werden als **Unternehmen** bezeichnet. In einer marktwirtschaftlichen Ordnung sind sie auf **Gewinnerzielung** ausgerichtet.

Die Unternehmung ist auch dadurch gekennzeichnet, dass alle wirtschaftlichen Vorgänge auf die Geschäftspolitik einer **Unternehmensleitung** zurückzuführen sind. Die rechtliche Ausgestaltung erfolgt entsprechend den gesetzlichen Rahmenbedingungen als **Rechtsform der Unternehmung.**

> Als Unternehmung bezeichnet man eine rechtliche und finanziell selbstständige Wirtschaftseinheit mit einer eigenen Unternehmensleitung.

- Der **Betrieb** ist die konkrete **Stätte der Leistungserstellung.** Eine Unternehmung kann aus mehreren eigenständigen Betrieben bestehen, die u. U. unterschiedliche Güter zu erstellen oder Dienstleistungen zu erbringen haben.

Der Betrieb ist zwar eine örtliche, technische und organisatorische Einheit, die jedoch die von einer übergeordneten Unternehmensleitung vorgegebenen Ideen und Ziele zu erfüllen hat. Betriebe haben ausführende Aufgaben.

> Der Betrieb ist die organisierte technisch-kaufmännische Stätte der Leistungserstellung. Er hat ausführende Funktionen zu erfüllen.

In einem marktwirtschaftlichen System ist die Entscheidung über Ziele und Wege der Leistungserstellung privaten Unternehmern überlassen. In einem System planwirtschaftlicher Ordnung gibt es keine private unternehmerische Orientierung an Marktdaten. „Staatsbetriebe" erhalten ihre Weisungen von zentralen Planungsinstanzen des Staates.

3.1.2 Ziele unternehmerischen Handelns

In einer Marktwirtschaft verfolgen private Betriebe das Sachziel der Güterproduktion vorwiegend nach dem erwerbswirtschaftlichen Prinzip (ökonomisches Prinzip) – vgl. Seite 18f. Zielgröße **(Oberziel)** ist dabei, einen maximalen oder zumindest angemessenen Gewinn zu erwirtschaften. Das Ausmaß der Zielerreichung lässt sich mit der Kennzahl der Rentabilität messen:

$$\text{Rentabilität des eingesetzten Kapitals} = \frac{\text{Gewinn} \cdot 100}{\text{eingesetztes Kapital}}$$

Die Verzinsung ergibt sich aus Sicht der Kapitalgeber jedoch nicht allein aus dem ausgeschütteten Gewinn, sondern auch in der Erhöhung des Unternehmenswertes. Ein steigender Unternehmenswert bedeutet auch gleichzeitig einen steigenden Wert des eingebrachten Eigenkapitals. An die Stelle des Oberzieles maximaler Gewinnerzielung tritt daher zunehmend die Erhöhung des Eigentümervermögens **(Shareholder-Value).**

$$\text{Shareholder-Value} = \text{Gesamtwert des Unternehmens} - \text{Fremdkapital}$$

Das Oberziel der Gewinnmaximierung lässt sich nur erreichen, wenn gleichzeitig auch noch verschiedene **Unterziele** wie z. B. Umsatzwachstum, Kostensenkung, Sicherung der Zahlungsfähigkeit erreicht werden.

Ein Unternehmen wird seiner gesamtgesellschaftlichen Verantwortung nur gerecht, wenn es neben den **wirtschaftlichen Zielen** auch **soziale Ziele** (z. B. Sicherung der Arbeitsplätze, gerechte Entlohnung, Schaffung menschenwürdiger Arbeitsbedingungen) und **ökologische Ziele** (z. B. sparsamer Umgang mit Ressourcen, umweltgerechte Produktion, Recycling) verfolgt.

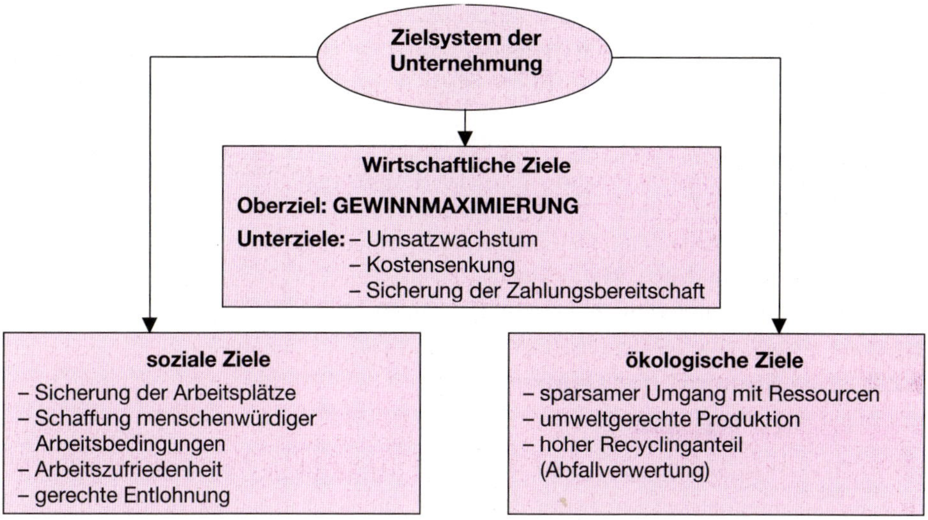

3.2 Gründung eines Unternehmens

3.2.1 Anforderungen an unternehmerisches Handeln

Für unternehmerische Aufgaben bietet die marktwirtschaftliche Ordnung geeignete Rahmenbedingungen. Möglichkeiten liegen sowohl im Produktionsbereich als auch zunehmend im Dienstleistungsbereich. Mit einer Unternehmensgründung ist die Lösung kaufmännischer, organisatorischer, technischer und sozialer Aufgaben verbunden.

Von entscheidender Bedeutung ist, dass die Risiken unternehmerischer Selbstständigkeit richtig eingeschätzt werden, um ihnen rechtzeitig angemessen begegnen zu können. Vor Gründung eines selbstständigen Unternehmens ist es daher unerlässlich, wichtige Vorüberlegungen anzustellen und entscheidende Fragen zu klären.

- **Welches Konzept soll verwirklicht werden?**
  z. B. – Welche Idee ist auf dem Markt anzubieten?
  – An welchem Standort ist zu produzieren?
  – Mit welchen Preisvorstellungen sind Kunden zu erwarten?
  – Kann die Leistung allein erbracht werden oder sind Partner nötig?
- **Sind die nötigen Kenntnisse vorhanden?**
  z. B. – über Rechnungswesen und Steuern?
  – über das Arbeits- und Gewerberecht?
  – über die Kaufkraft der Kunden?
  – über die Konkurrenz und deren Produkte?
  – über Beschaffungsmöglichkeiten?
  – über die technischen Möglichkeiten der Produktion?
- **Ist genügend Kapital vorhanden?**
  z. B. – Wie viel Kapital wird für Investitionen benötigt?
  – Sind eigene Vermögenswerte vorhanden?
  – Sind Wertgegenstände veräußerbar?
  – Müssen Kredite beansprucht werden?
  – Wie hoch ist die Kreditwürdigkeit bei Banken?
  – Ist eine Beteiligung weiterer Personen erforderlich?

Neben der sachgerechten Beantwortung solcher Fragen sind für den unternehmerischen Erfolg noch einige andere, mehr die Persönlichkeit eines Unternehmers betreffende Qualifikationen von großer Bedeutung. Unternehmerisches Handeln erfordert neben Sachverstand Verantwortungsbereitschaft, Mut, Durchsetzungsvermögen und Anpassungsfähigkeit. Darüber hinaus werden Kontaktfähigkeit und Fähigkeiten der Menschenführung gefordert.

3.2.2 Der Standort der Unternehmung

▶ Die Wahl des Standorts

Die räumliche Lage eines Betriebes innerhalb oder außerhalb eines Wirtschaftsgebietes ist für seine Leistungsfähigkeit von großer Bedeutung. Die Beschaffung von Material, die Herstellung von Gütern und Dienstleistungen sowie deren Absatz sind je nach Standort mit unterschiedlichen Kosten verbunden. Die Entscheidung über den Standort hat Einfluss auf die Wirtschaftlichkeit.

Die Wahl des Standorts treffen Unternehmen überwiegend unter Kostengesichtspunkten.

Es hängt von der Art des Betriebs ab, welcher Standort der kostengünstigere ist. Bergwerke, Ziegeleien oder Zementfabriken sind durch naturgegebene Lagerstätten ihrer Rohstoffe **an einen Standort gebunden.** Dies gilt ebenso für landwirtschaftliche Betriebe durch ihre Abhängigkeit von Klima und Bodenbeschaffenheit.

Dagegen sind die meisten Industrie-, Handels- und Dienstleistungsbetriebe bei ihrer **Standortwahl frei.** Vor jeder Entscheidung werden sie daher zu prüfen haben, ob sie aus Kostengründen mehr die Nähe zu den Rohstoffvorkommen, zu den Energiequellen oder zu den Verkehrswegen benötigen oder ob sie sich mehr in der Nähe des Verbrauchers niederlassen müssen. Auch der Bedarf an Arbeitskräften sowie das Lohnniveau können bei der Wahl des richtigen Standorts maßgebend sein.

► *Raumordnungspolitik*

Es ist heute nicht mehr umstritten, dass der Staat verpflichtet ist, die Standortentscheidungen der Betriebe zu beeinflussen. Die Vergangenheit hat gezeigt, dass ohne eine staatliche **Raumordnungspolitik** unerwünschte wirtschaftliche und gesellschaftliche Entwicklungen eintreten können.

Ballungsgebiete verursachen zunehmend Verkehrs- und Wohnraumprobleme. Umweltbelastungen oder der Verbrauch wertvollen landwirtschaftlichen Bodens in diesen Verdichtungsräumen sind nicht unbegrenzt zu vertreten. Durch „Flucht" aus weniger beschäftigungsintensiven Regionen verschlechtern sich für die Restbevölkerung die Lebensbedingungen. Auch eine unterschiedliche Steuerkraft der Regionen führt zu einer unterschiedlichen Versorgung der Bevölkerung.

Eine derartige Entwicklung ist mit den Grundsätzen einer sozialen Gerechtigkeit, deren Verwirklichung der Bundesrepublik Deutschland durch das Grundgesetz aufgegeben ist, nicht vereinbar. Durch **horizontalen** und **vertikalen Finanzausgleich,** d.h. eine Steuerumverteilung zwischen Bund und Ländern, zwischen Ländern und Gemeinden und zwischen den Gemeinden, werden diese Entwicklungen gemildert.

Der Staat ist darüber hinaus verpflichtet, durch Fördermaßnahmen die natürliche Standortnachteile zu mildern, um damit Niederlassungsanreize für Unternehmen zu schaffen.

Eine solche **Raumordnungspolitik** kann erfolgen:

- durch **direkte Zuweisung von Finanzmitteln (Subventionen)**
- an Unternehmen und
- an Gemeinden, die den Unternehmen Vorteile bei der Ansiedlung gewähren.

oder

Subventionen
Zinszuschüsse, Frachthilfen, ermäßigte Grundstückspreise und Energietarife, Erlass von Gewerbe- und Grundsteuern

- durch **Verbesserung der Infrastruktur**

Hierzu werden alle Investitionen gerechnet, mit denen Einrichtungen für die Allgemeinheit geschaffen oder verbessert werden.

Infrastrukturmaßnahmen
Verkehrserschließung, Wasser- und Energieversorgung, Bildungseinrichtungen, Kindergärten, Krankenhäuser, kulturelle und sportliche Einrichtungen

Durch Subventionen und Investitionen in die Infrastruktur verfolgt eine Raumordnungspolitik das Ziel, die Standortbedingungen für Betriebe zu verbessern.

3.2.3 Hilfestellungen bei der Existenzgründung

Um sich erfolgreich selbstständig zu machen, eine eigene Existenz aufzubauen oder einen eingeführten Betrieb zu übernehmen, bedarf es neben der fachlichen Kompetenz vielfältigen Know-hows.

Staatliche sowie private Organisationen und Vereine unterstützen Gründer und Jungunternehmer bereits in der Startphase mit umfassenden Informationen über rechtliche Rahmenbedingungen und über organisatorische Abläufe einer Gründung. In vielfältiger Form bieten u. a. Handwerkskammern, Industrie- und Handelskammern, Gewerbeämter, eine Reihe von Banken sowie die örtlichen Verwaltungen Beratungshilfen an, insbesondere über finanzielle Förderprogramme von Bund und Ländern. Aktuelle Informationen über regionale Finanzhilfen sind auch über das **Internet** erhältlich. Auch die Presse informiert über Aktivitäten für Existenzgründer auf lokaler oder regionaler Ebene.

3.3 Rechtsformen der Unternehmung

3.3.1 Die Wahl der Rechtsform

Entscheidend für die Wahl der geeigneten **Rechtsform** sind folgende Überlegungen:

- In welcher Höhe ist **Kapital** notwendig und wie kann es beschafft werden?
- Wie soll die **Haftung für die Verbindlichkeiten der Unternehmung** geregelt werden?
- Wie sollen die **Leitungsbefugnisse im Unternehmen** geregelt werden (Geschäftsführung und Vertretungsbefugnisse)?
- Wie kann die **steuerliche Belastung der Unternehmung und der Gesellschafter** möglichst niedrig gehalten werden?

- **Unternehmungen in privatrechtlicher Form** haben meist **private Zielsetzungen** (Gewinnerzielung) und befinden sich **vorwiegend in Privateigentum.** Sie können von natürlichen und juristischen Personen gegründet werden.
- **Unternehmungen in öffentlich-rechtlicher Form** erfüllen **öffentliche Aufgaben** und befinden sich **in öffentlichem Eigentum:** städtische Versorgungs- und Verkehrsbetriebe, öffentlich-rechtliche Sparkassen, Landesversicherungsanstalten usw.

Überblick über die wichtigsten Unternehmensformen

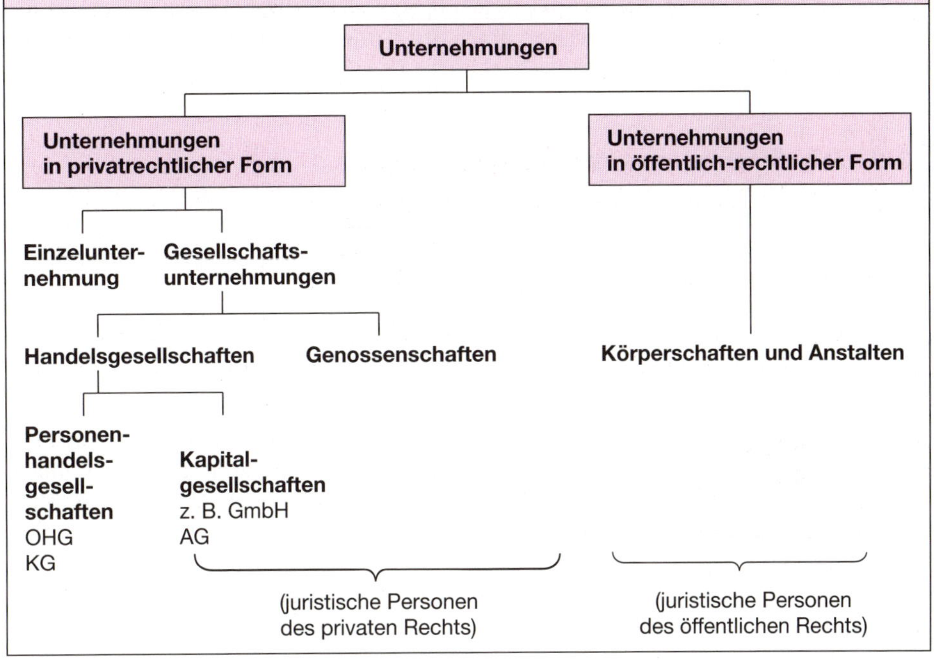

3.3.2 Die Einzelunternehmung

In der Einzelunternehmung bringt der Unternehmer allein das Eigenkapital auf. Er allein führt und vertritt die Unternehmung und haftet auch allein für alle Verbindlichkeiten.

Zu seiner Vertretung kann ein Unternehmer unter bestimmten Voraussetzungen Handlungsbevollmächtigte und Prokuristen bestellen.

Veröffentlichung des Handelsregisters Hamburg:
A 75233 **Malereibetrieb Wolfgang G. Schröder**
Hamburg (Ausführung sämtlicher Maler- und Anstricharbeiten, Verkauf und Verlegen von Teppichböden, Verkauf von Tapeten und Gardinen sowie eigener Gerüstbau), Lessingstraße 2, Inhaber: Wolfgang Gerhard Schröder, Malermeister, Hamburg.

Die **Firma** einer Unternehmung ist der Name, unter dem Geschäfte betrieben und Unterschriften abgegeben werden. Unter diesem Namen kann der Unternehmer klagen und verklagt werden.

Die Firma muss in jedem Fall einen Zusatz enthalten, der die Rechtsform angibt. So ist für die Einzelunternehmung der Zusatz „eingetragener Kaufmann" bzw. „eingetragene Kauffrau" verpflichtend. Die Bezeichnung der Firma ohne den Zusatz der Rechtsform kann frei gewählt werden. Neben den Personen- und Sachfirmen sind auch Fantasie- und Mischfirmen, z. B. „Inline OHG" oder „Inline Partyservice e. Kfm.", zulässig.

- Die **Leitungsbefugnis** liegt allein beim **Unternehmer.** Für die **Mitwirkung und Mitbestimmung der Arbeitnehmer** muss er das **Betriebsverfassungsgesetz** beachten. Es sichert die **Interessenvertretung der Arbeitnehmer** durch den **Betriebsrat,** der zu wählen ist, wenn im Unternehmen mindestens fünf Mitarbeiter über 18 Jahre beschäftigt sind.

3.3.3 Die Offene Handelsgesellschaft (OHG)

Die Offene Handelsgesellschaft ist ein Zusammenschluss von zwei oder mehr Kaufleuten zum gemeinsamen Betrieb eines Handelsgewerbes unter einer Firma. Die Gesellschafter haften unbeschränkt für Verbindlichkeiten der Gesellschaft.

- **Die Offene Handelsgesellschaft (OHG)** ist keine juristische Person. Sie kann aber eigenständig Rechte erwerben und Verbindlichkeiten eingehen und ist somit rechtsfähig (vgl. § 14 Abs. 2 BGB).

Die OHG kann unter ihrer Firma Rechte erwerben und Verbindlichkeiten eingehen. Sie kann unter ihrer Firma vor Gericht klagen und verklagt werden. Trotzdem ist sie keine juristische Person.

Die OHG ist die **typische Rechtsform für kleinere und mittlere Unternehmen,** in denen jeweils mehrere Unternehmer gemeinschaftlich Kapital und persönliche Fähigkeiten (Ideen, Arbeitskraft) einsetzen und gemeinschaftlich unbegrenzt das Geschäftsrisiko tragen. Die OHG ist daher grundsätzlich als besonders kreditwürdig anzusehen.

Eine Zeitungsanzeige:

Unternehmer mit einem sehr guten Ruf im Werkzeugbau muss seinen Betrieb dringend erweitern. Dafür sucht er einen

Mitgesellschafter

Der zukünftige Partner sollte möglichst kaufmännische Erfahrung und technisches Verständnis für diese Aufgabe mitbringen. Außerdem ist eine Kapitalbeteiligung von mindestens 100000,00 EUR erwünscht.
Wen diese unternehmerische Aufgabe reizt, wende sich an

Unternehmensberatung **Technika**
28327 Bremen

▶ *Gründung*

Bei der **Gründung** leisten die Gesellschafter **Einlagen,** die in Geldzahlungen, in der Übereignung von Sachen oder Übertragung von Rechten sowie im Erbringen von Dienstleistungen bestehen können. Die in Geld bewerteten Einlagen bilden das **Eigenkapital** der OHG.

- **Grundlage für alle Regelungen der Beziehungen der Gesellschafter untereinander (Innenverhältnis) ist der Gesellschaftsvertrag.** Er legt neben der Kapitalaufbringung die Leitungsbefugnisse (Geschäftsführung und Vertretung) und die Ergebnisverteilung (Gewinn- und Verlustverteilung) fest. Ergänzend zum Gesellschaftsvertrag gilt das HGB.

- **Für das Verhältnis der Gesellschaft Dritten gegenüber (Außenverhältnis) ist das HGB maßgebend.** Das HGB allein bestimmt, wie ein Gesellschafter haftet und welche Rechtswirksamkeit die Rechtsgeschäfte der OHG mit Dritten haben.

Gründung der Müller & Meier OHG

Der Unternehmer Harry Müller fand aufgrund einer Anzeige in Siegfried Meier den gesuchten Gesellschafter.

Im Gesellschaftsvertrag wurden folgende Beteiligungswerte festgesetzt: Harry Müller bringt seinen Betrieb mit folgenden Vermögensgegenständen ein: Grundstück und Gebäude: 550000,00 EUR; Patent: 200000,00 EUR; Bankguthaben: 50000,00 EUR. Siegfried Meier stellt die geforderten 100000,00 EUR Bankguthaben zur Verfügung

Aktiva		**Gründungsbilanz**		Passiva
Grundstücke und Gebäude	550 000,00	**Eigenkapital**		
Patent	200 000,00	Einlage Müller	800 000,00	
Bankguthaben	150 000,00	Einlage Meier	100 000,00	900 000,00
	900 000,00			900 000,00

Die Firma, unter der eine OHG ihre Rechtsgeschäfte abschließt (z. B. Kauf-, Arbeitsverträge) muss die Bezeichnung „offene Handelsgesellschaft" oder eine allgemein verständliche Abkürzung dieser Bezeichnung enthalten.

Beispiele: Müller & Meier OHG; Müller OHG; Lahrer Getränkegroßhandel OHG.

▶ *Geschäftsführung und Vertretung*

- Die **Geschäftsführung** bezieht sich auf die Rechtsbeziehungen der Gesellschafter untereinander (Innenverhältnis). Sie umfasst die Befugnis, Entscheidungen über Geschäfte der OHG zu treffen. Dabei ist zwischen **gewöhnlichen Geschäften des Handelsgewerbes der OHG** (z. B. Wareneinkauf, Personaleinstellung) und **außergewöhnlichen Geschäften** (z. B. Errichtung einer Zweigniederlassung) zu unterscheiden. Nach dem HGB ist jeder Gesellschafter grundsätzlich geschäftsführungsberechtigt, und zwar bei gewöhnlichen Geschäften allein. Der Gesellschaftsvertrag kann abweichende Regelungen vorsehen. Bei außergewöhnlichen Geschäften ist der Gesamtbeschluss aller Gesellschafter erforderlich.
- Die **Vertretung** umfasst die Befugnis, **Rechtsgeschäfte** für die OHG **mit Dritten** abzuschließen. Sie erstreckt sich nach dem HGB auf alle gerichtlichen und außergerichtlichen Geschäfte und Rechtshandlungen einschließlich der Veräußerung und Belastung von Grundstücken sowie der Erteilung und des Widerrufs der Prokura.

Im Gegensatz zur Geschäftsführungsbefugnis macht das HGB bei der Vertretungsmacht der OHG-Gesellschafter keinen Unterschied zwischen gewöhnlichen und außergewöhnlichen Geschäften. Zum Schutz des Dritten (z. B. Kunden, Lieferer) ist eine Beschränkung des Umfangs der Vertretungsmacht durch den Gesellschaftsvertrag im Außenverhältnis nicht wirksam.

▶ *Haftung*

Die Haftung der OHG-Gesellschafter ist **Dritten gegenüber** für jeden Gesellschafter gleich: Jeder Gesellschafter haftet **unbeschränkt, unmittelbar** und **gesamtschuldnerisch.** Eine Beschränkung der Haftung ist Dritten gegenüber unwirksam.

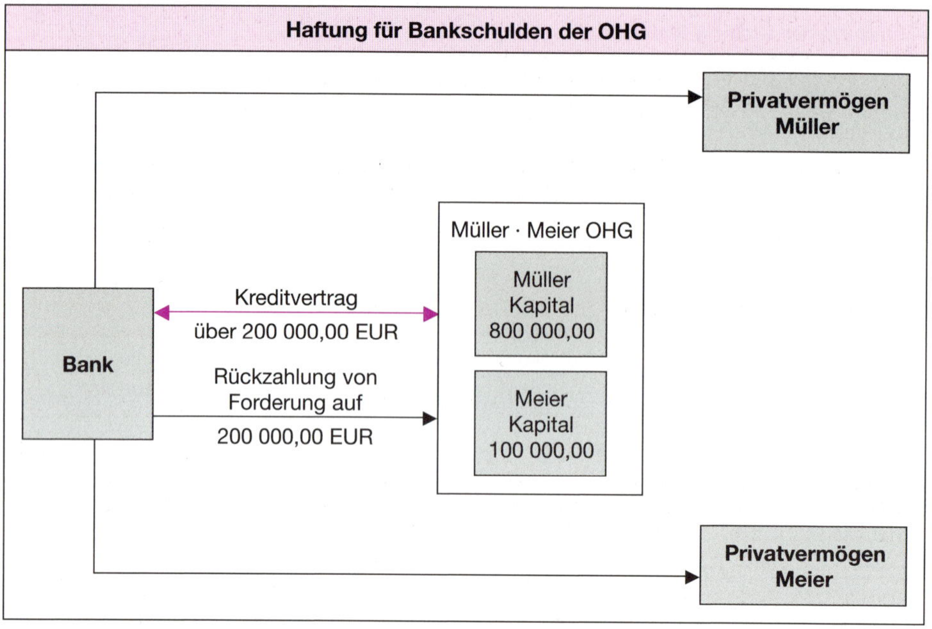

Wie das Beispiel zeigt, kann ein Gläubiger seinen Anspruch sowohl gegen die OHG als auch unmittelbar gegen einen Gesellschafter nach seiner Wahl geltend machen. Der Gesellschafter kann nicht einwenden, der Gläubiger müsse sich zuerst an die OHG wenden (= unmittelbare Haftung). Jeder Gesellschafter haftet auch mit seinem Privatvermögen, also über seine Einlage hinaus (= unbeschränkte Haftung). Einwendungen, er hafte nur im Verhältnis seiner Beteiligung am Gesamtkapital der OHG, sind nicht möglich (= solidarische Haftung).

► ***Ergebnisverteilung***

Die in einem Geschäftsjahr erwirtschafteten Gewinne werden nach den Vereinbarungen im Gesellschaftsvertrag auf die Gesellschafter verteilt. Ohne vertragliche Regelung bestimmt das HGB, dass zunächst jeder Gesellschafter seinen Kapitalanteil mit 4% verzinst erhält und der Rest nach Köpfen verteilt wird. Entstandene Verluste werden nach Gesetz nach Köpfen verteilt.

3.3.4 Die Kommanditgesellschaft (KG)

Die Kommanditgesellschaft ist ein Zusammenschluss von zwei oder mehr Kaufleuten zum gemeinsamen Betrieb eines Handelsgewerbes unter einer Firma. Mindestens ein Gesellschafter muss unbeschränkt haften.

In der KG sind zwei Arten von Gesellschaftern **zu unterscheiden:**

- **unbeschränkt oder persönlich haftende Gesellschafter (Vollhafter** oder **Komplementäre).** Sie entsprechen den Gesellschaftern der OHG und haben laut HGB Geschäftsführungs- und Vertretungsbefugnis,

- **beschränkt haftende Gesellschafter (Teilhafter** oder **Kommanditisten):** Sie haben im Wesentlichen nur die Aufgabe der Kapitalgeber und sind als Gesellschafter nicht zur Geschäftsführung und Vertretung berechtigt und verpflichtet. Ihre Haftung ist beschränkt auf die Einlage, wurde die Einlage geleistet, entfällt die Haftung.

Die Firma der KG muss die Bezeichnung „Kommanditgesellschaft" oder eine allgemein verständliche Abkürzung dieser Bezeichnung (z. B. KG) enthalten. Teilhafter dürfen nicht genannt werden.

Beispiel: Abele (Vollhafter), Bertram (Vollhafter), Huber (Teilhafter) betreiben ein Unternehmen in der Rechtsform einer KG.

Firmierungsmöglichkeiten: Abele & Bertram KG; Bertram Kommanditgesellschaft; Freiburger Abfallverwertung KG.

Vergleich von OHG und KG		
	OHG	**KG**
Haftung der Gesellschafter:	Unbeschränkte, unmittelbare und gesamtschuldnerische Haftung aller Gesellschafter	Haftung der Komplementäre wie OHG-Gesellschafter, Haftung der Kommanditisten beschränkt auf Einlage, falls diese noch nicht geleistet
Leitungsbefugnis der Gesellschafter:	Recht aller Gesellschafter auf Geschäftsführung und Vertretung	Recht der Komplementäre auf Geschäftsführung und Vertretung, Widerspruchsrecht der Kommanditisten bei außergewöhnlichen Geschäften

3.3.5 Die Aktiengesellschaft (AG)

Das Aktiengesetz

§ 1 Wesen der Aktiengesellschaft. Die Aktiengesellschaft ist eine Gesellschaft mit eigener Rechtspersönlichkeit. Für die Verbindlichkeiten der Gesellschaft haftet den Gläubigern nur das Gesellschaftsvermögen.

Die Aktiengesellschaft hat ein in Aktien zerlegtes Grundkapital.

▶ Gründung

- **Aktiengesellschaften sind Kapitalgesellschaften.** Bei Kapitalgesellschaften steht die Kapitalaufbringung und nicht die Mitarbeit der Eigentümer im Vordergrund.

Die Aktiengesellschaft ist die typische Rechtsform für Großbetriebe, die wegen umfangreicher Investitionen sehr viel Kapital benötigen, das in der Regel nur durch eine Vielzahl von Kapitalgebern aufgebracht werden kann. Nach dem Aktiengesetz muss das **Grundkapital** (Gezeichnetes Kapital) mindestens 50000,00 EUR betragen. Das Grundkapital kann wahlweise durch Ausgabe von Nennbetragsaktien (Mindestnennbetrag 1,00 EUR) oder von Stückaktien aufgebracht werden.

Die **Satzung** (Gesellschaftsvertrag) der AG bestimmt die Höhe des **Grundkapitals** (Gezeichnetes Kapital) sowie die Art und **Stückelung** der Aktien.

- **Aktiengesellschaften sind juristische Personen.** Rechtsfähigkeit erlangen sie durch Eintragung in das Handelsregister. Die Anteilseigner haften nicht für die Verbindlichkeiten der Gesellschaft. Die Gläubiger können nur Ansprüche gegen das Gesellschaftsvermögen geltend machen.

Eine Aktiengesellschaft wird gegründet:

Eine AG hat 20000 Aktien im Nennwert von 25,00 EUR ausgegeben. Das ergibt ein Grundkapital (Gezeichnetes Kapital) von 500000,00 EUR. Gibt die AG die Aktien zu einem Preis von jeweils 50,00 EUR aus, so entsteht ein Aufgeld (Agio) von 25,00 EUR. Dieses Aufgeld muss in die Kapitalrücklage eingestellt werden. Daher verfügt die AG über ein Eigenkapital von 1000000,00 EUR. Jeder Aktionär ist im Verhältnis seines Anteils am Grundkapital (Gezeichnetes Kapital) an der AG beteiligt. Er haftet aber nicht für die Verbindlichkeiten der AG. Den Gläubigern der AG haftet nur das Gesellschaftsvermögen.

Die AG könnte die Aktien auch als Stückaktien ausgeben. Würde das Grundkapital von 500000,00 EUR durch die Ausgabe von 50000 Stückaktien aufgebracht, so entspricht jeder Aktie ein wertmäßiger Anteil am Grundkapital von 10,00 EUR.

Die Firma der AG muss die Bezeichnung ‚Aktiengesellschaft' oder eine allgemein verständliche Abkürzung dieser Bezeichnung enthalten, z. B. Mineralbrunnen AG.

Die Gründungsbilanz einer Aktiengesellschaft

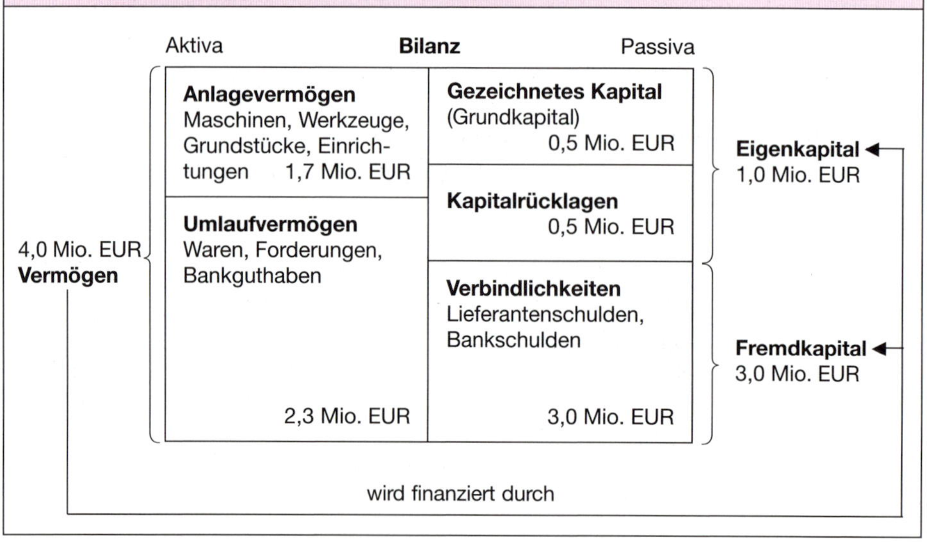

► *Organe der Aktiengesellschaft*

Im Gegensatz zu den Personenhandelsgesellschaften, bei denen als Unternehmer unbeschränkt haftende Gesellschafter tätig sind, werden bei Aktiengesellschaften **Organe** gebildet, die unterschiedliche Aufgaben zu erfüllen haben.

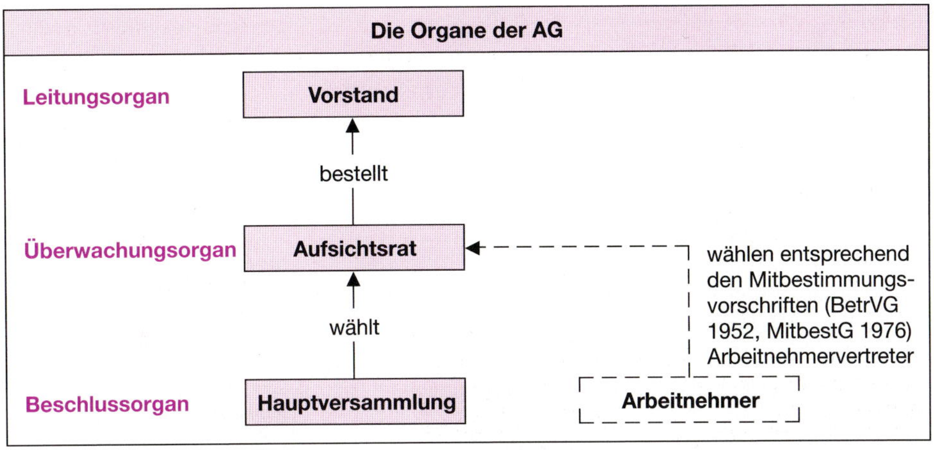

- Der **Vorstand leitet die AG** eigenverantwortlich. Er ist **Geschäftsführungs- und Vertretungsorgan.** Die Zahl seiner Mitglieder wird durch die Satzung der AG bestimmt. In der Regel besteht der Vorstand aus mehreren Personen. Jedes Vorstandsmitglied ist für einen bestimmten Aufgabenbereich zuständig. In Unternehmen der Montanindustrie muss dem Vorstand ein Arbeitsdirektor als gleichberechtigtes Mitglied angehören. Er ist für Personal- und Sozialfragen zuständig (siehe S. 111 f.).

Der **Vorstand** wird vom Aufsichtsrat für die Dauer von längstens fünf Jahren bestellt. Eine wiederholte Bestellung ist zulässig. Der Aufsichtsrat vertritt bei der Bestellung die Aktionäre (Anteilseigner). Er kann die Bestellung der Vorstandsmitglieder bei Vorliegen eines wichtigen Grundes widerrufen.

- Der **Aufsichtsrat überwacht die Geschäftsführung des Vorstands.** Er hat bestimmte Einsichts- und Prüfungsrechte. Er hat eine Hauptversammlung einzuberufen, wenn das Wohl der Gesellschaft es erfordert.

Der Aufsichtsrat hat den Jahresabschluss, den Geschäftsbericht und den Vorschlag des Vorstandes für die Verwendung des Bilanzgewinns zu prüfen. Über das Ergebnis seiner Prüfung hat der Aufsichtsrat schriftlich der Hauptversammlung zu berichten.

Zusammensetzung des Aufsichtsrats nach dem Aktiengesetz: Der Aufsichtsrat besteht aus mindestens drei Mitgliedern. Die Satzung kann eine höhere Zahl bestimmen. Die Höchstzahl der Aufsichtsratsmitglieder beträgt 21; bis zu 1,5 Mio. EUR Grundkapital höchstens neun Mitglieder, von mehr als 1,5 Mio. EUR Grundkapital höchstens 15 Mitglieder, von mehr als 10 Mio. EUR Grundkapital höchstens 21 Mitglieder. Für die Zusammensetzung des Aufsichtsrates sind neben dem Aktiengesetz die **Mitbestimmungsvorschriften** maßgebend.[1]

- Die **Hauptversammlung** ist die **Versammlung der Aktionäre,** die dort ihr Stimmrecht ausüben. Sie beschließt in den durch Gesetz und Satzung bestimmten Angelegenheiten:

[1] Vgl. ausführlich Abschnitt 4.6.4.

- Wahl der Vertreter der Aktionäre im Aufsichtsrat,
- Verwendung des Bilanzgewinns (die Hauptversammlung ist dabei an den durch Vorstand und Aufsichtsrat festgestellten Jahresabschluss gebunden),
- Entlastung von Vorstand und Aufsichtsrat,
- Beschlussfassung über Satzungsänderungen, z. B. über Kapitalbeschaffung durch Erhöhung des Grundkapitals,
- Wahl der Abschlussprüfer.

Beschlüsse der Hauptversammlung bedürfen der Mehrheit der abgegebenen Stimmen (einfache Mehrheit), in besonderen Fällen, so z. B. bei Satzungsänderungen, einer Dreiviertelmehrheit des bei der Beschlussfassung vertretenen Grundkapitals.

Das **Stimmrecht** in der Hauptversammlung wird entsprechend der Zahl der ausgegebenen Stückaktien bzw. der Nennbeträge ausgeübt. Es kann auch durch einen Bevollmächtigten ausgeübt werden. Sind Aktien bei Kreditinstituten hinterlegt, können sich Aktionäre durch diese vertreten lassen **(Depotstimmrecht** der Kreditinstitute). Für die Bevollmächtigung gelten besondere Bestimmungen. Eine allgemeine Stimmrechtsvollmacht gilt für längstens 15 Monate und ist jederzeit widerruflich.

► ***Ergebnisverteilung***

Das Ergebnis eines Geschäftsjahres wird als Jahresüberschuss bzw. als Jahresfehlbetrag bezeichnet.

- **Ein Jahresüberschuss** ergibt sich, wenn die Erträge größer sind als die Aufwendungen, ein **Jahresfehlbetrag,** wenn die Aufwendungen größer sind als die Erträge.
  Aus dem Jahresüberschuss errechnet sich der Bilanzgewinn.

  Jahresüberschuss
  \+ Gewinnvortrag aus dem Vorjahr
  − Einstellung in Gewinnrücklagen
  Bilanzgewinn

- Der **Bilanzgewinn** wird in der Regel als **Dividende** an die Aktionäre ausgeschüttet. Ein nicht verteilungsfähiger Rest wird auf das folgende Geschäftsjahr vorgetragen (Gewinnvortrag).

3.3.6 Die Gesellschaft mit beschränkter Haftung (GmbH)

Die GmbH ist eine Kapitalgesellschaft, bei der die Haftung gegenüber Gläubigern auf das Gesellschaftsvermögen beschränkt ist. Die GmbH als juristische Person wird durch Geschäftsführer vertreten.

- Die GmbH ist wie die AG eine **Kapitalgesellschaft.** Sie wird durch Eintragung ins Handelsregister zur **juristischen Person,** d. h. sie erlangt dadurch die Rechtsfähigkeit. Die GmbH kann zu jedem gesetzlich zulässigen gewerblichen und nichtgewerblichen Zweck errichtet werden (nicht zulässig z. B. für Ärzte, Apotheken, Anwälte, Versicherungen).
- Die GmbH ist eine Unternehmungsform, die vorwiegend für kleinere und mittlere Unternehmen geeignet ist. In den letzten Jahren haben sich zunehmend auch größere Betriebe, für die zweckmäßigerweise die AG die geeignete Rechtsform wäre, für die GmbH entschieden. Anreize hierfür liegen im GmbH-Gesetz, das mehr als das Aktiengesetz individuelle Regelungen durch die Satzung zulässt.

▶ Gründung

Im Gesellschaftsvertrag verpflichten sich die Gesellschafter zur Leistung von Einlagen. Jeder Gesellschafter beteiligt sich mit einer **Stammeinlage** von mindestens 100,00 EUR. Das **Stammkapital** (Gezeichnetes Kapital) einer GmbH besteht aus der Summe aller Stammeinlagen und muss mindestens 25000,00 EUR betragen. Vor der Anmeldung zur Eintragung ins Handelsregister ist eine Einzahlung von mindestens einem Viertel auf jede Stammeinlage zu leisten. Die Summe der geleisteten Einlagen muss mindestens 12500,00 EUR betragen.

Aus einer KG wird eine GmbH

Die Blessing KG, Radio- und Fernsehgroßhandel, will ihre Geschäftsbeziehungen ausweiten. Für den Bau neuer Lagerräume benötigt man zusätzliches Kapital. Alfred Treu, ein guter Bekannter von K. Blessing, will sich mit den benötigten 25000,00 EUR beteiligen, aber nicht im Unternehmen mitarbeiten.

Auch der Seniorchef K. Blessing will sich aus Altersgründen aus dem Geschäft zurückziehen und nur noch mit einem Kapitalanteil von 150000,00 EUR beteiligt bleiben. In Zukunft soll das Geschäft von den beiden Schwiegersöhnen Frank Müller und Alfred Gleich, die bisher als Kommanditisten beteiligt waren, allein geführt werden.

Die bisherige KG wird in die Radio-Fernseh-Video GmbH umgewandelt. Geschäftsführende Gesellschafter werden Müller und Gleich. K. Blessing und A. Treu sind die anderen Gesellschafter.

Die Firma muss den Zusatz „GmbH“ haben. Sie kann Personen- oder Sachfirma und auch gemischte Firma sein.

Häufig trifft man die **GmbH & Co. KG** als Unternehmensform an. Es handelt sich dabei um eine Kommanditgesellschaft, bei der eine GmbH der Vollhafter (Komplementär) ist. Kommanditisten (Teilhafter) können andere Personen sein. Die GmbH & Co. KG wird oft im Rahmen der Nachfolgeregelung bei Personengesellschaften gewählt.

Eine Gesellschaft mit beschränkter Haftung kann auch eine **Einmann-GmbH** sein, wenn

- aus einer bestehenden Gesellschaft alle Gesellschafter bis auf einen ausgeschieden sind oder wenn
- eine Gesellschaft mit beschränkter Haftung von einer Person allein gegründet wird,
- ein Einzelunternehmen in eine GmbH umgewandelt wird.

In der Einmann-GmbH sind Vorzüge einer Einzelunternehmung mit denen der Haftungsbeschränkung einer GmbH vereint.

▶ Organe

- Organe der GmbH sind die **Gesellschafterversammlung,** die **Geschäftsführer und der Aufsichtsrat,** der bei Gesellschaften mit mehr als 500 Arbeitnehmern gebildet werden muss.
- Die **Gesellschafterversammlung** wählt die (den) Geschäftsführer und stellt den Jahresabschluss fest.
- Geschäftsführer sind zur Geschäftsführung und Vertretung berechtigt.

Zwei oder mehr Geschäftsführer sind gemeinschaftlich zur Geschäftsführung und Vertretung berechtigt (Gesamtgeschäftsführungs- und -vertretungsbefugnis). Die Satzung kann Einzelvertretungsbefugnis vorsehen. Eine Beschränkung des Umfangs der Vertretungsmacht ist Dritten gegenüber unwirksam.

▶ Haftung

Den Gläubigern der GmbH haftet nur das Gesellschaftsvermögen.

3.3.7 Die Genossenschaft (eG)

Genossenschaften sind Unternehmen, die den Erwerb und die Wirtschaft ihrer Mitglieder mittels gemeinschaftlichen Geschäftsbetriebs fördern.

Sie streben nicht nach größtmöglichem Gewinn. Gewinne sollen die Rücklagen der Genossenschaften stärken und an die Mitglieder verteilt werden.

- **Genossenschaften sind juristische Personen.** Sie erlangen durch Eintragung in das Genossenschaftsregister Rechtsfähigkeit. Die Firma muss die Bezeichnung „eingetragene Genossenschaft" oder die Abkürzung eG enthalten.

▶ Arten der Genossenschaften

- Von ihrer Entstehung her unterscheidet man **ländliche Genossenschaften,** die auf Friedrich Wilhelm Raiffeisen, und **gewerbliche Genossenschaften,** die auf Hermann Schulze-Delitzsch zurückgehen. Bei ländlichen und bei gewerblichen Genossenschaften unterscheidet man den **Bankenbereich** und den **Warenbereich.**

Im Bankenbereich arbeiten **Kreditgenossenschaften.** Sie firmieren als **Raiffeisenbanken** oder **Volksbanken.** Im Warenbereich betätigen sich Genossenschaften als Waren- und Dienstleistungsgenossenschaften. Generelles Ziel ist stets Existenzsicherung und -ausbau kleinerer und mittlerer Betriebe.

Überblick über wichtige Arten der Genossenschaften im Warenbereich

- Einkaufsgenossenschaften (z. B. für Handwerker, für Einzelhändler)
- Bezugs- und Absatzgenossenschaften
- Molkereigenossenschaften
- Viehverwertungsgenossenschaften
- Obst- und Gemüseverwertungsgenossenschaften
- Winzer- und Weingärtnergenossenschaften
- Eier- und Geflügelverwertungsgenossenschaften
- Dienstleistungsgenossenschaften (z. B. Genossenschaften zur Nutzung von Gemeinschaftsmaschinen)
- Fischereigenossenschaften

Weingärtnergenossenschaft als Beispiel für eine Warengenossenschaft:
Name und Sitz:
Die Firma der Genossenschaft lautet:
REMSTALKELLEREI – DIE WEINGÄRTNERGENOSSENSCHAFTEN DES REMSTALS eG
Der Sitz der Genossenschaft ist Weinstadt.

Zweck und Gegenstand
Zweck der Genossenschaft ist die Förderung des Erwerbs und der Wirtschaft ihrer Mitglieder durch gemeinsamen Geschäftsbetrieb.

Gegenstand des Unternehmens ist:

a) die gemeinsame Kelterung der von den Mitgliedern der angeschlossenen Genossenschaften geernteten Weintrauben sowie die Erzeugung und der Absatz der hieraus gewonnenen Traubenmoste und Weine.
b) Die Förderung des Weinbaus durch alle hierzu geeigneten Maßnahmen.

▶ Verfassung der Genossenschaft

Satzung und **Genossenschaftsgesetz** regeln die Verfassung der Genossenschaft.

- **Mitgliedschaft.** Durch Erwerb eines oder mehrerer **Geschäftsanteile** wird die Mitgliedschaft in der Genossenschaft begründet. Das Statut regelt die Höhe der Anteile. Durch Einzahlungen und Gewinngutschriften bzw. Verlustanteile ergibt sich das **Geschäftsguthaben**.

▶ Geschäftsführung und Vertretung

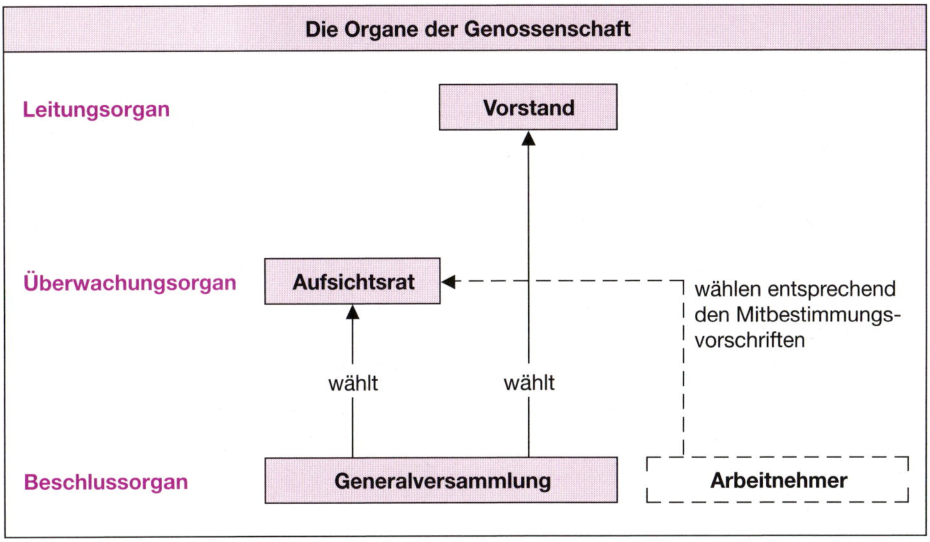

Sowohl die Mitglieder des Vorstandes als auch des Aufsichtsrats müssen Genossen, d.h. Mitglieder der Genossenschaft sein. Im Gegensatz zu Kapitalgesellschaften wird das Stimmrecht in der Mitgliederversammlung nicht nach Höhe der Beteiligung, sondern nach Köpfen ausgeübt. Bei Genossenschaften mit mehr als 3000 Mitgliedern besteht die Generalversammlung aus gewählten Vertretern aller Mitglieder **(Vertreterversammlung)**.

▶ Haftung

- **Den Gläubigern der Genossenschaft haftet nur das Vermögen der Genossenschaft.** Die Satzung der Genossenschaft muss festlegen, ob im Insolvenzfall von den Mitgliedern Nachschüsse zur Insolvenzmasse geleistet werden müssen.
- Das Genossenschaftsgesetz schreibt zum Schutz der Genossenschaftsmitglieder regelmäßig wiederkehrende **Pflichtprüfungen der gesamten genossenschaftlichen Geschäftsverhältnisse** durch einen Prüfungsverband vor. Die Mitgliedschaft ist Pflicht. Der Prüfungsverband hat über die Prüfungsergebnisse Vorstand und Aufsichtsrat schriftlich zu unterrichten. Der Aufsichtsrat muss in der Generalversammlung zum Prüfungsbericht Stellung beziehen.

Überblick über die Rechtsformen der Unternehmung

Rechtsform / Wichtige Merkmale	Offene Handelsgesellschaft (OHG)	Kommanditgesellschaft (KG)	Aktiengesellschaft (AG)	Gesellschaft mit beschränkter Haftung (GmbH)	Genossenschaft (eG)
Eigenkapitalaufbringung	Einlagen der Gesellschafter gemäß Vertrag	Einlagen der Gesellschafter gemäß Vertrag	**Grundkapital** (Gezeichnetes Kapital): mindestens 50 000,00 EUR durch Aktienausgabe; Nennbetragsaktien (Mindestnennwert 1,00 EUR) oder Stückaktien (wertmäßiger Anteil am Grundkapital bei Ausgabe mindestens 1,00 EUR); **Kapital- und Gewinnrücklagen:** nach Gesetz und Satzung	**Stammkapital:** (Gezeichnetes Kapital): mindestens 25 000,00 EUR durch Stammeinlagen von mindestens 100,00 EUR; **Kapital- und Gewinnrücklagen:** nach Gesetz und Satzung	**Geschäftsguthaben** der Mitglieder; **Ergebnisrücklagen** nach Gesetz und Satzung
Geschäftsführungs- und Vertretungsrecht	Einzelvertretungsbefugnis; Einzelgeschäftsführungsbefugnis bei gewöhnlichen Geschäften; nicht bei außergewöhnlichen Geschäften	Komplementäre wie OHG-Gesellschafter; Kommanditisten: keine	Gesamtvertretung durch Vorstand	Gesamtvertretung durch Geschäftsführer	Gesamtvertretung durch Vorstand
Beschlussrecht	jeder OHG-Gesellschafter nach Gesetz und Gesellschaftsvertrag	Komplementäre wie in OHG; Kommanditist nur Widerspruchsrecht bei außergewöhnlichen Geschäften	Hauptversammlung nach Gesetz und Satzung	Gesellschafterversammlung nach Gesetz und Gesellschaftsvertrag	Generalversammlung bzw. Vertreterversammlung nach Gesetz und Satzung
Kontrollrecht	ständiges Kontrollrecht	Komplementäre wie OHG; Kommanditist nur bei Jahresergebnis	Aufsichtsrat	Aufsichtsrat (ab 500 Arbeitnehmern Pflicht)	Aufsichtsrat
Haftung	gesamtschuldnerisch, unmittelbar, unbeschränkt	Komplementäre wie OHG; Kommanditisten nur in Höhe der Einlage; falls Einlage geleistet, keine Haftung	nur Gesellschaftsvermögen	nur Gesellschaftsvermögen	nur Genossenschaftsvermögen; evtl. Nachschusspflicht bei Insolvenz gemäß Satzung

3.4 Kooperation und Konzentration in der Wirtschaft

3.4.1 Wettbewerbsfähigkeit und Kooperation

In der arbeitsteiligen Wirtschaft arbeiten viele Unternehmen zur Erstellung des Sozialprodukts zusammen. Dabei werden die Einzelaktivitäten der Unternehmen über den Markt vom Preismechanismus koordiniert. Neben dieser unbewussten Steuerung über den Marktpreis treffen häufig selbstständige Unternehmen Vereinbarungen untereinander, um ihre Wettbewerbsfähigkeit durch bewusste Kooperation zu verbessern.

Unter Kooperation versteht man die Zusammenarbeit von rechtlich und wirtschaftlich selbstständigen Unternehmen zur Förderung ihrer Wettbewerbsfähigkeit.

Wirtschaftlicher Zweck der Kooperation können u.a. sein die Steigerung der Leistungs- und Wettbewerbsfähigkeit, die Überwindung von Markteintrittsschranken, der Risikoausgleich, aber auch die Beschränkung des Wettbewerbs oder die Bildung von Marktmacht.

Trotz Kooperation auf Teilgebieten kann zwischen den rechtlich und wirtschaftlich selbstständig bleibenden Unternehmen auf anderen Gebieten ernsthafter Wettbewerb bestehen. Häufig stellt in der Wirtschaftspraxis aber die Kooperation die Vorstufe zur Konzentration dar, mit der die Marktverhältnisse verändert werden. Ein solcher Vorgang der Konzentration der Produktion auf wenige Unternehmen ist in der Sozialen Marktwirtschaft von großer Bedeutung, weil dadurch die Wettbewerbsverhältnisse verändert werden.

Kooperation von rechtlich und wirtschaftlich selbstständigen Unternehmen

Bei der Beschaffung: Die Einkaufsgenossenschaft für das Schreinerhandwerk verbilligt den Einkauf für die selbstständigen Schreinerbetriebe durch Großeinkauf. Für die Schreinerbetriebe werden die **Kosten gesenkt und dadurch die Wettbewerbsfähigkeit gesteigert.**

In der Produktion: Mehrere Bauunternehmen arbeiten zusammen beim Bau eines Staudammes. Keines der Unternehmen wäre allein in der Lage gewesen, den Auftrag auszuführen. Durch die Kooperation wurden **Markteintrittsschranken überwunden.**

Beim Absatz: Die Einzelhändler im Stadtkern von Mannheim schließen sich zu einer Werbegemeinschaft zusammen. Die **Wettbewerbsfähigkeit wird dadurch gesteigert.**

Zwei Bauunternehmer vereinbaren, wer bei den Ausschreibungen für den Bau einer städtischen Schwimmhalle das billigste Angebot abgibt. Die Kooperation erfolgt zur **Beschränkung des Wettbewerbs** und ist deshalb verboten.

Wettbewerb trotz Kooperation

Zwei Bauunternehmen haben gemeinsam den Auftrag zum Bau eines Staudamms übernommen. Keines der Unternehmen hätte den Bau des Staudamms allein übernehmen können. Trotz dieser Kooperation konkurrieren die beiden Bauunternehmen heftig um den Auftrag zum Ausbau einer Bundesstraße, den jedes Unternehmen allein bewältigen kann.

3.4.2 Formen der Unternehmenskonzentration

Unter Unternehmenskonzentration versteht man die Zusammenballung der Produktion auf wenige oder nur ein Unternehmen.

Unternehmenskonzentration kann durch **Unternehmenszusammenschlüsse** oder durch **internes Unternehmenswachstum** stattfinden. Bei den Unternehmenszusammenschlüssen ist zwischen der Konzernbildung und der Fusion zu unterscheiden. Bei der **Konzernbildung** gibt das angegliederte Unternehmen seine wirtschaftliche Selbstständigkeit auf, behält aber seine rechtliche Selbstständigkeit. Bei der **Fusion** bilden das übernommene und das übernehmende Unternehmen eine rechtliche und wirtschaftliche Einheit. Es entsteht ein Trust.

Ein Konzern ist ein Zusammenschluss rechtlich selbstständig bleibender Unternehmen unter einer einheitlichen Leitung.
Ein Trust ist das Ergebnis des Zusammenschlusses von Unternehmen, die ihre rechtliche und ihre wirtschaftliche Selbstständigkeit aufgegeben haben.

Konzerne entstehen in der Regel durch kapitalmäßige Verflechtung. Ein Unternehmen erwirbt die Kapitalmehrheit an einem anderen Unternehmen und unterstellt das abhängige Unternehmen seiner Leitung. Ein Konzentrationsprozess kann aber auch dadurch eintreten, dass es einem Unternehmer gelingt, seinen Absatz zulasten seiner Konkurrenten auszuweiten. Der Grund kann z. B. darin liegen, dass dieses Unternehmen bessere Leistungen als seine Konkurrenten erbringt, dass es z. B. ein wichtiges Patent besitzt oder aber dass es mit größeren Werbeeinsatz die Wettbewerbssituation zu seinen Gunsten verändern konnte.

Nach den an dem Konzentrationsvorgang beteiligten Wirtschaftsstufen unterscheidet man zwischen horizontaler und vertikaler Konzentration.

Bei einem horizontalen Konzentrationsvorgang schließen sich mehrere Unternehmen auf der gleichen Produktionsstufe zusammen.
Bei einem vertikalen Konzentrationsprozess schließen sich vor- und nachgelagerte Produktionsstufen zusammen.

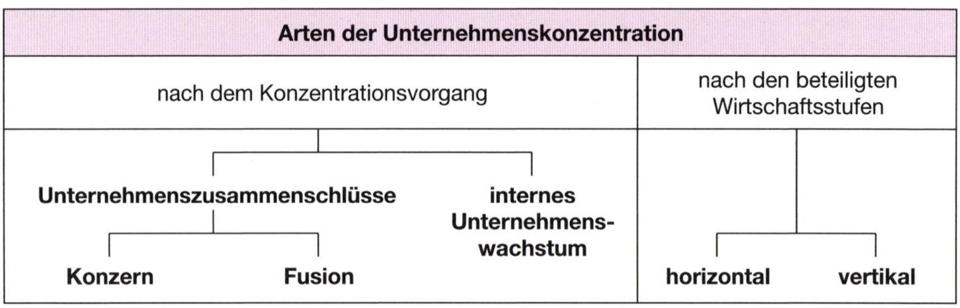

Daneben gibt es Unternehmenszusammenschlüsse, bei denen die Fusionspartner weder horizontal noch vertikal verbunden sind. Schließen sich z. B. ein Baustoffgroßhändler und eine Gesellschaft zur Betreibung einer Tennishalle zusammen, dann tritt weder auf dem Baustoffmarkt noch auf dem Markt für Hallensportplätze eine Veränderung der Marktstruktur ein.

AUFGABEN UND PROBLEME | PROJEKT

3.1 **Standortwahl**

Ein Unternehmen der Elektroindustrie beabsichtigt, die Montage von Messuhren aus der Großstadt zu verlegen. Die Montage erfolgte bisher in verschiedenen Werkstätten, verteilt auf die ganze Stadt.

- 1. Was können die Gründe für die geplante Standortverlegung sein?
- 2. Welche Bedingungen müsste der neue Standort außerdem erfüllen?

3.2 Infrastruktur

- Erklären Sie, warum Betriebe in abgelegenen Regionen bei ihrer Werbung um Personal „einen hohen Freizeitwert" ihres Standortes herausstellen.

3.3 Haftung in der OHG

Franz Schubert will altershalber aus der Firma Schubert & Mauser OHG, Baustoffgroßhandel, ausscheiden. Für ihn tritt der Dipl.-Kfm. Eberhard Maier als neuer Gesellschafter in die OHG ein. Er übernimmt den Geschäftsanteil von Schubert in voller Höhe.

Für eine Holzlieferung, die vor sechs Monaten erfolgte, fordert das Sägewerk Erbach die Bezahlung von 5000,00 EUR direkt vom neuen Gesellschafter Maier. E. Maier lehnt die Bezahlung ab mit der Begründung, man möge sich an die bisherigen Gesellschafter wenden.

- Wie regelt das HGB in den §§ 130 und 159 dieses Problem?

> **§130 Haftung des Eintretenden.** (1) Wer in eine bestehende Gesellschaft eintritt, haftet gleich den anderen Gesellschaftern nach Maßgabe der §§128, 129 für die vor seinem Eintritte begründeten Verbindlichkeiten der Gesellschaft, ...
>
> (2) Eine entgegenstehende Vereinbarung ist Dritten gegenüber unwirksam.
>
> **§159 Verjährung.** (1) Die Ansprüche gegen einen Gesellschafter aus Verbindlichkeiten der Gesellschaft verjähren in fünf Jahren nach der Auflösung der Gesellschaft oder nach dem Ausscheiden des Gesellschafters ...

3.4 Stimmrecht in AG und Genossenschaft

Sowohl im **Aktiengesetz** und als auch im **Genossenschaftsgesetz** ist u.a. die Frage des grundsätzlichen Stimmrechts geregelt.

> **§134 Abs. 1 AG:** Das Stimmrecht wird nach Aktiennennbeträgen, bei Stückaktien nach deren Zahl ausgeübt.
>
> **§43 Abs. 3 GenG:** Jeder Genosse hat eine Stimme.

- Interpretieren Sie diese unterschiedlichen Gesetzesregelungen.

3.5 PROJEKT: Existenzgründung

- 1. Bilden Sie Arbeitsgruppen und erkunden Sie bei der Handwerkskammer, der Industrie- und Handelskammer, bei der Agentur für Arbeit, bei Banken sowie bei der örtlichen Verwaltungsbehörde u.a.

  - welche Möglichkeiten der Beratung vor einer Existenzgründung bestehen,
  - welche behördlichen Vorschriften bei einer Existenzgründung beachtet werden müssen,
  - welche beruflichen Qualifizierungsnachweise erforderlich sind,
  - unter welchen Bedingungen ein gewerblicher Betrieb zugelassen wird,
  - unter welchen Voraussetzungen Kredite gewährt werden,
  - welche Fördermittel bei welchen Institutionen beantragt werden können.

- 2. Präsentieren Sie die Ergebnisse in geeigneter Form (Arbeitsblätter, Flipchart, Metaplan) in Ihrer Klasse und erläutern Sie die Einzelheiten.

ZUR WIEDERHOLUNG DES GRUNDWISSENS

1. Welche wichtigen Beweggründe können jemanden veranlassen, selbstständiger Unternehmer oder Unternehmerin zu werden?
2. Beschreiben Sie einige wesentliche Ansprüche, die an die Persönlichkeit eines Unternehmers gestellt werden.
3. Welche Fragen stellen sich bei einer Unternehmensgründung hinsichtlich des aufzubringenden Kapitals?
4. Was ist unter einem freien bzw. einem gebundenen Standort zu verstehen?
5. Nennen Sie wichtige Standortfaktoren.
6. Welche Bedeutung hat in diesem Zusammenhang die Infrastruktur?
7. Erläutern Sie Maßnahmen der Raumordnungspolitik.
8. Von welchen Überlegungen ist die Wahl der Unternehmungsform abhängig?
9. Erläutern Sie an einem Beispiel den Unterschied zwischen Geschäftsführungs- und Vertretungsbefugnis.
10. Warum ist die Aussage richtig „OHG und KG sind keine juristische Person, aber ihr angenähert"?
11. Begründen Sie die gesetzliche Regelung für die Gewinn- und Verlustverteilung in der OHG.
12. Nennen Sie die Organe der Aktiengesellschaft.
13. Welche Aufgaben hat die Hauptversammlung in einer Aktiengesellschaft?
14. Wie setzt sich das Eigenkapital der Aktiengesellschaft zusammen?
15. Beschreiben Sie die Aufgaben der Organe in einer GmbH.
16. Unterscheiden Sie die gesetzlichen Haftungsregelungen bei OHG, KG, AG, GmbH und Genossenschaft.
17. Was versteht man in der Wirtschaft unter Kooperation?
18. Was versteht man unter Unternehmenskonzentration?
19. Was ist ein Konzern?
20. Erläutern Sie den Unterschied zwischen einem horizontalen und vertikalen Konzentrationsvorgang.

4 Arbeitsrecht

Ein Lehrvertrag aus dem Jahre 1864

Eduard Groos in Grünberg einerseits und Philipp Walther in Biedenkopf andererseits haben folgende Übereinkunft getroffen:

1. Groos nimmt den Sohn des Philipp Walther mit Namen Georg auf vier Jahre, und zwar vom 15ten Oktober 1864 bis dahin 1868, in sein Geschäft auf.
2. Groos macht sich verbindlich, seinen Lehrling in Allen dem, was in seinem Geschäft vorkommt, gewissenhaft zu unterrichten, ein wachsames Auge auf sein sittliches Betragen zu haben und ihm Kost und Logis in seinem Hause frei zu geben.
3. Groos gibt seinem Lehrling alle 14 Tage des Sonntags von 12 bis 5 Uhr frei; dabei ist es gestattet, daß er sich auch an dem Sonntage, wo er seinen Ausgangstag nicht hat, einmal den Gottesdienst besuchen kann.
4. Groos verzichtet auf ein Lehrgeld, hat aber dagegen die Lehrzeit auf vier Jahre ausgedehnt.
5. Walther hat während der Lehrzeit seines Sohnes denselben in anständiger Kleidung zu erhalten und für dessen Wäsche besorgt zu sein.
6. Walther hat für die Treue seines Sohnes einzustehen und allen Schaden, den derselbe durch bösen Willen, Unachtsamkeit und Nachlässigkeit seinem Lehrherrn verursachen sollte, ohne Einrede zu ersetzen.
7. Der junge Walther darf während der Dauer seiner Lehrzeit kein eigenes Geld führen, sondern die Ausgaben, welche nicht von seinem Vater direkt bestritten werden, gehen durch die Hände des Lehrherrn und der Lehrling hat solche zu verzeichnen.
8. Hat der junge Walther seine Kleidungsstücke und sonstige Effekten auf seinem Zimmer zu verschließen, aber so, daß sein Lehrherr davon Kenntnis hat und dieser solche von Zeit zu Zeit nachsehen kann, so oft es diesem gewahrt ist, um ihn gehörig zu überwachen.
9. Darf der Lehrling während seiner Lehrzeit kein Wirtshaus oder Tanzbelustigung besuchen, er müßte denn ausdrücklich die Erlaubnis hierzu von seinem Vater oder Lehrherrn erhalten haben und dann besonders darf er auch nicht rauchen im Geschäft oder außer demselben, es bleibt ganz untersagt.
10. Wenn der junge Walther das Geschäft der Groos verläßt, so darf dieser in kein Geschäft in Grünberg eintreten, ohne daß Groos seine Erlaubnis dazu gibt.
11. Zur Sicherstellung, daß beide Teile diese Übereinkunft treulich halten und erfüllen wollen, ist dieser Contract ausgefertigt, jedem ein Exemplar eingehändigt und unterschrieben worden.

Grünberg und Biedenkopf, den 27. November 1864

LEITFRAGEN

Warum ist ein solcher Ausbildungsvertrag heute nicht mehr denkbar?

Welche Möglichkeiten hat ein Arbeitnehmer heute, um solche Bevormundungen abzuwehren?

Durch wen können Rechte der Arbeitnehmer heute wahrgenommen und auch durchgesetzt werden?

INFORMATION

4.1 Grundlagen des Arbeitsrechts

4.1.1 Aufgaben des Arbeitsrechts

Der Arbeitnehmer ist persönlich und wirtschaftlich vom Arbeitgeber abhängig. Er benötigt deshalb einen besonderen Schutz.

- Der Arbeitnehmer ist persönlich abhängig, weil er die dienstlichen Anweisungen des Arbeitgebers befolgen muss.
- Der Arbeitnehmer ist vom Arbeitgeber wirtschaftlich abhängig, weil er durch eine Kündigung die Grundlage für seinen Lebensunterhalt verlieren kann.

Das Arbeitsrecht sichert dem Arbeitnehmer die Wahrnehmung seiner Interessen gegenüber dem Arbeitgeber.

Das Arbeitsrecht ist ein besonderes Schutzrecht für Arbeitnehmer.

Die Regelungen des Arbeitsrechts sind nur auf Arbeitnehmer anzuwenden. Gesetzlich ist der Begriff des Arbeitnehmers nicht eindeutig festgelegt. Die Gerichte haben zur Abgrenzung einer Arbeitnehmertätigkeit von einer selbstständigen Tätigkeit folgende Merkmale entwickelt:

Ein Arbeitnehmer

- leistet weisungsgebundene Arbeit gegen Entgelt,
- ist in die Arbeitsorganisation eines Betriebs/eines Unternehmens eingegliedert,
- ist sozial schutzbedürftig.

Keine Arbeitnehmer sind: Selbstständige und Freiberufler, Vorstandsmitglieder einer Aktiengesellschaft, Geschäftsführer einer GmbH, Gesellschafter einer OHG, Komplementäre einer KG, mithelfende Familienmitglieder.

Für Auszubildende gilt das Arbeitsrecht, da das Berufsausbildungsverhältnis als ein besonders ausgestaltetes Arbeitsverhältnis anzusehen ist.

4.1.2 Rechtsquellen des Arbeitsrechts

Das geltende Arbeitsrecht ist auf die folgenden drei Rechtsquellen zurückzuführen:

- staatlich gesetztes Arbeitsrecht,
- autonom (vertraglich) geschaffenes Arbeitsrecht,
- ungeschriebenes Arbeitsrecht.

Zum staatlich gesetzten Recht gehört das Verfassungsrecht und das Gesetzesrecht.

▶ Staatlich gesetztes Recht

Verfassungsrecht

Das Grundgesetz für die Bundesrepublik Deutschland ist oberste Rechtsquelle für das Arbeitsrecht. Die im Grundgesetz enthaltenen Grundrechte stellen unmittelbar geltendes Recht dar und binden Gesetzgebung, vollziehende Gewalt und Rechtsprechung (Art. 1 Abs. 3 GG).

Arbeitsrechtlich bedeutsame Bestimmungen im Grundgesetz:

- Anspruch auf Unantastbarkeit der menschlichen Würde (Art. 1 Abs. 1),
- Anspruch auf freie Entfaltung der Persönlichkeit (Art. 2 Abs. 1),
- Anspruch auf rechtliche Gleichheit der Menschen und auf Gleichberechtigung von Mann und Frau (Art. 3 Abs. 1 und 2),
- Anspruch von Ehe und Familie auf besonderen Schutz durch die staatliche Ordnung (Art. 6),
- Garantie der Versammlungsfreiheit (Art. 8),
- Anspruch auf Vereinigungsfreiheit (Koalitionsfreiheit) von Arbeitnehmern und Arbeitgebern, die sich zu Gewerkschaften und Arbeitgeberverbänden zusammenschließen dürfen (Art. 9 Abs. 3),
- Garantie der Freizügigkeit im gesamten Bundesgebiet (Art. 11),
- Garantie des Rechts, Beruf, Arbeitsplatz und Ausbildungsstätte frei zu wählen (Art. 12).

▶ Gesetzesrecht

Das **Gesetzgebungsrecht** für arbeits- und sozialrechtliche Gesetze steht dem Bund und den Ländern zu. Die Länder üben das Gesetzgebungsrecht konkurrierend zum Bund aus. Sie können nur dann arbeitsrechtliche Gesetze erlassen, wenn der Bund von seinem Gesetzgebungsrecht keinen Gebrauch gemacht hat.

▶ Vertraglich (autonom) geschaffenes Arbeitsrecht

Arbeitsrecht kann auch ohne staatliche Mitwirkung (autonom) durch Gesamtvereinbarungen (kollektive Vereinbarungen) geschaffen werden. Die darin getroffenen Regelungen gelten dann für alle davon betroffenen Einzelarbeitsverhältnisse. Tarifverträge und Betriebsvereinbarungen sind kollektive Vereinbarungen (siehe 4.5).

▶ Ungeschriebenes Arbeitsrecht

Das Arbeitsrecht enthält mehr ungeschriebenes Recht als jedes andere Rechtsgebiet. Es ist zu einem großen Teil **Richterrecht.** Die vielfältigen Konfliktfälle, die im heutigen Arbeitsleben auftreten, können vom Gesetzgeber nicht von vorneherein vollständig geregelt werden. Die Gerichte haben im besonderen Maße auch die Aufgabe, das Arbeitsrecht fortzuentwickeln.

Daneben gibt es als Rechtsquelle des Arbeitsrechts noch die so genannte **betriebliche Übung.** Sie entsteht durch wiederholtes, bewusstes Verhalten von Arbeitgebern und Arbeitnehmern im Betrieb. Dadurch entsteht das Vertrauen, dass diese Übung fortgesetzt werden soll. Z. B. kann aus einer dreimaligen Zahlung einer freiwilligen betrieblichen Zuwendung an die Arbeitnehmer ein Rechtsanspruch auf diese Leistung auch für die Zukunft entstehen.

Rechtsquellen des Arbeitsrechts					
staatlich gesetztes Recht		**vertraglich (autonom) geschaffenes Recht**		**ungeschriebenes Recht**	
Verfassungsrecht	Gesetzesrecht	Tarifvertrag	Betriebsvereinbarung	Richterrecht	betriebliche Übung

4.1.3 Rangordnung arbeitsrechtlicher Regelungen

Für die Lösung eines arbeitsrechtlichen Falles können Regelungen in verschiedenen Rechtsquellen enthalten sein. Die verschiedenen Rechtsquellen können sich widersprechen. In einem Konfliktfall gilt das jeweils ranghöhere Recht. Das **Verfassungsrecht** (Grundgesetz, Länderverfassungen) steht im Rang über dem Gesetzesrecht (Gesetze, Rechtsverordnungen). Das **Gesetzesrecht** wiederum hat Vorrang vor den Rechtsnormen des Tarifvertrags, der **Tarifvertrag** steht im Rang vor der Betriebsvereinbarung, die **Betriebsvereinbarung** geht dem **Einzelarbeitsvertrag** vor.

Damit sind unwirksam

- verfassungswidrige Gesetze,
- gesetzeswidrige Tarifvereinbarungen,
- tarifwidrige Arbeitsverträge,
- vertragswidrige Arbeitsanweisungen.

Auswirkungen der Rangordnung arbeitsrechtlicher Regelungen
Würde in einem Tarifvertrag für Frauen bei gleicher Arbeit ein niedrigerer Lohn als für Männer festgelegt, dann wäre diese Regelung unwirksam. Sie verstößt gegen Art. 3 des Grundgesetzes.

4.2 Das Arbeitsverhältnis

4.2.1 Arbeitsverhältnis und Arbeitsvertrag

Das Arbeitsverhältnis wird durch einen Arbeitsvertrag (Einzelarbeitsvertrag) begründet. Der Arbeitnehmer ist aus dem Arbeitsvertrag vor allem zur Leistung von Arbeit für den Arbeitgeber, der Arbeitgeber zur Leistung der versprochenen Vergütung verpflichtet.

Der Arbeitsvertrag ist ein Dienstvertrag im Sinne von § 611 BGB.

Für den Arbeitsvertrag gelten die Vorschriften des Allgemeinen Teils des Schuldrechts (§§ 241 bis 432 BGB).

Wenn der Arbeitgeber einen Bewerber zur Vorstellung auffordert, hat er die Bewerbungskosten zu tragen (§ 670 BGB). Der Arbeitgeber kann den Ersatz von Vorstellungskosten ausschließen, wenn er darauf im Einladungsschreiben ausdrücklich hinweist.

Der Arbeitnehmer hat Fragen, an deren Beantwortung der Arbeitgeber im Hinblick auf das zu begründende Arbeitsverhältnis ein berechtigtes Interesse hat, wahrheitsgemäß zu beantworten. Andere Fragen darf der Arbeitgeber nicht stellen. Eine wahrheitswidrige Antwort auf eine zulässige Frage stellt eine arglistige Täuschung dar, die den Arbeitgeber zur Anfechtung des Arbeitsvertrags berechtigt (§ 123 BGB). Stellt der Arbeitgeber eine unzulässige Frage, deren wahrheitsgemäße Beantwortung dem Arbeitnehmer schaden könnte, ist der Arbeitnehmer jedoch zu einer wahrheitsgemäßen Antwort nicht verpflichtet.

Zulässige und unzulässige Fragen des Arbeitgebers bei Einstellungsgesprächen	
Unzulässige Fragen	**Zulässige Fragen**
• nach der Absicht, in absehbarer Zeit eine Ehe einzugehen • nach dem Gesundheitszustand, wenn für den Betrieb und die übrigen Arbeitnehmer daran nicht ein berechtigtes Interesse besteht • nach der Gewerkschaftszugehörigkeit • nach Religions- oder Parteizugehörigkeit (Ausnahme: „Tendenzbetriebe“, z. B. kirchliche Einrichtungen) • nach dem Bestehen einer Schwangerschaft	• nach beruflichen Kenntnissen und Erfahrungen, Prüfungsergebnissen • nach schweren oder chronischen Erkrankungen im letzten Jahr • nach der Höhe des bisherigen Gehalts • nach der Schwerbehinderteneigenschaft • nach der Ableistung des Wehrdienstes

4.2.2 Abschluss des Arbeitsvertrags

Für den Abschluss des Arbeitsvertrags gilt der Grundsatz der Vertragsfreiheit. Er umfasst die **Abschlussfreiheit,** die **Formfreiheit** und die **Gestaltungsfreiheit**.

▶ *Abschlussfreiheit*

Art. 12 des Grundgesetzes garantiert allen Deutschen die freie Wahl des Arbeitsplatzes. Deshalb ist der Arbeitnehmer frei, ob er ein Arbeitsverhältnis eingehen will oder nicht. Auch der Arbeitgeber ist in seiner Entscheidung frei, ob er einen Arbeitsvertrag abschließen will. Er kann aus ganz persönlichen Gründen auch einen fachlich qualifizierten Bewerber ablehnen, z. B. weil dieser gefärbte Haare hat oder einen Schmuckring im Ohr trägt. Über die Ablehnungsgründe muss er nicht Rechenschaft ablegen.

Nach § 611 a BGB darf ein Arbeitgeber einen Bewerber um einen freien Arbeitsplatz nicht deshalb ablehnen, weil er eine Frau oder ein Mann ist. Gem. § 611 b BGB darf er den Arbeitsplatz nicht nur für Frauen oder nur für Männer ausschreiben, es sei denn, ein bestimmtes Geschlecht ist für die Tätigkeit unverzichtbare Voraussetzung. Ein Verstoß gegen das Benachteiligungsverbot führt nicht zu einem Anspruch auf Einstellung, jedoch zu Schadensersatzansprüchen.

▶ *Formfreiheit*

Für den Abschluss des Arbeitsvertrags gibt es keine Formvorschrift. Er kann rechtsgültig auch mündlich abgeschlossen werden. Jedoch hat der Arbeitgeber spätestens einen Monat nach dem vereinbarten Beginn des Arbeitsverhältnisses die wesentlichen Vertragsbedingungen schriftlich niederzulegen, die Niederschrift zu unterzeichnen und dem Arbeitnehmer auszuhändigen (§ 1 Nachweisgesetz). Die Niederschrift erfüllt lediglich Beweisfunktion. Der Arbeitsvertrag ist auch dann gültig, wenn die Niederschrift nicht ausgefertigt wurde.

Über den Inhalt des Arbeitsvertrags ist eine Niederschrift anzufertigen.

In die Niederschrift eines Arbeitsvertrags sind mindestens aufzunehmen:

1. der Name und die Anschrift der Vertragsparteien,
2. der Zeitpunkt des Beginns des Arbeitsverhältnisses,
3. bei befristeten Arbeitsverhältnissen: die vorhersehbare Dauer des Arbeitsverhältnisses,
4. der Arbeitsort oder, falls der Arbeitnehmer nicht nur an einem bestimmten Arbeitsort tätig sein soll, ein Hinweis darauf, dass der Arbeitnehmer an verschiedenen Orten beschäftigt werden kann,
5. die Bezeichnung oder allgemeine Beschreibung der vom Arbeitnehmer zu leistenden Tätigkeit,
6. die Zusammensetzung und die Höhe des Arbeitsentgelts einschließlich der Zuschläge, der Zulagen, Prämien und Sonderzahlungen sowie anderer Bestandteile des Arbeitsentgelts und deren Fälligkeit,
7. die vereinbarte Arbeitszeit,
8. die Dauer des jährlichen Erholungsurlaubs,
9. die Fristen für die Kündigung des Arbeitsverhältnisses,
10. ein in allgemeiner Form gehaltener Hinweis auf die Tarifverträge, Betriebs- oder Dienstvereinbarungen, die auf das Arbeitsverhältnis anzuwenden sind.

Auch **Berufsausbildungsverträge** bedürfen zu ihrer Rechtsgültigkeit keiner Schriftform. Jedoch muss der Ausbildende unverzüglich nach Abschluss des Vertrags den wesentlichen Inhalt schriftlich niederlegen (§ 4 Berufsbildungsgesetz, BBiG). In der Regel wird bei Abschluss eines Berufsausbildungsvertrags ein von der zuständigen Kammer herausgegebenes Vertragsmuster verwendet. Damit ist dann zugleich die Niederschrift erfolgt. Vertrag und Niederschrift sind dann identisch.

▶ Gestaltungsfreiheit

Gestaltungsfreiheit bedeutet, dass Arbeitgeber und Arbeitnehmer frei festlegen können, welchen Inhalt der Arbeitsvertrag haben soll; sie können die Arbeitsbedingungen (Arbeitsentgelt, Urlaub, Arbeitszeit) grundsätzlich frei bestimmen.

Durch Gesetz, Tarifvertrag und Betriebsvereinbarung wird die Gestaltungsfreiheit von Arbeitsverträgen eingeengt. Da diese Regelungen den Zweck haben, den Arbeitnehmer zu schützen, darf davon zu Gunsten der Arbeitnehmer abgewichen werden.

Vom Gesetz abweichende Regelungen im Arbeitsvertrag

Nach § 3 Bundesurlaubsgesetz hat jeder Arbeitnehmer Anspruch auf jährlich 24 Urlaubstage. Den Vertragspartnern ist es nicht verboten, 26 Urlaubstage zu vereinbaren. Die Vereinbarung von 20 Urlaubstagen wäre unwirksam.

4.2.3 Pflichten und Rechte des Arbeitnehmers

▶ Pflichten des Arbeitnehmers

Hauptpflichten des Arbeitnehmers sind die **Arbeitspflicht** und die **Treuepflicht**.

Der Umfang der **Arbeitspflicht** ist in der Regel im Arbeitsvertrag festgelegt (z. B. durch eine Stellenbeschreibung). Innerhalb des Rahmens, den der Arbeitsvertrag vorgibt, kann der Arbeitgeber Einzelanweisungen geben, die der Arbeitnehmer zu befolgen hat (Weisungsbefolgungspflicht).

Die **Treuepflicht** stellt dem Arbeitnehmer die Aufgabe, die Interessen seines Arbeitgebers wahrzunehmen und sich für den Erfolg des Betriebs einzusetzen.

Aus der Treuepflicht ergeben sich verschiedene Unterlassungspflichten. An erster Stelle gehört dazu die **Verschwiegenheitspflicht.** Der Arbeitnehmer muss Betriebs- und Geschäftsgeheimnisse hüten und darf den Ruf des Arbeitgebers nicht schädigen. Der Verrat von Geschäftsgeheimnissen wird nach § 17 des Gesetzes gegen den unlauteren Wettbewerb (UWG) mit Freiheits- oder Geldstrafen bedroht.

Aus der Treuepflicht ergibt sich auch die Pflicht zur Beachtung des Wettbewerbsverbots. Der Arbeitnehmer darf neben seiner Tätigkeit kein eigenes Unternehmen führen und im Geschäftszweig seines Arbeitgebers weder für eigene noch für fremde Rechnung Geschäfte betreiben noch Konkurrenzunternehmen mit Rat unterstützen. Das **gesetzliche Wettbewerbsverbot** für kaufmännische Angestellte ist in den §§ 60 und 61 HGB geregelt. Für andere (nicht kaufmännisch beschäftigte) Arbeitnehmer gibt es keine spezielle Regelung. Für diese Arbeitnehmer ergibt sich das Wettbewerbsverbot unmittelbar aus der Treuepflicht.

Eine **Schadensersatzpflicht** entsteht, wenn dem Arbeitgeber durch schuldhafte Pflichtverletzung des Arbeitnehmers ein Schaden entstanden ist. Eine schuldhafte Pflichtverletzung liegt nicht nur bei vorsätzlichem, sondern auch bei fahrlässigem Handeln vor (§ 276 BGB). Grundsätzlich haftet der Arbeitnehmer deshalb auch dann, wenn ihm nur leichte Fahrlässigkeit vorzuwerfen ist. Bei unbeschränkter Arbeitnehmerhaftung könnte der Arbeitnehmer an den Folgen einer leichten Unaufmerksamkeit bis an sein Lebensende zu tragen haben. Deshalb hat die Rechtsprechung des Bundesarbeitsgerichts die Haftung des Arbeitnehmers der Höhe nach eingeschränkt.

Folgende Umstände sollen bei der Festlegung des zu ersetzenden Schadens Beachtung finden:

- Größe der mit der Arbeit verbundenen Gefahr (Gefahrgeneigtheit der Arbeit),
- Grad des dem Arbeitnehmer zur Last fallenden Verschuldens,
- Höhe des Arbeitsentgelts,
- sonstige mit seiner Leistungsfähigkeit zusammenhängende Umstände (Unterhaltspflichten, Alter, Dauer der Betriebszugehörigkeit).

Arbeitnehmerhaftung bei grober Fahrlässigkeit

Paul Albers ist als Kraftfahrer bei einer Baustoffgroßhandlung beschäftigt. Er verursacht einen Verkehrsunfall, weil er trotz Rotlicht in einen Kreuzungsbereich einfährt. Der Arbeitgeber verlangt von A. Schadensersatz für den zerstörten Lastwagen in Höhe von 70000,00 EUR.

Trotz grober Fahrlässigkeit ist die Haftung des A. angemessen zu beschränken, um eine lebenslange Verschuldung zu verhindern.

▶ Rechte des Arbeitnehmers

Der Arbeitnehmer hat vor allem die Rechte auf

- Beschäftigung entsprechend der vereinbarten Tätigkeit,
- Vergütung,
- Urlaub,
- Zeugniserteilung und Aushändigung der Arbeitspapiere nach Beendigung des Arbeitsverhältnisses,
- Anhörung und Erörterungsrecht in betrieblichen Angelegenheiten, die seine Person betreffen,
- Einsichtnahme in die Personalakte,
- Beschwerde, wenn er sich benachteiligt oder ungerecht behandelt fühlt.

4.2.4 Pflichten und Rechte des Arbeitgebers

▶ Pflichten des Arbeitgebers

Der Arbeitspflicht des Arbeitnehmers steht auf Seiten des Arbeitgebers die Entgeltzahlungspflicht gegenüber. Der Treuepflicht entspricht die Fürsorgepflicht des Arbeitgebers.

Treuepflicht des Arbeitnehmers und Fürsorgepflicht des Arbeitgebers lassen erkennen, dass das Arbeitsverhältnis mehr ist als nur ein gegenseitiger Vertrag, wie z. B. der Kaufvertrag oder der Mietvertrag. Das Arbeitsverhältnis ist darüber hinaus ein personenrechtliches Gemeinschaftsverhältnis.

Vergütungspflicht

Die Vergütungspflicht (Lohnzahlungspflicht, Entgeltzahlungspflicht) ist die Hauptpflicht des Arbeitgebers (§ 611 BGB). Wurde im Arbeitsvertrag keine Lohnvereinbarung getroffen, gilt der Tariflohn als vereinbart.

Der Arbeitgeber hat im Falle einer unverschuldeten Krankheit des Arbeitnehmers die Pflicht, das Arbeitsentgelt für die Zeit der Arbeitsunfähigkeit bis zur Dauer von sechs Wochen fortzuzahlen. Das Entgeltfortzahlungsgesetz (§ 4) schreibt vor, dass der Arbeitnehmer in dieser Zeit 100% des Arbeitsentgelts erhält, das ihm in der regelmäßigen Arbeitszeit zugestanden hätte. Dabei werden Überstundenvergütungen nicht berücksichtigt.

Der Arbeitnehmer hat dem Arbeitgeber die Arbeitsunfähigkeit und deren voraussichtliche Dauer unverzüglich anzuzeigen. Dauert die Arbeitsunfähigkeit länger als drei Tage, ist der Krankmeldung ein ärztliches Zeugnis beizulegen (§ 5 Entgeltfortzahlungsgesetz).

Beschäftigungspflicht

Der Arbeitnehmer hat nicht nur die Pflicht, sondern auch das Recht auf Beschäftigung im Betrieb. Diese Beschäftigungspflicht besteht für den Arbeitgeber grundsätzlich auch dann noch, wenn er eine Kündigung ausgesprochen hat. Der Arbeitgeber erfüllt seine Pflicht nicht schon dadurch vollständig, dass er nach einer Kündigung den Lohn weiter bezahlt.

Fürsorgepflicht

Die Fürsorgepflicht verlangt vom Arbeitgeber, Arbeitsräume, Arbeitsmittel und Arbeitsablauf so zu gestalten, dass der Arbeitnehmer gegen Gefahren für Leben und Gesundheit so weit geschützt ist, wie die Natur des Betriebs und der Arbeit es gestatten.

Zeugniserteilungspflicht

Der Arbeitgeber hat die Pflicht, bei Ausscheiden des Arbeitnehmers aus dem Arbeitsverhältnis auf dessen Verlangen ein Zeugnis auszustellen.

▶ *Rechte des Arbeitgebers*

Die Rechte des Arbeitgebers ergeben sich aus den Hauptpflichten des Arbeitnehmers. Der Arbeitgeber hat **Anspruch auf Erfüllung der Arbeitspflicht und der Treuepflicht** durch den Arbeitnehmer. Der Weisungsgebundenheit des Arbeitnehmers entspricht das **Weisungsrecht** des Arbeitgebers. Aufgrund des Weisungsrechts können (u. U. zusätzlich zu Stellenbeschreibungen) Art und Umfang der Arbeitsleistung näher bestimmt werden. Der Arbeitgeber kann das Weisungsrecht ganz oder zum Teil auf Vorgesetzte des Arbeitnehmers übertragen, z. B. auf Abteilungsleiter oder auf Meister.

4.2.5 Beendigung des Arbeitsverhältnisses

▶ *Gründe für die Beendigung des Arbeitsverhältnisses*

Das Arbeitsentgelt bildet für den Arbeitnehmer zumeist seine Existenzgrundlage. Die Regeln, mit denen das Arbeitsverhältnis beendet werden kann, haben diesen Gesichtspunkt zu berücksichtigen.

Das Arbeitsverhältnis kann aus folgenden Gründen beendet werden:

Das Arbeitsverhältnis kann aufgrund des Arbeitsvertrags von vornherein in seiner zeitlichen Dauer begrenzt sein. Dann endet es, ohne dass es einer Kündigung bedarf, durch **Zeitablauf oder Zweckerreichung.** Bei Erreichung der Altersgrenze (Rentenalter) endet das Arbeitsverhältnis nicht automatisch, wenn nicht im Arbeitsvertrag oder Tarifvertrag eine entsprechende Regelung vorgesehen ist.

Durch **Aufhebungsvertrag** (gem. § 311 BGB) kann das Arbeitsverhältnis im gegenseitigen Einvernehmen jederzeit beendet werden, auch wenn das Arbeitsverhältnis einem besonderen Schutzgesetz (z. B. Schwerbehindertengesetz) untersteht.

Da der Arbeitnehmer seine Arbeit persönlich zu verrichten hat, endet mit dem **Tod des Arbeitnehmers** auch das Arbeitsverhältnis.

Die **Kündigung** ist der weitaus häufigste Grund für die Beendigung eines Arbeitsverhältnisses.

Gründe für die Beendigung des Arbeitsverhältnisses			
Zeitablauf oder Zweckerreichung des Arbeitsvertrags	Einvernehmliche Aufhebung des Arbeitsvertrags	Tod des Arbeitnehmers	Kündigung des Arbeitsvertrags

► Die Kündigung des Arbeitsverhältnisses

Die Kündigung ist eine **empfangsbedürftige Willenserklärung** und wird deshalb erst wirksam, wenn sie dem Kündigungsempfänger zugegangen ist. Wann eine Willenserklärung zugegangen ist, wird durch die Vorschrift des § 130 BGB geregelt. Die Kündigung bedarf der Schriftform (§623 BGB). Eine mündliche Kündigungserklärung genügt nicht.

Die ordentliche Kündigung

Mit einer ordentlichen Kündigung soll ein auf unbestimmte Zeit abgeschlossenes Arbeitsverhältnis aufgelöst werden. Die gesetzlichen Kündigungsfristen für alle Arbeitnehmer (Arbeiter und Angestellte) sind in § 622 BGB geregelt.

Die Grundkündigungsfrist beträgt vier Wochen zum 15. oder zum Ende eines Kalendermonats.

Für länger beschäftigte Arbeitnehmer gelten (ohne Unterscheidung von Arbeitern und Angestellten) einheitlich gestaffelte, gegenüber der Grundkündigungsfrist verlängerte Fristen für die Kündigung durch den Arbeitgeber. Die verlängerten Kündigungsfristen gelten nicht für die Kündigung durch den Arbeitnehmer. Arbeitnehmer können gem. § 622 Abs. 1 BGB grundsätzlich mit einer Frist von vier Wochen kündigen.

Gesetzliche Kündigungsfristen für Arbeitnehmer (Angestellte und Arbeiter) nach § 622 BGB

Fristen bei Kündigung durch den Arbeitgeber

Regelmäßige Kündigungsfrist

Vier Wochen zum Fünfzehnten oder zum Ende eines Kalendermonats

Kündigungsfristen für langjährig beschäftigte Arbeitnehmer (Arbeiter und Angestellte)

Beschäftigungsdauer in Jahren (nach Vollendung des 25. Lebensjahres)	Kündigungsfrist in Monaten, zum Ende eines Kalendermonats
2	1
5	2
8	3
10	4
12	5
15	6
20	7

Die **verlängerten** gesetzlichen Kündigungsfristen gelten nur für Kündigungen **durch den Arbeitgeber.**

Ein Berufsausbildungsverhältnis kann während der Probezeit von beiden Seiten fristlos gekündigt werden. Soll nach der Probezeit gekündigt werden, muss gem. § 15 Abs. 2 BBiG ein wichtiger Grund vorliegen.

Von § 622 BGB abweichende Kündigungsfristen können sowohl in Tarifverträgen als auch in Einzelarbeitsverträgen getroffen werden.

Arten der Kündigungsfristen		
gesetzliche Kündigungsfristen	**tarifliche Kündigungsfristen**	**vertragliche Kündigungsfristen**
§622 BGB	(im Tarifvertrag vereinbarte Kündigungsfristen) **kürzer oder länger als die gesetzlichen Fristen möglich**	(im Einzelarbeitsvertrag vereinbarte Kündigungsfristen) **nur länger als die gesetzlichen Fristen möglich**

Die außerordentliche Kündigung

Die außerordentliche Kündigung beendet das Arbeitsverhältnis vorzeitig und ohne Einhaltung der gesetzlich geltenden Kündigungsfristen. Mit der außerordentlichen Kündigung kann auch ein Arbeitsverhältnis beendet werden, für das eine ordentliche Kündigung nicht möglich ist.

Voraussetzung für die außerordentliche Kündigung ist ein wichtiger Grund, der dem Kündigenden die Fortsetzung des Arbeitsverhältnisses bis zum Ablauf der ordentlichen Kündigungsfrist oder bis zur vereinbarten Beendigung des Arbeitsverhältnisses unzumutbar macht (§ 626 BGB).

Wichtige Gründe für außerordentliche Kündigungen	
Kündigung durch Arbeitgeber	**Kündigung durch Arbeitnehmer**
• Vorlage falscher Zeugnisse bzw. gefälschter Zeugnisse • Diebstahl, Unterschlagung, Betrug • grobe Beleidigung oder Tätlichkeit des Arbeitnehmers • unberechtigte Arbeitsverweigerung	• keine Zahlung des Arbeitsentgelts • grobe Beleidigung oder Tätlichkeit des Arbeitgebers • ernstliche Bedrohung von Leben oder Gesundheit durch das Arbeitsverhältnis

In der Regel erfolgt die außerordentliche Kündigung fristlos; der Arbeitgeber kann jedoch auch bei einer außerordentlichen Kündigung eine gewisse Frist einräumen.

Der Kündigungsberechtigte hat eine Frist von zwei Wochen, innerhalb derer er sich entscheiden muss, ob er eine außerordentliche Kündigung aussprechen will (§ 626 BGB). Da der Arbeitgeber in dieser Zeit auch noch den Betriebsrat beteiligen muss, hat er sich sehr rasch zu entscheiden, ob er das Fehlverhalten eines Arbeitnehmers zum Anlass einer außerordentlichen Kündigung nehmen will.

Die Abmahnung

Nur in Ausnahmefällen wird eine Pflichtverletzung des Arbeitnehmers von der Rechtsprechung als so schwerwiegend angesehen, dass ohne vorherige Warnung eine Kündigung rechtsgültig ausgesprochen werden kann. Der Arbeitgeber muss den Arbeitnehmer vorher aufgefordert haben, sein Verhalten zu ändern. Diese Aufforderung, die schriftlich oder mündlich vorgebracht werden kann, wird als Abmahnung bezeichnet. Die Abmahnung ist gesetzlich nicht geregelt, sondern durch Rechtsprechung festgelegt (Richterrecht).

In der Abmahnung muss der Pflichtenverstoß konkret genannt sein. Sie muss unmissverständlich klarmachen, dass der Arbeitnehmer im Wiederholungsfall mit einer Kündigung zu rechnen hat. Die Abmahnung erfolgt ohne Mitwirkung des Betriebsrats; dieser muss weder unterrichtet noch angehört werden.

4.2.6 Der Kündigungsschutz

► Die sozial ungerechtfertigte Kündigung

Der Schutz des Arbeitnehmers durch das Kündigungsschutzgesetz ist an zwei Voraussetzungen gebunden, eine **zeitliche** und eine **betriebliche.**

- Als **zeitliche** Voraussetzung wird verlangt, dass das Arbeitsverhältnis mit dem Gekündigten in demselben Betrieb oder Unternehmen ohne Unterbrechung länger als sechs Monate bestanden haben muss.
- Die **betriebliche** Voraussetzung besteht darin, dass der Betrieb, in dem der Arbeitnehmer tätig ist, regelmäßig mehr als zehn Arbeitnehmer beschäftigt. Vor dem Januar 2004 lag die Grenze bei fünf Arbeitnehmern. Für Arbeitnehmer, die nach der bisherigen Regelung eingestellt wurden, ändert sich jedoch nichts.

Der allgemeine Kündigungsschutz dient vor allem der Verhinderung sozial ungerechtfertigter Kündigungen.

Damit eine Kündigung sozial gerechtfertigt ist, muss sie durch einen der folgenden Gründe bedingt sein (§ 1 Abs. 2 KSchG):

- Gründe in der Person des Arbeitnehmers,
- Gründe in dem Verhalten des Arbeitnehmers,
- dringende betriebliche Erfordernisse, die einer Weiterbeschäftigung des Arbeitnehmers in diesem Betrieb entgegenstehen.

Beispiele für sozial gerechtfertigte Kündigungsgründe

- Gründe in der Person des Arbeitnehmers:
  - mangelnde körperliche oder geistige Eignung,
  - Ungeschicklichkeit,
  - mangelnde Ausbildung,
  - mangelnde Fähigkeit, sich die erforderlichen Fähigkeiten zu erwerben,
  - lang andauernde Erkrankung, ohne dass die Genesung abzusehen ist.
- Verhaltensbedingte Gründe:
  - wiederholte Unpünktlichkeit,
  - Beleidigungen,
  - Schlechtarbeiten,
  - Verstöße gegen Gehorsams- und Verschwiegenheitspflicht.
- Betriebliche Erfordernisse:
  - Absatzschwierigkeiten,
  - Rohstoffmangel,
  - Einsatz arbeitssparender Maschinen, Änderung der Produktionsmethoden,
  - Stilllegung einzelner Abteilungen,
  - Betriebseinschränkungen.

Ist einem Arbeitnehmer aus dringenden betrieblichen Erfordernissen gekündigt worden, so ist die Kündigung nach § 1 Abs. 2 KSchG trotzdem sozial ungerechtfertigt, wenn der Arbeitgeber bei der Auswahl der zu kündigenden Arbeitnehmer soziale Gesichtspunkte nicht oder nicht ausreichend berücksichtigt hat. Zwischen solchen Arbeitnehmern, deren Tätigkeit vergleichbar ist und die deshalb gleichermaßen für eine Kündigung in Betracht kommen, ist eine Auswahl nach sozialen Kriterien erforderlich (Sozialauswahl). Bei betriebsbedingten Kündigungen wird die Sozialauswahl auf vier Kriterien begrenzt:

- Dauer der Betriebszugehörigkeit,
- Lebensalter,
- Grad der Schwerbehinderung,
- Unterhaltspflicht des Arbeitnehmers.

Die Kündigung eines Arbeitsverhältnisses ist **unwirksam,** wenn sie nicht durch eine der aufgeführten Gründe sozial gerechtfertigt ist.

▶ *Mitwirkung des Betriebsrats*

Der Arbeitgeber hat vor jeder Kündigung die Pflicht den Betriebsrat zu informieren. Der Betriebsrat kann sowohl einer ordentlichen wie einer außerordentlichen Kündigung widersprechen. Er hat dies dem Arbeitgeber spätestens innerhalb einer Woche unter Angabe von Gründen schriftlich mitzuteilen (§ 102 Abs. 1 BetrVG).

Der Widerspruch des Betriebsrats allein hat noch keine rechtliche Wirkung. Hat der Betriebsrat frist- und ordnungsgemäß widersprochen und hat der Arbeitnehmer Kündigungsschutzklage nach § 4 KSchG erhoben, muss der Arbeitgeber auf Verlangen des Arbeitnehmers diesen nach Ablauf der Kündigungsfrist bis zum rechtskräftigen Abschluss des Rechtsstreits bei unveränderten Arbeitsbedingungen weiterbeschäftigen (§ 102 Abs. 5 KSchG).

▶ *Kündigungsschutz für besondere Arbeitnehmergruppen*

Für die folgenden Personengruppen gilt der Kündigungsschutz sowohl für die ordentliche als auch für die außerordentliche Kündigung:

- Gem. § 9 Mutterschutzgesetz ist die Kündigung **während der Schwangerschaft** und bis zu vier Wochen nach der Entbindung unzulässig.
- Die **Mitglieder eines Betriebsrats,** einer Personalvertretung (im öffentlichen Dienst) oder einer Jugend- und Auszubildendenvertretung haben einen besonderen Kündigungsschutz (§ 15 Abs. 1 und 2 KSchG).
- Die Kündigung eines **schwerbehinderten Menschen** bedarf der vorherigen Zustimmung des Integrationsamtes (§ 85 SGB IX).

Bei den folgenden Personengruppen ist lediglich die ordentliche Kündigung ausgeschlossen, die außerordentliche jedoch erlaubt:

- **Wehrdienstleistende** während der Dauer des Grundwehrdienstes und der Wehrübungen und **Zivildienstleistende** (§ 2 Abs. 1 Arbeitsplatzschutzgesetz),
- **Auszubildende** nach Ablauf der Probezeit.

4.3 Das Arbeitsschutzrecht

4.3.1 Begriff und Aufgabe des Arbeitsschutzes

Der Arbeitnehmer ist bei der Arbeit im Betrieb von Gefahren bedroht. Hier greift der Staat mit gesetzlichen Regelungen ein, die den Arbeitnehmer vor Ausbeutung, Arbeitsunfähigkeit, Krankheit und Tod schützen sollen. Alle Bestimmungen und Vorschriften, die dem Schutz des Arbeitnehmers dienen, werden zusammengefasst als Arbeitsschutzrecht bezeichnet.

Zum **technischen Arbeitsschutz** zählen alle Vorschriften, die sich auf die Erhöhung der Arbeitssicherheit beziehen. Der Arbeitgeber ist verpflichtet, die Arbeitsstätte (Maschinen, Geräte, Anlagen) so einzurichten, dass der Arbeitnehmer gegen Gefahren für Leben und Gesundheit geschützt ist.

Sozialer Arbeitsschutz betrifft vor allem den Arbeitszeitschutz, den Urlaubsanspruch und den Kündigungsschutz. Es gibt gesetzliche Regelungen, die für alle Arbeitnehmer gelten. Für einige Arbeitnehmergruppen gelten zusätzliche Schutzvorschriften, z. B. für Jugendliche, Frauen, werdende Mütter, Schwerbehinderte.

4.3.2 Bereiche und Personengruppen des Arbeitsschutzes

Die folgende Tabelle gibt einen Überblick über die Arbeitsschutzbestimmungen in der Bundesrepublik Deutschland.

Arbeitsschutzbestimmungen in der Bundesrepublik Deutschland				
	Gesundheits- und Unfallschutz	**Arbeitszeitschutz**	**Urlaubsanspruch**	**Kündigungsschutz**
Allgemeine Schutzbestimmungen durch – Gewerbeordnung – BGB – Arbeitszeitgesetz – Bundesurlaubsgesetz – Kündigungsschutzgesetz	• Schutz von Leben und Gesundheit	• regelmäßige tägliche Arbeitszeit: 8 Stunden • Ausdehnung für bestimmte Arbeiten um 2 Stunden täglich, je doch höchstens auf 10 Stunden • befristete Arbeitszeitverlängerung durch Gewerbeaufsichtsamt • Mindestruhepausen und -zeiten	• Mindesturlaub: 24 Werktage	• Regelmäßige Kündigungsfrist: 4 Wochen zum 15. oder zum Ende eines Kalendermonats • Erfordernis der sozial gerechtfertigten Kündigung
Sonderschutz für Jugendliche durch – Jugendarbeitsschutzgesetz	• Verbot der Kinderarbeit (unter 15 Jahre) • Verbot gefährlicher und tempoabhängiger Arbeit (Fließband- und Akkordarbeit) • Erstuntersuchungspflicht	• tägliche Arbeitszeit höchstens 8 Stunden • wöchentliche Arbeitszeit höchstens 40 Stunden • Fünftagewoche • Verbot der Sonntags- und Nachtarbeit	• erhöhter Urlaubsanspruch: bis 16 Jahre 30 Werktage bis 17 Jahre 27 Werktage bis 18 Jahre 25 Werktage	

<table>
<tr><th colspan="5">Arbeitsschutzbestimmungen in der Bundesrepublik Deutschland</th></tr>
<tr><th></th><th>Gesundheits- und Unfallschutz</th><th>Arbeitszeitschutz</th><th>Urlaubsanspruch</th><th>Kündigungsschutz</th></tr>
<tr><td>Sonderschutz für Mütter
durch
– Mutterschutzgesetz
– Bundeserziehungsgeldgesetz (gilt auch für Väter)</td><td>• Verbot schwerer körperlicher Arbeit für werdende Mütter
• Beschäftigungsverbot für 6 Wochen vor und 8 Wochen nach der Geburt</td><td>• Verbot der Mehrarbeit, Sonntags- und Nachtarbeit für werdende und stillende Mütter</td><td>• Anspruch auf Erziehungsurlaub bis zur Vollendung des 3. Lebensjahres eines Kindes</td><td>• Kündigungsschutz während der Schwangerschaft und bis 4 Monate nach der Geburt
• Kündigungsschutz während des Erziehungsurlaubs</td></tr>
<tr><td>Sonderschutz für Schwerbehinderte
durch
– Schwerbehindertengesetz</td><td></td><td>Schwerbehinderte sind auf Verlangen von Mehrarbeit freizustellen</td><td>• Anspruch auf Zusatzurlaub</td><td>• Kündigung nur mit Zustimmung der Hauptfürsorgestelle</td></tr>
<tr><td>Sonderschutz für langjährig beschäftigte Arbeitnehmer
durch das BGB (§ 622 Abs. 2)</td><td></td><td></td><td></td><td>• Verlängerung der Kündigungsfrist für lang jährig beschäftigte Arbeitnehmer<table><tr><th>Betriebszugehörigkeit</th><th>Kündigungsfrist</th></tr><tr><td>2 Jahre</td><td>1 Monat</td></tr><tr><td>5 Jahre</td><td>2 Monate</td></tr><tr><td>8 Jahre</td><td>3 Monate</td></tr><tr><td>10 Jahre</td><td>4 Monate</td></tr><tr><td>12 Jahre</td><td>5 Monate</td></tr><tr><td>15 Jahre</td><td>6 Monate</td></tr><tr><td>20 Jahre</td><td>7 Monate</td></tr></table></td></tr>
<tr><td>Sonderschutz für Wehrdienstleistende
durch
– Arbeitsplatzschutzgesetz</td><td></td><td></td><td></td><td>• Kündigungsschutz während des Grundwehrdienstes oder während einer Wehrübung</td></tr>
</table>

4.4 Die Arbeitsgerichtsbarkeit

Arbeitsrechtsstreitigkeiten, die nicht gütlich (außergerichtlich) beigelegt werden können, werden von „Gerichten für Arbeitssachen“ (Arbeitsgerichte) entschieden. Die Tätigkeit der Arbeitsgerichte wird durch das Arbeitsgerichtsgesetz (ArbGG) geregelt.

Die Arbeitsgerichte sind zuständig für:

- bürgerlich-rechtliche Streitigkeiten zwischen Arbeitnehmern und Arbeitgebern aus dem Arbeitsverhältnis,
- bürgerlich-rechtliche Streitigkeiten zwischen Tarifvertragsparteien aus Tarifverträgen,
- betriebsverfassungsrechtliche Streitigkeiten (§ 2 Abs. 1 ArbGG).

Die Arbeitsgerichtsbarkeit wird durch Arbeitsgerichte und Landesarbeitsgerichte sowie das Bundesarbeitsgericht (BAG) ausgeübt (§ 8 ArbGG). Das Bundesarbeitsgericht hat seinen Sitz in Erfurt.

Im Arbeitsgerichtsverfahren sind die Gerichtsgebühren viel niedriger als bei anderen Gerichtsverfahren. Hinzu kommt, dass in der ersten Instanz jede Partei nur ihre eigenen Anwaltskosten zu tragen hat, gleichgültig, ob sie den Prozess gewinnt oder verliert.

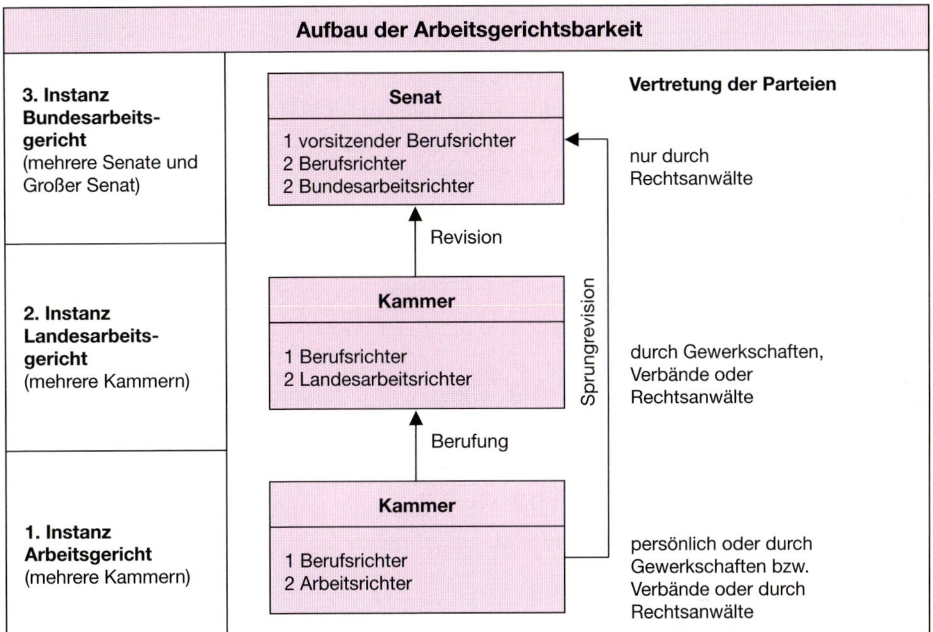

Berufung: Ziel ist Neuverhandlung über **Tatfragen** und Neuentscheidung.
Revision: Ziel ist Neuverhandlung über **Rechtsfragen** und Neuentscheidung.
Arbeitsrichter: ehrenamtliche Beisitzer aus Kreisen der Arbeitgeber und Arbeitnehmer.

4.5 Tarifvertrag und Arbeitskampf

4.5.1 Der Tarifvertrag

Das Grundgesetz garantiert in Art. 9 Abs. 3 jedem Deutschen das Recht, eine Gewerkschaft oder einen Arbeitgeberverband (Koalition) zu gründen oder sich einer solchen Koalition anzuschließen. Mit der Koalitionsfreiheit verbunden ist das Recht dieser Koalition, zur Wahrung und Förderung der Arbeits- und Wirtschaftsbedingungen tätig zu werden. Dazu gehört auch die **Tarifautonomie.**

Als Tarifautonomie wird das Recht der Arbeitnehmer- und Arbeitgebervereinigungen bezeichnet, durch Tarifverträge die gemeinsamen Arbeitsbedingungen für die Beschäftigten ihres Bereichs innerhalb der gesetzlichen Schranken und damit ohne staatliche Einflussnahme zu vereinbaren.

Zum Abschluss von Tarifverträgen berechtigt (tariffähig) sind gem. § 2 Abs. 3 Tarifvertragsgesetz (TVG) Gewerkschaften, einzelne Arbeitgeber (Firmen-, Haus- oder Werktarifvertrag) sowie Vereinigungen von Arbeitgebern (Verbandstarifvertrag). Sie werden als Tarifvertragsparteien, Tarifpartner oder Sozialpartner bezeichnet.

Die allgemeinen, auf längere Zeit gültigen Arbeitsbedingungen (z. B. regelmäßige Arbeitszeit, Teilarbeitszeit, Urlaub, Eingruppierung in Tarifgruppen) werden in **Manteltarifverträgen** geregelt. Die Lohn- und Gehaltssätze in den einzelnen Tarifgruppen werden in **Lohn- bzw. Gehaltstarifverträgen** mit kürzerer Laufzeit vereinbart.

Schließen eine Gewerkschaft und ein Arbeitgeberverband einen Tarifvertrag ab, dann sind die Mitglieder der Tarifvertragsparteien tarifgebunden (§ 3 TVG). Die Normen des Tarifvertrags gelten dann unmittelbar für das Arbeitsverhältnis zwischen den tarifgebundenen Arbeitnehmern und den tarifgebundenen Arbeitgebern.

Das Tarifvertragsgesetz sieht die Möglichkeit vor, Tarifverträge für allgemein verbindlich zu erklären (§ 5 Abs. 1 TVG). Mit der **Allgemeinverbindlichkeitserklärung** erfassen die Rechtsnormen des Tarifvertrags in seinem Geltungsbereich auch die bisher nicht tarifgebundenen Arbeitgeber und Arbeitnehmer (§ 5 Abs. 4 TVG). Die Allgemeinverbindlichkeitserklärung erfolgt durch den Bundesminister für Arbeit und Sozialordnung.

4.5.2 Die Betriebsvereinbarung

Die Betriebsvereinbarung ist ein Vertrag zwischen Arbeitgeber und Betriebsrat, der wie Tarifverträge gegenseitige Pflichten für Arbeitgeber und Arbeitnehmer schaffen kann. Betriebsvereinbarungen können auch über Angelegenheiten getroffen werden, die nach § 87 BetrVG der Mitbestimmung des Betriebsrats unterliegen.

4.5.3 Der Arbeitskampf

▶ Der Streik

Das Arbeitskampfrecht ergibt sich aus dem im Grundgesetz verankerten Koalitionsrecht. Das Bundesarbeitsgericht hat in einer Entscheidung (1955) ausdrücklich festgestellt, dass Arbeitskämpfe in der freiheitlichen, sozialen Grundordnung der Bundesrepublik Deutschland zugelassen sind. Das Recht auf Streik ist im Einzelnen rechtlich kaum geregelt. Das Arbeitskampfrecht beruht deshalb fast ausschließlich auf Richterrecht.

Für die Rechtmäßigkeit eines Arbeitskampfes gelten folgende Grundsätze:

- Ein Arbeitskampf darf nur von Tarifvertragsparteien geführt werden.
- Das Ziel des Arbeitskampfes muss ein tariflich regelbares Ziel sein.
- Der Arbeitskampf darf nicht gegen die Friedenspflicht verstoßen.
- Zwischen den Tarifparteien soll ein hinreichendes Verhandlungs- und Kampfgleichgewicht bestehen.
- Im Arbeitskampf muss die Verhältnismäßigkeit der Mittel gewahrt bleiben. Vor einem Arbeitskampf müssen alle Verhandlungsmöglichkeiten ausgeschöpft sein (Ultima-Ratio-Prinzip). Ist ein Schlichtungsverfahren vorgesehen, dann muss dieses vorher durchgeführt sein.

Ein einzelner Arbeitnehmer kann also nicht streiken. Seine Arbeitsniederlegung wäre Arbeitsverweigerung. Ein Streik muss von einer Gewerkschaft getragen werden. Ist das nicht der Fall, so handelt es sich um einen **„wilden Streik"**. Eine Teilnahme daran kann zu fristloser Kündigung des Arbeitnehmers führen.

Ein Streik ist nur rechtmäßig, wenn er von der Gewerkschaft getragen wird.

Der Streik kann Wirkungen nicht nur in dem unmittelbar bestreikten Betrieb, sondern auch Fernwirkungen in einem anderen Betrieb hervorrufen. Beispiel: Wegen des Streiks bei einem Kfz-Zulieferer muss auch ein Autohersteller die Produktion einstellen. Die Rechtsprechung hat entschieden, dass in diesem Fall die Arbeitnehmer ihren Anspruch auf Arbeitsentgelt ebenfalls verlieren, wenn durch die Lohnzahlung in dem mittelbar betroffenen Betrieb die Kampfstellung der bestreikten Arbeitgeber erheblich geschwächt wurde. Dies ist z. B. der Fall, wenn der Betrieb, bei dem die Fernwirkungen eintreten, dem gleichen Arbeitgeberverband angehört.

▶ Die Aussperrung

Die Aussperrung ist das Kampfmittel der Arbeitgeber. Eine Aussperrung ist die Nichtzulassung von Arbeitnehmern zur Arbeit bei gleichzeitiger Verweigerung der Lohn- und Gehaltszahlung. Da streikende Arbeitnehmer ohnehin keinen Anspruch auf Lohn- und Gehaltszahlung haben, entfaltet die Aussperrung vor allem dann Wirkung, wenn solche Arbeitnehmer ausgesperrt werden, die bisher noch nicht im Streik waren. Reagiert der Arbeitgeber auf einen Streik mit Aussperrung, dann wird diese Aussperrung als **„Abwehraussperrung"** bezeichnet.

Die Aussperrung ist nach der Rechtsprechung zulässig; die Gewerkschaften fordern jedoch ein Verbot der Aussperrung. Sie begründen dies damit, dass nur bei einem Verbot der Aussperrung die Kampfparität gewährleistet sei. Die Arbeitgeber hätten im Arbeitskampf von vornherein die stärkere Position.

Abwehraussperrungen sind nach der Rechtsprechung des Bundesarbeitsgerichts grundsätzlich gerechtfertigt, um ein Verhandlungsungleichgewicht zu Gunsten der Gewerkschaften zu verhindern. Im Einzelnen hat die Rechtsprechung dazu folgende Grundsätze entwickelt:

- Ein generelles Aussperrungsverbot ist mit den tragenden Grundsätzen des Tarifrechts unvereinbar und deshalb unzulässig.
- Der zulässige Umfang von Abwehraussperrungen richtet sich nach dem Grundsatz der Verhältnismäßigkeit **(Übermaßverbot).** Maßgebend ist der Umfang des Angriffsstreiks. Ist der Streik auf weniger als 25% der Arbeitnehmer des Tarifgebiets beschränkt, so erscheint eine Abwehraussperrung nicht unverhältnismäßig, wenn sie ihrerseits 25% der Arbeitnehmer des Tarifgebiets erfasst. Der Beschluss eines Arbeitgeberverbandes, begrenzte Teilstreiks mit einer unbefristeten Aussperrung aller Arbeitnehmer eines Tarifgebiets zu beantworten, ist im Allgemeinen unverhältnismäßig. Aussperrungsmaßnahmen, die einen unverhältnismäßigen Aussperrungsbeschluss befolgen, sind rechtswidrig.
- Eine Aussperrung, die gezielt nur die Mitglieder einer streikenden Gewerkschaft erfasst, nicht organisierte Arbeitnehmer jedoch verschont, ist unzulässig.

▶ Die Neutralität der Bundesagentur für Arbeit

Nach § 146 Abs. 1 Satz 1 Sozialgesetzbuch III (SGB III, Arbeitsförderung) darf durch die Gewährung von Arbeitslosengeld nicht in Arbeitskämpfe eingegriffen werden.

Ein Arbeitnehmer, der sich **unmittelbar an einem Streik beteiligt,** hat bis zur Beendigung des Streiks keinen Anspruch auf Arbeitslosengeld (§ 146 Abs. 2 SGB III). Das gilt auch für ausgesperrte Arbeitnehmer. Die Bundesagentur für Arbeit darf in diesen Fällen kein Arbeitslosengeld zahlen, da sie zur Neutralität verpflichtet ist. Dadurch soll verhindert werden, dass die Kampfparität durch Gewährung von Lohnersatzleistungen verändert wird.

Wenn der Arbeitnehmer nur **mittelbar von einem Arbeitskampf betroffen** ist, gilt die Regelung des § 146 Abs. 3 SGB III. Mittelbar von einem Arbeitskampf betroffen sind Arbeitnehmer eines Betriebs, der weder bestreikt wird noch selbst aussperrt, aber wegen eines Arbeitskampfes seine Tätigkeit einstellen muss. Die Produktion muss z. B. eingestellt werden, weil Zulieferungen von Betrieben ausbleiben, die von einem Arbeitskampf betroffen sind.

Ist ein vom Streik mittelbar betroffener Arbeitnehmer innerhalb des räumlichen und fachlichen Geltungsbereichs des umkämpften Tarifvertrags beschäftigt, dann hat er keinen Anspruch auf Arbeitslosengeld.

Selbst wenn der Arbeitnehmer außerhalb des räumlichen Geltungsbereichs des umkämpften Tarifvertrags beschäftigt ist, kann ihm von der Bundesagentur für Arbeit die Gewährung von Leistungen versagt werden. Dies ist dann der Fall, wenn der Arbeitnehmer im fachlichen Geltungsbereich des umkämpften Tarifvertrags beschäftigt ist und die erstrittenen wesentlichen Regelungen aller Voraussicht nach in den für seinen Raum gültigen Tarifvertrag übernommen werden sollen (§ 146 Abs. 3 Nr. 2 SGB III). Der Arbeitskampf wird dann „stellvertretend" auch für die mittelbar betroffenen Arbeitnehmer geführt.

4.6 Das Recht der Mitbestimmung

4.6.1 Die Ebenen der Mitbestimmung

In Betrieben wirken Kapital und Arbeit bei der Erstellung von Sachgütern und Dienstleistungen zusammen. Arbeitnehmer erbringen die Arbeitsleistung, sind aber mehr als nur ein Produktionsfaktor wie das Kapital. Das Leben des Arbeitnehmers wird wesentlich durch den Betrieb, in dem er tätig ist, bestimmt. Der Unternehmer kann den Betrieb umorganisieren, eine Betriebsordnung aufstellen. Er kann zahlreiche Entscheidungen treffen, die sich auf die Arbeitnehmer auswirken.

Sinn der betrieblichen Mitbestimmung ist es, dass die Arbeitnehmer bei den Entscheidungen, die sie und ihren Arbeitsplatz betreffen, mitbestimmen können.

Die gesetzlichen Regelungen über eine Mitwirkung und Mitbestimmung der Arbeitnehmer verwirklichen das Bekenntnis zum sozialen Rechtsstaat in Art. 20 Abs. 1 des Grundgesetzes für die Bundesrepublik Deutschland. Das Recht auf Mitbestimmung im Allgemeinen Sinne ist in der Bundesrepublik Deutschland durch das Betriebsverfassungsgesetz, das Mitbestimmungsgesetz und das Montan-Mitbestimmungsgesetz geregelt.

Überblick über die Ebenen der Mitbestimmung

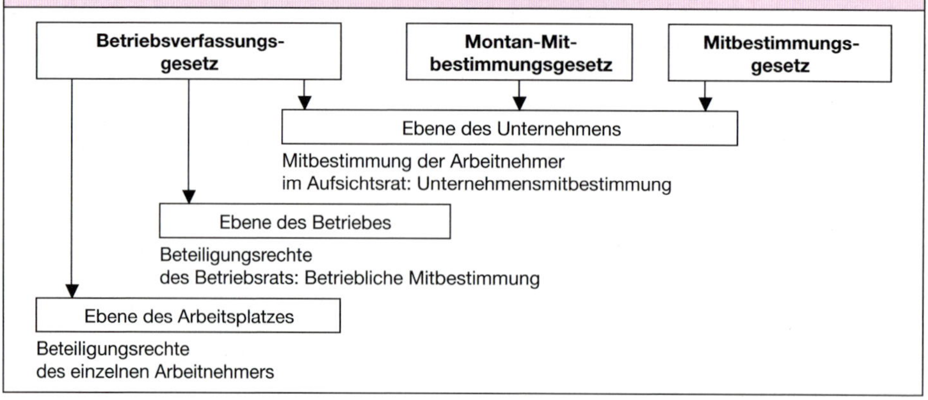

4.6.2 Die Beteiligungsrechte des Arbeitnehmers auf der Ebene des Arbeitsplatzes

Der Arbeitnehmer hat gem. BetrVG (1972) auf der Ebene des Arbeitsplatzes individuelle Rechte, die er ganz persönlich wahrnehmen kann.

Der Arbeitnehmer hat vor allem die folgenden Unterrichtungs-, Anhörungs- und Beschwerderechte:

- Recht auf Unterrichtung über seine Aufgaben und die damit verbundene Verantwortung sowie über die Einordnung seiner Tätigkeit in den betrieblichen Arbeitsablauf (§ 81 Abs. 1 BetrVG),
- Recht auf Unterrichtung über Unfall- und Gesundheitsgefahren am Arbeitsplatz sowie über Maßnahmen und Einrichtungen zur Abwendung dieser Gefahren (§ 81 Abs. 1 BetrVG),
- Recht auf Anhörung in betrieblichen Angelegenheiten, die seine Person betreffen,
- Recht auf Erörterung der Beurteilung seiner Leistungen (§ 82 BetrVG),
- Recht auf Einsicht in seine Personalakte (§ 83 BetrVG),
- Recht auf Beschwerde, wenn er sich benachteiligt oder ungerecht behandelt fühlt. Die Beschwerde kann der Arbeitnehmer bei der zuständigen Stelle des Betriebs (§ 84 Abs. 1 BetrVG) vorbringen. Der Betriebsrat ist verpflichtet, Beschwerden von Arbeitnehmern entgegenzunehmen und, falls er sie für berechtigt hält, beim Arbeitgeber auf Abhilfe hinzuwirken (§ 85 Abs. 1 BetrVG).

Die **Betriebsversammlung** hat die Aufgabe, den Kontakt und den Informationsfluss zwischen Belegschaft und Betriebsrat herzustellen. Sie besteht aus den Arbeitnehmern des Betriebs und wird von dem Vorsitzenden des Betriebsrats geleitet (§ 42 Abs. 1 BetrVG). Der Betriebsrat hat einmal in jedem Kalendervierteljahr eine Betriebsversammlung einzuberufen und ihr einen Tätigkeitsbericht zu erstatten (§ 43 Abs. 1 BetrVG). Der Arbeitgeber ist zu den Betriebsversammlungen unter Mitteilung der Tagesordnung einzuladen. Er ist berechtigt in den Versammlungen zu sprechen.

4.6.3 Die Beteiligungsrechte des Betriebsrats (betriebliche Mitbestimmung)

▶ Die Bildung des Betriebsrats

Betriebsräte werden in den Betrieben gebildet, die in der Regel mindestens fünf ständige wahlberechtigte Arbeitnehmer haben, von denen drei wählbar sind (§ 1 BetrVG). Die Wahlberechtigung **(das aktive Wahlrecht)** für die Wahl des Betriebsrats haben alle Arbeitnehmer (also auch Auszubildende), die das 18. Lebensjahr vollendet haben (§ 7 BetrVG). Wählbar sind alle Arbeitnehmer, die das aktive Wahlrecht besitzen und mindestens sechs Monate dem Betrieb angehören **(passives Wahlrecht,** § 8 BetrVG).

Der Betriebsrat ist die Interessenvertretung der Arbeitnehmer eines Betriebes.

Das Amt des Betriebsrats ist ein Ehrenamt. Ein Betriebsrat erhält keine besondere Vergütung. Durch eine Betriebsratstätigkeit versäumte Zeit hat jedoch der Arbeitgeber zu zahlen. Mitglieder des Betriebsrats sind von ihrer beruflichen Tätigkeit zu befreien, soweit dies für die Betriebsratstätigkeit erforderlich ist.

Die regelmäßige Amtszeit des Betriebsrats beträgt vier Jahre (§ 21 BetrVG).

Die zahlenmäßige Zusammensetzung hängt von der Zahl der beschäftigten wahlberechtigten Arbeitnehmer ab (§ 9 BetrVG).

▶ Die allgemeinen Aufgaben des Betriebsrats

Die allgemeinen Aufgaben des Betriebsrats werden in § 80 BetrVG aufgezählt.

Allgemeine Aufgaben des Betriebsrats	
Aufzählung	**Beispiele**
1. **Überwachung der Einhaltung von Rechtsnormen und arbeitsrechtlichen Grundsätzen,** die zugunsten von Arbeitnehmern gelten	**Rechtsnormen:** Kündigungsschutzgesetz, Entgeltfortzahlungsgesetz, Arbeitszeitgesetz, Gewerbeordnung, Mutterschutzgesetz, Betriebsverfassungsgesetz usw. **Arbeitsrechtliche Grundsätze:** Gleichbehandlungsgrundsatz, Fürsorgepflicht
2. **Beantragung von Maßnahmen,** die dem Betrieb und der Belegschaft dienen	**Anregungen** für Einstellungen, Versetzungen, Umgruppierungen; Anregungen für Verbesserung der Arbeitsmethoden, für die Beseitigung vermeidbarer Arbeitserschwernisse
3. **Entgegennahme von Anregungen** der Arbeitnehmer und der Jugendvertretung; Vertretung der Anregungen	**Anregungen** jeder Art, die den Betrieb und die Mitarbeiter einschließlich der jugendlichen Arbeitnehmer betreffen
4. **Eingliederung schutzbedürftiger Personen**	**Eingliederung** Schwerbehinderter, Eingliederung von Arbeitnehmern aus krisenanfälligen Wirtschaftszweigen
5. **Zusammenarbeit mit der Jugend- und Auszubildendenvertretung**	**Maßnahmen** der Berufsausbildung, Vorbereitung und Durchführung der Wahl einer Jugendvertretung
6. **Förderung der Beschäftigung älterer Arbeitnehmer**	**Erhaltung von Arbeitsplätzen,** die besonders für ältere Arbeitnehmer geeignet sind
7. **Eingliederung ausländischer Arbeitnehmer**	**Integrierung** in den Betrieb nach Einstellung, Hinwirkung auf Verständnisbereitschaft gegenüber ausländischen Mitarbeitern

▶ Die Abstufung der Beteiligungsrechte des Betriebsrats

Das Betriebsverfassungsgesetz gibt dem Betriebsrat Beteiligungsrechte in sozialen, personellen und wirtschaftlichen Angelegenheiten. Die Beteiligungsrechte sind – geordnet nach der Intensität der möglichen Einflussnahme – wie folgt abgestuft:

- **Informationsrecht**
  Der Betriebsrat hat nur ein Fragerecht, der Arbeitgeber die Erläuterungspflicht. Beispiel: § 90 BetrVG: Information über die Planung von Neu-, Um- und Erweiterungsbauten.
- **Mitspracherecht**
  Der Betriebsrat kann verlangen, dass der Arbeitgeber ihn anhört und die Angelegenheit mit ihm erörtert. Beispiel: § 92 BetrVG: Beratung und Verhandlung zur Personalplanung.
- **Widerspruchsrecht**
  Der Widerspruch des Betriebsrats führt zu einer Nachprüfung durch das Arbeitsgericht. Beispiel: § 99 BetrVG: Widerspruch gegen eine Kündigung.

- **Mitbestimmungsrecht** („echte“ Mitbestimmung)
  Der Betriebsrat kann die Einführung einer bestimmten Regelung verlangen (Initiativrecht). Arbeitgeber und Arbeitnehmer können die Regelung nur gemeinsam treffen. Es besteht Einigungszwang. Kommt eine Einigung nicht zustande, dann entscheidet die Einigungsstelle.

Wichtige Mitbestimmungsrechte des Betriebsrats in sozialen Angelegenheiten nach § 87 BetrVG:

- Fragen der Ordnung des Betriebs und des Verhaltens im Betrieb;
- Beginn und Ende der täglichen Arbeitszeit einschließlich der Pausen sowie Verteilung der Arbeitszeit auf die einzelnen Wochentage;
- Einführung und Anwendung von technischen Einrichtungen, die dazu bestimmt sind, das Verhalten oder die Leistung der Arbeitnehmer zu überwachen;
- Regelungen über die Verhütung von Arbeitsunfällen und Berufskrankheiten sowie über den Gesundheitsschutz im Rahmen der gesetzlichen Vorschriften oder der Unfallverhütungsvorschriften;
- Fragen der betrieblichen Lohngestaltung, insbesondere die Aufstellung von Entlohnungsgrundsätzen und die Einführung und Anwendung von neuen Entlohnungsmethoden sowie deren Änderung;
- Festsetzung der Akkord- und Prämiensätze und vergleichbarer leistungsbezogener Entgelte, einschließlich der Geldfaktoren.

Informationsrecht, Mitspracherecht und Widerspruchsrecht werden uner dem Begriff **„Mitwirkungsrecht“** zusammengefasst und der (echten) **Mitbestimmung** gegenübergestellt.

4.6.4 Unternehmensmitbestimmung

▶ Wesen der Unternehmensmitbestimmung

Die gesetzlichen Regelungen zur Unternehmensmitbestimmung sollen den Arbeitnehmern unmittelbaren Einfluss auf wichtige unternehmerische Planungen und Entscheidungen gewähren.

Die Unternehmensmitbestimmung wird durch die Beteiligung der Arbeitnehmer im Aufsichtsrat verwirklicht.

Durch die Unternehmensmitbestimmung wird die Arbeitnehmerschaft an der Auswahl und der laufenden Kontrolle der Unternehmensleitung beteiligt; sie kann außerdem die Unternehmenspolitik in ihren Grundzügen mitbestimmen.

Schon durch die Mitwirkung der Arbeitnehmervertreter an der Bestellung und Abberufung der Unternehmensleitung wird eine soziale Unternehmenspolitik gefördert. Bei der Beratung unternehmerischer Absichten und Entscheidungen im Aufsichtsrat kann auch die Erfahrung und Sachkunde der Arbeitnehmer in den Entscheidungsprozess mit eingehen.

Die Unternehmensmitbestimmung wird auch als wirtschaftliche Mitbestimmung bezeichnet.

▶ Unternehmensmitbestimmung nach dem Betriebsverfassungsgesetz

Nach dem Betriebsverfassungsgesetz von 1952 muss der Aufsichtsrat einer Aktiengesellschaft, einer Kommanditgesellschaft auf Aktien sowie einer Gesellschaft mit beschränkter Haftung oder Genossenschaft (mit mehr als 500 Arbeitnehmern) zu einem Drittel aus Vertretern der Arbeitnehmer bestehen. Für Montangesellschaften und so genannte Großunternehmen gilt ein besonderes Recht.

Von der Pflicht zur Drittelbeteiligung der Arbeitnehmer im Aufsichtsrat sind befreit

- Aktiengesellschaften und Kommanditgesellschaften auf Aktien, die Familiengesellschaften sind und weniger als 500 Arbeitnehmer beschäftigen,
- so genannte Tendenzbetriebe (Unternehmen, die überwiegend politischen, konfessionellen, karitativen, erzieherischen, wissenschaftlichen oder künstlerischen Zwecken dienen).

Wahl und Zusammensetzung des Aufsichtsrats nach Betriebsverfassungsgesetz (1952)

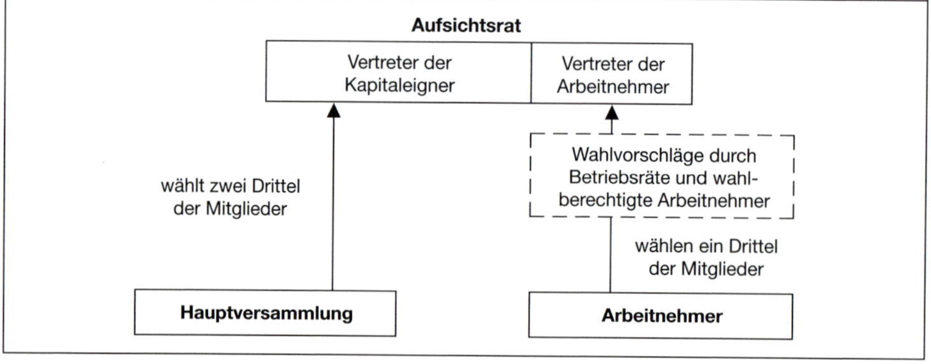

▶ Unternehmensmitbestimmung nach dem Mitbestimmungsgesetz

Für Kapitalgesellschaften und Genossenschaften, die in der Regel mehr als 2000 Arbeitnehmer beschäftigen und nicht der Montanmitbestimmung unterliegen, gilt das Mitbestimmungsgesetz von 1976. Zu den Kapitalgesellschaften zählen vor allem die AG, die GmbH und die KGaA.

Bei einer Kapitalgesellschaft ist die Mitgliedschaft auf die reine Kapital(Geld-)beteiligung zugeschnitten. Die Gesellschafter haften nicht persönlich, ihre persönliche Mitarbeit an der Geschäftsführung ist nicht notwendig.

Das Gesetz legt fest, dass

- der Aufsichtsrat paritätisch mit Vertretern der Kapitaleigner und der Arbeitnehmer besetzt ist,
- Personal- und Sozialfragen durch einen Arbeitsdirektor (als Mitglied des Vorstands) besonders betreut werden.
- bei Stimmengleichheit im Aufsichtsrat die Stimme des Vorsitzenden den Ausschlag gibt. Der Aufsichtsratsvorsitzende ist in der Regel ein Vertreter der Aktionäre (Kapitaleigner).

Die Mitbestimmung im Aufsichtsrat nach dem Mitbestimmungsgesetz 1976 ist nur zahlenmäßig paritätisch, tatsächlich ist es aber eine ungleichgewichtige Mitbestimmung:

- Aufgrund der gesetzlichen Vorschriften für die Wahl gehört der Aufsichtsratsvorsitzende wohl immer der Gruppe der Kapitaleigner an.
- Der Aufsichtsratsvorsitzende hat bei der Abstimmung über die Bestellung der Vorstandsmitglieder bzw. Geschäftsführer eine ausschlaggebende Zweitstimme.
- Der Gruppe der Arbeitnehmer im Aufsichtsrat ist ein leitender Angestellter zugeordnet, dessen Tätigkeitsbereich im Unternehmen ihn in die Nähe und an die Seite der Anteilseigner rücken lässt.

Daher könnte der Arbeitsdirektor u. U. auch gegen die Stimmen der Arbeitnehmervertreter gewählt werden.

Wahl und Zusammensetzung des Aufsichtsrats nach dem Mitbestimmungsgesetz 1976

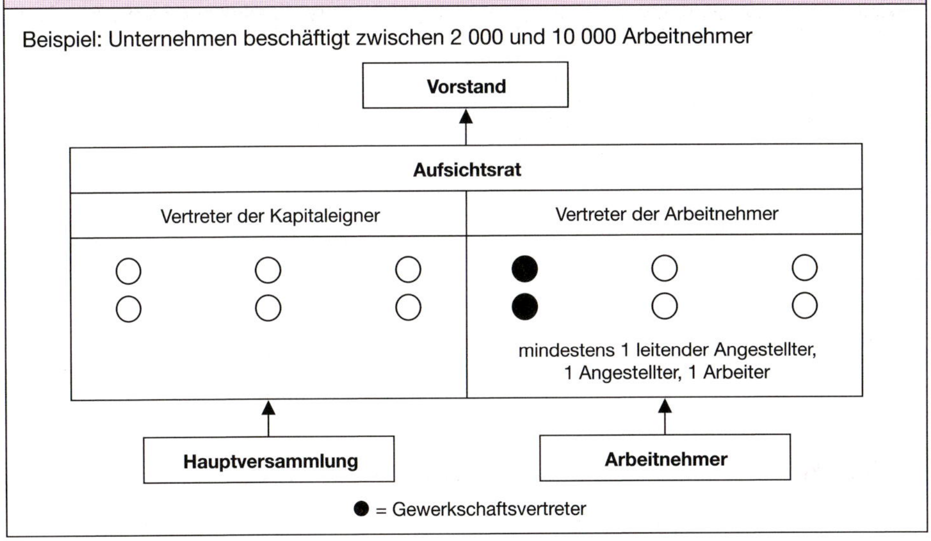

▶ *Unternehmensmitbestimmung in der Montanindustrie*

Das Montanmitbestimmungsgesetz gilt für Unternehmen, die im Bereich des Kohlebergbaus und der Eisen und Stahl erzeugenden Industrie tätig sind. Aufgrund des Montanmitbestimmungsgesetzes haben die im Montanbereich tätigen Arbeitnehmer eine tatsächlich paritätische Mitbestimmung. Der Aufsichtsrat ist zahlenmäßig gleichgewichtig (paritätisch) besetzt. Weder die Anteilseigner noch die Arbeitnehmer können ohne Zustimmung wenigstens eines Teils der „Gegenseite“ oder des neutralen Mannes ihre Ziele durchsetzen.

Im Vorstand von Montangesellschaften werden die Arbeitnehmer durch den so genannten Arbeitsdirektor vertreten, der nicht gegen die Stimmen der Arbeitnehmer bestellt oder abberufen werden kann.

Wahl und Zusammensetzung des Aufsichtsrats nach dem Montan-Mitbestimmungsgesetz

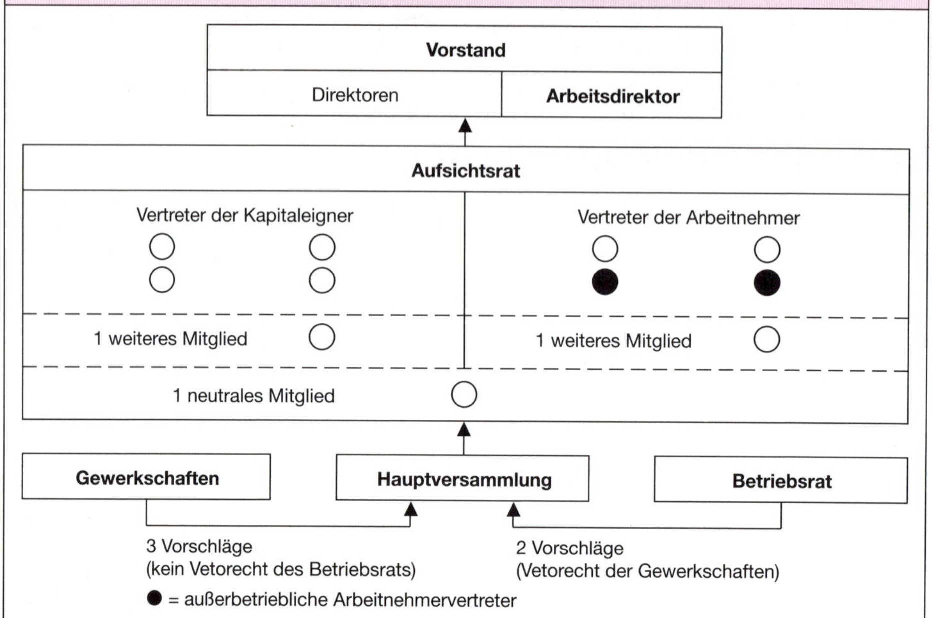

AUFGABEN UND PROBLEME

4.1 Arbeitsleistungen als Arbeitnehmer und Arbeitsleistungen auf anderer Grundlage

- 1. Wer erbringt in den folgenden Fällen
  [1] Arbeitsleistungen als Arbeitnehmer,
  [2] Arbeitsleistungen auf anderer Grundlage?
  a) Vorstandsmitglied einer Aktiengesellschaft
  b) Assistenzarzt (Angestellter) in einer städtischen Klinik
  c) Strafgefangener in einer Haftanstalt
  d) OHG-Gesellschafter mit Geschäftsführungsbefugnis
  e) Steuerberater bei Aufstellung der Steuerbilanz für einen Mandanten
  f) Prokurist eines Privatbankhauses
  g) Studienrat (Beamter) an einer kaufmännischen Berufsschule
  h) Auszubildender in einem Industriebetrieb
  i) Zivildienstleistender in der Altenpflege
- 2. Geben Sie bei Entscheidungen für [2] an, warum es sich nicht um eine Tätigkeit als Arbeitnehmer handelt, auf die das Arbeitsrecht anzuwenden ist.

4.2 Rangfolge im Arbeitsrecht

Eine gewerbliche Aushilfskraft vereinbart mit ihrem Arbeitgeber einen Stundenlohn von 17,50 EUR. Nach einigen Wochen erfährt sie, dass der für sie und ihren Arbeitgeber gültige Tarifvertrag für ihre Tätigkeit einen Stundensatz von 15,00 EUR vorsieht.

- 1. Welcher Stundenlohn steht der Aushilfskraft zu?
- 2. Wie ist die Rechtslage, wenn der Tarifvertrag einen Stundenlohn von 18,00 EUR vorsieht?

4.3 Fürsorgepflicht des Arbeitgebers

In einem Betrieb beschweren sich Arbeitnehmer über das Rauchen am Arbeitsplatz.

- 1. Nehmen Sie aus Ihrer Sicht Stellung zu der Forderung der Nichtraucher, am Arbeitsplatz vor dem so genannten „Passivrauchen" geschützt zu werden.
- 2. Der Unternehmer untersagt mit Zustimmung des Betriebsrats das Rauchen am Arbeitsplatz. Wie könnte er seine Entscheidung begründen?

4.4 Fürsorgepflicht des Arbeitgebers/Arbeitsschutz

Frau Kramer ist in einer chemischen Reinigung bei der Warenrückgabe an Kunden beschäftigt. Sie ist schwanger. Vier Wochen vor der Geburt erscheint sie nicht mehr zur Arbeit, obwohl sie sich körperlich wohl fühlt. Gegenüber dem Arbeitgeber beruft sie sich auf ihre Schwangerschaft.

Der Arbeitgeber fordert Frau Kramer auf, zur Arbeit zu erscheinen, da wegen der ernsthaften Erkrankung einer Arbeitskollegin von Frau Kramer in dem kleinen Unternehmen ein Personalengpass entstanden ist. Da sich Frau Kramer weigert, zur Arbeit zu erscheinen, kündigt ihr der Arbeitgeber fristgemäß.

- Ist die Kündigung wirksam?

4.5 Urlaubsanspruch Jugendlicher

Hilde Seeger ist nach ihrem Realschulabschluss bei der Software-Handelsgesellschaft GmbH ohne Ausbildungsvertrag eingestellt worden. Sie hat das 17. Lebensjahr noch nicht vollendet. Im Arbeitsvertrag wurden ihr 25 Urlaubstage zugesichert. Nach achtmonatiger Beschäftigung nimmt sie 18 Tage Urlaub. Während ihres Urlaubs erkrankt sie. Ihrem Arbeitgeber legt sie ein Attest für vier Krankheitstage vor.

- Wie viele Tage Urlaub stehen ihr für das erste Jahr ihrer Beschäftigung noch zu?

4.6 Aussperrung

- Nehmen Sie Stellung zu den folgenden konträren Meinungen:

1. Abwehraussperrungen sind insoweit gerechtfertigt, wie die angreifende Gewerkschaft durch besondere Kampftaktiken ein Verhandlungsübergewicht erzielen kann. Der zulässige Umfang von Abwehraussperrungen richtet sich nach dem Grundsatz der Verhältnismäßigkeit. Maßgebend ist der Umfang des Angriffsstreiks.
2. Arbeitgeber, die Arbeitnehmer aussperren, missbrauchen ihre Macht gegenüber Arbeitnehmern, die auf ihre Lohneinkommen angewiesen sind.

4.7 Beteiligungsrechte nach Betriebsverfassungsgesetz

Entscheiden Sie für die folgenden Situationen,

- 1. ob der Betriebsrat ein Mitbestimmungsrecht nach Betriebsverfassungsgesetz hat,
- 2. ob es sich gegebenenfalls um ein Mitwirkungsrecht, ein volles Mitbestimmungsrecht oder um ein Beratungs- bzw. Informationsrecht handelt.

a) Die Geschäftsleitung eines Unternehmens ordnet wegen verstärkten Auftragseingangs für zwei Betriebsabteilungen Überstunden für die Dauer von drei Monaten an.

b) Einer der Geschäftsführer des Unternehmens bittet einen Sachbearbeiter der Einkaufsabteilung, am 1. März wegen unaufschiebbarer Arbeiten eine Stunde länger im Betrieb zu bleiben.

c) Die Gesellschafter des Unternehmens beschließen, einen weiteren Gesellschafter aufzunehmen.

d) Die Geschäftsleitung weist einer neu eingestellten Phonotypistin einen Arbeitsplatz in der Verkaufsabteilung zu.

e) Die Geschäftsleitung beschließt, ab 1. Januar neue Grundsätze zur Beurteilung der Mitarbeiter anzuwenden.

f) Die Geschäftsleitung kündigt einem Arbeiter.

g) Die Geschäftsleitung beschließt, aus Rationalisierungsgründen das Produktionsprogramm zu straffen und auf die Herstellung einiger Produkte zu verzichten.

h) Die Geschäftsleitung will neue Kontrollgeräte einführen, um die Qualität der Arbeitsleistung der Arbeitnehmer zu überwachen.

4.8 Montan-Mitbestimmung

Prüfen Sie die folgenden Aussagen über den Aufsichtsrat einer Kapitalgesellschaft im Montanbereich mit mehr als 1000 Beschäftigten.

[1] Die Aussage ist richtig.
[2] Die Aussage ist falsch.

a) Die Mitglieder des Aufsichtsrats werden von der Hauptversammlung gewählt.

b) Die Mitglieder des Aufsichtsrats werden zum Teil von der Hauptversammlung, zum Teil von den Arbeitnehmern des Betriebs gewählt.

c) Die Gewerkschaft hat im Rahmen der Montan-Mitbestimmung einen größeren Einfluss auf die Zusammensetzung des Aufsichtsrats als nach dem Mitbestimmungsgesetz 1976.

d) Gegen die vom Betriebsrat vorgeschlagenen Aufsichtsratsmitglieder kann die Gewerkschaft ein Veto einlegen.

e) Die Zusammensetzung des Aufsichtsrats sichert ein Letztentscheidungsrecht der Kapitaleigner.

f) Die Zusammensetzung des Aufsichtsrats sichert eine paritätische Mitbestimmung der Arbeitnehmer.

4.9 Außerordentliche Kündigung

- Darf ein Arbeitgeber aus folgenden Gründen eine außerordentliche Kündigung aussprechen?

[1] ja
[2] nein

a) Unterschlagung von Betriebsgeldern

b) Übertretung des Rauchverbots

c) Unsorgfältige und zu langsame Arbeitsweise

d) Langandauernde Erkrankung

e) Unerwartete Stornierung eines Großauftrags

f) Entziehung der Fahrerlaubnis für einen Kraftfahrer

4.10 Sozial gerechtfertigte und sozial ungerechtfertigte Kündigungen

Entscheiden Sie, in welchen Fällen bei der Kündigung eines Arbeitsverhältnisses, das länger als ein Jahr bestand, die Voraussetzungen einer sozial ungerechtfertigten Kündigung vorliegen. (Das Unternehmen beschäftigt regelmäßig mehr als zehn Arbeitnehmer.)

- Ordnen Sie zu:

[1] sozial gerechtfertigte Kündigung,
[2] sozial ungerechtfertigte Kündigung.

a) Kündigungsgrund: Stilllegung einzelner Abteilungen des Unternehmens. Soziale Gesichtspunkte bei der Auswahl des zu entlassenden Arbeitnehmers wurden berücksichtigt.

b) Kündigungsgrund: wiederholte, abgemahnte Unpünktlichkeit des Arbeitnehmers, der außerdem schon mehrfach die Verschwiegenheitspflicht verletzt hat. Soziale Gesichtspunkte wurden nicht geprüft.

c) Kündigungsgrund: einmalige Nichtbefolgung einer Anordnung der Unternehmensleitung.

d) Kündigungsgrund: offensichtliche mangelnde fachliche Eignung des Arbeitnehmers. Ein Einsatz in einer anderen, niedriger bezahlten Beschäftigung wäre möglich, wurde aber von dem Arbeitnehmer verweigert.

ZUR WIEDERHOLUNG DES GRUNDWISSENS

1. Warum ist das Arbeitsrecht als besonderes Schutzrecht notwendig?
2. Auf welchen Personenkreis ist das Arbeitsrecht anzuwenden?
3. Auf welche Rechtsquellen ist das Arbeitsrecht zurückzuführen?
4. Welche Rangordnung gilt für die verschiedenen Rechtsquellen des Arbeitsrechts?
5. Wodurch wird ein Arbeitsverhältnis begründet?
6. Welcher Grundsatz gilt für das Fragerecht des Arbeitgebers vor Begründung eines Arbeitsverhältnisses?
7. Welche Freiheiten umfasst der Grundsatz der Vertragsfreiheit beim Abschluss eines Arbeitsvertrags?
8. Welche Pflichten hat der Arbeitnehmer aus dem Arbeitsvertrag?
9. In welchen Fällen hat der Arbeitgeber eine Entgeltfortzahlungspflicht, obwohl vom Arbeitnehmer keine Arbeit geleistet wird?
10. Wodurch kann ein Arbeitsvertrag beendet werden?
11. Welche regelmäßige Kündigungsfrist gilt für Arbeitnehmer nach dem Bürgerlichen Gesetzbuch?
12. In welchem Gesetz ist der allgemeine Kündigungsschutz geregelt?
13. In welchen Fällen liegt eine sozial ungerechtfertigte Kündigung vor?
14. Welche Möglichkeiten der Mitwirkung hat der Betriebsrat bei Kündigungen?
15. In welchen Fällen ist eine außerordentliche Kündigung möglich?
16. Welche Funktion hat die Abmahnung?
17. Welche Arbeitnehmergruppen haben einen besonderen Kündigungsschutz?
18. Was ist Gegenstand des technischen Arbeitsschutzes?
19. Was ist Gegenstand des sozialen Arbeitsschutzes?
20. Welche Personengruppen haben einen besonderen Gesundheits- und Unfallschutz?
21. Welche Personengruppen haben einen besonderen Arbeitszeitschutz?
22. Welchen besonderen Arbeitsschutz haben Jugendliche?
23. Für welche Fälle ist das Arbeitsgericht zuständig?
24. Welche Vorteile hat ein arbeitsgerichtliches Verfahren gegenüber einem Verfahren vor anderen Gerichten?
25. Was versteht man unter Tarifautonomie?
26. Was ist ein Tarifvertrag?
27. Wer ist tarifvertragsfähig?

28. Aus welchen beiden Teilen besteht der Tarifvertrag?
29. Welche Grundsätze rechtmäßiger Kampfführung sind in einem Arbeitskampf zu beachten?
30. Was ist ein Streik?
31. Wann liegt eine Aussperrung vor?
32. Welche Grundsätze gelten für das Verhalten der Bundesagentur für Arbeit in einem Arbeitskampf?
33. In welchen Gesetzen ist die Mitwirkung und Mitbestimmung der Arbeitnehmer geregelt?
34. Welche individuellen Rechte kann der Arbeitnehmer auf der Ebene des Arbeitsplatzes geltend machen?
35. Wer ist bei Betriebsratswahlen aktiv, wer passiv wahlberechtigt?
36. Nennen Sie die allgemeinen Aufgaben des Betriebsrats.
37. Welche Stufen der Beteiligung des Betriebsrats an betrieblichen Entscheidungen werden unterschieden?
38. Welche Voraussetzungen müssen vorliegen, damit „echte" Mitbestimmung vorliegt?
39. Warum kann man die Mitbestimmung in Großunternehmen (nach dem Mitbestimmungsgesetz) als ungleichgewichtige Mitbestimmung bezeichnen?
40. Welche Voraussetzungen müssen gegeben sein, damit paritätische Mitbestimmung vorliegt?
41. Welche Aufgaben hat der Arbeitsdirektor?
42. In welchen wichtigen Punkten unterscheiden sich die Regelungen des Mitbestimmungsgesetzes von denen des Montan-Mitbestimmungsgesetzes?

5 Betriebliche Leistungserstellung

Von der „Produktionsgesellschaft“ zur „Informationsgesellschaft“[1]

Die Schlagworte von der „dritten industriellen Revolution“, von der „Ablösung der Produktionsgesellschaft durch die Informationsgesellschaft“ stehen im Mittelpunkt vieler Betrachtungen. Die erste industrielle Revolution stellte dem Menschen Maschinen zur Verfügung, die halfen Kraft zu sparen: um 1780 die Dampfmaschine und rund 100 Jahre später den Elektromotor. Die zweite industrielle Revolution wurde durch den Taylorismus ausgelöst, die Zerlegung der Arbeitsabläufe in kleine Schritte. Das Fließband, das daraus zu Beginn des 20. Jahrhunderts entstand, erhöhte die Produktivität, die Kosten der Industriegüter sanken, die Löhne stiegen. Der Wohlstand für breite Schichten der Bevölkerung in den Industrieländern wuchs.

Der Mensch arbeitet in weiten Tätigkeitsbereichen mit dem Rohstoff „Geist“ anstelle von materiellen Werkstoffen: in der Datenverarbeitung, der Telekommunikation, der Automatisierung. Der Mensch hat planende, steuernde und überwachende Funktionen in der Produktion übernommen.

LEITFRAGEN

Was bedeutet „Ablösung der Produktionsgesellschaft“ für den arbeitenden Menschen?

Was heißt Fließbandfertigung?
Wieso wurde durch das Fließband die Produktivität erhöht?
Wie misst man Produktivität?
Warum konnten Kosten gesenkt werden?

Wie kann man die Wohlstandsmehrung feststellen?

Ist der Mensch ausschließlich planend und steuernd tätig?
Sind andere Fertigungstechniken abgelöst?

INFORMATION

5.1 Betriebliche Grundfunktionen

Der Betrieb als Stätte der **Leistungserstellung** ist auf vielfältige Weise mit anderen Betrieben und Haushalten einer Volkswirtschaft verbunden. Für die Fertigung seiner Produktion werden Produktionsfaktoren benötigt, die auf den **Beschaffungsmärkten** angeboten werden. Die betriebliche Leistung muss auf **Absatzmärkten** verkauft werden.

[1] Ernst Hofmeister: Mikroelektronik – und was man damit anfangen kann. In: Die technische Revolution und ihren Folgen. Bürger im Staat. 35. Jg./Heft 2. 1985, S. 73.

Der betriebliche Leistungsprozess im Überblick

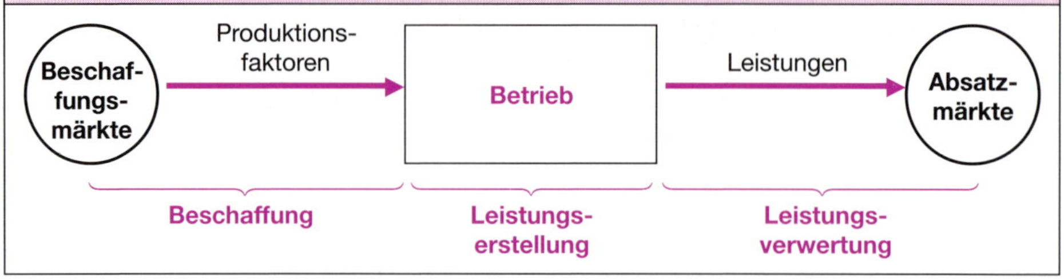

5.1.1 Beschaffung

Auf dem **Arbeitsmarkt** sind die benötigten Arbeitskräfte entsprechend den erforderlichen Qualifikationen zu beschaffen. **Rohstoffmärkte** liefern die Werkstoffe. Die **Betriebsmittel** (Maschinen, Werkzeuge, Anlagen) sind auf entsprechenden Märkten zu erwerben. Für die Inanspruchnahme von **Dienstleistungen** (Versicherungen, Rechtsschutz, Patentwesen) stehen Märkte zur Verfügung. Einer der wichtigsten Beschaffungsmärkte, der **Geld- und Kapitalmarkt,** ermöglicht überhaupt erst, die für unternehmerische Aufgaben erforderlichen Finanzmittel zu beschaffen.

Auf Beschaffungsmärkten werden die für die betriebliche Leistungserstellung benötigten Produktionsfaktoren zur Verfügung gestellt.

5.1.2 Leistungserstellung

Für die Leistungserstellung eines Industriebetriebes (Produktion von Sachgütern) sind u. a. von entscheidendem Einfluss:

- die Art der Produkte,
- das Produktionsprogramm,
- die Herstellungsmengen,
- die Betriebsgröße und die Kapazität der Anlagen,
- die eingesetzten Fertigungsverfahren und die genutzte Fertigungstechnik,
- die Kosten der Produktionsfaktoren,
- die Konkurrenzsituation.

Die Art der Produkte und die Produktionsmengen, die Wahl des Fertigungsverfahrens sowie die Nutzung des technischen Fortschritts können Produktivität und Wirtschaftlichkeit eines Betriebes erheblich beeinflussen. Die Wettbewerbssituation und das Ziel des Betriebes, Gewinn zu erzielen, stellen alle Entscheidungen über Art und Weise der betrieblichen Produktion unter die Maxime des ökonomischen Prinzips.

Die betriebliche Leistungserstellung ist auf die Produktion von Sachgütern und Bereitstellung von Dienstleistungen gerichtet. Die Kombination der Produktionsfaktoren hat dabei nach dem ökonomischen Prinzip zu erfolgen.

5.1.3 Absatz

In jeder modernen Volkswirtschaft arbeiten Fertigungsbetriebe für fremden Bedarf. Sie sind gezwungen, die erzeugten Sachgüter auf den geeigneten Absatzmärkten zu veräußern. Um Absatz zu sichern und zu steigern, muss jeder Betrieb **Absatzpolitik** treiben. Als absatzpolitische **Instrumente** stehen einem Unternehmen die Produkt-/Produktprogrammpolitik, die Preispolitik, die Kommunikationspolitik und die Distributionspolitik zur Verfügung.

Instrumente der Absatzpolitik		
Instrumente	**Maßnahmen**	**Beispiele**
Produkt- und Produkt-programm-politik	– **Produktinnovation:** Entwicklung neuer Produkte – **Produktvariation:** Veränderung bereits eingeführter Produkte – **Produktdifferenzierung:** Produkt wird in verschiedenen Ausführungen angeboten – **Produktdiversifikation:** Aufnahme von Produkten, die bisher nur von der Konkurrenz angeboten wurden – **Produkteliminierung:** Entfernung von schlecht verkäuflichen Produkten aus dem Programm	– Softwareunternehmen entwickelt ein Lernprogramm – Softwareunternehmen verändert Bedieneroberfläche – Schokoladehersteller bietet seine Produkte unter verschiedenem Namen im Fachhandel und in großen Handelsketten an – CD-Hersteller bietet künftig auch wiederbeschreibbare CDs an – Uhrenhersteller verzichtet auf Produktion von Kuckucksuhren
Preispolitik	– **Preisdifferenzierung:** Produkt wird unterschidlichen Käufergruppen zu unterschiedlichen Preisen angeboten – **Konditionenpolitik:** Einräumung von Barzahlungsnachlass (Skonto), Rabatt, Zahlungszielen	– Tenniscenter hat 3 Tarife: Vormittagstarif (09.00–12.00 Uhr), Nachmittagstarif (13.00–17.00 Uhr) und Abendtarif – Mengenrabatt bei Abnahme einer gewissen Mindestmenge; Skonto bei Zahlung innerhalb einer Frist
Kommunika-tionspolitik	– **Öffentlichkeitsarbeit (Publicrelations)** – **Schirmherrschaft (Sponsoring)** – **Absatzwerbung**	– Ein Industriebetrieb lädt Schulklassen zu Betriebsbesichtigung ein – Eine Bank unterstützt finanziell die örtliche Sozialstation – Hersteller von Haushaltsartikeln wirbt für neues Produkt durch Prospekte
Distributions-politik	**Entscheidung, auf welchem Absatzweg ein Produkt zum Endverbraucher gelangt und welche Transportvorgänge gewählt werden**	– Ein Hersteller von Rasenmähern vertreibt diese über den Handel (indirekter Absatz); – Ein Maschinenhersteller vertreibt seine Produkte selbst (direkter Absatz)

Auf den Absatzmärkten werden die betrieblichen Leistungen an andere Betriebe oder an den Endverbraucher veräußert. Mithilfe des absatzpolitischen Instrumentariums soll der Absatz gefördert werden.

5.1.4 Finanzierung

Dem **Güterstrom** von den Beschaffungsmärkten über die Leistungserstellung im Betrieb bis zu den Absatzmärkten fließt ein **Geldstrom** entgegen. Der Einkauf von Rohstoffen und Vorprodukten verursacht Ausgaben. Für die Einrichtung von Produktionsstätten wird Kapital benötigt, das langfristig gebunden bleibt. Während des Produktionsprozesses werden finanzielle Mittel benötigt für die Zahlung von Löhnen und Gehältern, von Energiekosten und Steuern. Alle Ausgaben werden erst nach Zahlungseingang für die abgesetzten Produkte wieder zu Einnahmen.

Finanzierung umfasst alle Möglichkeiten der Beschaffung von finanziellen Mitteln (Kapital), mit denen die Zahlungsfähigkeit des Betriebes erreicht wird.

Entscheidungsprobleme bei der Finanzierung im Betrieb ergeben sich durch die Fragen:

- nach der **Höhe des** richtigen **Kapitalbedarfs,**
- nach der **Frist,** für die das Kapital benötigt wird (langfristig, kurzfristig), und
- nach der **Art der Finanzierung** (Eigen-, Selbst- oder Fremdfinanzierung).[1]

Fragen zur Finanzierung, z. B.:
- Was kosten Maschinen, Werkzeuge, die unbedingt benötigt werden?
- Welche Rohstoffvorräte müssen gehalten werden?
- In welcher Zeit kann eine Maschine über die Preise verdient sein?
- Wann zahlen die Kunden?
- Können Gesellschafter ihr Eigenkapital erhöhen?
- Was kosten Kredite (Fremdkapital)?

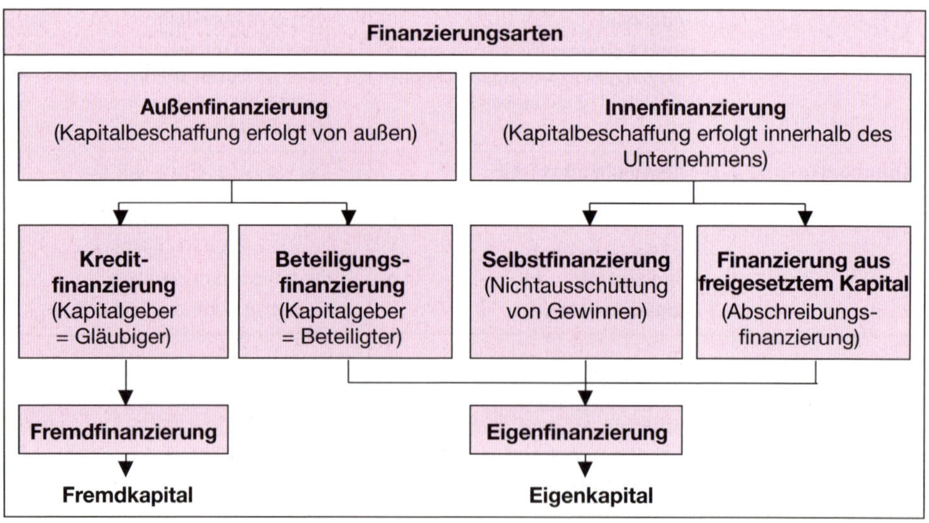

[1] vgl. auch Kapitel 3.3 „Rechtsformen der Unternehmung“ sowie Kapitel 6.5 „Der Jahresabschluss“

▶ Beteiligungsfinanzierung

Wenn benötigtes Kapital durch die Eigentümer der Unternehmung selbst aufgebracht wird, liegt Beteiligungsfinanzierung vor. Bei Einzelunternehmungen erfolgt dies durch Einlagen des Unternehmers, bei Personengesellschaften durch Einlagen der Gesellschafter oder durch Aufnahme neuer Gesellschafter. Bei Aktiengesellschaften wird Eigenkapital durch Ausgabe von Aktien aufgebracht. Genossenschaften bilden ihr Eigenkapital durch Übernahme von Geschäftsanteilen durch die Mitglieder. **Eigenkapital** steht dem Unternehmen zinsfrei und kündigungsfrei zur Verfügung.

▶ Kreditfinanzierung

Wird durch fremde Personen Kapital (Fremdkapital) zur Verfügung gestellt, liegt kein Beteiligungs-, sondern ein Gläubigerverhältnis **(Kreditfinanzierung)** vor. In Kreditverträgen werden Laufzeit, Rückzahlungsmodalitäten, Zinsen und Kreditsicherheiten vereinbart. Langfristiges Fremdkapital wird zur Finanzierung von Anlagevermögen benötigt. Zur Finanzierung von Umlaufvermögen, z. B. Warenbestände oder Kundenforderungen genügt kurzfristige Finanzierung. Banken gewähren hierfür z. B. Kontokorrentkredite. Vereinbarungen mit Lieferanten über Zahlungsziele leisten einen Beitrag zur Deckung des kurzfristigen Liquiditätsbedarfs. Gleiche Wirkungen haben mit Kunden vereinbarte Anzahlungen.

▶ Selbstfinanzierung

Unter Selbstfinanzierung ist eine Finanzierung aus Gewinnen zu verstehen, die im Unternehmen zurückbehalten werden. Dadurch muss weniger Fremdkapital aufgenommen werden. Da Tilgungen und Zinszahlungen entfallen, wird das Unternehmen sowohl liquiditätsmäßig entlastet als auch ertragsmäßig gestärkt. Verzichtet ein Unternehmen darauf, den in der Gewinn- und Verlustrechnung ausgewiesenen Gewinn an die Eigenkapitalgeber auszuschütten, so liegt **offene Selbstfinanzierung** vor. Von **verdeckter Selbstfinanzierung** spricht man, wenn z. B. durch überhöhte Abschreibungen auf Vermögenswerte **stille Reserven** gebildet werden, die aus der Bilanz nicht zu ersehen sind.

▶ Finanzierung aus freigesetztem Kapital

Ein Unternehmen, das seine Produkte mindestens zu Selbstkosten verkauft, kann die über die Umsatzerlöse zugeflossenen Mittel zur Deckung von Aufwendungen (z. B. Löhne, Materialkosten, Strom) verwenden. Jedoch sind nicht alle in die Selbstkosten eingerechneten Aufwendungen auch ausgabenwirksam. So stellen die Abschreibungen zwar Aufwendungen einer bestimmten Periode dar, führen aber nicht unmittelbar zu Ausgaben. Ausgaben sind zum Zeitpunkt der Anschaffung des Vermögensgegenstandes angefallen.

Das Unternehmen kann über die zugeflossenen liquiden Mittel aus den Abschreibungserlösen so lange verfügen, bis eine Ersatzbeschaffung der abgeschriebenen Vermögensgegenstände erforderlich wird (Abschreibungsfinanzierung).

▶ *Leasing-Finanzierung (Sonderform einer Fremdfinanzierung)*

Eine Möglichkeit, Produktionsmittel ohne zusätzliches Eigen- oder Fremdkapital zu beschaffen, bietet das Leasing. Durch Leasingverträge werden Nutzungsrechte an beweglichen und unbeweglichen Anlagen erworben. Die Mietzeit richtet sich nach der voraussichtlichen Nutzungsdauer. Für die Nutzung ist ein Mietzins zu zahlen.

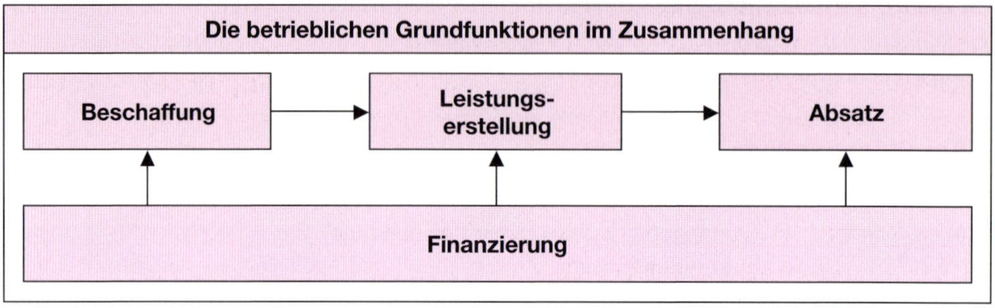

5.2 Die Fertigung

5.2.1 Fertigungsplanung

Bevor die Fertigung von Produkten in einem Industriebetrieb aufgenommen werden kann, sind umfangreiche Planungsarbeiten zu leisten.

Entscheidende Impulse erhalten Planungsüberlegungen vom Absatzbereich. In diesem Bereich fallen die Entscheidungen darüber: welche Produkte, in welchen Mengen, in welcher Ausstattung und Qualität, in welcher Typenvielfalt und zu welchen Preisen hergestellt und abgesetzt werden sollen.

Daraus ergeben sich Planungaufgaben in folgenden Stufen:

1. **Programmplanung**
2. **Fertigungsablaufplanung**
3. **Bereitstellungsplanung**

▶ *Programmplanung*

In der Planung des **Produktionsprogramms** muss festgelegt werden, welche Art von Produkten in welchen Mengen und Größen herzustellen ist. Es ist zu prüfen, welche Konstruktionsunterlagen benötigt werden und rechtzeitig zu erstellen sind. Für die Abwicklung der Produktion werden Fertigungspläne, Stücklisten und andere Belege benötigt.

Die Keramik-GmbH Brackenheim plant ein geändertes Fertigungsprogramm

Zu der bisherigen Produktion von Fliesen aller Art soll die Produktion von künstlerisch gestalteten Kaminkacheln aufgenommen werden.

Planung: Jahresproduktion 6000 t, in drei Größen und Farbvarianten, maximaler Preis je qm 65,00 EUR, Gestaltung nach Vorlagen des Künstlers Waldemar Wien, Brackenheim.

In Rahmen der Programmplanung ist ferner zu klären, welche Roh- und Hilfsstoffe, welche Einzelteile von fremden Herstellern bezogen werden sollen. Außerdem ist zu prüfen, ob mit den vorhandenen Betriebsmitteln das Programm erledigt werden kann oder ob Kapazitäten neu geschaffen werden müssen. In die Programmplanung einbezogen sind Fragen nach der Wirtschaftlichkeit der Produktion.

▶ *Fertigungsablaufplanung*

Aufgrund der Entscheidungen bei der Programmplanung sind anschließend Überlegungen anzustellen, wie die Fertigung vollzogen werden soll. Es gilt, den **Fertigungsplan** zu erstellen. Er soll die Fertigung in ihrem zeitlichen, örtlichen und mengenmäßigen Ablauf wiedergeben.

Dabei sind eine Reihe von Fragen zu beantworten, u. a.:

- in welche Arbeitsgänge die Herstellung zu zerlegen ist,
- welche Arbeitsabfolge einzuhalten ist,
- welche Fertigungsverfahren geeignet sind,
- welche Betriebsmittel benötigt werden,
- welche Seriengrößen zu produzieren sind,
- welche Lieferfristen beachtet werden müssen,
- welche Arbeitszeiten für die einzelnen Arbeitsvorgänge anzusetzen sind,
- welche Kostenauswirkungen die verschiedenen Organisationsformen der Fertigung haben,
- wie Qualitäts- und Terminkontrollen vorzunehmen sind.

▶ *Bereitstellungsplanung*

Die Entscheidungen bei der Fertigungsplanung sind die Voraussetzung für die entsprechende **Beschaffung und Bereitstellung der Produktionsfaktoren.** Mit diesen Ausgangsgrößen lässt sich planen, wie viel Arbeitskräfte mit welcher Qualifikation eingestellt oder umgesetzt werden müssen. Jetzt ist erst möglich, die für die Herstellung benötigten Materialien zu beschaffen und rechtzeitig für die Produktion bereitzuhalten. Diese Überlegungen betreffen die Lagerkapazität für Vorprodukte als auch für das Fertigprodukt.

Die Keramik-GmbH erstellt den neuen Bereitstellungsplan

- Einstellung von zwei Keramik- und Glasmalern,
- Umschulung von drei Mitarbeitern,
- Anschaffung einer neuen Formpresse,
- Anschaffung neuer Werkzeuge gemäß beigefügter Liste,
- Einkauf von 200 kg Spezialglasur,
- Reservierung von 12 Brennstunden je Woche,
- Bereitstellung von 200 qm Lagerraum

Nicht zuletzt muss im Einzelnen vorbereitet werden, dass die benötigten Betriebsmittel vorhanden und betriebsbereit sind, Maschinenbelegungspläne sollen den wirtschaftlichen Einsatz von Anlagen und Maschinen gewährleisten. Alle Entscheidungen, die für eine rechtzeitige und angemessene Bereitstellung der Produktionsfaktoren zu treffen sind, sind Inhalt des **Bereitstellungsplans.**

Programmplan, Fertigungsablaufplan und Bereitstellungsplan sind wichtige planerische Vorbedingungen für eine reibungslose und wirtschaftliche Leistungserstellung im Betrieb.

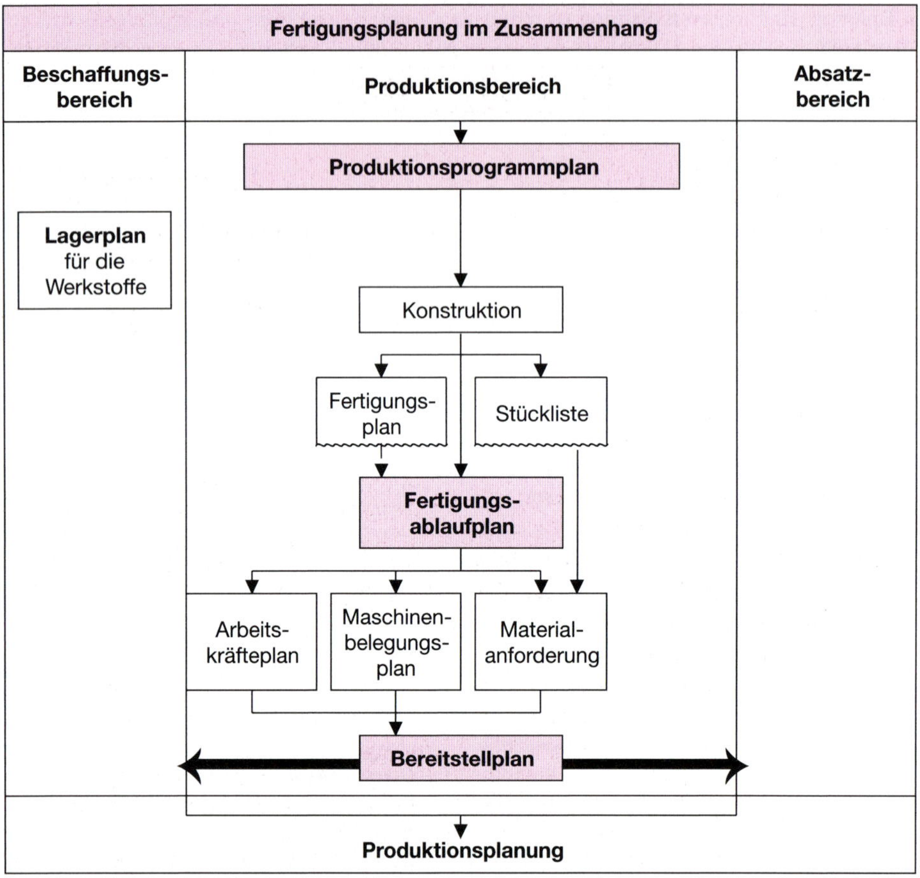

5.2.2 Fertigungsverfahren

Der Begriff „Fertigungsverfahren" wird mit unterschiedlichen Inhalten belegt. Je nach Wahl des Unterscheidungsmerkmals spricht man von **Produktionstypen** oder **Organisationstypen** der Fertigung.

- Vom **Produktionstyp** der Fertigung wird gesprochen, wenn als Merkmal die Menge gleichartiger Erzeugnisse gewählt wird.
- Als **Organisationstyp** bezeichnet man die Verfahren, die nach dem Einsatz der Betriebsmittel, ihrer Anordnung und dem organisatorischen Ablauf der Produktion unterschieden werden.

Überblick über wichtige Fertigungsverfahren

Fertigungsverfahren

Produktionstypen

- Einzelfertigung
- Serienfertigung
- Sortenfertigung
- Massenfertigung

Organisationstypen

- Werkstattfertigung
- Gruppenfertigung
- Reihenfertigung
- Fließbandfertigung

► Produktionstypen

- **Einzelfertigung** ist dann gegeben, wenn die Produkte in der Regel nur ein einziges Mal in dieser Art hergestellt werden. Es handelt sich somit um Spezialkonstruktionen. Dabei ist nicht ausgeschlossen, dass für das Gesamtprojekt genormte Einzelteile oder Teile nach dem Baukastenprinzip verwandt werden. Das besondere Merkmal dieser Fertigung ist, dass die Ausführung streng an die speziellen Anforderungen des Auftraggebers angepasst ist.

> **Industrielle Einzelfertigung bei**
> Bohrtürmen, Schiffsbauten, kompletten Verpackungsanlagen, Fördereinrichtungen im Bergbau, Spezialwerkzeug für Fräswerk, Herstellung einer Gussform für Motorblock im Schiffbau

- **Serienfertigung** liegt dann vor, wenn Produkte in einer begrenzten Zahl hergestellt werden, die aufgrund ihrer konstruktiven Unterschiede sehr unterschiedliche Fertigungsgänge erforderlich machen. Der Wechsel der Serie zwingt zu mehr oder weniger umfangreichen Umstellungen von Maschinen und Anlagen. Damit werden unproduktive Stillstandszeiten der Anlagen unvermeidbar.

> **Serienfertigung in der Industrie**
> Vier verschiedene Wohnwagentypen in Serien von 50 Stück,
> Haushaltsgeräte unterschiedlicher Ausstattung,
> Motorenbau von verschiedenen Leistungstypen,
> Schaltgeräte für unterschiedliche Spannungsbereiche

- **Sortenfertigung** ist dadurch gekennzeichnet, dass für alle Produkte in einem bestimmtem Umfange die gleiche Grundproduktion erfolgt und anschließend die spezielle Fertigung der jeweiligen Sorten in den erforderlichen Teilmengen ausgefächert wird. Dies kann in paralleler Organisation oder in aufeinander folgenden Abschnitten erfolgen.

> **Sortenfertigung**
> **In der Molkerei:** Käse- und Milchsorten
> **in der Textilfabrik:** Herrenanzüge, aus verschiedenen Stoffqualitäten und in unterschiedlichen Größen,
> **im Sägewerk:** Bretter aller Abmessungen,
> **im Betonwerk:** Rohre aller Größen,
> **in der Brauerei:** Biersorten,
> **im Walzwerk:** Bleche aller Stärken

- **Massenfertigung** erfolgt dann, wenn das gleiche Produkt in unbegrenzter Zahl herzustellen ist. Typisch ist die völlige Gleichartigkeit der Erzeugnisse. Die Kapazität der Anlagen – die Produktionsleistung bei normaler Auslastung –, kann so gewählt werden, dass der Fertigungsprozess während der üblichen Betriebszeiten ohne Unterbrechung, außer für Reparatur und Wartung, ablaufen kann. Stillstandszeiten werden weitgehend vermieden. In der Massenfertigung werden häufig hochwertige, auf das jeweilige Produkt abgestimmte Spezialmaschinen oder Automaten verwendet.

Massenfertigung bei der Herstellung von
- Zement, Mineralsprudel,
- Waschpulver, Zahnpasta,
- Dosenmilch, Würfelzucker,
- Schrauben, Nieten, Nägel
- Elektrizität

In der Praxis sind Betriebe, die nur ein Produkt in Massenfertigung herstellen, selten anzutreffen. Häufiger sind die Betriebe, bei denen mehrere Produkte gleichzeitig in Massenfertigung hergestellt werden.

► *Organisationstypen*

Die organisatorische Gestaltung des Fertigungsablaufs hängt von der Art der Erzeugnisse, von den absetzbaren Mengen und von den technischen Möglichkeiten ihrer Herstellung ab. Die Verarbeitung von Zuckerrüben zu Raffinade erfordert andere Maschinen und Anlagen als die Fertigung feinmechanischer Messinstrumente für die Büromaschinenindustrie.

Es gehört zu den planerischen Aufgaben, Größe, Ausstattung und Anordnung der Betriebsmittel so zu organisieren, dass die Zeiten für Lagerung, für die Arbeitsgänge sowie für den innerbetrieblichen Transport der Erzeugnisse möglichst gering gehalten werden.

Nach der Art der Aufstellung der Maschinen und dem damit verbundenen Produktionsweg der Erzeugnisse unterscheidet man verschiedene **Organisationstypen** des Fertigungsprozesses.

- **Werkstattfertigung.** Maschinen und Arbeitsplätze mit gleichartigen Arbeitsverrichtungen sind in einer „Werkstatt" zusammengefasst. In jeder dieser Werkstätten stehen gleiche oder verwandte Maschinen und Anlagen.

Das macht erforderlich, dass die Werkstücke für jeden Arbeitsgang von einer Maschinengruppe zur nächsten in eine andere Werkstatt transportiert werden müssen. Der Weg des Werkstücks wird vom Standort der Maschine und den zugehörigen Arbeitsplätzen bestimmt. Die Folge ist, dass Transport- und Liegekosten im Verhältnis zu den reinen Bearbeitungskosten hoch sind.

Der Weg einer Lkw-Hinterachse durch die Werkstätten

Sägerei: vom Lager geholtes Rohmaterial wird auf Schmiederohlänge gesägt;

Schmiede: in der Gesenkpresse wird die Hinterachse geformt;

Bohrerei: Achse wird radial für die Wellen gebohrt; Gewinde sind zu schneiden;

Fräserei: Sitze für die Lagerdeckel des Differenzials sind zu fräsen;

Härterei: für Lagerflächen muss Oberflächenvergütung erfolgen.

Organisationstyp: Werkstattfertigung

vom Lager → Sägerei → Schmiede → Bohrerei → Fräserei → Dreherei → Härterei → zur Montage

Bei der Werkstattfertigung sind die Betriebsmittel und die Arbeitsplätze nach dem Verrichtungsprinzip organisiert. Die Werkstücke werden zu den bearbeitenden Maschinen und Anlagen transportiert.

Werkstattfertigung findet Anwendung, wenn das Fertigungsprogramm sehr vielfältig und dauernd Schwankungen ausgesetzt ist. Dies macht ständig eine fertigungstechnische Anpassung erforderlich. Betriebe mit Einzelfertigung oder Kleinserienfertigung werden diese Organisationsform bevorzugt wählen müssen. Durch eine sorgfältige **Fertigungsvorbereitung** und **Terminplanung** muss eine möglichst gleichmäßige Auslastung aller Anlagen erreicht werden. Hohe Maschinenstillstandszeiten vermindern die Wirtschaftlichkeit.

- **Gruppenfertigung.** Sie lässt sich dadurch kennzeichnen, dass hierbei Maschinen und Arbeitsplätze auch verschiedener Art und Funktion zusammengefasst sind. Während bei der Werkstattfertigung das Produkt für jeden Arbeitsgang von einer Werkstatt zur anderen transportiert werden muss, werden in einer Gruppe mehrere gleichartige oder verwandte Teilprozesse ausgeführt. Dadurch werden u. a. Transportwege verkürzt und Zeiten für Zwischenlagerungen vermieden.

Gruppenfertigung bietet sich an, wenn bei einer bestimmten Betriebsgröße die Transportwege zu weit werden oder wenn das Gewicht des zu bearbeitenden Produkts den Transport erschwert. Dieses Fertigungsverfahren findet auch dann zweckmäßigerweise Anwendung, wenn einzelne Produktgruppen eines Produktionsprogrammes eine spezielle Bearbeitung erfordern.

Die Firma Jansen & Co., Leonberg, fertigt Werkzeuge für Maschinenbauunternehmen in Gruppenfertigung

Zum Produktionsprogramm gehören u. a. Schraubstöcke in verschiedenen Ausführungen für Bohr- und Fräsmaschinen. Diese Schraubstöcke bestehen aus einer Reihe von Einzelteilen, die unterschiedliche Bearbeitungsprozesse erfordern. Grundplatte, Führungsbacken und Klemmbacken müssen gesägt werden. Anschließend sind Bohrungen vorzunehmen und Gewinde zu schneiden. Die Schraubspindel muss gedreht werden und der Griff ist zu rändeln.

Der Fertigungsablauf ist auf drei Fertigungsgruppen aufgeteilt. Die Mitarbeiter in den Gruppen haben durch ihre Berufsausbildung die benötigte fachliche Qualifikation.

Gruppenfertigung liegt dann vor, wenn im Fertigungsprozess mehrere gleichartige oder verwandte Arbeitsgänge von einer Gruppe ausgeführt werden und die erforderlichen Maschinen örtlich zusammengefasst sind.

Organisationstyp: Gruppenfertigung

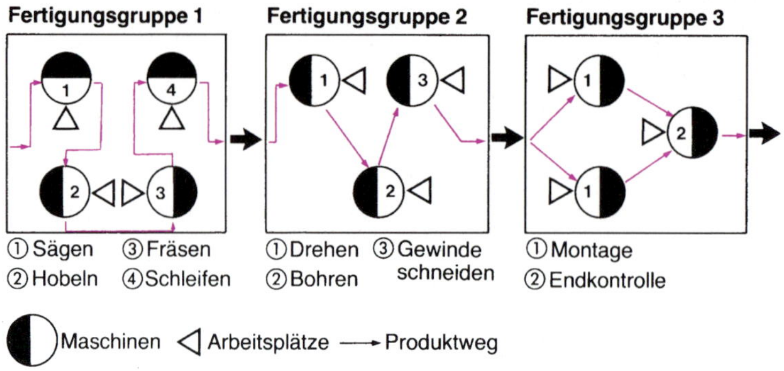

- **Reihenfertigung.** Werden Arbeitsplätze räumlich in der Reihenfolge der Arbeitsgänge, die an einem Werkstück nacheinander zu vollziehen sind, angeordnet, spricht man von Reihenfertigung. Entsprechend diesem so organisierten Arbeitsablauf sind auch die Betriebsmittel einzurichten.

Reihenfertigung setzt voraus, dass die Produkte konstruktiv so gestaltet sind, dass eine Arbeitszerlegung in kleine Arbeitsvorgänge erfolgen kann und die einzelnen Verrichtungen in logischer Abfolge zu organisieren sind.

Von Reihenfertigung wird gesprochen, wenn Arbeitsplätze und Betriebsmittel räumlich so organisiert sind, wie es dem technisch bedingten Fertigungsablauf entspricht.

Für diesen Organisationstyp ist charakteristisch, dass die Transportwege zwischen den Arbeitsgängen sehr kurz sind.

Eine Abstimmung des zeitlichen Arbeitsanfalls an den einzelnen Arbeitsplätzen muss nicht unbedingt erfolgen. Das Produkt wird zwischen den einzelnen Arbeitsgängen in Vorratspuffern gespeichert. Innerhalb bestimmter Zeitgrenzen kann ohne Zeitdruck gefertigt werden. Je nach zeitlichem Aufwand für die Arbeitsgänge kann Reihenfertigung zwei- oder auch mehrgleisig organisiert sein.

Reihenfertigung bei der Gartenpflegegeräte GmbH Leonberg

Die Gartenpflegegeräte GmbH produziert verschiedene Typen von Rasenmähern. Die Endmontage und die Funktionsprüfung der Rasenmäher soll an fünf Montageplätzen erfolgen. Ein Arbeitsplatz ist für Nacharbeiten und für Verpackung sowie zwei für Vormontagen einzurichten.

Dieses Fertigungsverfahren ist wirtschaftlich gerechtfertigt, wenn relativ wenige Produkte in großer Stückzahl zu produzieren sind. Eine ständige Wiederholung der Arbeitsfolgen muss gewährleistet sein.

Organisationstyp: Reihenfertigung

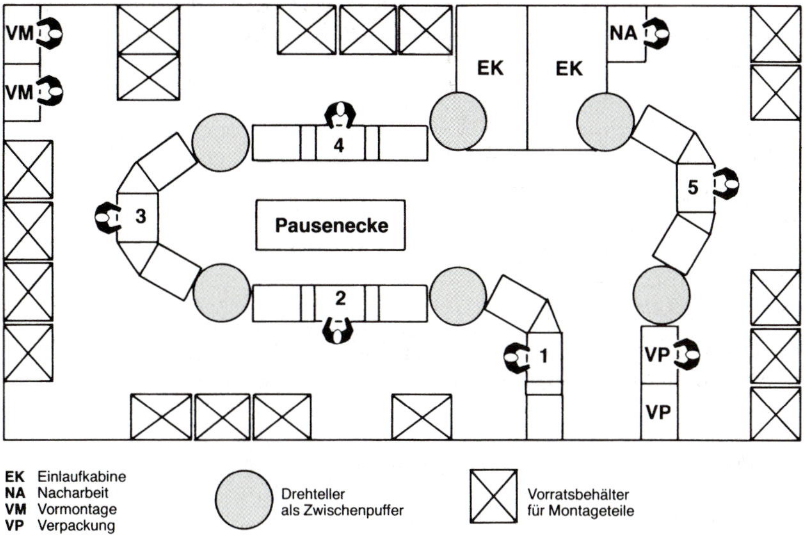

- **Fließfertigung.** Dieses Fertigungsverfahren unterscheidet sich von der Reihenfertigung dadurch, dass bei dem nach dem Flussprinzip organisierten Fertigungsablauf festinstallierte Transporteinrichtungen den Werkstücktransport übernehmen. Das Werkstück wird z. B. auf einem Band in einer bestimmten Zeit an den einzelnen Arbeitsstationen entlanggeführt. Daher wird dieser Organisationstyp auch als **Fließbandfertigung** bezeichnet.

Die **Idee der Fließbandarbeit** ist:

- Transportwege zwischen den Arbeitsstationen vermeiden,
- Zwischenlager während der Fertigung überflüssig machen,
- Spezialisierung an den Arbeitsstationen ermöglichen.

Eine der wichtigsten Voraussetzungen für einen wirtschaftlichen Einsatz der Fließbandfertigung ist, dass große Mengen gleicher oder nah verwandter Erzeugnisse hergestellt werden können. Der Fertigungsablauf muss auf längere Sicht unverändert bleiben, denn sonst entstehen zusätzlich Stillstands- und Umstellungskosten, die die Wirtschaftlichkeit beeinträchtigen. Die hohen Investitionskosten machen große Absatzmengen erforderlich, um den Fixkostenanteil je Einheit gering zu halten.

Fließbandfertigung ist in fast allen Industriezweigen anzutreffen, z. B.

- im Automobilbau,
- in der Wäscheindustrie,
- bei der Herstellung von Fernseh- und Radiogeräten,
- bei der Verpackung von Füllfederhaltern und Kugelschreibern in Geschenkkassetten,
- bei der Montage von Kinderspielzeug.

Zunehmend werden Montagevorgänge von Automaten übernommen.

Bei der Fließbandfertigung ist der Arbeitsablauf nach dem Flussprinzip organisiert. Die Beförderung der Werkstücke erfolgt durch zentral gesteuerte Transportbänder.

Die Fertigung an Fließbändern, auch **Fertigungsstraßen** genannt, stellt hohe Anforderungen an Planung und Organisation im Betrieb. Wie für die Reihenfertigung muss durch die Konstruktion eine sinnvolle **Arbeitszerlegung** ermöglicht werden. Außerdem muss dafür gesorgt sein, dass die einzelnen Arbeitsstationen rechtzeitig mit den benötigten Montageteilen versorgt werden. Fehlende Kleinteile an einem Arbeitsplatz, Schrauben, Muttern, Federn, können zum Stillstand der gesamten Bandfertigung führen.

Fließfertigung bei der Motorsägenherstellung

Für die Endmontage und Funktionsprüfung eines Motorsägentyps in den Einlaufständen soll die Fließbandfertigung eingerichtet werden. In einer Halle von 9 × 35 m soll die Fertigung an sieben Montageplätzen, zwei Plätzen für nötige Nacharbeit, zwei Bauuntergruppen für Vormontagen und drei Plätzen für die Verpackung organisiert werden.

Planungsdaten:

165 Stück/Schicht, Arbeitsumfang etwa drei Minuten/Stück, bei einem Arbeitsplatzpuffer von 30 Minuten je Platz ist eine Pufferstrecke von 5 m einzurichten.

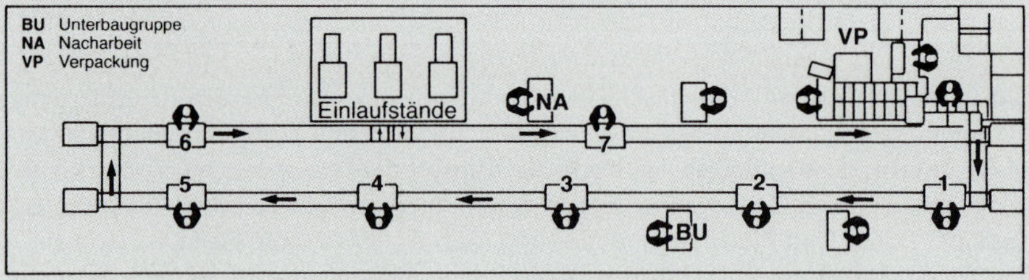

Besondere Aufmerksamkeit verdient die Bestimmung der Bandgeschwindigkeit, die **Taktzeit.** Die Gesamtaufgabe muss auf die Arbeitsplätze so aufgeteilt werden, dass eine einheitliche Taktzeit festgelegt werden kann. Sie muss auf die einzelnen Teilverrichtungen optimal abgestimmt sein.

Die Taktzeit ist die Zeit, in der das Fließband die Werkstücke von einer Arbeitsstation zur nächsten transportiert. Sie muss dem Zeitaufwand für die einzelnen Arbeitsaufgaben entsprechen.

Der Fertigungsprozess bei der Fließbandfertigung kann produktiver gestaltet werden, wenn nicht nur der Transport, sondern auch die Bearbeitungsvorgänge von Automaten übernommen werden. Diese Fertigungsorganisation bezeichnet man als **Transferstraßen-Fertigung.** Dabei können auch noch Kontrolle und das Ausscheiden von Ausschuss durch Automaten erfolgen.

5.3 Rationalisierung

5.3.1 Ziele der Rationalisierung

Die Antriebskräfte für Rationalisierungsmaßnahmen im Betrieb liegen im Bemühen, die Wettbewerbsfähigkeit zu erhalten, sowie im Gewinnstreben. Rationalisierung zielt vor allem auf:
- Kostensenkung,
- Ertragssteigerung,
- Qualitätsverbesserung und
- Verbesserung der Arbeitsbedingungen.

Diese Ziele können auf verschiedenen Wegen verfolgt werden. Die Beschränkung der Typenzahl im Fertigungsprogramm oder die Änderung der Fertigungsverfahren können dazu ebenso beitragen wie der Einsatz von Automaten oder Robotern. Rationalisierungsüberlegungen zielen auch darauf ab, die Bedingungen an den Arbeitsplätzen zu verbessern. Bei allen Rationalisierungsmaßnahmen werden die wissenschaftlichen Erkenntnisse der Technik und der Arbeitswissenschaft, u. a. der Arbeitsmedizin, Arbeitspsychologie und Arbeitssoziologie, berücksichtigt.

Unter Rationalisierung sind alle technischen und organisatorischen Maßnahmen in einem Betrieb zu verstehen, die dazu beitragen, die betriebliche Leistung mengenmäßig zu steigern, qualitativ zu verbessern, die Kosten zu senken und humanere Arbeitsbedingungen zu schaffen.

5.3.2 Rationalisierung durch Vereinheitlichung

▶ Normung

Normung bedeutet die Vereinheitlichung der Produkte durch eindeutig bestimmbare Formen, Maße, Qualitäten oder Herstellungsverfahren. Genormte Teile erleichtern die Konstruktion von Produkten sowie in der Fertigung den Einsatz von Werkzeugen und Maschinen. Normen vereinfachen die Materialbeschaffung und Materiallagerung. Die Arbeitsteilung im Betrieb sowie zwischen Betrieben ist durch Normenvereinbarungen reibungsloser zu gestalten. Neben den Normen des **D**eutschen **I**nstituts für **N**ormung (DIN) gibt es eine Vielzahl von Fachnormen, Werksnormen und internationalen Normen.

Genormte Erzeugnisse:
Papier- und Ordnerformate DIN A4, Muttern, Schrauben und Gewinde M4, Werkzeugschlüssel 17/19, Passungen H^7, Glühbirnen, Kabelstecker

▶ Typung

Hierbei handelt es sich um die Vereinheitlichung ganzer, aus einer Vielzahl von Einzelteilen zusammengesetzter Produkte. Werden Erzeugnisse aus einzelnen Aggregaten zusammengesetzt, die für sich typisierbar sind, spricht man vom **Baukastensystem**.

Überall „Typen"
Kühlschränke, Fotoapparate, Kopfhörer, Elektroherde, Fernsehgeräte, Heizkessel, Ölbrenner, Module, Autos, Fertighäuser, Wohnwagen

Die Beschränkung des Sortiments auf wenige Typen führt i. d. R. zu einer Erhöhung der Stückzahlen bezogen auf die verbleibenden Typen. Zu den Vorteilen der Typung kommt daher noch hinzu, dass sich wirtschaftlichere Fertigungsverfahren einsetzen lassen. Rüstzeiten und Lagerhaltung im Fertigungsprozess verringern sich, wenn die Typen durch Fließfertigung anstelle von Gruppen- oder Reihenfertigung produziert werden können. Wartung und Reparatur von Maschinen und Anlagen und Haushaltsgeräten lassen sich verbilligen. Statt kostspieliger Reparatur von Einzelteilen lassen sich komplette Aggregate auswechseln.

► *Spezialisierung*

Sie ermöglicht am weitgehendsten die Nutzung der inner- und zwischenbetrieblichen Arbeitsteilung. Wenn sich ein Betrieb oder ein Betriebsteil auf die Herstellung nur eines oder nur weniger Produkte beschränkt, ergeben sich weitere wirtschaftliche Vorteile. Fertigungsplanung und Fertigungsorganisation werden vereinfacht. Rohstoffbeschaffung und Lagerhaltung werden erleichtert. Der einheitliche Maschinenpark begünstigt Wartung und Reparatur.

Spezialisierung bei Pfaff & Co., Großschreinerei

Früher: Es wurden alle Holzarbeiten für den Innenausbau von Bürogebäuden und Schulen ausgeführt.

Heute: Nur noch Herstellung von drei Typen von Holzfenstern und zwei Typen von Türen.

Vereinheitlichung der Produktion im Überblick		
Normung ↓ bei Einzelteilen	**Typung** ↓ bei ganzen Produkten	**Spezialisierung** ↓ Sortimentsbeschränkung
Ziele: - Wirtschaftliche Produktion, - gesteigerte Produktivität, - erhöhte Qualität,	- erleichterte Konstruktion, - vereinfachte Beschaffung und Lagerhaltung	

5.3.3 Rationalisierung durch Fertigungstechnik

Der technische Fortschritt hat die industrielle Produktionstechnik entscheidend verändert. Während früher der menschlichen Arbeitskraft im Fertigungsprogramm ein sehr hoher Stellenwert zukam, ist sie heute weitgehend durch hoch entwickelte Betriebsmittel auf Teilaufgaben zurückgedrängt oder ganz ersetzt worden.

Unter Produktionstechnik verstehen wir, in welchem Maße der Fertigungsprozess durch die menschliche Arbeitskraft oder durch Einsatz von Betriebsmitteln bewirkt wird.

In der **Produktionstechnik** ist daher zu unterscheiden zwischen:

- **Handarbeit,**
- **Mechanisierung,**
- **Automatisierung.**

▶ Handarbeit

Im Industriebetrieb ist die reine Handarbeit selten geworden. Weitgehend ist an die Stelle menschlicher Arbeitskraft bei der Arbeitsausführung das Werkzeug getreten. Werkzeuge ersetzen Körperkraft, erhöhen die Sicherheit und die Arbeitsleistung. Handarbeit bei der Fertigung ist vielfach auf die Tätigkeit des Ingangsetzens, des Beobachtens und Kontrollierens zurückgedrängt. Zu den Maßnahmen, die unerlässliche Handarbeit rationeller einzusetzen, gehört auch die Gestaltung der Arbeitsplätze und der Arbeitsgeräte sowie die optimale Anordnung der Betriebsmittel.

▶ Mechanisierung

Die Handhabung der Werkzeuge wurde mit dem Fortschritt technischer Erkenntnisse durch mechanische Einrichtungen ersetzt. Bei der Bearbeitung eines Werkstücks werden die mechanischen und energetischen Möglichkeiten einer Maschine genutzt. Die Maschine besorgt z. B. die spanabhebenden Arbeitsvorgänge, der Mensch steuert, überwacht und kontrolliert den Arbeitsgang. Ein nächster Schritt der Mechanisierung führt dann dazu, ganze Fertigungsabschnitte, z. B. die Steuerung, der Maschinenkraft zu überlassen. Wenn sie auf den Arbeitsgang eingerichtet ist, vollzieht sie ihn selbsttätig. Eine Umstellung auf den nächsten oder einen anderen Bearbeitungsvorgang leistet sie nicht mehr.

▶ Automatisierung

Das Ziel aller Rationalisierungsüberlegungen war es, möglichst viele Teilaufgaben im Fertigungsprozess auf Maschinen zu übertragen. Der erste Schritt in Richtung Automatisierung war die Verbindung der einzelnen Bearbeitungsstationen durch zentral gesteuerte Transporteinrichtungen **(Fließbänder/Fertigungsstraßen).** In einem zweiten Schritt wurden weitere Funktionen auf die Maschine übertragen. Dies führte zu den **Automaten.** Sie erledigen neben der Fertigung auch die Vorgänge des Messens, Steuerns und Regulierens „automatisch". In der Folge entwickelte sich die Organisation von **Transferstraßen,** bei denen die verschiedenen automatisierten Arbeitsgänge mit dem Werkstücktransport synchron gekoppelt sind.

Den entscheidenden Impuls für die weitere Automatisierung in der Fertigung brachte die **Mikroelektronik.** Diese Hochtechnologie leitete einen Prozess ein, dessen Möglichkeiten nach Expertenmeinung erst zu einem Teil ausgeschöpft sind.

CAD, CNC, CIM, CAM sind Abkürzungen
CAD = computer aided design
CNC = computerized numerial control
CIM = computer integrated manufactoring
CAM = computer aided manufactoring

Auswirkungen der mikroprozessor-gesteuerten Technologie ergeben sich bereits in der **Produktionsplanung.** Im Konstruktionsbereich entstehen mithilfe des **CAD-Systems** computerunterstützt Entwürfe, Konstruktionen und Entwicklungen. Auch Zeichnungen können computerunterstützt gefertigt werden.

In der Fertigung werden **Fertigungsabläufe** über Computerprogramme gesteuert **(CNC-Steuerung).** Ein CNC-gesteuerter Drehautomat bearbeitet ein Werkstück mit höchster Präzision auf die verschiedenen programmierten Durchmesser und geforderten unterschiedlichen Oberflächenqualitäten. Er wechselt selbstständig die verschiedenen Werkzeuge und wendet das Werkstück in die jeweils erforderliche Bearbeitungsposition.

Das für die Fertigungstechnik bedeutendste **Ergebnis der neuen Technologie** sind die **Roboter.** Man bezeichnet sie auch als „flexible Handhabungsautomaten“.

Von den NC-Maschinen, deren Hauptaufgabe das formgebende Bearbeiten ist, unterscheiden sich Industrieroboter dadurch, dass ihre Hauptfunktion das **Bewegen** ist. Dabei können sowohl Werkstücke als auch Werkzeuge bewegt werden. Außerdem bedeutet „ihre freie Programmierbarkeit“, dass sie **leicht** auf andere Bewegungsfolgen **umgestellt** werden können. „Sensorgeführt“ bedeutet in diesem Zusammenhang, dass zusätzlich auch noch **Programmänderungen selbsttätig** erfolgen können.

Industrieroboter nach der Definition des Vereins Deutscher Ingenieure (VDI)[1]

„Industrieroboter sind universell einsetzbare Bewegungsautomaten mit mehreren Achsen, deren Bewegungen hinsichtlich Bewegungsfolge und Wegen beziehungsweise Winkeln frei programmierbar und gegebenenfalls sensorgeführt sind. Sie sind mit Greifern, Werkzeugen oder anderen Fertigungsmitteln ausrüstbar und können Handhabungs- oder andere Fertigungsaufgaben ausführen.“

Das Einsatzfeld für Industrieroboter ist sehr vielfältig. Es begann einst mit Schweißautomaten. Heute wird in der Automobilindustrie auf hochautomatisierten Schweißstraßen die Karosserie komplett von Robotern geschweißt. Roboter montieren nicht nur die vier Räder an das Auto, sondern besorgen auch noch das Einlegen des Ersatzrades an den im Kofferraum vorgegebenen Platz.

„Heavy-Duty“-Arbeiten für Roboter in der Gießerei

Der Roboter übernimmt das „Putzen“ von Gussstücken, eine lärmende, schmutzige Arbeit, die vorher an vibrierenden Putzmaschinen von Menschenhand zu tun war. Anschließend übernimmt er das „Entgraten“, ein mühseliges, teils nicht ungefährliches Geschäft. Die nächste Aufgabe ist das „Polieren“. Nach dem Polieren übernimmt er das „Palettieren“, das Beladen der Transportpaletten.

5.3.4 Lean Production – Lean Management

Die Verschärfung des internationalen Wettbewerbs zwingt die Unternehmen immer mehr dazu, ihre Leistungen verstärkt an Kundenwünschen zu orientieren. Nicht mehr die Preise allein spielen heute im Wettbewerb die entscheidende Rolle, sondern auch die Produktqualität und vor allem die Markteintrittszeit eines Produktes, d. h. wie schnell kann ein Kunde über eine neue Maschine, ein neues Werkzeug, einen neu entwickelten Werkstoff verfügen. Wer auf den Märkten bestehen will, muss im Zukunft neben günstigen Preisen auch eine hohe Anpassungsfähigkeit an die Marktveränderungen bieten.

► Ziele der Lean Production

Mit dem Konzept der **Lean Production** *(schlanke Produktion)*[2] soll dieser Kundenorientierung entsprochen werden. Die **Leitfrage** lautet **„Wofür ist der Kunde bereit zu bezahlen?“.** Daraus ist abzuleiten, dass die Produktion zukünftig noch *kostengünstiger* und *flexibler* auf die Kundenwünsche am Markt einzugehen hat.

[1] Richtlinie VDI 2860, Blatt I.

[2] vgl. Organisation und Unternehmensführung Bd. 1, Technischer Betriebswirt, DIHK-Bildungsverlag, S. 107 ff.

Eine **„Verschlankung der Produktion"** soll u.a. über folgende Teilziele erreicht werden:

- durch weniger Entscheidungsebenen, d.h. flachere Hierarchien,
- mit weniger bürokratischer Organisation,
- durch Auftragsbearbeitung in selbst gesteuerten Gruppen,
- eine an der Qualifikation der Mitarbeiter orientierte Arbeitsorganisation,
- Suche nach Rationalisierungsreserven,
- durch Konzentration auf anspruchsvolle Fertigungsprozesse und Auslagerung von weniger wertschöpfenden Arbeitsfeldern auf Zulieferer,
- Einbindung der Lieferanten bereits in die Produktentwicklung,
- Just-in-Time-Lieferbeziehungen, geringere Lagerhaltung,
- kontinuierliche Verbesserung der Prozesse (KVP).

▶ Umsetzung von Lean Production

Die Umsetzung dieser Ziele einer „verschlankten Produktion" geht mit der Einführung von **Gruppenarbeit** bzw. **in Projektteams** einher. Dafür müssen alte Organisationsstrukturen von Informations- und Entscheidungswegen aufgebrochen werden. Erforderlich sind dafür:

- eine konsequente Delegation von Verantwortung an Gruppen bzw. Teams,
- die Übertragung angemessener Entscheidungskompetenz,
- mehr Denken in Abläufen,
- eine bessere Förderung von Kreativität und Eigeninitiative,
- das Wecken von Motivation und Identifikation bei den Mitarbeitern.

Um diesen neuen leistungsorientierten Ansprüchen gerecht werden zu können, müssen geeignete **Entlohnungsmodelle** entwickelt werden. Durch entsprechende **Bildungsmaßnahmen** sind die Mitarbeiter auf die neuen Strukturen vorzubereiten.

Lean Production bezieht sich aber nicht nur auf Produktion im Sinne von Fertigung, sondern umfasst alle technischen und betriebswirtschaftlichen Bereiche, von der Produktentwicklung über die Materialbeschaffung, das Lagerwesen bis hin zu den Beziehungen zu Lieferanten. **Lean Production** zielt also auf eine Neustrukturierung im gesamten Unternehmen. Man spricht daher auch von der **Unternehmensstrategie** des **Lean Management.**

5.4 Produktivität, Wirtschaftlichkeit, Rentabilität

5.4.1 Messung der Produktivität

Mit der Messgröße „Produktivität" soll die mengenmäßige Ergiebigkeit der eingesetzten Produktionsfaktoren erfasst werden. Dabei wird die Leistung des Betriebes in Stück, qm, kg oder anderen Maßeinheiten ausgedrückt. Dieses Leistungsergebnis wird zu den Mengen an eingesetzten Produktionsfaktoren ins Verhältnis gesetzt.

$$\text{Produktivität} = \frac{\text{Produktionsleistung (m, Stück, kg)}}{\text{Faktoreneinsatz}}$$

Da sich aber die eingesetzten Produktionsfaktoren nicht in einer gemeinsamen Größe sinnvoll erfassen lassen, werden Teilproduktivitäten ermittelt. Insbesondere sind dabei von Interesse:

- die **Arbeitsproduktivität**
- die **Maschinenproduktivität**

Mithilfe von Produktivitätszahlen kann z. B. überprüft werden, welche Auswirkungen eine Änderung in der Fertigungsorganisation auf die Produktionsleistung hat.

Produktivitätsänderung bei der Motorenmontage

Bei der Motorenmontage waren bisher 25 Mitarbeiter nötig, um in einem 9-Stunden-Tag 180 Kolbenstangen zu montieren. Der Arbeitsablauf wurde neu organisiert. Die einzelnen Arbeitsschritte wurden zerlegt und den Arbeitsplätzen zugeordnet. Außerdem sind die Arbeitsplätze neu gestaltet worden.

Nach der Umstrukturierung der Ablauforganisation zur Linienfertigung montieren 22 Mitarbeiter in einem 8-Stunden-Tag 176 Kolbenstangen.

Arbeitsproduktivität:

vor der Umstrukturierung:

$$\frac{180 \text{ Stück}}{25 \cdot 9 \text{ Stunden}} = \underline{\underline{0{,}8 \text{ Stück/Std.}}}$$

nach der Umstrukturierung:

$$\frac{176 \text{ Stück}}{22 \cdot 8 \text{ Stunden}} = \underline{\underline{1{,}0 \text{ Stück/Std.}}}$$

Die Änderung der Fertigungsorganisation brachte eine Produktivitätssteigerung um 0,2 Stück/Std.; das entspricht einer Steigerung von 25 %.

Diese Produktivitätssteigerung ist zum einen auf die geänderte Arbeitsteilung zurückzuführen. Die neue Arbeitszerlegung in wenige Handgriffe pro Arbeitsstation ermöglicht es, bei den einzelnen Arbeitsverrichtungen eine höhere Geschicklichkeit zu entwickeln. Durch die geänderte räumliche Anordnung der Arbeitsstationen werden „unproduktive" Wege- und Liegezeiten verringert.

Die Arbeitsteilung erhöht die Produktivität der Arbeit.

Eine gestiegene Arbeitsproduktivität muss nicht immer durch den Faktor Arbeit allein verursacht sein. Veränderungen des Arbeitsplatzes durch Ausstattung mit besonderen Arbeitsvorrichtungen und Geräten können das Ergebnis der Arbeitsstunde erhöhen. Verursacht wurde dies aber durch Kapitaleinsatz, was in der Messzahl Arbeitsproduktivität nicht zum Ausdruck kommt.

Will man die Produktivität von Maschinen oder maschinellen Anlagen ermitteln, setzt man die Produktionsleistung zu den tatsächlichen Einsatzstunden ins Verhältnis. Damit erhält man die **Maschinenproduktivität.**

$$\text{Maschinenproduktivität} = \frac{\text{mengenmäßiges Produktionsergebnis}}{\text{geleistete Maschinenstunden}}$$

5.4.2 Messung der Wirtschaftlichkeit

Rationales Wirtschaften macht es notwendig, den Erfolg der wirtschaftlichen Tätigkeit messbar zu machen. Damit ein Unternehmen das bestmögliche Ergebnis erreicht, muss es anstreben, seine **Produktion nach dem ökonomischen Prinzip** durchzuführen. Die gestellte Produktionsaufgabe sollte es mit geringstmöglichem Einsatz von Mitteln erfüllen (Minimalprinzip) oder es sollte mit gegebenen Mitteln einen größtmöglichen Nutzen schaffen (Maximalprinzip).

Zu den Kosten rechnen all die Mittel, die in der Produktion eingesetzt und verzehrt werden. Mit den Leistungen wird der mit der Produktion erreichte Nutzen gemessen.

Die eingesetzten Mittel (Arbeitszeit, Material, Maschinen) können wir für diese Rechnung nur dadurch zu einer Größe zusammenfassen, dass wir sie in Geldeinheiten ausdrücken, ebenso die erzielte Ausbringung. Das Verhältnis der Leistungen zu den Kosten ist Ausdruck der **Wirtschaftlichkeit.**

$$\text{Wirtschaftlichkeit} = \frac{\text{Leistungen}}{\text{Kosten}}$$

Die Wirtschaftlichkeitskennziffer kann dazu dienen, innerbetriebliche Vergleiche mit vergangenen Perioden durchzuführen oder Vergleiche mit anderen gleichartigen Betrieben anzustellen. So kann festgestellt werden, ob die Wirtschaftlichkeit gegenüber der vergangenen Periode besser oder schlechter geworden ist. Der Betrieb mit hoher Wirtschaftlichkeit erfüllt auch seine Aufgabe für die Gesamtwirtschaft am besten. Er ist mit den knappen Wirtschaftsgütern sparsam umgegangen. Was durch hohe Wirtschaftlichkeit eingespart wurde, steht für eine Steigerung der Produktion zur Verfügung.

Wirtschaftlichkeitsvergleich in einem Betrieb

	Jahr 1	Jahr 2
Leistungen	120	135
Kosten	80	100
Wirtschaftkeits-kennziffer	1,5	1,35

Die Wirtschaftlichkeit hat sich verschlechtert.

Eine gestiegene Produktivität hat nicht unbedingt eine steigende Wirtschaftlichkeit zur Folge! Eine gesunkene Wirtschaftlichkeit muss nicht mit gesunkener Produktivität einhergehen!

Sinkende Wirtschaftlichkeit trotz gestiegener Produktivität!

In einer Lederwarenfabrik betrug die Leistung einer Stanzengruppe in einer 8-Stunden-Schicht 3200 Einheiten. Nach einer geänderten Ablauforganisation stieg die Schichtleistung auf 3600 Einheiten. Der Verkaufspreis von 7,00 EUR je Einheit konnte noch erzielt werden. Die gesamten Kosten für die Verarbeitung des Leders betrugen früher 21 120,00 EUR, nach der Umstrukturierung 24 480,00 EUR.

	Produktivität	**Wirtschaftlichkeit**
vorher:	$\frac{\text{3 200 Einheiten}}{\text{8 Stunden}} = \underline{\underline{\text{400 Einheiten/Stunde}}}$	$\frac{\text{22 400,00 EUR}}{\text{21 120,00 EUR}} = \underline{\underline{1{,}06}}$
nachher:	$\frac{\text{3 600 Einheiten}}{\text{8 Stunden}} = \underline{\underline{\text{450 Einheiten/Stunde}}}$	$\frac{\text{25 200,00 EUR}}{\text{24 480,00 EUR}} = \underline{\underline{1{,}029}}$

Die Produktivität konnte gesteigert werden, während die Wirtschaftlichkeit gesunken ist. Ursachen dafür können sein: gestiegene Einkaufspreise oder Lohnkosten.

5.4.3 Messung der Rentabilität

In der Marktwirtschaft mit der Möglichkeit freier Betätigung des Unternehmers ist das hauptsächliche Motiv für die Produktion die Gewinnerzielung. Wenn der Unternehmer nach dem ökonomischen Prinzip, also wirtschaftlich produziert, dann nur deshalb, weil er unter Konkurrenzverhältnissen auf Dauer nur so ein entsprechendes Ergebnis erzielen kann.

Ein Unternehmen hat dann Gewinn erwirtschaftet, wenn die Erträge die Aufwendungen[1] übersteigen. Sind die Aufwendungen größer als die Erträge, ergibt sich ein Verlust.

Die Rentabilität zeigt die **Verzinsung** des **eingesetzten Kapitals.** Der Anteil am Wert des eingesetzten Vermögens, das ein Unternehmer aus eigenen Mitteln aufgebracht hat, wird **Eigenkapital** genannt. Ein Teil des Vermögens wurde durch Kredite finanziert. Dies bezeichnet man als **Fremdkapital**.

Die Finanzierungsquellen eines Unternehmens

Bilanz	
Wert des Vermögens	Eigenkapital
	Fremdkapital

Danach ergeben sich zwei Messzahlen für Rentabilität:

- die **Rentabilität des Eigenkapitals (Unternehmerrentabilität)** und
- die **Rentabilität des Gesamtkapitals (Unternehmensrentabilität).**

Die Rentabilität des Eigenkapitals wird gemessen am Verhältnis des erzielten Gewinns zum eingesetzten Eigenkapital.

$$\text{Rentabilität des Eigenkapitals} = \frac{\text{Gewinn} \cdot 100}{\text{Eigenkapital}}$$

Soll die Rentabilität des gesamten eingesetzten Kapitals, des Eigenkapitals und des Fremdkapitals, errechnet werden, ist zu beachten, dass das eingesetzte Kapital neben dem ausgewiesenen Gewinn auch die Zinsen für die Kredite „erwirtschaftet“ hat. Daher sind Gewinn und Zinsaufwendungen zu addieren.

$$\text{Rentabilität des Gesamtkapitals} = \frac{(\text{Gewinn} + \text{Zinsaufwendungen}) \cdot 100}{\text{Gesamtkapital (Eigen- und Fremdkapital)}}$$

[1] Erträge und Aufwendungen sind Begriffe aus dem betrieblichen Rechnungswesen, während die Ausdrücke Kosten und Leistungen in der Kostenrechnung und Kalkulation verwendet werden.

Rentabilitätsrechnung in der Pfaff & Co. KG
Die drei Gesellschafter der Pfaff & Co. KG haben ein Eigenkapital von insgesamt 2700000,00 EUR ins Unternehmen eingebracht. Der Neubau der Fertigungshallen wurde außerdem mit einem Bankkredit von 800000,00 EUR für einen Zinssatz von 8 % finanziert. Die Zinsen von 64000,00 EUR wurden überwiesen.
Am Jahresende wurde ein Gewinn von 299000,00 EUR ermittelt.
Wie hoch waren die Eigenkapitalrentabilität und die Gesamtkapitalrentabilität?

Rentabilität des Eigenkapitals: $\frac{299000 \cdot 100}{2700000} = \underline{\underline{11{,}07\,\%}}$

Rentabilität des Gesamtkapitals: $\frac{(299000 + 64000) \cdot 100}{3500000} = \underline{\underline{10{,}37\,\%}}$

5.5 Entlohnung der Arbeitsleistung

5.5.1 Das Problem der gerechten Entlohnung

Als **Lohn** wird das Entgelt bezeichnet, das Arbeitnehmer als Gegenleistung für den Einsatz ihrer Arbeitskraft bei der betrieblichen Leistungserstellung erhalten. Für den Arbeitnehmer ist der Lohn die wesentliche **Einkommensquelle**, um seinen Lebensunterhalt zu bestreiten. Für das Unternehmen sind Löhne **Kosten**, die sowohl für die Wettbewerbsfähigkeit als auch für die Ertragslage von Bedeutung sind.

Die **Entlohnung** der Arbeitnehmer muss so gestaltet sein, dass sie sowohl vom Arbeitnehmer als von der Arbeitgeberseite **als gerecht empfunden** wird. Aus der Forderung nach gerechter Entlohnung ergeben sich bestimmte Anforderungen an ein zeitgemäßes Entlohnungssystem. Eine **gerechte Vergütung** muss

- **anforderungsgerecht**,
- **leistungsgerecht**,
- **leistungsfördernd** und
- **nachvollziehbar** sein.

- Arbeitslohn ist dann **anforderungsgerecht,** wenn die an eine Tätigkeit gestellten Anforderungen (Ausbildung, Erfahrung, Kraft, Geschicklichkeit) berücksichtigt werden. Dabei bleibt das Problem bestehen, wie die einzelnen Anforderungen zu gewichten sind. Die analytische Arbeitsbewertung versucht dieses Problem zu lösen.
- Arbeitslohn ist **leistungsgerecht,** wenn er die quantitative und qualitative Leistung des Arbeitnehmers berücksichtigt. Als Leistung kann aber auch gewertet werden, wenn durch Verminderung von Ausschuss oder durch Senkung von Maschinenkosten ein Beitrag zu Ertragsverbesserung erbracht wird.
- Bei der Vergütung der Arbeitsleistung sollen die leistungsabhängigen Bestandteile gleichzeitig Anreize enthalten, die Unternehmensziele nachhaltig zu verfolgen, z.B. Termintreue, Qualitätsverbesserung, Reduzierung von Fehlzeiten. Diese **unternehmensorientierte Motivation** soll sich **leistungsfördernd** auswirken.
- Für den Arbeitnehmer muss jederzeit **nachvollziehbar** sein, in welcher Form er den Leistungsanforderungen gerecht werden soll und wie sich das in seiner Vergütung niederschlägt.

5.5.2 Der Lohn in Arbeits- und Tarifvertrag

► Der Tarifvertrag

In der Bundesrepublik Deutschland sind die wichtigsten Elemente der Lohnfindung und Lohnfestsetzung in **Tarifverträgen** (kollektiven Arbeitsverträgen) geregelt.[1]

Vertragspartner sind die **Tarifpartner** oder **Sozialpartner.** Es sind die im Arbeitgeberverband organisierten Arbeitgeber eines Tarifgebietes und die Gewerkschaften des gleichen Wirtschaftsbereiches.

Es gibt zwei **Arten von Tarifverträgen:**

- Mantel- bzw. Rahmentarifverträge,
- Lohn- oder Gehaltstarifverträge.

Mantel- oder Rahmentarifverträge enthalten Regelungen über die grundsätzlichen Rechte und Pflichten der Tarifpartner. Sie gelten häufig für das gesamte Bundesgebiet.

Sie enthalten alle längerfristig geltenden Vereinbarungen, u.a. die Einteilung in Lohn- und Gehaltsgruppen, Kriterien für die Bewertung von Arbeitsplätzen. Besondere Abkommen gibt es u.a. zur „Ausbildungsvergütung" sowie zur „Zahlung vermögenswirksamer Leistungen".

Lohn- und Gehaltstarifverträge (Lohn- und Gehaltsabkommen) enthalten die gegenwärtig geltenden Lohn- und Gehaltssätze für die im Rahmentarifvertrag gebildeten Gruppen. Sie werden nur für regionale Tarifgebiete abgeschlossen. Ihre Laufzeit ist in der Regel ein Jahr.

Manteltarifvertrag für Arbeiter und Angestellte in Nordwürttemberg/Nordbaden vom 5. Mai 1990 (Auszug)

Inhaltsverzeichnis

§	Inhalt
§ 1	Geltungsbereich
§ 2	Einstellung und Probezeit
§ 3	Arbeitsplatz, Arbeitsablauf, Arbeitsumgebung und Arbeitszeit
§ 4	Kündigung und Aufhebungsvertrag
§ 5	Zeugnis
§ 6	Alterssicherung
§ 7	Regelmäßige Arbeitszeit
§ 8	Abweichende Arbeitszeit
§ 9	Zuschlagspflichtige Mehr-, Spät-, Nacht-, Sonntags- und Feiertagsarbeit
§ 10	Höhe der Zuschläge
§ 11	Lohn- und Gehaltszahlung
§ 12	Arbeitsunfähigkeit infolge Krankheit
§ 13	Arbeitsausfall, Arbeitsverhinderung, Unterstützung bei Todesfall, Wiedereinstellung nach Zeiten der Kindererziehung
§ 14	Vergütung der Mehraufwendungen bei Dienstreisen
§ 15	Reisende
§ 16	Beschränkung der Haftung der Beschäftigten und Ausschussregelung
§ 17	Arbeitnehmervertretung
§ 18	Ausschlussfristen
§ 19	Beilegung von Streitigkeiten

► Der Arbeitsvertrag

Auf der Basis tarifvertraglicher Regelungen zwischen den Tarifpartnern kann jeder Arbeitnehmer darüber hinaus in einem individuellen **Arbeitsvertrag** mit seinem Arbeitgeber seine spezielle Arbeitsentlohnung vereinbaren. Dabei kann es u.a. um die Einstufung in eine bestimmte Lohn- oder Gehaltsgruppe gehen, um die Zahlung außertariflicher Vergütungen oder um besondere Leistungen im Rentenalter (innerbetriebliche Altersversorgung).

Lohn ist die Bezahlung der Arbeitsleistung im Betrieb. Die Höhe des Lohnes wird im individuellen Arbeitsvertrag geregelt. Grundlage für die Lohnfestlegung sind die zwischen den Tarifpartnern geschlossenen Tarifverträge.

[1] Siehe ausführlich Abschnitt 4.5.1 – Der Tarifvertrag

5.5.3 Übersicht über die Lohnformen

Die zweckmäßige Form der Entlohnung ergibt sich danach, ob die zu erbringende Leistung zeitlich genau bestimmbar ist oder nicht, ob sie mehr mengen- oder qualitätsorientiert ist.

Entlohnung der Arbeit und Leistungsorientierung im Überblick	
Lohnformen	**Leistungsmerkmale**
Zeitlohn	**Zeitlohn:** Geleistete Arbeitszeit (Std./Monat) je nach Lohn- oder Gehaltsgruppe entsprechend Arbeitsplatzanforderungen.
Akkordlohn	**Akkordlohn:** Von Gruppen oder einzeln erbrachte Mengenleistung innerhalb bestimmter Zeiten und vorgegebener Qualitätsnormen.
Prämienlohn	**Prämienlohn:** Mehrleistung, z. B. durch Materialeinsparung, Werkzeugeinsparung, niedrige Ausschusskosten, Terminerfüllung, Maschinenauslastung.
Erfolgsbeteiligung	**Erfolgsbeteiligung:** Anteile am Unternehmensgewinn entweder leistungsorientiert (Lohngruppe) oder nach sozialen Aspekten (Betriebszugehörigkeit).

5.5.4 Zeitlohn

Zeitlohn wird für geleistete Arbeitszeit (z. B. Stunde, Monat) gezahlt. Diese Lohnform muss in folgenden Fällen gewählt werden:

- die geforderte Leistung ist nicht mengenmäßig erfaßbar.
- der Qualitätsanspruch ist höher anzusetzen als die Mengenleistung,
- der Zeitbedarf für die einzelne Leistung ist nicht genau planbar,
- der Aufgabenanfall ist vielfältig,
- der Arbeitserfolg ist nicht allein vom Mitarbeiter abhängig.

▶ Stundenlohn/Monatslohn

Der Stundenlohn ist eine Form der tarif- und arbeitsvertraglichen Möglichkeiten der Lohnfestsetzung. Sie findet sich überwiegend im Fertigungsbereich. In Tarifverträgen wird auch für Arbeitnehmer in den Fertigungsbereichen häufig ein **Monatslohn** festgelegt. Dadurch wird erreicht, dass durch die unterschiedliche Anzahl an Arbeitstagen in den einzelnen Monaten, an Feiertagen sowie im Schaltjahr das Einkommen je Monat gleich bleibt. Bei Bedarf kann entsprechend den tariflich vereinbarten Wochenarbeitszeiten daraus ein **Stundenlohn** errechnet werden.

Entsprechend den körperlichen und geistigen Anforderungen, die an den verschiedenen Arbeitsplätzen gestellt werden müssen, erfolgt die Zuordnung der Arbeitsplätze zu bestimmten **Lohngruppen**. Dadurch wird auch beim Zeitlohn ein **Leistungsbezug** hergestellt.

Die Kriterien für die Bewertung der Arbeitsplätze und die Bildung der Lohngruppen sind tarifrechtlich geregelt.

Beschreibung der Lohngruppen[1]

Lohngruppe 1
Arbeiten mit geringen Belastungen, die ohne Arbeitskenntnisse und ohne jegliche Ausbildung nach kurzer Anweisung ausgeführt werden können.

Lohngruppe 2
Arbeiten mit geringen Belastungen, die ohne jegliche Ausbildung nach kurzer Anweisung und Übung ausgeführt werden können, oder Arbeiten der Lohngruppe 1, jedoch mit mittleren Belastungen.

Lohngruppe 3
Arbeiten mit geringen Belastungen, die ohne jegliche Ausbildung nach einer kurzen Einarbeitungszeit ausgeführt werden können, oder Arbeiten der Lohngruppe 2, jedoch mit mittleren Belastungen …

Lohngruppe 4
Arbeiten mit geringen Belastungen, die eine gewisse Sach- und Arbeitskenntnis erfordern und nach einer kurzfristigen Einarbeitung ausgeführt werden können, …

Lohngruppe 5
Arbeiten, die eine Anlernzeit von 10 bis 12 Wochen erfordern, oder Arbeiten der Lohngruppe 4, jedoch mit mittleren Belastungen …

Lohngruppe 6
Arbeiten, die ein Können erfordern, das erreicht wird durch eine Anlernzeit von mehr als 12 Wochen …

Lohngruppe 7
Facharbeiten, die neben beruflicher Fertigkeit und Berufskenntnissen einen Ausbildungsstand erfordern, wie er entweder durch eine fachentsprechende Ausbildung mit zusätzlicher Berufserfahrung erzielt wird, …

Lohngruppe 8
Facharbeiten, die Fertigkeiten und Berufserfahrungen voraussetzen, die über die Anforderungen der Lohngruppe 7 hinausgehen, jedoch mit erschwerenden Belastungen.

Lohngruppe 9
Facharbeiten, die ihrem Schwierigkeitsgrad nach an das fachliche Können weitere Erfahrungen stellen, die eine mehrjährige Berufserfahrung voraussetzen, …

Lohngruppe 10
Facharbeiten, die außer umfangreichen Berufskenntnisse und einer mehrjährigen Berufserfahrung auch noch ein betriebliches Spezialwissen voraussetzen, …

Lohngruppe 11
Facharbeiten, deren Anforderungen durch die mitübertragene Verantwortung und Selbstständigkeit im Anforderungsausmaß noch über denen der Lohngruppe 10 liegen, …

Lohngruppe 12
Facharbeiten, die hervorragendes Können, Dispositionsvermögen, umfassendes Verantwortungsbewusstsein und entsprechende theoretische Kenntnisse erfordern, …

Der Bruttolohn eines Arbeiters entspricht dem von den Tarifparteien vereinbarten Monatslohn für eine bestimmte Lohngruppe. Für die Zuordnung zu einer Lohngruppe sind die Anforderungen eines Arbeitsplatzes entscheidend.

Lohnermittlung an einem bestimmten Arbeitsplatz

Jochen Epple, 22 Jahre, ist nach seiner erfolgreichen Lehre als Industriemechaniker einer Reparaturkolonne zugewiesen worden. Zu deren Aufgabe gehört es, den Maschinenpark in der Werkstatt ständig zu warten. Seine Arbeitszeit entsprach den tarifvertraglichen Vereinbarungen. Nach der Beschreibung der Lohngruppen wurde er in Lohngruppe 7 eingestuft.
Nach der Tariftabelle erhält er ab 1. Mai 2001 einen **Bruttolohn** von 1698,00 EUR/s. S. 149).

[1] Anlage 4 zu Lohn- und Gehaltsrahmentarifvertrag I – Metallindustrie Nordwürttemberg/Nordbaden, gültig ab 1. April 1988

▶ Gehalt

Gehalt ist eine weitere Form des Zeitlohns bezogen auf einen Monat (Monatsgehalt) oder ein Jahr (Jahresgehalt). Gehalt wird für die Tätigkeiten von Angestellten im kaufmännischen und technischen Bereich gezahlt. Tarifliche Gehaltsvereinbarungen sind in der Regel auf einen Monat bezogen.[1]

Die Höhe der Gehälter ergibt sich ebenfalls aus tarifvertraglich abgegrenzten Gehaltsgruppen. Aufgrund bestimmter Tätigkeitsmerkmale und mithilfe von Beispielen werden die einzelnen Arbeitsplätze den Gehaltsklassen zugeordnet. Tarifvertraglich ist ebenfalls eine Altersabstufung für Berufsanfänger geregelt.

Angestellten wird der Zeitlohn für die vereinbarte und geleistete Arbeitszeit als Gehalt meist monatlich gezahlt. Leistungsunterschiede werden durch Eingruppierung in verschiedene Gehaltsklassen berücksichtigt.

Gehaltstafel[1]: Technische Angestellte

Tarif-gruppe	Anfangsgehalt EUR	Endgehalt EUR	Stufen
T 1	1 493,99	1 745,55	4
T 2	1 780,83	2 085,56	4
T 3	2 087,09	2 438,86	4
T 4	2 438,86	2 770,69	4
T 5	2 770,69	3 088,71	4
T 6	3 088,71	3 410,32	4
T 7	3 776,40		1

Anfangsgehalt einer Ingenieurin der Fachhochschule

Anke van Husen hat ihr Studium an einer Fachhochschule für Ingenieurwesen erfolgreich beendet und in einem Konstruktionsbüro eine Anfangsstellung angetreten. Zu ihren ersten Aufgaben zählt es, für ein Projekt „Verpackungsmaschinen“ Einzelaggregate zu konstruieren, die Fertigungspläne zu erstellen und bei der Auswertung der Arbeitszeitaufnahmen mitzuwirken.

In ihrem Arbeitsvertrag ist die Gehaltsgruppe T 4 vereinbart mit der Aussicht auf T 5 nach der Probezeit von einem Jahr.

Nach den Tätigkeitsmerkmalen des Tarifvertrages für die Gehaltsgruppe T 4 ist die Einstufung gerechtfertigt. Nach der Gehaltstafel beträgt das Anfangsgehalt ab 1. April 1999 2438,86 EUR brutto.

Aus dem Manteltarifvertrag der Metallindustrie[2]

Gruppe T 4

Tätigkeitsmerkmale:

Schwierige technische Tätigkeiten, die mehrjährige Berufserfahrung oder einer Fachschulausbildung entsprechende Berufskenntnisse erfordern. Die Angestellten dieser Gruppe arbeiten selbstständig aufgrund gegebener Unterlagen und Anweisungen.

Beispiele:

Konstruieren von einfacheren Maschinen, von Bauelementen oder Werkzeugen
Aufstellen und Berechnen von Schaltplänen
Ausarbeiten von Projekten oder Angeboten
Ausarbeiten von Fertigungs- oder Verfahrensplänen
Terminverfolgen auf größeren Arbeitsgebieten
Durchführen und Auswerten von Zeitaufnahmen
Technische Kalkulationen
Durchführen von Analysen oder Versuchsarbeiten im Prüffeld oder Labor

[1] Gehaltstafel Metallindustrie Nordwürttemberg/Nordbaden, gültig seit 1. März 1999.
[2] Anlage 5 zu Lohn- und Gehaltsrahmentarifvertrag I – Nordwürttemberg/Nordbaden, gültig ab 1. April 1988.

5.5.5 Akkordlohn

Akkordlohn wird auch als **Leistungslohn** bezeichnet. Dabei ist zu beachten, dass ausschließlich das mengenmäßige Ergebnis der Arbeit, die Stückzahl, als Leistungsmaßstab gewertet wird. Hauptziel der Entlohnung im Akkordsystem ist, die in der Zeiteinheit auszubringenden Stückzahlen zu steigern. Dabei wird die individuelle Leistungsbereitschaft der Arbeitnehmer mit einer entsprechend höheren Entlohnung entgolten.

Um Arbeiten im Akkordlohn entlohnen zu können, müssen folgende Bedingungen gegeben sein:

- Der Arbeitsablauf muss genau bestimmt sein,
- der Arbeitsablauf muss sich ständig wiederholen lassen,
- die Arbeitszeit für den Arbeitsvorgang muss genau zu messen sein,
- die Arbeitsgeschwindigkeit muss der Arbeitnehmer beeinflussen können.

Akkordlohn ist die Lohnform, bei der die Mengenleistung bezahlt wird. Erhöht ein Arbeitnehmer seine Stückzahl, steigert er sein Einkommen.

Für Akkordentlohnung geeignete Arbeiten

In der Firma ELEMONTA, Furtwangen, werden verschiedene Steuergeräte in Serien für Ölheizungen hergestellt. Vor der letzten Funktionsprüfung und der anschließenden Verpackung sind folgende Arbeiten auszuführen:
Auf der Vorderseite der Geräte ist ein lackiertes Deckblech zu montieren, auf dem die Symbole und Werte für die Bedienungsvorgänge aufgetragen sind. Das Deckblech ist mit seinen Aussparungen über die herausstehenden Bedienungselemente zu stecken und mit dem Gehäuse zu verschrauben. Anschließend müssen die Bedienungshebel aufgesetzt und justiert werden.

Akkordlohn kann sowohl als **Einzelakkord** als auch als **Gruppenakkord** gezahlt werden.

Die Entlohnung im Gruppenakkord gewinnt zunehmend an Bedeutung. Komplexer gewordene Fertigungsprozesse sowie ständige Neueinführungen und Änderungen von Produkten machen eine größere Flexibilität auch bei den Mitarbeitern erforderlich. Dies soll durch **Gruppenarbeit** erreicht werden.

Arbeitsgruppen organisieren und steuern den Fertigungsablauf selbstständig und eigenverantwortlich.Die einzelnen Gruppenmitglieder können verschiedenen Lohngruppen zugeordnet sein. Sie erhalten damit auch einen unterschiedlichen Monatsgrundlohn. Die Mehrleistung der gesamten Gruppe wird prozentual jedem Gruppenmitglied auf den Grundlohn zugeschlagen.

Für eine Entlohnnung im Akkord gibt es zwei Möglichkeiten:

- den **Stückzeitakkord,**
- den **Stückgeldakkord.**

▶ Stückzeitakkord

Mithilfe von **Arbeitszeitstudien** wird die Zeit ermittelt, die ein Arbeitsvorgang bei normaler Arbeitsbelastung beansprucht. Dabei werden nicht nur reine **Bearbeitungszeiten** gemessen, sondern auch die Zeiten für das Vorbereiten und Nachbereiten eines Arbeitsauftrags. Außerdem werden in die Zeitermittlung notwendige Pausen sowie Zeitanteile für unvorhersehbare Ereignisse einbezogen. Diese **Rüst- und Verteilzeiten** werden folglich ebenso entlohnt wie die reine Bearbeitungszeit. Die auf diesem Wege gewonnene Zeit je Einheit wird für zukünftige Aufträge als **Vorgabezeit** oder als **Zeitakkordsatz** genutzt.[1]

[1] Auf die Problematik der Arbeitszeitstudien kann hier nicht eingegangen werden.

Für die Lohnermittlung wird zunächst die Summe aller Vorgabezeiten der erledigten Aufträge festgestellt. Diese Summe wird mit dem Geldbetrag pro Minute (= Minutenfaktor) multipliziert. Der Minutenfaktor wird auf der Grundlage des für Akkordarbeiten geltenden Stundenlohnes (Akkordrichtsatz) ermittelt. Der Akkordrichtsatz liegt je nach Tarifgebiet um 13 bis 16% über dem Zeitlohn der entsprechenden Lohngruppe.

Zeitakkordsatz: $\frac{\text{60 Minuten}}{\text{Normalleistung (in Stück je Stunde)}}$ **Minutenfaktor:**[1] $\frac{\text{Akkordrichtsatz in EUR}}{\text{60 Minuten}}$

Bruttolohn = Zeitakkordsatz · Stück · Minutenfaktor

Lohnabrechnung bei Gruppenakkord im Stückzeitakkord

Pascal Klein, Lucas Greiner und Gerhard Kütterer sind beim Systemlieferanten ELEMONTA beschäftigt und fertigen Steuergeräte für die Automobilindustrie. Pascal Klein und Lucas Greiner verrichten einfache Montagetätigkeiten, die mit einem Monatsgrundlohn von 1750,00 EUR vergütet werden. Da Gerhard Kütterer neben seinen Montagearbeiten auch für die Qualitätsprüfung und für die Arbeitsabstimmung in der Gruppe zuständig ist, erhält er einen Monatsgrundlohn von 2000,00 EUR. Die Vorgabezeit für ein Steuergerät beträgt 12 Minuten. Die Gruppe war im Abrechnungszeitraum zusammen 410 Stunden im Unternehmen anwesend und hat insgesamt 2400 Steuergeräte gefertigt.

1. Welche Gutschrift (in Minuten) erhält die Gruppe für die erbrachte Leistung?
2. Welche Arbeitszeit (in Minuten) war tatsächlich erforderlich, um die Zeitgutschrift (vgl. 1.) zu erhalten?
3. Wie viel Prozent betrug im Abrechnungszeitraum die tatsächlich erbrachte Leistung?
4. Was verdienen die drei Mitarbeiter im Abrechnungszeitraum?

1. Zeitgutschrift	2400 Stück × 12 Minuten	= 28800 Minuten
2. tatsächliche Arbeitszeit	410 Stunden × 60 Minuten	= 24600 Minuten
3. erbrachte **Leistung in Prozent (Leistungsgrad):**		**= 117,07%**
4. Monatsgrundlohn Klein und Greiner		= 1750,00 EUR
tatsächlicher Verdienst 1750,00 × 1,1707		= 2048,73 EUR
Monatsgrundlohn Kütterer		= 2000,00 EUR
tatsächlicher Verdienst 2000,00 × 1,1707		= 2341,40 EUR

Der Leistungsanreiz bei Stückzeitakkord besteht darin, durch schnelleres Arbeiten oder bessere Arbeitsorganisation weniger Zeit für die Ausführung eines Auftrags zu benötigen, als die Vorgabezeit ausmacht. Dadurch erhöht sich der **effektive Arbeitslohn** je Stunde.

▶ *Stückgeldakkord*

Auch beim Stückgeldakkord wird zunächst durch Arbeitsstudien festgestellt, welche Normalleistung ein Arbeitnehmer bei der betreffenden Arbeitsaufgabe erbringen kann. Daraus ergibt sich dann der Geldbetrag je Stück, der **Geldakkordsatz.**

Geldakkordsatz = $\frac{\text{Akkordrichtsatz in EUR}}{\text{Normalleistung (in Stück)}}$

Bruttolohn = Stückzahl · Geldakkordsatz

[1] In den meisten Betrieben wird mit der Dezimalminute gerechnet, d. h. die Arbeitsstunde wird in 100 Minuten geteilt.

Werden in einer Stunde mehr Stück hergestellt, als für die Normalleistung erforderlich sind, erhöht sich der effektive Stundenlohn.

Der Stückgeldakkord hat in Industriebetrieben an Bedeutung verloren. Jede Lohntarifveränderung verursacht eine Vielzahl organisatorischer Änderungen.

Beim Stückzeitakkord wird je Einheit ein Zeitakkordsatz (z. B. Minuten je Stück), beim Stückgeldakkord ein Geldakkordsatz (z. B. EUR je Stück) vorgegeben.

Zeitlohn und Akkordlohn im Vergleich		
	Zeitlohn	**Akkordlohn**
Vorteile	• höhere Qualitätsgarantie, • der Kreativität förderlich, • geringer Zeitdruck, • geringes Einkommensrisiko bei Beschäftigungsschwankungen	• Leistungsanreiz für Arbeitnehmer, • bezahlte Mehrleistung, • bessere Kapazitätsauslastung, • Senkung der Stückkosten, • genauere Kalkulation und Terminplanung
Nachteile	• geringer Leistungsanreiz, • ungenaue Vorkalkulation, • unsichere Terminplanung	• Gefahr der Überanstrengung, • Gefahr der Qualitätseinbußen, • zusätzliche Qualitätskontrollen, • Gefahr der Überbeanspruchung von Betriebsmitteln, • höheres Einkommensrisiko bei Beschäftigungsschwankungen

5.5.6 Prämienlohn

In den letzten Jahren ist in der industriellen Fertigung die Entlohnung nach dem reinen Zeitlohn- oder Akkordlohn-System durch **Prämienlohnsysteme** abgelöst bzw. ergänzt worden. Für eine Entlohnung im Akkordlohn sind oft die erforderlichen Voraussetzungen nicht gegeben, weil z. B. der Aufwand für eine Einführung zu groß ist oder weil exakt messbare Leistungszeiten nicht zu ermitteln sind.

Der Wettbewerb zwingt die Betriebe aber dazu, in allen Bereichen leistungserhöhende oder Kosten sparende Maßnahmen zu ergreifen. Geforderte Leistungen können u. a. in folgenden Ansprüchen bestehen:

- Roh-, Hilfs- und Betriebsstoffe einzusparen,
- mit Betriebsmitteln sorgsam umzugehen,
- den Maschinenpark optimal auszulasten,
- Qualitätsstandards einzuhalten,
- die Produktivität zu erhöhen,
- Liefertermine zu gewährleisten,
- Ausschuss zu vermindern,
- die Durchlaufzeiten zu senken,
- die Produktionszeiten zu verkürzen,
- das Anwesenheitsverhalten der Mitarbeiter zu ändern.

Die Erfüllung solcher Ansprüche hängt sehr stark von der motivationalen Einstellung der Mitarbeiter zum Unternehmen ab. Durch Prämienanreize soll eine unternehmensorientierte Aufgabenerfüllung gefördert werden. Diesem Ziel dient auch die Einführung der Gruppenarbeit. In **Zielvereinbarungen** werden mit den Mitarbeitern für einzelne Teilaufgaben Normen vereinbart. Je nachdem, wie sie erreicht werden, berechnet sich die Prämie.

Zielvereinbarungen mit Höchstprämie

Höchstprämie:	270,00 EUR
Fertigungszeit:	um 10 % reduzieren
Krankenrate:	von 8 % auf 6,5 %
Ausschuss:	von 3 % auf 2 %
Nacharbeit:	von 2,6 % auf 1,5 % senken
Nutzungsgrad der Maschinen:	von 82 % auf 85 % erhöhen

Prämienlohn wird gewährt, wenn unterschiedliche Leistungsanforderungen erfüllt werden sollen, die mit dem Zeit- oder Akkordlohn nicht erfasst werden können. Der Prämienlohn setzt sich aus Grundlohn und Prämienzuschlag zusammen.

In der betrieblichen Praxis werden verschiedene **Prämienlohnsysteme** gehandhabt. Gemeinsam haben sie alle, dass zu dem tariflichen Grundlohn eine Prämie nach leistungsorientierten Schlüsseln gezahlt wird.

Prämien können gewährt werden:

- als gestaffelter Prozentzuschlag auf den Grundlohn bei Überschreiten bestimmter Stückzahlen,
- als einmaliger Bonus für einen eingehaltenen Termin oder eine nicht überschrittene Ausschussquote,
- als anteilige Gutschrift für eingesparte Gemeinkosten, z. B. Werkzeugverbrauch gegenüber Vorjahr.

Die Gewährung von Prämien wird im Angestelltenbereich zunehmend als **Instrument der Führung von Mitarbeitern** eingesetzt. Auf der Basis innerbetrieblicher Beurteilungen können Vorgesetzte in bestimmtem Rahmen Prämienzuschläge auf das Grundgehalt gewähren.

5.5.7 Erfolgsbeteiligung

Erfolgsbeteiligung bedeutet die **Beteiligung** der Arbeitnehmer **am erwirtschafteten Gewinn** des Unternehmens. Für die Arbeitnehmer bedeutet die Gewinnbeteiligung eine Verbesserung ihrer Einkommens- oder Vermögenssituation.

Der wichtigste Grund für eine Gewinnbeteiligung der Arbeitnehmer wird darin gesehen, dass letztlich der erwirtschaftete Gewinn zwar rechtlich den Kapitaleigentümern gehört, aber nicht allein auf das eingebrachte Kapital zurückzuführen ist.

Als weitere Gründe werden angesehen, dass damit zusätzliche Leistungsanreize geschaffen werden, dass sich das Betriebsklima verbessern lässt und eine erhöhte Identifikation mit dem Unternehmen zu erreichen ist.

Die **Vermögensbildung in Arbeitnehmerhand** ist seit Bestehen der Bundesrepublik Deutschland ein erklärten Ziel in allen gesellschaftlichen Gruppen. Über die Wege dazu bestehen unterschiedliche Auffassungen.

Die praktizierten Formen der Gewinnbeteiligung sind vielfältig. Die am meisten anzutreffenden Möglichkeiten sind:

- **Auszahlung** an Arbeitnehmer in bar, als Tantieme;
- Ausgabe von **Belegschaftsaktien** mit und ohne Zuzahlung (Arbeitnehmer werden Aktionäre und damit Miteigentümer);
- Ausgabe von verzinslichen **Schuldscheinen** (Arbeitnehmer werden Gläubiger ihres Unternehmens).

Die Berechtigung auf Gewinnbeteiligung wird zumeist in **Betriebsvereinbarungen** zwischen Betriebsrat und Unternehmensleitung festgelegt. In der Regel ist die Höhe der Beteiligung an die Dauer der Betriebszugehörigkeit gekoppelt. Sowohl bei Belegschaftsaktien als auch bei Schuldscheinen kann die freie Verfügbarkeit an bestimmte Fristen gebunden sein.

5.6 Arbeitsbewertung

5.6.1 Ziele und Verfahren der Arbeitsbewertung

Die **Arbeitsplatzbewertung** verfolgt vor allem das Ziel, für eine normale Leistung an einem bestimmten Arbeitsplatz eine „leistungsgerechte" Entlohnung zu finden. Dazu müssen zunächst die einzelnen **Anforderungen,** die ein bestimmter Arbeitsplatz stellt, ganz genau beschrieben und anschließend bewertet werden. Die Arbeitsbewertung erfolgt personenneutral. Das Ergebnis der Bewertung dieses Arbeitsplatzes wird in einer Größe, dem **Arbeitswert,** zusammengefasst.

Arbeitswertstudien haben die Aufgabe, den Schwierigkeitsgrad einer Arbeit durch Messen oder Schätzen zu erfassen. Für die Bewertung stehen dabei im Vordergrund:

- die erforderlichen Fachkenntnisse,
- die körperlichen und geistigen Beanspruchungen sowie
- alle bei der Arbeitsausführung auftretenden Belastungen.

Arbeitswertstudien dienen sowohl einer leistungsgerechten Lohnfindung als auch einer anforderungsgerechten Besetzung von Arbeitsplätzen.

Dabei kann die zu bewertende Tätigkeit als Ganzes oder nach einzelnen Anforderungsmerkmalen zergliedert bewertet werden. Danach unterscheidet man **summarische** oder **analytische Verfahren** der Arbeitsbewertung.

Aus einem Lohn- und Gehaltsrahmentarifvertrag[1]:
§2 Zielsetzung des Tarifvertrages
Der Tarifvertrag regelt die Eingruppierung als Grundlage für das Entgelt des Beschäftigten. Grundlage der Eingruppierung ist die bewertete und eingestufte Arbeitsaufgabe des Beschäftigten.
Die Arbeitsaufgabe wird eingestuft durch die Bewertung der Anforderungen entsprechend den nachfolgend festgelegten Systemen der Arbeitsbewertung.
Die Eingruppierung des Beschäftigten erfolgt entsprechend den folgenden Bestimmungen.
§5 Ausgangspunkt der Bewertung
Bei der Bewertung der Höhe der Arbeitsanforderungen nach diesem Tarifvertrag ist ohne Beachtung von Geschlecht oder Alter der Beschäftigten, die die jeweilige Arbeit ausführen, von Folgendem auszugehen:
Es wird eine Leistungsbasis unterstellt, die ohne gesteigerte Anstrengung (beim Leistungslohn: Tarifliche Normalleistung gemäß § 4.1 LRTV II) bei menschengerechter Gestaltung von Arbeitsplatz, Arbeitsablauf und Arbeitsumgebung zu erreichen ist.

[1] Aus dem Lohn- und Gehaltsrahmentarifvertrag I Nordwürttemberg/Nordbaden von 1988.

5.6.2 Summarische Verfahren

Bei der summarischen Arbeitsbewertung wird die **gesamte Arbeitsaufgabe an einem Arbeitsplatz** als Ganzes eingeschätzt und zu anderen Arbeitsplätzen in Beziehung gesetzt. Dabei finden zwei Verfahren Anwendung.

► Rangfolgeverfahren

Alle im Betrieb vorkommenden Arbeitsverrichtungen werden beschrieben. Zunächst werden die verschiedenen Beschreibungen in kleinen Bereichen verglichen und in einer Rangfolge angeordnet, dann in Abteilungen eines Betriebes und zuletzt im gesamten Betrieb.

Die Rangfolge wird so gebildet, dass die Arbeitstätigkeit mit der höchsten Beanspruchung und den höchsten Anforderungen der Lohngruppe mit dem höchsten Lohn zugeordnet wird. Die anderen Arbeitstätigkeiten werden entsprechend nachgeordnet. Zur besseren Übersicht und Vergleichbarkeit werden **Richtbeispiele** beschrieben, an denen sich die Zuordnungen orientieren können.

► Lohngruppenverfahren (Katalogverfahren)

Hierbei wird ähnlich verfahren. Zunächst werden jedoch zu den tarifvertraglich festgelegten Lohngruppen bestimmte Arbeitswertzahlen zugeordnet. Mithilfe der Lohngruppenmerkmale werden die verschiedenen Tätigkeiten im Betrieb analysiert und bewertet. Auch hierbei erleichtern Richtbeispiele, in Betriebsvereinbarungen zwischen Betriebsrat und Unternehmensleitung vereinbart, die Eingruppierung der Vielzahl von Tätigkeiten.

Tarifvertraglich ist ebenfalls festgelegt, in welchem Verhältnis die einzelnen Arbeitswertgruppen zur Lohngruppe 7 (100%) stehen sollen. Diese Lohngruppe ist Basis bei den Tarifverhandlungen. Für besondere Betriebsarten gelten besondere Lohntarife.

Nordwürttemberg/Nordbaden
EURO-Monatsgrundlohntabelle zum summarischen System, gültig ab 1. Mai 2001

Lohngruppe	% zu Ecklohn	Werkstatt		Gießerei		Montage			
						Stammarbeiter			Zeitarbeiter
						Monatsgrundlohn zzgl. Montagezuschlag			
		Monatsgrundlohn EURO	Minutenfaktor Cent	Monatsgrundlohn zzgl. Gießereizuschlag EURO	Minutenfaktor Cent	ohne Belastung EURO	mit Belastung EURO	für die Berechnung der LZ* mit Belastung** EURO	Mindestverdienst gemäß § 4.2 BMTV EURO
1	85,03%	1 443,89	15,80	1 471,50	16,11	1 631,53	1 737,37	1 537,45	1 617,22
2	85,03%	1 443,89	15,80	1 471,50	16,11	1 631,53	1 737,37	1 537,45	1 617,22
3	86,39%	1 466,90	16,06	1 495,02	16,37	1 657,61	1 763,45	1 560,46	1 642,78
4	87,71%	1 489,39	16,31	1 518,03	16,62	1 683,17	1 788,50	1 582,96	1 668,35
5	90,91%	1 543,59	16,90	1 573,25	17,22	1 744,02	1 849,85	1 637,16	1 728,68
6	94,91%	1 611,59	17,64	1 642,78	17,98	1 821,22	1 927,06	1 705,16	1 804,86
7	100,00%	1 698,00	18,59	1 730,72	18,95	1 918,88	2 024,72	1 791,57	1 902,01
8	106,87%	1 814,57	19,86	1 849,85	20,25	2 050,28	2 156,12	1 908,14	2 032,39
9	113,82%	1 932,68	21,16	1 970,01	21,57	2 183,73	2 289,57	2 026,25	2 164,81
10	120,69%	2 049,26	22,44	2 088,63	22,86	2 315,64	2 421,48	2 142,82	2 295,19
11	127,76%	2 169,41	23,75	2 211,34	24,21	2 451,64	2 556,97	2 262,98	2 429,66
12	135,02%	2 292,63	25,10	2 336,60	25,58	2 590,72	2 696,55	2 386,20	2 567,71

* Tariflohn + 5,5% aus Lohngruppe 7.
** Ohne Belastung gilt der Tariflohn als Berechnungsgrundlage.

5.6.3 Analytische Verfahren

Bei den analytischen Verfahren der Arbeitsbewertung wird nicht die Arbeitsaufgabe als Ganzes eingeschätzt, sondern sie wird in die **einzelnen Anforderungselemente** aufgegliedert. Jedes Anforderungsmerkmal wird gesondert bewertet. Die Gesamtzahl der Arbeitswerte ergibt sich aus der Summe der Teilwerte für die verschiedenen Teilbeanspruchungen.

▶ Das Genfer Schema

Das bekannteste Gliederungssystem ist das **Genfer Schema.** Es gliedert zunächst die Anforderungsmerkmale in vier Hauptanforderungsgruppen:

- Können,
- Belastung,
- Verantwortung,
- Umgebungseinflüsse.

Diese Hauptgruppen werden weiter untergliedert. Durch verschiedene Abwandlungen wurde das Genfer Schema den Erfordernissen der Betriebspraxis angepasst.

20 Bewertungsmerkmale nach dem Genfer Schema

Können

1. Kenntnisse, Ausbildung und Erfahrung
2. Geschicklichkeit, Handfertigkeit, Körpergewandtheit

Belastung

3. Belastung der Sinne und Nerven
4. Zusätzlicher Denkprozess
5. Belastung der Muskeln

Verantwortung

6. Verantwortung für die eigene Arbeit
7. Verantwortung für die Arbeit anderer
8. Verantwortung für die Sicherheit anderer

Umgebungseinflüsse

9. Schmutz
10. Staub
11. Öl/Fett
12. Temperatur
13. Nässe, Säure, Lauge
14. Gase, Dämpfe
15. Lärm
16. Erschütterung
17. Blendung und Lichtmangel
18. Erkältungsgefahr
19. Unfallgefahr
20. Hinderliche Schutzkleidung

Im Rahmentarifvertrag ist vereinbart, welche Höchstpunktzahl jedem dieser Merkmale zugeteilt werden kann. In jedem einzelnen Betrieb gilt es dann, für jeden Arbeitsplatz bei jedem Bewertungsmerkmal den zutreffenden Teilarbeitswert festzulegen.

Schwierigkeiten bereitet es, diesen individuellen Wert zu ermitteln, da es kein absolut objektives Kriterium für eine gerechte Zumessung gibt. Ähnlich wie bei den summarischen Verfahren werden daher Rangreihen gebildet.

Die höchste **Rangstufenzahl** ist 100. Beim Bewertungsmerkmal Lärm werden die Rangstufenzahlen durch Zuordnung zu objektiv messbaren Phonzahlen ermittelt.

Zuordnung der Phonwerte zu Rangstufenzahlen

Phon					**Rangstufenzahl**
über	74	bis	76	Phon	15
über	76	bis	78	Phon	20
über	78	bis	80	Phon	25
über	80	bis	82	Phon	30
über	82	bis	83,5	Phon	35
über	83,5	bis	85	Phon	40
über	85	bis	87	Phon	45
über	87	bis	88,5	Phon	50
über	88,5	bis	90	Phon	55
über	90	bis	91,5	Phon	60
über	91,5	bis	93	Phon	65
über	93	bis	95	Phon	70
über	95	bis	96,5	Phon	75
über	96,5	bis	98	Phon	80
über	98	bis	99,5	Phon	85
über	99,5	bis	101	Phon	90
über	101	bis	103	Phon	95
über	103	bis	105	Phon	100

Die Rangstufenzahl bei anderen Bewertungsmerkmalen wird durch Vergleich der verschiedenen Arbeitstätigkeiten untereinander gefunden. Jede einzelne Rangstufenzahl muss anschließend mit einem Wichtefaktor multipliziert werden. Dadurch erhält man den Teilarbeitswert. Mit diesen für jedes Merkmal unterschiedlichen Wichtefaktoren wird die Bewertung der einzelnen Merkmale untereinander vorgenommen. Die Summe aller Teilarbeitswerte dividiert durch 10 ergibt den tatsächlichen Arbeitswert eines Arbeitsplatzes.

Nach Feststellung des Arbeitswertes eines solchen Arbeitsplatzes kann der Stundenlohn aus der geltenden Tariftafel berechnet werden.

Löhne für Arbeitsaufgaben nach der Arbeitswertung

Analytische Arbeitsbewertung

Monatsgrundlöhne in der Metallindustrie[1] (Auszug für den Bereich Werkstatt)

Tarif-gebiet	Arbeitswertgruppen											
	I	II	III	IV	V	VI	VII	VIII	IX	X	XI	XII
Nord-württem-berg/ Nord-baden	0-3,5	über 3,5-6	über 6-8,5	über 8,5-11,5	über 11,5-14,5	über 14,5-17,5	über 17,5-21	über 21-24,5	über 24,5-28	über 28-31,5	über 31,5-35	*)
	1 473,03	1 473,03	1 508,31	1 543,59	1 611,59	1 688,00	1 800,26	1 900,98	2 001,71	2 105,50	2 205,20	*)

*) Für jeden weiteren angefangenen Arbeitswert über 35 einen Betrag in Höhe von 1,7 % des Geldbetrages der AW-Gruppe VI.

Ein Mitarbeiter in der Härterei kommt z. B. auf einen Arbeitswert von 19, was der Lohngruppe VII entspricht. Damit erhält er einen Monatslohn von 1800,26 EUR und einen Stundenlohn von 1800,26 EUR / 160,95 Std. = 11,19 EUR.

Ein Mitarbeiter an einer CNC-gesteuerten Maschine wird mit 33 Arbeitswerten in der Lohngruppe XI eingestuft. Sein Monatslohn beträgt 2205,20 EUR, der Stundenlohn 2205,20 EUR / 160,95 Std. = 13,70 EUR.

Auf diese Weise kann für sämtliche Arbeitsaufgaben im Betrieb eine leistungsorientierte Bewertung vorgenommen werden. Sämtliche Aufgaben werden beschrieben, auf ihre Anforderungen bei jedem Merkmal untersucht und begründet bewertet. Daraus entsteht eine innerbetriebliche Rangordnung nach Arbeitswerten. Mit Richtspielen haben die Tarifpartner verbindliche Orientierungshilfen vereinbart.

Arbeitsbewertung im Überblick

Verfahren der Arbeitsbewertung

summarische Verfahren	**analytische Verfahren**
• **Rangfolgeverfahren** • **Lohngruppenverfahren**	• **Stufenwertverfahren** nach Genfer Schema
Bewertungsgrundlage: Gesamtanforderung einer Arbeitsaufgabe.	Anforderungsmerkmale einer Arbeitsaufgabe einzeln bewertet.

[1] Lohnabkommen 2001 – Metallindustrie Nordwürttemberg/Nordbaden; gültig ab 1. Mai 2001.

Arbeitsplatzbeschreibung und Arbeitsplatzbewertung

Beispiel Nr. 49	Arbeitsbeschreibung Einsetzen und Härten von Kleinteilen

Werkstück:

Kleine Teile der verschiedensten Art aus den verschiedensten härtbaren Materialien (kein Werkzeugteil).

Arbeitsunterlagen:

Arbeitsauftrag, mündliche Unterweisung, Härtevorschriften, Betriebsvorschriften.

Betriebsmittel:

Retortenöfen mit Öl- und Wasserabkühlbad und zwei elektrisch beheizte Salzbacköfen mit Ring-Gasabzug durch Ventilatoren; elektrisches Hebezeug.

Arbeitsplatz:

Stehend und gehend in einer großen, hellen und luftigen Härterei mit guten Luftwechselverhältnissen, Kunstlichtbeleuchtung durch Leuchtstoffröhren. Bodenfläche etwa 2 000m². 85 Phon.

Arbeitsvorgang und Arbeitsablauf:

Im Retortenofen werden Kleinteile ohne Gewinde oder Verzahnungen im Trommelwälzverfahren mit Propangasbeheizung und Ammoniakzuführung eingesetzt und gehärtet. Die Teile werden mit langen Röhrenschaufeln in die horizontal angeordnete Trommel geschüttet. Nach dem Verschließen des Ofens ist die Gas-, Ammoniak- und Luftzufuhr zu regeln und der Trommeltransport einzuschalten. Nach dem Wärmebehandlungsvorgang erfolgt die Ofenentleerung durch Handradübersetzung bei gleichzeitigem Drehen der Trommel zum Entleeren in das Wasser- oder Ölkühlbad. Eine Trommelfüllung nimmt etwa 25 bis 30 kg Material auf. Die Ofenzeit beträgt im Durchschnitt 45 Minuten.

Während dieser Zeit werden in zwei danebenstehenden Salzbadeöfen andere Teile entweder gehärtet oder eingesetzt. Die angedrahteten Teile werden dabei auf welligen Halteeisen aufgereiht und nach der vorgeschriebenen Wärmebehandlung je nach Materialart in Öl, Wasser oder Salpeteransatz abgekühlt.

Die Wärmebehandlung der verschiedenen Materialarten wird nach Unterweisung ausgeführt. Die Kontrolle der Probestücke auf Einsatztiefe und Härte muss die Kontrolle auf der Härteunterweisung bestätigen. Bei Abweichungen, die durchschwachen Badansatz oder abnormales Materialentstehen können, entscheidet der Ofenführer, in schwierigen Fällen der Meister. Die Salzbäder werden täglich zweimal durch das Labor geprüft und bei Bedarf im Beisein des Vorarbeiters durch Zusatz von Glüh- und Zyansalzen auf die vorgeschriebene Konzentration gebracht.

Fertigungsart:

Großserienfertigung. **Fertigungszeit:**

Bewertungs-Merkmale	Bewertungsbegründung: Beispiel Nr. 49	Rangstufen	Wichtefaktor	Teilarbeitswert
1	**Kenntnisse, Ausbildung und Erfahrung** Kenntnis der Betriebsmittel und ihrer Wirkungsweise	30	1,0	30,0
2	**Geschicklichkeit, Handfertigkeit und Körpergewandtheit** Beim Einschaufeln der zu härtenden Teile sowie beim Andrahten und Abschrecken	35	0,8	28,0
3	**Belastung der Sinne und Nerven** Aufmerksamkeit beim Regeln der Gas-, Ammoniak- und Luftzufuhr und beim Beobachten der Messinstrumente	25	0,9	22,5
4	**Zusätzlicher Denkprozess**			
5	**Belastung der Muskeln** Ganztägiges Stehen und Gehen, beim Füllen (Schaufeln) und Entleeren der Trommeln, sowie beim Hantieren mit den angedrahteten Teilen	35	0,8	28,0
6	**Verantwortung für die eigene Arbeit** Für den einwandfreien Arbeitsablauf	30	0,8	24,0
7	**Verantwortung für die Arbeit anderer**			
8	**Verantwortung für die Sicherheit anderer**			
9	**Schmutz** Verschmutzung durch die Härtearbeit	10	0,3	3,0
10	**Staub**			
11	**Öl/Fett** Belästigung durch die Ölbäder	10	0,2	2,0
12	**Temperatur** Belästigung durch die Strahlungswärme der Öfen, Werkstücke und Bäder	40	0,3	12,0
13	**Nässe, Säure, Lauge** Belästigung durch Spritzer der Abschreckbäder	15	0,2	3,0
14	**Gase, Dämpfe** Belästigung durch Bad- und Öldämpfe	20	0,2	4,0
15	**Lärm** Durch das Gebläse und den Umgebungslärm	40	0,5	20,0
16	**Erschütterung**			
17	**Blendung und Lichtmangel** Belästigung durch Hell-Dunkel-Wechsel	10	0,2	2,0
18	**Erkältungsgefahr** Durch Zugluft	20	0,2	4,0
19	**Unfallgefahr** Verbrennungen und Verbrühungen möglich	25	0,3	7,5
20	**Hinderliche Schutzkleidung**			
	Summe der Teilarbeitswerte:			190,0
	Arbeitswert:			19,0

AUFGABEN UND PROBLEME **PROJEKT**

5.1 Betriebliche Grundfunktionen

Absatzschwierigkeiten in einem Holz verarbeitenden Betrieb, der bisher Kleinmöbel für den Versandhandel hergestellt hat, zwingen zur Aufnahme neuer, andersartiger Produkte ins Fertigungsprogramm.

- Geben Sie an, welche betrieblichen Grundfunktionen von folgenden Entscheidungen betroffen sind:

  - neue Planungsunterlagen erstellen,
  - neue Arbeitskräfte einstellen,
  - Betriebsmittel umstellen,
  - Werbeaktion organisieren,
  - Materialeinkauf verändern,
  - Lagerhaltung umorganisieren,
  - neue Absatzmärkte suchen,
  - Kapazitätsauslastung anpassen,
  - Kreditmöglichkeiten ausschöpfen,
  - Verkaufspreise neu kalkulieren.

5.2 Organisationstypen der Fertigung

Vor einer Entscheidung, welches Fertigungsverfahren gewählt werden soll, sind die Vorteile und Nachteile der jeweils in Betracht kommenden Verfahren abzuwägen.

- Welche der folgenden Vorteile sind mit dem Organisationstyp der Werkstattfertigung, welche mit der Fließbandfertigung zu verbinden?

  - Kurze Durchlaufzeiten,
  - Einsatz vielseitig verwendbarer Universalmaschinen,
  - geringe Rüstzeiten,
  - rasche Anpassungsfähigkeit an geänderte Marktverhältnisse,
  - Verzicht auf Zwischenlagerung,
  - kurze Transportwege,
  - gleichzeitige Fertigung vieler Produkte mit unterschiedlicher Arbeitsfolge,
  - schnellerer Ersatz einer defekten Maschine ohne Produktionsstörung.

5.3 Gruppenarbeit statt Fließband

In der Stuttgarter Zeitung erschien folgende Notiz:

IG Metall: Weniger Fließbandarbeit und dafür mehr Gruppentätigkeit

Für mehr Gruppen- und weniger Fließbandarbeit hat sich der IG-Metall-Vorsitzende eingesetzt. Das Fließband habe den Grundstein für effiziente Massenprodukte gelegt, zugleich jedoch die Arbeit zerstückelt, Inhalt und Sinn entleert und eine Trennung von Denken und Tun bewirkt, sagte der IG-Metall-Vorsitzende auf einer Tagung des internationalen Metallgewerkschaftsbundes (IMB) für Arbeitnehmervertreter des VW-Konzerns in Wolfsburg. Neue Technologien mit ihrer Flexibilität ließen heute andere Produktionssysteme zu, die der alten starren Bandarbeit und den hierarchischen Entscheidungsprozessen auch ökonomisch überlegen seien. Wesentliches Grundprinzip einer dezentralen Produktion und einer flexibleren Arbeitsorganisation sei die Gruppenarbeit, die die Menschen motiviere und die Produktivität steigere.

- Nehmen Sie Stellung zu den Aussagen dieser IG-Metall-Verlautbarung.

5.4 Rationalisierung durch technischen Fortschritt

In einem Sachverständigengutachten findet sich die folgende Aussage. „Wenn sich der technische Fortschritt beschleunigt, nimmt der Bedarf an Mobilität zu. Der Wechsel von Branche zu Branche ist sehr oft zugleich ein Wechsel in einen anderen Beruf."

- 1. Erläutern Sie diese Aussage.
- 2. Welche Forderungen ergeben sich daraus für den Einzelnen?
- 3. Welche Forderungen sind daraus für die Berufsausbildung zu ziehen?

5.5 Messung der Arbeitsproduktivität

Ein Bauunternehmen hat in den Monaten März und April 2000 cbm bzw. 2200 cbm umbauten Raum erstellt. Es waren in beiden Monaten 24 Facharbeiter beschäftigt, die insgesamt je Monat 4000 Arbeitsstunden geleistet haben. Aufgrund der guten Auftragslage konnten zusätzlich vier Fachkräfte eingestellt werden. Gleichzeitig wurden erhebliche Investitionen in den Maschinenpark vorgenommen.

Ende des Monats wurde ermittelt, dass bei 4400 Arbeitsstunden insgesamt 2800 cbm erstellt waren.

- 1. Ermitteln Sie die Arbeitsproduktivität in den drei Monaten.
- 2. Worauf führen Sie die unterschiedlichen Ergebnisse zurück?

5.6 Lohnformen

In einer Möbelfabrik, in der Küchenmöbel hergestellt werden, sind die verschiedensten Aufgaben zu erledigen.

- 1. Welche Lohnform eignet sich für die Entlohnung folgender Tätigkeiten?
  - Elektrokarrenfahrer,
  - Zargenfräser in der Schreinerei,
  - Portier,
  - Montage der Scharniere und Schlösser,
  - Zeitnehmer,
  - Kontrolleur.
- 2. Begründen Sie Ihre Entscheidung.

5.7 Monatslohn – Stücklohn – Effektivlohn

In einem Metall verarbeitenden Betrieb ist ein Zerspanungsmechaniker (40 Jahre) seit Jahren an einer Zahnfräsmaschine eingesetzt. Er hat überwiegend Spezialaufträge zu erledigen.

- 1. In welche Lohngruppe des Lohnrahmentarifvertrags für Nordwürttemberg/Nordbaden (vgl. S. 142 und 149) würden Sie diesen Arbeitnehmer einstufen? Begründen Sie Ihre Zuordnung.
- 2. Wie hoch ist ein Entgelt für die Bearbeitung einer Kleinserie von 150 Stück, wenn die Zeitvorgabe je Stück 12 Minuten beträgt?
- 3. Wie hoch ist sein Stundenlohn, wenn er die Vorgabezeiten genau einhält?
- 4. Wie hoch ist sein Effektivlohn, wenn er den Serienauftrag in 28 Stunden ausgeführt hat?

5.8 Arbeitsbewertung

Die Eingruppierung in Lohngruppen erfolgte früher überwiegend nach dem Grad der beruflichen Qualifizierung durch einen Ausbildungsabschluss. „Gelernt, angelernt, ungelernt" waren die Kriterien für die Einstufung.

- 1. Wie beurteilen Sie die These, dass durch die Arbeitsbewertung eine gegenüber früher gerechtere Lohnfindung ermöglicht wurde?
- 2. Wie erklären Sie sich in diesem Zusammenhang, dass viele Arbeitnehmer an innerbetrieblichen und außerbetrieblichen Weiterbildungsveranstaltungen teilnehmen?

5.9 Analytische Arbeitsbewertung – Genfer Schema

Zu den Bewertungsmerkmalen des Genfer Schemas zählt auch „Verantwortung für die eigene Arbeit, für die Arbeit anderer und für die Sicherheit anderer".

- 1. Erläutern Sie diese Bewertungsmerkmale an Beispielen.
- 2. Begründen Sie, warum diese Merkmale für die Höhe des Lohnes in Betracht kommen.

5.10 PROJEKT: Betriebserkundung in einem Fertigungsbetrieb

Arbeitsaufträge:

- 1. Bereiten Sie in Teams eine Betriebserkundung in einem Industriebetrieb in Ihrer Nähe vor. Insbesondere sollen Fertigungsstätten mit Fließfertigung und in der Organisationsform der Werkstättenfertigung erkundet werden. Gewinnen Sie für diese Betriebserkundung auch einen Technik-Lehrer Ihrer Schule.

  Folgende vorbereitende Aufgaben sind zu erledigen:

  – Auswahl eines geeigneten Betriebes im Einzugsbereich der Schule

  – Kontaktaufnahme mit zuständigen Stellen des Betriebes

  – Terminabsprache unter Beachtung schulischer und betrieblicher Gegebenheiten

  – Vereinbarung über ein Gespräch mit einem Fachmann aus dem Produktionsbereich

  – Entwicklung eines Beobachtungsbogens
  Inhaltliche Anregungen: u. a. Arbeitsbedingugnen, Arbeitsschutzeinrichtungen, Fertigungsabläufe, Kontrolleinrichtungen

  – Ausarbeitung eines Fragenkatalogs für das Gespräch mit dem Experten des Fertigungsbereichs

- 2. Notieren Sie während der Betriebserkundung die Eindrücke auf dem Beobachtungsbogen.
- 3. Nutzen Sie die Gelegenheit, um die Mitarbeiter an ihrem Arbeitsplatz zu interviewen, ohne den Arbeitsablauf zu stören.
- 4. Führen Sie im Anschluss daran das Gespräch mit dem Fertigungsexperten.
- 5. Werten Sie die gewonnenen Erkenntnisse in den Arbeitsgruppen aus und tragen Sie die Ergebnisse zusammen. Präsentieren Sie die Resultate der Projektarbeit anschließend in der Klasse auf Metaplantafeln.
- 6. Bewerten Sie im Rückblick die Erfahrungen, die Sie mit der Projektarbeit gewonnen haben.

ZUR WIEDERHOLUNG DES GRUNDWISSENS

1. Nennen Sie die betrieblichen Grundfunktionen.
2. Erläutern Sie die verschiedenen Märkte.
3. Was versteht man unter dem absatzpolitischen Instrumentarium?
4. Geben Sie Beispiele für die verschiedenen Instrumente der Absatzpolitik.
5. Was versteht man unter Arbeitsproduktivität und unter Maschinenproduktivität?
6. Wodurch kann die Arbeitsproduktivität erhöht werden?
7. Wie wird die Wirtschaftlichkeit gemessen?
8. Erläutern Sie, warum die Wirtschaftlichkeit sinken kann, obwohl die Produktivität steigt.
9. Wie wird die Rentabilität des Eigenkapitals errechnet?
10. Welche Auswirkungen auf die Messzahlen Produktivität, Wirtschaftlichkeit und Rentabilität kann ein Anstieg der Einkaufspreise bei gleichzeitigem Anstieg der Verkaufspreise haben?
11. Beschreiben Sie die Aufgaben der Fertigungsplanung.

12. Charakterisieren Sie die Produktionstypen der Fertigung.
13. Was unterscheidet Reihenfertigung von Fließfertigung?
14. Erklären Sie den Begriff Taktzeit.
15. Beschreiben Sie den Organisationstyp der Gruppenfertigung.
16. Nennen Sie Ziele der Rationalisierung.
17. Warum ist die Entwicklung von Industrierobotern unter dem Gesichtspunkt der Humanisierung der Arbeitswelt zu rechtfertigen?
18. Begründen Sie die höhere Produktivität von Automatenfertigung gegenüber mechanischer Fertigung.
19. Beschreiben Sie einige Ziele von Lean Production.
20. Begründen Sie, warum Just-in-Time-Lieferungen zur „Verschlankung der Produktion" beitragen.
21. Erläutern Sie die vertraglichen Möglichkeiten zur Lohn- und Gehaltsregelung.
22. Nennen Sie Arbeitsbedingungen, unter denen Zeitlohn die angemessene Lohnform ist.
23. Unter welchen Bedingungen kommt der Akkordlohn als Lohnform infrage?
24. Erläutern Sie die Arten der Akkordentlohnung.
25. Was ist unter Minutenfaktor zu verstehen?
26. Wie ermittelt man den Akkordrichtsatz?
27. Führen Sie Vorteile und Nachteile für Zeitlohn und Akkordlohn auf.
28. Begründen Sie, warum Prämienlohn eine immer wichtiger werdende Lohnform geworden ist.
29. Wodurch unterscheiden sich die Lohngruppen in den Tarifverträgen?
30. Worin liegt die Berechtigung für die Bildung von Lohn- und Gehaltsgruppen?
31. Welche Ziele verfolgen die Arbeitsbewertungsverfahren?
32. Beschreiben Sie am Beispiel das Rangfolgeverfahren.
33. Worin unterscheidet sich die analytische Arbeitsbewertung von der summarischen?
34. Geben Sie die Hauptanforderungsgruppen an.
35. Was ist unter Rangstufenzahl zu verstehen?
36. Welche Rolle spielen bei der Arbeitsplatzbewertung die Richtbeispiele der Tarifparteien?

6 Betriebliches Rechnungswesen

Die Stadt Backnang plant die Erweiterung einer Schule:

Die mit der Ausführung beauftragten Architekten haben u. a. Tiefbauarbeiten und die Lieferung von 80 Kippflügel-Fenster öffentlich ausgeschrieben. Interessierte Unternehmen sind aufgefordert, die Ausschreibungsunterlagen anzufordern und bis zu einem bestimmten Termin ein Angebot abzugeben.

Einige der ortsansässigen Unternehmen sind an diesen Aufträgen interessiert. Die Tiefbau GmbH würde gern die Ausschachtungsarbeiten übernehmen, da sie z. Z. nicht ganz ausgelastet ist.

Die Großschreinerei Pfaff & Co. möchte die Fenster liefern. Sie ist spezialisiert auf Fenster und Türen aller Art und stellt außerdem Kleinmöbel für den Versandhandel her.

LEITFRAGEN

Welchen Zweck verfolgen Ausschreibungen?
Wie ermitteln die Unternehmen ihre Preise?

Warum spielt die Auslastung des Betriebs bei der Preisgestaltung eine Rolle?

Welche Probleme hat ein Mehrprodukt-Betrieb bei der Kalkulation?
Wann lässt sich feststellen, ob das Unternehmen erfolgreich gewirtschaftet hat?

INFORMATION

6.1 Kosten- und Leistungsrechnung

6.1.1 Aufgaben der Kosten- und Leistungsrechnung

Jedes Unternehmen, das seine Leistungen auf dem Markt absetzen will, muss hierfür Preise nennen. Die Preise sollen langfristig die Kosten der Leistungserstellung decken sowie angemessene Gewinne ermöglichen. Die Kosten- und Leistungsrechnung dient der Unternehmensleitung gleichzeitig dazu, wenn es erforderlich ist, zielsichere Maßnahmen im Betrieb und auf den Märkten zu treffen. Buchhaltung und Statistik erfüllen hierbei wichtige Aufgaben.

Die Kostenrechnung erfasst und bewertet den Einsatz der betrieblichen Produktionsfaktoren, der durch die Erstellung der Leistung bedingt ist.
Die Leistungsrechnung ermittelt das Ergebnis der Leistungserstellung. Leistungen ergeben sich aus Verkaufserlösen und Bestandsveränderungen.

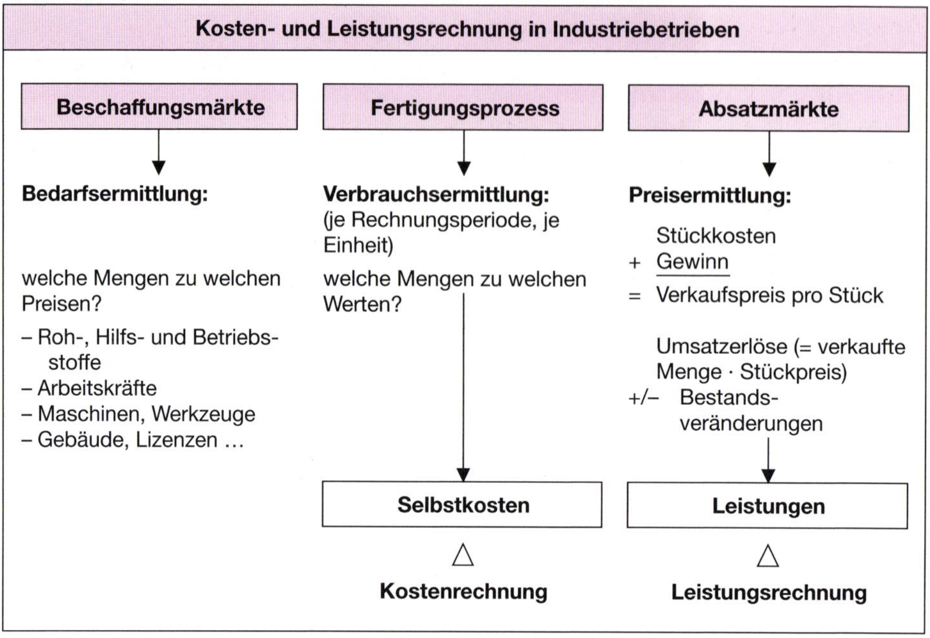

6.1.2 Ausgaben, Aufwand, Kosten

Die Ermittlung wettbewerbsfähiger Preise setzt eine genaue **Erfassung des leistungsbedingten Verbrauchs an betrieblichen Produktionsfaktoren** voraus. Hierzu ist eine Abgrenzung der Kosten von den Ausgaben sowie vom Aufwand erforderlich.

Ausgaben kennzeichnen Geldbewegungen im Unternehmen.
Aufwendungen erfassen jeden in Geld bewertbaren Verzehr an Gütern und Dienstleistungen, die den Erfolg eines Unternehmens beeinflussen.
Kosten sind der bewertete Verzehr an Gütern und Dienstleistungen, der bei der Leistungserstellung entstanden ist. Kosten sind betriebsbedingter Aufwand.

Die Bedeutung einer Abgrenzung lässt sich an einigen Beispielen verdeutlichen:

- **Ausgaben gleich Kosten und gleich Aufwendungen.** Ausgaben werden unmittelbar durch die Leistungserstellung bedingt und sind erfolgswirksam.

  Überweisung der Miete für Lagerhaus, Lohn- und Gehaltszahlungen

- **Aufwand nicht Kosten, nicht Ausgaben.** Außerordentliche aber nicht leistungsbedingte Verminderungen des betrieblichen Reinvermögens.

  Ein nicht versichertes Gebäudeteil brennt ab

- **Ausgaben weder Kosten noch Aufwendungen.** Ausgabe hat keinerlei Bezug zur Leistungserstellung.

Rückzahlung eines Kredits
Ausschüttung der Dividende an Aktionäre

- **Ausgaben nicht Kosten aber Aufwand.** Ausgabe steht in keinem Zusammenhang zur betrieblichen Leistungserstellung.

Spende an „Brot für die Welt"

- **Kosten gleich Aufwand aber nicht Ausgabe.** Früher beschaffte Anlage oder eingekaufte Leistungen werden jetzt in Produktion eingesetzt.

Abschreibung von bereits in Vorjahren beschafften Anlagen, Verbrauch vorhandener Materialbestände

6.1.3 Einteilung der Kosten

Die Kosten eines Unternehmens lassen sich einteilen
- nach der Art der verbrauchten Güter und Dienstleistungen,
- nach der Art der Zurechenbarkeit zu den Produkten,
- nach dem Verhalten bei Beschäftigungsänderungen.

- **Kosten nach der Art der verbrauchten Güter:**
  - für Arbeitsleistungen
  - für Materialverbrauch
  - für Abnutzung von Anlagegütern
  - für Kapitalbeschaffung
  - für Fremdleistungen
  - für staatliche Abgaben
  - für Unternehmerleistung

Löhne, Gehälter, Sozialaufwendungen,
Roh- und Hilfsstoffe,
Abschreibungen auf Maschinen,
Zinsen, Provisionen,
Strom- und Wasserkosten, Telefon- und Portokosten,
Steuern, Gebühren, Beiträge,
Kalkulatorischer Unternehmerlohn

- **Kosten nach der Art der Verrechnung auf die Leistungseinheit.** Einige Kostenarten sind dem herzustellenden Produkt, dem **Kostenträger,** direkt zurechenbar. Sie sind, teilweise bereits konstruktionsbedingt, genau vorauszuberechnen. Diese Kosten werden daher als **Einzelkosten** bezeichnet.

  Andere Kostenarten sind nur für die Gesamtproduktion in einer Rechnungsperiode zu erfassen. Sie werden **Gemeinkosten** genannt (vgl. Abschn. 6.2).

Kosten bei der Montage eines Fahrrades

Einzelkosten:
Rahmen im Rohzustand, Felgen und Reifen, Lampe und Dynamo, Montagelohn ...

Gemeinkosten:
Lack, Schmierfett, Schweißdraht, Lohn des Werkstattschreibers und die Abnutzung der Werkzeuge ...

- **Kosten nach der Abhängigkeit vom Beschäftigungsgrad. Fixe Kosten** sind unabhängig von der Höhe der Ausbringung. Sie fallen innerhalb eines Zeitraums immer in gleicher Höhe an, ob die Maschinen mit nur 10% oder mit 70% ausgelastet sind.

Fixe Kosten:
Miete für Lagerhalle und Garagen, Zins für einen Kredit, Abschreibungen auf das Verwaltungsgebäude.

Variable Kosten ändern sich mit der Ausbringungsmenge. Die Gesamtkosten können dabei proportional, über- oder unterproportional wachsen oder abnehmen (vgl. Abschn. 6.4).

> **Variable Kosten:**
> Materialverbrauch, Löhne für die Montagen am Fließband, Stromkosten für Maschinen, Transportkosten im Verkauf.

6.2 Kostenstellenrechnung

6.2.1 Aufgabe der Kostenstellenrechnung

Je differenzierter das Fertigungsprogramm eines Betriebes ist, desto schwieriger ist es, die Gemeinkosten den Produkten verursachungsgerecht zuzurechnen.

In einem arbeitsteiligen Fertigungsprozess durchlaufen die Produkte eine Vielzahl von Abteilungen, Werkstätten und Arbeitsplätzen.

Alle Gemeinkosten in einem einzigen prozentualen Zuschlag auf der Basis der Einzelkosten den Kostenträgern anzulasten, kann zu ungenauen Selbstkosten und damit zu falschen Preisen führen. Nur in seltenen Fällen entspricht Proportionalität von Gemeinkosten zu Einzelkosten der Realität.

> **Der Herstellungsweg eines Meißels**
> Holen des Stahls vom Lager, Ablängen des Rohlings und Schmieden von Form und Schneide, Härten und Vergüten der Schneide, Schleifen ...
>
> Jeder Arbeitsgang erfolgt von anderen Personen, in anderen Werkstätten, mit unterschiedlichen Maschinen und Werkzeugen bei unterschiedlichem Lohnanteil.

In einem Industriebetrieb ist die Erfassung der **Einzelkosten** für die verschiedenen Produkte (=Kostenträger) zumeist problemlos. Schwieriger ist es, für diese Kostenträger den Anteil an **Gemeinkosten** zu ermitteln, den sie bei der Leistungserstellung mitverursacht haben.

Deshalb wird der Betrieb in eine Vielzahl von **Kostenstellen** aufgegliedert, an denen die Gemeinkosten erfasst werden können. Auf diesem Wege lassen sich die Gemeinkosten verursachungsgerechter auf die Kostenträger verrechnen.

> Die Kostenstellenrechnung hat die Aufgabe, die Gemeinkosten an den Verursachungsorten zu erfassen, um sie genauer den Erzeugnissen zurechnen zu können.

6.2.2 Der Betriebsabrechnungsbogen (BAB)

Die Erfasung der Gemeinkosten eines Betriebes erfolgt mithilfe des **Betriebsabrechnungsbogens.** Er spiegelt die Gliederung in Kostenstellen wider, die je nach Bedarf und Zweckmäßigkeit gebildet wurden.

In einem Industriebetrieb werden zunächst **Kostenbereiche** ausgewiesen, die den wichtigsten betrieblichen Funktionen entsprechen:

- Materialbereich,
- Fertigungsbereich,
- Verwaltungsbereich,
- Vertriebsbereich.

Am Ende der Rechnungsperiode werden für jeden Kostenbereich die Gemeinkosten festgestellt, die dort bei der Aufgabenerfüllung entstanden sind.

Kostenverursachung in Kostenbereichen				
	Material	**Fertigung**	**Verwaltung**	**Vertrieb**
Gemeinkosten verursacht durch	Beschaffung Materialprüfung Lagerung	Konstruktion Teilefertigung Montage Endkontrolle	Direktion Rechnungswesen Personalwesen Organisation	Verkauf Vertreterprovision Werbung

Diese **Kostenbereiche** (= Hauptkostenstellen) sind in kleinere Abrechnungseinheiten untergliedert. Insbesondere erfolgt im Fertigungsbereich eine wesentlich breitere und auch tiefere Untergliederung bis hin zur Zusammenfassung einzelner Maschinen oder einiger Arbeitsplätze zu einer selbstständigen Kostenstelle. Die gesamte Kostenstellengliederung eines Betriebes wird in einem **Kostenstellenplan** ausgewiesen.

Wie weit die Kostenstellengliederung geht, hängt u. a. von der Betriebsgröße, dem Wirtschaftszweig, dem Fertigungsprogramm und den Möglichkeiten einer sinnvollen Abgrenzung ab.

Der Betriebsabrechnungsbogen zeigt die Gliederung eines Betriebes in Kostenstellen, an denen die Gemeinkosten verursacht wurden und für die sie erfasst werden müssen.

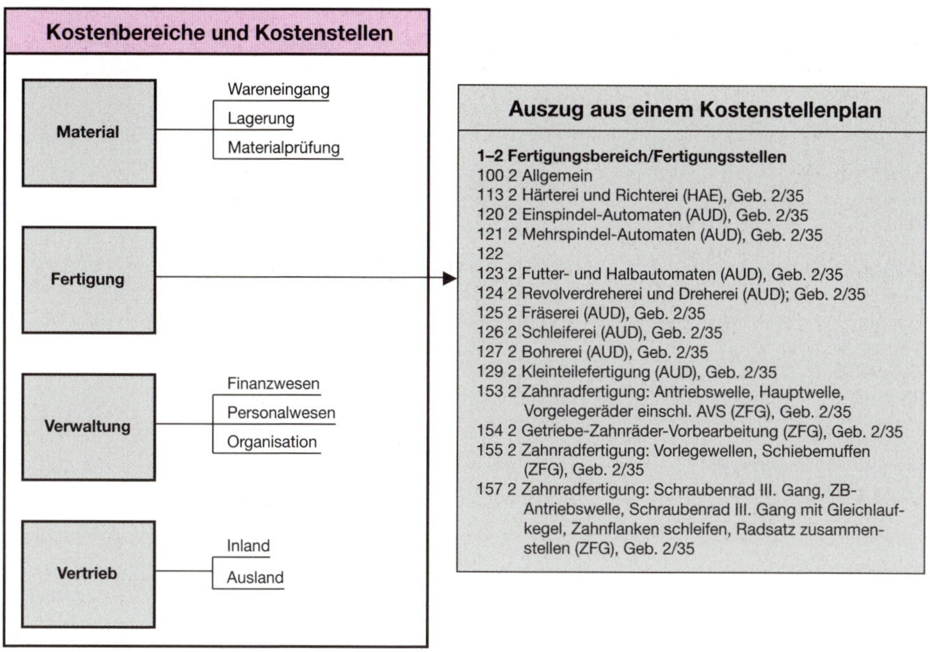

6.2.3 Die Verteilung der Gemeinkosten im Betriebsabrechnungsbogen

Die erfassten Gemeinkosten werden auf die Kostenstellen des **Betriebsabrechnungsbogens** verteilt. Lassen sich Kostenarten für eine Kostenstelle genau erfassen, dann spricht man von **Stelleneinzelkosten.** Ist eine solch genaue Erfassung nicht möglich, werden für die Verteilung der Gemeinkosten Schlüsselzahlen zur Hilfe genommen, die dem Verursachungsprinzip möglichst nahe kommen. Diese Kostenarten werden als **Stellengemeinkosten** bezeichnet.

Stelleneinzelkosten	
Kostenart	**erfasst z.B. durch**
Strom, Gas, Wasser,	Strom- und Gaszähler,
Fuhrparkkosten,	Kilometerzähler,
Hilfslöhne,	nach Lohnlisten,
Büromaterial,	Materialentnahmeschein,
Maschinenabschreibung	Anlagenkartei

Stellengemeinkosten	
Kostenart	**verteilt z.B. nach**
Heizungskosten,	cbm der beheizten Räume,
Beleuchtungskosten,	Anzahl der Lampen,
Reinigungskosten,	qm der Räume,
Abschreibung auf Verwaltungsgebäude	nach Beschäftigtenzahl

Die Beträge der verschiedenen Gemeinkostenarten werden entsprechend ihren Zurechnungsmöglichkeiten direkt oder über Verteilerschlüssel auf die eingerichteten Kostenstellen umgelegt.

Der Betriebsabrechnungsbogen in der Karosseriebau-GmbH

Kostenarten	EUR	Verteilergrundlagen	Material	Fertigung		Verwaltung	Vertrieb
				Karosserie	Lackierung		
Hilfsmaterial	72 500	Materialscheine	500	33 000	34 000	2 000	300
Energiekosten	319 000	Stromzähler	400	190 000	127 000	800	800
Hilfslöhne	92 000	Lohnlisten	1 000	50 000	40 000	200	800
Gehälter	250 000	Gehaltslisten	10 000	20 000	30 000	120 000	70 000
Abschreibungen	456 000	Anlagenkartei	20 000	250 000	136 000	30 000	20 000
sonstige Gemeinkosten	180 000	verschiedene Schlüssel	19 500	28 000	33 000	30 500	39 000
Gemeinkosten	1 369 500		51 400	571 000	400 000	213 500	133 600
			↑ Materialgemeinkosten	↑ Fertigungsgemeinkosten		↑ Verwaltungsgemeinkosten	↑ Vertriebgemeinkosten

6.2.4 Ermittlung der Zuschlagssätze

Die für die Kostenstellen/Kostenbereiche ermittelten Gemeinkostensummen werden den Kostenträgern mithilfe von **Zuschlagssätzen** zugerechnet. Für die Ermittlung der Zuschläge werden verschiedene Ausgangsbasen gewählt. Für die **Materialgemeinkosten** (MGK) sind die Materialeinzelkosten die Grundlage. Für die **Fertigungsgemeinkosten** (FGK) werden die Fertigungslöhne der entsprechenden Fertigungsstelle herangezogen. Die Gemeinkosten des Verwaltungs- und Vertriebsbereichs werden auf die Summe aller Materialkosten und Fertigungskosten = **Herstellkosten** bezogen. Vor Ermittlung der Zuschlagssätze für Verwaltungsgemeinkosten (VwGK) und Vertriebsgemeinkosten (VtGK) sind die **Herstellkosten des Abrechnungszeitraumes** (der Rechnungsperiode) um den Wert der Bestandsveränderungen bei unfertigen und fertigen Erzeugnissen (UE/FE) zu korrigieren. Die Zuschlagssätze für Verwaltungs- und Vertriebsgemeinkosten werden im Normalfall auf die **Herstellkosten des Umsatzes** bezogen.

Zuschlagsätze in der Karosseriebau-GmbH

	Materialeinzelkosten	514 000,00 EUR		
+	Materialgemeinkosten (MGK)	51 400,00 EUR		= 10 %
	Materialkosten		565 400,00 EUR	
	Fertigungslöhne Karosseriebau	228 400,00 EUR		
+	Fertigungsgemeinkosten (FGK I)	571 000,00 EUR		= 250 %
	Fertigungsgemeinkosten Karosseriebau		799 400,00 EUR	
	Fertigungslöhne Lackierung	128 000,00 EUR		
+	Fertigungsgemeinkosten (FGK II)	400 000,00 EUR		= 312,5 %
	Fertigungskosten Lackierung		528 000,00 EUR	
	Herstellkosten der Rechnungsperiode		1 892 800,00 EUR	
+	Bestandsminderung UE		45 700,00 EUR	
–	Bestandsmehrung FE		25 500,00 EUR	
	Herstellkosten des Umsatzes		1 913 000,00 EUR	
+	Verwaltungsgemeinkosten (VwGK)		213 500,00 EUR	= 11,16 %
+	Vertriebsgemeinkosten (VtGK)		133 600,00 EUR	= 6,98 %
	Selbstkosten		2 260 100,00 EUR	

6.3 Kostenträgerrechnung

6.3.1 Aufgaben der Kostenträgerrechnung

Die **Kostenträgerrechnung** soll die Frage beantworten: Wofür sind die Kosten im Betrieb entstanden? Welches Produkt hat sie verursacht?

Sie hat die Aufgabe, die Kosten der Leistungserstellung den verschiedenen Erzeugnissen möglichst verursachungsgemäß zuzurechnen. Die Kostenträgerrechnung wird im Folgenden ausschließlich als Stückrechnung verstanden.[1]

[1] In der betriebswirtschaftlichen Fachliteratur wird die Kostenträgerrechnung unterschieden in Kostenträgerstückrechnung und Kostenträgerzeitrechnung.

Vereinfachte schematische Darstellung der Kostenrechnung

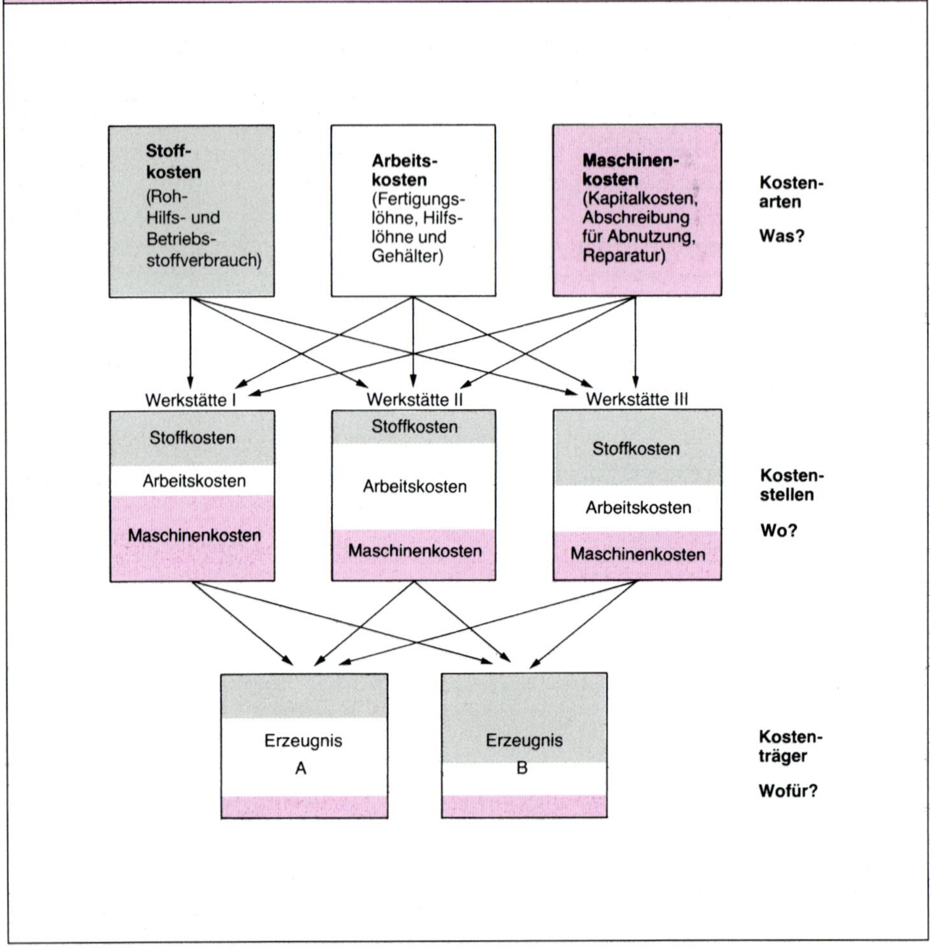

Die **Selbstkosten je Leistungseinheit** (Stückkosten) lassen sich nur ermitteln, wenn die Kostenarten nach Einzel- und Gemeinkosten aufgeschlüsselt werden und wenn die Gemeinkosten mithilfe des Betriebsabrechnungsbogens auf die Kostenstellen verteilt wurden.

Die **Kostenträgerrechnung** ist eine wichtige Voraussetzung für die **Kalkulation von Angebotspreisen.** Die ermittelten Einzelkosten – Fertigungsmaterial und Fertigungslohn – und die durch Zuschlagssätze verrechneten Gemeinkosten ergeben die **Selbstkosten je Leistungseinheit.** Bei Einzelfertigung lassen sich die **Stückkosten** so direkt ermitteln; bei Serien- oder Sortenfertigung müssen die Selbstkosten je Leistungseinheit durch die produzierte Menge geteilt werden, um die **Kosten je Stück** zu erhalten.

Zu diesen Stückkosten kommt ein **Gewinnzuschlag,** mit dem die Tätigkeit des Unternehmers, die Verzinsung des eingesetzten Kapitals und unternehmerische Risiken abgedeckt werden sollen. Um die endgültigen Verkaufspreise zu erhalten, sind außerdem Mehrwertsteuer, Skonto und Rabatt einzukalkulieren.

Stationen der Preisermittlung

Materialeinzelkosten	30,00 EUR
Lohneinzelkosten	23,35 EUR
+ Gemeinkostenzuschlag (200%)	46,70 EUR
Stückkosten:	100,05 EUR
+ Gewinnzuschlag (15%)	15,01 EUR
Barverkaufspreis:	115,06 EUR
+ 2% Kundenskonto	2,35 EUR
= Zielverkaufspreis	117,41 EUR
+ 10% Rabatt	13,05 EUR
= Listenverkaufspreis netto	130,46 EUR
+ 16% Umsatzsteuer	20,87 EUR
= Listenverkaufspreis brutto	151,33 EUR

Die Kostenträgerrechnung ermittelt die Selbstkosten je Leistungseinheit, die Stückkosten. Sie sind die Grundlage für die Kalkulation der Verkaufspreise.

Soweit Unternehmen den Absatzmarkt nicht beeinflussen können, weil sie sich z. B. an einem gegebenen Marktpreis orientieren müssen, dient die Kalkulation dazu, eine **Preisuntergrenze** zu ermitteln.[1]

Für die Zurechnung der Kosten zu den verschiedenen Kostenträgern gibt es im betrieblichen Rechnungswesen zwei Hauptformen:

- die **Divisionskalkulation,**
- die **Zuschlagskalkulation.**

Welche Verfahren angewendet werden, hängt wesentlich vom Produktionsprogramm, von den Fertigungsverfahren und nicht zuletzt von der Größe eines Betriebes ab.

6.3.2 Divisionskalkulation

Die Anwendung der Divsionskalkulation setzt grundsätzlich voraus, dass die Kosten eines Zeitabschnitts nur einen einheitlichen Kostenträger betreffen.

Alle Kosten der Leistungserstellung lassen sich in einer einzigen Kostenstelle zusammenfassen. In der einfachsten Form werden die gesamten Kosten des Betriebes für die Divisionskalkulation zu Grunde gelegt.

Betriebe mit einheitlicher Leistung

Steinbrüche, Kieswerke, Gaswerke, Elektrizitätswerke, Zementfabriken

Durch einfache Division der gesamten Selbstkosten (K) der Leistungserstellung durch die Gesamtmenge an Leistungen (m) ergeben sich die Selbstkosten je Einheit, die Stückkosten.

$$\text{Stückkosten (k)} = \frac{\text{Selbstkosten in EUR (K)}}{\text{Leistungseinheiten in Stück/kg/m}}$$

Die Divisionskalkulation lässt sich auch bei einem gegliederten Fertigungsprogramm anwenden, wenn wenigstens ein Teil der Selbstkosten den verschiedenen Erzeugnissen eindeutig zurechenbar sind, z. B. bei Fertigung in zwei verschiedenen Fertigungsstellen. Die Selbstkostenermittlung nach dem Verursachungsprinzip wird dadurch genauer.

[1] Ausführliche Darstellung Abschnitt 6.4.4.

Kostenermittlung in einem Schraubenwerk
Ein Schraubenwerk, das zwei Sorten von Schrauben für den Stahlbau produziert, hat bisher die Fertigungskosten im Divisionsverfahren ermittelt, wobei alle Kosten dieses Bereiches zusammengefasst wurden. Da es sich aber um zwei grundverschiedene Produktionsvorgänge handelt, die auch in zwei verschiedenen Werksteilen erfolgen, soll der Fertigungsbereich in Kostenstelle I und Kostenstelle II aufgegliedert werden. Der Vergleich der Fertigungskosten je Stück ergab:

Divisionskalkulation	**vor der Aufgliederung**	**nach der Aufgliederung**	
	Fertigungsbereich	Fertigungsstelle I	Fertigungsstelle II
Fertigungskosten / Stückzahl (m) = **Stückkosten** der Fertigung	240 000,00 EUR / 120 000 Stück = 2,00 EUR	160 000,00 EUR / 100 000 Stück = 1,60 EUR	80 000,00 EUR / 20 000 Stück = 4,00 EUR

Die Divisionskalkulation ist ein Kalkulationsverfahren, das bei einem einheitlichen Produktionsprogramm angewendet werden kann. Die Stückkosten ergeben sich durch Division der Gesamtkosten durch die Leistungsmengen.

6.3.3 Zuschlagskalkulation

Die Zuschlagskalkulation findet Anwendung in Betrieben, die verschiedene Produkte herstellen, z.B. Küchengeräte aller Art, verschiedene Werkzeuge, unterschiedliche Typen von Motoren. Sie ist auch das geeignete Kalkulationsverfahren, wenn der Leistungsprozess in einem Betrieb sehr arbeitsteilig organisiert ist.

Ebenso wie bei der Divisionskalkulation gibt es auch bei der Zuschlagskalkulation verschiedene Verfahren, je nach Inanspruchnahme der Kostenstellenrechnung. Für alle Verfahren ist jedoch eine wichtige Voraussetzung zu einer verursachungsgerechten Kostenermittlung, dass die Kostenarten in Einzelkosten und Gemeinkosten aufgegliedert werden.

Die Zuschlagskalkulation ist ein Kalkulationsverfahren, mit dem in Mehrproduktbetrieben und bei vielfältigen Produktionsvorgängen die Kosten erfasst und für eine verursachungsgerechte Preisermittlung aufbereitet werden sollen.

► Die summarische Zuschlagskalkulation

Die summarische Zuschlagskalkulation ist einfach zu handhaben. Sie erfordert keine Kostenstellenrechnung. Bei ihr werden die gesamten Gemeinkosten in einem einheitlichen Zuschlagssatz weiterverrechnet. Dabei ist die Wahl der Zuschlagsbasis von entscheidender Bedeutung. Es ist eine Basis zu wählen, zu der die Gemeinkostenentwicklung annähernd proportional verläuft.

Bei materialintensiven Betrieben kann das Fertigungsmaterial als Grundlage gewählt werden. Bei einer arbeitsintensiven Fertigung ist dagegen anzunehmen, dass sich die Gemeinkosten eher zu den Fertigungslöhnen proportional verhalten.

Ermittlung des Lohnzuschlags

Fertigungslöhne der Abrechnungsperiode	80000,00 EUR
Gemeinkosten der Abrechnungsperiode	120000,00 EUR
Gemeinkostenzuschlag in % der Fertigungslöhne	150 %

Ermittlung der Stückkosten

Fertigungsmaterial	70,00 EUR
Fertigungslöhne	80,00 EUR
+ Gemeinkostenzuschlag 150 % der Fertigungslöhne	120,00 EUR
Stückkosten	270,00 EUR

▶ *Die erweiterte Zuschlagskalkulation*

Die erweiterte Zuschlagskalkulation bedient sich der Ergebnisse der **Kostenstellenrechnung.** Mithilfe des Betriebsabrechnungsbogens werden verschiedene Zuschlagssätze ermittelt. Sind die bei der Herstellung eines Erzeugnisses anfallenden Einzelkosten, Fertigungsmaterial und Fertigungslöhne, bekannt, lassen sich damit die Selbstkosten für einen Auftrag kalkulieren.

Selbstkostenermittlung und erweiterte Zuschlagskalkulation

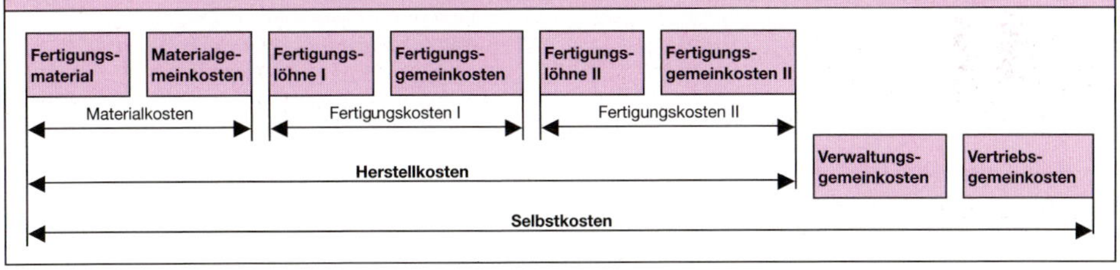

Angebotskalkulation bei der Metallbau-GmbH

Die Metallbau-GmbH wird vom Architekturbüro Schreiner aufgefordert, ein Angebot über 20 Spezialmetalltüren für den Bau einer Tiefgarage abzugeben.

Die Betriebsbuchhaltung veranschlagt den Materialverbrauch (Einzelkosten) mit 6500,00 EUR, die Fertigungslöhne des Bereiches I mit 1800,00 EUR und im Bereich II mit 1400,00 EUR. Kalkuliert wird mit folgenden Zuschlägen: MGK: 40 %, FGK I: 80 %, FGK II: 120 %, Vw- und VtGK: 22 %. Es soll mit einem Gewinnzuschlag von 17 % kalkuliert werden.

	Fertigungsmaterial	6 500,00 EUR	
+	40 % Materialgemeinkosten (MGK)	2 600,00 EUR	
	Materialkosten		9 100,00 EUR
	Fertigungslöhne I	1 800,00 EUR	
+	80 % Fertigungsgemeinkosten I (FGK I)	1 440,00 EUR	
	Fertigungskosten I		3 240,00 EUR
	Fertigungslöhne II	1 400,00 EUR	
+	120 % Fertigungsgemeinkosten II (FGK) II)	1 680,00 EUR	
	Fertigungskosten II		3 080,00 EUR
	Herstellkosten		15 420,00 EUR
+	22 % Verwaltungs- und Vertriebsgemeinkosten (Vw-/VtGK)		3 392,40 EUR
	Selbstkosten		18 812,40 EUR
+	17 % Gewinnzuschlag		3 198,10 EUR
	Angebotspreis (ohne Mehrwertsteuer)		22 010,50 EUR

6.3.4 Kalkulation mit Maschinenstundensätzen

Viele industrielle Fertigungsprozesse vollziehen sich heute mit einem hohen Einsatz an Maschinen, Automaten oder Robotern. Der Anteil an menschlicher Facharbeit nimmt ab. In den Fertigungsgemeinkosten sind daher große Kostenanteile enthalten, die ausschließlich mit dem Maschineneinsatz zusammenhängen und die weniger durch die menschliche Arbeitskraft bedingt sind.

Im Fertigungsbereich Fräserei können Erzeugnisse in großer Zahl halbautomatisch gefräst werden, wobei die Bedienung durch eine angelernte Arbeitskraft erfolgt. In der gleichen Fräserei wird zu gleicher Zeit von mehreren Facharbeitern ein hochwertiges Werkstück bearbeitet. Die Basis Fertigungslöhne kann deshalb zu falschen Ergebnissen bei der Selbstkostenermittlung und damit zu falschen Verkaufspreisen führen.

In der Kostenrechnung werden daher die **maschinenabhängigen Gemeinkosten** aus den gesamten Fertigungsgemeinkosten der betreffenden Kostenstellen herausgerechnet. Anschließend werden sie zu den **Laufstunden** der Maschine in Beziehung gesetzt. Damit erhält man den **Maschinenstundensatz.**

Maschinenabhängige Gemeinkosten

Abschreibungen vom Anschaffungswert, Raumkosten entsprechend Platzbedarf, Zinsen für eingesetztes Kapital, Reparaturkosten, Energiekosten (gemäß Leistungsangaben der Hersteller), Kosten für Spezialwerkzeuge

Die auf dieser Fertigungskostenstelle verbleibenden Fertigungsgemeinkosten werden als **Restgemeinkosten** bezeichnet. Sie werden wie bisher auf der Basis der Fertigungslöhne dem Kostenträger angelastet.

Berechnung eines Maschinenstundensatzes in einer Formerei

Kostenarten	Gesamte Gemeinkosten	Maschinenkosten	Restgemeinkosten
Hilfsstoffe	11 970,00 EUR	—	11 970,00 EUR
Betriebsstoffe	21 043,00 EUR	—	21 043,00 EUR
Energiekosten	3 810,00 EUR	2 720,00 EUR	1 090,00 EUR
Hilfslöhne/Gehälter	10 791,00 EUR	—	10 791,00 EUR
Instandhaltungskosten	26 104,00 EUR	15 040,00 EUR	11 064,00 EUR
Raumkosten	21 250,00 EUR	11 200,00 EUR	10 050,00 EUR
Abschreibungen	32 010,00 EUR	22 000,00 EUR	10 910,00 EUR
Kalkulatorische Zinsen	6 510,00 EUR	2 480,00 EUR	4 030,00 EUR
Sonstige Kosten	5 612,00 EUR	4 160,00 EUR	1 452,00 EUR
Summe	140 000,00 EUR	57 600,00 EUR	82 400,00 EUR
Bezugsgrundlagen: Laufstunden		3 200 Stunden	
Fertigungslöhne			65 920,00 EUR

Maschinenstundensatz: $\frac{57\,600{,}00 \text{ EUR}}{3\,200 \text{ Stunden}} = \underline{\underline{18{,}00 \text{ EUR/Stunde}}}$

Restgemeinkostenzuschlag: $\frac{82\,400{,}00 \text{ EUR} \cdot 100\ \%}{65\,920{,}00 \text{ EUR}} = \underline{\underline{125\ \%}}$

Bei der Kalkulation von Angebotspreisen werden die maschinenabhängigen Kosten eines Fertigungsbereiches in Maschinenstundensätzen verrechnet. Die Restgemeinkosten werden in Prozent auf die Fertigungslöhne zugeschlagen.

6.4 Kosten und Beschäftigung

6.4.1 Beschäftigungsgrad und Kapazität

Das Leistungsvermögen eines Betriebes, die **Kapazität,** ergibt sich aus der normalen Nutzung der Produktionsanlagen bei normaler Leistung aller Beschäftigten. Schwankende Absatzmöglichkeiten bedingen entweder eine Erhöhung oder eine Reduzierung der Produktionsmengen. Die unterschiedliche Auslastung der betrieblichen Kapazität wird im **Beschäftigungsgrad** ausgedrückt.

$$\text{Beschäftigungsgrad} = \frac{\text{genutzte Kapazität} \cdot 100}{\text{normale Kapazität}}$$

6.4.2 Fixe und variable Kosten

Schwankungen des Beschäftigungsgrades haben unterschiedliche Auswirkungen auf die Kostensituation des Betriebes.

▶ Fixe Kosten

- **Fixe Kosten** (K_f) sind unabhängig von der Produktionsmenge (m). Sie entstehen, ob der Betrieb einen Beschäftigungsgrad von 80% hat oder stillsteht. Zu diesen fixen Kosten zählen Mieten, Zinsen, Versicherungsprämien, teilweise Abschreibungen.

  Je höher der Beschäftigungsgrad jedoch ist, desto geringer ist der Anteil der fixen Kosten, die auf jedes einzelne Erzeugnis entfallen (k_f).

m	K_f	k_f
0	1 200	
100	1 200	12
200	1 200	6
300	1 200	4
400	1 200	3
500	1 200	2,4

Kosten und Beschäftigungsgrad

Verlauf der fixen Gesamtkosten

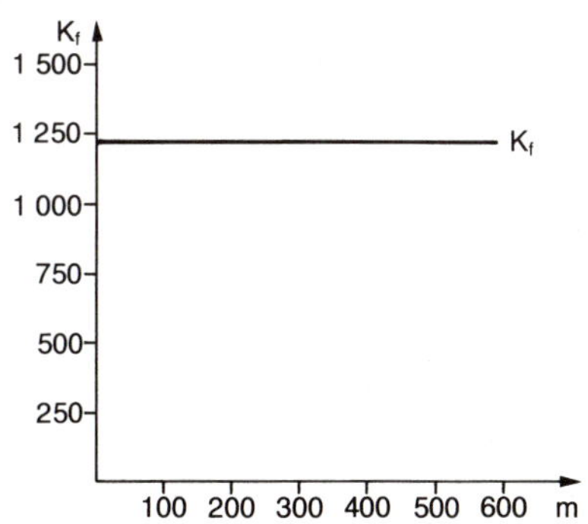

Verlauf des Fixkostenanteils je Stück

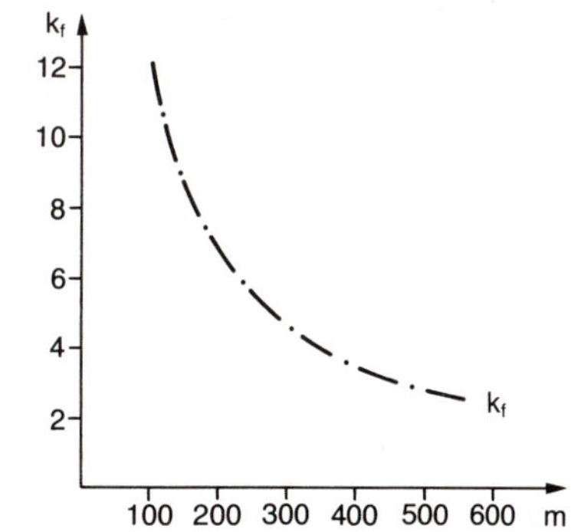

▶ *Variable Kosten*

Ein anderer Teil der Gesamtkosten verändert sich dagegen mit den Beschäftigungsschwankungen. Diese **variablen Kosten** (K_v) können sich dabei unterschiedlich entwickeln. Sie können **proportional, unter- oder überproportional** zunehmen oder abnehmen.

Fixe Kosten sind beschäftigungsunabhängige Kosten. Variable Kosten ändern sich mit dem Beschäftigungsgrad.

- **Proportionale Kosten** verändern sich bei schwankendem Beschäftigungsgrad in gleichen Raten. Der Kostenzuwachs oder die Kostenabnahme ist stets gleich. Dies ist z. B. der Fall beim Verbrauch an Fertigungsmaterial und bei Fertigungslöhnen.

m	K_v	k_v
0	–	–
100	800	8
200	1 600	8
300	2 400	8
400	3 200	8
500	4 000	8

Kostenkurven bei proportionalem Kostenverlauf

Verlauf der variablen Gesamtkosten (K_v)	Verlauf der variablen Stückkosten (k_v)

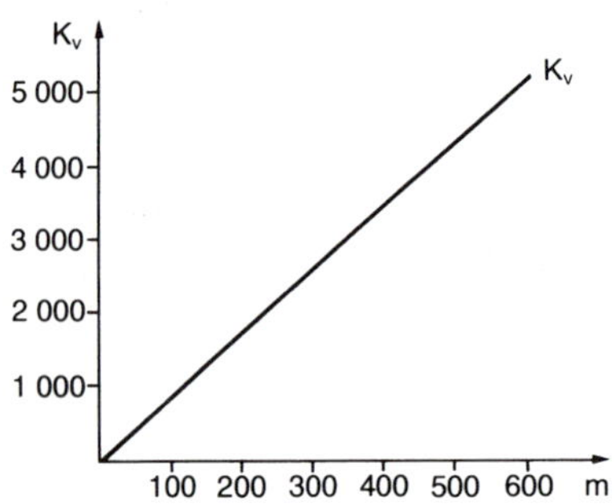

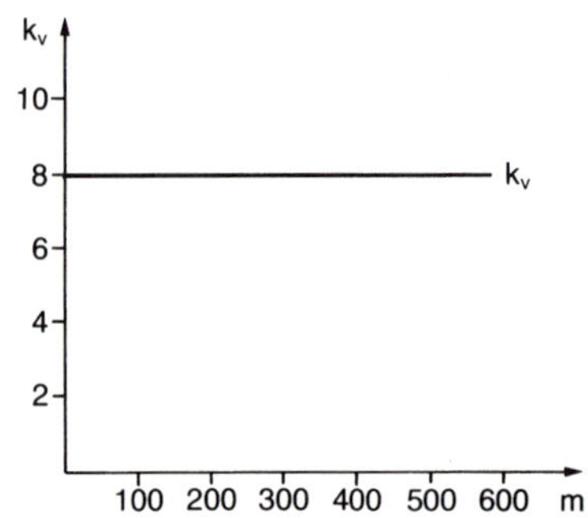

- **Unterproportionale Kosten** steigen oder fallen schwächer als sich der Beschäftigungsgrad ändert. Dies trifft zu z. B. bei den Wartungskosten für Maschinen oder durch die Inanspruchnahme von Mengenrabatten beim Einkauf von Material.

m	K_v	k_v
100	1 000	10
200	1 400	7
300	1 700	5,6
400	1 900	4,25
500	2 000	4

Kostenkurven bei unterproportionalem Kostenverlauf

Verlauf der variablen Gesamtkosten (K_v)	Verlauf der variablen Stückkosten (k_v)

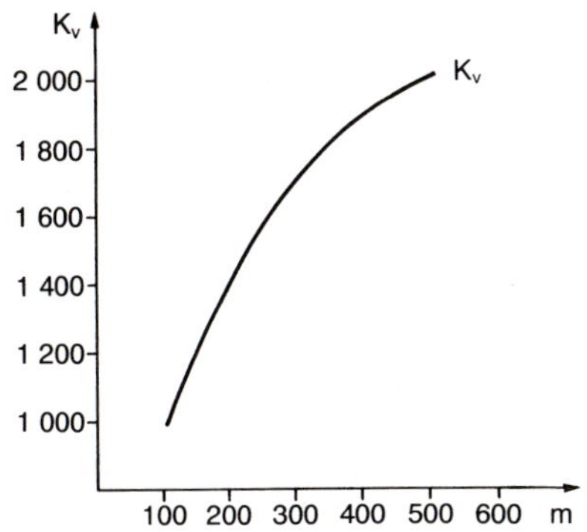

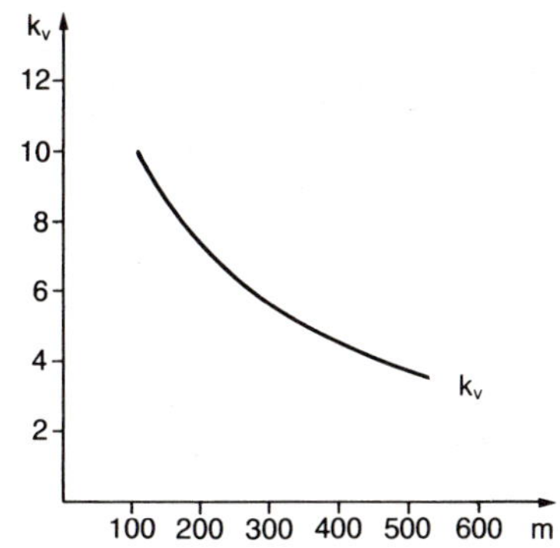

- **Überproportionale Kosten** steigen oder fallen stärker, als sich der Beschäftigungsgrad ändert. Die Zahlung von Überstundenzuschlägen oder das Fahren eines Fahrzeuges mit Höchstgeschwindigkeit haben überproportionalen Kostenanstieg zur Folge.

m	K_v	k_v
100	320	3,2
200	750	3,75
300	1 200	4,3
400	2 000	5,00
500	3 000	6,00

Kostenkurven bei überproportionalem Kostenverlauf

Verlauf der variablen Gesamtkosten (K_v)	Verlauf der variablen Stückkosten (k_v)

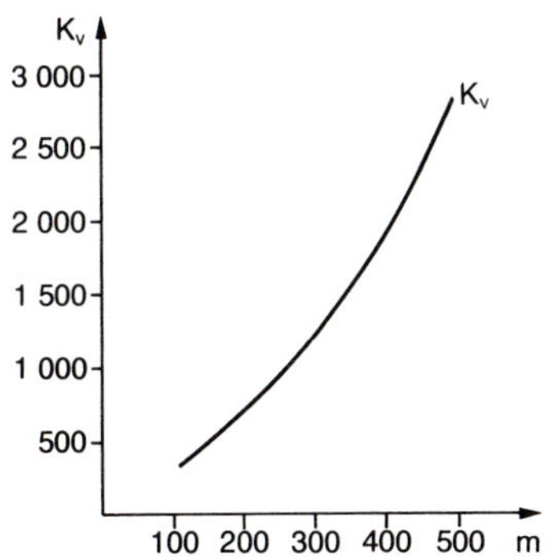

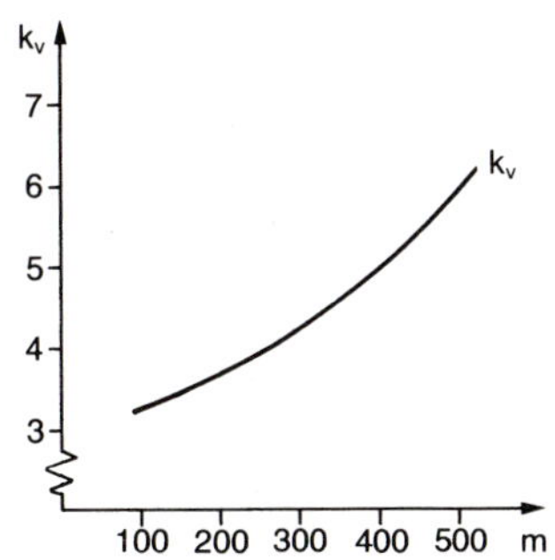

- Die **Gesamtkosten** eines Betriebes ergeben sich aus der Addition der fixen Kosten und der variablen Kosten. Der Verlauf der Gesamtkostenkurve zeigt, wie hoch die Gesamtkosten bei einer bestimmten Ausbringungsmenge sind, z. B. bei einem bestimmten Beschäftigungsgrad.

Gesamtkostenkurve bei proportionalen variablen Kosten

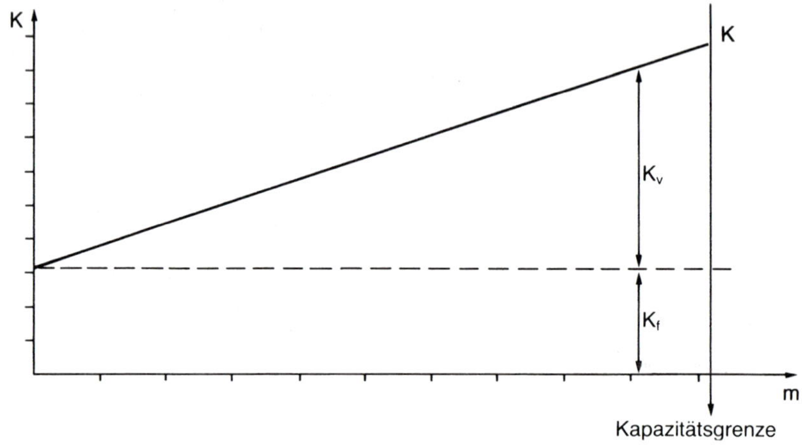

6.4.3 Die Nutzenschwelle

Das Unternehmensziel, Gewinne zu erzielen, ist nur dann zu verwirklichen, wenn die erzielbaren Gesamterlöse (Menge · Preis) die bei der Produktion entstandenen Gesamtkosten, fixe und variable Kosten, decken. Bei einem gegebenen Marktpreis ist dieses Ziel erst ab einer bestimmten Ausbringungsmenge zu erreichen, da nicht nur die variablen Stückkosten, sondern auch die anteiligen Fixkosten verdient werden müssen. Die Menge, ab der ein Gewinn zu erzielen ist, gibt die **Nutzenschwelle,** den Break-even-Point, des Betriebes an.

Die Nutzenschwelle bei proportionalen variablen Kosten

Bei der Produktion eines Pkw-Ersatzteils entstehen fixe Kosten von 1200,00 EUR und variable Stückkosten von 8,00 EUR; der Verkaufspreis beträgt 12,00 EUR.

m	K_f	+ K_v	= K	Erlöse	Verlust	Gewinn
0	1 200	–	1 200	–	1 200	–
100	1 200	800	2 000	1 200	800	–
200	1 200	1 600	2 800	2 400	400	–
300	1 200	2 400	3 600	3 600	–	–
400	1 200	3 200	4 400	4 800	–	400
500	1 200	4 000	5 200	6 000	–	800

Die Nutzenschwelle dieser Produktion liegt bei 300 Einheiten. Das Gewinnmaximum ist an der Kapazitätsgrenze zu erzielen.

Die Nutzenschwelle ist grafisch und rechnerisch zu ermitteln:

Rechnerische Ermittlung der Nutzenschwelle

Kosten = Erlöse

$K_f + K_v = E$

$K_f + k_v \times m = p \times m$

$1\,200 + 8\,m = 12\,m$

$4\,m = 1\,200$

$m = \underline{\underline{300}}$

Die Nutzenschwelle liegt bei 300 Teilen.

Grafische Ermittlung der Nutzenschwelle

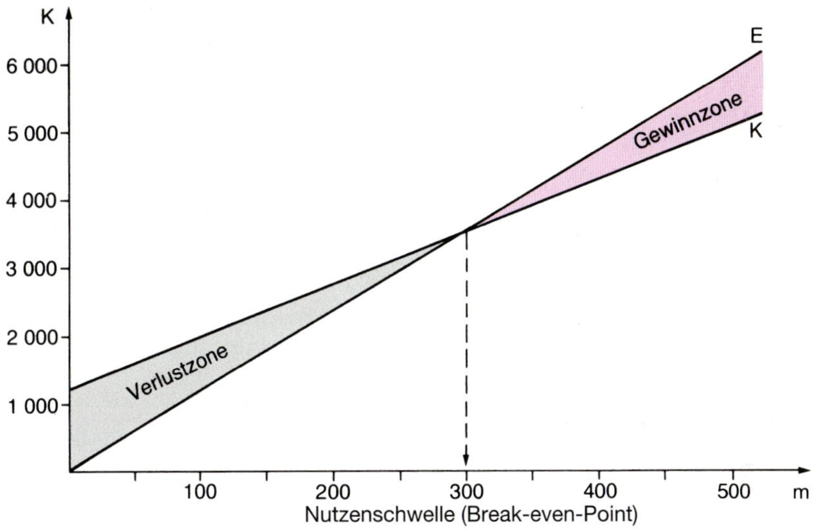

6.4.4 Teilkostenrechnung

► Die Preisuntergrenze

Im Wettbewerb kann es manchmal erforderlich sein, die Preise seiner Erzeugnisse so herabzusetzen, dass teilweise auf Gewinn, in besonderen Fällen sogar auf die Erstattung der vollen Kosten **(Vollkostenrechnung)**[1] verzichtet werden muss. Gründe hierfür können sein, dass absatzschwache Zeiten überbrückt werden sollen, ohne Personal entlassen zu müssen. Es kann auch im Interesse des Unternehmens liegen, gegenüber den Kunden die Lieferbereitschaft für das gesamte Produktionsprogramm aufrecht zu erhalten, selbst wenn bei einigen Produkten Gewinn nicht mehr zu erzielen ist.

Bei der Suche nach dem niedrigsten, gerade noch vertretbaren Preis, nach der **Preisuntergrenze,** ist von der Überlegung auszugehen, wie sich eine Herabsetzung der Preise auf die Ertragslage des Unternehmens auswirkt.

[1] Vgl. Kostenträgerrechnung, Kapitel 6.3

Auswirkungen verschiedener Verkaufspreise auf die Ertragslage											
m	Kosten			Erträge (E) bei							
				p = 9		p = 10		p = 11		p = 13	
	K_f	K_v	K	E	Erfolg	E	Erfolg	E	Erfolg	E	Erfolg
0	150	–	150	–	–150	–	–150	–	–150	–	–150
10	150	100	250	90	–160	100	–150	110	–140	130	–120
20	150	200	350	180	–170	200	–150	220	–130	260	– 90
30	150	300	450	270	–180	300	–150	330	–120	390	– 60
40	150	400	550	360	–190	400	–150	440	–110	520	– 30
50	150	500	650	450	–200	500	–150	550	–100	650	0
60	150	600	750	540	–210	600	–150	660	– 90	780	+ 30

Erfolg: – = Verlust; + = Gewinn

Die Tabelle zeigt, dass bei einer vorübergehenden Stilllegung auf jeden Fall Verlust entsteht, und zwar in Höhe der fixen Kosten. Aus der Tabelle wird auch ersichtlich, dass bei einem Preis von 9 dieser Verlust mit zunehmender Ausbringung noch größer wird.

Bei einem Preis von 10 werden mit steigender Produktionsmenge immer die variablen Kosten je Stück durch den Preis abgedeckt. Der Verlust bleibt unverändert in Höhe der fixen Kosten, also genauso groß wie bei einer Betriebsstilllegung. Damit ist die **Preisuntergrenze** erreicht.

Bei Preisen über 10 lässt sich dieser Verlust mit zunehmender Ausbringung vermindern, bis er schließlich bei einem Preis von 13 an der Nutzenschwelle (Break-even-Point) 0 ist. Erst ab der Menge 50 wird Gewinn erzielt.

Die Preisuntergrenze für ein Produkt ist dann erreicht, wenn durch den Verkaufspreis gerade noch die variablen Stückkosten gedeckt werden.

Preisuntergrenze und ungedeckte Fixkosten

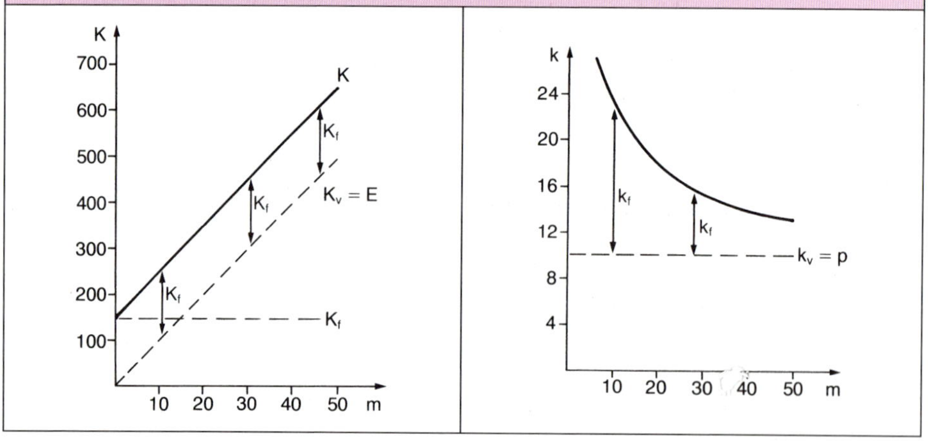

▶ Der Deckungsbeitrag

Bei der Teilkostenrechnung ist es unerlässlich, die fixen und variablen Kosten für jeden Kostenträger zu ermitteln. In den variablen Kosten sind dabei sowohl die Einzelkosten enthalten als auch die Gemeinkosten, die variabel zum Beschäftigungsgrad entstehen.

Lassen sich auf dem Markt für die Produktion Preise erzielen, die höher als die variablen Stückkosten sind, dann können mit diesem Mehrerlös die Fixkosten entweder ganz oder teilweise gedeckt werden. Diese Mehrerlöse bezeichnet man daher als **Deckungsbeitrag.** Dabei kommt es nicht darauf an, dass jedes Produkt die von ihm verursachten Fixkosten allein abzudecken in der Lage ist. Entscheidend ist, dass sämtliche Produkte des Produktionsprogramms Deckungsbeiträge erwirtschaften, mit denen die gesamten fixen Kosten abzudecken sind und schließlich Gewinn erzielt wird.

Der Deckungsbeitrag ist der über die variablen Kosten hinausgehende Mehrerlös, mit dem die fixen Kosten gedeckt werden können.

Deckungsbeiträge und Betriebsgewinn

In einem Industriebetrieb, der Fensterverkleidungen aller Art herstellt, hat man beschlossen, mithilfe der Deckungsbeitragsrechnung herauszufinden, welches seiner Hauptprodukte am meisten zum Betriebsergebnis beiträgt. Die Betriebsbuchhaltung hat die gesamten variablen und fixen Kosten ermittelt und aufgeschlüsselt. Auch die Umsatzerlöse je Kostenträger, Rollläden und Jalousien, wurden ermittelt.

	Gesamt (EUR)	Rollläden (EUR)	Jalousien (EUR)
Verkaufserlöse – variable Kosten	1 080 900,00 660 680,00	708 800 441 350	372 100 219 330
Deckungsbeitrag – fixe Kosten	420 220,00 382 680,00	267 450 – 202 350	152 770 – 180 330
Betriebsergebnis	+ 37 540,00	+ 65 100	– 27 560

Die Kostenanalyse zeigt, dass das Produkt Jalousien die verursachten fixen Kosten nur zum Teil deckt, während das Produkt Rollläden sowohl die eigenen Fixkosten trägt als auch die restlichen Fixkosten für die Jalousienfertigung abdeckt und einen Betriebsgewinn erbringt.

6.4.5 Kostenanalyse als Entscheidungshilfe

Investitionsentscheidungen sind von der langfristig absetzbaren Produktmenge sowie von den voraussichtlich erzielbaren Absatzpreisen abhängig. Darüber hinaus ist für die Wirtschaftlichkeit einer Investition entscheidend, welche Auswirkungen sich für die **Kostenstruktur** ergeben.

Daher ist vor jeder Investition ein **Kostenvergleich** erforderlich. Die wichtigste Rolle spielen dabei die Kapazität der Investition sowie die Höhe von fixen und variablen Kosten.

Es gilt, die Ausbringungsmenge festzustellen, ab der das technisch höherwertige Produktionsverfahren kostengünstiger produziert. Diese Fertigungsmenge wird als **kritische Menge** bezeichnet.

Investitionsentscheidung in einem Schmiedebetrieb

Für die Erweiterung der Produktion von Zinkteilen für die Schiffsindustrie soll eine Maschine beschafft werden. Es stehen zwei Aggregate zur Wahl:

Halbautomat: Anschaffungskosten 10000,00 EUR, 10 Jahre Nutzungsdauer, lineare Abschreibung; Kapazität 1000 Teile/Jahr; variable Stückkosten 7,50 EUR.

Vollautomat: Anschaffungskosten 30000,00 EUR; Nutzungsdauer 10 Jahre; lineare Abschreibung; Kapazität 1000 Teil/Jahr; variable Stückkosten 3,50 EUR.

Ab welcher Menge produziert der Vollautomat kostengünstiger?

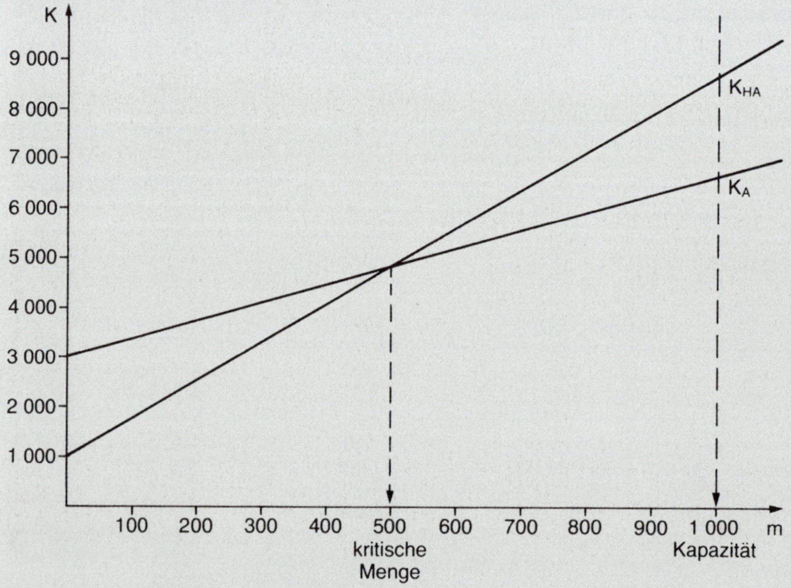

Die kritische Menge liegt bei 500 Teilen im Jahr.

Die **kritische Menge** (m) lässt sich rechnerisch ermitteln:

Kosten/Halbautomat = Kosten/Vollautomat

$$\begin{aligned} K_f + k_v \cdot m &= K_f + k_v \cdot m \\ 1000 + 7{,}5 \cdot m &= 3000 + 3{,}5 \cdot m \\ 4\,m &= 2000 \\ m &= \underline{\underline{500}} \end{aligned}$$

Die kritische Menge liegt bei 500 Teilen.

Die kritische Menge gibt die Ausbringungsmenge an, bei der zwischen zwei Fertigungsverfahren Kostengleichheit besteht.

6.5 Der Jahresabschluss

Jeder Unternehmer hat dafür zu sorgen, dass sein Unternehmen wirtschaftlich arbeitet. Er wird Aufzeichnungen machen, um die Vorgänge in seinem Betrieb erfassen und beobachten zu können. Diese Aufgabe übernimmt die Buchhaltung. Sie liefert dem Unternehmer auch die für die Kalkulation notwendigen Werte.

6.5.1 Das Inventar

Die buchhalterischen Aufzeichnungen in jedem Gewerbebetrieb beginnen mit der Feststellung des Vermögens und der Schulden. Die gesetzlichen Vorschriften finden sich in den §§ 240, 241 HGB. Das Vermögen und die Schulden wurden durch Messen, Zählen und Wiegen festgestellt und aufgezeichnet. Diese Aufzeichnungen erfolgen in einem **Inventar.**

Ein Inventar ist ein ausführliches Verzeichnis aller Vermögensteile und Schulden nach Art, Menge und Wert. Die Tätigkeit, ein Inventar zu erstellen, wird Inventur genannt.

Aus dem Handelsgesetzbuch

§ 240 Inventar

(1) Jeder Kaufmann hat zu Beginn seines Handelsgewerbes seine Grundstücke, seine Forderungen und Schulden, den Betrag seines baren Geldes sowie seine sonstigen Vermögensgegenstände genau zu verzeichnen und dabei den Wert der einzelnen Vermögensgegenstände und Schulden anzugeben.

(2) Er hat demnächst für den Schluss eines jeden Geschäftsjahres ein solches Inventar aufzustellen. Die Dauer des Geschäftsjahrs darf zwölf Monate nicht überschreiten.

Der Abschluss eines Inventars erfolgt dadurch, dass von den erfassten Vermögenswerten die festgestellten Schulden (Verbindlichkeiten) abgezogen werden. Damit ermittelt man das **Reinvermögen.** Es entspricht dem **Eigenkapital** des Unternehmens.

	Vermögen
–	Schulden
	Reinvermögen (= Eigenkapital)

6.5.2 Die Bilanz

Aufgrund gesetzlicher Vorschriften ist jeder Unternehmer verpflichtet, eine **Bilanz** zu erstellen. Das Handelsgesetzbuch verlangt eine Bilanz bei der Gründung und zum Ende eines jeden Geschäftsjahres.

§ 242 Handelsgesetzbuch

(1) Der Kaufmann hat zu Beginn seines Handelsgewerbes und für den Schluss eines jeden Geschäftsjahres einen das Verhältnis seines Vermögens und seiner Schulden darstellenden Abschluss (Eröffnungsbilanz, Bilanz) aufzustellen.

Ein Inventar ist in der Regel ein sehr umfangreiches Zahlenwerk. Eine klare Übersicht über Vermögen und Schulden ist damit noch sehr erschwert. Daher werden in einer Bilanz gleichwertige Inventarpositionen zusammengefasst. Außerdem werden sämtliche **Vermö-**

genswerte (Aktiva) sämtlichen **Schulden und dem Eigenkapital** gegenübergestellt **(Passiva).** Die Aktivseite der Bilanz wird untergliedert in **Anlagevermögen** und **Umlaufvermögen.** Anlagevermögen sind die Gegenstände, die bestimmt sind, dem Geschäftsbetrieb dauernd zu dienen. Sie sind also langfristiger im Betrieb als Umlaufvermögen. Schulden werden in der Bilanz als **Fremdkapital** zusammengefasst.

Inventar des Elektrogroßhandels M. Roth, Augsburg, zum 31. Dezember ..		
I. **Vermögen**		
1. **Geschäftshaus,** Burgstraße 10		235 000,00 EUR
2. **Lager- und Ladeneinrichtung** (laut Verzeichnis 1)		15 000,00 EUR
3. **Werkstatteinrichtung** (laut Verzeichnis 2)		76 350,00 EUR
4. **Büroeinrichtung** (laut Verzeichnis 3)		26 300,00 EUR
5. **Waren**		
Kühlschranke und -truhen (laut Verzeichnis 4)	22 500,00 EUR	
Waschmaschinen (laut Verzeichnis 5)	14 640,00 EUR	
Elektroherde (laut Verzeichnis 6)	24 720,00 EUR	
Geschirrspülmaschinen (laut Verzeichnis 7)	7 520,00 EUR	
Fernsehgeräte (laut Verzeichnis 8)	28 400,00 EUR	
Rundfunkgeräte (lauf Verzeichnis 9)	15 110,00 EUR	
Sonstige Kleingeräte (laut Verzeichnis 10)	14 500,00 EUR	127 390,00 EUR
6. **Reparaturteile** (laut Verzeichnis 11)		13 50,00 EUR
7. **Forderungen aus Warenlieferungen und Reparaturleistungen**		
Karl Munker, hier	1 679,00 EUR	
Fritz König, hier	2 231,00 EUR	
Lenz & Ziegel, hier	3 990,00 EUR	7 900,00 EUR
8. **Kassenbestand**		2 380,00 EUR
9. **Bankguthaben**		
Städtische Girokasse	4 580,00 EUR	
Dresdner Bank	11 690,00 EUR	16 270,00 EUR
Summe des Vermögens		520 090,00 EUR
II. **Schulden**		
1. **Hypothekenschuld** auf Gebäude		185 000,00 EUR
2. **Bankkredit** bei Dresdner Bank		43 000,00 EUR
3. **Verbindlichkeiten** aus Lieferungen		
ELO-GmbH, Frankfurt	15 670,00 EUR	
Einkaufsgenossenschaft, hier	36 830,00 EUR	
Paul & Co., hier	4 580,00 EUR	
Ludwig Rädrich KG, München	28 260,00 EUR	85 340,00 EUR
Summe der Schulden		313 340,00 EUR
III. **Ermittlung des Eigenkapitals (Reinvermögen)**		
1. Summe des Vermögens		520 090,00 EUR
2. Summe der Schulden		313 340,00 EUR
Eigenkapital		206 750,00 EUR

Bilanz des Elektrogroßhandels M. Roth, Augsburg

Aktiva		**Passiva**	
Anlagevermögen:		**Eigenkapital:**	206 750,00
Grundstücke und Gebäude	235 000,00	**Fremdkapital:**	
Geschäftsausstattung	117 650,00	Verbindlichkeiten gegenüber	
Umlaufvermögen:		Kreditinstituten	228 000,00
Warenbestände	140 890,00	Verbindlichkeiten aus Lieferungen	85 340,00
Forderungen aus Warenlieferungen	7 900,00		
Bankguthaben	16 270,00		
Kassenbestand	2 380,00		
	520 090,00		520 090,00

Augsburg, 2. Februar ..
M. Roth

Bei der Aufstellung der Bilanz müssen bestimmte Gliederungsvorschriften beachtet werden (vgl. § 266 Abs. 2 und 3 HGB). Die Vermögenspositionen auf der Aktivseite sind nach der Flüssigkeit (Liquidität) gegliedert, während für die Gliederung der Passivposten das Merkmal Fristigkeit entscheidend ist.

Bilanzgliederung nach § 266 Abs. 2 und 3 HGB

Aktiva

A. Anlagevermögen
- I. Immaterielle Vermögensgegenstände
  1. Konzessionen, gewerbliche Schutzrechte und ähnliche Rechte und Werte sowie Lizenzen aus solchen Rechten und Werten
  2. Geschäfts- oder Firmenwert
  3. Geleistete Anzahlungen
- II. Sachanlagen
  1. Grundstücke, grundstücksgleiche Rechte und Bauten einschließlich der Bauten auf fremden Grundstücken
  2. Technische Anlagen und Maschinen
  3. Andere Anlagen, Betriebs- und Geschäftsausstattung
  4. Geleistete Anzahlungen und Anlagen im Bau
- III. Finanzanlagen
  1. Anteile an verbundenen Unternehmen
  2. Ausleihungen an verbundene Unternehmen
  3. Beteiligungen
  4. Ausleihungen an Unternehmen, mit denen ein Beteiligungsverhältnis besteht
  5. Wertpapiere des Anlagevermögens
  6. Sonstige Ausleihungen

B. Umlaufvermögen
- I. Vorräte
  1. Roh-, Hilfs- und Betriebsstoffe
  2. Unfertige Erzeugnisse, unfertige Leistungen
  3. Fertige Erzeugnisse und Waren
  4. Geleistete Anzahlungen
- II. Forderungen und sonstige Vermögensgegenstände
  1. Forderungen aus Lieferungen und Leistungen
     - davon mit einer Restlaufzeit von mehr als einem Jahr
  2. Forderungen gegen verbundene Unternehmen
     - davon mit einer Restlaufzeit von mehr als einem Jahr
  3. Forderungen gegen Unternehmen, mit denen ein Beteiligungsverhältnis besteht
     - davon mit einer Restlaufzeit von mehr als einem Jahr
  4. Sonstige Vermögensgegenstände
- III. Wertpapiere
  1. Anteile an verbundenen Unternehmen
  2. Eigene Anteile
  3. Sonstige Wertpapiere
- IV. Schecks, Kassenbestand, Bundesbank- und Postgiroguthaben, Guthaben bei Kreditinstituten

C. Rechnungsabgrenzungsposten

Passiva

A. Eigenkapital
- I. Gezeichnetes Kapital
- II. Kapitalrücklage
- III. Gewinnrücklagen
  1. Gesetzliche Rücklage
  2. Rücklage für eigene Anteile
  3. Satzungsmäßige Rücklagen
  4. Andere Gewinnrücklagen
- IV. Gewinnvortrag/Verlustvortrag
- V. Jahresüberschuss/Jahresfehlbetrag

B. Rückstellungen
1. Rückstellungen für Pensionen und ähnliche Verpflichtungen
2. Steuerrückstellungen
3. sonstige Rückstellungen

C. Verbindlichkeiten
1. Anleihen
   - davon konvertibel
   - davon mit einer Restlaufzeit bis zu einem Jahr
2. Verbindlichkeiten gegenüber Kreditinstituten
   - davon mit einer Restlaufzeit bis zu einem Jahr
3. Erhaltene Anzahlungen auf Bestellungen (soweit nicht bei den Vorräten abgesetzt)
4. Verbindlichkeiten aus Lieferungen und Leistungen
   - davon mit einer Restlaufzeit bis zu einem Jahr
5. Verbindlichkeiten aus der Annahme gezogener und der Ausstellung eigener Wechsel
   - davon mit einer Restlaufzeit bis zu einem Jahr
6. Verbindlichkeiten gegenüber verbundenen Unternehmen
   - davon mit einer Restlaufzeit bis zu einem Jahr
7. Verbindlichkeiten gegenüber Unternehmen, mit denen ein Beteiligungsverhältnis besteht
   - davon mit einer Restlaufzeit bis zu einem Jahr
8. Sonstige Verbindlichkeiten
   - davon aus Steuern
   - davon im Rahmen des sozialen Sicherheit
   - davon mit einer Restlaufzeit bis zu einem Jahr

D. Rechnungsabgrenzungsposten

6.5.3 Die Gewinn- und Verlustrechnung

Neben der Bilanz ist die Gewinn- und Verlustrechnung weiterer Bestandteil des Jahresabschlusses eines Unternehmens. Mit ihrer Hilfe soll das **Ergebnis des Geschäftsjahres** ermittelt werden. Übersteigen die Erträge die Aufwendungen, dann ist **Gewinn** erwirtschaftet worden. Sind die Aufwendungen höher als die Erträge, dann schließt das Geschäftsjahr mit einem **Verlust** ab.

Soll	Gewinn- und Verlustkonto	Haben
Aufwendungen		Erträge
Gewinn		

Soll	Gewinn- und Verlustkonto	Haben
Aufwendungen		Erträge
		Verlust

Der Gewinn eines Geschäftsjahres vermehrt das Eigenkapital des Unternehmens, ein Verlust vermindert es.

▶ Darstellung in Kontoform

Der Jahresabschluss im Gewinn- und Verlustkonto wird durch die Buchhaltung vorbereitet. Sie sammelt im Laufe des Geschäftsjahres in gesonderten Konten alle betriebsbedingten Aufwendungen (Kosten) und Erträge (Erlöse) als auch alle betriebsfremden und außerordentlichen Aufwendungen und Erträge. Nur die Salden der Ergebniskonten werden in das Gewinn- und Verlustkonto übernommen.

Abschluss der Ergebniskonten im Gewinn- und Verlustkonto bei M. Roth, Augsburg

S	Löhne und Gehälter	H
	Saldo	77 450,00

S	Materialkosten	H
	Saldo	88 500,00

S	Abschreibungen	H
	Saldo	27 500,00

S	Betriebssteuern	H
	Saldo	4 500,00

S	Kfz-Kosten	H
	Saldo	10 700,00

S	Verwaltungskosten	H
	Saldo	7 800,00

S	Außerordentlicher Aufwand	H
	Saldo	1 100,00

S	Erlöse aus Warenverkauf	H
Saldo	113 000,00	

S	Erlöse aus Reparaturen	H
Saldo	142 000,00	

S	Mieterträge	H
Saldo	2 100,00	

S	Außerordentliche Erträge	H
Saldo	460,00	

Aufwand		Gewinn- und Verlustrechnung	Ertrag
Löhne, Gehälter	77 450,00	Erlöse aus Warenverkauf	113 000,00
Materialkosten	88 500,00	Erlöse aus Reparaturen	142 000,00
Abschreibungen	27 500,00	Mieterträge	2 100,00
Betriebssteuern	4 500,00	Außerordentliche Erträge	460,00
Kfz-Kosten	10 700,00		
Verwaltungskosten	7 800,00		
Außerordentlicher Aufwand	1 100,00		
Gewinn	40 010,00		
	257 560,00		257 560,00

Die Gewinn- und Verlustrechnung ermöglicht es dem Unternehmen, den Geschäftserfolg eines Jahres zu ermitteln. Den gesamten Aufwendungen werden die gesamten Erträge gegenübergestellt. Ein Saldo zeigt dann entweder Gewinn oder Verlust.

▶ Darstellung in Staffelform

Während diese Kontoform bei Einzelkaufleuten als ausreichend anerkannt wird, verlangt das Handelsgesetzbuch für Kapitalgesellschaften eine andere Form der Darstellung. Es wird die Staffelform verbindlich verlangt.

Umsatzkostenverfahren der GuV-Rechnung nach § 275 HGB, Abs. 2 HGB

1. Umsatzerlöse
2. Erhöhung oder Verminderung des Bestands an fertigen u. unfert. Erzeugnissen
3. andere aktivierte Eigenleistungen
4. sonstige betriebliche Erträge

5. Materialaufwand:
   a) Aufwendungen für Roh-, Hilfs- und Betriebsstoffe und für bezogene Waren
   b) Aufwendungen für bezogene Leistungen
6. Personalaufwand:
   a) Löhne und Gehälter
   b) soziale Abgabe und Aufwendungen für Altersversorgung und für Unterstützung, davon für Altersversorgung
7. Abschreibungen:
   a) auf immaterielle Vermögensgegenstände des Anlagevermögens und Sachanlagen sowie auf aktivierte Aufwendungen für die Ingangsetzung und Erweiterung des Geschäftsbetriebs
   b) auf Vermögensgegenstände des Umlaufvermögens
8. sonstige betriebliche Aufwendungen

betriebliches Ergebnis

9. Erträge aus Beteiligungen, davon aus verbundenen Unternehmen
10. Erträge aus anderen Wertpapieren und Ausleihungen des Finanzanlagevermögens, davon aus verbundenen Unternehmen
11. sonstige Zinsen und ähnliche Erträge, davon aus verbundenen Unternehmen

12. Abschreibungen auf Finanzanlagen und auf Wertpapiere des Umlaufvermögens
13. Zinsen und ähnliche Aufwendungen, davon an verbundene Unternehmen

\+ Finanzergebnis

= Ordentliches Ergebnis

15. außerordentliche Erträge 16. außerordentliche Aufwendungen (einschließlich 7.b)	+ außerordentliches Ergebnis
	= Gesamtergebnis vor Steuern
18. Steuern vom Einkommen und vom Ertrag	
19. sonstige Steuern	
20. Jahresüberschuss/Jahresfehlbetrag	= Gesamtergebnis nach Steuern

AUFGABEN UND PROBLEME **PC-EINSATZ**

6.1 Ausgaben-Kosten-Aufwand

Die Großschreinerei Pfaff OHG fertigt Türrahmen aller Art, Fensterrahmen mit und ohne Kippflügel sowie Kleinmöbel für den Versandhandel. In der Betriebsbuchhaltung wurden in der letzten Zeit folgende Geschäftsvorgänge festgehalten:

- Gewerbesteuer überwiesen,
- Verbrauch an Spanplatten,
- Barzahlung an Gebäudereiniger,
- Hundesteuer für Hund des Sohnes überwiesen,
- Lohn an Möbelschreiner überwiesen,
- sehr hoher Hochwasserschaden im Rohstofflager (nicht versichert),
- Einbau von Möbelschlössern, aus Lagerbestand,
- Kauf einer Hobelbank gegen Scheck.

- 1. Bei welchen Geschäftsvorgängen sind Kosten und/oder Aufwendungen entstanden? Begründen Sie Ihre Entscheidung!
- 2. Welche Vorgänge verursachen Einzelkosten, welche Gemeinkosten?

6.2 Kostenarten

Zu Beginn dieses Jahres bemühte sich die Handwerkskammer Stuttgart in Presseveröffentlichungen um Verständnis für die Stundensätze für Handwerksleistungen. Sie rechnete vor, warum den Kunden die Handwerkerstunde 60,00 bis 80,00 EUR kostet, während die Gesellen, die meistens die Arbeiten ausführten, lediglich einen Stundenlohn von 10,00 bis 12,00 EUR erhielten. Anlass für diese Öffentlichkeitsarbeit waren Beschwerdebriefe an die Handwerkskammer, in denen sich Kunden über zu hohe Handwerkerrechnungen beklagten.

- 1. Begründen Sie, warum die Kundenargumentation „Stundenlohn gleich Handwerkerstunde“ nicht stimmen kann!
- 2. Nennen Sie einige Gemeinkosten, die in jedem Handwerkerbetrieb entstehen!

6.3 Kostenstellenrechnung

Die Niederlassung eines ausländischen Automobilwerks unterhält im Landkreis Esslingen mehrere Verkaufsstellen, zwei Reparaturwerkstätten für Pkw und Transporter, ein zentrales Ersatzteillager in Esslingen, wo sich auch der Sitz der Verwaltung befindet.

- 1. Machen Sie Vorschläge für eine sinnvolle Gliederung in Kostenbereiche und Kostenstellen!
- 2. Warum ist es wichtig, die Kosten beider Reparaturwerkstätten nicht in einer Kostenstelle zusammenzufassen?
- 3. Welchen Zweck kann es haben, die in den Kostenstellen ermittelten Ergebnisse einige Jahre aufzubewahren?

6.4 Divisionskalkulation

Die Tiefbau-GmbH, Oppelsbohm, ist spezialisiert auf Erdaushub und Abfuhr. Im letzten Quartal sind für eine Baggermannschaft die folgenden Kosten ermittelt worden: Löhne 20000,00 EUR, Reparaturen 5800,00 EUR, Büromieten und Lagerkosten 4700,00 EUR, Abschreibungen 15000,00 EUR und sonstige Kosten von 5500,00 EUR. Diese Kosten entstanden bei einer Gesamtleistung von 1700 cbm Aushub.

- 1. Ermitteln Sie mithilfe eines Tabellenkalkulationsprogramms (z. B. EXCEL) den Nettoangebotspreis, wenn ein Auftrag über 800 cbm mit einem Gewinn von 15 % zu kalkulieren ist. Gestalten Sie die Tabellen so offen, dass sich durch Änderung der Variablen cbm und Gewinn automatisch der veränderte Nettoangebotspreis ergibt.
- 2. Außerdem ist ein zweites Angebot für einen Auftrag von 1900 cbm auszuarbeiten. Zufällig wird bekannt, dass die Konkurrenz bei 60000,00 EUR Angebotssumme liegt.
- a) Prüfen Sie, ob die Tiefbau-GmbH mit dem Konkurrenzangebot mithalten kann!
- b) Wie beurteilen Sie die Situation, wenn die Tiefbau-GmbH z. Z. nicht voll ausgelastet ist?

6.5 Betriebsabrechnungsbogen und Zuschlagskalkulation

In einem Metall verarbeitenden Betrieb, der Dreh- und Fräsaufträge für Maschinenbauunternehmen übernimmt, wurden im letzten Monat folgende Kosten ermittelt: Fertigungsmaterial 210000,00 EUR, Fertigungslöhne 120000,00 EUR und Gemeinkosten 432000,00 EUR.

- 1. Mit welchen Selbstkosten wurde ein Fräsauftrag kalkuliert, bei dem aufgrund von Fertigungsunterlagen Fertigungslöhne für 65 Stunden zu 30,00 EUR und ein Fertigungsmaterial im Wert von 6000,00 EUR vorgegeben wurden? Entwerfen Sie Ihre Lösungen mithilfe eines Tabellenkalkulationsprogramms.
- 2. Zu gleicher Zeit wurde der Betriebsabrechnungsbogen eingeführt, wobei der Fertigungsbereich unterteilt wurde in F I für die Dreherei und F II für die Fräserei. Die Betriebsbuchhaltung hat die Kosten des Vormonats neu aufgeteilt:

Kostenbereiche	**Material**	**Fertigung I**	**Fertigung II**	**Verwaltung und Vertrieb**
Gemeinkosten	70000,00 EUR	80000,00 EUR	120000,00 EUR	162000,00 EUR
Fertigungsmaterial	210000,00 EUR			
Fertigungslöhne		70000,00 EUR	50000,00 EUR	

- a) Ermitteln Sie die Zuschläge nach dem Betriebsabrechnungsbogen!
- b) Kalkulieren Sie den Auftrag unter Ziffer 1 mit diesen neuen Daten!
- c) Wie beurteilen Sie die Entscheidung, den Betriebsabrechnungsbogen einzuführen und den Fertigungsbereich zu unterteilen?

6.6 Nutzenschwelle

In einem Buchverlag wird geprüft, ob ein regional bedeutsames Heimatbuch verlegt werden soll. Der Buchhandel ist bereit dieses Buch für 20,00 EUR zu übernehmen und auf eigenes Risiko zu vertreiben.

Die Kalkulation geht von fixen Kosten für Satz, Fotoarbeiten und Layout mit 30000,00 EUR aus. Für Papier, Druck und Einband werden 5,00 EUR je Exemplar veranschlagt. Lösen Sie folgende Aufgaben in Tabellenform und grafisch mithilfe eines PC-Programmes.

- 1. Ab welcher Menge lohnt es sich für den Verlag, den Druckauftrag zu übernehmen?
- 2. Prüfen Sie, ob es sich lohnt, einen bestellten Nachdruck über 500 Exemplare auszuführen, wenn dafür 16,00 EUR je Exemplar gezahlt würden! Dabei entstehen zusätzlich fixe Kosten von 4000,00 EUR. Durch Papierverteuerung sind die variablen Stückkosten auf 6,00 EUR angestiegen.

6.7 Verfahrenvergleich und Kostenstruktur

Eine Süßmosterei plant die Beschaffung einer neuen Abfülleinrichtung. Zur Wahl stehen zwei Ausführungen. Typ I kostet bei der Anschaffung 90000,00 EUR, Typ II 120000,00 EUR; beiden wird eine Nutzungsdauer von sechs Jahren zugeschrieben. Bei Typ I entstehen 0,70 EUR variable Kosten je Liter, bei Typ II sind es 0,50 EUR je Liter. Erstellen Sie die Lösung rechnerisch, tabellarisch und grafisch mit einem Kalkulationsprogramm.

- 1. Wo liegt die kritische Menge zwischen diesen Abfüllanlagen?
- 2. Welche Auswirkung hätte es für den Betriebsgewinn, wenn pro Jahr 18000 Liter hergestellt wurden und statt Anlage I die Anlage II angeschafft wurde?

6.8 Inventar und Bilanz

Die Schult & Siebholz OHG, Weinstetten, Holzbearbeitungsbetrieb, hat zum Ende des Geschäftsjahres Inventur gemacht. Es wurden die folgenden Vermögenswerte und Schulden aufgenommen:

Vermögen:
Kassenbestand 2700,00 EUR, Guthaben bei der Volksbank 3450,00 EUR, Guthaben bei der Kreissparkasse 5200,00 EUR, Werkzeuge laut Verzeichnis 1: 17300,00 EUR, Hobelbänke 6500,00 EUR, Schleifmaschine 12300,00 EUR, Bohrmaschinen laut Verzeichnis 2: 7600,00 EUR; Presse 23300,00 EUR, Kleinwerkzeuge laut Verzeichnis 3: 5400,00 EUR, Beschläge, Schrauben u.Ä. laut Verzeichnis 4: 2340,00 EUR, Büroeinrichtung: zwei Schreibtische 1200,00 EUR, 2 Computer 2300,00 EUR, 2 Kopierer 3400,00 EUR, Schränke 1800,00 EUR, Lagerhalle 35000,00 EUR, Werkstattgebäude 178000,00 EUR, Garage 12000,00 EUR, Lieferwagen 23500,00 EUR, Pkw 7500,00 EUR, Forderungen laut Verzeichnis 5: 28000,00 EUR.

Schulden:
Darlehen bei der Landesbausparkasse 80000,00 EUR, Darlehen der Kreissparkasse 44000,00 EUR, Verbindlichkeiten gegenüber Lieferanten laut Verzeichnis 6: 38000,00 EUR.

Lösen Sie die folgenden Aufgaben mit einem Tabellenkalkulationsprogramm.

- 1. Erstellen Sie das Inventar entsprechend dem Muster in Abschn. 6.5.1.
- 2. Erstellen Sie dazu die Bilanz entsprechend Beispiel Abschn. 6.5.2.

6.9 **Ausgangssituation**

Sie gründen zusammen mit drei bis vier Mitschülern einen Copy-Shop. Der Geschäftszweck des Kleinunternehmens besteht ausschließlich in der Bereitstellung von Kopiergeräten zur Vervielfältigung von Dokumenten und anderen Vorlagen. In Ihrem räumlichen Einzugsbereich konkurrieren Sie mit fünf weiteren Copy-Shops. Die Nachfrage nach Kopierleistungen beläuft sich auf insgesamt 315000 Kopien monatlich und verteilt sich auf die Anbieter nach dem von diesen jeweils angesetzten Kopierpreis je Stück. Der Kopierpreis darf höchstens 0,20 EUR/Kopie betragen, weil ein höherer Preis von den Nachfragern nicht akzeptiert wird.

Weitere Entscheidungsgrundlagen:

Finanzielle Rahmenbedingungen
- Startkapital: 10000,00 EUR
- Das gesamte Startkapital wird bei Spielbeginn auf das Bankkonto einbezahlt.
- Bankguthaben werden nicht verzinst. Eine Überziehung des Bankkontos sowie sonstige Formen der Kreditaufnahme sind nicht möglich.

Anmietung von Geschäftsräumen
- Größe:

  entweder 30 qm für die Aufstellung von 3 Kopiergeräten für ein monatliches Kopieraufkommen bis zu 45000 Kopien oder

  40 qm für die Aufstellung von 5 Kopiergeräten für ein monatliches Kopieraufkommen bis zu 75000 Kopien oder

  50 qm für die Aufstellung von 7 Kopiergeräten für ein monatliches Kopieraufkommen bis zu 105000 Kopien
- Preis: 20,00 EUR pro qm Ladenfläche monatlich (einschließlich Nebenkosten)
- Mietdauer: Mindestens 3 Monate

Leasing (Miete) von Kopiergeräten
- monatliche Leasingrate: 120,00 EUR pro Gerät (beinhaltet Wartung und Instandhaltung durch den Hersteller).

Einkauf von Papier
- Die Einkaufspreise sind abhängig von der bestellten Menge.

Bestellmenge	Preis
50000 Blatt	600,00 EUR (= 0,012 EUR/Blatt)
100000 Blatt	1000,00 EUR (= 0,01 EUR/Blatt)
250000 Blatt	2200,00 EUR (= 0,0088 EUR/Blatt)
500000 Blatt	4000,00 EUR (= 0,008 EUR/Blatt)

- Änderungen des Papierbestandes werden mit den jeweiligen Einkaufspreisen bewertet.

Beschaffung von Büromöbeln (Geschäftsausstattung)
- Anschaffungskosten: 2400,00 EUR
- Nutzungsdauer: 4 Jahre
- Zeitliche Erfassung der Wertminderung durch Abschreibung in gleichen Beträgen, verteilt auf die Jahre der Nutzung.
- Anteilige Verrechnung der Jahresabschreibung auf jede Spielperiode (= 1 Monat).

Einstellung von Personal
- ein(e) Mitarbeiter(in) ist in der Lage, unabhängig von der Anzahl der Kopiergeräte die anfallenden Arbeiten zu bewältigen.
- Monatliche Personalkosten: 1000,00 EUR

Allgemeine Angaben zum Planspiel
- Spieldauer: 6 Perioden; eine Periode entspricht einem Monat.
- Können vom Spielleiter zugeteilte Kopieraufträge von einem Unternehmen nicht ausgeführt werden, weil dessen Vorrat an Kopierpapier nicht ausreichend oder zu wenig Kopiergeräte vorhanden sind, so verfällt dieses Kopiervolumen.
- Zielsetzung: Gewinner ist das Spielteam, das sein Startkapital bis zum Spielende am stärksten vermehrt hat.

Arbeitsaufträge:
Wählen Sie zunächst einen Namen für Ihr Unternehmen und treffen Sie zu Beginn jeder Spielperiode in der Gruppe folgende Entscheidungen:

Entscheidungsblatt: Unternehmen Copy-Shop …

	Entscheidungsergebnisse zu Beginn von					
Entscheidungssachverhalte	**Periode 1**	**Periode 2**	**Periode 3**	**Periode 4**	**Periode 5**	**Periode 6**
● Größe der Geschäftsräume in qm						
● Anmietung von Kopiergeräten in Stck.						
● Einkauf von Papier in Blatt						
● Festlegung des Kopierpreises in EUR pro Kopie						

- Fertigen Sie am Ende jeder Spielperiode eine Aufstellung des Vermögens an und ermitteln Sie den Erfolg ihres Unternehmens auf der Grundlage der vom Spielleiter mitgeteilten monatlichen Absatzzahlen (Kopiervolumen) nach folgender Tabelle:

Vermögensübersicht des Unternehmens Copy-Shop ...						
	Vermögen in EUR jeweils am Ende von					
Vermögenspositionen	**Periode 1**	**Periode 2**	**Periode 3**	**Periode 4**	**Periode 5**	**Periode 6**
(1) Geschäftsausstattung						
Anfangsbestand						
– Abschreibung						
= Schlussbestand						
(2) Vorräte (Papierbestände)						
Anfangsbestand (St.)						
+ Zugänge (St.)						
– Abgänge (St.)						
= Schlussbestand in Stück						
= Schlussbestand in EUR						

Vermögens-positionen	Vermögen in EUR jeweils am Ende von Periode 1	Periode 2	Periode 3	Periode 4	Periode 5	Periode 6
(3) Bankguthaben Anfangsbestand + Erlöse – Miete für Geschäftsräume – Leasingrate für Kopiergeräte – Einkauf von Papier – Personalkosten – Anschaffung der Geschäfts-ausstattung = Schlussbestand **Summe des Vermögens** Position (1) + Position (2) + Position (3) **Erfolg des Unternehmens** Zunahme des Eigenkapitals gegenüber der Vorperiode = Gewinn Abnahme des Eigenkapitals gegenüber der Vorperiode = Verlust			MUSTER			

Anmerkung: Das Vermögen zu Beginn von Periode 1 beläuft sich auf 10000,00 EUR (Gründungskapital).

- Ermitteln Sie nach jeder Spielperiode den Erfolg Ihres Unternehmens im Rahmen einer Gewinn- und Verlustrechnung nach folgendem Muster:

Gewinn- und Verlustrechnung des Unternehmens Copy-Shop ...						
Erfolgs-positionen	**Beträge in EUR am Ende von Periode 1**	**Periode 2**	**Periode 3**	**Periode 4**	**Periode 5**	**Periode 6**
Erlöse – Miete für Geschäftsräume – Leasingrate für Kopiergeräte – Papierverbrauch – Personalaufwand – Abschreibung der Geschäftsausstattung = Gewinn (+)/Verlust (–)			MUSTER			

- Bereiten Sie die wichtigsten Daten der wirtschaftlichen Entwicklung Ihres Unternehmens anhand eines Tabellenkalulationsprogramms grafisch auf und erstellen Sie einen Kurzbericht des Geschäftsverlaufs Ihres Unternehmens. Tragen Sie Ihre Ergebnisse in einer Abschlusspräsentation vor. Erläutern Sie hierbei die für den Erfolg bzw. Misserfolg maßgeblichen Entscheidungen und schlagen Sie alternative Handlungsweisen vor.

ZUR WIEDERHOLUNG DES GRUNDWISSENS

1. Was versteht man unter Kosten- und Leistungsrechnung?
2. Unterscheiden Sie Ausgaben von Kosten, Kosten von Aufwand an Beispielen.
3. Wann spricht man von Einzelkosten und wann von Gemeinkosten?
4. Welche Aufgaben hat ein Betriebsabrechnungsbogen?
5. Nennen Sie die wichtigsten Kostenbereiche.
6. Was sind Stelleneinzel- und was Stellengemeinkosten?
7. Beschreiben Sie die Ermittlung der Zuschlagssätze.
8. Welche Aufgaben hat die Kostenträgerrechnung zu erfüllen?
9. Nennen Sie die wichtigsten Kalkulationsverfahren.
10. Beschreiben Sie das Verfahren der Divisionskalkulation.
11. Für welche Art von Produktion eignet sich die Divisionskalkulation?
12. Unterscheiden Sie die summarische von der erweiterten Zuschlagskalkulation.
13. Wann findet die Zuschlagskalkulation Anwendung?
14. Erläutern Sie die Begriffe Fertigungskosten, Herstellkosten und Selbstkosten.
15. Was sind Maschinenstundensätze?
16. Wie werden Restgemeinkosten verrechnet?
17. Unterscheiden Sie die Begriffe Kapazität und Beschäftigungsgrad.
18. Geben Sie Beispiele für fixe und variable Kosten.
19. Nehmen Sie Stellung zur These: Fixkosten sind auch Kosten der Betriebsbereitschaft.
20. Erläutern Sie den Verlauf unter- und überproportionaler variabler Kosten.
21. Was ist unter Nutzenschwelle zu verstehen?
22. Wie wird die Nutzenschwelle rechnerisch und grafisch ermittelt?
23. Wann spricht man von der Preisuntergrenze?
24. Erklären Sie, wann die Preisuntergrenze von Bedeutung ist.
25. Wie ermittelt man den Deckungsbeitrag und was wird dadurch ausgesagt?
26. In welchem Zusammenhang spielt der Begriff „kritische Menge“ eine wichtige Rolle?
27. Unterscheiden Sie die Begriffe Inventar und Bilanz.
28. Warum ist eine Erfassung aller Vermögenswerte wichtig?
29. Welcher Unterschied besteht zwischen Anlagevermögen und Umlaufvermögen?
30. Nennen Sie Beispiele für Fremdkapital.
31. Warum muss die Summe aller Aktiva gleich der Summe aller Passiva sein?
32. Beschreiben Sie, wie der Erfolg eines Geschäftsjahres ermittelt wird.
33. Wie wirkt sich ein Verlust auf das Eigenkapital aus?

7 Markt und Preis

An einer Warenbörse erhält der Makler folgende Aufträge:

Kaufaufträge

Käufer	Menge (t)	Preis-obergrenze (EUR)
A	30	30,00
B	10	50,00
C	20	60,00
D	40	90,00

Verkaufsaufträge

Verkäufer	Menge (t)	Mindest-preis (EUR)
E	20	90,00
F	10	60,00
G	30	50,00
H	40	30,00

LEITFRAGEN

Welchen Preis legt der Makler fest?

Reicht das Börsenmodell aus, um die Preisbildung an den Märkten des täglichen Lebens zu erklären?

INFORMATION

7.1 Der Markt und seine Funktionen

In einer marktwirtschaftlichen Ordnung haben die Wirtschaftssubjekte Handlungsfreiheit:

- Die Anbieter bestimmen frei und selbstständig, was sie produzieren wollen.
- Die Nachfrager bestimmen frei und selbstständig, was sie nachfragen und verbrauchen wollen.

Es wäre deshalb ein großer Zufall, wenn die Angebots- mit den Nachfrageplänen übereinstimmen würden. Das Verhältnis von Angebot und Nachfrage wird erkennbar, sobald Angebot und Nachfrage auf dem Markt zusammentreffen.

Der Markt ist der Ort, an dem Angebot und Nachfrage zusammentreffen.

Der Markt

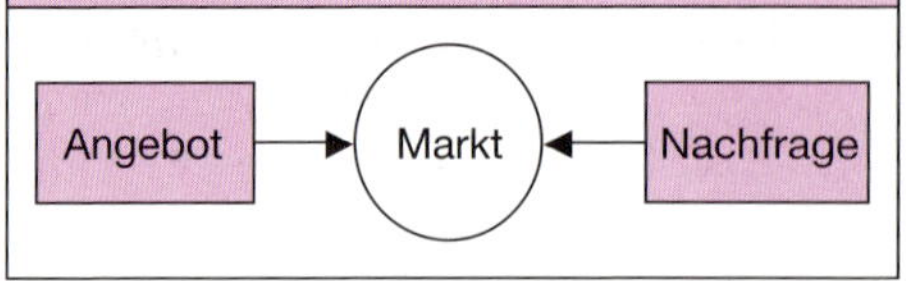

In der ursprünglichen Form des Marktes trafen sich Käufer und Verkäufer zu einer bestimmten Zeit an einem bestimmten Ort, wie das z. B. auf den Wochenmärkten der Kleinstädte heute noch geschieht. Der Markt ist unmittelbar sichtbar.

Doch auch dann wenn wir uns in einer Großstadt in eines der vielen Schuhgeschäfte begeben, um ein Paar Schuhe zu kaufen, befinden wir uns auf einem Markt. Wir müssen in Gedanken das gesamte Angebot an Schuhen und die gesamte Nachfrage nach Schuhen in dieser Stadt zusammenfassen, um ein Bild des Schuhmarktes zu erhalten.

Noch schwerer vorzustellen ist etwa der Markt für Rotationsdruckmaschinen. Wir müssen die Hersteller, die miteinander konkurrieren, in der ganzen Welt suchen, ebenso die Nachfrager. Der Markt ist kein bestimmter Ort mehr, an dem sich Anbieter und Nachfrager treffen. **Der Markt ist das Ergebnis einer rein gedanklichen Zusammenfassung aller Tauschbeziehungen im Hinblick auf bestimmte Güter.**

Auf dem Markt treten sich unterschiedliche Interessen gegenüber. Der Unternehmer möchte so viel wie möglich verdienen, die Nachfrager möchten so billig wie möglich kaufen. Die Koordination dieser Interessen erfolgt auf dem Markt über die Preise.

Der Markt hat die Funktion, die Pläne der Anbieter und der Nachfrager über den Preis zum Ausgleich zu bringen. Der Markt ist der Ort der Preisbildung.

Ausschnitt aus dem Schuhmarkt Stuttgart:

Verbraucher:
1 Mio. Einwohner des Großraums Stuttgart

Anbieter:
s. Auszug aus dem Branchenadressbuch

Schuhwaren

Großhandel

■ ***Stuttgart (07 11x)***

Ast K. Liststr. 5 . . . . **602707**
Holiday-Schuh GmbH
1 Königstr. 33 . . . . **220070**
Lösche J.
Brh Hugo-Eckener-Str. 11 . **701820**
Seutter L. 31 Mähdachstr. 54 . **838292**

Außerbez. Empfehlung

■ ***Ulm, Donau (07 31x)***

Schuh Weber KG
79 Ulm-Söflingen, Postf. 43 29
Riedweg 37, F (07 31) **382086**
Telex: 07-12 326

Einzelhandel

■ ***Stuttgart (07 11x)***

ABC-Schuhe
Fil Cannstatter Str. 121 . . . . **581686**

ALBECK
Schuhhaus am Schloßplatz
7 Stuttgart, Königstr. 20
Fernsprecher 29 18 95

Albert F. 71 Böckelstr. 13 . . . 471729
Alfa Schuhhandelsges. mbh & Co. KG
1 Forststr. 71 . . . . **618594**
Alter 40 Sachsenstr. 24 . . . . . . **875873**
Altschüler R. GmbH
1 Königstr. 51 . . . . **296981**
Bacic D. 1 Böblinger Str. 139 . **600622**
Bally Deutschland GmbH
1 Königstr. 21 . . . . **292229**
Bauer C.
75 Kirchheimer Str. 37 . . . . . **479377**

Bauer, Philipp
Schuhgeschäft, Sportartikel
60 Biberacher Str. 24 **42 23 12**

Bayer J. Illerstr. 23 . . . . **592930**
Bletzinger J. KG
1 Marktplatz 14 245266
Blumhardt F.
1 Tübinger Str. 22 . . . . **605163**
Blumhardt W.B.S.
1 Tübinger Str. 82 . . . . **602180**
Bothner M. Illerstr. 9 . . . . **592191**

Breckle, Schuhhaus
Inh. Hillmann 53 03 31
50 Veitstr. 13 <53 66 63>

Brenner A. Fil Birkenweg 2 . . **582467**
Breuning O Pla Uhlbergstr. 12 **771273**

Briem, Walter Hermann
Brh Hauptstr. 12 70 29 28

Bürkle O Fil Fellbacher Str. 5 **512121**
Dautel F. 60 Ulmer Str. 345 . . **429065**

7.2 Marktformen

7.2.1 Einteilung nach der Zahl der Marktteilnehmer

Die Preisbildung auf dem Markt vollzieht sich völlig anders, je nachdem ob es auf einem Markt nur einen oder viele Anbieter gibt. Je größer die Zahl der Anbieter, umso größer ist der zu erwartende Konkurrenzkampf. Wer einziger Anbieter auf dem Markt ist, verhält sich anders, als wenn er viele Konkurrenten hat. Um Annahmen über das wahrscheinliche Verhalten der Marktteilnehmer machen zu können, werden die Märkte in einem Marktformenschema nach der Zahl der Marktteilnehmer untergliedert.

Gliedern wir die Angebots- wie die Nachfrageseite dreifach, dann ergibt sich folgendes Marktformenschema:

Marktformen			
Nachfrager / **Anbieter**	**viele**	**wenige**	**einer**
viele	zweiseitiges Polypol	Nachfrage-Oligopol	Nachfrage-Monopol
wenige	Angebots-Oligopol	zweiseitiges Oligopol	beschränktes Nachfrage-Monopol
einer	Angebots-Monopol	beschränktes Angebots-Monopol	zweiseitiges Monopol

Das Monopol ist eine Marktform, bei der sich das Angebot auf einen Anbieter und/oder die Nachfrage auf einen Nachfrager konzentriert.
Beim Oligopol treten auf dem Markt nur wenige große Anbieter und/oder wenige große Nachfrager auf.
Beim Polypol sind auf der Seite des Angebots und auf der Seite der Nachfrager viele relativ kleine Marktteilnehmer vorhanden.

7.2.2 Einteilung nach der Vollkommenheit der Marktbedingungen

Die Preisbildung auf dem Markt ist von der Vollkommenheit der Marktbedingungen abhängig. Wir unterscheiden:

- den **vollkommenen Markt** und
- den **unvollkommenen Markt.**

Ein **vollkommener Markt** muss folgende Bedingungen erfüllen:
1 Die angebotenen Güter müssen **homogen (gleichartig) sein;** d.h. auch, dass **keine Präferenzen** (Vorzüge) für Anbieter und Nachfrager bestehen dürfen.
2. Es muss **Markttransparenz** (Durchsichtigkeit) gegeben sein.

Räumliche Präferenzen bestehen z. B. dann, wenn einer der Anbieter seinen Sitz näher dem Verbraucher hat und damit Transportkosten erspart werden können oder ein Verbraucher lieber im nächstgelegenen Lebensmittelgeschäft einkauft, um sich Wege zu sparen. Der vollkommene Markt ist ein Punktmarkt.

Persönliche Präferenzen können aufgrund langjähriger Geschäftsbeziehungen oder der Freundlichkeit des Personals bestehen.

Sachliche Präferenzen ergeben sich aus dem Gut selbst. Pralinen können wegen ihrer Verpackung bevorzugt werden, ein Waschmittel aufgrund einer aufwändigen Werbung. Gibt es räumliche, persönliche oder sachliche Präferenzen, dann werden auf dem Markt **heterogene Güter** angeboten, der Markt ist nicht vollkommen.

Markttransparenz bedeutet, dass das Marktgeschehen für Anbieter und Nachfrager durchsichtig ist. Der Markt ist vollkommen durchsichtig, wenn die Anbieter die Nachfragekurve und die Nachfrager die Angebotskurve kennen.

Auf dem durchsichtigen Markt müssen Anbieter und Nachfrager über Art und Qualität der auf dem Markt angebotenen Güter und die Zahl der Marktteilnehmer so Bescheid wissen, dass jedes Unternehmen seinen gesamten Absatz verliert, das seinen Preis über den der anderen anbietenden Unternehmen anhebt.

7.2.3 Der vollkommene Wettbewerb

Den Preisbildungsvorgang auf dem Markt zu beobachten, macht allergrößte Schwierigkeiten. Die Bilder der Märkte sind zu vielfältig, die Vorgänge zu verwirrend. Deshalb wird versucht, unter einer modellmäßigen Vereinfachung das Bild des Marktes klar und die Vorgänge und Tendenzen auf dem Markt erkennbar zu machen. Dies geschieht in dem Modell des vollkommenen Wettbewerbs. Dieses Modell wird auch als vollkommene (vollständige) Konkurrenz oder als polypolistische Konkurrenz bezeichnet.

Vollkommener Wettbewerb liegt vor, wenn auf einem vollkommenen Markt die Marktform des Polypols gegeben ist.

Bei diesem Modell wird angenommen, dass auf dem Markt weder sachliche noch räumliche oder zeitliche Präferenzen vorliegen und dass der Markt durchsichtig ist. Hinzu kommt die Annahme, dass die Zahl der Anbieter auf dem Markt so groß ist, dass eine Veränderung der Angebotsmenge durch einen der vielen Anbieter sich auf den Preis nicht auswirkt, d. h. dass die Marktform des Polypols gegeben ist.

<table>
<tr><th colspan="3">Vollkommener Wettbewerb</th></tr>
<tr><td>Markt ohne Präferenzen</td><td>durchsichtiger Markt</td><td rowspan="2">Marktform des Polypols</td></tr>
<tr><td colspan="2">vollkommener Markt</td></tr>
</table>

7.3 Preisbildung bei vollkommenem Wettbewerb

7.3.1 Die Bildung des Gleichgewichtspreises

Um die Preisbildung auf dem Markt zu beobachten, wollen wir uns auf einen Markt begeben, auf dem weder räumliche noch persönliche oder sachliche Präferenzen bestehen, Markttransparenz gegeben ist und viele Anbieter miteinander konkurrieren.

Situation an einem Markttag an der süddeutschen Butter- und Käsebörse in Kempten
An der süddeutschen Butter- und Käsebörse in Kempten wird u.a. „Deutsche Markenbutter" gehandelt. „Deutsche Markenbutter" hat die folgenden Qualitätsmerkmale: Eiweißgehalt 2%, Wassergehalt 16%, Fettgehalt 82%. Ein Makler nimmt von den Käufern Kaufanträge und von den Verkäufern Verkaufsanträge entgegen. Die Käufer nennen die Höchstpreise, die sie zu zahlen bereit sind, und die Menge, die sie zu diesem Preis abnehmen. Die Verkäufer geben die Mindestpreise an, die sie erzielen wollen und die Menge, die sie zu diesem Marktpreis anbieten. An einem Börsentag liegen dem Makler vier Kaufanträge und vier Verkaufsanträge vor.

Nachfrage			Angebot		
Käufer	Höchstpreis je kg in EUR	nachgefragte Menge in kg	Verkäufer	Mindestpreis je kg in EUR	angebotene Menge in kg
A	3,90	500	E	3,00	750
B	3,60	500	F	3,30	1 000
C	3,30	750	G	3,60	500
D	3,00	1 000	H	3,90	250

Der Makler erstellt aus den Kauf- und Verkaufsaufträgen die folgende Übersicht:

Preis	**Nachfrage in kg**					**Angebot in kg**				
	A	B	C	D	**ingesamt**	E	F	G	H	**ingesamt**
3,00	500	500	750	1 000	2 750	750	0	0	0	750
3,30	500	500	750	0	1 750	750	1 000	0	0	1 750
3,60	500	500	0	0	1 000	750	1 000	500	0	2 250
3,90	500	0	0	0	500	750	1 000	500	250	2 500

Aus diesen Angaben berechnet der Makler den Preis für „Deutsche Markenbutter" für diesen Börsentag. Er kann nicht 3,90 EUR als Preis festlegen, weil bei diesem Preis ein Angebot von 2500 kg auf dem Markt ist, aber nur 500 kg abgesetzt werden können. Der Preis von 3,00 EUR wäre zu niedrig, weil bei diesem Preis eine Nachfrage von 2750 kg besteht, aber nur 750 kg zu diesem Preis angeboten werden. Der Makler wird an diesem Börsentag den Preis von 3,30 EUR für 1 kg „Deutsche Markenbutter" festlegen. Bei diesem Preis planen die Anbieter 1750 kg anzubieten und die Nachfrager 1750 kg abzunehmen. Es ist der **Gleichgewichtspreis.**

Beim Gleichgewichtspreis sind die geplanten Angebots- und Nachfragemengen auf einem Markt gleich.

Die Abbildung zeigt, dass bei einem Preis von 3,00 EUR nur E bereit ist, anzubieten. Bei einem Preis von 3,30 EUR bietet auch F an. Das Marktangebot steigt um 1000 kg auf 1750 kg. Bei einem Preis von 3,60 EUR kommt noch G, bei einem Preis von 3,90 EUR auch noch H als Anbieter hinzu.

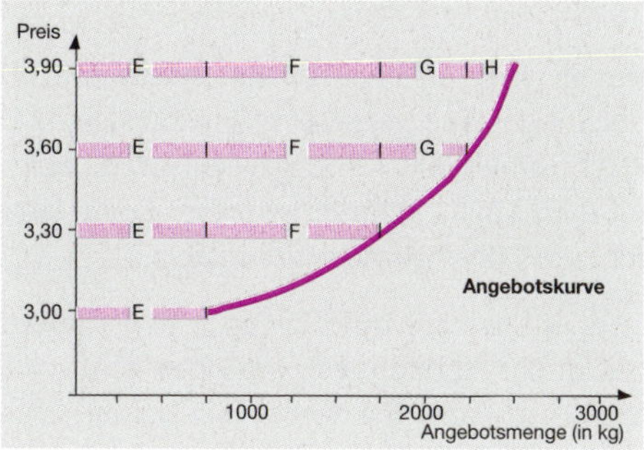

Je höher der Butterpreis, umso größer das Marktangebot an Butter.

Bei einem Preis von 3,00 EUR würden A, B, C und D insgesamt 2 750 kg nachfragen. Bei dem Preis von 3,30 EUR fragt D nicht mehr nach. Die Nachfrage sinkt von 2750 kg um 1000 kg auf 1750 kg. Beim Preis von 3,60 EUR scheidet C, beim Preis von 3,90 EUR dann auch B als Nachfrager aus.

Je höher der Butterpreis, umso geringer ist die Nachfrage nach Butter.

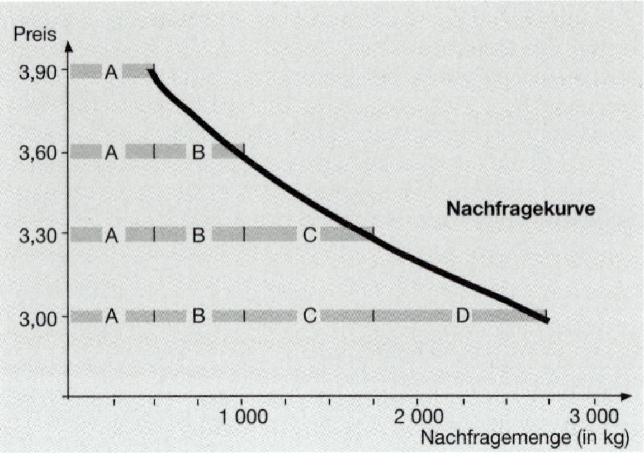

Bei dem durch den Schnittpunkt der Angebots- und der Nachfragekurve bestimmten Preis planen die Nachfrager die gleiche Menge nachzufragen, die von den Anbietern bei diesem Preis angeboten wird.

Der Schnittpunkt der Angebots- und der Nachfragekurve kennzeichnet den Gleichgewichtspreis.

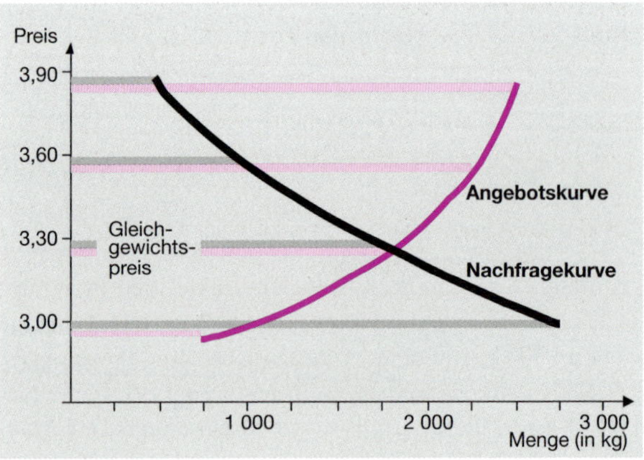

7.3.2 Der Anpassungsprozess bei der Preisbildung

Nur in ganz seltenen Fällen ist ein Markt so durchsichtig, dass die Angebots- und die Nachfragepläne gegenseitig bekannt sind. Deshalb ist nicht jeder Preis, der sich auf dem Markt bildet, ein Gleichgewichtspreis. Meist sind aber wenigstens die Preise bekannt, die auf dem Markt gefordert werden. Dann kann auf dem Markt ein Prozess in Gang kommen, der zum Gleichgewichtspreis führt.

Liegt auf einem Markt die erste Preisforderung der Anbieter über dem Gleichgewichtspreis, z. B. in der Abbildung S. 195 oben bei P_1 = 80,00 EUR, können die Anbieter weniger absetzen als geplant. Sie wollen bei diesem Preis 350 Stück absetzen, die Nachfrager kaufen zu diesem Preis aber nur 100 Stück. Es entsteht eine Nachfragelücke von 250 Stück. Die Nachfragelücke zwingt die Anbieter, den Preis zu senken.

Bei P_2 ist das Überangebot schon kleiner. Erst wenn der Gleichgewichtspreis erreicht ist, besteht für keinen Anbieter mehr ein Grund zur Preissenkung. Der Pfeil zeigt, wie sich in einem Anpassungsprozess der Preis allmählich dem Gleichgewichtspreis nähert. Auf dem Markt erhalten Anbieter und Nachfrager durch erkennbare **Nachfragelücken** (A > N) und **Angebotslücken** (N > A) Informationen über die Angebots- und Nachfragepläne.

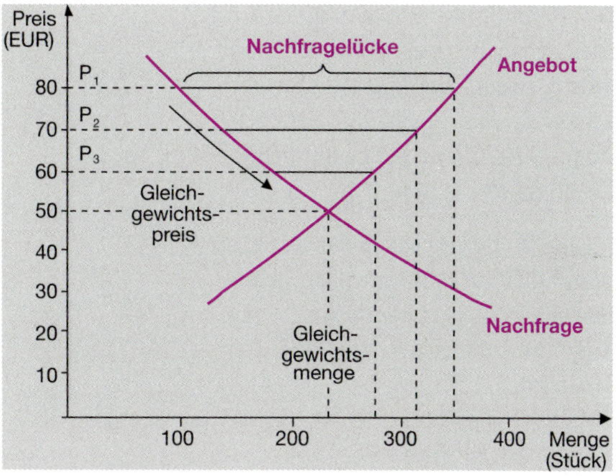

Auf einem nicht vollkommen durchsichtigen Markt führt die Beobachtung von Angebots- und Nachfragelücken durch die Marktteilnehmer zur allmählichen Entschleierung des Marktes. Anbieter und Nachfrager reagieren auf Angebots- und Nachfragelücken so, dass ein Anpassungsprozess in Bewegung kommt, der den Marktpreis ständig in Richtung des Gleichgewichtspreises in Bewegung setzt.

Für das Funktionieren der Märkte ist es wichtig, dass der Markt nicht völlig undurchsichtig ist und die Marktteilnehmer zumindest über die Marktpreise informiert sind.

7.3.3 Die Änderung von Angebots- und Nachfrageplänen und ihre Wirkung auf den Preis

Wir haben den Preisbildungsprozess auf dem polypolistischen Markt bisher unter der Voraussetzung betrachtet, dass Anbieter und Nachfrager ihre Wirtschaftspläne nicht verändern. Das entspricht natürlich nicht der Realität. Auf jedem Wochenmarkt nimmt z. B. das Angebot von Kirschen vom Zeitpunkt des ersten Angebots an im Laufe der Ernteperiode zu. Dadurch wird der bisherige Gleichgewichtszustand verändert.

In der Abbildung nehmen wir zur Vereinfachung an, die Nachfrager würden ihre Pläne nicht ändern. Die Angebotskurve A_1 gilt für den ersten Markttag. Der sich beim Preis P_1 ergebende Gewinn veranlasst einige Anbieter, am nächsten Tag mehr anzubieten. Die Kurve A_2 gilt für den zweiten Markttag und die Kurve A_3 für den dritten Markttag. Der Gleichgewichtspreis ist von P_1 auf P_3 gesunken, die Gleichgewichtsmenge von M_1 auf M_3 gestiegen.

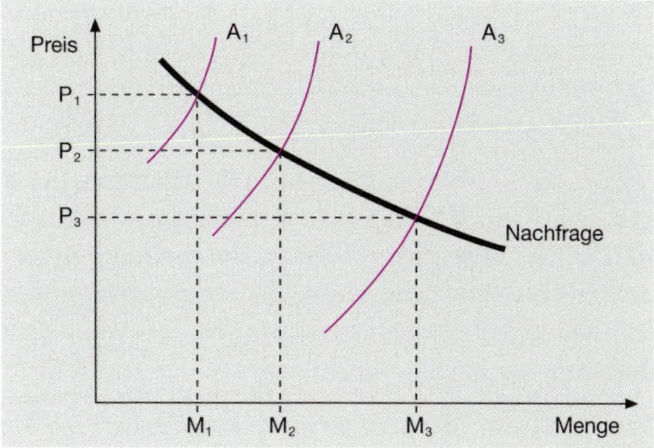

Die Abbildung rechts zeigt: Der Gleichgewichtspreis würde ebenso sinken, wenn bei unverändertem Angebot die Nachfrage zurückginge. Die Gleichgewichtsmenge würde dann kleiner.

Aus den Beispielen können wir auch ableiten, wie sich der Gleichgewichtspreis verändert, wenn das Angebot sinkt oder die Nachfrage steigt.

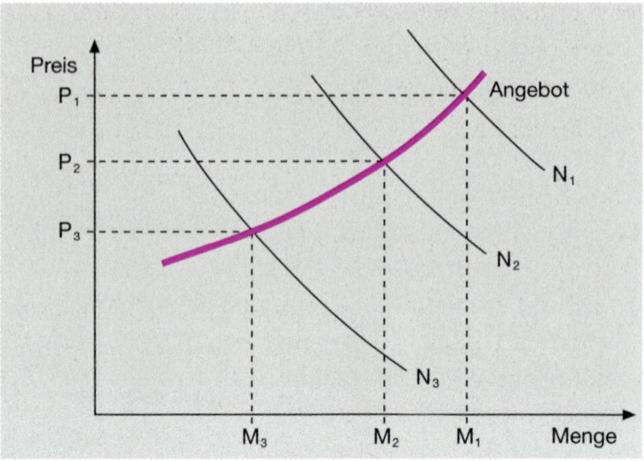

Bei vollkommenem Wettbewerb

– steigt der Gleichgewichtspreis
- wenn das Angebot bei unveränderter Nachfrage sinkt,
- wenn die Nachfrage bei unverändertem Angebot steigt,
- wenn beide Ursachen zusammenwirken.

– sinkt der Gleichgewichtspreis
- wenn das Angebot bei unveränderter Nachfrage steigt,
- wenn die Nachfrage bei unverändertem Angebot sinkt,
- wenn beide Ursachen zusammenwirken.

7.4 Die Märkte in der Realität

Wenn auf einem Markt die Anbieter sich in ihren Leistungen überbieten müssen, um ihre Produkte abzusetzen, besteht die denkbar günstigste Marktsituation für die Verbraucher. Der Wettbewerb ist meist dann besonders hart, wenn auf einem Markt viele Unternehmen das gleiche Produkt anbieten. Die Unternehmen müssen sich dann mit dem Preis begnügen, der sich auf dem Markt bildet. Werden die Kosten nicht gedeckt, die dem Unternehmen bei der Produktion des angebotenen Gutes entstehen, wird das Unternehmen die Produktion einstellen. Das Unternehmen hat nicht die Macht, den Preis zu ändern.

Würde das Unternehmen einen Preis verlangen, der auch nur geringfügig über dem Marktpreis liegt, würden alle seine Kunden bei der Konkurrenz kaufen. Ergäbe sich auf dem Markt für einige Zeit ein Preis, der bei den Unternehmen einen überdurchschnittlichen Gewinn entstehen ließe, würde das Angebot vergrößert. Nicht nur die Unternehmer, die auf dem Markt bereits anbieten, würden zur Vergrößerung des Angebots beitragen. Andere Unternehmen kämen hinzu, angeregt durch den überdurchschnittlichen Gewinn.

Wenn auf allen Märkten einer Volkswirtschaft die Situation der vollständigen Konkurrenz bestehen würde, könnte das Steuerungssystem der Marktwirtschaft in idealer Weise funktionieren. Tatsächlich aber bestehen diese Voraussetzungen oft nicht.

In der Realität besteht auf den Märkten unvollkommener Wettbewerb, weil:

- **die Märkte undurchsichtig sind,**
- **die Marktform des Monopols oder des Oligopols besteht,**
- **Präferenzen bestehen.**

Meist treffen alle diese Gründe zusammen.

7.5 Das Monopol

7.5.1 Die Preisbildung des Monopols ohne Berücksichtigung der Kosten

Das Verhalten des Monopolisten lässt sich am leichtesten ohne Berücksichtigung der Produktionskosten untersuchen. Das ist sinnvoll, auch wenn eine Produktion nicht möglich ist, ohne dass Kosten entstehen. Die an dem einfachen Modell des Monopols ohne Produktionskosten gewonnenen Erkenntnisse erleichtern das Verständnis bei der Untersuchung des Monopolverhaltens unter Berücksichtigung der Kosten.

Die Überlegungen, die ein Monopolist bei der Preisbildung anstellt, wollen wir an der folgenden Situation untersuchen.

Ein Fußballverein als Monopolist

Ein Profi-Fußballverein besitzt ein Stadion, das 90000 Stehplätze fasst. Bei den üblichen Meisterschaftsspielen verlangt er für den Stehplatz 8,00 EUR. In der Europapokalrunde bekam er durch Los einen so bekannten Gegner, dass man das Spiel in der Zwischenrunde als das vorweggenommene Endspiel ansah. Es finden ein Vorspiel und ein Rückspiel statt.

Der Vorstand des Vereins rechnet mit starkem Publikumsandrang und erwägt deshalb, die Preise für dieses Spiel zu erhöhen. Der Verein hat schon früher bei Spielen mit ähnlicher Anziehungskraft die Preise verändert und hat deshalb recht genaue Anhaltspunkte für die Reaktion des Publikums.

Unterlage für die Preisfestsetzung ist die Schätzung des Vorstandes, wie viel Zuschauer bei Preisen zwischen 8,00 EUR und 15,00 EUR das Spiel besuchen werden. Für den Vorstand kommt der Preis von 8,00 EUR nicht infrage. Bei diesem Preis wäre eine Nachfrage nach 100000 Karten zu erwarten, das Stadion fasst aber nur 90000 Zuschauer.

Bei einem Preis zwischen 10,00 EUR und 11,00 EUR wäre das Stadion nach dieser Schätzung ausverkauft. Der Erlös des Vereins kann aber noch gesteigert werden. Bei einem Preis von 12,00 EUR bleiben im Stadion zwar 9000 Plätze unbesetzt, der Erlös des Profi-Fußballvereins ist bei diesem Preis aber am größten.

Eintrittspreis EUR	Zuschauer	Gesamterlös des Vereins EUR
8,00	100 000	800 000,00
9,00	98 000	882 000,00
10,00	94 000	940 000,00
11,00	88 000	968 000,00
12,00	81 000	972 000,00
13,00	73 000	949 000,00
14,00	62 000	868 000,00
15,00	50 000	750 000,00

Der Monopolist erreicht den höchstmöglichen Gewinn (Gewinnmaximum), indem er die Versorgung des Marktes verschlechtert.

Warum steigt der Erlös des Fußballvereins noch bei einer Preissteigerung von 11,00 EUR auf 12,00 EUR, obwohl dann die Zahl der Zuschauer von 88000 auf 81000 abnimmt? Das liegt daran, dass der Preis von 11,00 EUR auf 12,00 EUR um rund 9% steigt, die Zahl der Zuschauer von 88000 auf 81000 aber nur um rund 8% abnimmt. Die Fußballfreunde reagieren unelastisch.
Die Preissteigerung wirkt sich für den Fußballverein als Vorteil, der Nachfragerückgang nach Eintrittskarten als Nachteil aus. Solange die Preiserhöhung prozentual größer ist als der Nachfragerückgang, so lange ist es zum Vorteil des Monopolisten, den Preis zu erhöhen.

Der Monopolist hat nur Macht, wenn die Nachfrage unelastisch reagiert.

Der Fußballverein hat auch in seiner Monopolsituation nicht die Macht, das Stadion mit 90000 Zuschauern bei einem Preis von 12,00 EUR zu füllen und damit 1080000,00 EUR Erlös zu erzielen. Viele Zuschauer verzichten dann auf das Spiel oder begnügen sich damit, Ausschnitte des Spiels in der Sportschau des Fernsehens anzusehen.

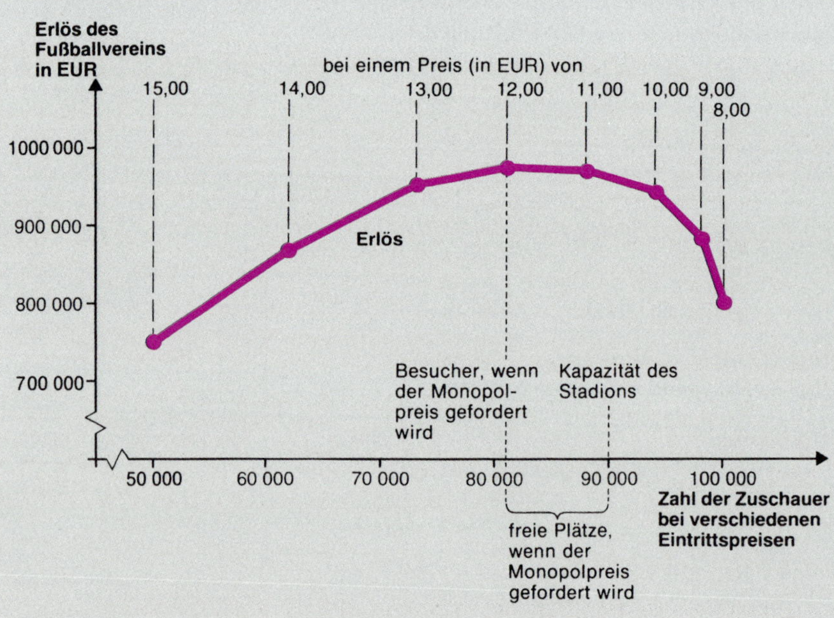

Der Monopolist kann den Preis oder die Absatzmenge festlegen.

7.5.2 Der Einfluss der Kosten auf den Monopolpreis

Die Ergebnisse, die wir am Beispiel der Eintrittspreise für ein Fußballspiel für die Monopolpreisbildung gewonnen haben, gelten ohne wesentliche Einschränkungen auch dann, wenn der Monopolist seine Kosten berücksichtigt. Wir wollen die Auswirkung der Kosten an dem gleichen Beispiel untersuchen:

Der Fußballverein hat zu Beginn der Saison die folgende Vereinbarung mit den Spielern getroffen: Werden bei einem Heimspiel mehr als 50000 Zuschauer erreicht, dann kommen für jeden Zuschauer über der 50000 Zuschauergrenze 5,00 EUR in eine Spielerkasse, deren Bestand am Ende jeden Monats auf die Spieler verteilt wird. Die Planung des Vorstandes muss jetzt berücksichtigen, dass von dem Erlös aus den Eintrittskarten die Spielerprämie abzuziehen ist und sich erst aus dem Rest der Gewinn des Vereins aus dem Superspiel ergibt.

Preis	Zuschauer	Erlös	Spielerprämie	Gewinn
8,00	100 000	800 000,00	250 000,00	550 000,00
9,00	98 000	882 000,00	240 000,00	642 000,00
10,00	94 000	940 000,00	220 000,00	720 000,00
11,00	88 000	968 000,00	190 000,00	778 000,00
12,00	81 000	972 000,00	155 000,00	817 000,00
13,00	73 000	949 000,00	115 000,00	834 000,00
14,00	62 000	868 000,00	60 000,00	828 000,00
15,00	50 000	750 000,00	0	750 000,00

Die Rechnung ergibt, dass bei Berücksichtigung der Kosten der Monopolpreis noch höher liegt. Der größtmögliche Gewinn wird schon mit 73000 Zuschauern erreicht. Würde der Vorstand einen niedrigeren Eintrittspreis ansetzen, dann kämen zwar mehr Zuschauer, die Spielerprämie für diese zusätzlichen Zuschauer würde aber mehr vom Erlös wegnehmen, als die zusätzlichen Zuschauer mit ihrem Eintrittspreis bringen.

Der Einfluss der Kosten auf die Monopolpreisbildung hat in der Regel die Auswirkung, dass eine noch geringere Menge zu einem höheren Preis angeboten wird.

Je steiler die Kosten ansteigen, umso geringer ist die Angebotsmenge des Monopolisten und umso höher ist der Monopolpreis.

7.6 Preisbildung des Polypols auf unvollkommenem Markt

Eine der häufigsten Situationen, in der sich in einer Volkswirtschaft Preise bilden, ist die Situation des Polypols auf dem unvollkommenen Markt. Weil auf einem unvollkommenen Markt Präferenzen bestehen (s. 7.2.2), verliert der Anbieter nicht alle Kunden, wenn er einen etwas höheren Preis als seine Konkurrenten fordert. Es gibt allerdings eine Obergrenze. Setzt der Anbieter den Preis über dieser Obergrenze fest, dann ist für die Verbraucher der Preisnachteil so groß, dass sie alle zur Konkurrenz überwechseln. Andererseits kann ein Unternehmen nicht alle Kunden dadurch gewinnen, dass es den Preis unter den der Konkurrenz setzt. Sicher ist ein Preis denkbar, der so niedrig liegt, dass alle Nachfrager von der

Konkurrenz zu ihm überwechseln. So weit wird er den Preis schon deshalb nicht senken, weil er diese Menge wahrscheinlich gar nicht produzieren kann.

Zwischen oberer und unterer Preisgrenze kann der Anbieter auf dem unvollkommenen Markt sich wie ein Monopolist verhalten.

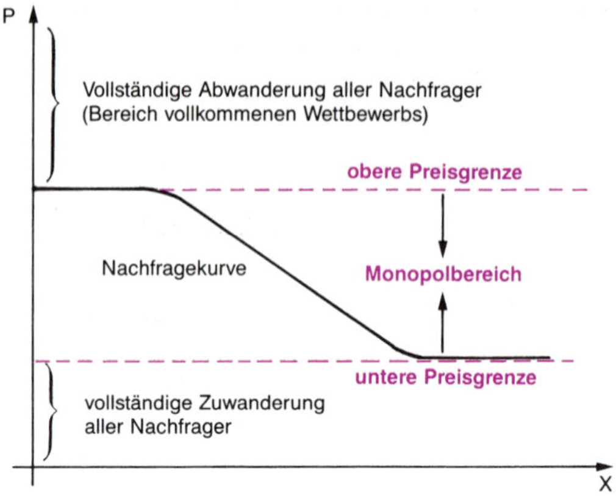

AUFGABEN UND PROBLEME **COMPUTER-SIMULATION**

7.1 Unterscheidung vollkommener und unvollkommener Märkte

- Wird in den folgenden Fällen auf einem vollkommenen oder einem unvollkommenen Markt angeboten? Begründung!
  1. Benzin durch Tankstellen,
  2. Bier in Gaststätten,
  3. Kautschuk auf der Warenbörse in London,
  4. Neuer Pkw Audi TT durch Werkshändler.

7.2 Gleichgewichtspreis, Anpassungsprozess bei der Preisbildung

Auf dem Wochenmarkt einer Kleinstadt werden die ersten Erdbeeren des Jahres angeboten. Es sind etwa ein Dutzend Anbieter und Hunderte von Nachfragern, die sich gegenüberstehen. Wir nehmen an, wir würden die Menge des Angebots und die der Nachfrage bei den verschiedenen Preisen kennen.

Preis je kg in EUR	Angebot in Zentner	Nachfrage in Zentner
2,00	10	25
2,25	10	15
2,50	10	10
3,00	10	5

- 1. Stellen Sie in einem Koordinatensystem die Abhängigkeit des Angebots und der Nachfrage vom Preis dar!
- 2. Wie lässt sich das Verhalten der Anbieter erklären, zum bestmöglichen Preis die vorrätigen 10 Zentner abzusetzen?
- 3. Die Anbieter versuchen es mit dem Preis, der letztes Jahr für die ersten Erdbeeren gezahlt wurde, und verlangen 3,00 EUR je kg.
- a) Wie merken die Anbieter, dass der Preis von 3,00 EUR kein Gleichgewichtspreis ist, der Angebot und Nachfrage zum Ausgleich bringt?
  b) Wie würden Sie als Anbieter reagieren?
- 4. Warum dauert es in unserem Beispiel des Erdbeermarktes einige Zeit, bis der Gleichgewichtspreis erreicht ist?
- 5. Warum könnte es auf dem Erdbeermarkt unseres Beispiels sogar verschiedene Preise für Erdbeeren geben?

7.3 Preisbildung bei unvollkommenem Wettbewerb

In einer Volkswirtschaft hat es eine Rekordernte an Weizen gegeben. Tausende von Landwirten versuchen, den Weizen abzusetzen. Auf dem Markt besteht folgende Situation:

Preis (EUR je t)	120	110	100	90	80	70	60	50	40	30	20	10
Gesamtnachfrage (Tsd. t)	200	800	1400	1800	2200	2600	3000	3200	3400	3600	3800	4000
Gesamtangebot (Tsd. t)	4000	4000	4000	4000	4000	4000	3900	3800	3700	3600	3000	2400

Dem Interessenverband der Landwirte ist es gelungen, alle Weizenanbieter zu einer Interessengemeinschaft zusammenzuschließen. In einer Presseveröffentlichung wurde der Zusammenschluss als Notmaßnahme zur Bewältigung einer durch Überproduktion verursachten Krise dargestellt. Im Aktionsprogramm des Verbandes wird die Herausnahme der Überschüsse aus dem Markt vorgesehen. Diese Überschüsse sollen vernichtet werden. Entscheidungsgrundlage für die Aktionen des Interessenverbandes ist die Schätzung der Preis-Absatzfunktion (siehe oben). Die Kosten der Vernichtung sind so unerheblich, dass sie nicht berücksichtigt werden müssen.

- 1. Welcher Gleichgewichtspreis ergibt sich unter der Bedingung vollkommenen Wettbewerbs?
- 2. Welche Mengen Weizen muss der Interessenverband aus dem Markt nehmen und vernichten, damit die vereinigten Landwirte aus der Ernte den größtmöglichen Gewinn erzielen?
- 3. Beurteilen Sie diese Maßnahme!

7.4 COMPUTER-SIMULATION: Auswirkung monopolistischer Märkte auf die Verbraucher

Ein Unternehmen ist der alleinige Anbieter eines Gutes auf dem Markt. Die Absatzmenge (x) dieses Gutes ist bestimmt von der Absatzfunktion $x = 160 - 2 \cdot p$. Dabei ist p der Marktpreis. In dem Unternehmen entstehen fixe Kosten in Höhe von 1200,00 EUR. Die variablen Kosten betragen konstant 20,00 EUR.

Stellen Sie die Situation des Unternehmens unter Verwendung eines Tabellenkalkulationsprogramms dar. Der Monopolist handelt nach dem Prinzip der Gewinnmaximierung. Beweisen Sie, welchen Nachteil die Verbraucher dadurch haben, dass auf dem Markt eine Monopolsituation gegeben ist.

Untersuchen Sie, ob es für die Verbraucher Auswirkungen hat, wenn der Monopolist die fixen Kosten auf 1100,00 EUR oder die variablen Kosten auf 10,00 EUR senken kann.

ZUR WIEDERHOLUNG DES GRUNDWISSENS

1. Was versteht man unter einem Markt?
2. Welche Funktionen hat der Markt in einer Marktwirtschaft?
3. Welche Marktformen kennen Sie?
4. Welche Anforderungen muss ein Markt erfüllen, damit er als vollkommen bezeichnet werden kann?
5. Geben Sie Beispiele für Präferenzen auf einem Markt.
6. Welche Voraussetzungen müssen gegeben sein, damit vollkommener Wettbewerb besteht?
7. Beschreiben Sie die Preisbildung bei vollkommenem Wettbewerb.
8. Wie unterscheidet sich die Preisbildung des Monopols von der Preisbildung bei vollkommenem Wettbewerb?
9. Welchen Einfluss haben die Kosten auf die Preisbildung des Monopols?
10. Beschreiben Sie die Preisbildung des Polypols auf dem unvollkommenen Markt.

8 Idealtypen der Wirtschaftsordnung

F. A. Hayek[1], Der Weg zur Knechtschaft, München, 2. Auflage der Neuherausgabe 1971, S. 123:

„Wirtschaftliches Kommando ist nicht nur das Kommando über einen Sektor des menschlichen Lebens, der von den übrigen getrennt werden kann; es ist die Herrschaft über die Mittel für alle unsere Ziele. Wer die alleinige Verfügung über die Mittel hat, muss auch bestimmen, welchen Zielen sie dienen sollen, welche Werte höher, welche niedriger veranschlagt werden müssen, kurz, was die Menschen glauben und wonach sie streben sollen."

LEITFRAGEN

Wer übt das wirtschaftliche Kommando aus

- *in einer freien Marktwirtschaft,*
- *in einer Zentralverwaltungswirtschaft?*

Hat die Entscheidung für eine dieser idealtypischen Wirtschaftsordnungen Auswirkungen auf den Freiheitsbereich des Menschen in der Gesellschaft? Warum?

INFORMATION

8.1 Zentrale oder dezentrale Planung

Für die Lenkung des arbeitsteiligen Wirtschaftsprozesses einer Volkswirtschaft gibt es grundsätzlich zwei Organisationsmodelle:

1. Die Zentralverwaltungswirtschaft

Die Lenkung der Wirtschaft erfolgt durch eine zentrale Planungsstelle. Bei der reinen (totalitären) Zentralverwaltungswirtschaft legt die Planungszentrale die Ziele der Produktion, die Verwendung der (verstaatlichten) Produktionsmittel und die Verteilung der produzierten Güter fest.

2. Die freie Marktwirtschaft

Jedes Unternehmen plant selbstständig Art und Menge der zu produzierenden Güter und bestimmt über die Höhe der Investitionen, jeder Haushalt plant selbstständig seinen Verbrauch. Die Wirtschaftspläne werden dezentral erstellt. Alle wirtschaftenden Personen treten aufgrund freiwilliger Entschlüsse miteinander in vertragliche Beziehungen, um Güter und Dienstleistungen zu kaufen oder zu verkaufen. Der Markt übernimmt die Aufgabe eines Koordinierungsmechanismus und sorgt für die Abstimmung der Einzelpläne.

[1] Hayek, Friedrich August von, 1899–1992, österreichischer Volkswirt, Prof. in London und Chicago, seit 1962 in Freiburg im Breisgau, 1974 Nobelpreis für Wirtschaftswissenschaften.

Idealtypen der Wirtschaftsordnung	
Freie Marktwirtschaft (dezentrale Planung)	**Zentralverwaltungswirtschaft (zentrale Planung)**
• Unabhängige Unternehmen erstellen Produktionspläne.	• Die zentrale Planungsstelle weist an, was und wie viel zu produzieren ist.
• Jeder Haushalt erstellt unabhängig seinen Verbrauchsplan.	• Die zentrale Planungsstelle verteilt die produzierten Güter auf die Haushalte.
• Der Markt sorgt für die Abstimmung der Pläne.	• Die zentrale Planungsstelle hat die Aufgabe, die Einzelpläne aufeinander abzustimmen.

In Wirklichkeit gibt es nicht nur diese beiden Grundtypen, sondern eine große Vielfalt von Wirtschaftsordnungen. Um die Vielfalt der realen Wirtschaftsordnungen beschreiben und vergleichen zu können, ist es sinnvoll, sich auf diese beiden Grundtypen zu beziehen. Es sind **Idealtypen,** die durch Hervorhebung gewisser Merkmale und durch Weglassen von Besonderheiten realer Wirtschaftsordnungen entstanden sind. **Sie sind Hilfsmittel der Forschung und der Beschreibung realer Wirtschaftsordnungen. Niemand behauptet ihre reale Existenz.**

Die Entscheidung für eine Wirtschaftsordnung bezieht sich nicht nur auf die Wahl zwischen zentraler und dezentraler Wirtschaftslenkung. Damit verbunden ist immer auch die Entscheidung für eine bestimmte Rechtsordnung, da sich ein Lenkungssystem nur mithilfe einer dazu passenden Rechtsordnung verwirklichen lässt. Ohne Vertragsfreiheit kann es z. B. keine Marktwirtschaft geben. Da die Rechtsordnung einen Teil der allgemeinen Staatsordnung darstellt, besteht eine enge Interdependenz zwischen Wirtschaftsordnung und Staatsordnung. Dieser Zusammenhang ist an den idealtypischen Modellen der freien Marktwirtschaft und der Zentralverwaltungswirtschaft besonders deutlich darzustellen.

8.2 Geistige Grundlagen der Wirtschaftsordnungen

Jede Entscheidung für eine Wirtschaftsordnung beruht auf einer Idealvorstellung von der Gestaltung der Gesellschaft. Hinter dem Idealtypus Marktwirtschaft steht das Leitbild des **Liberalismus.** Das idealtypische Modell der Zentralverwaltungswirtschaft ist orientiert an der Leitidee des **Sozialismus.** Auf der Grundlage von Leitbildern kann es zur theoretischen Konstruktion von Wirtschaftsordnungen kommen, bei denen wichtige Beschränkungen der Gestaltungsmöglichkeiten nicht berücksichtigt werden. Dies ist z. B. der Fall, wenn das Idealbild einer Wirtschaftsordnung entworfen wird, für deren Funktionieren ein völlig neuer Mensch vorausgesetzt wird, der jeglichen Egoismus überwunden hat.

8.2.1 Der Liberalismus

Der Liberalismus bezeichnet eine geistige Richtung, die für Freiheit und Unabhängigkeit der Persönlichkeit eintritt. Der Liberalismus lehnt jede innere geistige Gebundenheit ab, d. h. er verlangt für das Individuum Autonomie der Vernunft und volle Selbstständigkeit im Denken und Wollen. Damit verbunden ist die weitgehende Ablehnung äußerer gesellschaftlicher Bindungen, vor allem die Bindung des Individuums an den Staat. Der Liberalismus ist also einerseits ein philosophisches, andererseits ein gesellschaftliches Prinzip. Ausgangspunkt für die Normen- und Wertvorstellungen des Liberalismus ist der Individualismus.

Der Liberalismus fordert die freie Entfaltung der Persönlichkeit.

Der Siegeszug des Liberalismus in der Wirtschaftspolitik begann im Jahre 1776 mit dem Erscheinen des Buches „An inquiry into the nature and causes of the wealth of nations" von Adam Smith.[1] Die wirtschaftspolitischen Auffassungen von Adam Smith haben ihre Grundlage in seinen philosophischen Ansichten. Nach Smith sind dem Menschen Triebe angeboren, durch welche er Gottes Weltregierungsplan zur Ausführung bringen soll. Der Mensch fördert „den großen Endzweck der Natur" einfach dadurch, dass er nach seinen Trieben handelt. Um die Erreichung dieses „Endzwecks" nicht zu gefährden, muss der Staat auf alle Eingriffe in das Wirtschaftsleben verzichten. Der wirtschaftspolitische Liberalismus fordert die Laissez-faire-Wirtschaft.[2] Adam Smith hat als Erster den Mechanismus einer Laissez-faire-Wirtschaft beschrieben.

Der wirtschaftspolitische Liberalismus ist der Ansicht, dass das Gemeinwohl am besten gefördert wird, wenn die Menschen auf wirtschaftlichem Gebiet ohne staatliche Eingriffe ihren persönlichen Interessen nachgehen.

Der Liberalismus hatte unbedingtes Vertrauen in die göttliche Weltordnung. Er glaubte, dass eine **„unsichtbare Hand"** das egoistische Erwerbsstreben des Einzelnen doch zur Förderung des Gemeinwohls führe. Nach liberalistischer Auffassung ist die Selbststeuerung der Wirtschaft nicht nur das geeignete Mittel, um den Reichtum einer Nation zu vergrößern, das Ergebnis der Selbststeuerung hielt man auch für sozial gerecht.

Liberale Politik beruht heute nicht mehr auf dem hier beschriebenen Liberalismus. Der Liberalismus hat sich zum **Neoliberalismus** entwickelt und ist zur Leitidee der sozialen Marktwirtschaft geworden (s. 9.1.1).

8.2.2 Der Sozialismus

Der Sozialismus bezeichnet der Wortbedeutung nach den direkten Gegensatz zum „Individualismus", der die Grundlage für den Wirtschaftsliberalismus abgibt. **Für die Sozialisten ist der Bezugspunkt nicht der Einzelmensch, sondern die Gemeinschaft.** Die Freiheitsrechte des Einzelnen müssen nach Meinung der Sozialisten im Interesse des Gemeinwohls eingeschränkt werden. Ausgangspunkt für die Normen und Wertvorstellungen des Sozialismus ist der Kollektivismus.

[1] Smith, Adam, 1723–1790, englischer Volkswirt und Moralphilosoph, Schöpfer des ersten geschlossenen volkswirtschaftlichen Systems.

[2] laissez faire, laissez passer (auch: aller), franz.: lasst machen, lasst gehen, nämlich die Welt wie sie eben geht), angeblich die Antwort des Kaufmanns Legrende auf die Frage Colberts, wie er den Kaufleuten helfen solle.

Eine Volkswirtschaft, in der in gesellschaftlicher Arbeitsteilung viele Betriebe zusammenarbeiten müssen, kann nach sozialistischer Auffassung nur unter einer zentralen Leitung sinnvoll der Befriedigung menschlicher Bedürfnisse dienen. Die Sozialisten fordern eine **„wissenschaftliche Leitung der Gesellschaft“.** Die ökonomische Voraussetzung dafür ist nach sozialistischer Auffassung der Übergang der Produktionsmittel aus Privateigentum in sozialistisches Eigentum.

Der Sozialismus lehnt den Marktmechanismus als Lenkungsinstrument ab und fordert die Abschaffung des Privateigentums an den Produktionsmitteln.

Der wissenschaftliche Sozialismus beginnt mit Karl Marx.[1] Er veröffentlichte 1847 zusammen mit seinem Freund Friedrich Engels[2] das „Kommunistische Manifest“ und 1867 den ersten Band seines Hauptwerks „Das Kapital“.

Mit der zentralen Leitung der Wirtschaft wird dem Grundprinzip für die Leitung eines sozialistischen Staates entsprochen, das von den Sozialisten als **„demokratischer Zentralismus“** bezeichnet wird. Mit diesem Prinzip soll das einheitliche Handeln aller Mitglieder einer sozialistischen Gesellschaft und die Durchführung der von der Leitung getroffenen Entscheidungen gesichert werden.

Idealtypische Wirtschaftsordnungen und ihre geistigen Grundlagen		
Idealtypische Wirtschaftsordnung	Freie Marktwirtschaft	Zentralverwaltungswirtschaft
Leitende Vorstellung von der Stellung des Menschen in der Gesellschaft	Individualismus	Kollektivismus
Aus der leitenden Vorstellung entwickeltes gesellschaftliches Prinzip	Liberalismus	Sozialismus

8.3 Die freie Marktwirtschaft

8.3.1 Das Lenkungssystem der freien Marktwirtschaft

Es ist scheinbar leicht einzusehen, wie die Grundaufgaben jeder Wirtschaftslenkung von einer zentralen Planbehörde durch Anweisungen an die Produzenten und Zuteilung der Produktionsergebnisse an die Verbraucher erfüllt werden können. Die **Funktionsweise** einer freien Marktwirtschaft dagegen ist auf den ersten Blick nicht zu durchschauen.

In der Marktwirtschaft setzt der Staat nur die Regeln für die Tauschvorgänge fest, greift aber in die Vorgänge auf dem Markt nicht ein.

[1] Marx, Karl, 1818–1883, Philosoph und Nationalökonom.

[2] Engels, Friedrich, 1820–1895, neben Marx der führende Theoretiker des Marxismus.

Die Anhänger der Marktwirtschaft vertrauen auf den Preis und glauben, dass er alle Aufgaben lösen kann. Der Preis ist die **„unsichtbare Hand“,** die alles zum Besten lenken wird. Wir wollen untersuchen, wie nach dieser Vorstellung der Preis die Aufgabe der Wirtschaftslenkung bewältigt.

▶ Die Lenkungsfunktion des Preises

> **Aufgabe 1:**
> Art und Menge der Güter, die produziert werden sollen, müssen bestimmt werden.

Wenn die Unternehmen ihre Produktionspläne aufstellen, dann sind sie am Eigennutz orientiert: sie wollen einen möglichst großen Gewinn erzielen. Deshalb werden sie solche Güter produzieren, für die (im Verhältnis zu den Kosten) ein hoher Preis zu erzielen ist. Die Unternehmen produzieren die knappen Güter zwar, um den Gewinn zu erhöhen, dienen damit aber dennoch dem Wohle der Gemeinschaft. Die unsichtbare Hand (der Preis) hat es so eingerichtet, dass zwischen dem Eigeninteresse und dem Gesamtinteresse kein Gegensatz besteht. Letztlich haben die Konsumenten über den Preis die Ziele der Produktion bestimmt.

In einer freien Marktwirtschaft werden die Produktionsfaktoren über den Preis zur Produktion von knappen Gütern hingelenkt.

> Der Preis übernimmt in der Marktwirtschaft die Lenkungsfunktion.

▶ Die Planabstimmungsfunktion (Ausgleichsfunktion) des Preises

> **Aufgabe 2:**
> Die Pläne der Produzenten und Konsumenten müssen aufeinander abgestimmt werden.

In einer Marktwirtschaft erstellt jeder einzelne Konsument seinen Einkaufsplan souverän. Er orientiert sich dabei an seinem verfügbaren Einkommen, an dem Preis des gewünschten Gutes und an dem Preis von Substitutionsgütern. Ebenso stellt jeder einzelne Produzent autonom seinen Produktionsplan unter Berücksichtigung des erzielbaren Marktpreises und seiner Produktionskosten auf. Es wäre ein reiner Zufall, wenn die Pläne der Konsumenten und Produzenten so übereinstimmen würden, dass auf dem Markt eines Gutes alle Produzenten zu den von ihnen erwarteten Preisen ihre gesamte Produktion absetzen könnten und alle Verbraucher zu dem von ihnen angesetzten Preis die von ihnen geplante Menge erhalten würden. Die Pläne müssen über einen Abstimmungsmechanismus zur Übereinstimmung gebracht werden.

Ist auf einem Markt zu einem bestimmten Preis die Nachfrage größer als das Angebot, dann steigt der Preis. Nachfrager, die zu dem jetzt höheren Preis nicht kaufen wollen, fallen aus. Anbieter kommen hinzu, die zu dem jetzt höheren Preis verkaufen. Dies geschieht so lange, bis ein Preis erreicht ist, bei dem Angebot und Nachfrage auf dem Markt gleich groß sind. Die Pläne der Nachfrager und Anbieter sind dann abgestimmt.

Ist das Angebot zu einem bestimmten Preis größer als die Nachfrage, dann sinkt der Preis. Zu dem niedrigeren Preis wird mehr nachgefragt, aber weniger angeboten. Der Anpassungsprozess geschieht auch hier so lange, bis die Pläne der Anbieter und Nachfrager koordiniert sind.

> Der Preis übernimmt in der Marktwirtschaft die Planabstimmungsfunktion (Ausgleichsfunktion).

▶ Die Signalfunktion des Preises

Aufgabe 3:
Der Grad der Knappheit von Gütern muss Produzenten und Konsumenten sichtbar gemacht werden.

In den Unternehmen muss die Knappheit der Güter bekannt sein, damit sie ihre Produktion auf diese knappen Güter ausrichten und damit dazu beitragen können, die Knappheit zu beseitigen. Unternehmen müssen die Knappheit der Güter auch deshalb kennen, um bei der Entscheidung über den Einsatz von Gütern in der Produktion knappe Güter durch weniger knappe zu ersetzen. Wenn Kupfer knapper ist als Kunststoff, dann sollte ein Kupferring an einem Fernsehgerät durch einen Kunststoffring ersetzt werden. Dem Verbraucher muss der Grad der Knappheit der Güter bekannt sein, damit er die knappen Güter sparsam verbraucht.

Der Preis der Konsumgüter „signalisiert" den Produzenten und Konsumenten die Knappheit dieser Güter und gibt ihnen Orientierungsdaten für ihr Verhalten.

Der Preis hat in der Marktwirtschaft Signalfunktion.

▶ Die Anreizfunktion (Erziehungsfunktion) des Preises

Aufgabe 4:
Die wirtschaftenden Menschen müssen am Erfolg des Wirtschaftslebens interessiert werden.

Produzenten und Konsumenten müssen mit knappen Gütern sparsam umgehen. Dafür muss ein Anreiz geschaffen werden.

In der Marktwirtschaft merken es Produzenten und Konsumenten an ihrem Geldbeutel, wenn sie mit knappen Gütern nicht sparsam umgehen. Die Marktwirtschaft arbeitet mit dem Mittel des materiellen Interesses.

Knappe Produktionsgüter sind teurer als weniger knappe. Die Preise der Produktionsgüter gehen als Aufwand in die Erfolgrechnung ein und schmälern den möglichen Gewinn. Der Unternehmer wird aus eigenem Interesse versuchen, sie durch billigere, d. h. weniger knappe zu ersetzen. Dabei handelt er im Gesamtinteresse, obwohl er nur seinen eigenen Vorteil sucht.

Die Konsumenten werden durch zu hohe Preise angereizt, knappe Konsumgüter durch weniger knappe zu substituieren.

Der Preis übernimmt in der Marktwirtschaft die Anreizfunktion (Erziehungsfunktion).

▶ Die Wechselwirkung von Angebot, Nachfrage und Preis

In der Marktwirtschaft bildet sich der Preis auf dem Markt aus dem Zusammenwirken von Angebot und Nachfrage. Die Darstellung der Preisfunktionen hat gezeigt, dass der Preis wieder auf Angebot und Nachfrage zurückwirkt. **In diesem funktionalen Zusammenwirken von Angebot und Nachfrage besteht das Steuerungsinstrument der Marktwirtschaft.**

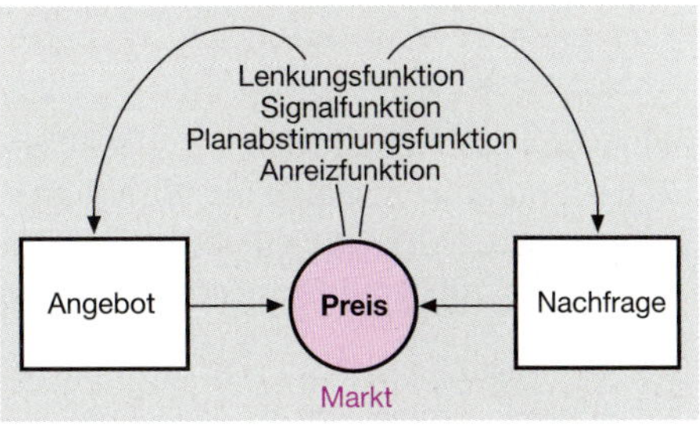

Die Marktwirtschaft wird durch den Preis gesteuert.

Der Preis kann seine Funktionen in der Marktwirtschaft nur erfüllen, wenn die Anbieter auf den Märkten im Wettbewerb stehen und der Preis sich unbeeinflusst von staatlichen Eingriffen bildet.

8.3.2 Der Ordnungsrahmen der freien Marktwirtschaft

Wesentliche Voraussetzungen für das Funktionieren der Marktwirtschaft müssen vom Gesetzgeber geschaffen werden. Er muss einen **Ordnungsrahmen** schaffen, um die Wirtschaft vor Eingriffen des Staates zu schützen. In der freien Marktwirtschaft beschränkt sich die Rolle des Staates darauf, einen Ordnungsrahmen vorzugeben, der die Freiheit des Bürgers schützt. In das Wirtschaftsgeschehen greift der Staat nicht ein.

Ordnungsrahmen der freien Marktwirtschaft			
Bestandteile des Ordnungsrahmens			
Vertragsfreiheit	Gewerbefreiheit	freie Wahl des Arbeitsplatzes	Privateigentum an den Produktionsmitteln

- In einer Marktwirtschaft muss **Vertragsfreiheit** bestehen. Jedermann muss das Recht haben, über Lieferungen und Leistungen nach freiem Ermessen Verträge abschließen zu können und die Sicherheit haben, dass ihn der Staat bei der Durchsetzung von Ansprüchen aus diesen Verträgen unterstützt. Ohne Vertragsfreiheit gibt es kein freies Marktgeschehen und damit auch keine Marktwirtschaft.
- **Gewerbefreiheit** muss jedem Unternehmer den Zugang zu den Märkten sichern. Gewerbefreiheit würde z. B. dann nicht bestehen, wenn der Staat sich das Recht vorbehalten würde, bei der Gründung eines Unternehmens zu prüfen, ob zur Gründung des Unternehmens überhaupt ein Bedürfnis besteht. Wenn der Zugang zu den Märkten nicht frei ist, dann entstehen Monopole; diese verhindern den in der Marktwirtschaft notwendigen Wettbewerb.
- Der Gewerbefreiheit für den Unternehmer entspricht die **freie Wahl des Arbeitsplatzes** für den Arbeitnehmer.
- **In einer Marktwirtschaft sind die Produktionsmittel (Maschinen, Anlagen, Transportmittel, Boden) im Privateigentum.** Nur wenn die Unternehmer Eigentümer der Produktionsmittel sind, haben sie die Entscheidungsfreiheit, die für die Lenkung über den Preis vorausgesetzt wird. Betriebe im Staatseigentum sind in einer Marktwirtschaft nur dann im gewissen Maße erträglich, wenn sie im freien Wettbewerb mit privaten Unternehmen stehen.

Walter Eucken[1] war der Meinung, dass Gemeineigentum an den Produktionsmitteln zwangsläufig mit zentraler Lenkung der Wirtschaft verbunden sein müsse. Heute gibt es Denkmodelle für (sozialistische) Wirtschaftsordnungen, in denen versucht wird, Gemeineigentum an den Produktionsmitteln mit Elementen dezentraler Wirtschaftslenkung zu verbinden.

[1] Eucken, Walter, 1891–1950, einer der führenden Volkswirte der so genannten neoliberalen Schule. Hauptwerke: „Grundlagen der Nationalökonomie“ und „Grundsätze der Wirtschaftspolitik“.

Lenkungssystem und Ordnungsrahmen einer Marktwirtschaft

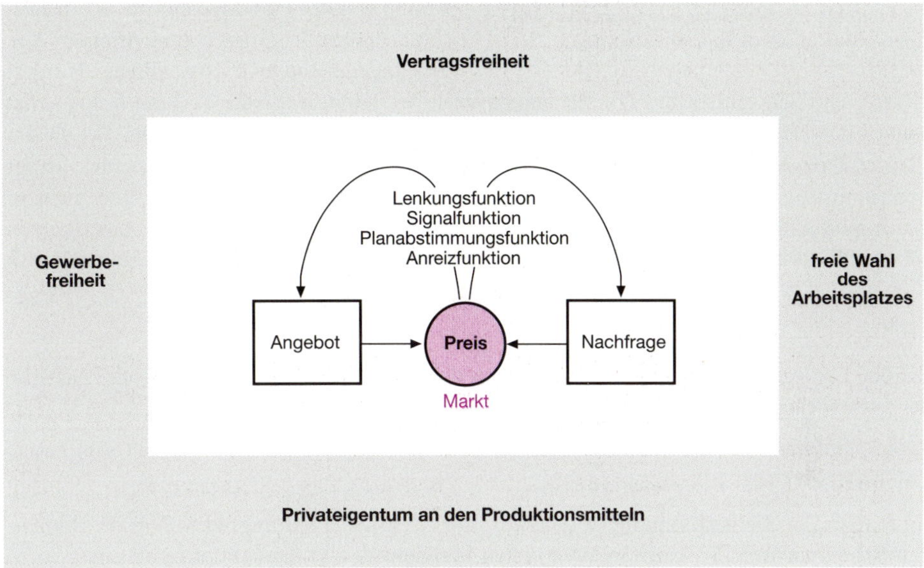

8.4 Die Zentralverwaltungswirtschaft

8.4.1 Das Lenkungssystem der Zentralverwaltungswirtschaft

In einer Zentralverwaltungswirtschaft erfolgt die Lenkung der arbeitsteiligen Wirtschaft durch eine Planungszentrale. Die Planungszentrale legt fest, welche Güter produziert werden sollen und wie viel von jedem Gut. Sie bestimmt auch, was den Verbrauchern an Konsumgütern zusteht. Produzenten und Konsumenten treten sich in der reinen Zentralverwaltungswirtschaft nicht als Käufer und Verkäufer auf dem Markt gegenüber. Die Produzenten liefern ab, die Konsumenten erhalten Zuteilungen.

Die Zentralverwaltungswirtschaft wird häufig auch als Planwirtschaft bezeichnet. Das ist missverständlich. Wirtschaften heißt planen. Es kann deshalb keine Wirtschaft ohne Planung geben. In der Zentralverwaltungsstelle plant eine Zentralstelle, in der Marktwirtschaft erfolgt die Planung dezentral durch viele Produzenten und Konsumenten. Die Marktwirtschaft und die Zentralverwaltungswirtschaft unterscheiden sich dagegen wesentlich durch den Freiheitsraum, den Produzenten und Konsumenten für ihre Entscheidungen haben.

In der Zentralverwaltungswirtschaft handeln Produzenten und Konsumenten auf Anweisung einer Planungsstelle.

Wir wollen untersuchen, wie bei zentraler Planung die vier Grundaufgaben der Wirtschaftslenkung bewältigt werden.

Aufgabe 1:
Art und Menge der Güter, die produziert werden sollen, müssen bestimmt werden.

Um den Bedarf zu schätzen, wird die Bevölkerung von der Planungszentrale in Normentypen eingeteilt: Frauen und Männer, Kinder, Jugendliche und Erwachsene, Normalarbeiter und Schwerarbeiter. **Die Planungszentrale bestimmt, was jeder Verbrauchertyp erhalten soll und errechnet dann den Gesamtbedarf der Volkswirtschaft für jedes Gut. Bei diesem Planverfahren können der individuelle Bedarf und der Geschmack kaum noch berücksichtigt werden.** Anzüge und Kleider werden in wenigen Grundmodellen hergestellt und nicht in vielen modischen Variationen, es wird nur wenige Grundmodelle von Wohnzimmerlampen geben und es ist möglich, dass nur ein Typ von Küchenmöbeln in Großserie hergestellt wird.

In der Zentralverwaltungswirtschaft werden die Produktionsziele von einer Planungszentrale festgelegt.

Bei der Festlegung der Produktionsziele kann die Planungszentrale versuchen, die Wünsche der Verbraucher zu erforschen und zu berücksichtigen. Sie muss es aber nicht.

Die Entscheidung über die Produktionsziele ist in der Zentralverwaltungswirtschaft eine politische Entscheidung.

Im Bereich der Zielbestimmung ist typisch für die Zentralverwaltungswirtschaft die Bildung von **Schwerpunkten.** So kann in einer ersten Planperiode die Produktionskraft einer Volkswirtschaft schwerpunktmäßig für den Ausbau der Hüttenindustrie eingesetzt werden, in der zweiten für das Transportwesen, in der dritten für die chemische Industrie und in der vierten für das Bauwesen. Ein als Schwerpunkt gewähltes Ziel geht allen anderen vor und hat die Funktion eines so genannten **„Leitgliedes".**
Der Mechanismus der Marktwirtschaft berücksichtigt dagegen die unterschiedlichen Ziele der Wirtschaftssubjekte und führt zu einer mehr ausgeglichenen Annäherung an unterschiedliche Zielsetzungen.
Viele Menschen, denen sehr viel an der Verfolgung eines bestimmten Zieles liegt, neigen deshalb zu Wirtschaftsordnungen mit zentraler Planung. Sie sehen darin die Möglichkeit, die Verfolgung ihres Ideals unter Einsatz aller gesellschaftlichen Kräfte zu fördern. Doch gerade diese Idealisten werden zu den erbittertsten Gegnern einer zentralen Planung, die nicht den von ihnen angestrebten Zielen absolute Priorität zugestehen würde.

Aufgabe 2:
Der Grad der Knappheit von Gütern muss Produzenten und Konsumenten sichtbar gemacht werden.

Auch in einer Zentralverwaltungswirtschaft sind die Wünsche der Verbraucher größer als die Produktionsmöglichkeiten. Deshalb muss die Knappheit der Güter festgestellt und sichtbar gemacht werden. **Die Planungszentrale ermittelt die Knappheit in Mengenbilanzen.** Das Bild links zeigt die **Planungsbilanz** für das Bedarfsgut Schuhe. Die Planungszentrale hat anerkannt, dass in der Planungsperiode ein Bedarf von 950000 Paar Schuhen besteht. In der Bilanz ist dieser Bedarf als Versorgungssoll ausgewiesen.

Mengenbilanz für das Bedarfsgut Schuhe

Aufkommen	(in 1000)	Verwendung	
Vorräte	100	Versorgungssoll	950
Anzufordernde Menge 1	1 000	Sollbestand am Ende der Planungsperiode	150
	1 100		1 100

In der Volkswirtschaft sind 100000 Paar Schuhe vorrätig. Dieser Bestand soll bis zum Ende der Planperiode auf 150000 Paar Schuhe erhöht werden. Also müssen von dem Sektor Schuhproduktion 1000000 Paar Schuhe angefordert werden.

Um diese 1000000 Paar Schuhe zu produzieren, werden u.a. Maschinen und Arbeitskräfte, Unterleder, Oberleder, Garne, Nägel, Ösen, Energie, Maschinenöl, Büromaterial usw. benötigt. Für all diese Güter müssen Mengenbilanzen aufgestellt werden.

In unserem Beispiel (s. Bild S. 213) weiß die Planungsverwaltung aus Erfahrung, dass zur Herstellung von 100 Paar Schuhen 160 dm^2 Oberleder benötigt werden. Der Faktor zur Berechnung des Bedarfs an Oberleder aus der anzufordernden Schuhmenge beträgt also 1,6. In der Bilanz für Oberleder werden deshalb 1600 dm^2 für die Schuhproduktion angefordert.

Aus dem Bedarfsplan für Treibriemen werden noch 200 dm^2 Oberleder angefordert. Da am Ende der Planperiode 300 dm^2 Oberleder vorrätig sein sollen, müssen von dem Produktionssektor Oberleder 1800 dm^2 Oberleder angefordert werden.

Zur Herstellung von Oberleder werden schwere Häute benötigt. Mit Erfahrungssätzen wird berechnet, wie viel t schwere Häute für 1800 dm^2 Oberleder erforderlich sind. Die Tiere wird man aber nicht schlachten, weil schwere Häute benötigt werden; man wird sich für die Abschlachtung von Tieren an dem Fleischbedarfsplan orientieren. Als Nebenprodukt des Schlachtens fallen in unserem Beispiel (s. Bild S. 213) nur 230 t schwere Häute an. In der Bilanz für schwere Häute lässt sich deshalb die Fehlmenge von 80 t feststellen (s. Bild S. 213). Damit wird die Knappheit dieses Gutes erkennbar.

Die Knappheit der Güter wird in der Zentralverwaltungswirtschaft als Fehlmenge in Mengenbilanzen sichtbar gemacht.
Übersicht über den Knappheitsgrad der Güter hat unmittelbar nur die Planbehörde.

Aufgabe 3:
Die Pläne der Produzenten und der Konsumenten müssen aufeinander abgestimmt werden.

Die Planungszentrale muss für den Ausgleich der Fehlmengen in den Mengenbilanzen sorgen. Dafür gibt es grundsätzlich zwei Möglichkeiten:

1. **Das Aufkommen wird erhöht,**
2. **die Anforderungen werden reduziert.**

In dem im Bild auf S. 213 dargestellten Beispiel könnte das Inlandsaufkommen durch Erhöhung der Schlachtungen vergrößert werden. Da die Schlachtungen der Fleischversorgung dienen und die schweren Häute fast als Nebenprodukt anzusehen sind, kommt diese Lösung sicher nicht infrage. Das Aufkommen an Rohhäuten könnte auch durch Einfuhr erhöht werden. Dann wäre jedoch daran zu denken, dass die Einfuhr mit Gegenleistungen bezahlt werden muss und sich deshalb Auswirkungen auf einen anderen Plan ergeben.

Von der Verwendungsseite her wäre zu prüfen, ob die Produktion von Schuhen verringert werden kann oder ob die Einsparung an Leder bei einem anderen Gut erfolgen soll, z.B. im Produktionsbereich von Ledertaschen. Es kann auch geprüft werden, ob Leder bei der Produktion von Schuhen oder auch bei anderen Gütern durch ein anderes Gut, z.B. durch Gummi oder Kunststoff, ersetzt werden kann.

In der Zentralverwaltungswirtschaft wird die Abstimmung der Einzelpläne von der Planungszentrale mit dem Instrument der Mengenbilanzen durchgeführt.

Auch in der Zentralverwaltungswirtschaft wäre der Ausgleich aller Einzelpläne im ersten Entwurf Zufall.

Wir nehmen an, in der in unserem Beispiel dargestellten Wirtschaft (s. Abbildung S. 213) sei oberstes Ziel die Erweiterung der Produktionskapazität der Wirtschaft. Deshalb erfolgt der Ausgleich der Fehlmenge im Plan für schwere Häute durch Kürzung der Anforderung von schweren Häuten für das Bedarfsgut Schuhe um 40 t. Der Plan für schwere Häute ist damit ausgeglichen. Es bleiben für die Schuhproduktion noch 240 t schwere Häute im Ansatz; damit können 1200 dm^2 Oberleder hergestellt werden. Die Position „anzufordernde Menge“ im Plan für Oberleder ändert sich damit auf 1400 dm^2, davon 1200 dm^2 für Schuhe. Mit diesen 1200 dm^2 können nur 750000 Paar Schuhe hergestellt werden. Deshalb dürfen in der Mengenbilanz für das Bedarfsgut Schuhe unter der Position „anzufordernde Menge“ nur 750000 Paar eingesetzt werden. Wenn die Planbehörde weiterhin davon ausgeht, dass am Ende der Planperiode 150000 Schuhe vorrätig sein sollen, dann muss das Versorgungssoll auf 700000 Paar Schuhe reduziert werden.

Ergebnis der Planung: Der Produktionssektor Schuhe erhält ein Produktionssoll von 750000 Paar Schuhen; die Bevölkerung wird mit 700000 Paar Schuhen versorgt.

Nach Ausgleich der Mengenbilanzen ist die Knappheit der Güter auch in den Bilanzen nicht mehr sichtbar.

Aufgabe 4:
Die wirtschaftenden Menschen müssen am Erfolg des Wirtschaftens interessiert werden.

Die Schwierigkeit, ein Plansoll sinnvoll festzulegen

In einem Betrieb werden verschiedene Typen Bagger hergestellt. Da es keinen Marktpreis gibt, sucht die Planungsverwaltung nach einem einheitlichen Nenner und legt das Plansoll nach dem Gewicht fest.

Die Betriebsleitung lässt statt moderner leistungsfähiger Maschinen technisch veraltete herstellen, weil diese ein höheres Gewicht haben. Sie erreicht damit die Übererfüllung des Plansolls und erhält eine Prämie.

Es genügt nicht, dass die Planungszentrale Produktion und Konsum festlegt, sie muss auch dafür sorgen, dass ihre Pläne durchgeführt werden.

Auch in der Zentralverwaltungswirtschaft kann mit materiellen Leistungsanreizen gearbeitet werden. Wenn Betriebe das von der Planungszentrale für sie festgelegte Produktionssoll überschreiten, dann erhalten Betriebsleitung und Arbeiter eine **Prämie.** Es ist aber gar nicht immer leicht, das Plansoll sinnvoll festzulegen.

Der materielle Leistungsanreiz kann auch durch **Ehrungen** ersetzt werden. Betriebsleiter und Arbeiter erhalten Orden und Auszeichnungen verliehen, auf großen Plakaten mit ihrem Bild werden sie als „Held der Arbeit“ dargestellt.

Notwendig bleibt trotz allem ein großer Kontrollapparat, der den Plan notfalls auch mit Gewalt durchsetzt. Wegen schuldhafter Nichterfüllung des Produktionsplans kann man auch ins Gefängnis kommen.

Darstellung einer „Planungsrunde“ in einer Zentralverwaltungswirtschaft

Politische Entscheidung der **Planungszentrale**

①

Aufkommen	Bedarfsgut Schuhe (in 1 000 Paar)	Verwendung	
Vorräte	100	Versorgungssoll	950
Anzufordernde Menge	1 100	Sollbestand am Ende der Planperiode	150
	1 100		1 100

②

Aufkommen	Oberleder in dm²	Verwendung	
Vorräte	300	Anforderungen für Schuhe (1 000 x 1,6)	1 600
Anzufordernde Menge	1 800	Anforderungen für Treibriemen	200
		Sollbestand am Ende der Planperiode	300
	2 100		2 100

Aufkommen	Schwere Häute in t	Verwendung	
Vorräte	50	Anforderungen für Schuhe (1 000 x 0,2)	320
Inlandsanfall	230	Anforderungen für Treibriemen (200 x 0,2)	40
Fehlmenge	80		
	360		360

Ausgleich durch Kürzung im Sektor Schuhproduktion

Aufkommen	Bedarfsgut Schuhe (in 1 000 Paar)	Verwendung	
Vorräte	100	Versorgungssoll	700
Anzufordernde Menge	750	Sollbestand am Ende der Planperiode	150
	850		850

③

Aufkommen	Oberleder in dm²	Verwendung	
Vorräte	300	Anforderungen für Schuhe	1 200
Anzufordernde Menge	1 400	Anforderungen für Treibriemen	200
		Sollbestand am Ende der Planperiode	300
	1 700		1 700

Aufkommen	Schwere Häute in t	Verwendung	
Vorräte	50	Anforderungen für Schuhe	240
Inlandsanfall	230	Anforderungen für Treibriemen	40
	280		280

8.4.2 Der Ordnungsrahmen der Zentralverwaltungswirtschaft

In einer Zentralverwaltungswirtschaft kann es kein privates Eigentum an den Produktionsmitteln geben. Das Wesen des Eigentums ist das freie Verfügungsrecht über eine Sache. Das freie Verfügungsrecht über Produktionsmittel kann die Planzentrale nicht zugestehen, da seine Verwirklichung sich gegen die Absichten des Planes richten könnte.

Ohne privates Eigentum gibt es keine privaten Unternehmer und damit keine Gewerbefreiheit.

In der Zentralverwaltungswirtschaft kann weder die freie Berufswahl noch die freie Wahl des Arbeitsplatzes garantiert werden. Auch die Arbeitskräfte werden in Planungsbilanzen erfasst und müssen in die Gesamtplanung einbezogen werden. Um die zentralen Pläne zu erfüllen, muss der Staat das Recht haben, Arbeitskräfte auf Arbeitsplätze zuzuweisen.

Die Bedeutung des Eigentums in einer Wirtschaftsordnung:

In einer Marktwirtschaft bewirtschaftet ein Bauer seinen eigenen Boden. Er kann selbst bestimmen, ob er Kartoffeln oder Frühgemüse anbaut.

Diese Entscheidung kann die Planungsverwaltung in einer Zentralverwaltungswirtschaft dem Produzenten nicht zugestehen. Also kann sie auch kein Eigentum an den Produktionsmitteln zulassen.

Die Bedeutung der Gewerbefreiheit in einer Wirtschaftsordnung:

In einer Zentralverwaltungswirtschaft kann sich ein Privatmann nicht einfach einen Lastwagen kaufen und einen Transportbetrieb eröffnen. Er darf gar keine Produktionsmittel besitzen.

Die Planbehörde entscheidet, ob und wann sie einen staatlichen Transportbetrieb eröffnet.

In der total zentralgeleiteten Wirtschaft wird auf Anweisung produziert und nach Zuteilung konsumiert. Produktion nach eigenen Zielvorstellungen und freier Güteraustausch sind nicht möglich. **In der Zentralverwaltungswirtschaft kann es keine uneingeschränkte Vertragsfreiheit geben.**

In der Zentralverwaltungswirtschaft wird der Staat allmächtig.

Ein Staat mit Zentralverwaltungswirtschaft kann keinen rechtlichen Dauerrahmen festlegen, innerhalb dem der Einzelne frei handeln kann. Die Planbehörde muss in jedem Augenblick das Recht haben, ohne Bindung an vorher festgelegte formale Normen eingreifen zu können, um die Verwirklichung des Wirtschaftsplanes zu sichern. Was dem Wohl des Ganzen dient, kann nur von Fall zu Fall bestimmt, aber nicht von vornherein festgelegt werden.

Eine reine Zentralverwaltungswirtschaft ist nirgends verwirklicht, auch nicht in sozialistischen Ländern. Sie ist eine Modellkonstruktion und keine real vorzufindende Wirtschaftsordnung. Nur in Ausnahmesituationen haben sich reale Wirtschaftsordnungen schon diesem Modell genähert: Im 2. Weltkrieg wurde die Kriegswirtschaft in Deutschland fast als reine Zentralverwaltungswirtschaft geführt. Vom Staat wurde die Produktion total zentral gesteuert, die Verbraucher erhielten Bezugscheine für Lebensmittel und Gebrauchsgüter. Selbst der Tausch der mit Bezugschein zugeteilten Güter war verboten. Das Geld hatte so gut wie keine Bedeutung mehr.

Ordnungsrahmen und Lenkungssystem in der Zentralverwaltungswirtschaft

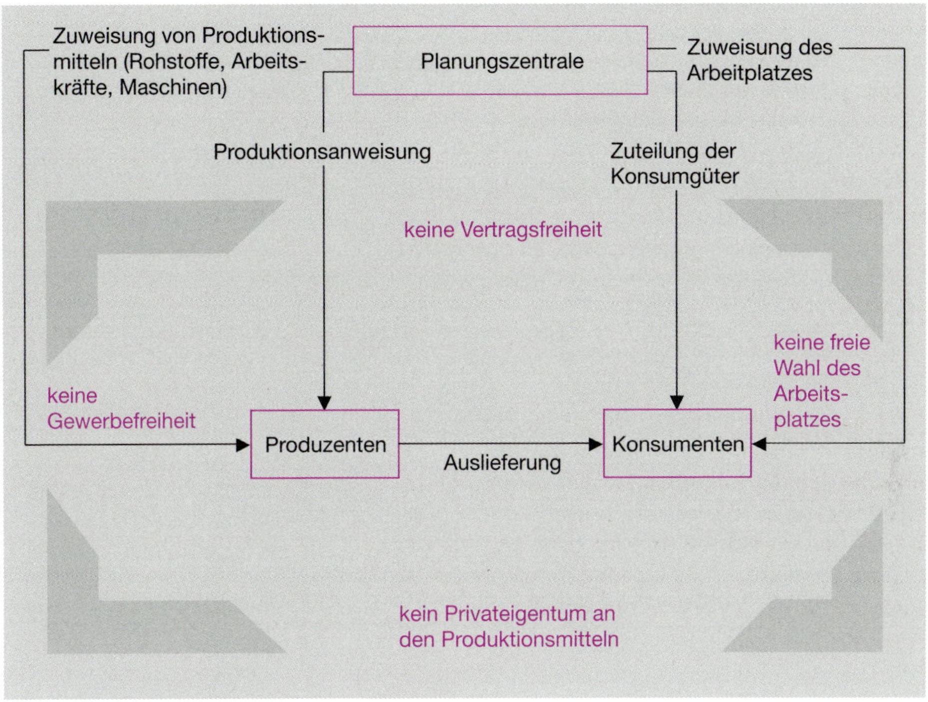

AUFGABEN UND PROBLEME

8.1 **Marktgeschehen und demokratische Wahl**

- Ist Ihrer Ansicht nach der Vergleich des Marktgeschehens mit einer demokratischen Wahl, so wie ihn Schleyer in dem Text unten durchführt, treffend?

Schleyer, Hanns Martin:[1] Das soziale Modell, Stuttgart o.J., S. 86f.
„Die Marktwirtschaft braucht nicht ‚demokratisiert' zu werden – sie erfüllt vielmehr ihrem Wesen nach die demokratischen Grundforderungen weit besser als jedes andere bekannte und denkbare Wirtschaftssystem: und zwar deswegen, weil der Souverän der Marktwirtschaft in Wirklichkeit nicht ‚die Unternehmerclique', sondern der Konsument ist, also die Gesamtheit der Wirtschaftsbürger – ebenso wie die Wahlbürger der Souverän des demokratischen Staates sind. Das Wirtschaftsvolk herrscht durch die Instrumente des Marktes. Produziert wird für den gewinnbringenden Absatz auf dem Markt – und was dort abgesetzt werden kann, bestimmt der Käufer, keineswegs eine verschworene Gemeinschaft von Managern. Die Unternehmen sind abhängig vom Markt, und dort ist der Verbraucher König. Er disponiert darüber, was erzeugt wird. Dass die Werbung von Industrie und Handel versucht, ihn bei seiner Konsumwahl zu beeinflussen, entspricht im politischen Bereich der Werbung der Parteien um die Stimme des Wahlbürgers – beides ist legitim, und in beiden Fällen gibt es bekanntlich liebsame und unliebsame Überraschungen."

[1] Schleyer, Hanns Martin, 1915–1977 (ermordet), dt. Manager, Vorstandsmitglied bei der Daimler-Benz AG; Präsident der Bundesvereinigung der Dt. Arbeitgeberverbände.

8.2 Ordnungsrahmen idealtypischer Wirtschaftsordnungen

- Welches der unten kurz dargestellten Gerichtsurteile passt
  - nur in eine Marktwirtschaft, nicht aber in eine Zentralverwaltungswirtschaft,
  - nur in eine Zentralverwaltungswirtschaft, nicht aber in eine Marktwirtschaft,
  - sowohl in eine Zentralverwaltungswirtschaft als auch in eine Marktwirtschaft?

  Begründen Sie Ihre Entscheidungen!

Urteil 1: Der Lagerarbeiter M. wurde wegen fortgesetzten Diebstahls und Unterschlagung zu einer Freiheitsstrafe von 8 Monaten verurteilt. Sie wurde auf Bewährung ausgesetzt.

M. hat in den vergangenen 5 Jahren aus einer Baustoffgroßhandlung, bei der er als Lagerarbeiter beschäftigt war, Baumaterialien im Wert von 170000,00 EUR herausgeschmuggelt und verkauft. Den Erlös hat er sich mit einem Kraftfahrer geteilt, der ihm bei seinen Aktionen behilflich war.

Urteil 2: Das Kreisgericht hat den Leiter der staatlichen Zoo-Verkaufsstelle „Exotina" zu 3¼ Jahren Freiheitsentzug wegen Untreue zum Nachteil von gesellschaftlichem Eigentum verurteilt.

Das Gericht führte in seiner Begründung aus, dass nach dem Urteil eines Experten der Angeklagte selbst unter Zubilligung der höchsten Verlustquote und bei Zugrundelegung von 3 Bruten im Jahr je Zuchtpaar rund 10 Wellensittiche hätte aufziehen müssen. Der Angeklagte hatte jedoch nur 5 bis 6 Junge je Paar gezüchtet. Das Gericht kam zu dem Ergebnis, der Angeklagte habe als Züchter schluderhafte Arbeit geleistet. Dadurch sei ein Fehlbestand von 1248 Tieren entstanden.

Urteil 3: Der Textilfabrikant P. wurde wegen betrügerischen Bankrotts zu einer Freiheitsstrafe von 6 Monaten verurteilt, die zur Bewährung ausgesetzt wurde. P. hat den Antrag auf Eröffnung des Insolvenzverfahrens für seine Firma trotz Überschuldung und Zahlungsunfähigkeit hinausgezögert, um in der Zwischenzeit Vermögensgegenstände aus dem Unternehmen zu entnehmen und dem Zugriff seiner Gläubiger zu entziehen.

8.3 Leitideen für Wirtschaftsordnungen

Welcher der beiden folgenden Leitsätze zeigt eine liberale Grundhaltung, welcher eine sozialistische? Begründung!

- 1. „Jeder für sich selbst und Gott für uns alle."
- 2. „Jeder nach seinen Fähigkeiten, jedem nach seinen Bedürfnissen."

ZUR WIEDERHOLUNG DES GRUNDWISSENS

1. Stellen Sie die geistigen Grundlagen der freien Marktwirtschaft dar.
2. Erläutern Sie das Wirken der Preisfunktionen in der freien Marktwirtschaft.
3. Beschreiben Sie den Ordnungsrahmen der freien Marktwirtschaft.
4. Welche Rolle hat der Staat in der freien Marktwirtschaft?
5. Stellen Sie die geistigen Grundlagen der Zentralverwaltungswirtschaft dar.
6. Beschreiben Sie das Lenkungssystem der Zentralverwaltungswirtschaft.
7. Beschreiben Sie den Ordnungsrahmen der Zentralverwaltungswirtschaft.
8. Welche Rolle hat der Staat in der Zentralverwaltungswirtschaft?

9 Soziale Marktwirtschaft in der Bundesrepublik Deutschland

Grundgesetz für die Bundesrepublik Deutschland

Art. 20

(1) Die Bundesrepublik Deutschland ist ein demokratischer und sozialer Bundesstaat.

LEITFRAGEN

Ist die Marktwirtschaft in der Bundesrepublik Deutschland sozial?

Das Ziel der sozialen Marktwirtschaft

„Sozial nennen wir ein Wirtschaftssystem, wenn es bei den breiten Massen der Bevölkerung einschließlich der arbeitsunfähigen Kinder, Greise, Kranken und Invaliden ein menschenwürdiges Dasein und allen arbeitsfähigen Mitgliedern der Gesellschaft angemessene Beschäftigungsmöglichkeiten unter menschenwürdigen Bedingungen zu gewähren in der Lage ist."

(Franz Böhm[1])

Was unterscheidet sie von der „freien" Marktwirtschaft?

Mit welchen Mitteln soll die Marktwirtschaft in der Bundesrepublik Deutschland sozial gestaltet werden?

So sieht ein sozialistischer Wirtschaftstheoretiker die soziale Marktwirtschaft:

„Der einzige Sinn des Geredes von ‚sozialer Marktwirtschaft', ‚Sozialpolitik' usw. besteht darin, die Werktätigen zu betrügen und ihren Kampf gegen die herrschenden Klassen zu schwächen. Die ‚freie' oder ‚soziale Marktwirtschaft' ist nach der Auslegung der Neoliberalen eine solche wünschenswerte Wirtschaftsform, in der der Klassenkampf liquidiert ist."

(I. G. Bljumin[2])

Werden die Arbeitnehmer in der Bundesrepublik Deutschland mit dem „Gerede von sozialer Marktwirtschaft" nur beruhigt, um leichter betrogen werden zu können?

Sind Arbeitnehmer zu machtlos, um ihre Interessen durchzusetzen?

[1] Böhm, Franz, 1895 bis 1977, Jurist und neoliberaler Wirtschaftspolitiker.

[2] Bljumin, Israil Grigorjewitsch, 1897 bis 1959, russischer (sozialistischer) Wirtschaftswissenschaftler, Prof. in Moskau, war am Ökonomischen Institut der Akademie der Wissenschaften der UdSSR tätig.

INFORMATION

9.1 Leitidee und Grundsätze

9.1.1 Der neoliberale Einfluss

Die Wirtschaftsordnung der Bundesrepublik Deutschland wird als „soziale Marktwirtschaft“ bezeichnet. Diese Bezeichnung ist im Grundgesetz nicht erwähnt; überhaupt legt sich das Grundgesetz auf eine bestimmte Wirtschaftsordnung nicht fest. Andererseits setzt das Grundgesetz mit den Artikeln 2 (Gewerbefreiheit), 9 (Vereinigungsfreiheit), 12 (freie Berufswahl) und 14 (Garantie des Privateigentums) Bedingungen, die sich nicht mit jeder Wirtschaftsordnung vertragen.

Man darf die Wirtschaftsordnung der Bundesrepublik Deutschland nicht einfach mit dem Begriff der **sozialen Marktwirtschaft** gleichsetzen. Die soziale Marktwirtschaft ist eine ordnungspolitische Leitidee mit einem großen Gestaltungsspielraum, der es ermöglicht, flexibel auf zukünftige gesellschaftliche, ökonomische und technische Entwicklungen zu reagieren.

Grundidee der sozialen Marktwirtschaft ist es, das Prinzip der Marktfreiheit mit dem des sozialen Ausgleichs zu verbinden.

Die soziale Marktwirtschaft ist geprägt von neoliberalen Gedanken und von Erkenntnissen des englischen Wirtschaftswissenschaftlers Keynes. Die Neoliberalen hatten erkannt, dass

- die Steuerung der Wirtschaft über den Preismechanismus unsoziale Auswirkungen haben kann, wenn der Staat nicht korrigierend eingreift.
- die vom Staat der Wirtschaft gewährte Freiheit dazu missbraucht werden kann, die Konkurrenz zu beseitigen, z. B. durch Absprachen zwischen Unternehmen über Preise und Absatzgebiete.

Aus dieser Erkenntnis heraus fordern die Neoliberalen, dass der Staat in der sozialen Marktwirtschaft aktiv in das Wirtschaftsgeschehen eingreift.

9.1.2 Der Einfluss von Keynes

Die Neoliberalen vertrauten immer noch darauf, dass der Marktmechanismus die Wirtschaft in idealer Weise steuert, wenn der Staat mit seiner Ordnungspolitik die Voraussetzungen für freie Märkte und Wettbewerb schafft und unsoziale Auswirkungen ausgleicht. In der 1929 beginnenden Weltwirtschaftskrise konnte jedermann die Erfahrung machen, dass der Lenkungsmechanismus des Marktes ohne staatliches Eingreifen nicht immer Vollbeschäftigung herstellt. Die Existenz des Arbeitnehmers und die seiner Familie hängt von Wirtschaftskrisen ab, die er nicht beeinflussen kann. Arbeitslosigkeit ist heute meist gesellschaftlich bedingt; in der sozialen Marktwirtschaft hat der Staat dafür die Verantwortung zu übernehmen.

In der sozialen Marktwirtschaft betreibt der Staat Konjunktur- und Beschäftigungspolitik.

Unter dem Eindruck der Weltwirtschaftskrise hatte der Engländer John Maynard Keynes[1] als Erster theoretisch begründet, warum der Selbstregulierungsmechanismus des Marktes nicht immer zu Vollbeschäftigung führt. Trotzdem war die soziale Marktwirtschaft, als sie 1948 errichtet wurde, noch überwiegend von neoliberalen Ideen geprägt. In den 60er Jahren des letzten Jahrhunderts setzte sich unter dem Einfluss einer Rezession die Erkenntnis durch, dass der Staat sich nicht mit Ordnungspolitik begnügen kann, sondern sich auch der Beschäftigungspolitik zuwenden muss. In dieser Phase entstand das Gesetz zur Förderung der Stabilität und des Wachstums. Damit hatte die soziale Marktwirtschaft ihre heutige Prägung gefunden.

In der sozialen Marktwirtschaft hat der Staat die Aufgabe,
- die Einkommensverteilung des Marktes zu korrigieren, wenn das Ergebnis unsozial ist **(Einkommenspolitik),**
- eine Politik zur Förderung des Wettbewerbs zu treiben **(Wettbewerbspolitik),**
- für einen hohen Beschäftigungsstand zu sorgen **(Konjunktur- und Beschäftigungspolitik).**

9.2 Ziele der Wirtschaftspolitik in der sozialen Marktwirtschaft

In der sozialen Marktwirtschaft überlässt der Staat die Wirtschaft nicht vollkommen der Steuerung über den Marktmechanismus, er greift in den Marktmechanismus ein. Wer in den Marktmechanismus eingreift, muss wissen, was er erreichen will, er muss ein klares Ziel vor Augen haben. Die Theorie der Volkswirtschaftslehre hilft ihm dabei nicht, genauso wenig wie mithilfe der Landkarte und des Kompasses das Reiseland bestimmt wird. Die Theorie der Volkswirtschaftslehre kann nur aufzeigen, welche Wege zur Erreichung eines festgelegten Ziels es gibt und welche Besonderheiten der eine oder andere Weg hat.

Die Wirtschaftsordnung ist ein Teil unserer Gesellschaftsordnung, die Wirtschaftspolitik deshalb ein Teil der Gesellschaftspolitik. Gesellschaftspolitische Ziele beruhen auf einem bestimmten Bild vom Menschen, seiner Natur und der Idealvorstellung vom Zusammenleben in der menschlichen Gesellschaft.

Wirtschaftspolitische Ziele sind Unterziele der Gesellschaftspolitik.

Wirtschaftspolitische Ziele können wir in Verfassungen, in Gesetzestexten und in der Begründung von Gesetzesvorlagen, in Programmen von Parteien ebenso wie in Stel-

Das magische Viereck

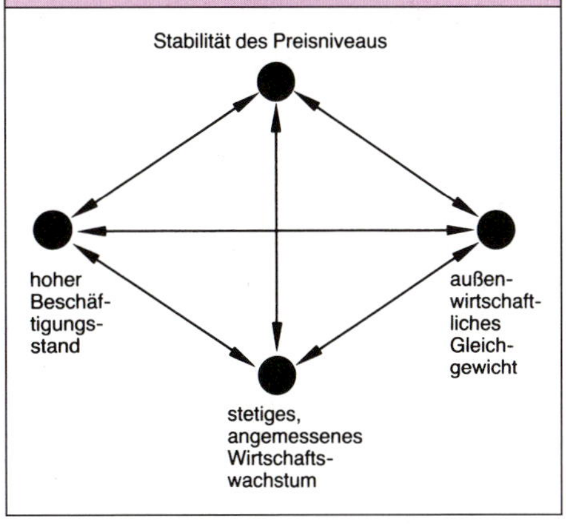

[1] Keynes, John Maynard, englischer Wirtschaftswissenschaftler, 1883–1946; Professor am Kings College in Cambridge und einer der Direktoren der Bank von England.

lungnahmen von Interessenverbänden finden.

In der Bundesrepublik Deutschland nennt das „Gesetz zur Förderung der Stabilität und des Wachstums der Wirtschaft“ als wirtschaftspolitische Ziele:

- Stabilität des Preisniveaus,
- hoher Beschäftigungsstand,
- außenwirtschaftliches Gleichgewicht,
- stetiges, angemessenes Wirtschaftswachstum.

Einigen dieser Ziele kann man sich nur nähern, wenn man sich von anderen entfernt. Die Erfahrung zeigt, dass der Geldwert sinkt, wenn der Staat Vollbeschäftigungspolitik treibt. Diese beiden wirtschaftspolitischen Ziele sind konkurrierende Ziele.

Werden Ziele, die konkurrierend sind, zu einem Zielbündel zusammengefasst, dann spricht man von einem „magischen Vieleck“.

Das Zielbündel der **vier** Ziele im Gesetz zur Förderung der Stabilität und des Wachstums der Wirtschaft ist ein magisches Viereck.

Eine sachgerechte Wirtschaftspolitik muss nicht nur klare Ziele vor Augen haben, sie muss auch die Situation der gesamtwirtschaftlichen Entwicklung richtig beurteilen, um die richtigen Mittel und auch die richtige Stärke der einzusetzenden Mittel zu wählen. In der Bundesrepublik Deutschland besteht zur Erleichterung der Urteilsbildung bei allen wirtschaftspolitischen Instanzen sowie der Öffentlichkeit ein Rat von unabhängigen Sachverständigen.

Dieser **Sachverständigenrat** besteht aus fünf Mitgliedern, die in der Presse oft als die „fünf Weisen“ bezeichnet werden. Seine Mitglieder werden auf Vorschlag der Bundesregierung vom Bundespräsidenten auf 5 Jahre berufen. Der Sachverständigenrat ist verpflichtet, der Bundesregierung jährlich ein Gutachten zu erstatten, in dem die **gesamtwirtschaftliche Lage und die absehbare Entwicklung** dargestellt werden. In dem **Jahresgutachten** soll auch untersucht werden, wie die wirtschaftspolitischen Ziele des magischen Vierecks,

Gesetz über die Bildung eines Sachverständigenrates zur Begutachtung der gesamtwirtschaftlichen Entwicklung

§1

(1) Zur periodischen Begutachtung der gesamtwirtschaftlichen Entwicklung in der Bundesrepublik Deutschland und zur Erleichterung der Urteilsbildung bei allen wirtschaftspolitisch verantwortlichen Instanzen sowie in der Öffentlichkeit wird ein Rat von unabhängigen Sachverständigen gebildet.
(2) Der Sachverständigenrat besteht aus fünf Mitgliedern, die über besondere wirtschaftswissenschaftliche Kenntnisse und volkswirtschaftliche Erfahrungen verfügen müssen.
(3) Die Mitglieder des Sachverständigenrates dürfen weder der Regierung oder einer gesetzgebenden Körperschaft des Bundes oder eines Landes noch dem öffentlichen Dienst des Bundes, eines Landes oder einer sonstigen juristischen Person des öffentlichen Rechts, es sei denn als Hochschullehrer oder als Mitarbeiter eines wirtschafts- oder sozialwissenschaftlichen Institutes, angehören. Sie dürfen ferner nicht Repräsentant eines Wirtschaftsverbandes oder einer Organisation der Arbeitgeber oder Arbeitnehmer sein oder zu diesem in einem ständigen Dienst- oder Geschäftsbesorgungsverhältnis stehen.

§2

Der Sachverständigenrat soll in seinen Gutachten die jeweilige gesamtwirtschaftliche Lage und deren absehbare Entwicklung darstellen. Dabei soll er untersuchen, wie im Rahmen der marktwirtschaftlichen Ordnung gleichzeititg Stabilität des Preisniveaus, hoher Beschäftigungsstand und außenwirtschaftliches Gleichgewicht bei stetigem und angemessenem Wachstum gewährleistet werden können. In die Untersuchung sollen auch die Bildung und die Verteilung von Einkommen und Vermögen einbezogen werden.

Stabilität des Preisniveaus, hoher Beschäftigungsstand, außenwirtschaftliches Gleichgewicht und angemessenes Wachstum, im Rahmen einer marktwirtschaftlichen Ordnung gleichzeitig gewährleistet werden können. In die Untersuchung soll auch die Bildung von Einkommen und Vermögen einbezogen werden. Wirtschaftliche Fehlentwicklungen sollen aufgedeckt und alternative Möglichkeiten aufgezeigt, jedoch sollen keine Empfehlungen für bestimmte wirtschaftspolitische Maßnahmen ausgesprochen werden.

Die Bundesregierung veröffentlicht ihre Zielvorstellungen jährlich im **Jahreswirtschaftsbericht.** Darin macht sie konkrete Angaben, z. B. welche Steigerung des Bruttoinlandsprodukts erwartet wird, wie sich nach ihrer Vorstellung der Beschäftigungsgrad der Wirtschaft ändern wird, wie sich die Löhne und wie sich der Geldwert ändern werden. Diese von der Bundesregierung veröffentlichten Zielvorstellungen sollen jedoch nicht mit Zwangsmaßnahmen verwirklicht werden. Sie sind lediglich als Orientierungsdaten für die am Wirtschaftsleben teilnehmenden Gruppen gedacht, z. B. für die Gewerkschaften und die Arbeitgeberverbände.

9.3 Träger der Wirtschaftspolitik in der sozialen Marktwirtschaft

In der Bundesrepublik Deutschland ist der Staat nicht allein Entscheidungsträger der Wirtschaftspolitik. Das Parlament bestimmt in Gesetzen die Spielregeln für die Auseinandersetzung der einzelnen Gruppen in der Gesellschaft. Diese Gruppen haben aber einen eigenen Entscheidungsraum.

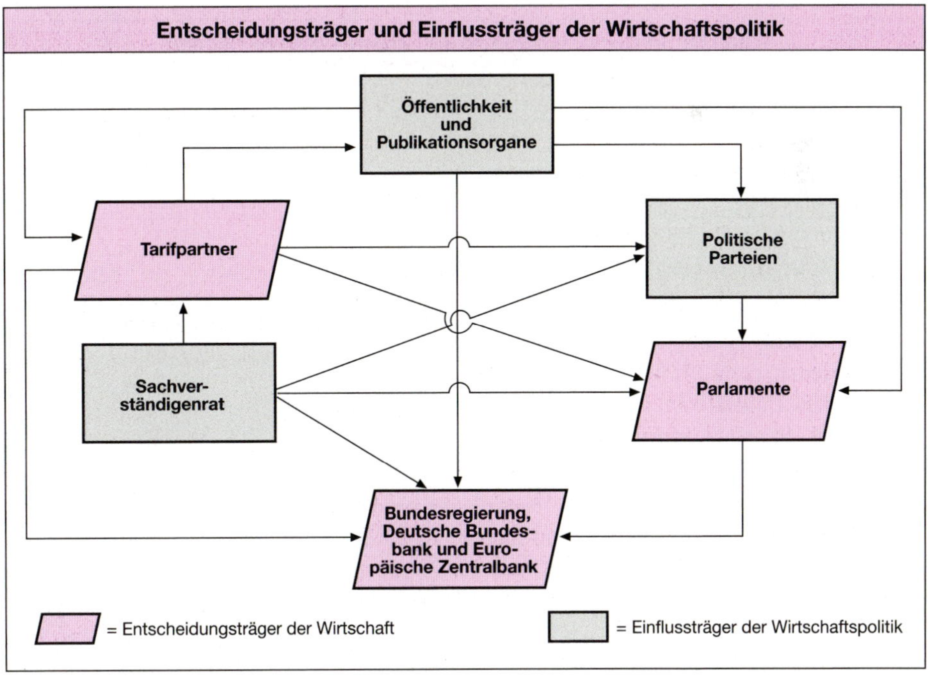

Entscheidungsträger der Wirtschaftspolitik in der Bundesrepublik Deutschland sind nicht nur öffentliche Instanzen, sondern auch private Interessenvertreter.

Öffentliche Entscheidungsträger sind neben der vom Parlament abhängigen Regierung auch die Deutsche Bundesbank und die Europäische Zentralbank. Sie sind in der so wichtigen Geldpolitik unabhängig von der Bundesregierung. Presse, Fernsehen und andere Publikationsorgane beeinflussen die öffentliche Meinung und wirken deshalb ebenso wie der Sachverständigenrat auf die Meinungsbildung in den Parteien, auf die Gesetzgebung der Parlamente und das Verhalten der Tarifparteien ein; an der Entscheidung haben sie aber keinen Anteil.

9.4 Mittel der Wirtschaftspolitik in der sozialen Marktwirtschaft

Die Maßnahmen der Wirtschaftspolitik lassen sich in den beiden Gruppen Ablaufpolitik und Ordnungspolitik zusammenfassen. Die **Ablaufpolitik** (Prozesspolitik) versucht, den Wirtschaftsprozess zielgerecht zu beeinflussen. Zur Ablaufpolitik gehören die Mittel zur Beeinflussung des Preismechanismus und die Globalsteuerung.

Die Aufgabe der **Ordnungspolitik** besteht darin, die Rahmenbedingungen einer Volkswirtschaft zu gestalten. Kernaufgaben der Ordnungspolitik sind die Wettbewerbspolitik und die Strukturpolitik. Die Wettbewerbspolitik hat die Aufgabe, die Funktionsfähigkeit der Märkte zu erhalten. Unter strukturpolitischen Maßnahmen versteht man die gewollte Beeinflussung der Wirtschaftsstruktur (Proportionen von Wirtschaftszweigen, Regionen und Unternehmensgrößen).

Mittel der Wirtschaftspolitik in der Sozialen Marktwirtschaft

- **Ablaufpolitik**
  - **Beeinflussung des Preismechanismus**
  - **Globalsteuerung** (Fiskalpolitik, Geldpolitik)
- **Ordnungspolitik**

9.4.1 Beeinflussung des Preismechanismus

Da der Wirtschaftsprozess in der sozialen Marktwirtschaft grundsätzlich über die Preisfunktionen gesteuert werden soll, dürfen staatliche Eingriffe in den Wirtschaftsprozess die Preisfunktionen nicht außer Kraft setzen.

Zahlt der Staat Wohngeld an solche Mieter, die aufgrund ihres Einkommens den Marktpreis für eine angemessene Wohnung nicht aufbringen können, dann ist dies eine Subvention. Die Vermieter erhalten eine Mieteinnahme, die dem Marktpreis entspricht.

Die Wirkung eines Höchstpreises

Steigen die Mieten auf dem Wohnungsmarkt so, dass sie für einen Teil der Bevölkerung untragbar sind, dann wird der Staat in einer sozialen Marktwirtschaft eingreifen. Ein **Höchstpreis für Mieten** würde die Einnahmen der Hauseigentümer schmälern und damit den Anreiz für private Bauherren vermindern, Wohnungen zu bauen und zu vermieten. Die Anreizfunktion des Preises wäre außer Kraft gesetzt. Da der staatliche Höchstpreis für Mieten aus sozialen Gründen unter dem Marktpreis liegen müsste, könnte

Der Anreiz zum Bau und zur Vermietung von Wohnungen bleibt erhalten.

Die Zuteilung von Wohnungen erfolgt statt über ein staatliches Wohnungsamt über die Preisfunktionen. Die Preisfunktionen wirken weiter, trotzdem stellen sich keine unsozialen Auswirkungen ein. **Subventionen lassen die Preisfunktionen weiter wirken; sie sind marktkonform.**

der Marktpreis auch Angebot und Nachfrage nicht mehr zum Ausgleich bringen. Die Planabstimmungsfunktion des Preises wäre außer Kraft gesetzt. Ein staatliches Wohnungsamt müsste die Preisfunktion ersetzen, die Wohnraumbewirtschaftung müsste eingeführt werden. Ein staatlich festgelegter Höchstpreis setzt die Preisfunktionen außer Kraft. **Der staatlich festgelegte Höchstpreis ist ein marktkonträres Mittel des Eingriffs in den Wirtschaftsprozess.**

Marktkonforme Mittel des Eingriffs in den Wirtschaftsablauf lassen die Preisfunktionen weiter wirken. Marktkonträre Mittel des Eingriffs in den Wirtschaftsablauf setzen die Preisfunktionen außer Kraft.

Neben den **Subventionen** zählen vor allem **Stützungskäufe** sowie **Zoll- und Steuervergünstigungen** zu den marktkonformen Mitteln staatlicher Eingriffe in den Marktmechanismus.

Stützungskäufe werden in der Bundesrepublik Deutschland z. B. durchgeführt, um den Milch produzierenden Landwirten aus sozialpolitischen Gründen ein bestimmtes Mindesteinkommen zu sichern. Auf dem freien Markt wird von einer staatlichen Vorratsstelle Butter aufgekauft, wenn der Preis sonst so weit sinken würde, dass dieses Mindesteinkommen nicht mehr erreicht würde. Der Staat greift ein (interveniert), wenn dieser festgelegte Preis (Interventionspreis) unterschritten würde. Wollte man versuchen, die gleiche Wirkung durch staatliche Festlegung von Mindestpreisen zu erreichen, dann würde ein staatlicher Apparat zur Preiskontrolle notwendig. Ein Teil der Preisfunktionen wäre außer Kraft gesetzt. Mindestpreise sind marktkonträr.

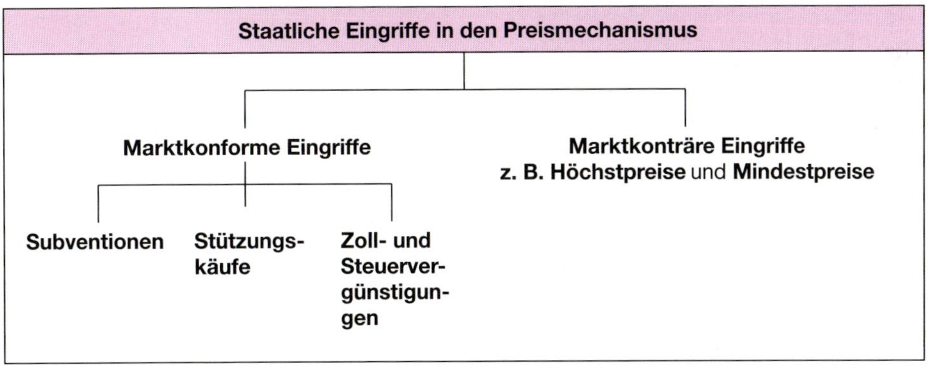

Das marktkonforme Mittel der **Steuervergünstigung** kann man z. B. so einsetzen, dass man zur Förderung von Investitionen die Ausgaben für Investitionen von dem zu versteuernden Einkommen absetzen lässt oder für den sozialen Wohnungsbau höhere Abschreibungssätze zulässt.

Marktkonforme staatliche Eingriffe können den Marktmechanismus so stark beeinflussen, dass es zu Fehlsteuerungen kommt, gerade weil der Marktmechanismus noch voll funktionsfähig geblieben ist. Dann wirken die starken Kräfte des Marktes in die falsche Richtung. Marktkonforme Maßnahmen entsprechen dem Ordnungsmodell der sozialen Marktwirtschaft. **Das Grundgesetz schreibt aber marktkonforme Maßnahmen nicht vor; nach dem Grundgesetz wären auch marktkonträre Maßnahmen zugelassen.** Das Grundgesetz ist offen für viele denkbare Wirtschaftsordnungen. Die soziale Marktwirtschaft ist eine der Möglichkeiten, die Forderungen des Grundgesetzes zu verwirklichen.

Marktkonträre Maßnahmen können nur mithilfe eines Kontrollapparats durchgesetzt werden.

Ein marktkonformer Eingriff, der zu einer Fehlsteuerung führt.

Im Rahmen der EU-Agrarpolitik wird der Butterpreis gestützt. In den Lagerhallen der staatlichen Vorratsstellen werden Butterberge gestapelt, da der hohe Milchpreis Anreiz zur Milchproduktion ist. Weil der Preis weit über dem Weltmarktpreis liegt, kann von der Vorratsstelle Butter ins Ausland nur zu „Schleuderpreisen" verkauft werden. Aus diesem Grunde senkte man den Interventionspreis für Butter und erhöhte den für Magermilchpulver. Man wollte damit ein weiteres Anwachsen des Butterberges verhindern und mit dem Magermilchpulver einen Beitrag zur Eiweißversorgung in der Dritten Welt leisten. Der Markt reagierte so: Die Bauern nahmen weniger Magermilch von den Molkereien zurück, die sie bisher zu Futterzwecken verwendeten. Auch die Futtermittelhersteller wichen auf andere Eiweißträger aus. Der Butterberg wuchs weniger schnell an, dafür gab es dann einen Berg von Magermilchpulver.

Grund der Fehlsteuerung: Aufgrund der staatlichen Stützungskäufe ist der Milchpreis zu hoch.

In der sozialen Marktwirtschaft soll es nur marktkonforme Eingriffe in den Marktmechanismus geben. Marktkonforme Eingriffe in den Marktmechanismus garantieren noch nicht, dass der Marktmechanismus auch in die richtige Richtung wirkt.

9.4.2 Globalsteuerung

Aus der Erfahrung heraus, dass der Marktmechanismus nicht immer in der Lage ist, die gesamtwirtschaftlichen Globalziele, z. B. Stabilität des Preisniveaus, Wirtschaftswachstum, Vollbeschäftigung zu erfüllen, entstand die wirtschaftspolitische Konzeption einer globalen Wirtschaftssteuerung. Der Staat greift fallweise (diskretionär) ein, wenn die Erreichung der gesamtwirtschaftlichen Ziele gefährdet erscheint. Dabei wirkt er auf gesamtwirtschaftliche Größen, insbesondere auf die gesamtwirtschaftliche Nachfrage ein. Der Grundgedanke ist, die gesamtwirtschaftliche Nachfrage auf das Niveau zu bringen, das bei Vollauslastung des vorhandenen Produktionspotenzials angeboten werden kann.

Unter Globalsteuerung versteht man die wirtschaftspolitische Beeinflussung des gesamtwirtschaftlichen Prozessablaufs durch Einwirkung auf volkswirtschaftliche Gesamtgrößen.

Wesentliche Bereiche der Globalsteuerung sind die Geldpolitik (s. 14.10), die Fiskalpolitik (s. 12.4), die Einkommenspolitik und die Außenwirtschaftspolitik (s. 15.2).

Für die Wirksamkeit einer globalen Wirtschaftssteuerung gibt es wesentliche Voraussetzungen, die nicht immer gegeben sind:

- Zuverlässige Diagnose und Prognose der wirtschaftlichen Situation.
- Gesicherte Erkenntnisse über den Wirkungsgrad der verfügbaren Instrumente.
- Koordiniertes Vorgehen aller Träger der Wirtschaftspolitik (z. B. zwischen Europäischer Zentralbank und nationaler Wirtschaftspolitik).

Bei der Globalsteuerung erfolgen keine Eingriffe in einzelwirtschaftliche Entscheidungen.

Die Anwendung direkter Befehle und Kontrollen in der Wirtschaft wird als „Dirigismus“ bezeichnet.

Es wäre z. B. eine **dirigistische Maßnahme,** wenn Unternehmer ihre Investitionsvorhaben bei einer staatlichen Stelle melden und genehmigen lassen müssten, oder wenn sie staatliche Investitionsanordnungen ausführen müssten. **Investitionskontrollen** dieser Art passen nicht in eine soziale Marktwirtschaft. Sie wären aber auch ein ungeeignetes Mittel, um Vollbeschäftigung zu erreichen. Investitionen kann man allenfalls verbieten. Man kann aber keinem frei und selbstständig wirtschaftenden Unternehmen mit Aussicht auf Erfolg vorschreiben, in einem bestimmten Umfang Investitionen durchzuführen. Mit der Investitionskontrolle müsste der Übergang in ein nicht-marktwirtschaftliches System vorgenommen werden.

Die soziale Marktwirtschaft unterscheidet sich von anderen Wirtschaftsordnungen nicht durch das Ausmaß der staatlichen Eingriffe in die Wirtschaft, sondern durch die Art der Eingriffe.

9.4.3 Ordnungspolitik in der Bundesrepublik Deutschland

▶ Der Ordnungsrahmen des Grundgesetzes

Eine soziale Marktwirtschaft kann nur dann funktionieren, wenn auf den Märkten Wettbewerb herrscht. Wettbewerb, der zur Leistung anreizen und den Wirtschaftsprozess steuern soll, ist nur in einer Volkswirtschaft mit privaten, unabhängig wirtschaftenden Unternehmen denkbar. Der vom Staat zu schaffende Ordnungsrahmen muss deshalb das Privateigentum an den Produktionsmitteln garantieren.

Den Bürgern der Bundesrepublik Deutschland wird in Art. 14 des Grundgesetzes Privateigentum garantiert.

Die Väter des Grundgesetzes hatten ein bestimmtes Menschenbild vor Augen, aber keine bestimmte Wirtschaftsordnung.

Die Eigentumsgarantie des Grundgesetzes ist deshalb vor allem eine Ausprägung des Grundrechts auf freie Entfaltung der Persönlichkeit. Der Art. 14 des Grundgesetzes ist gleichzeitig eine Absage an eigentumsfeindliche Wirtschaftsordnungen.

Privateigentum verpflichtet. Das Recht, über eine Sache zu verfügen, darf nicht gegen das Allgemeinwohl missbraucht werden.

Grundgesetz für die Bundesrepublik Deutschland
Art. 14 (Eigentum, Erbrecht, Eigentumsbindung und Enteignung)
(1) Das Eigentum und das Erbrecht werden gewährleistet. Inhalt und Schranken werden durch die Gesetze bestimmt.
(2) Eigentum verpflichtet. Sein Gebrauch soll zugleich dem Wohle der Allgemeinheit dienen.
(3) Eine Enteignung ist nur zum Wohle der Allgemeinheit zulässig. Sie darf nur durch Gesetze oder aufgrund eines Gesetzes erfolgen, das Art und Ausmaß der Entschädigung regelt. Die Entschädigung ist unter gerechter Abwägung der Interessen der Allgemeinheit der Beteiligten zu bestimmen. Wegen der Höhe der Entschädigung steht im Streitfalle der Rechtsweg vor den ordentlichen Gerichten offen.

Das Bundesverfassungsgericht hat entschieden, dass in Ausnahmefällen auch eine **Enteignung zu Gunsten eines privaten Unternehmens** zulässig ist, wenn einem solchen Unternehmen aufgrund eines Gesetzes die Erfüllung einer dem Gemeinwohl dienenden Aufgabe zugewiesen und sichergestellt ist, dass es zum Nutzen der Allgemeinheit geführt wird.

Enteignung zum Wohle der Allgemeinheit

Ein Grundstückseigentümer darf den Bau einer Straße nicht dadurch verhindern, dass er sich trotz angemessener Entschädigung weigert, das Grundstück für diesen Zweck zur Verfügung zu stellen. Er kann zum Wohle der Allgemeinheit enteignet werden.

Grund und Boden, Naturschätze und Produktionsmittel können nach Art. 15 des Grundgesetzes im **Gemeineigentum** oder andere Formen der Gemeinwirtschaft überführt werden. Zur Gemeinwirtschaftlichkeit gehört, dass oberstes Ziel der Wirtschaftsführung nicht die Maximierung des Gewinns ist, sondern dass das Unternehmen sich mit der Kostendeckung zufrieden gibt. **Art. 15 des Grundgesetzes lässt eine Weiterentwicklung der sozialen Marktwirtschaft zu; er zeigt die Offenheit des Grundgesetzes in Fragen der Wirtschaftsordnung.**

Grundgesetz für die Bundesrepublik Deutschland

Art. 15 (Vergesellschaftung)
Grund und Boden, Naturschätze und Produktionsmittel können zum Zwecke der Vergesellschaftung durch ein Gesetz, das Art und Ausmaß der Entschädigung regelt, in Gemeineigentum oder in andere Formen der Gemeinwirtschaft überführt werden. Für die Entschädigung gilt Art. 14 Absatz 3 Satz 3 und 4 entsprechend.

Art. 2 des Grundgesetzes sichert den Bürgern der Bundesrepublik Deutschland freie Entfaltungsmöglichkeit zu. Im wirtschaftlichen Bereich ist die **Vertragsfreiheit** Voraussetzung für die freie Entfaltungsmöglichkeit der Persönlichkeit.

Aus der freien Entfaltungsmöglichkeit ergibt sich auch die **Gewerbefreiheit.** In der Bundesrepublik Deutschland hat grundsätzlich jeder das Recht, an jedem Ort und zu jeder Zeit einer wirtschaftlichen Betätigung nachzugehen. Nur wenn die Betriebsanlagen aus Sicherheitsgründen einer Überwachung bedürfen oder im öffentlichen Interesse eine bestimmte Ausbildung oder besondere persönliche Zuverlässigkeit von dem Gewerbetreibenden gefordert werden muss, bedarf die Gründung des Gewerbebetriebs staatlicher Genehmigung.

Zur freien Entfaltungsmöglichkeit gehört auch das Recht der Tarifpartner (Gewerkschaften und Arbeitgeberverbände) auf **Tarifautonomie,** d. h. das Recht, frei von staatlichen Eingriffen Tarifverträge über Arbeitsbedingungen abzuschließen. Das Grundgesetz garantiert den Arbeitnehmern auch die **freie Berufswahl** und die **freie Wahl des Arbeitsplatzes.**

Mit der Garantie des Privateigentums, der Vertragsfreiheit, der Gewerbefreiheit, der Tarifautonomie und der freien Berufswahl schafft das Grundgesetz für die Bundesrepublik Deutschland einen Ordnungsrahmen, in dem sich eine soziale Marktwirtschaft entfalten kann.

► *Bereiche der Ordnungspolitik in der Bundesrepublik Deutschland*

Mit der Ordnungspolitik gestaltet der Staat den rechtlichen Dauerrahmen, in dem der Wirtschaftsprozess abläuft. In der sozialen Marktwirtschaft der Bundesrepublik Deutschland gehören zur Ordnungspolitik die Wettbewerbspolitik, der Verbraucherschutz und die Verbraucheraufklärung, die Gestaltung der Arbeits- und Sozialordnung und der Umweltschutz.

Ordnungspolitik in der Sozialen Marktwirtschaft

- **Wettbewerbspolitik**
- **Verbraucherschutz und Verbraucheraufklärung**
- **Arbeits- und Sozialordnung**
- **Umweltschutz**

9.5 Wettbewerbspolitik in der Bundesrepublik Deutschland

Die Förderung des Wettbewerbs gehört zu den wesentlichen Aufgaben der staatlichen Ordnungspolitik in der sozialen Marktwirtschaft. Diesem Zweck dient in der Bundesrepublik Deutschland das **Gesetz gegen Wettbewerbsbeschränkungen (Kartellgesetz).** Das Gesetz soll den Verbraucher davor schützen, dass Unternehmen ihre Marktmacht missbrauchen und ungerechtfertigt hohe Preise verlangen. Hauptinhalte des Gesetzes sind das Kartellverbot, die Fusionskontrolle und die Missbrauchsaufsicht über marktbeherrschende Unternehmen.

Hauptinhalt des Gesetzes gegen Wettbewerbsbeschränkungen

- **Kartellverbot**
- **Fusionskontrolle**
- **Missbrauchsaufsicht über marktbeherrschende Unternehmen**

Ein Kartell ist ein Zusammenschluss von wirtschaftlich und rechtlich selbstständig bleibenden Unternehmungen mit dem Ziel, den Markt zu beeinflussen und den Wettbewerb zu beschränken. In der Bundesrepublik Deutschland sind Kartelle durch das Gesetz gegen Wettbewerbsbeschränkungen grundsätzlich verboten.

Von dem grundsätzlichen Kartellverbot lässt das Kartellgesetz Ausnahmen zu. Siehe dazu die Übersicht auf S. 228!

Das Bundeskartellamt kann einen Zusammenschluss von Unternehmen untersagen, wenn zu erwarten ist, dass dadurch eine marktbeherrschende Stellung entsteht.

Von der Kartellbehörde wird die Zusammenschlusskontrolle (Fusionskontrolle) durchgeführt, wenn die beteiligten Unternehmen im letzten Geschäftsjahr weltweit einen Umsatzerlös von 500 Mio. EUR und mindestens eines der beteiligten Unternehmen im Inland von mehr als 25 Mio. EUR erreicht hat. Der Zusammenschluss ist vor dem Vollzug der Kartellbehörde anzuzeigen. Diese kann den Zusammenschluss verbieten, wenn nicht die Unternehmen nachweisen, dass durch den Zusammenschluss auch Verbesserungen im Wettbewerb eintreten und dass die Verbesserungen die Nachteile der Marktbeherrschung überwiegen (§§ 35 f. GWB).

Marktbeherrschende Unternehmen stehen unter Missbrauchsaufsicht des Bundeskartellamtes.

Kartelle und Behandlung im Gesetz gegen Wettbewerbsbeschränkung		
Regelung im Kartellgesetz	**Bezeichnung der Kartelle**	**Beispiele**
Verbotene Kartelle §1 GWB	Preiskartell	Die Hersteller von Zement verpflichten sich einen bestimmten Preis für die t Zement zu fordern.
	Gebietskartell	Drei Spezialfirmen des Rohrleitungsbaus für industrielle Anlagen (chemische Industrie, Kraftwerke, Brauereien) vereinbaren, dass jedes Unternehmen nur in einem ihm zugewiesenen Gebiet sich an Ausschreibungen beteiligt und Aufträge annimmt.
Anmelde-pflichtige Kartelle §§2–4 und 9 GWB (werden durch Anmeldung ohne Widerspruch der Kartellbehörde wirksam)	Normen- und Typenkartell	Hersteller von Verpackungsmaterial vereinbaren, nur noch Dosen mit bestimmten Abmessungen herzustellen.
	Rabattkartell	Hersteller von Elektrogeräten vereinbaren, bei Lieferung an den Einzelhandel 25% Rabatt zu gewähren, bei Lieferung an den Großhandel weitere 15%.
	Konditionen-kartell	Hersteller von Elektrogeräten vereinbaren, bei Lieferung an den Einzelhandel 25% Rabatt zu gewähren, bei Lieferung an den Großhandel weitere 15%. Hersteller von Haushaltsgeräten vereinbaren Lieferbedingungen. Vereinbart wird u.a., dass bei Zahlung innerhalb 14 Tagen 2% Skonto gewährt wird.
	Spezialisierungskartell	Zwei Hersteller von Spiralfedern grenzen ihr Herstellungsprogramm so ab, dass der eine nur Federn bis 5 cm Länge herstellt, der andere alle anderen Längen. Beide liefern an ihre Kunden jedoch alle Längen. Die Unternehmen beliefern sich gegenseitig mit den Längen, die sie nicht selber herstellen.
	Mittelstands-kartell	Drei Küchenmöbelhersteller (mittlere und kleinere Unternehmen) vereinbaren, Spanplatten gemeinsam zu beziehen.Zweck ist die Ausnutzung von Mengenrabatt. Ziel: Verbesserung der Wettbewerbsfähigkeit kleiner und mittlerer Unternehmen.
Genehmigungspflichtiges Kartell §10 GWB (Freistellung vom Kartellverbot durch ausdrückliche Genehmigung der Kartellbehörde)	Rationalisierungskartell	Damit Berlin nicht in LKW-Verkehr erstickt, hat das Bundeskartellamt ein Rationalisierungskartell zur Baustellenlogistik genehmigt. Dadurch werden täglich bis zu 2200 LKW-Fahrten eingespart. Ziel: Erhöhung der Wirtschaftlichkeit der beteiligten Unternehmen.
	Absatzsyndikat	Zwei Hersteller von Spanplatten vereinbaren, zum Vertrieb ihrer Produkte eine GmbH zu gründen, an der sie beide je zur Hälfte beteiligt sind.
	Strukturkrisen-kartell	28 Betonstahlmatten-Hersteller vereinbaren, innerhalh von drei Jahren ihre Kapazität um 40% von 2 Mio. t auf 1,2 Mio. t zu reduzieren. Grund ist ein nachhaltiger Absatzrückgang.

Marktbeherrschend ist ein Unternehmen, wenn es keinem wesentlichen Wettbewerb mehr ausgesetzt ist. Es wird vermutet, dass ein Unternehmen marktbeherrschend ist, wenn es einen Marktanteil von mindestens einem Drittel hat. Eine Gesamtheit von Unternehmen (zwei oder mehr) darf gem. § 19 GWB einen höheren Marktanteil als $33\,^1/_3\,\%$ haben, bevor Marktbeherrschung vermutet wird. Wenn marktbeherrschende Unternehmen ihre Marktmacht missbrauchen, kann ihnen das Bundeskartellamt dieses untersagen. Es kann Verträge für unwirksam erklären, die auf der Ausnutzung von Marktmacht beruhen.

Die Marktmacht eines Unternehmens kann auch auf finanziellen Verflechtungen mit anderen Unternehmen beruhen, mit denen das Recht und die Möglichkeit zur Einflussnahme auf die Geschäftsführung anderer Unternehmen entstanden ist. Auch Konzerne werden deshalb von der Missbrauchsaufsicht erfasst.

9.6 Verbraucherschutz und Verbraucheraufklärung

Die staatliche Verbraucherpolitik hat das Ziel, die Machtstellung des Verbrauchers in der sozialen Marktwirtschaft zu stärken. Auch die Wettbewerbspolitik ist Verbraucherpolitik. Hinzu kommen Maßnahmen des Verbraucherschutzes und der Verbraucheraufklärung.

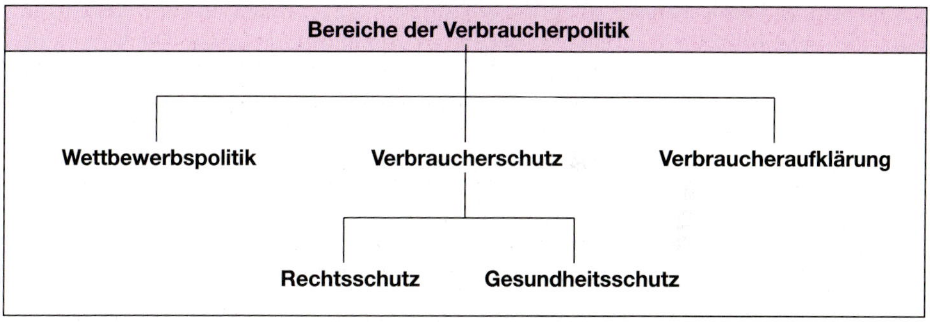

Der **Verbraucherschutz** lässt sich in den Rechtsschutz und den Gesundheitsschutz gliedern. Zum **Rechtsschutz** des Verbrauchers zählen alle Gesetze, die dem Verbraucher eine stärkere Rechtsposition gegenüber dem Anbieter sichern (Gesetz gegen unlauteren Wettbewerb, Abzahlungsgesetz, Gesetz über Allgemeine Geschäftsbedingungen). Dem **Gesundheitsschutz** dienen z. B. das Lebensmittelgesetz mit seinen Vorschriften über die Herstellung, Zusammensetzung und Verpackung von Lebensmitteln und das Arzneimittelgesetz.

Die **Verbraucheraufklärung** dient der Erhöhung der Marktübersicht und vermittelt Kenntnisse über die Wirkungsweise des marktwirtschaftlichen Systems als Voraussetzung für kritisches Verbraucherverhalten. Verbraucheraufklärung erfolgt vor allem durch Verbraucherverbände, Verbraucherzentralen und die „Arbeitsgemeinschaft der Verbraucher“. Diese Organisationen stehen den Verbrauchern mit Auskünften zur Verfügung. Sie bemühen sich auch aktiv über Zeitschriften, Funk und Fernsehen um Aufklärung der Verbraucher.

9.7 Sozialpolitik

9.7.1 Das System der sozialen Sicherung in der Bundesrepublik Deutschland

Die Verteilung des Einkommens erfolgt in einer marktwirtschaftlichen Ordnung in der Regel auf der Grundlage von Leistungen. Nicht alle Menschen sind aber gleichermaßen leistungsfähig. In der sozialen Marktwirtschaft der Bundesrepublik Deutschland gehört es zu den Aufgaben des Staates, eine ausgleichende Sozialpolitik zu betreiben.[1] Mittel des staatlichen Umverteilungsprozesses von Einkommen und Vermögen sind vor allen Dingen steuerliche Maßnahmen (progressive Besteuerung) und Sozialleistungen (Renten, Mietbeihilfen, Ausbildungsförderungen usw.).

Der Verfassungsauftrag der **Sozialstaatlichkeit** (Art. 20 des Grundgesetzes) wird in der Bundesrepublik Deutschland durch drei Grundprinzipien verwirklicht:

- das Versicherungsprinzip (Sozialversicherung),
- das Versorgungsprinzip (Sozialversorgung),
- das Sozialhilfeprinzip (Sozialhilfe, Fürsorge).

Das **Versicherungsprinzip** verwirklicht den Grundsatz der sozialen Vorsorge. Das Sozialrecht geht davon aus, dass grundsätzlich jeder Erwachsene die Möglichkeit hat, den Lebensunterhalt für sich und seine Familie durch Erwerbstätigkeit zu verdienen und zur Absicherung gegen die vorhersehbaren Wechselfälle des Lebens einen Beitrag zu leisten. Die Versicherten werden in der Sozialversicherung zu einer Zwangsgemeinschaft zusammengeschlossen. Die Beiträge sind nach sozialen Gesichtspunkten gestaltet; dies ermöglicht einen **solidarischen Ausgleich** mit all denen, die aus ihrem Einkommen einen nach privatwirtschaftlichen Grundsätzen festgesetzten Beitrag zur Absicherung gegen diese Risiken nicht tragen könnten.

Leistungen nach dem **Prinzip der Sozialversorgung** werden ohne eigene Beiträge allein aus allgemeinen Steuermitteln finanziert. Auf die Leistungen besteht ein Rechtsanspruch. Die Bedürftigkeit wird nicht geprüft. Für diese Leistungen gibt es vor allem zwei Gründe:

- Es sollen Schäden ausgeglichen werden, für die eine besondere kollektive Verantwortung der Allgemeinheit gegeben ist.
- Die soziale Förderung erfolgt zur Erreichung von Chancengleichheit.

Beispiele für Leistungen nach dem Prinzip der Versorgung

- **Soziale Entschädigung:**
  Kriegsopferversorgung, Leistungen für Schäden, die in Zusammenhang mit dem Zivildienst entstanden sind, Leistungen an Impfgeschädigte und an Opfer von Gewalttaten
- **Soziale Förderung:**
  Kindergeld, Ausbildungsförderung, Wohngeld

Die **Sozialhilfe** tritt dann ein, wenn eine Notlage entsteht, die von der Sozialversicherung nicht abgedeckt wird, für eine Sozialentschädigung nach dem Versorgungsprinzip kein besonderer Grund vorliegt und

[1] Vgl. Abschn. 13.2.2

auch von anderer Seite keine ausreichende Hilfe gewährt wird. Sozialhilfe wird immer nachgeordnet gewährt, wenn keine anderen Unterstützungsmöglichkeiten gegeben sind. Das Sozialhilfegesetz hat den früher für dieses Hilfsprinzip üblichen Begriff der „Fürsorge" abgelöst. Der Begriff „Sozialhilfe" soll deutlich machen, dass der Staat den in Not geratenen Menschen nicht als unmündig ansieht und ihm ein selbstbestimmtes Leben zugesteht. Sozialhilfe will die materielle Grundlage für ein selbstbestimmtes, menschenwürdiges Leben schaffen.

Die grundsätzliche Regelung zur Sozialhilfe ist in § 9 SGB I zu finden.

Überblick über die Prinzipien der sozialen Sicherung			
	Versicherungsprinzip	**Versorgungsprinzip**	**Sozialhilfeprinzip**
Grund für die Leistung	Versicherungsleistung aufgrund eigener Beiträge	Belastungsausgleich von Schäden, für die die Allgemeinheit (Staat) die Verantwortung übernimmt	Existenzielle Not wird weder durch die Sozialversicherung noch nach dem Versorgungsprinzip behoben, auch private Unterstützungsmöglichkeiten sind nicht gegeben.
Zweige/Beispiele	Kranken-, Pflege-, Renten-, Arbeitslosen- und Unfallversicherung	Kriegsopferversorgung	Arbeitslosengeld II, Sozialgeld
Finanzierung der Leistungen	aus Beiträgen zur Pflichtversicherung	aus allgemeinen Steuermitteln	aus allgemeinen Steuermitteln
Voraussetzungen zur Beanspruchung der Leistung	Eintreten des Versicherungsfalles, kein Nachweis der Bedürftigkeit	Schadensnachweis, aber kein Nachweis der Bedürftigkeit	Nachweis der Bedürftigkeit

Alle sozialen Leistungen zusammen ergeben das **System der sozialen Sicherung,** das auch als **„Soziales Netz"** bezeichnet wird. Über die sozialpolitische Entwicklung und über die Absichten der sozialpolitischen Arbeit berichtet die Bundesregierung regelmäßig im **Sozialbericht.** Der finanzielle Teil des Sozialberichts wird Sozialbudget genannt. Im **Sozialbudget** wird die Gesamtheit aller sozialen Leistungen, ihre Aufteilung auf die verschiedenen Bereiche und deren Finanzierung übersichtlich dargestellt.

Eine wichtige Kennziffer zur Beurteilung der sozialpolitischen Aktivität des Staates ist die **Sozialleistungsquote.** Sie zeigt den prozentualen Anteil der Sozialleistungen am Inlandsprodukt an. Dadurch wird die Last erkennbar, welche die gesamte Volkswirtschaft durch die Leistungen der Sozialabgaben zu tragen hat.

Die Ausgaben für Sozialleistungen pro Kopf der Bevölkerung werden als **Sozialleistungsziffer** bezeichnet.

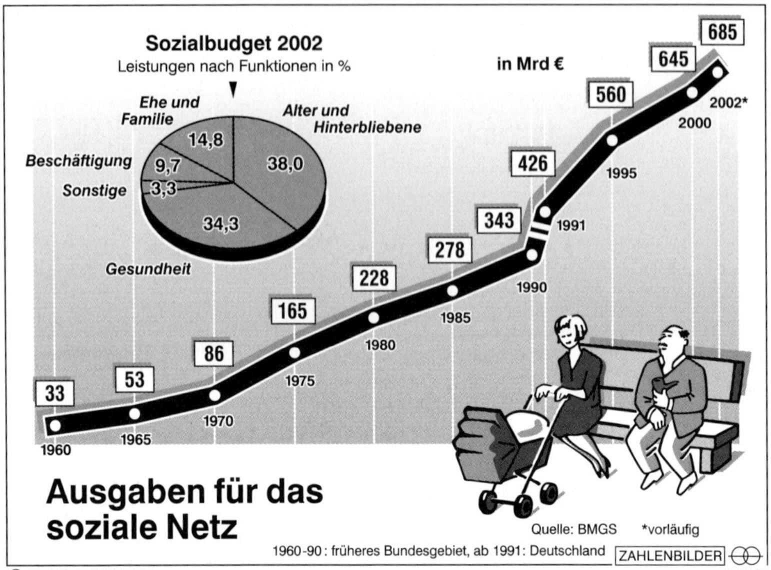

 141 129

9.7.2 Die Sozialversicherung im System der sozialen Sicherung

Im Mittelpunkt des Systems der sozialen Sicherung steht die **Sozialversicherung.** Aufgabe der Sozialversicherung ist die gemeinschaftliche Vorsorge gegen Lebensrisiken (z. B. Krankheit, Gebrechen, Tod) und Beschäftigungsrisiken (z. B. Arbeitslosigkeit, Arbeitsunfälle).

Die Sozialversicherung umfasst die Zweige Rentenversicherung, Krankenversicherung, Unfallversicherung, Arbeitslosenversicherung und Pflegeversicherung.

Grundlage der Sozialversicherung ist das Versicherungsprinzip, in dessen Mittelpunkt die solidarische Selbsthilfe der Versicherten steht. Die Mitgliedschaft ist jedoch nicht freiwillig. In der gesetzlichen Krankenversicherung besteht Versicherungspflicht nur bis zu einer bestimmten Einkommenshöhe **(Versicherungspflichtgrenze).**

Sozialbudget: Leistungen nach Funktionen

2002	Mrd	%
Ehe und Familie	**101,4**	***14,8***
Kinder u. Jugendliche	70,4	*10,3*
Ehegatten	26,6	*3,9*
Mutterschaft	4,5	*0,6*
Gesundheit	**235,1**	***34,3***
Vorbeugung, Rehabilitation	12,8	*1,9*
Krankheit	159,9	*23,3*
Unfall, Berufskrankheit	13,5	*2,0*
Invalidität	48,8	*7,1*
Beschäftigung	**66,6**	***9,7***
Berufliche Bildung	15,5	*2,3*
Mobilität	10,3	*1,5*
Arbeitslosigkeit	40,8	*6,0*
Alter, Hinterbliebene	**260,3**	***38,0***
Alter	251,6	*36,7*
Hinterbliebene	8,7	*1,3*
Folgen politischer Ereignisse	**2,5**	***0,4***
Wohnen	**7,7**	***1,1***
Vermögensbildung	**9,7**	***1,4***
Allgemeine Lebenshilfen	**1,8**	***0,3***
Sozialbudget insgesamt	**685,1**	***100***

Für die Sozialversicherungsbeiträge gibt es **Beitragsbemessungsgrenzen.** Es sind Höchstgrenzen des Bruttoentgelts für die Berechnung der Beiträge. In der Krankenversicherung, Rentenversicherung und Arbeitslosenversicherung hat der Arbeitgeber die Hälfte des Gesamtbeitrags zu tragen. Dadurch entstehen „Lohnnebenkosten". Die Beitragsbemessungsgrenze für die Rentenversicherung ist gleichzeitig die Beitragsbemessungsgrenze für die Arbeitslosenversicherung.

Bei einem monatlichen Arbeitsentgelt bis 400,00 EUR liegt eine geringfügige Beschäftigung (Minijob) vor, für den der Arbeitnehmer weder Steuern noch Sozialabgaben bezahlt. Der Arbeitgeber führt pauschal 25% des Arbeitslohnes an die Minijob-Zentrale (Bundesknappschaft, Minijobzentrale Essen) ab.

Übersicht über die Sozialversicherung				
	Versicherte	**Träger**	**Leistungen**	**Beiträge**
Rentenversicherung	• alle Arbeitnehmer ohne Rücksicht auf die Höhe des Arbeitslohns. • freiwillige Versicherung möglich	• Bundesversicherungsanstalt für Angestellte. • Landesversicherungsanstalten für Arbeiter	Renten wegen Alter (Altersruhegeld), Berufs- und Erwerbsunfähigkeit, Hinterbliebenenrente; medizinische und berufliche Rehabilitation	19,5% des Bruttolohnes, höchstens von der Beitragsbemessungsgrenze von 5200,00 EUR (neue Bundesländer 4400,00 EUR). Beiträge zahlen Arbeitgeber und Arbeitnehmer je zur Hälfte.
Krankenversicherung	• alle Arbeitnehmer bis zur Versicherungspflichtgrenze von 3900,00 EUR für alte und neue Bundesländer einheitlich. Auszubildende, Rentner, Wehrdienstleistende. • freiwillige Versicherung möglich	Freie Wahl zwischen AOK, Ersatzkassen, Betriebs- oder Innungskrankenkassen	Krankenbehandlung, Krankengeld, Mutterschaftshilfe, Maßnahmen zur Förderung der Gesundheit, Vorsorgeuntersuchungen	Kassen haben unterschiedliche Beitragssätze (ca. 14%) vom Bruttolohn, höchstens von der Beitragsbemessungsgrenze von 3525,00 EUR für alte und neue Bundesländer einheitlich. Beiträge zahlen Arbeitgeber und Arbeitnehmer je zur Hälfte
Unfallversicherung	• alle Arbeitnehmer (einschließlich Auszubildenden) • freiwillige Versicherung nicht möglich	Berufsgenossenschaften, Gemeindeunfallversicherungsverbände	Unfallverhütung; Heilbehandlung; berufliche Rehabilitation; Rentenzahlung	Beiträge werden nach Umlageverfahren erhoben und allein vom Arbeitgeber gezahlt.
Arbeitslosenversicherung	• alle Arbeitnehmer (einschließlich Auszubildenden) • freiwillige Versicherung nicht möglich	Bundesagentur für Arbeit	Arbeitslosengeld; Arbeitslosengeld II; Kurzarbeitergeld; Arbeitsvermittlung und Berufsberatung; Berufsausbildungsbeihilfen; Weiterbildungskosten	6,5% des Bruttolohns, höchstens von der Beitragsbemessungsgrenze von 5200,00 EUR (neue Bundesländer 4400,00 EUR). Beiträge zahlen Arbeitgeber und Arbeitnehmer je zur Hälfte.
Pflegeversicherung	• alle in der gesetzlichen Krankenversicherung Versicherte (gesetzlich oder freiwillig)	Pflegekasse der gewählten gesetzlichen Krankenkasse	Pflegegeld, je nach Stufe der Pflegebedürftigkeit	1,7%, höchstens von der Beitragsbemessungsgrenze der gesetzlichen Krankenversicherung

Stand: 1. Januar 2005

9.8 Umweltschutzpolitik

9.8.1 Die Umweltsituation

In der Bundesrepublik Deutschland, wie in allen Industrieländern, hat die Umweltbelastung einen globalen Umfang angenommen. In vielen Bereichen scheinen die Belastungsgrenzen des Naturhaushalts bereits überschritten. Die Luft ist bereits erheblich mit Abgasen verschmutzt. Eine der wichtigsten Ursachen ist die Verbrennung fossiler Brennstoffe (Holz, Kohle, Öl und Gas). Dabei entsteht unweigerlich Kohlendioxid (CO_2), das den Treibhauseffekt begünstigt, der zu Klimaveränderungen führen kann. Der Abbau des Ozongehalts in der Stratosphäre bewirkt eine ständige Vergrößerung des Ozonlochs. Damit wird die UV-Bestrahlung intensiver und erhöht die Anfälligkeit des Menschen für bestimmte Hautkrebsarten. In großen Regionen wird ein allmähliches Absterben des Waldes beobachtet. Giftige Schwermetalle, Ölrückstände und die Überdüngung des Bodens gefährden Trinkwasser und Nahrungsmittel. Es wird deutlich: Der Mensch hat sich durch die Anwendung der Technik zum Feind seiner Umgebung entwickelt.

Wir befinden uns mitten in einem Prozess der notwendigen Anpassung der Industriegesellschaft an ökologische Erfordernisse. Der Umweltschutz ist heute nicht nur in der Bundesrepublik Deutschland eine der zentralen wirtschaftspolitischen Aufgaben, er ist zum wichtigen Anliegen der Menschen geworden. Es wird die Frage gestellt, ob die Wirtschaft die Probleme der Umweltzerstörung lösen kann und welche Wirtschaftsordnung dazu am besten geeignet ist.

9.8.2 Aufgaben und Prinzipien der Umweltschutzpolitik

Umweltschutzpolitik ist heute eine allgemein anerkannte Staatsaufgabe. Zu ihr gehört die Formulierung von Umweltzielen und die Durchführung von Maßnahmen zu ihrer Erreichung. Die Umweltschutzpolitik hat zwei grundlegende Probleme zu bewältigen:

- Verhinderung einer Überbelastung der Umwelt (Luft, Wasser, Erdoberfläche) durch Emissionen. Unter Emissionen versteht man gasförmige, flüssige und feste Abfallstoffe.
- Vermeidung der Erschöpfung von Ressourcen.

Träger der Umweltschutzpolitik sind in der Bundesrepublik Deutschland die Bundesregierung und die Bundesländer. Prinzipien der Umweltschutzpolitik können das Verursacherprinzip, das Gemeinlastprinzip oder das Vorsorgeprinzip sein.

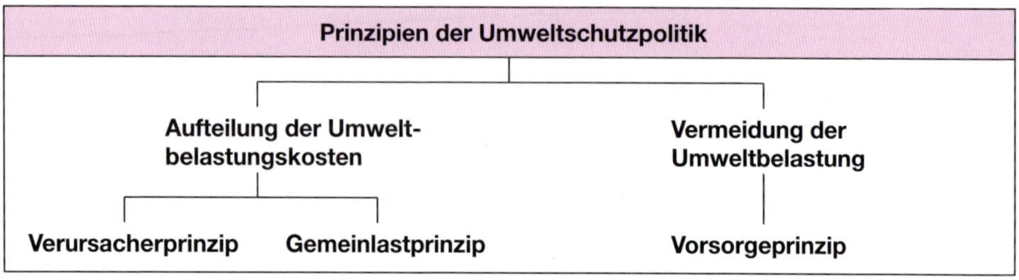

Das **Verursacherprinzip** geht von dem Grundgedanken aus, dass derjenige die Kosten der Vermeidung oder Beseitigung einer Umweltbelastung zu tragen hat, der für ihre Entstehung verantwortlich ist. Das bedeutet nicht in allen Fällen, dass das produzierende Unternehmen die Kosten der Umweltbelastung zu tragen hat. Auch der Verbraucher kann als Verursacher angesehen werden. Bei Anwendung des Verursacherprinzips wird eine marktorientierte Umweltpolitik betrieben. Güter, die in besonderem Maße die Umwelt verschmutzen, werden immer teurer, weil das Unternehmen darauf zu achten hat, dass es über den Preis auch die Kosten des Umweltschutzes ersetzt bekommt. Über die Lenkungsfunktion des Preises wird die Nachfrage auf umweltfreundlichere Produkte gelenkt. In der Praxis hat die Anwendung dieses Prinzips seine Grenzen, weil die Erfassung, Bewertung und Zurechnung der Umweltkosten auf einen Verursacher oft nicht möglich ist.

Der neue Lebensstil

Umweltverantwortung ist auch Sache des Einzelnen und nicht allein Aufgabe der Gesellschaft, der Wirtschaft oder des Staates. Die Lebens- und Verbrauchergewohnheiten, die Standards und Überzeugungen der vielen Einzelnen müssen sich ändern, da sie sonst als „heimlicher Konsens“ und Meinungsdruck der anonymen, schweigenden Mehrheit umweltpolitische Realitäten schaffen. Was die große Masse tut, wird nur zu oft auch für den Einzelnen zum Maßstab und zugleich zu einer Möglichkeit, sich der persönlichen Verantwortung zu entziehen.

(Verantwortung wahrnehmen für die Schöpfung, gemeinsame Erklärung des Rates der Evangelischen Kirche in Deutschland und der Deutschen Bischofskonferenz 1985).

Das **Gemeinlastprinzip** macht zur Regel, dass die Kosten von Umweltschäden von der Allgemeinheit in Form höherer Steuern und Abgaben getragen werden sollen. In diesem Fall entsteht für die Verursacher kein Anreiz, das umweltschädigende Verhalten einzustellen. Häufig gibt es aber keine andere Möglichkeit, z. B. wenn die Umweltschäden in der Vergangenheit entstanden sind und der Verursacher gar nicht mehr festgestellt werden kann. Auch die Gewährung von Subventionen oder Steuererleichterungen bei der Vermeidung von Emissionen ist eine Anwendung des Gemeinlastprinzips, da die Kosten der Umweltschutzmaßnahme über den Staatshaushalt auf die Allgemeinheit umgelegt werden. Da Subventionen dem Verschmutzer der Umwelt noch einen Vermögensvorteil schaffen, sollten sie nur in Ausnahmefällen gewährt werden, z. B. wenn sonst Arbeitslosigkeit entstehen würde.

Das **Vorsorgeprinzip** geht von dem Gedanken aus, dass es fast immer billiger und zweckmäßiger ist, Umweltschäden von vornherein zu vermeiden als sie nachträglich zu beseitigen. Zudem lassen sich Umweltschäden nachträglich oft nur schwer korrigieren. Bei Anwendung des Vorsorgeprinzips wird der Schutz und die schonende Inanspruchnahme der Umwelt durch Nutzungsverbote oder Nutzungsbeschränkungen erzwungen.

9.8.3 Instrumente der Umweltschutzpolitik

Der Wirtschaftspolitik stehen grundsätzlich zwei Möglichkeiten offen, um die verschiedenen Umweltbelastungen und -risiken zu beherrschen: **Verbots- und Gebotsregelungen** oder **marktmäßig orientierte Regelungen.**

Instrumente der Umweltschutzpolitik	
Verbots- und Gebotsregelungen (Auflagenregelung)	**marktmäßig orientierte Regelungen**

Mit **Verboten** kann z. B. der Einsatz umweltbelastender Produktionsverfahren, die bestimmte Emissionswerte überschreiten, grundsätzlich verboten werden. Mit **Geboten** kann der Einsatz bestimmter Vermeidungs- oder Beseitigungstechniken angeordnet werden. Grundsätzlich haben die Unternehmen alle Maßnahmen zu ergreifen, die nach dem Stand der Technik möglich und die wirtschaftlich vertretbar sind. Mit dieser Auflage erhalten sie eine Genehmigung zur Betreibung der Anlage.

Bei der **marktmäßigen Regelung** werden indirekte Lenkungsinstrumente benutzt. Umweltbelastende Produktionstechniken können mit Abgaben belegt werden, für Investitionen in umweltschonende Produktionstechniken können Finanzierungsanreize gegeben werden. Eine bestimmte Form von Lenkungsabgaben sind die so genannten **Ökosteuern.** Ökosteuern können ausschließlich als Lenkungsinstrument verstanden werden, damit könnte aber auch die Umschichtung der Steuerlast von der Einkommen-/Lohnsteuer zu Umweltsteuern angestrebt werden. Konsequent marktwirtschaftlich ist der Vorschlag, dass der Staat Emissionskontingente festsetzt und darüber Zertifikate ausgibt. Diese **Zertifikate** müssen von den Nutzern auf dem Markt **zu einem Marktpreis erworben** werden und können von ihnen auch wieder verkauft werden. Die Unternehmen werden sich bemühen, die durch die „Steuer“ auf die Umweltbelastung erhöhten Kosten zu vermeiden. Der Marktmechanismus soll eine Verringerung der Umweltbelastung bewirken.

Verbots- und Gebotsregelungen haben den Vorteil, dass sie schnell wirksam werden. Diese Instrumente sind deshalb immer dann notwendig, wenn Gefahr im Verzug ist. Sie haben den Nachteil, keine Anreize zur Vermeidung von Umweltbelastungen zu schaffen. Nach erfolgter Genehmigung haben die Unternehmen für die Genehmigungsdauer das Recht, die Anlagen mit den zugelassenen Emissionen zu betreiben. Das, was bei der Genehmigung als Stand der Technik anerkannt wurde, ist auf Dauer festgeschrieben.

Der verstärkte Einsatz **marktwirtschaftlicher Instrumente** würde voraussetzen, dass viele Auflagen wieder abgeschafft werden, um Handlungsspielraum für die Unternehmen zu schaffen. Vor dem Hintergrund der drängenden Umweltprobleme ist dies aber nur schwer durchzusetzen. Auch bleibt die tatsächliche Wirkung auf die Vermeidung von Emissionen unbestimmt.

AUFGABEN UND PROBLEME, ROLLENSPIEL, ENTSCHEIDUNGS-BEWERTUNGSMATRIX

9.1 Marktkonforme und marktkonträre Eingriffe in die Preisbildung

- Welche der aufgezählten Eingriffe in die Wirtschaft sind marktkonform, welche sind marktkonträr? Begründung!
  1. Steuerermäßigungen für Bauherren,
  2. Mindestpreise für Milch,
  3. Aufkauf von Butter durch staatliche Vorratsstellen,
  4. Erhebung von Einfuhrzöllen bei der Einfuhr von Filmkameras,
  5. Allgemeiner Lohnstopp durch staatliches Gesetz,
  6. Vernichtung eines Teils der Getreideernte.

9.2 Marktwirtschaft und Dirigismus

- Welche der folgenden aufgezählten Maßnahmen oder Ereignisse haben dirigistischen Charakter?

1. Vergesellschaftung der Banken, Versicherungen und Schlüsselindustrien.
2. Einführung eines „Strukturrates der öffentlichen Hand“, der sich aus einem Konjunkturrat und einem Finanzrat zusammensetzt und vor allem ein Anhörungs- und Vorschlagsrecht hat.
3. Meldepflicht für alle Investitionen mit einem Gesamtvolumen über 250000,00 EUR.
4. Genehmigungspflicht für alle Investitionen über 500000,00 EUR.
5. Die öffentliche Hand sammelt bei der Zentralbank eine Konjunkturausgleichsrücklage an, um eine die volkswirtschaftliche Leistungsfähigkeit übersteigende Nachfrageausweitung zu bremsen.
6. Zur Förderung von Investitionen werden Sonderabschreibungen auf Investitionsgüter zugelassen.

9.3 Wettbewerbsbeschränkung und Wettbewerbspolitik

Dokumente eines Baukartells

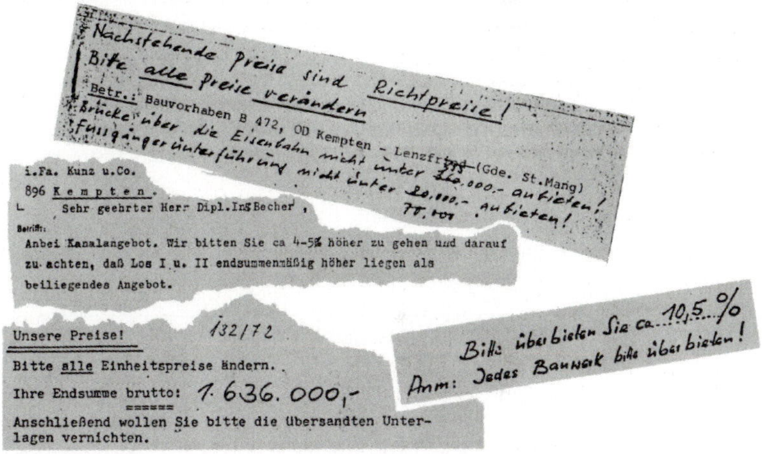
Nachstehende Preise sind Richtpreise!
Bitte alle Preise verändern
Betr.: Bauvorhaben B 472, OD Kempten – Lenzfried (Gde. St.Mang)
Brücke über die Eisenbahn nicht unter 110.000,- anbieten!
Fußgängerunterführung nicht unter 80.000,- 70.000,- anbieten!

i.Fa. Kunz u.Co.
896 Kempten.
Sehr geehrter Herr Dipl.Ing Becher,
Betrifft:
Anbei Kanalangebot. Wir bitten Sie ca 4-5% höher zu gehen und darauf zu achten, daß Los I u. II endsummenmäßig höher liegen als beiliegendes Angebot.

Unsere Preise! 132/72
Bitte alle Einheitspreise ändern.
Ihre Endsumme brutto: 1.636.000,-
Anschließend wollen Sie bitte die übersandten Unterlagen vernichten.

Bitte überbieten Sie ca. 10,5 %
Anm: Jedes Bauwerk bitte überbieten!

Quelle: DIE ZEIT , Nr . 3, 14. Januar 1983, S. 15.

- 1. Lässt das oben dokumentierte Baukartell noch einen fairen Wettbewerb zu?
- 2. Wie erklären Sie sich die Aufforderung, die übersandten Unterlagen zu vernichten?
- 3. Beurteilen Sie das Vorgehen der Bauunternehmer unter ethischen Aspekten.

9.4 Umweltpolitik

Der ökologische Vorteil der Pfandflasche gegenüber den Einwegbehältern (z.B. Einwegflasche für Fruchtsaft und Pergabeutel für Milch) ist seit Jahren bekannt und belegt:

Abfall: Die Einwegflasche verursacht – bezogen auf das Gewicht – zwölfmal so viel Abfall wie eine vergleichbare Mehrwegflasche.

Energieverbrauch: Der Energieverbrauch zur Herstellung der Verpackung beträgt bei Einwegbehältern das Sechsfache.

Umweltbelastung: Die Luftbelastung durch Staub, Schwefeldioxid und Stickoxid ist bei der Produktion von Einwegbehältern 2- bis 30-mal so hoch.

Kosten: Die Kosten der Leergutrücknahme liegen bei der Pfandflasche etwa in der Größenordnung der Kosten für die Abfallbeseitigung der Einwegflaschen.

Trotzdem nimmt der Anteil der Einwegbehälter ständig zu.

- 1. Wen halten Sie für den Verursacher der ökologischen Verschwendung?
- 2. Was sollte die Bundesregierung Ihrer Ansicht nach unternehmen? Begründung.

9.5 ROLLENSPIEL: Ist die soziale Marktwirtschaft sozial?

These 1:

Die sog. soziale Marktwirtschaft hat als oberstes Ziel den Profit der Kapitalbesitzer. Der Staat sorgt nur dafür, dass das Profitstreben nach den Spielregeln der Marktwirtschaft verläuft. Der Gebrauch der Ellenbogen ist dabei aber erlaubt. Die Werbung gaukelt den Verbrauchern vor, sie seien in der sozialen Marktwirtschaft die Könige. In Wirklichkeit sind sie die Opfer eines ungehemmten Gewinnstrebens. Die sog. soziale Marktwirtschaft ist letztlich unsozial und begünstigt sogar den unmoralisch Handelnden.

These 2:

In der sozialen Marktwirtschaft können die Verbraucher ihre Wünsche und Bedürfnisse ohne staatliche Bevormundung äußern. Die Unternehmen werden über den Wettbewerb dazu gezwungen, ihr Angebot an den Bedürfnissen der Verbraucher zu orientieren. Unsoziale Auswirkungen, die ein ungehemmter Wettbewerb mit sich bringen könnte, werden durch das Eingreifen des Staates verhindert. Die soziale Marktwirtschaft ist weder unsozial noch fördert sie unmoralisches Handeln.

- Denken Sie über die beiden Thesen nach. Im Anschluss stellt ein gewählter Diskussionsleiter durch Abstimmung fest, welche Meinung von der Mehrheit vertreten wird. Auf der Grundlage des Abstimmungsergebnisses werden zwei Diskussionsgruppen gebildet. Die eine vertritt die These 1, die andere die These 2. Nach Beendigung der Diskussion soll erneut abgestimmt werden. Wenn sich die Mehrheitsverhältnisse geändert haben: Welche Argumente waren für die Meinungsänderung entscheidend?

9.6 Haltung zur sozialen Marktwirtschaft

Zwei Drittel der Deutschen geht davon aus, dass es den Unternehmen in der Sozialen Marktwirtschaft vor allem darum geht, Kosten zu reduzieren und Gewinne zu maximieren, und zwar zulasten der Arbeitsplätze.

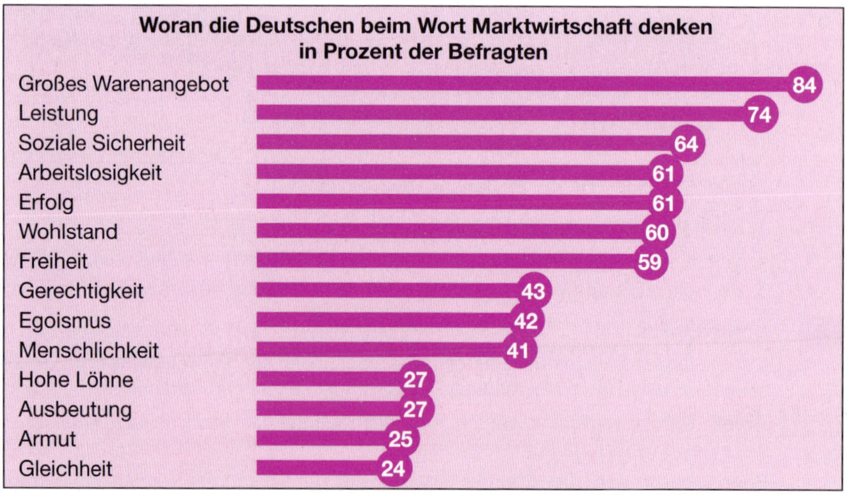

Umfrage bei 1170 Bundesbürgern ab 16 Jahren im August 1999

Quelle: Institut für Demoskopie Allensbach im Auftrag des Instituts der deutschen Wirtschaft Köln

- Bewerten Sie die obigen Ergebnisse einer Repräsentativumfrage zu den persönlichen Erfahrungen der Deutschen mit der sozialen Marktwirtschaft.

9.7 ENTSCHEIDUNGS-BEWERTUNGSMATRIX: Vergleich und Bewertung von Wirtschaftsordnungen

Sie sollen sich zwischen den Wirtschaftsordnungen Freie Marktwirtschaft – soziale Marktwirtschaft und Sozialistische Planwirtschaft entscheiden.

- Erstellen Sie eine Liste von Merkmalen von Wirtschaftsordnungen, die Sie für diese Entscheidung für bedeutend erachten. Gewichten Sie jedes von Ihnen ausgesuchte Merkmal mit einer Punktzahl zwischen 1 und 10. Je größer für Sie die Bedeutung des ausgewählten Merkmals ist, umso höher soll die Punktzahl sein.
- Welche Wirtschaftsordnung erhält nach Ihrer persönlichen Bewertung die höchste Gesamtpunktzahl? Legen Sie Ihre Entscheidung in einer übersichtlichen Tabelle offen.
- Vergleichen Sie Ihr Ergebnis mit den Ergebnissen anderer Gruppenmitglieder und diskutieren Sie über die Gründe für das Zustandekommen unterschiedlicher Ergebnisse.

ZUR WIEDERHOLUNG DES GRUNDWISSENS

1. Wie unterscheidet sich der Neoliberalismus als Leitidee der sozialen Marktwirtschaft von der Leitidee der freien Marktwirtschaft?
2. Wie unterscheidet sich die Stellung des Staates in der sozialen Marktwirtschaft von der Stellung des Staates in der freien Marktwirtschaft?
3. Welche wirtschaftspolitischen Ziele nennt das „Gesetz zur Förderung der Stabilität und des Wachstums der Wirtschaft“? Warum bezeichnet man sie als magisches Viereck?
4. Wer ist in der Bundesrepublik Deutschland Entscheidungsträger der Wirtschaftspolitik?
5. In welche Gruppen lassen sich die in der sozialen Marktwirtschaft eingesetzten wirtschaftspolitischen Mittel einteilen?
6. Was versteht man unter Ordnungspolitik? Nennen Sie Bereiche der Ordnungspolitik!
7. Was versteht man unter Ablaufpolitik (Prozesspolitik)?
8. Nennen Sie eine Maßnahme zur Globalsteuerung und einen dirigistischen Eingriff in die Wirtschaft. Erläutern Sie an diesen Beispielen den grundsätzlichen Unterschied zwischen Maßnahmen der Globalsteuerung und dirigistischen Eingriffen.
9. Welche wesentlichen Bestandteile des Ordnungsrahmens der sozialen Marktwirtschaft legt das Grundgesetz für die Bundesrepublik Deutschland fest?
10. Welche wesentlichen Regelungen enthält das Gesetz gegen Wettbewerbsbeschränkungen für die Bildung von Kartellen, die Bildung von Konzernen und die Fusion von Unternehmen?
11. Nennen Sie Beispiele für Maßnahmen des Verbraucherschutzes und der Verbraucheraufklärung in der Bundesrepublik Deutschland.
12. Was versteht man unter der Sozialquote?
13. Zählen Sie Mittel auf, mit denen in der sozialen Marktwirtschaft der Bundesrepublik Deutschland ausgleichende Sozialpolitik betrieben wird.
14. Nennen Sie Prinzipien, nach denen Umweltschutzpolitik betrieben werden kann, und erläutern Sie die Prinzipien.

10 Sozialistische Wirtschaftsordnungen

Verfassung der ehemaligen DDR

Art. 9

(3) In der Deutschen Demokratischen Republik gilt der Grundsatz der Leitung und Planung der Volkswirtschaft sowie aller anderen gesellschaftlichen Bereiche. Die Volkswirtschaft der Deutschen Demokratischen Republik ist sozialistische Planwirtschaft.

Die zentrale Leitung und Planung der Grundfragen der gesellschaftlichen Entwicklung ist mit der Eigenverantwortung der örtlichen Staatsorgane und Betriebe sowie der Initiative der Werktätigen verbunden.

LEITFRAGEN

Wie und von wem wird der Wirtschaftsprozess in einer sozialistischen Planwirtschaft gesteuert?

Wie unterscheidet sich die sozialistische Planwirtschaft von einer Zentralverwaltungswirtschaft?

Ein Sozialist über die Planwirtschaft:

„Das grundlegende Kriterium der gesellschaftlichen Anerkennung verausgabter Arbeit im Sozialismus ist letztlich die (realisierbare) Befriedigung gesellschaftlicher und individueller Bedürfnisse und nicht schlechthin der Verkauf von Waren …“[1]

Werden die Bedürfnisse der Konsumenten in einer sozialistischen Planwirtschaft besser befriedigt als bei marktwirtschaftlicher Steuerung?

Die Meinung eines Gegners sozialistischer Planwirtschaft:

„Planwirtschaft ist und bleibt Kommandowirtschaft. Die Nachfrage auf dem Markt spielt höchstens noch eine untergeordnete Rolle; die demokratische Steuerung nach den Bedürfnissen der Wirtschaftsbürger fällt aus. Die Produktionsziele werden nach staats- und einheitsparteipolitischen Nutzerwägungen von oben festgesetzt. Der leitende Wirtschaftsfunktionär ist bloß das Exekutivorgan einer souveränen, jeden Widerspruch brechenden Plankommission. Damit ist nicht nur ein freies, schöpferisches Unternehmertum liquidiert, sondern auch Konsumentenfreiheit. Der Wirtschaftsbürger wird zum Wirtschaftsuntertan, manipuliert von der Planbehörde.“[2]

Welche Stellung hat der Mensch in einer sozialistischen Wirtschaftsordnung?

[1] Nick, Harry, Marktwirtschaft. Legende und Wirklichkeit. Berlin (Ost). 1974, S. 69f.

[2] Schleyer, Hanns Martin, 1915–1977 (ermordet), Präsident der Bundesvereinigung der Dt. Arbeitgeberverbände (seit 1973) und des Bundesverbandes der Dt. Industrie (seit 1977). „Das soziale Modell“, Stuttgart o.J., S. 89.

INFORMATION

10.1 Merkmale und Formen sozialistischer Wirtschaftsordnungen

Sozialismus ist eine Sammelbezeichnung für vielfältige Ideen und politische Strömungen, die Gegenpositionen zum Liberalismus und Kapitalismus beziehen. Nach den von Karl Marx angedeuteten Prinzipien einer sozialistischen Wirtschaftsordnung soll das gesamte Wirtschaftsgeschehen in einem „gesamtgesellschaftlichen Plan“ festgelegt werden, da eine Volkswirtschaft nur unter einer zentralen Leitung sinnvoll der Befriedigung menschlicher Bedürfnisse dienen kann. Damit wird im Bereich der Wirtschaft dem Grundprinzip für die Leitung eines sozialistischen Staates entsprochen, das als **„demokratischer Zentralismus“** bezeichnet wird. Werden wirtschaftliche Entscheidungen dezentral von Betrieben getroffen, dann führt dies nach Marx zu einer „Marktanarchie“.

Wirtschaftsordnungen, die sich an der Leitidee des Sozialismus orientieren, sind an folgenden gemeinsamen Merkmalen zu erkennen:

1. Die **Produktionsmittel sind verstaatlicht** bzw. vergesellschaftet. Privateigentum an Produktionsmitteln kann nur in geringem Umfang vorhanden sein.
2. Die Entscheidungskompetenz über die Produktion und Verteilung der Güter ist zentralisiert. Sozialistische Wirtschaftssysteme fordern deshalb einen **großen staatlichen Verwaltungsapparat.**

Eine Wirtschaftsordnung mit zentraler Planung bei Staatseigentum (gesellschaftlichem Eigentum) an den Produktionsmitteln wird als **Sozialistische Planwirtschaft** bezeichnet. Eine solche Wirtschaftsordnung bestand z. B. seit 1928 in der ehemaligen UdSSR. Die Voraussetzung für die Vergesellschaftung der Produktionsmittel war 1917 mit der Oktoberrevolution geschaffen worden. Zwischen 1917 und 1928 wurden in der ehemaligen UdSSR zunächst verschiedene Organisationsmodelle gesellschaftlicher Planung diskutiert und erprobt. Die sozialistische Planwirtschaft wurde von den meisten sozialistischen Ländern übernommen, u. a. auch von der ehemaligen DDR. Überall wo diese Wirtschaftsordnung bestand, ist sie gescheitert (s. 10.2.3).

Die erkennbaren Schwächen der sozialistischen Planwirtschaft führten zu verschiedenen Reformversuchen. Man versuchte, die Funktionsmängel der sozialistischen Planwirtschaft dadurch zu beseitigen, dass man insgesamt oder auf Teilgebieten die Steuerung der Wirtschaft Marktpreisen überließ. Beibehalten wurde aber das staatliche Eigentum an den Produktionsmitteln. Eine Wirtschaftsordnung, die staatliches Eigentum an den Produktionsmitteln mit dezentraler Wirtschaftslenkung zu verbinden sucht, ist eine **sozialistische Marktwirtschaft.** Solche Reformen wurden erstmals 1920 in der Sowjetunion versucht. Seit 1950 wurde schrittweise das jugoslawische Wirtschaftssystem reformiert. Auch die unter der Bezeichnung „Prager Frühling“ von 1965 bis 1968 in der CSSR durchgeführte Wirtschaftsreform und der 1968 in Ungarn eingeführte „neue Wirtschaftsmechanismus“ führten zu sozialistischen Marktwirtschaften.

10.2 Die sozialistische Planwirtschaft am Beispiel der ehemaligen DDR

Eine reale sozialistische Planwirtschaft wird im Folgenden kurz am Beispiel der Wirtschaftsordnung dargestellt, wie sie in der ehemaligen DDR bis zur so genannten Wende im Oktober 1989 bestand.

10.2.1 Das Lenkungssystem der sozialistischen Planwirtschaft

Aufgabe 1:
Art und Menge der Güter, die produziert werden sollen, müssen bestimmt werden.

In der sozialistischen Planwirtschaft der ehemaligen Deutschen Demokratischen Republik wurde die Volkswirtschaft zentral vom Ministerrat geleitet.

Oberstes Entscheidungsgremium für alle politischen und wirtschaftlichen Entscheidungen war das **Politbüro des Zentralkomitees,** dessen Mitglieder vom Parteitag gewählt wurden.

Der **Ministerrat** hatte die Aufgabe, die Grundsatzentscheidungen des Politbüros in Einzelentscheidungen umzusetzen. Der Ministerrat bestand überwiegend aus den Leitern der verschiedenen Industrieministerien und anderen mit Wirtschaftsfragen befassten Ministerien.

Die **Volkseigenen Betriebe** bekamen ihre Anweisungen von der **Staatlichen Plankommission.** Sie war die oberste Planungsinstanz, arbeitete die Einzelpläne aus, fasste sie zu Gesamtplänen zusammen und kontrollierte die Durchführung. Die Volkseigenen Betriebe erhielten von der Staatlichen Plankommission Angaben über die von den Betrieben zu erbringenden Leistungen, ebenso wie über die zu zahlenden Löhne und Sozialleistungen.

Auf allen Ebenen der einzelnen Planbereiche wurden die Leiter vom Staat (der Partei) eingesetzt und entlassen. Dies entspricht der Lehre des Marxismus-Leninismus, nach der die Partei der Arbeiterklasse mit unbegrenzter Autorität die führende Rolle bei der Leitung der sozialistischen Gesellschaft zu übernehmen hat.

Aufgabe 2:
Der Grad der Knappheit von Gütern muss Produzenten und Konsumenten sichtbar gemacht werden.

Die Staatliche Plankommission sollte sich bei der Preisfestsetzung nach sozialistischer Auffassung an dem gesellschaftlich notwendigen Arbeitsaufwand orientieren.

Das ist der Arbeitsaufwand, der insgesamt bei der Produktion eines Gutes entsteht. Dabei muss der Produktionsweg des Gutes bis zur Urproduktion zurückverfolgt werden. Auf allen Produktionsstufen müssen die entstehenden Arbeitszeiten ermittelt und addiert werden.

Die Staatliche Plankommission muss aus zwingenden Gründen häufig von der Regel abweichen und einen Preis festlegen, der in keinem Verhältnis steht zur gesellschaftlich notwendigen Arbeitszeit.

Gesellschaftlich notwendiger Arbeitsaufwand und Preis

Um einen Traktor für die Landwirtschaft herzustellen, sind 800 Arbeitsstunden notwendig; das hat die Staatliche Plankommission in den fortschrittlichsten Betrieben der Branche festgestellt. Dabei ist auch die Arbeitszeit zur Gewinnung des Erzes, zur Stahlverarbeitung und für die Herstellung der bei der Produktion von Traktoren benutzten Maschinen anteilig berücksichtigt.

Der Preis für einen Traktor wird auf 8000 Mark festgelegt.

Zur Produktion eines Motorsportbootes sind 600 Arbeitsstunden gesellschaftlich notwendig. Der Preis für das Boot wird auf 20000 Mark festgelegt, da es als Luxus angesehen wird.

Die gesellschaftlich notwendigen Arbeitszeiten verhalten sich wie 8:6, die Preise wie 8:20. Damit wird deutlich, dass der Preis nur die von der Staatlichen Plankommission gewollte Knappheit zeigt, aber sonst keinen Informationswert hat.

Der Preis ist in der sozialistischen Planwirtschaft kein zuverlässiges Informationsmittel, weder für die Betriebe noch für die Konsumenten.

Aufgabe 3:
Die Pläne der Produzenten und Konsumenten müssen aufeinander abgestimmt werden.

Die Staatliche Plankommission hatte die Aufgabe, die Preise so festzulegen, dass die **volkswirtschaftliche Gesamtnachfrage** nach Gütern das volkswirtschaftliche Gesamtangebot nicht übersteigt. Diese Aufgabe ist sehr schwierig, weil dazu der Preis jedes einzelnen Gutes so festgelegt werden muss, dass Angebot und Nachfrage für **jedes einzelne Gut** ausgeglichen sind. Zeigte sich, dass Angebot und Nachfrage bei dem zunächst von der Plankommission festgelegten Preis nicht ausgeglichen waren, dann musste die Plankommission korrigierend eingreifen. Entweder sie änderte den Preis oder sie versuchte, das Angebot der Nachfrage anzupassen.

In der ehemaligen DDR wurden die Preise von der Staatlichen Plankommission so festgelegt, dass sie der Durchsetzung des Planwillens dienten.

Aufgabe 4:
Die wirtschaftenden Menschen müssen am Erfolg des Wirtschaftens interessiert werden.

Die Sozialisten glauben, sich nicht allein auf finanzielle Anreize verlassen zu müssen, um die wirtschaftenden Menschen am Erfolg des Wirtschaftens zu interessieren. Sie rechnen damit, dass in einer sozialistischen Gesellschaft sich eine sozialistische Arbeitsmoral entwickelt und die Werktätigen auch ohne materiellen Anreiz ihre ganze Kraft für die Erfüllung und Übererfüllung der staatlichen Pläne einsetzen. Dies würden die Werktätigen tun, weil sie wissen, dass sie in der sozialistischen Gesellschaft für sich und die ganze Gesellschaft arbeiten und nicht für einen kapitalistischen Unternehmer.

Trotzdem mussten in der sozialistischen Planwirtschaft der ehemaligen DDR Betriebe und Werktätige mit materiellen Anreizen am Erfolg des Wirtschaftens interessiert werden.

Wenn in der ehemaligen DDR Betriebe das von der Staatlichen Plankommission für sie festgelegte Produktionssoll überschritten hatten, erhielten Betriebsleitung und Arbeiter eine Prämie.

10.2.2 Der Ordnungsrahmen der sozialistischen Planwirtschaft

In der sozialistischen Planwirtschaft der ehemaligen DDR war Privateigentum an den Produktionsmitteln grundsätzlich verboten. Die Wirtschaft beruhte auf sozialistischem Eigentum an den Produktionsmitteln.

Sozialistisches Eigentum gab es in zwei Formen:

- als gesamtgesellschaftliches Eigentum;
- als genossenschaftliches Gemeineigentum.

Im **gesamtgesellschaftlichen Volkseigentum** (Staatseigentum) waren die Volkseigenen Betriebe und die Volkseigenen Güter.

Genossenschaftliches Eigentum entstand z. B. durch den Zusammenschluss von Handwerkern oder Bauern. Die Genossenschaften wirtschafteten aber nicht etwa als unabhängige Eigentümer von Produktionsmitteln, sondern als fester Bestandteil der einheitlichen sozialistischen Volkswirtschaft.

Private Betriebe gab es in der Deutschen Demokratischen Republik nur noch in unerheblichem Umfang, z. B. als Handwerksbetriebe, die ohne nennenswerten Kapitaleinsatz arbeiteten, oder als private Betriebe mit staatlicher Beteiligung.

Gewerbefreiheit konnte es in der ehemaligen DDR nicht geben, weil sozialistisches Eigentum an den Produktionsmitteln und zentrale Planung der Wirtschaft Gewerbefreiheit nicht zulassen.

In der sozialistischen Planwirtschaft der ehemaligen DDR hatte der Werktätige **die freie Wahl des Arbeitsplatzes** nur im Rahmen der gesellschaftlichen Erfordernisse (Art. 24 der Verfassung). Die zentrale Planung der Wirtschaft erzwang, dass auch der Einsatz der Arbeitskräfte Bestandteil des volkswirtschaftlichen Gesamtplans war.

Art. 24 der Verfassung der ehemaligen DDR vom 6. April 1968 gewährte jedem Bürger das **Recht auf Arbeit.** Damit übertrug die Verfassung dem Staat die Verantwortung dafür, dass kein Bürger arbeitslos werden konnte. Um diesen Verfassungsauftrag zu erfüllen, wurden oft Arbeitskräfte den Betrieben zugewiesen, obwohl dort gar kein produktiver Arbeitsplatz zu besetzen war. Dies war eine wesentliche Ursache für die mangelnde Leistungsfähigkeit der DDR-Wirtschaft.

Da in der sozialistischen Planwirtschaft der ehemaligen DDR die Wirtschaft von einer Zentrale aus gesteuert wurde, war der Handlungsspielraum der Betriebe und der Verbraucher von der zentral erstellten Planung eingeengt. Zwischen den Betrieben konnten nur Verträge abgeschlossen werden, die der Erfüllung des zentralen Plans nicht widersprachen. In der sozialistischen Planwirtschaft der ehemaligen DDR war die **Vertragsfreiheit** durch die zentralen Pläne eingeengt.

10.2.3 Das Versagen der sozialistischen Planwirtschaft

Überall in der Welt, wo sozialistische Planwirtschaften bestanden, haben sie versagt. Vor der Wende im Oktober 1989 waren die Bürger der ehemaligen DDR weit schlechter mit Gütern versorgt als die Bürger der westlichen Länder. Zudem war die Lebensqualität durch Umweltbelastung außerordentlich beeinträchtigt. Der Rückstand bestand aber nur im Vergleich gegenüber westlichen Industrieländern, z. B. der Bundesrepublik Deutschland. In anderen sozialistischen Ländern waren die wirtschaftlichen Verhältnisse noch schlechter.

Vergleich der sozialen Marktwirtschaft in der Bundesrepublik Deutschland mit einer Sozialistischen Planwirtschaft		
	soziale Marktwirtschaft in der Bundesrepublik Deutschland	**Sozialistische Planwirtschaft**
Lenkungssystem und Rolle des Staates	Die Wirtschaft soll über den **Markt** gesteuert werden (Lenkungs-, Planabstimmungs-, Signal-, Anreizfunktion). Der Staat greift nur ein, um – die Voraussetzungen für freie Märkte und Wettbewerb zu schaffen **(Wettbewerbspolitik, Verbraucherpolitik),** – unsoziale Auswirkungen auszugleichen **(Einkommens-, Konjunktur- und Beschäftigungspolitik). Die Eingriffe sollen privatwirtschaftliche Entscheidungen nur beeinflussen, nicht vorschreiben.**	**Der Sozialismus lehnt den Marktmechanismus ab.** Die zentrale Steuerung der Wirtschaft erfolgt durch staatliche Organe und die herrschende sozialistische Einheitspartei. Auf allen Stufen der Planung besteht der bestimmende Einfluss der staatlichen Einheitspartei. – Die Staatliche Plankommission schlägt Art und Menge der zu produzierenden Güter vor. – Staatliche Preise zeigen die von der Plankommission gewollte Knappheit der Güter. – Staatlich festgesetzte Preise dienen der Durchsetzung des Planwillens. – Anreiz erfolgt durch materielle Prämien und Ehrungen.
Ordnungsrahmen	– **Privateigentum** auch an den Produktionsmitteln, Art. 14 GG. Überführung in Gemeineigentum gegen Entschädigung möglich, Art. 15 GG. – **Gewerbefreiheit,** Art. 2 GG und § 1 GO. Genehmigung nur zur Überwachung der Sicherheit und der persönlichen Zuverlässigkeit. – **Freie Berufswahl, freie Wahl des Arbeitsplatzes,** Art. 11, 12 GG. – **Vertragsfreiheit** ist ein Teil der in Art. 2 GG zugesicherten Entfaltungsfreiheit.	– Privateigentum an den Produktionsmitteln **grundsätzlich verboten.** Produktionsmittel sind in **gesamtgesellschaftlichem Volkseigentum oder in genossenschaftlichem Gemeineigentum.** – Ohne Privateigentum an den Produktionsmitteln kann es **keine Gewerbefreiheit geben.** – Freie Wahl des Arbeitsplatzes nur im **Rahmen der gesellschaftlichen Erfordernisse.** – Die **Vertragsfreiheit** wird durch zentrale Pläne **eingeengt.**

AUFGABEN UND PROBLEME

10.1 Preiskontrolle und Gewerbeaufsicht in der sozialen Marktwirtschaft und in der sozialistischen Planwirtschaft

In einer Informationsschrift für Preiskontrolleure in der ehemaligen Deutschen Demokratischen Republik[1] ist das Muster eines Kontrollauftrags für Fleisch- und Wurstwaren abgedruckt, in dem die Ergebnisse der Preiskontrolle eingetragen werden sollen.

[1] Heinz Braun, Preiskontrolle, aber wie? Praktische Hinweise für haupt- und ehrenamtliche Kontrollkräfte, dargestellt an den Branchen Fleisch- und Wurstwaren sowie Back- und Konditoreiwaren, Verlag Die Wirtschaft, Berlin (Ost), 1974.

Kontrollauftrag für Fleisch und Wurstwaren
Rat des Bezirkes bzw. Rat des Kreises / der Stadt Abteilung Handel und Versorgung.

1. Datum der Kontrolle ____________

2. Kontrollgruppe ____________
(Name, Betrieb)

3. Stempel des Objekts
Name des Objekts ____________
(Tel.-Nr. des Objekts)

4. Eigentumsform

5. Öffnungszeiten ____________

6. Preisstufe ____________

7. Einstufungsbescheid
wurde vorgelegt ja/nein

8. Sind Preistafeln sichtbar angebracht für
a) Fleisch ja/nein
b) Wurst ja/nein

9. Werden Bockwurst, Wiener und Knacker nach Gewicht verkauft?
ja/nein

10. Erfolgt die Einzelauspreisung mit Sortenangabe und Mengeneinheit?
ja/nein

11. Welche Abweichungen gibt es?

12. Sind folgende Sorten Wurst im Angebot? 1)

Blutwurst	ja/nein
Sülzwurst	ja/nein
Zwiebelleberwurst	ja/nein
Jagdwurst	ja/nein
Braunschweiger, fein	ja/nein
Kammfleischwurst	ja/nein
Teewurst, fein	ja/nein

13. Sind folgende Fleischsorten im Angebot?

Bauchfleisch	ja/nein
Spitzbeine	ja/nein
Schweineköpfe	ja/nein
Leber	ja/nein

Vergleiche Bestellung mit Lieferung dieser Fleisch- und Wurstsorten (fehlendes Sortiment auf Rückseite des Blattes aufführen und kurze Begründung geben.) 2)

14. Kundeneinkäufe kontrollierten: 3)

geforderter / richtiger Preis

1
2
3
4
5
6
7
8
9
10

15. Welche Sorten Fleisch- und Wurstkonserven werden verkauft (aufführen)?

16. Wie wird Aufschnitt berechnet?
a) Preis für 100 g
b)

17. Steht die Neigungswaage auf ±?
ja/nein (Abweichung)

18. Wann wurde die letzte Eichung vorgenommen (Neigungswaage/Dezimalwaage)?
Datum:

19. Einschätzung der Ordnung und Sauberkeit durch die Kontrollgruppe:

20. Stellungnahme des Objekt-/Verkaufsstellenleiters bzw. des für die festgestellten Mängel Verantwortlichen (z. B. Kellner, Verkaufskraft)

____________ den ____________
Unterschrift des Objekt-/Verkaufsstellenleiters

____________ ____________

Unterschrift der Kontrollgruppe

Unterschrift des für die festgestellten Mängel Verantwortlichen (Name, Vorname, Anschrift, Telefon-Nr.)

- Welche in dem Kontrollauftrag enthaltenen Fragen oder Feststellungen könnten auch von einem staatlichen Aufsichtsbeamten im System einer sozialen Marktwirtschaft ausgehen? Welche nicht? Begründung!

Aus den Erläuterungen zu dem Kontrollauftrag:

(1) Bei der Überprüfung der Verkaufseinrichtung ist das tatsächlich vorhandene Warenangebot auf der Grundlage der bestätigten Sortimentsnomenklatur in folgender Hinsicht zu kontrollieren:

– Sind die Sortimente der unteren Preisklasse ausreichend im Angebot?
– Sind die Sortimente der mittleren und oberen Preisklassen im Angebot?

Mit dieser Kontrolle erhält man jedoch noch keine ausreichende Aussage, ob die Bevölkerung ständig kontinuierlich und stabil versorgt wird.

(2) Mit dem Warenangebot soll gleichzeitig die Einkaufstätigkeit des Leiters der Verkaufseinrichtungen überprüft werden. Da bereits mit der Bestellung der Ware entscheidend das Versorgungsniveau bestimmt wird, müssen hohe Anforderungen an die Vorbereitung der Verkaufsstellenerträge gestellt werden. Geprüft werden sollen die Bestellungen der Verkaufseinrichtungen und die Auslieferungen durch die Produktionsbetriebe.

(3) Die Ergebnisse der bisherigen Kontrollen zeigen immer wieder: Die meisten Preisverstöße werden dadurch verursacht, dass Verkaufseinrichtungen einzelne Wurstwaren nicht zu dem in der PAO Nr. 4543 festgelegten EVP verkaufen.

10.2 Preisfunktionen und Wirtschaftsordnung

- Wie würden Sie die Wirtschaftsordnung einer Volkswirtschaft bezeichnen, für die der folgende Text gilt?

Der Preis hat in unserer Wirtschaft folgende Funktionen:

Der Preis ist Messinstrument. Der Preis macht den gesellschaftlich notwendigen Arbeitsaufwand sichtbar. Damit wird er zu einem wichtigen Maßstab für die Entscheidungen der Plankommission im Bereich der Produktion und Investition.

Der Preis ist ökonomischer Hebel. Der Preis muss so festgelegt werden, dass er einen wirksamen Druck auf die Durchsetzung der geplanten Zielsetzung ausübt, insbesondere auf die Senkung der Selbstkosten, die Förderung des technisch-wirtschaftlichen Fortschritts und die Erhöhung der Qualität der Erzeugnisse.

Der Preis ist Instrument der Verteilung des Nationaleinkommens. Mit der planmäßigen Gestaltung des Preisgefüges wird gleichzeitig die Einkommensverteilung entsprechend den volkswirtschaftlichen Erfordernissen maßgeblich beeinflusst.

ZUR WIEDERHOLUNG DES GRUNDWISSENS

1. Welche Merkmale sind allen sozialistischen Wirtschaftsordnungen gemeinsam?
2. Beschreiben Sie die Durchführung der Volkswirtschaftsplanung in der ehemaligen Deutschen Demokratischen Republik!
3. Wie unterscheidet sich der Ordnungsrahmen einer sozialistischen Planwirtschaft von dem Ordnungsrahmen einer sozialen Marktwirtschaft?
4. Wie unterscheidet sich die Funktion des Preises in einer sozialistischen Planwirtschaft von der Funktion des Preises in einer sozialen Marktwirtschaft?

11 Wirtschaftskreislauf und Inlandsprodukt

Quelle: Institut der deutschen Wirtschaft Köln

LEITFRAGEN

Wie wird das Inlandsprodukt festgestellt?

Wie hat sich das Inlandsprodukt in der Bundesrepublik Deutschland entwickelt?

Ist das Inlandsprodukt als alleiniger Maßstab zur Beurteilung der wirtschaftlichen Entwicklung brauchbar?

Wo entsteht in der Volkswirtschaft das zum Kauf der Güter des Inlandsprodukts notwendige Einkommen?

Auf welche Weise kehrt das Einkommen der privaten Haushalte in einem Kreislauf zum Ort der Entstehung zurück?

Mit welchen Mitteln verschafft sich der Staat einen Anteil am volkswirtschaftlichen Gesamteinkommen?

Auf welch unterschiedlichen Wegen fließt der Staatsanteil am gesamtwirtschaftlichen Einkommen zurück zum Ort der Einkommensentstehung?

INFORMATION

11.1 Der Kreislauf einer evolutorischen Wirtschaft

11.1.1 Grafische Darstellung des Kreislaufs einer evolutorischen Wirtschaft (ohne ökonomische Aktivität des Staates und ohne Außenhandel)

Im Modell der **stationären Wirtschaft** haben wir angenommen (siehe 1.6.3), dass die privaten Haushalte ihr gesamtes Einkommen für Konsumausgaben verwenden. Die Unternehmen führen in Höhe der Abschreibungen Ersatzinvestitionen durch. In dieser Volkswirtschaft gibt es keine Nettoinvestition. Wir erweitern jetzt dieses Modell und machen einen Schritt zur Realität, die im gesamtwirtschaftlichen Rechnungswesen erfasst werden soll. Wir nehmen an, dass ein Teil des in dieser Volkswirtschaft entstehenden Einkommens gespart wird und die Unternehmen Nettoinvestitionen durchführen. Wir betrachten das Modell einer **evolutorischen** Wirtschaft. Im Gegensatz zur stationären Wirtschaft ist es eine sich im Zeitablauf verändernde Wirtschaft.

In einer evolutorischen Wirtschaft gibt es Nettoinvestitionen und Ersparnisse. Sind die Nettoinvestitionen positiv, dann handelt es sich um eine wachsende (fortschreitende) Wirtschaft. Negative Nettoinvestitionen kennzeichnen eine schrumpfende Wirtschaft.

Der Wirtschaftskreislauf einer evolutorischen Wirtschaft

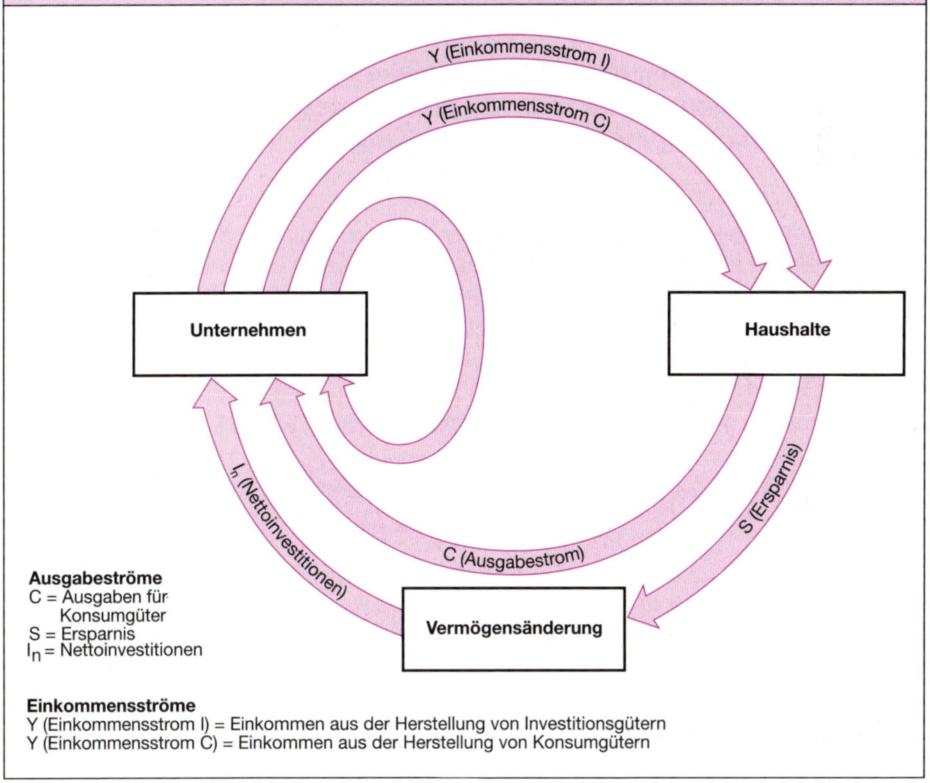

Um den Kreislauf einer evolutorischen Wirtschaft anschaulich darstellen zu können, nehmen wir an, nur die Haushalte sparen. Aus Gründen der Übersichtlichkeit wird die Ersparnisbildung der Unternehmen durch Nichtausschüttung von Gewinnen (Selbstfinanzierung) nicht berücksichtigt.

Derjenige Teil des Einkommens der privaten Haushalte, der nicht für Konsumzwecke verwendet wird, entspricht der Ersparnis, die zur Finanzierung von Investitionen zur Verfügung steht.

Der durch die Ersparnisse eingetretene Nachfrageausfall wird durch die Nettoinvestition ausgeglichen.

Der Pol Vermögensänderung hat die Aufgabe, den Wirtschaftskreislauf zu schließen, indem er die Salden der beiden Sektoren Haushalte und Unternehmen zum Ausgleich bringt.

Werden die Sparbeträge von den Unternehmen nicht zur Durchführung von Nettoinvestitionen in Anspruch genommen, dann entsteht ein Nachfrageausfall, der wahrscheinlich zur Entlassung von Arbeitnehmern führen wird.

11.1.2 Die Darstellung des Kreislaufs einer evolutorischen Wirtschaft (ohne ökonomische Aktivität des Staates und ohne Außenhandel) mithilfe von Gleichungen

Die grafische Darstellung des Wirtschaftskreislaufs einer evolutorischen Wirtschaft (s. S. 249) macht deutlich, dass das Einkommen der Haushalte aus zwei Strömen gespeist wird. Den Haushalten fließt Einkommen zu, das bei der Produktion von Konsumgütern entstanden ist. Dieser Strom wird hier als Einkommensstrom C bezeichnet. Ein anderer Teil des Einkommens der Haushalte wird bei der Produktion von Investitionsgütern verdient. Dieser Strom ist in der Abbildung als Einkommensstrom I bezeichnet. Beide Ströme zusammen ergeben das Gesamteinkommen der Haushalte. Dieser Sachverhalt lässt sich in einer Gleichung ausdrücken, die als **Einkommensentstehungsgleichung** bezeichnet wird:

Einkommensentstehungsgleichung einer evolutorischen Wirtschaft:

$$Y = C + I$$

Wir betrachten jetzt die Ausgabenseite und erkennen, dass die Haushalte nur einen Teil ihres Einkommens für Konsumgüter ausgeben. Der Strom, der im Bild S. 249 von den Haushalten zu dem Bereich Konsumgüterherstellung führt, wird dort als Ausgabenstrom C bezeichnet. Ein Teil des Einkommens wird von den Haushalten nicht ausgegeben, sondern gespart. Der Ausgabenstrom C und die zurückbehaltene Sparsumme S ergeben zusammen das Gesamteinkommen der Haushalte. Diesen Zusammenhang stellt die **Einkommensverwendungsgleichung** dar.

Einkommensverwendungsgleichung einer evolutorischen Wirtschaft:

$$Y = C + S$$

Der Wirtschaftskreislauf ist nur geschlossen, wenn die Spargelder als Kredite zur Finanzierung von Investitionen von Unternehmen verwendet werden, weil nur dann die Summe der Einkommensströme gleich groß ist wie die Summe der Ausgabenströme.

11.2 Der Staat im Wirtschaftskreislauf

Der Staat hat aus seinen Beziehungen zu Unternehmen und Haushalten Einnahmen und Ausgaben. **Einnahmen** bezieht der Staat vor allem aus Steuern. Die Einkommen- und Vermögensteuern (direkte Steuern) werden von den Haushalten aus den bei der Produktion erzielten Einkommen an den Staat abgeführt (z. B. Lohnsteuer).

Bei Einkommen- und Vermögensteuern (direkte Steuern) wird die Steuerlast vom Steuerschuldner getragen.

Die Produktions- und Importabgaben (indirekte Steuern) werden nicht von den Haushalten, sondern von den Unternehmen an das Finanzamt gezahlt. Die Mineralölsteuer wird z. B. von den Tankstellenbesitzern vereinnahmt, aber unmittelbar an das Finanzamt abgeführt. Der Tankstellenbesitzer kassiert die Mineralölsteuer für das Finanzamt, sie zählt nicht zu seinem Einkommen. Er zieht sie bei der Berechnung des Gewinns von seinem Einkommen ab. Belastet mit dieser Steuer ist der Verbraucher. Der Verbraucher zahlt diese Steuer nicht direkt an das Finanzamt, sondern indirekt über den Tankstellenbesitzer. Die Umsatzsteuer, alle Verbrauchsteuern, wie z. B. die Tabaksteuer, die Biersteuer und die Zölle, sind solche Produktions- und Importabgaben. In der Abbildung unten führt der Strom der indirekten Steuern von den Unternehmen zum Staat.

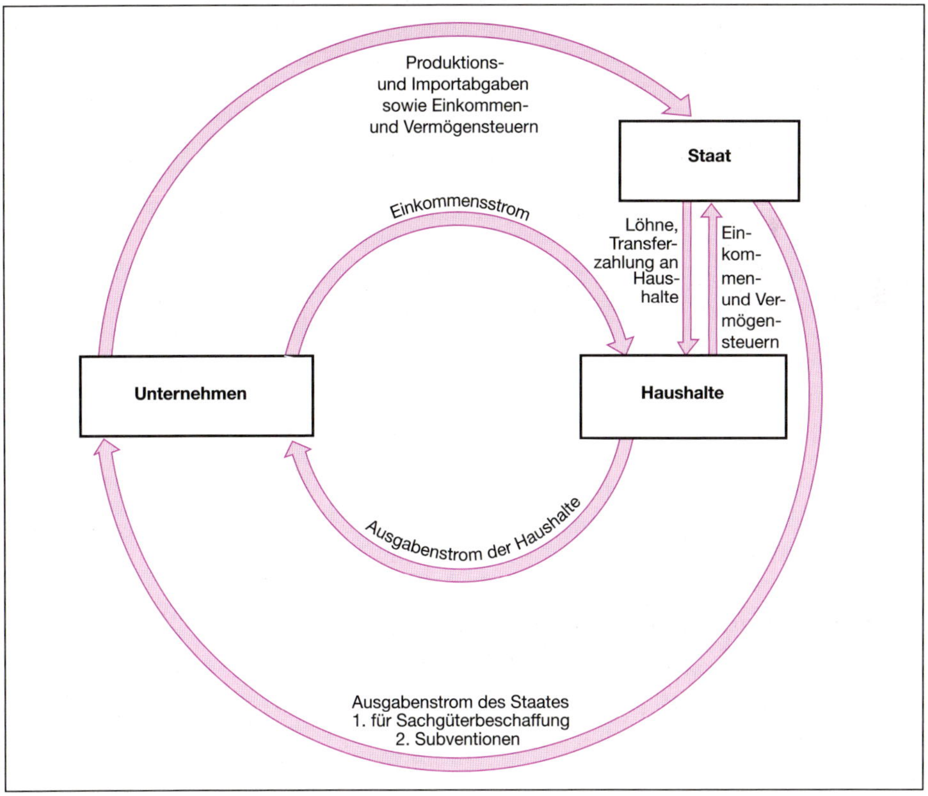

Produktions- und Importabgaben (indirekte Steuern) werden von den Unternehmen durch Preisaufschlag erhoben und an das Finanzamt abgeführt. Die Steuer wird nicht von den Unternehmen getragen.

Der Staat betreibt auch selbst wirtschaftende Unternehmen (öffentliche Unternehmen) und bezieht daraus Einkommen. Die Gemeinden besitzen z. B. Versorgungs- und Verkehrsunternehmen (Gas- und Wasserwerke, Straßenbahnbetriebe), Bundesländer besitzen Elektrizitätswerke.

Unter den **Ausgaben des Staates** machen die Löhne und Gehälter für Angestellte und Beamte einen wesentlichen Posten aus. Damit werden z. B. die Lehrer, Richter und Polizeibeamten, die Ärzte und Krankenschwestern in den Krankenhäusern und die Beamten und Angestellte in den Verwaltungen des Bundes, der Länder, der Gemeinden und der Sozialversicherungsträger bezahlt. Für diese Ausgaben erhält der Staat als Gegenleistung eine Dienstleistung seiner Arbeitnehmer. In der Abbildung S. 251 führt dieser Ausgabenstrom vom Staat zu den Haushalten.

Der Staat kauft nicht nur Dienstleistungen, sondern auch Sachgüter. Für ein Investitionsgut gibt der Staat z. B. dann Geld aus, wenn er eine Schule bauen lässt, für ein Konsumgut, wenn Benzin für ein Polizeifahrzeug beschafft wird. Der entsprechende Ausgabenstrom fließt in der Abbildung vom Staat zu den Unternehmen.

Der Staat macht auch Ausgaben, für die er keine Gegenleistung erhält. Er zahlt z. B. Sozialrenten und Pensionen oder er zahlt Subventionen an Unternehmen. Mit Subventionen kann z. B. der Schiffsbau gegen billigere ausländische Konkurrenz geschützt werden. Solche Ausgaben des Staates werden als **Transferzahlungen** bezeichnet.

Renten und Pensionen ersetzen Arbeitseinkommen und fließen deshalb in unserer Darstellung des volkswirtschaftlichen Kreislaufs den Haushalten zu.

Der Staat im Wirtschaftskreislauf

	Haushalt des Staates (Bund, Länder, Gemeinden, Sozialversicherung)		
	Ausgaben	**Einnahmen**	
Ausgaben ohne Gegenleistung • an Haushalte (Sozialrenten, Pensionen) • An Unternehmen (Subventionen) ←	Transferzahlungen	Produktions- und Importabgaben	← von Unternehmen abgeführt, aber von Verbrauchern getragen (z. B. Mehrwertsteuer)
z. B. für Bau von Straßen, Krankenhäusern, Schulen, Universitäten ←	Ausgaben für Sachgüter	Einkommen- und Vermögensteuern	← von privaten Haushalten und Unternehmen (z. B. Einkommensteuer, Körperschaftsteuer)
dienen direkt oder indirekt der Erstellung von Dienstleistungen (Unterricht, Krankenversorgung, Sicherheit) ←	Löhne für Arbeiter, Angestellte und Beamte	Einnahmen aus Staatsunternehmen	← z. B. für Gas, Wasser, Strom, Transportleistungen
		(Netto) Kreditaufnahme	← z. B. durch Ausgabe von Bundesschatzbriefen

11.3 Der Begriff des Inlandsprodukts

11.3.1 Güter- und Einkommensströme als Grundlage für die Berechnung des Inlandsprodukts

Die volkswirtschaftliche Gesamtrechnung liefert den Trägern der Wirtschaftspolitik wichtige Informationen über wesentliche gesamtwirtschaftliche (makroökonomische) Größen, z. B. über den gesamtwirtschaftlichen Konsum oder die gesamtwirtschaftlichen Investitionen. Aus den Aufzeichnungen der volkswirtschaftlichen Gesamtrechnung lassen sich weitere gesamtwirtschaftliche Größen berechnen, die für die Wirtschaftspolitik von zentraler Bedeutung sind. Ein Hauptergebnis ist der Wert des **Inlandsprodukts.** Unter dem Inlandsprodukt versteht man die **Summe des Outputs an Sachgütern und Diensten** einer Volkswirtschaft innerhalb einer Zeitperiode (meist ein Jahr), jedoch ohne die Güter, die in der gleichen Periode bei der Produktion als Vorleistung verbraucht wurden. Grundlage für die Bewertung der Sachgüter und Dienstleistungen, die erst die Zusammenfassung der verschiedenartigen Güter zu einer Größe möglich macht, ist der Marktpreis. Das Inlandsprodukt wird verwendet als Maß für die wirtschaftliche Leistung und den Wohlstand einer Volkswirtschaft.

Eine Analyse des volkswirtschaftlichen Kreislaufs ergibt, dass bei jeder produktiven Leistung Einkommen (Faktoreinkommen) entsteht. Im volkswirtschaftlichen Kreislauf fließt jedem realen Güterstrom ein monetärer Einkommensstrom entgegen. Man kann das Inlandsprodukt deshalb auch berechnen, indem man statt den **Output an realen Gütern** einer Volkswirtschaft zu addieren, die Gesamtsumme des **montären Stroms an Faktoreinkommen ermittelt.**

Methoden zur Messung des Inlandsprodukts

Erfassung des Outputs an Gütern und Diensten **(Produktkonzept)**	Erfassung des bei der Produktion entstandenen Einkommens **(Einkommenskonzept)**

11.3.2 Inlandsprodukt und Bruttonationaleinkommen

In einer offenen Volkswirtschaft wie der Bundesrepublik Deutschland sind auch Ausländer Eigentümer inländischer Unternehmen oder an ihnen beteiligt. Sie erhalten ihren Anteil an dem im Inland entstandenen Gewinn. Ausländer besitzen auch festverzinsliche Wertpapiere und erhalten dafür Zinsen. Andererseits besitzen Inländer auch Anteile an ausländischen Unternehmen oder ausländische festverzinsliche Wertpapiere und erhalten daraus Einkommen. Für die Berücksichtigung dieser Einkommensströme zwischen Inland und Ausland gibt es zwei Konzepte:

1. Es werden alle Einkommen zusammengefasst, die im Inland entstehen, gleichgültig, ob sie Inländern oder Ausländern zufließen. Die Abgrenzung erfolgt also rein geografisch. Das Ergebnis dieser Berechnung ist das **Bruttoinlandsprodukt**.

Zur Berechnung des Bruttoinlandsprodukts müssen die Produktionsergebnisse aller inländischen Produktionsbereiche addiert werden. Um Doppelzählungen zu vermeiden, werden vom Bruttoproduktionswert die empfangenen Vorleistungen abgezogen, d. h. die Inlandsproduktsberechnung geht vom **Nettoproduktionswert** aus.

Das Bruttoinlandsprodukt ist die Differenz zwischen dem im Inland erzeugten Bruttoproduktionswert und den Vorleistungen.

2. Die wirtschaftliche Leistung einer Volkswirtschaft wird an der Summe der Einkommen gemessen, die Inländern zugeflossen sind. Einkommen, die in inländischen Produktionsstätten entstanden, aber Ausländern zugeflossen sind, werden saldiert mit solchen Einkommen, die im Ausland entstanden, aber Inländern zugeflossen sind. Ein positiver Saldo wird dem Bruttoinlandsprodukt zugeschlagen, ein negativer Saldo wird vom Bruttoinlandsprodukt abgezogen. Das so berechnete Produkt wird als **Inländerprodukt** oder Bruttonationaleinkommen (früher Bruttosozialprodukt) bezeichnet.

Inlandsprodukt und Nationaleinkommen (Inländerprodukt) in der Bundesrepublik Deutschland (2003) in Mrd. EURO	
Bruttoinlandsprodukt	2128,2
+ Einkommen aus der übrigen Welt (Saldo)	− 14,0
Bruttonationaleinkommen	2114,2

Quelle: Monatsbericht Deutsche Bundesbank, Okt. 2004, Tabelle IX.1

Inlandsprodukt + Saldo der an das Ausland geleisteten und vom Ausland empfangenen Erwerbs- und Vermögenseinkommen = Bruttonationaleinkommen.

Das Bruttonationaleinkommen ergibt sich aus der Summe aller Einkommen, die Inländer für das Zurverfügungstellen von Produktionsfaktoren erhalten, gleichgültig ob die Produktion im Inland oder im Ausland stattfindet.

11.3.3 Das Bruttoinlandsprodukt

Der am häufigsten verwendete Maßstab zur Beurteilung der wirtschaftlichen Entwicklung einer Volkswirtschaft ist das Bruttoinlandsprodukt. Es soll das Gesamtergebnis der volkswirtschaftlichen Tätigkeit einer Wirtschaftsperiode (i. d. R. ein Jahr) ausdrücken. **Zum Inlandsprodukt zählen alle Güter und Dienste, die in einer Wirtschaftsperiode geschaffen wor-**

den sind, ob sie von Privathaushalten oder vom Staat verbraucht wurden, ob damit die Bestände der Unternehmen erhöht wurden oder ob sie als Überschuss des Exports über den Import ins Ausland abgeflossen sind. Abgezogen werden müssen die Güter, die in der gleichen Periode bei der Produktion als Vorleistung verbraucht wurden. Damit die verschiedenartigen Güter zusammengefasst werden können, muss das Inlandsprodukt in einer Wertsumme ausgedrückt werden. Grundlage für die Bewertung der einzelnen Güter und Dienstleistungen ist der Marktpreis.

Zur Berechnung des Inlandsprodukts müssen die Produktionsergebnisse aller Unternehmen in einer Volkswirtschaft addiert werden.

Um Doppelzählungen zu vermeiden, müssen von dem Bruttoproduktionswert die von den Unternehmen empfangenen Vorleistungen abgezogen werden, d. h. die Inlandsproduktberechnung muss vom Nettoproduktionswert der Unternehmen ausgehen.

Der Bruttoproduktionswert ist die Summe des Marktwertes aller im Unternehmen erstellten Leistungen. Die Differenz zwischen dem Bruttoproduktionswert und den empfangenen Vorleistungen ergibt den Nettoproduktionswert.

Beitrag einer Automobilfabrik zum Bruttoinlandsprodukt

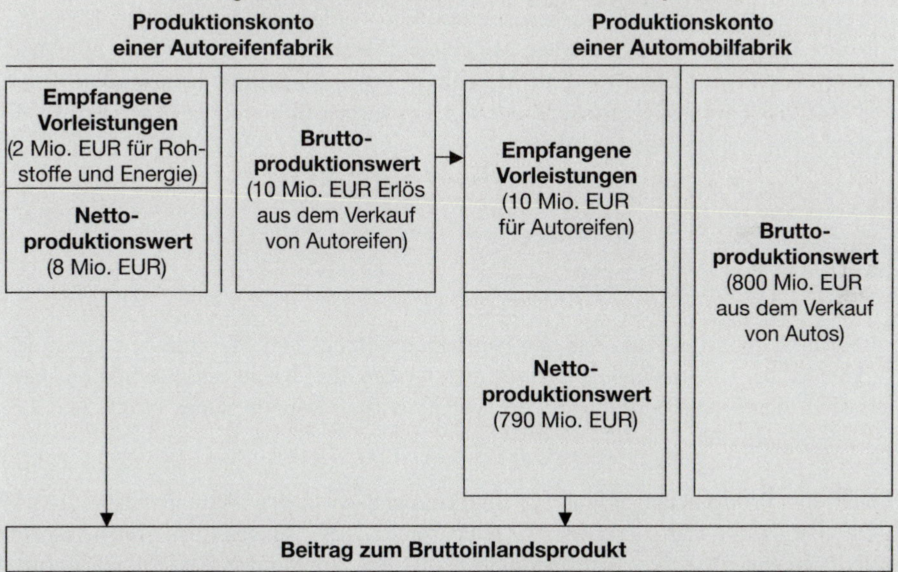

Die Automobilfabrik hat ein bewertetes Produktionsergebnis von 800 Millionen EUR. Es wird Bruttoproduktionswert genannt. Sie hat es mithilfe von Vorleistungen erstellt, z. B. hat sie Reifen von der Autoreifenfabrik bezogen. Um den Beitrag der Automobilfabrik zum Inlandsprodukt zu berechnen, muss vom Bruttoproduktionswert die empfangene Vorleistung abgezogen werden.

Es wäre falsch, bei der Berechnung des Inlandsprodukts den Wert der abgesetzten Autos und den Wert der abgesetzten Autoreifen zu addieren. Das wäre eine Doppelzählung. Der Wert der Reifen ist in dem Wert der Autos enthalten.

Das Bruttoinlandsprodukt zu Marktpreisen ist die Summe der Nettoproduktionswerte in einer Volkswirtschaft.

11.3.4 Das Nettoinlandsprodukt

Bei der Berechnung des Nettoproduktionswerts der in einem Unternehmen erstellten Leistungen sind von dem Bruttoproduktionswert nur die von außen bezogenen Vorleistungen abgezogen worden, die im Unternehmen sofort in das Endprodukt eingebaut oder verbraucht wurden: die Autoreifen wurden sofort montiert, der elektrische Strom sofort verbraucht. Die Automobilfabrik setzte aber auch Maschinen ein, die sie von anderen Unternehmen bezogen hat und viele Jahre nutzt, die Maschinen verlieren laufend an Wert und müssen eines Tages ersetzt werden. Der echte Überschuss, den die Automobilfabrik mit ihrer Produktion erzielt, ist deshalb kleiner als ihr Nettoproduktionswert. **Der zu berücksichtigende Wertverlust an den Maschinen und Werkzeugen wird im Betrieb geschätzt und als Abschreibung erfasst.**

Volkswirtschaftlich bedeutet das, dass wir über unsere Verhältnisse leben würden, wenn wir das Bruttoinlandsprodukt verbrauchen würden. Wir würden von der Substanz leben, d. h. die in den Unternehmen investierten Maschinen, Werkzeuge und Gebäude allmählich abbauen. Eines Tages hätten wir keine Maschinen mehr; das Bruttoinlandsprodukt würde sinken. Zur sachgerechten Beurteilung der wirtschaftlichen Entwicklung benötigen wir deshalb das Nettoinlandsprodukt zu Marktpreisen.

Bruttoinlandsprodukt zu Marktpreisen
– Abschreibungen
Nettoinlandsprodukt zu Marktpreisen

Wird in einer Volkswirtschaft nur das Nettoinlandsprodukt zu Marktpreisen verbraucht, dann können die Abschreibungen dazu benutzt werden, die abgenutzten Produktionsmittel zu ersetzen; der Produktionsapparat der Volkswirtschaft wird in seiner Größe und Leistungsfähigkeit erhalten.

Sowohl beim Bruttoinlandsprodukt zu Marktpreisen wie beim Nettoinlandsprodukt zu Marktpreisen denkt man zunächst an Güterströme. Allen Güterströmen fließen Einkommensströme entgegen. Unter den Einkommensströmen ist besonders das Volkseinkommen (Inländerkonzept; siehe 11.4.2) von Bedeutung.

Das Volkseinkommen umfasst alle Einkommen, die den Inländern für das zur Verfügungstellen von Produktionsfaktoren zugeflossen sind.

11.3.5 Nominales und reales Inlandsprodukt

Mit dem Bruttoinlandsprodukt und dem Nettoinlandsprodukt zu Marktpreisen sollen Güterströme gemessen werden. Tatsächlich gemessen aber wird der Geldwert dieser Güterströme, da nur so die verschiedenartigen Güter zu einer Größe zusammengefasst werden können. Es wäre irreführend, wenn man einfach den Geldwert der Produktionsergebnisse zweier Jahre vergleichen und daraus Schlüsse ziehen würde. Allgemeine Preissteigerungen können den Geldwert der im Inlandsprodukt enthaltenen Sachgüter und Dienste nominal erhöht haben, ohne dass der reale Output gestiegen ist. Vergleichen wir das Inlandsprodukt zweier Jahre, um die Entwicklung des Wohlstands und der wirtschaftlichen Leistungsfähigkeit einer Volkswirtschaft zu beurteilen, dann interessiert aber allein die reale Entwicklung des Inlandsprodukts. Um die reale Entwicklung zu erfassen, muss das nominale Inlandsprodukt um die in diesem Zeitraum eingetretenen Preissteigerungen korrigiert werden, d.h. das Inlandsprodukt muss zu konstanten Preisen berechnet werden.

Beispiel für die Berechnung des Inlandsproduktes zu konstanten Preisen

Jahr	Nominales Inlandsprodukt (in Mrd.)	Preisindex
1	1 000	100
2	1 200	105

Das Inlandsprodukt ist nominal um 20 % gestiegen.

Berechnung des realen Inlandsproduktes

$$\frac{1\,200 \times 100}{105} = 1\,142{,}86 \text{ Mrd.}$$

Im Jahr 2 beträgt das reale Inlandsprodukt (in Preisen des Jahres 1) 1 142,86 Mrd.

Berechnung des Prozentsatzes der realen Steigerung

1 000 Mrd. = 100 %
1 142,86 Mrd. = x %

$$\frac{100}{1\,000} \times 1\,142{,}86 = 114{,}3\ \%$$

Das Inlandsprodukt ist real um 14,3 % gestiegen.

Das nominale Inlandsprodukt ist berechnet mit den Marktpreisen des Berechnungszeitraums. Das reale Inlandsprodukt wird mit den konstanten Preisen eines Basisjahres berechnet. Es zeigt die Wirtschaftsentwicklung unter Ausschaltung der Preissteigerungen.

11.4 Entstehungs-, Verteilungs- und Verwendungsrechnung

Stellt man den Wirtschaftskreislauf einer abgeschlossenen Wirtschaftsperiode grafisch dar (s. S. 251), dann ergibt sich ein verzweigtes Netz monetärer Ströme, die sich aufteilen und sich zu neuen Strömen vereinigen. Da in diesem Kreislauf nichts verloren geht, bleibt der Wert der zusammengefassten Ströme immer gleich groß. Man kann den Gesamtstrom an verschiedenen Stellen in verschiedenartiger Aufteilung erfassen, das Gesamtergebnis muss wertmäßig gleich groß sein. Die unterschiedliche Aufteilung vermittelt jedoch wesentliche Einsichten in gesamtwirtschaftliche Zusammenhänge. Zu diesem Zweck wird das Inlandsprodukt von der Statistik unter zwei Blickwinkeln ermittelt: bei der Entstehung **(Entstehungsrechnung)** und bei der Verwendung **(Verwendungsrechnung)** sowie das Volkseinkommen bei der Verteilung **(Verteilungsrechnung)**.

11.4.1 Die Entstehungsrechnung

Bei der Entstehungsrechnung werden alle produzierenden Einheiten einer Volkswirtschaft in Wirtschaftsbereiche gegliedert und festgestellt, welchen Beitrag sie im Berichtszeitraum zum **Bruttoinlandsprodukt** der Volkswirtschaft geleistet haben. Der Beitrag jedes Bereichs besteht in seiner Bruttowertschöpfung (= Nettoproduktionswert). Die Entstehungsrechnung gibt Einblick in die Produktionsstruktur einer Volkswirtschaft; Zeitvergleiche lassen Entwicklungen der Produktionsstruktur erkennen.

Entstehung des Inlandsprodukts in Deutschland (2003, Mrd. EUR)		
	Land- und Forstwirtschaft	21,8
+	Produzierendes Gewerbe (ohne Baugewerbe)	481,8
+	Baugewerbe	82,6
+	Handel, Gastgewerbe, Verkehr	355,3
+	Finanzierung, Vermietung und Unternehmensdienstleister	602,9
+	Öffentliche und private Dienstleister	429,1
=	Alle Wirtschaftsbereiche (unbereinigt)	1973,5
−	unterstellte Bankgebühr	− 58,1
=	Alle Wirtschaftsbereiche (bereinigt)	1915,4
+	Gütersteuern (abzügl. Gütersubventionen)	213,8
=	Bruttoinlandsprodukt	2129,2

Quelle: Statistisches Bundesamt, Jahrbuch 2004

11.4.2 Die Verteilungsrechnung

Die Verteilungsrechnung geht vom **Volkseinkommen** aus und zeigt die Aufteilung des Volkseinkommens auf zwei Einkommensarten:

- Bruttoeinkommen aus unselbstständiger Tätigkeit (kurz: Lohn),
- Bruttoeinkommen aus Unternehmertätigkeit und Vermögen (kurz: Gewinn).

Das Bruttoeinkommen aus unselbstständiger Tätigkeit enthält nicht nur die vom Arbeitnehmer zu zahlenden direkten Steuern (Einkommensteuer, Lohnsteuer), sondern auch die gesetzlichen und freiwilligen Beiträge zur Sozialversicherung. Auch der vom Arbeitgeber aufzubringende Arbeitgeberbeitrag ist im Bruttoeinkommen aus unselbstständiger Tätigkeit enthalten.

Verteilung des Volkseinkommens in Deutschland (2003, Mrd. EUR)		
	Arbeitnehmerentgelt	1132,7
+	Unternehmens- und Vermögenseinkommen	439,9
=	Volkseinkommen	1572,6

Quelle: Statistisches Bundesamt, Jahrbuch 2004

11.4.3 Die Verwendungsrechnung

Die Verwendungsrechnung zeigt die Verwendung des Bruttoinlandsprodukts. Es werden vier Verwendungszwecke unterschieden:

- Private Konsumausgaben,
- Konsumausgaben des Staates,
- Bruttoinvestition (Ausrüstungen, Bauten, Vorratsinvestitionen),
- Außenbeitrag.

Verwendung des Inlandsprodukts in Deutschland (2003, Mrd. EUR)*

Private Konsumausgaben		1247,1
+ Konsumausgaben des Staates		410,9
+ Bruttoinvestitionen		380,7
inländische Verwendung		2038,7
Außenbeitrag		+ 90,5
+ Ausfuhr	761,0	
− Einfuhr	670,5	
Bruttoinlandsprodukt		2129,2

* vorläufiges Ergebnis

Quelle: Statistisches Bundesamt, Statistisches Jahrbuch 2004, S. 738

11.5 Kritik am Inlandsprodukt als gesamtwirtschaftliche Messgröße

11.5.1 Ermittlungsprobleme bei der Berechnung des Inlandsprodukts

Das Inlandsprodukt wird üblicherweise als Messgröße für die Leistungsfähigkeit einer Volkswirtschaft und als Indikator für den Wohlstand der Bevölkerung in dieser Volkswirtschaft benutzt. Gegen das Inlandsprodukt als alleinigen Maßstab können gewichtige Gründe vorgebracht werden:

Im Inlandsprodukt werden nur Güter erfasst, die auf dem Markt gehandelt werden.

Im Inlandsprodukt ist nur erfasst, ob die Produktion der auf dem Markt gehandelten Güter steigt. Nicht zum Ausdruck kommt, unter welchen Arbeitsbedingungen die Arbeitnehmer diese Güter herstellen. Auch berücksichtigt das Inlandsprodukt nicht die Befriedigung höherer Bereiche in der Bedürfnisskala, etwa nach Liebe und Zugehörigkeit, Wertschätzung und Selbstverwirklichung. Das Inlandsprodukt ist kein Ausdruck von „Lebensqualität“. Im Inlandsprodukt nicht erfasst sind die Leistungen der Hausfrauen.

Das Inlandsprodukt und das Unmessbare

„Wir müssen von dem Aberglauben loskommen, dass nur das wirklich ist, was sich messen lässt. Dieser Glaube führt zur seelischen Verkrüppelung.“

Der Schweizer Psychoanalytiker Professor Medard Boss

Das Inlandsprodukt berücksichtigt die Einkommensverteilung nicht.

Wer das Inlandsprodukt als alleinigen Maßstab für den Wohlstand benutzt, der nimmt an, dass ein Inlandsprodukt in einer bestimmten Höhe immer den gleichen Wohlstand bringt. Nach dieser Annahme ist der Wohlstand gleich groß, ob ein Inlandsprodukt von 1000 Mrd. gleichmäßig auf alle Mitglieder einer Volkswirtschaft verteilt ist oder ob einige im Überfluss leben und andere verhungern.

Das Inlandsprodukt berücksichtigt den Wert Freizeit nicht.

Das Inlandsprodukt kann z. B. steigen, weil die Arbeitszeit je Arbeitnehmer verlängert wird. Nicht berücksichtigt wird dabei, dass die Freizeit, die für die Mehrproduktion aufgegeben werden musste, auch einen Wert hat.

Das Inlandsprodukt berücksichtigt soziale Kosten nicht.

Bei der Produktion von Gütern entstehen Kosten, die nicht von dem verursachenden Unternehmen getragen, sondern auf die Allgemeinheit überwälzt werden. Sie werden als soziale Kosten bezeichnet. Soziale Kosten entstehen z. B. durch die Verschmutzung der Luft durch Abgase, durch die Verunreinigung der Gewässer durch Abwässer der Industrie oder durch Lärmbelästigung der Anlieger durch einen großen Verkehrsflughafen.

Der Marktwert staatlicher Leistungen ist nicht feststellbar.

Die Leistungen des Staates werden nicht auf dem Markt gehandelt. Da es deshalb keinen Marktpreis für diese Güter gibt, werden staatliche Leistungen bei der Berechnung des Inlandsproduktes zu Herstellkosten angesetzt. Über die Erstellung dieser staatlichen Leistungen wird in Parlamenten und von Verwaltungen entschieden. Kein Verbraucher oder Verwender hat die Wahlmöglichkeit, ob er diese Güter kaufen will oder nicht; der Wertansatz zu den Herstellkosten ist deshalb letztlich willkürlich.

Bei der Inlandsproduktsberechnung werden alle Staatsleistungen als Endverbrauch angesehen.

Staatliche Leistungen, die Vorleistungen an Unternehmen darstellen, werden den Unternehmen nicht in Rechnung gestellt und daher in den Erfolgsrechnungen der Unternehmen nicht vom Bruttoproduktionswert abgezogen. Dadurch kommt eine Doppelzählung zustande.

Im Inlandsprodukt fehlen die durch Schwarzarbeit erbrachten Leistungen.

In Deutschland wird ca. jeder sechste Euro an Finanzamt und Sozialversicherung vorbei in der so genannten Schattenwirtschaft erwirtschaftet. Damit fehlen bei der Bruttoinlandsproduktsberechnung ca. 500 Mrd. Euro.

11.5.2 Soziale Indikatoren als Messzahlen für den Wohlstand

Ausgehend von der Kritik am Konzept der Inlandsproduktsberechnung wird versucht, das Inlandsprodukt als Messgröße für Wohlstandsveränderungen durch eine Vielzahl sozialer Indikatoren zu ersetzen. Statt sich an einer einzigen Größe zu orientieren, soll die Darstellung des Wohlstands mit einem ganzen System sozialer Indikatoren erfolgen. Zu diesem Zweck werden statistische Angaben aus den verschiedenen Lebensbereichen zu Grunde gelegt und ausgewertet. Grundsätzlich wird auf die **Bewertung mit Geld verzichtet,** wenn andere Messeinheiten den zu untersuchenden Wohlstandseffekt besser darzustellen vermögen.

Leitbegriff für die Entwicklung eines Systems sozialer Indikatoren ist das Konzept der **„Lebensqualität“.** Der soziale Fortschritt soll nicht mehr allein am Wachstum der Produktion gemessen werden. In einem System sozialer Indikatoren können objektive und subjektive Indikatoren verwendet werden. Objektive Indikatoren geben mess- und zählbare Sachverhalte wieder, z. B. qm Wohnfläche je Person. Mittels solcher objektiven Indikatoren kann das Niveau der Bedürfnisbefriedigung nicht direkt ermittelt werden. Deshalb werden daneben subjektive Indikatoren verwendet. Subjektive Indikatoren geben wieder, wie ein Sachverhalt aus der Sicht der betroffenen Individuen bewertet wird; z. B. kann man durch Befragung eine so genannte „Wohnungszufriedenheit" feststellen. Die Befragten werden dabei in die vier Gruppen Mieter in Mietshäusern, Mieter in Einfamilienhäusern, Wohnungseigentümer und Eigentümer von Einfamilienhäusern eingeteilt und sollen durch Zuordnung auf einer 10-teiligen Zufriedenheitsskala ihre persönliche Wohnungszufriedenheit zum Ausdruck bringen. Beim Vergleich subjektiver und objektiver Indikatoren kann sich durchaus ergeben, dass die objektiven Daten eine Verbesserung der Situation erkennen lassen, die subjektive Zufriedenheit in diesem Bereich jedoch zurückgegangen ist.

Die Aufgabe, die Entwicklung des Wohlstands zu messen, wird auch mithilfe sozialer Indikatoren nicht zufrieden stellend und ohne Probleme gelöst. Eine der Hauptschwierigkeiten liegt darin, dass der **Begriff Wohlstand nicht eindeutig** ist. Um ein System sozialer Indikatoren zu entwickeln, müssen zunächst politische Entscheidungen darüber getroffen werden, welche Bereiche berücksichtigt werden und mit welchen Indikatoren der Wohlstandseffekt eines Bereiches erfasst werden soll.

Auch bei den sozialen Indikatoren gibt es **Mess- und Erhebungsfehler.** Außerdem macht es erhebliche Schwierigkeiten, aus Veränderungen von Indikatoren richtige Schlüsse zu ziehen. Ist es z. B. immer als ein Anzeichen für die Erhöhung des Wohlstandes zu deuten, wenn die Zahl der Krankenhausbetten in % der Bevölkerung steigt? Vielleicht war die Steigerung notwendig geworden, weil der Gesundheitszustand der Bevölkerung so schlecht ist. Es könnte auch sein, dass der Bestand an Krankenhausbetten schon so groß ist, dass die Erhöhung der Bettenzahl gar keine Wohlstandsmehrung mehr bewirkt.

Beispiele für ein System von Sozialindikatoren[1]

Bereiche	Indikatoren (Beispiele)
A Bevölkerung	Bevölkerungswachstum Ausländerquote Scheidungsquote Bevölkerungsdichte
B Sozialer Status und Mobilität	Agrarbevölkerung in % Beamte in % Rentner in % Facharbeiter in %
C Arbeitsmarkt und Beschäftigung	Arbeitslosenqote Zahl der Kurzarbeiter Durchschnittlicher Jahresurlaub Arbeitsunfallhäufigkeit

[1] Auszug aus Zapf, W., SPES – Indikatorentableau 76, in: Lebensbedingungen in der Bundesrepublik Deutschland, Sozialer Wandel und Wohlfahrtsentwicklung, New York 1977, S. 29 bis 52.

Bereiche	Indikatoren (Beispiele)
D Einkommen und seine Verteilung	Nettoinlandsprodukt je Kopf, Armutsquote
E Einkommensverwendung und Versorgung	Eiweißverbrauch je Tag und je Kopf, Tägliche Hausarbeitszeit pro Haushalt, Durchschnittliche tägliche Freizeit, Anteil Urlaubsreisender, Haushalte mit Geschirrspülmaschinen, Sparquote privater Haushalte
F Verkehr	Haushalte mit Pkw, Personen mit Zugang zum Nahverkehr
G Wohnung	Wohnraum pro Person, Anteil Wohnungen ohne Bad
H Gesundheit	Lebenserwartung bei Geburt, Krankheitstage pro Person, Invaliden
I Bildung	Anteil ohne Hauptschulabschluss, Abiturientenanteil, Anteil abgeschlossene Lehre
K Partizipation	Wahlbeteiligung Bundestagswahl, Anteil Parteimitglieder, Anteil Gewerkschaftsmitglieder

Um das Wohlergehen eines Landes und seiner Menschen zu bewerten, genügt der allein an der Wirtschaftsleistung orientierte Maßstab des Inlandsprodukts nicht. Um die Lebensbedingungen in einzelnen Staaten besser beschreiben zu können, hat die UN einen Maßstab für die menschliche Entwicklung ausgearbeitet, der Lebenserwartung, Bildungsgrad und das ProKopf-Einkommen berücksichtigt.

AUFGABEN UND PROBLEME

11.1 Der Wirtschaftskreislauf einer evolutorischen Wirtschaft

In einer Volkswirtschaft wurden für eine Rechnungsperiode folgende gesamtwirtschaftlichen Zahlen ermittelt:

Produziert wurden Konsumgüter im Wert von 150. Die Nettoinvestitionen betrugen 30, die Summe der Abschreibungen 10. Die Abschreibungen wurden reinvestiert.

Die Haushalte gaben von ihrem Einkommen 150 für Konsumgüter aus und sparten den Rest.

- 1. Verdeutlichen Sie den beschriebenen Sachverhalt durch ein Schaubild nach dem Muster des Bildes auf Seite 249.
- 2. Wie hoch waren die Bruttoinvestitionen?

11.2 Bruttoinlandsprodukt, Bruttonationaleinkommen, Nettoinlandsprodukt zu Marktpreisen, Nettoinlandsprodukt zu Faktorpreisen.

Die Zahlenwerte der folgenden Tabelle (in Mrd. EUR, gerundet) gelten für die Bundesrepublik Deutschland.

- Berechnen Sie die in der Tabelle fehlenden Werte!

Bruttoinlandsprodukt und Bruttonationaleinkommen in Deutschland (Mrd. EUR)							
Jahr	Bruttoinlandsprodukt	Saldo der Primäreinkommen aus der übrigen Welt	Bruttonationaleinkommen	Abschreibungen	Nettonationaleinkommen	Produktions- und Importabgaben abzügl. Subventionen	Volkseinkommen
2000	2030,0	– 9,7	2020,3	302,4	1717,9	209,6	?
2001	?	– 8,1	2065,6	?	1753,4	212,3	?
2002	2110,4	– 1,6	?	317,7	1791,1	219,6	1571,5
2003	2129,2	– 11,1	2118,1	319,7	?	225,8	1572,6

Quelle: Statistisches Bundesamt, Jahrbuch 2004

11.3 Entstehungs-, Verwendungs- und Verteilungsrechnung der volkswirtschaftlichen Gesamtrechnung

Die grafische Darstellung zeigt in Form eines Kreislaufschemas die Entstehung, Verwendung und Verteilungsrechnung in der volkswirtschaftlichen Gesamtrechnung. Die Zahlen gelten für die Bundesrepublik Deutschland 2003, in Mrd. EUR.[1]

- 1. Wie groß ist das Bruttoinlandsprodukt?
- 2. Wie groß ist das Bruttonationaleinkommen?
- 3. Wie groß ist das Volkseinkommen?
- 4. Warum ist in diesem Fall das Bruttoinlandsprodukt größer als das Bruttonationaleinkommen?

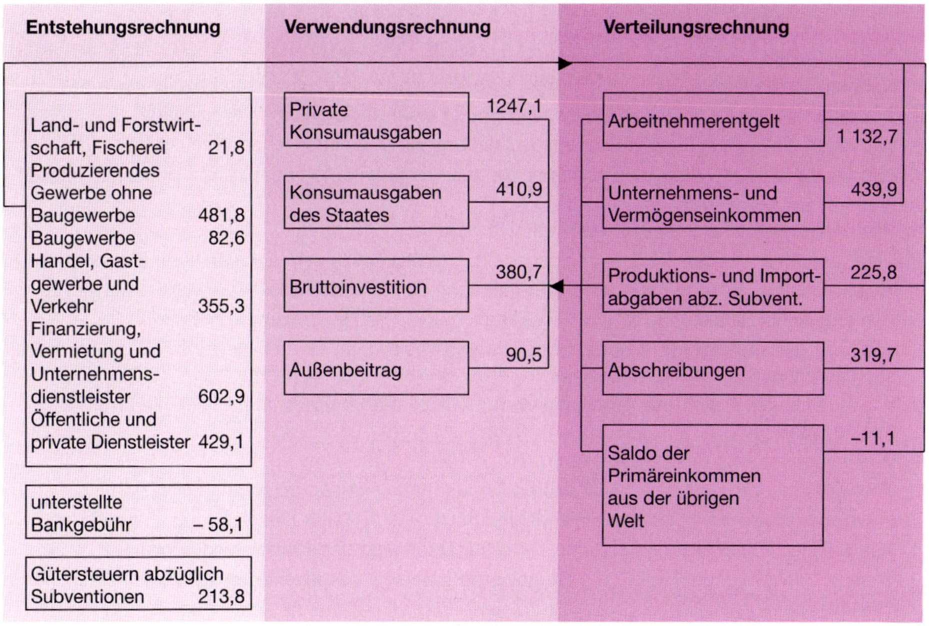

[1] Quelle für die Zahlenwerte: Statistisches Bundesamt, Jahrbuch 2004

11.4 Das Inlandsprodukt als Maßstab für internationale Wohlstandsvergleiche

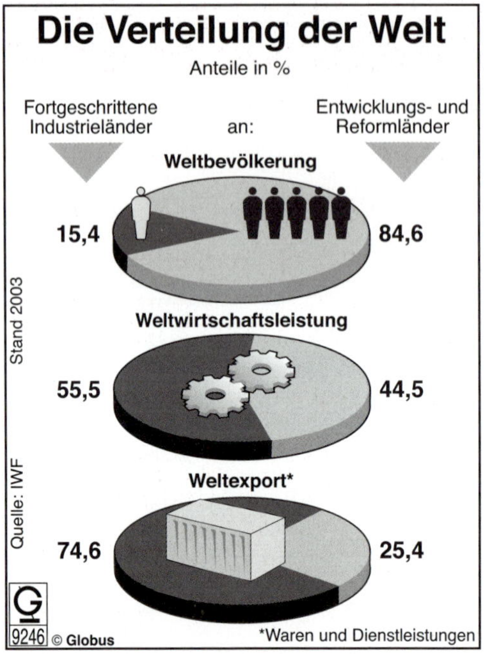

Die im Bild ausgewiesenen Zahlenwerte zum Einkommensvergleich sind aus der Berechnung des Inlandsprodukts abgeleitet.

- Lässt sich Ihrer Ansicht nach das Wohlstandsgefälle zwischen den armen und den reichen Ländern mit diesen Zahlen sachgerecht darstellen?

ZUR WIEDERHOLUNG DES GRUNDWISSENS

1. Nennen Sie die Bedingung, laut der man eine Wirtschaft als evolutorisch bezeichnen kann.
2. Wie lautet die Einkommensentstehungsgleichung einer evolutorischen Wirtschaft?
3. Wie lautet die Einkommensverwendungsgleichung einer evolutorischen Wirtschaft?
4. Wie werden in der Volkswirtschaftslehre die zusammengelegten öffentlichen Haushalte bezeichnet?
5. Wie unterscheiden sich direkte und indirekte Steuern?
6. Was versteht man unter Transferzahlungen des Staates? Was versteht man unter Subventionen?
7. Welche beiden Methoden können zur Berechnung des Inlandsprodukts verwendet werden?
8. Wie unterscheidet sich das Bruttoinlandsprodukt vom Bruttonationaleinkommen?
9. Wie wird der wertmäßige Beitrag eines Unternehmens zum Bruttoinlandsprodukt zu Marktpreisen berechnet?
10. Wie unterscheidet sich das Bruttoinlandsprodukt zu Marktpreisen vom Nettoinlandsprodukt zu Marktpreisen?
11. Wie berechnet man das Volkseinkommen?
12. Wie wird aus dem nominalen Inlandsprodukt das reale Inlandsprodukt abgeleitet?
13. In welcher Weise wird das Bruttoinlandsprodukt in einer Entstehungsrechnung aufgegliedert?
14. Aus welchen Positionen besteht eine Verteilungsrechnung des Bruttoinlandsprodukts?
15. Welche Verwendungszwecke des Bruttoinlandsprodukts werden in der Verwendungsrechnung ausgewiesen?
16. Welche Einwendungen können gegen die Verwendung des Inlandsprodukts als Maßstab für die wirtschaftliche Aktivität und den Wohlstand in einer Volkswirtschaft vorgebracht werden?
17. Was versteht man unter Sozialindikatoren? Nennen Sie Beispiele.

12 Konjunktur und Konjunkturpolitik

Wirtschaftslage in der Bundesrepublik Deutschland um die Jahreswende 2004/2005

LEITFRAGE

In welcher konjunkturellen Situation befand sich die Bundesrepublik Deutschland Ende des Jahres 2004?

Wirtschaftliche Eckdaten für Deutschland

	Einheit	2001	2002	2003	2004[1]	2005[1]
Bruttoinlandsprodukt	v. H.[2]	0,8	0,1	−0,1	1,8	1,4
Inlandsnachfrage[3]	v. H.[2]	−0,8	−1,9	0,5	0,2	0,8
Ausrüstungsinvestitionen	v. H.[2]	−4,9	−8,6	−1,4	−0,7	3,8
Bauinvestitionen	v. H.[2]	−4,8	−5,8	−3,2	−1,9	−1,6
Sonstige Anlagen	v. H.[2]	5,5	1,4	1,7	2,4	5,0
Konsumausgaben	v. H.[2]	1,6	−0,1	0,0	−0,1	0,5
Private Haushalte[4]	v. H.[2]	1,7	−0,7	0,0	−0,0	0,7
Staat	v. H.[2]	1,0	1,9	0,1	−0,1	−0,0
Exporte von Waren und Dienstleistungen	v. H.[2]	5,7	4,1	1,8	10,3	5,9
Importe von Waren und Dienstleistungen	v. H.[2]	1,0	−1,6	4,0	6,8	5,1
Erwerbstätige (Inland)[5]	Tausend	174	−226	−382	58	163
Registrierte Arbeitslose[5]	Tausend	−37	208	316	1	−3
Arbeitslosenquote[6]	v. H.	9,4	9,8	10,5	10,5	10,5
Verbraucherpreise[7]	v. H.	2,0	1,4	1,1	1,7	1,6
Finanzierungssaldo des Staates[8]	v. H.	−2,8	−3,7	−3,8	−3,9	−3,5

[1] Jahr 2004: eigene Schätzung, Jahr 2005: Prognose (Ziffern 428 ff.).
[2] **In Preisen von 1995**; Veränderung gegenüber dem Vorjahr.
[3] Inländische Verwendung.
[4] Einschließlich der privaten Organisationen ohne Erwerbszweck.
[5] Veränderung gegenüber dem Vorjahr.
[6] Anteil der registrierten Arbeitslosen an allen zivilen Erwerbspersonen (abhängige zivile Erwerbspersonen, Selbständige, mithelfende Familienangehörige). Von 2001 bis 2003 Quelle: BA.
[7] Verbraucherpreisindex (2000 = 100); Veränderung gegenüber dem Vorjahr.
[8] Finanzierungssaldo der Gebietskörperschaften und Sozilaversicherung in der Abgrenzung der Volkswirtschaftlichen Gesamtrechnung in Relation zum nominalen Bruttoinlandsprodukt.

Quelle: Jahresgutachten des Sachverständigenrat 2004/2005, S. 7.

INFORMATION

12.1 Schwankungen wirtschaftlicher Aktivität

In einer Marktwirtschaft hängt der Ablauf des Wirtschaftsprozesses von einer Vielzahl von Einzelentscheidungen ab, die von den einzelnen Haushalten und Unternehmen getroffen werden. Hinzu kommt noch der Staat als Wirtschaftssubjekt. Auf dem Markt werden diese

Einzelpläne über die Funktionen des Preises koordiniert. Die Erfahrung zeigt, dass selbst ein funktionierender Preismechanismus nicht verhindern kann, dass sich der Wirtschaftsprozess in mehr oder minder großen Schwankungen vollzieht. Dabei können **saisonale** Schwankungen, **konjunkturelle** Schwankungen und **trendmäßige Entwicklungen** der wirtschaftlichen Aktivität unterschieden werden. Untersucht man Zeitreihen, die eine wirtschaftliche Entwicklung darstellen (z. B. die Entwicklung des Bruttoinlandsprodukts), dann ist meist der Einfluss aller drei Komponenten festzustellen.

Komponenten wirtschaftlicher Entwicklung

- **saisonale Schwankungen**
- **konjunkturelle Schwankungen**
- **Trend**

Saisonale Schwankungen sind jahreszeitlich (innerhalb eines Jahres) regelmäßig eintretende Marktveränderungen für bestimmte Erzeugnisse.

Saisonschwankungen

Baugewerbe: Winterpause während der Frostperiode.

Landwirtschaft: Hauptbeschäftigungszeit während der Ernte.

Handel: Umsatzspitzen während des Winter- und Sommerschlussverkaufs.

Saisonale Schwankungen sind meist nur in Teilbereichen der Wirtschaft zu beobachten, z. B. im Bereich der Automobilindustrie oder der Textilindustrie. Sie haben ihre Ursache in dem Wechsel der Jahreszeiten oder in menschlichen Sitten und Gebräuchen.

Konjunkturelle Schwankungen betreffen nicht Teilbereiche der Wirtschaft, sondern das gesamte Wirtschaftsleben. Will man den Konjunkturverlauf beobachten und erklären, dann muss man den saisonalen Einfluss auf die erkennbaren Schwankungen zuerst neutralisieren. Wenn der Absatz von Skiern im Dezember regelmäßig 30% über dem Jahresdurchschnitt liegt, dann kann für die Konjunkturbeobachtung nur der Teil der Absatzsteigerung Beachtung finden, der über 30% hinausgeht.

Konjunkturelle Schwankungen sind rhythmisch wiederkehrende Veränderungen der wirtschaftlichen Aktivität in der gesamten Wirtschaft, deren Phasen länger als ein Jahr dauern.

Die in statistischen Zeitreihen erkennbare Grundrichtung der wirtschaftlichen Entwicklung wird als **Trend** bezeichnet. In einer **wachsenden Wirtschaft** weist der Trend von Produktion und Nachfrage eine positive Steigung auf, in einer **stagnierenden Wirtschaft** hat er die Steigung Null, in einer **fallenden Wirtschaft** hat er eine negative Steigung.

Als Trend bezeichnet man eine von der Zeit abhängige Grundrichtung der wirtschaftlichen Entwicklung, die unabhängig von wirtschaftlichen Schwankungen ist.

12.2 Phasen und Indikatoren des Konjunkturverlaufs

Ein Konjunkturzyklus besteht aus den beiden Abschnitten **Aufschwung** und **Abschwung.** Dazwischen liegt der obere Wendepunkt. Diese beiden Abschnitte lassen sich weiter unterteilen, sodass sich eine Einteilung des Konjunkturverlaufs in vier Phasen ergibt:

- **Erholungsphase.** Nach der Überwindung des unteren Wendepunktes beginnt der Aufschwung mit der Erholungsphase. Produktion und Beschäftigung nehmen zu, die Produktionskapazitäten werden besser ausgelastet.
- **Boom.** Das tatsächliche Bruttoinlandsprodukt hat einen mittleren Durchschnittswert überschritten und ist nahe dem möglichen (potenziellen) Inlandsprodukt. Arbeitskräfte und andere Produktionsfaktoren werden knapp. Das Wachstum verlangsamt sich. Der obere Wendepunkt ist erreicht, wenn das Arbeitsvolumen und das sachliche Produktivvermögen **(Produktionspotenzial)** einer Volkswirtschaft zu 100% ausgelastet sind.
- **Rezession.** Der obere Wendepunkt ist überschritten. Die Wirtschaft wächst nicht mehr, sondern schrumpft. Produktion und Gewinne sinken. Zuerst in der Investitionsgüterindustrie und dann in der Konsumgüterindustrie kommt es zu Entlassungen. Arbeitslosigkeit entsteht. Der mittelfristige Durchschnitt ist jedoch noch nicht erreicht.
- **Depression.** Die Arbeitslosigkeit ist jetzt höher als im mittelfristigen Durchschnitt, die Produktionskapazitäten sind geringer ausgelastet, die Investitionstätigkeit ist sehr gering, die Liquidität der Banken sehr groß. Das Niveau der wirtschaftlichen Aktivität ist so gering, dass der Schrumpfungsprozess zum Stillstand kommt und in einen neuen Aufschwung übergeleitet wird.

Es ist unmöglich, die einzelnen Konjunkturphasen scharf voneinander zu trennen. Deshalb werden in der Praxis der Wirtschaftsforschung in der Regel nur die beiden Abschnitte Aufschwung und Abschwung unterschieden. Dabei legt man den oberen Wendepunkt dort fest, wo die Wachstumsrate des Bruttoinlandsprodukts negativ wird.

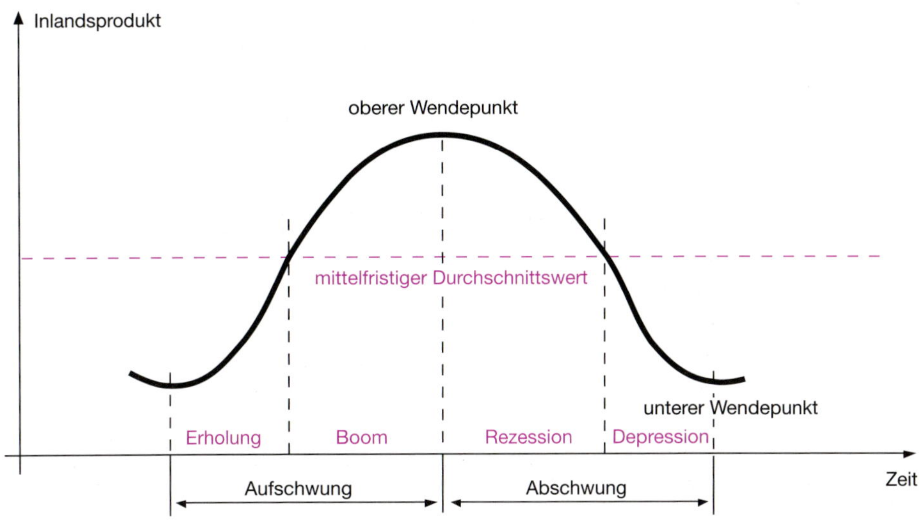

Messgrößen zur Erfassung konjunktureller Schwankungen **(Konjunkturindikatoren)** müssen das Ausmaß der wirtschaftlichen Aktivität widerspiegeln. Dabei werden Präsensindikatoren, Frühindikatoren und Spätindikatoren unterschieden.

Präsensindikatoren zeigen den gegenwärtigen Zustand der Konjunktur. Geeignete Präsensindikatoren sind z. B.

- das Bruttoinlandsprodukt zu Marktpreisen (zu konstanten Preisen),
- die Auslastung des Produktionspotenzials,
- die Einzelhandelsumsätze,
- die Anzahl der abhängig Beschäftigten,
- die Arbeitslosenquote.

In einem Industrieland wie der Bundesrepublik Deutschland kann die **Industrieproduktion** als repräsentativ für die wirtschaftliche Aktivität in der Volkswirtschaft gelten.

Frühindikatoren zeigen an, wie der Verlauf der Konjunktur in den nächsten Monaten sein wird. Zu den wichtigsten Frühindikatoren zählen der **Auftragseingang in der Industrie** und die **Baugenehmigungen im Hochbau.**

Spätindikatoren hinken hinter der Konjunkturentwicklung nach. Sie zeigen oft noch Aufwärtsbewegungen an, wenn der Abschwung bereits begonnen hat. Spätindikatoren sind z. B. der **Preisindex für die Lebenshaltung aller privaten Haushalte** und das **Masseneinkommen.** Die Preissteigerungen fallen oft in die Phase des Abschwungs, weil in der Aufschwungphase die Produktion zunächst noch durch eine verbesserte Auslastung des Produktionspotenzials gesteigert werden kann. Erst danach steigen die Preise. Ein weiterer Grund ist der, dass das Masseneinkommen im Aufschwung mit einer gewissen Verzögerung steigt.

12.3 Ursachen konjunktureller Schwankungen

12.3.1 Endogene und exogene Theorie

Die Theorien zur Erklärung konjunktureller Schwankungen können in die beiden Gruppen der endogenen und der exogenen Theorien eingeteilt werden. Die **endogenen Konjunkturtheorien** sehen die Ursache der konjunkturellen Schwankungen im Wirtschaftssystem. Sie nehmen an und versuchen nachzuweisen, dass die Konstruktion der Marktwirtschaft so beschaffen ist, dass die Antriebskräfte des Aufschwungs notwendigerweise in den Boom, dann in den Abschwung und schließlich in die Depression führen. Auf die Depression folgt zwangsläufig wieder der Aufschwung.

Das Schaukelstuhlbeispiel

Wir vergleichen das Wirtschaftssystem mit einem Schaukelstuhl. Die Konstruktion des Stuhles schafft die Voraussetzung dafür, dass der Stuhl überhaupt schwingen und nicht nur feststehen kann, wie ein gewöhnlicher Küchenstuhl. Damit der Stuhl aber schwingt, bedarf es eines Anstoßes von außen. Die Art der Schwingungen wird von der Konstruktion des Schaukelstuhles bestimmt. Die Konstruktion ist eine **endogene Ursache** für die Schwingungen. Die zur Schwingbewegung notwendigen Anstöße von außen entsprechen den **exogenen Faktoren.**

Exogene Konjunkturtheorien sehen die Ursachen konjunktureller Schwankungen nicht in der Konstruktion des Wirtschaftssystems, sondern in Anstößen von außen. Veränderungen der

Bevölkerung, Gebietsabtretungen, Kriege, technische Neuerungen, psychologische Faktoren wie der Optimismus oder Pessimismus der Unternehmer, ja sogar kosmisch-physikalische Gesetzmäßigkeiten wie das Auftreten von Sonnenflecken wurden als exogene Faktoren in Konjunkturtheorien berücksichtigt. Es ist unmöglich, allein mit exogenen Faktoren einen Konjunkturzyklus zu erklären. Immer muss die Reaktion des Wirtschaftssystems in die Überlegungen einbezogen werden.

12.3.2 Rein monetäre Konjunkturtheorie

Die rein monetäre Konjunkturtheorie erklärt den Konjunkturzyklus allein aus Veränderungen im Geldstrom. Nichtmonetäre Faktoren wie Kriege, Erdbeben, Streiks, Missernten können nach dieser Theorie nur Teildepressionen in einzelnen Wirtschaftszweigen oder auch eine allgemeine Verarmung herbeiführen. Unausgenutzte Produktionskapazitäten und Arbeitslosigkeit in allen Wirtschaftszweigen sind immer von monetären Faktoren hervorgerufen.

Der **Aufschwung** wird durch Kreditexpansion erreicht. Das Hauptinstrument ist die Senkung des Leitzinses (s. 14.10). Die Wirtschaft wird damit zu einer vermehrten Kreditaufnahme veranlasst.

Der **Abschwung** beginnt dann, wenn die Kreditexpansion aufhört. Ohne Beendigung der Kreditexpansion ginge der Aufschwung unbegrenzt weiter, wenn auch auf Kosten von Preissteigerungen. Die Erholung folgt auf den Aufschwung, weil sich bei den Banken übernormale Reserven angesammelt haben. Deshalb senken die Banken den Zinsfuß. Es gibt beinahe immer Leute, die bei sehr niedrigem Zinssatz bereit sind, Kredite aufzunehmen. Ist dies nicht der Fall, dann muss die Offenmarktpolitik eingesetzt werden (s. 14.10.4).

Die rein monetäre Konjunkturtheorie weist auf die Wirkungen des Kreditsystems hin, die jede Konjunkturerklärung beachten muss. Man kann auch zustimmen, dass sehr häufig eine Kreditrestriktion Ursache für den Konjunkturumschwung ist. Die Beobachtung der wirtschaftlichen Wirklichkeit zeigt aber, dass es auch andere Ursachen für konjunkturelle Schwankungen gibt. Auch mit einer Kreditexpansion lässt sich der wirtschaftliche Aufschwung nicht endlos fortsetzen. Inflation und Arbeitslosigkeit können durchaus zusammentreffen.

12.3.3 Überinvestitionstheorie

Alle Überinvestitionstheorien sehen die Ursache für die Depression darin, dass die Kapitalgüterindustrien im Vergleich zu den Konsumgüterindustrien überentwickelt sind. Das vertikale Ungleichgewicht hat sich im Aufschwung entwickelt.

Die Entstehung der Überinvestition in der Investitionsgüterindustrie kann mit dem **Akzelerationsprinzip** erklärt werden.

Jahr	Nachfrage nach Konsumgütern		Maschinenausstattung	Nachfrage nach Maschinen			
				Ersatzinv.	Neuinv.	Insgesamt	
1	1000	↓ + 20 %	500	50	–	50	↓ + 200 %
2	1200		600	50	100	150	
3	1200		600	60	–	60	

Die Kapazitäten waren in unserem Beispiel ausgelastet, bevor sich die Konsumgüternachfrage um 20% erhöhte. Um die Konsumgüter produzieren zu können, musste eine Neuinvestition von 100 vorgenommen werden. Hält diese Nachfragesteigerung einige Zeit an, dann richten sich die Investitionsgüterindustrien auf die Kapazität von 600 ein. Bleibt die Nachfrage nach Konsumgütern eines Tages nur gleich, ohne absolut nachzulassen, dann sind die Kapazitäten der Investitionsgüterindustrie zu groß und nicht mehr ausgelastet. Das vertikale Ungleichgewicht ist entstanden. Die Kapazitäten der Investitionsgüterindustrie können nur noch ausgelastet werden, wenn die Nachfrage nach Konsumgütern ständig wächst!

In der Überinvestitionstheorie ist die Veränderung der Nachfrage nach Konsumgütern die Krisenursache. Die Veränderung der Konsumgüternachfrage führt aufgrund der Wirkung des Akzelerationsprinzips zu Überinvestitionen in der Investitionsgüterindustrie.

12.3.4 Unterkonsumtionstheorien

Alle Unterkonsumtionstheorien legen den Nachdruck auf die Erklärung des Abschwunges. **Der Abschwung wird dadurch verursacht, dass ein zu großer Teil des laufenden Einkommens gespart wird.** Die Nachfrage nach Krediten ist kleiner als die Ersparnisse. Dadurch entsteht ein Nachfrageausfall, der zur Deflation führt. Die gleiche Wirkung tritt ein, wenn Geld gehortet wird und deshalb nicht zu Investitionen genutzt werden kann.

Dass die Sparsumme übermäßig groß wird, lässt sich mit der Entwicklung der Löhne erklären. Wenn sie im Aufschwung nicht in genügendem Maße steigen, dann entstehen daraus bei den Unternehmern überproportional steigende Gewinne. Das zusätzliche Einkommen fließt damit höheren Einkommensschichten zu, die daraus prozentual mehr sparen als niedrigere Einkommensschichten. Die überproportional gestiegenen Gewinne führen bei den Unternehmern zu übermäßigen Investitionen. Die Investitionsgüterindustrie entwickelt sich im Verhältnis zur Konsumgüterindustrie zu stark, weil die Unternehmer als Folge der ungenügenden Lohnsteigerung die Verbindung mit der Nachfrage verloren haben.

Erklärungsversuche für Konjunkturschwankungen in der Theorie		
Rein monetäre Konjunkturtheorie	**Überinvestitionstheorie**	**Unterkonsumtionstheorie**
Ursache für den Konjunkturzyklus sind ausschließlich Veränderungen im Geldstrom. Der Aufschwung beginnt durch Kreditexpansion. Der Abschwung beginnt dann, wenn die Kreditexpansion aufhört.	Die Ursache für die Depression liegt darin, dass die Investitionsgüterindustrie im Verhältnis zur Konsumgüterindustrie überentwickelt ist. Das Ungleichgewicht hat sich im Aufschwung entwickelt.	Der Abschwung wird dadurch verursacht, dass ein zu großer Teil des laufenden Einkommens gespart wird. Die Nachfrage nach Krediten ist kleiner als die Summe aller Ersparnisse. Dadurch entsteht ein Nachfrageausfall, der zur Deflation führt.

Die verschiedenen Konjunkturtheorien unterscheiden sich hauptsächlich in der Betonung bestimmter Faktoren, die Theorien müssen sich nicht gegenseitig ausschließen oder widersprechen. Die Erfahrung zeigt, dass es Theorien, die Konjunkturschwankungen auf nur eine Ursache zurückführen wollen (monokausale Theorien), nicht gelingt, die Konjunktur hinreichend zu erklären.

12.4 Konjunkturpolitik

12.4.1 Grundpositionen der Konjunkturpolitik

Unter **Konjunkturpolitik** wird die Gesamtheit aller Maßnahmen verstanden, die auf die Dämpfung der konjunkturellen Schwankung einwirken sollen. Man unterscheidet zwei stabilitätspolitische Konzepte:

- **Stabilisierungspolitik** (antizyklische Stabilitätspolitik) und
- **Verstetigungspolitik**

Der **antizyklische Ansatz** der so genannten **Fiskalisten** beruht auf den Theorien des englischen Wirtschaftswissenschaftlers **John Maynard Keynes.** Danach soll staatliche Wirtschaftspolitik mit Mitteln der Globalsteuerung **fallweise** zur Stabilität der Konjunktur eingreifen, da es ohne staatliches Eingreifen zu schweren wirtschaftlichen Störungen kommen werde.

Er wies in seinem 1936 veröffentlichten Buch „General Theory of Employment, Interest and Money" darauf hin, dass Unterbeschäftigung in der Marktwirtschaft nicht nur eine vorübergehende Erscheinung, sondern auch ein dauerhafter Zustand sein kann. Die Begründung dafür, dass man nicht auf das von der klassischen Theorie behauptete Wirken des Marktmechanismus warten könne, gab er mit der treffenden Bemerkung: „In the long run, we all are dead."[1]

Diesem Ansatz stehen die **Monetaristen** gegenüber, die von dem Nobelpreisträger für Wirtschaftswissenschaften **Milton Friedman**[2] angeführt werden. Nach dieser Auffassung sind die staatlichen Eingriffe in den Wirtschaftsprozess oft erst die Ursachen für wirtschaftliche Schwankungen. Schon wegen der großen Unsicherheit bei der Einschätzung der Wirkungen staatlicher Eingriffe soll der Staat solche fallweisen Eingriffe unterlassen. Die Wirtschaftspolitik soll den Nachdruck auf die Schaffung stabiler Rahmenbedingungen legen. Dazu gehört auch die Formulierung von Regeln für die stetige Entwicklung von ökonomischen Größen, die den Wirtschaftsprozess bestimmen. Solche Regeln sind vornehmlich für die Geldpolitik formuliert und praktiziert worden. Die Deutsche Bundesbank gab z. B. regelmäßig für das kommende Jahr die geplante Zuwachsrate für die Geldmenge bekannt.

Die Konjunkturpolitik der Bundesregierung ist weder eindeutig der Stabilisierungspolitik noch der Verstetigungspolitik zuzuordnen. Die Skepsis gegenüber der antizyklischen Stabilitätspolitik nimmt jedoch allgemein zu.

[1] „Die lange Sicht ist ein schlechter Führer in Bezug auf die laufenden Dinge. Auf lange Sicht sind wir alle tot." Keynes, J. M., Ein Traktat über die Währungsreform, München und Leipzig 1924, S. 85, zitiert nach Zimmerer, Kompendium der Wirtschafts- und Sozialpolitik, Düsseldorf 1959, S. 238.

[2] Friedman, Milton, geb. 1912, amerikanischer Wirtschaftswissenschaftler, Nobelpreisträger für Wirtschaft 1976.

12.4.2 Fiskalismus

In allen Konjunkturphasen besteht die Grundsituation, dass das gesamtwirtschaftliche Angebot und die gesamtwirtschaftliche Nachfrage nicht gleich groß sind. Im Aufschwung besteht eine inflationäre, im Abschwung eine deflationäre Lücke. Konjunkturschwankungen kann man als Anpassungsbewegungen ansehen, die aus inflationären oder deflationären Lücken entstehen.

Nach Keynes hat die staatliche Konjunkturpolitik die Aufgabe, diese inflationären bzw. deflationären Lücken zu schließen. Die Geldpolitik der Zentralbank (s. 14.10) hält er als Mittel der Konjunkturpolitik für ungeeignet. Nach seiner Meinung wirken geldpolitische Mittel, wie etwa eine Veränderung des Mindestreserve- oder des Leitzinses, erst mit einer langen Verzögerungszeit, wenn sie überhaupt wirken. Es bestehe sogar die Gefahr, dass z. B. eine geldpolitische Maßnahme zur Überwindung des Abschwungs erst wirkt, wenn der Aufschwung bereits begonnen hat; diese Maßnahme würde dann prozyklisch statt antizyklisch wirken. Außerdem sei die Wirkungskette, mit der beim Einsatz geldpolitischer Mittel gerechnet wird, sehr unsicher. Es sei ungewiss, ob eine Erleichterung der Geldschöpfungsmöglichkeiten für die Geschäftsbanken auch zu einer erhöhten Kreditnachfrage und damit auch zu einer erhöhten gesamtwirtschaftlichen Nachfrage führe. „Man kann die Pferde zur Tränke führen, aber man kann sie nicht zum Saufen zwingen."

Nach Auffassung der Fiskalisten soll der Staat mithilfe der staatlichen Ausgaben- und Steuerpolitik Einfluss auf die gesamtwirtschaftliche Nachfrage nehmen und dadurch antizyklisch und stabilisierend wirken. In einem **Abschwung** soll er die Lücke der gesamtwirtschaftlichen Nachfrage ausfüllen, die durch die Zurückhaltung der privaten Investoren und der Verbraucher entstanden ist. Über die öffentlichen Haushalte soll **Fiskalpolitik** betrieben werden.

Als Fiskalpolitik bezeichnet man den Einsatz der öffentlichen Finanzen zur Verwirklichung gesamtwirtschaftlicher Ziele.

In einer Phase nachlassender wirtschaftlicher Aktivität soll der Staat mehr ausgeben als er einnimmt. Staatsausgaben bei ausgeglichenem Haushalt würden nur Privatausgaben ersetzen, die gesamtwirtschaftliche Nachfrage aber nicht verändern. Soll die gesamtwirtschaftliche Nachfrage über Staatsausgaben erhöht werden, dann entsteht im öffentlichen Haushalt ein Finanzierungsdefizit. Die damit betriebene Politik wird als **Deficit Spending** bezeichnet.

Deficit Spending ist ein Instrument der Konjunkturpolitik, bei dem über ein geplantes Defizit im öffentlichen Haushalt die gesamtwirtschaftliche Nachfrage erhöht werden soll.

Die zusätzlichen Ausgaben des Staates werden durch die Multiplikator- und Akzeleratorwirkung noch verstärkt (s. 12.3.3). Die für die zusätzliche Nachfrage benötigte Geldmenge entsteht nach Meinung der Fiskalisten von selbst, da die Geldmenge weitgehend von der Größe des Inlandsprodukts abhängt. Die Geldpolitik hat für die Fiskalisten im Rahmen der Konjunkturpolitik keine zentrale Bedeutung. Sie kann die Fiskalpolitik aber unterstützen, indem sie günstige Rahmenbedingungen schafft.

Bei überhitzter Konjunktur kann der Staat im Rahmen der Fiskalpolitik mit Haushaltsüberschüssen bewirken, dass die gesamtwirtschaftliche Nachfrage sinkt. Setzt der Staat Haushaltsüberschüsse und Haushaltsdefizite als Mittel der Konjunkturpolitik ein, dann betreibt er **antizyklische Finanzpolitik.**

Finanzierungsdefizite des öffentlichen Haushalts wirken konjunkturbelebend, Kassenüberschüsse wirken konjunkturdämpfend.

12.4.3 Das Gesetz zur Förderung der Stabilität und des Wachstums

Mit dem Gesetz zur Förderung der Stabilität und des Wachstums der Wirtschaft (Stabilitätsgesetz), das 1967 in Kraft trat, wurde in der Bundesrepublik Deutschland die Möglichkeit geschaffen, die gesamtwirtschaftliche Nachfrage über den öffentlichen Haushalt zu steuern. Das Gesetz beruht auf den Anregungen der Keynes'schen Theorie, d. h. in dem Gesetz steht die Nachfragesteuerung gegenüber der Einflussnahme auf das Angebot deutlich im Vordergrund.

Als **Ziele der Wirtschaftspolitik** nennt das Gesetz Stabilität des Preisniveaus, hoher Beschäftigungsstand, außenwirtschaftliches Gleichgewicht und stetiges sowie angemessenes Wirtschaftswachstum (s. 9.2). Den Trägern der Wirtschaftspolitik, insbesondere den öffentlichen Haushalten, stellt das Gesetz **haushalts-, steuer- und kreditpolitische Instrumente** zur Verfolgung dieser Ziele zur Verfügung.

▶ Antizyklische Haushaltspolitik

In der Hochkonjunktur soll dem Wirtschaftskreislauf Kaufkraft entzogen und stillgelegt werden. Bund und Länder können einen Teil ihrer Mittel einer **Konjunkturausgleichsrücklage** in Form einer unverzinslichen Einlage bei der Deutschen Bundesbank zuführen. Die stillgelegten Mittel bewirken einen Liquiditätsentzug bei den Geschäftsbanken. Die Zuführung zur Konjunkturausgleichsrücklage ist freiwillig. Ist eine Störung des gesamtwirtschaftlichen Gleichgewichts bereits eingetreten, dann kann die Bundesregierung die Zuführung zur Konjunkturausgleichsrücklage in begrenztem Umfang anordnen. Die Stilllegung von Mitteln kann auch durch **Rückzahlung von Krediten** erfolgen.

Bei einer Abschwächung der Konjunktur soll die Auflösung der Konjunkturausgleichsrücklage dem öffentlichen Haushalt zusätzliche Ausgaben ermöglichen, um die gesamtwirtschaftliche Nachfrage zu erhöhen.

▶ Antizyklische Steuerpolitik

Haushaltspolitische Maßnahmen erfassen nur den öffentlichen Bereich. Bei den steuerpolitischen Instrumenten des Gesetzes soll die Möglichkeit gegeben werden, auf die gesamtwirtschaftliche Nachfrage im privaten Sektor Einfluss zu nehmen. Die Dauer der steuerpolitischen Maßnahmen ist im Gesetz zeitlich begrenzt. Zur Anregung der Nachfrage nach Investitionsgütern sieht das Gesetz eine „Investitionsprämie“ für bestimmte Investitionen in Form eines **Abzugs von der Einkommen- und Körperschaftsteuer** vor. Zur Anregung der Nachfrage nach Konsumgütern kann eine **Senkung der Einkommens- und Körperschaftsteuer** um bis zu 10% durchgeführt werden. Zur Konjunkturdämpfung ist die vorübergehende **Aussetzung aller Formen von Sonderabschreibungen** möglich.

▶ Kreditpolitische Instrumente

Das Stabilitätsgesetz gibt der Bundesregierung die Möglichkeit, mit Zustimmung des Bundesrates für alle öffentlichen Haushalte die Neuaufnahme von Krediten einzuschränken. Diese **Kreditlimitierung** ist eines der schärfsten Mittel der Gesetze.

12.4.4 Monetarismus

Die Widerlegung der klassischen Theorie, die bis zur großen Wirtschaftskrise in den 30er Jahren des letzten Jahrhunderts allgemein anerkannt wurde, bedeutet eine revolutionäre Wende der Wirtschaftstheorie. Die Ideen von Keynes blieben aber nicht ohne Widerspruch. Als Gegenbewegung entstand der Monetarismus. Hauptvertreter der Monetaristen ist der Nobelpreisträger für Wirtschaftswissenschaften **Milton Friedman.**

Die Monetaristen gehen – im Gegensatz zu Keynes – davon aus, dass in einer Marktwirtschaft der private Sektor grundsätzlich stabil ist. In einer Marktwirtschaft mit freien Märkten, ohne staatliche Eingriffe und ohne Monopolsituationen führt der **Marktmechanismus** zur Anpassung der gesamtwirtschaftlichen Nachfrage und des gesamtwirtschaftlichen Angebots und stellt Vollbeschäftigung der Produktionsfaktoren her. Ansatzpunkt für die Monetaristen ist damit die vor Keynes vorherrschende Denkweise. Die Monetaristen werden deshalb auch als **Neoklassiker** bezeichnet.

Die Monetaristen halten alle staatlichen Eingriffe in die Wirtschaft für schädlich. In staatlichen Eingriffen zur Nachfragesteuerung wird sogar die Ursache für konjunkturelle Schwankungen gesehen. Sie fordern eine **angebotsorientierte Konjunkturpolitik.** Angebotsorientierte Wirtschaftspolitik knüpft an die Bestimmungsfaktoren des gesamtwirtschaftlichen Angebots an und versucht, die Bedingungen für die Produktion zu verbessern. Neben einer stabilitätsorientierten Veränderung der Geldmenge gehören z. B. auch Steuersenkungen zu den Maßnahmen angebotsorientierter Wirtschaftspolitik.

Die Monetaristen vertreten die Meinung, dass die Geldmenge der wichtigste Bestimmungsgrund für das Preisniveau und das nominelle Inlandsprodukt in einer Volkswirtschaft ist. Die Inflation ist für sie ein rein monetäres Problem. Schwankt die Geldmenge, so können Konjunkturzyklen die Folge sein. Auf die realen Größen einer Volkswirtschaft hat nach monetaristischer Auffassung eine Geldmengenveränderung nur eine vorübergehene Wirkung. So kann eine Geldmengenerhöhung nur kurzfristig die Beschäftigung erhöhen, langfristig wirkt sie nur auf das Preisniveau.

Konjunkturpolitik ist aus der Sicht der Monetaristen vor allem **Geldmengenpolitik.** Dabei ist Friedman sehr skeptisch gegenüber situationsgebundenen Maßnahmen der Geldpolitik, z. B. einer Senkung des Mindestreservesatzes in der Phase eines konjunkturellen Abschwungs. Er befürchtet, dass wegen der langen Wirkungsverzögerung die Maßnahme letztlich prozyklisch wirkt. Damit durch die Geldpolitik keine Unruhe in den Marktprozess hineingetragen wird, fordert Friedman eine kontinuierliche statt einer situativen Geldpolitik. **Die Geldmenge soll, ganz unabhängig von der konjunkturellen Situation, um einen konstanten und den Wirtschaftssubjekten bekannten Betrag erhöht werden.** Voraussetzung dafür ist, dass das Produktionspotenzial der Volkswirtschaft nicht ausgelastet ist.

Monetarismus und Fiskalismus		
	Fiskalismus	**Monetarismus**
Grundposition	nachfrageorientiert	angebotsorientiert
Ursache wirtschaftlicher Schwankungen	Schwankungen der wirtschaftlichen Aktivität ergeben sich aus von inflationären und deflationären Lücken hervorgerufenen Anpassungsprozessen.	Ursache wirtschaftlicher Schwankungen sind fehlerhafte staatliche Eingriffe in das Marktgeschehen.
Wirkung des Marktmechanismus	Der Marktmechanismus kann die Abstimmung des geplanten Sparens mit den geplanten Investitionen nicht leisten. Ein Gleichgewicht bei Unterbeschäftigung kann auf Dauer bestehen.	Auf einem von staatlichen Eingriffen freien Markt ohne Monopole stellt sich immer Vollbeschäftigung ein.
Beurteilung der Geldpolitik	Geldmengenpolitik ist kein geeignetes Mittel der Konjunkturpolitik, weil sie zeitlich verzögert wirkt und ihr Wirkungsmechanismus unsicher ist. Sie kann Fiskalpolitik nur unterstützen.	Konjunkturpolitik ist vor allem Geldmengenpolitik. Bei Unterbeschäftigung soll die Geldmenge in konstanten, allgemein bekannten Raten vergrößert werden.
Beurteilung der Fiskalpolitik	Steigerung der Gesamtnachfrage über eine Verschuldung der öffentlichen Haushalte ist das geeignete Mittel der Konjunkturpolitik in einer unterbeschäftigten Wirtschaft.	Auf dem langen Weg von den Beschlüssen zum Vollzug kommt die Wirkung der Fiskalpolitik meist zu spät. Das verursacht wirtschaftliche Schwankungen.

AUFGABEN UND PROBLEME

12.1 Saisonale und konjunkturelle Schwankungen, Trend

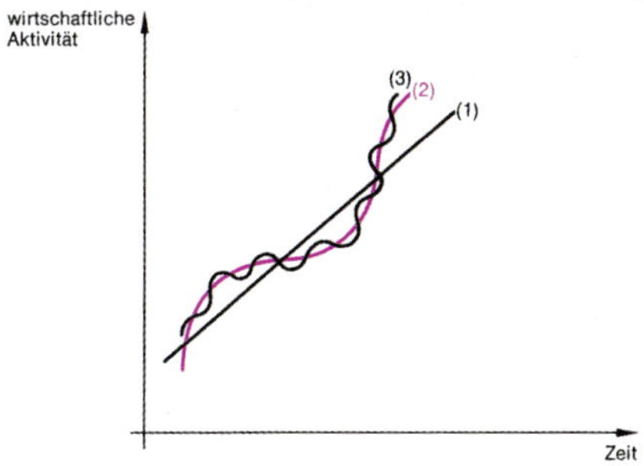

- 1. Welche der Kurven stellt die Trendentwicklung, welche die Konjunkturentwicklung und welche Kurve stellt die saisonalen Schwankungen dar?
  2. Die Ordinate des Achsenkreuzes ist mit „wirtschaftlicher Aktivität" sehr allgemein bezeichnet.
- Welche einzelnen Indikatoren könnten bei der Feststellung einer allgemeinen wirtschaftlichen Aktivität Berücksichtigung finden?

12.2 Antizyklische Finanzpolitik

Auf einer Wahlversammlung wird einem Abgeordneten des Deutschen Bundestages, der maßgebend an der Erarbeitung des Gesetzes zur Förderung der Stabilität und des Wachstums mitgearbeitet hat, folgende Frage vorgetragen:

„Warum sollen bei einer übergroßen Gesamtnachfrage gerade Schulden des Bundes zurückgezahlt werden? Dass man Schulden zurückzahlt, mag zu einer ordentlichen Haushaltsführung gehören. Dass es Wirtschaftspolitik sein soll, das sehe ich nicht ein.“

- Wie würden Sie antworten?

12.3 Staatsverschuldung

Der Artikel 115 des Grundgesetzes, der die Kreditaufnahme des Staates vorsieht, schreibt vor, dass die Höhe der Kreditaufnahme die Höhe der Investitionsausgaben nicht überschreiten darf.

- Begründen Sie diese grundsätzliche Regelung.

12.4 Investitionskontrolle als Mittel der Beschäftigungspolitik

- Beurteilen Sie die folgende Aussage:

„Rationalisierungsinvestitionen setzen Arbeitskräfte frei und vergrößern damit die Massenarbeitslosigkeit. Solange es Arbeitslosigkeit gibt, sollte der Staat sich die Genehmigung von Investitionen vorbehalten und Rationalisierungsinvestitionen, die zur Entlassung von Arbeitskräften führen, grundsätzlich verbieten.“

ZUR WIEDERHOLUNG DES GRUNDWISSENS

1. Wie unterscheiden sich konjunkturelle und saisonale Schwankungen in der Wirtschaft?
2. Was versteht man unter Trendentwicklung?
3. Zählen Sie wichtige Konjunkturindikatoren auf und beschreiben Sie ihre Entwicklung während eines Booms.
4. Wie unterscheiden sich endogene und exogene Ursachen konjunktureller Schwankungen?
5. Wie erklärt die rein monetäre Konjunkturtheorie den Konjunkturverlauf?
6. Wie erklärt die Überinvestitionstheorie das Eintreten der Rezession im Konjunkturverlauf?
7. Wie erklärt die Unterkonsumtionstheorie den Konjunkturverlauf?
8. Was bezeichnet man als Fiskalpolitik?
9. Was bedeutet „Defecit Spending“?
10. Wie unterscheidet sich die konjunkturpolitische Grundposition des Monetarismus von der des Fiskalismus?

13 Steuern und Steuerpolitik

Die Herausbildung der modernen Industriegesellschaft, vor allem der Entwicklung der Bundesrepublik zum sozialen Leistungsstaat, bewirkten eine explosionsartige Steigerung der staatlichen Aufgaben und Verpflichtungen.

Die einschneidende Wirkung der Steuergesetze auf das gesamte soziale und wirtschaftliche Leben findet nicht zuletzt darin ihren Ausdruck, dass Steuern nicht mehr nur zur Deckung des Finanzbedarfs dienen, sondern auch als Instrument zur Durchsetzung wirtschafts- und gesellschaftspolitischer Ziele benutzt werden.

LEITFRAGEN

Welche Steuern werden erhoben?

Welche Sachverhalte und Vorgänge unterliegen einer Besteuerung?

Wie lassen sich über das Steuersystem wirtschaftspolitische Ziele erreichen?

Wodurch können sozialpolitische Ziele verwirklicht werden?

Warum sind bei jeder Steuerreform gesellschaftliche Konflikte unvermeidbar?

INFORMATION

13.1 Überblick über das Steuersystem

13.1.1 Die Einnahmen des Staates

Bund, Länder und Gemeinden, die in der volkswirtschaftlichen Betrachtung zusammengefasst als Staat bezeichnet werden, sind zur Erfüllung ihrer Aufgaben auf Einnahmen angewiesen.

Einnahmen des Staates sind in erster Linie **öffentliche Abgaben:** Steuern, Gebühren und Beiträge.

Steuern sind Zwangsabgaben, die vom Staat ohne direkte Gegenleistung erhoben werden. **Gebühren** sind Entgelt für eine spezielle Gegenleistung einer Behörde. Bei **Beiträgen** besteht ebenfalls eine spezielle Gegenleistungspflicht des Gemeinwesens. Die Gegenleistung wird im Gegensatz zu den Gebühren jedoch nicht an einen Einzelnen, sondern einer Gruppe gegenüber erbracht.

Beispiele für öffentliche Abgaben:

Steuern: Lohnsteuer, Umsatzsteuer;

Gebühren: Gebühren für Ausstellung eines Reisepasses;

Beiträge: Straßenanliegerbeiträge eines Grundstückseigentümers

Neben öffentlichen Abgaben hat der Staat **Einnahmen aus öffentlichen Betrieben** (Verkehrsbetriebe, Versorgungsbetriebe ua.) sowie durch **Aufnahme von Krediten** (Anleihen, Kommunaldarlehen u. a.).

Finanzielle Entwicklung der öffentlichen Haushalte[1] in Mrd. DM (bis 1998) und Mrd. EUR (ab 1999)

	Gebietskörperschaften[2]										Sozialversicherungen			Öffentliche Haushalte ingsgesamt		
	Einnahmen		Ausgaben													
				darunter:												
Zeit	insgesamt	darunter Steuern	insgesamt	Personalausgaben	Laufender Sachaufwand	Laufende Zuschüsse	Zinsausgaben	Sachinvestitionen	Finanzierungshilfen	Saldo der Einnahmen und Ausgaben	Einnahmen	Ausgaben	Saldo der Einnahmen und Ausgaben	Einnahmen	Ausgaben	Saldo der Einnahmen und Ausgaben
1993	928,7	749,1	1060,2	296,8	136,0	340,5	102,1	97,0	87,3	−131,5	660,8	658,7	+2,1	1492,1	1621,5	−129,4
1994	995,2	786,2	1102,2	315,5	137,3	353,4	114,0	93,2	86,5	−106,9	694,1	693,7	+0,4	1596,4	1702,9	−106,5
1995	1026,4	814,2	1136,4	324,8	135,5	367,2	129,0	90,1	86,3	−110,1	731,2	743,8	−12,5	1664,9	1787,5	−122,6
1996	1000,3	800,0	1121,8	326,2	137,0	362,2	130,7	83,9	80,1	−121,5	769,4	784,0	−14,6	1665,6	1801,6	−136,1
1997	1014,3	797,2	1108,9	325,0	135,7	356,3	132,1	80,1	79,2	−94,5	797,3	794,5	+2,9	1705,3	1797,0	−91,7
1998	1072,1	833,0	1128,8	325,4	137,4	373,7	133,7	79,7	79,8	−56,7	812,2	808,9	+3,3	1765,5	1818,9	−53,4
1999	566,1	453,1	592,9	168,7	72,4	202,7	69,8	40,8	38,0	−26,8	429,1	425,6	+3,5	925,2	948,6	−23,4
2000	612,3	467,3	595,5	169,3	73,7	205,7	67,6	40,7	37,9	+16,8	433,8	434,3	−0,5	974,6	958,2	+16,4
2001	555,8	446,2	599,9	169,9	69,8	213,8	66,6	40,1	39,2	−44,1	445,0	449,1	−4,1	923,5	971,7	−48,2
2002	550,9	441,7	608,0	173,3	69,5	225,9	66,1	38,7	33,5	−57,1	457,9	466,4	−8,5	924,1	989,7	−65,5
2003	546,6	442,2	615,2	174,0	68,8	236,4	65,7	36,3	32,5	−68,6	466,8	473,3	−6,5	924,5	999,6	−75,1

13.1.2 Steuerarten

Steuern werden nach verschiedenen Gesichtspunkten eingeteilt:

1. nach dem Gegenstand der Besteuerung,
2. nach der Erhebungsart,
3. nach den Steuerempfängern,
4. nach dem betriebswirtschaftlichen Charakter.

13.1.3 Steuern nach dem Gegenstand der Besteuerung

Nach dem **Gegenstand der Besteuerung** werden unterschieden:

- **Besitzsteuern,**
- **Verkehrsteuern,**
- **Verbrauchsteuern,**
- **Zölle.**

Die Übersicht zeigt die wichtigsten Steuerarten im Einzelnen und ihre Zuordnung zu Besitz-, Verkehrs-, Verbrauchsteuern und Zöllen. Besitzsteuern können – wie in der Übersicht – in Steuern vom Einkommen und in Steuern vom Vermögen eingeteilt werden. Besitzsteuern können auch in **Personensteuern** (Subjektsteuern) und **Sachsteuern** (Objektsteuern, Realsteuern) unterschieden werden. Zu den Personensteuern zählen Lohnsteuer, Einkommensteuer, Kirchensteuer, Körperschaftsteuer usw., zu den Sachsteuern, Gewerbesteuer und

[1] Monatsbericht der Deutschen Bundesbank, August 2004, S. 52.

[2] Bund, Länder, Gemeinden, kommunale Zweckverbände, Lastenausgleichsfonds, ERP-Sondervermögen und EU-Anteile.

Grundsteuer. **Zölle** sind Abgaben für Einfuhr von Waren aus dem Ausland und für Ausfuhr von Waren in das Ausland. Sie gelten nach der Abgabenordnung als Steuern.

Welche Bedeutung die einzelnen Steuerarten haben, ist an der Höhe ihres Aufkommens zu ermessen.

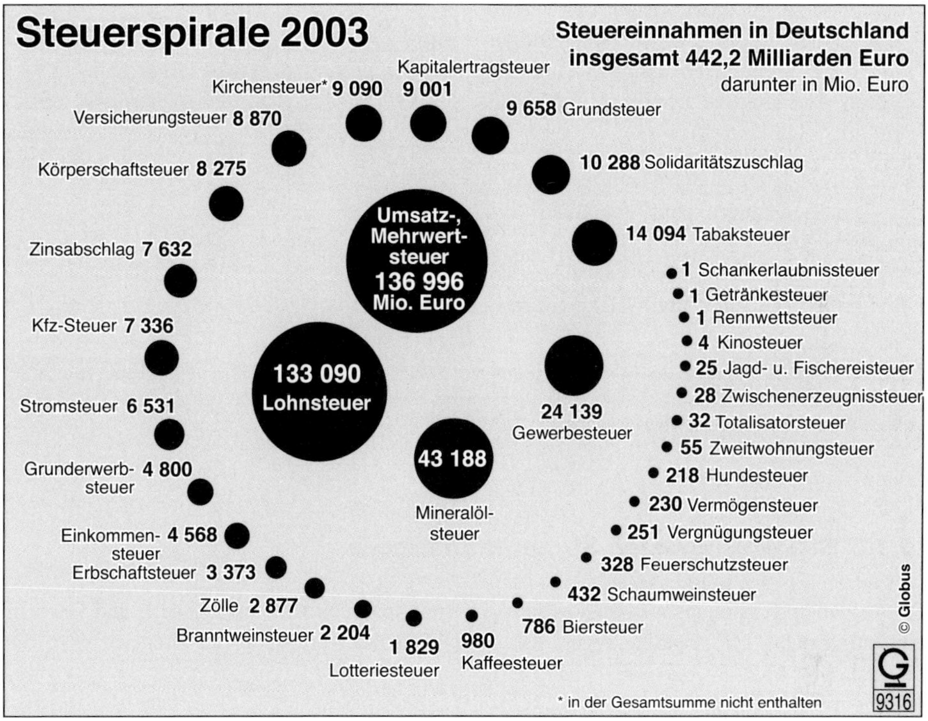

13.1.4 Steuern nach Art der Erhebung

Nach der **Art der Steuererhebung** werden **direkte und indirekte Steuern** unterschieden.

- Von **direkten Steuern** wird dann gesprochen, wenn der Steuerschuldner identisch ist mit dem Steuerträger. **Steuerschuldner** ist derjenige, der die Steuer an das Finanzamt abzuführen hat. **Steuerträger** ist die Person, die die steuerliche Belastung wirtschaftlich treffen soll.

Direkte Steuern sollen nicht abgewälzt werden.

Erbschaftsteuer als direkte Steuer

Brigitte Schüch wurde von ihrem Großvater im Testament als Erbin des Wertpapiervermögens mit einem Wert von 150000,00 EUR eingesetzt.

Im Erbfall ist Brigitte Schüch steuerpflichtig. Sie ist Steuerschuldner und gleichzeitig Steuerträger.

Zu den direkten Steuern zählen alle Personensteuern, die Lohn- und Einkommensteuer, die Erbschaftsteuer, die Grund- sowie die Gewerbesteuer. Bei den direkten Steuern können die wirtschaftlichen und sozialen Verhältnisse des Steuerschuldners (= Steuerträgers) berücksichtigt werden (vgl. Abschn. 13.3).

- Bei den **indirekten Steuern** ist der Steuerschuldner nicht identisch mit der Person des Steuerträgers. Der Steuerschuldner hat diese Steuerarten lediglich einzukassieren und an das Finanzamt abzuführen.

Zu den indirekten Steuern gehören sämtliche Verbrauchsteuern und vor allem die Mehrwertsteuer.

Tabaksteuer als indirekte Steuer

Die Hersteller von Tabakwaren müssen in ihren Preisen für Zigaretten, Zigarren und Pfeifentabak die Tabaksteuer einkalkulieren. Der Pfeifenraucher (Steuerträger) zahlt sie beim Kauf der Tabakwaren, der Hersteller (Steuerschuldner) hat sie ans Finanzamt abzuführen.

Indirekte Steuern sollen abgewälzt werden.

Bei den direkten Steuern sind Steuerschuldner und Steuerträger die gleichen Personen. Die indirekten Steuern werden vom Steuerschuldner an das Finanzamt abgeführt, die zuvor vom Steuerträger über die Verkaufserlöse vereinnahmt wurden.

13.1.5 Steuerarten nach Steuerempfängern

Die Aufgaben des Staates werden sowohl vom Bund als auch von den Ländern und Gemeinden erfüllt. Das Grundgesetz regelt die grundsätzliche Verteilung der Steuern, d.h. die Ertragskompetenz.

Nach den **Steuerempfängern** werden unterschieden:
- Bundessteuern,
- Landessteuern,
- Gemeindesteuern,
- Gemeinschaftssteuern.

Trotz eigener Steuerquellen ist nicht gewährleistet, dass alle Gebietskörperschaften in gleichem Maße mit Steuereinnahmen versorgt sind. Um aber die staatlichen Aufgaben im Bundesgebiet ausgewogen erfüllen zu können, ist ein **Finanzausgleich** zwischen den finanzstarken und den finanzschwachen Körperschaften notwendig.

Von **horizontalem Finanzausgleich** wird gesprochen, wenn zwischen gleichgeordneten Körperschaften der Finanzausgleich erfolgt, z. B. zwischen den Bundesländern. Als **vertikaler Finanzausgleich** wird bezeichnet, wenn von übergeordneten Körperschaften auf untergeordnete Körperschaften Steuern übertragen werden, z. B. Steuerzuweisungen vom Land auf bedürftige Gemeinden.

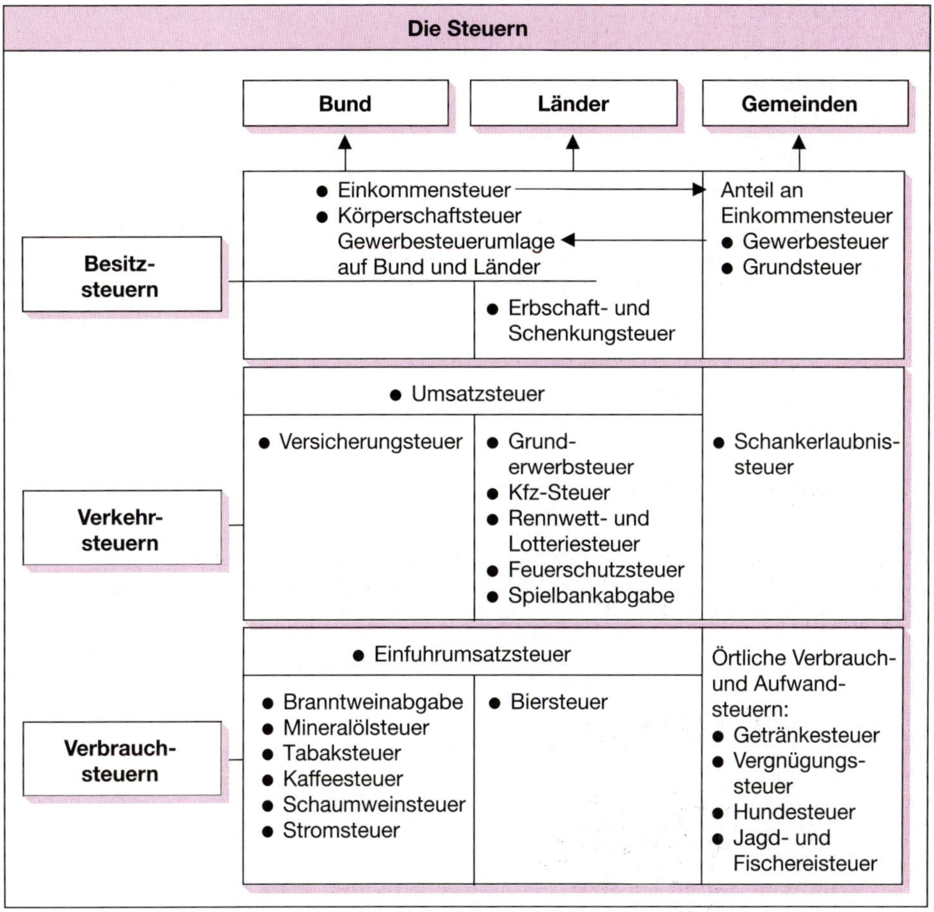

13.2 Steuerpolitik

Je größer die Ansprüche der Bürger an den Staat sind, desto höher müssen seine Einnahmen sein. In einer sozialen Marktwirtschaft hat der Staat dabei **wirtschafts-, sozial- und umweltpolitische Ziele** zu verfolgen.

13.2.1 Steuergerechtigkeit

Meingungsumfragen ergeben immer, dass jeder Steuer zahlende Bürger die Besteuerung als ungerecht empfindet. Bei der Bewertung dieser subjektiven Beurteilung sind mehrere Problemfelder zu betrachten.

▶ Gesamtsteuerlast

Zunächst geht es um die Frage, ob die gesamte Steuerbelastung der Gesellschaft in ihrer Höhe gerechtfertigt ist. Dabei darf nicht übersehen werden, dass steigende Ansprüche an den Staat und politische Entscheidungen zwangsläufig die **Gesamtsteuerlast** ansteigen lassen. Die Frage nach der Gerechtigkeit der Gesamtsteuerlast ist daher nicht unabhängig von der Frage der gesamten staatlichen Leistungen zu beurteilen.

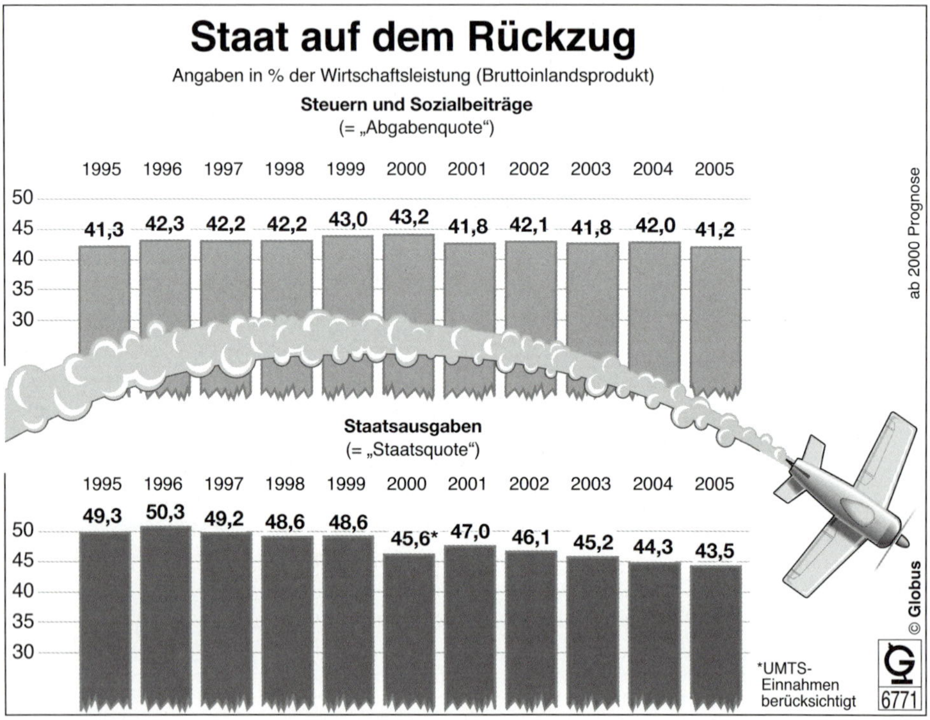

▶ Individuelle Steuerbelastung

Die Suche nach einem von allen Steuerzahlern subjektiv als gerecht empfundenen Steuersystem muss erfolglos bleiben. Die Vielzahl der Steuerarten, Erhebungsverfahren und Bemessungsgrundlagen sowie die existenziellen Abhängigkeiten von den einzelnen Einkunftsarten, beeinflussen das subjektive Urteil. Nicht zuletzt wird die unterschiedliche Leistungsbereitschaft der Bürger zum Maßstab erhoben.

In der Bundesrepublik Deutschland besteht Einvernehmen über einen **Grundsatz** für eine gerechte Besteuerung. Nach einem Urteil des Bundesverfassungsgerichts soll die Besteuerung **„an der wirtschaftlichen Leistungsfähigkeit ausgerichtet"** sein. Dieser Forderung wird u.a. Rechnung getragen, dass bei der Besteuerung der Einkommen ein **Grundfreibetrag** steuerfrei bleibt. Darüber hinaus werden steigende Einkommen mit zunehmenden Steuersätzen besteuert.

► Länderfinanzausgleich

Das föderalistische System der Bundesrepublik Deutschland hat u. a. dafür zu sorgen, dass staatliche Aufgaben in jedem Bundesland möglichst „gerecht“ erfüllt werden, unabhängig vom Steueraufkommen des jeweiligen Bundeslandes. Die unterschiedlichen Wirtschaftsstrukturen der Länder und der ständige Strukturwandel bringen aber eine unterschiedliche Finanzkraft mit sich.

Nach dem **Grundgesetz** (Art. 107, Abs. 2) soll ein angemessener Ausgleich zwischen finanzstarken und finanzschwachen Ländern erfolgen. Dieser **Länderfinanzausgleich** soll aber nur die Unterschiede verringern und nicht zu einer Angleichung der Finanzausstattung führen. Von einigen **Geberländern** wird die jeweils geltende Regelung oft als „ungerecht“ beklagt, da sie leistungshemmend sei. Außerdem fließen durch Zuschüsse des Bundes den **Nehmerländern** weitere Finanzmittel zu.

13.2.2 Steuern als Mittel der Sozialpolitik

Staatliche Sozialpolitik soll durch die Arbeits- und Sozialgesetzgebung auch sozial und wirtschaftlich schwachen Bevölkerungsgruppen menschenwürdige Lebensverhältnissen ermöglichen. Die Steuerpolitik soll dazu beitragen, den Verfassungsauftrag der **Sozialstaatlichkeit** (Art. 20 GG) zu erfüllen. Durch **Transferzahlungen** aus den öffentlichen Haushalten werden die finanziellen Bedingungen verbessert. Im **Sozialbudget**[1] werden alle sozialen Leistungen eines Jahres und ihre Finanzierung übersichtlich dargestellt.

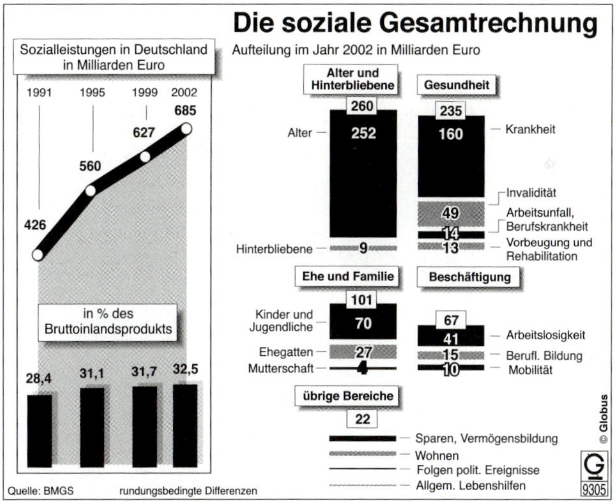

► Familienlastenausgleich/Familienförderung

Die Förderung der Familie hat in der Sozialpolitik einen hohen Stellenwert. Mit umfangreichen direkten Zahlungen wird die Erziehungleistung der Eltern unterstützt, wobei die Zahlung von **Erziehungsgeld** für junge Mütter und die Leistungen an die Rentenversicherung für **Kindererziehungszeiten** die höchsten Ausgaben ausmachen.

[1] vgl. S. 232

Familien werden darüber hinaus auch steuerlich entlastet.[1] Nach dem Urteil des BVG müssen Aufwendungen für das **Existenzminimum** von Kindern steuerfrei bleiben. Dies wird durch **entsprechende Kinderfreibeträge** erreicht. Für Arbeitnehmer ist mit dem Eintrag der Steuerklasse auf der Lohnsteuerkarte sowohl der Familienstand als auch die Kinderzahl bereits ausgewiesen. Dies führt bei der monatlichen Lohnzahlung zu einem höheren Auszahlungsbetrag. Alle Eltern erhalten für ihre Kinder auf Antrag zunächst **Kindergeld** (seit Januar 2002: je 154,00 EUR für die ersten drei Kinder, 179,00 EUR für jedes weitere Kind) ausgezahlt. Über den Antrag entscheidet die Familienkasse beim zuständigen Arbeitsamt (Ausnahme: Öffentlicher Dienst). Für Eltern mit nicht sehr hohem Einkommen bleibt es dabei; in diesen Fällen wird bei der Berechnung der Einkommensteuer kein **Freibetrag** für Kinder abgezogen.

Bei Eltern mit hohem Einkommen wirkt sich jedoch der Abzug eines Kinder- oder Erziehungsfreibetrages günstiger aus als das Kindergeld. Das Finanzamt prüft bei der Bearbeitung der Steuererklärung von Amts wegen, ob die Einkommensteuerersparnis durch Freibeträge höher ist als das Kindergeld. In diesem Falle werden bei der Berechnung des zu versteuernden Einkommens die Freibeträge abgezogen und das erhaltene Kindergeld der Einkommensteuer hinzugerechnet. Zurzeit (2004) wird Verheirateten für jedes zu berücksichtigende Kind ein Kinderfreibetrag von 3648,00 EUR für das sächliche Existenzminimum des Kindes sowie ein Freibetrag von 2160,00 EUR für den **Betreuungs- und Erziehungs- oder Ausbildungsbedarf** des Kindes vom Einkommen abgezogen. Zusätzlich wird für volljährige Kinder, die in Berufsausbildung stehen und auswärtig untergebracht sind, ein **Ausbildungsfreibetrag** von 924,00 EUR gewährt.

► *Alterssicherung*

Mehr als ein Drittel des Gesamtetats gibt der Bund für Arbeit und Soziales aus. Innerhalb dieses größten Einzeletats sind die Leistungen an die Rentenversicherung und für den Arbeitsmarkt besonders bedeutsam.

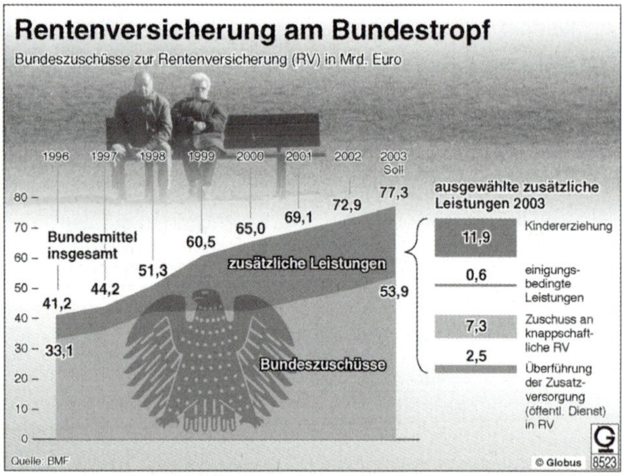

Zu den Leistungen der Rentenversicherung kommen noch die Zahlungen u. a. für Beamtenpensionen und für die Altershilfe für Landwirte hinzu. Auch andere Haushaltstitel enthalten Mittel zur Alterssicherung, z. B. die Positionen Sozialhilfe und Wohngeld.

Bei der Besteuerung der Einkünfte von Rentnern und Pensionären wird ein Altersentlastungsfreibetrag eingeräumt. Aufwendungen für die Betreuung von Behinderten werden ebenfalls steuerlich berücksichtigt.

[1] vgl. Einkommenbesteuerung, Abschn. 13.3

13.2.3 Steuerpolitik im Konjunkturverlauf

▶ Steuern und gesamtwirtschaftliche Nachfrage

Es besteht weit verbreitet die Auffassung, dass der marktwirtschaftliche Prozess nicht in der Lage ist, Konjunkturschwankungen und damit verbundene Probleme zu verhindern. Deswegen soll der Staat mit seiner Einnahmen- und Ausgabenpolitik dafür sorgen, dass konjunkturpolitisch unerwünschte Folgen für Geldwert und Beschäftigung abgebaut werden oder erst überhaupt nicht auftreten. Durch das **Stabilitätsgesetz von 1967** werden die öffentlichen Haushalte zu **antitzyklischem** Verhalten verpflichtet.[1]

Die gesamtwirtschaftliche Nachfrage wird im Wesentlichen von der Nachfrage der Unternehmen nach Investitionsgütern sowie von der privaten Nachfrage nach Konsumgütern getragen. In einer die wirtschaftlichen Ziele gefährdenden Konjunkturlage kann die Bundesregierung daher versuchen, auch mit steuerpolitischen Maßnahmen diese Nachfragesektoren zu beeinflussen.

In einer **Hochkonjunktur** wird sie die Nachfrage nach Investitionsgütern zu bremsen versuchen, indem sie z. B. Abschreibungsmöglichkeiten auf Anlagegütern erschwert, Investitionshilfen streicht oder Investitionen sogar mit einer „Investitionssteuer" belastet. Wegen der damit verbundenen Kostenauswirkungen geht die Investitionsneigung zurück. Auch die Erhebung eines „Konjunkturzuschlags" auf die Einkommen- und Körperschaftsteuer hätte eine die Nachfrage bremsende Wirkung. In einer **Rezession** müssen dagegen steuerliche Entlastungen die Nachfrage stimulieren. Sonderabschreibungen oder Investitionszuschüsse wirken sich positiv auf die Investitionsbereitschaft aus. Auch auf die private Nachfrage haben Steuer erhöhende oder Steuer ermäßigende Maßnahmen ähnliche bremsende bzw. stimulierende Wirkung.

▶ Steuertarife

Auch durch die Gestaltung der Tarife bei der Besteuerung der Unternehmensgewinne kann die Investitionsbereitschaft beeinflusst werden. Änderungen der Steuertarife oder Bemessungsgrundlagen können die Kosten- und Gewinnsituation eines Unternehmens verändern.

Dabei ist zu beachten, dass der Standort Deutschland auch unter steuerlichen Aspekten mit dem Ausland im Wettbewerb steht. Die wichtigsten Unternehmenssteuern sind die Einkommensteuer für Einzelunternehmer und Personengesellschaften, die Körperschaftsteuer für Kapitalgesellschaften sowie der Solidarzuschlag. Gewerbebetriebe unterliegen außerdem der Gewerbesteuer, die von den Gemeinden erhoben wird.

▶ Wirtschaftsförderung

In den Ausgaben des Bundes ist u. a. ein Posten enthalten, der der Wirtschaftsförderung dient. Schwerpunkt der Fördermaßnahmen sind die Sicherung der Energieversorgung und die Verbesserung der Wirtschaftsstruktur in benachteiligten Regionen sowie Stärkung kleinerer und mittlerer Unternehmen. Hierzu kommen noch die Mittel für das Verkehrs- und Nachrichtenwesen. Diese Ausgaben dienen ebenfalls der Verbesserung des Wirtschaftsstandorts.

Ein wichtiges Ziel ist dabei die allmähliche Angleichung der Lebensverhältnisse im vereinten Deutschland. Auch Finanzmittel für Hochschulen, für Wissenschaft und Forschung fördern direkt oder indirekt den Wirtschaftsstandort Deutschland.

[1] vgl. ausführlich Abschn. 9.2 und 12.4

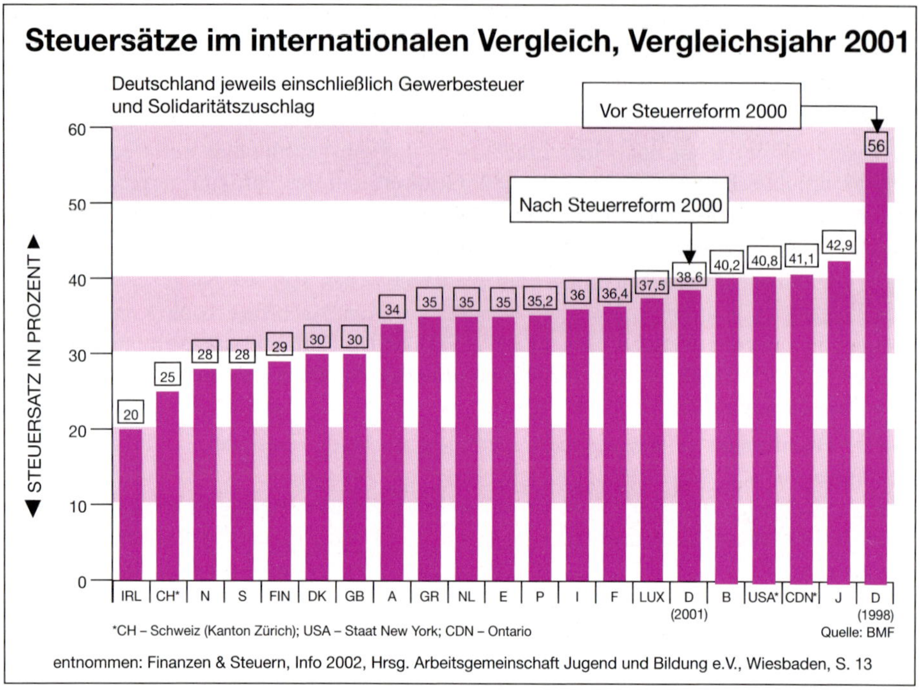

13.2.4 Steuern und Umweltpolitik

In den letzten Jahren ist in der Bevölkerung das Problembewusstsein für notwendigen Umweltschutz ständig gewachsen. Die Steuerpolitik hat dabei einen wichtigen Beitrag zu leisten. Die **erste Stufe der ökologischen Steuerreform** trat zum 1. April 1999 in Kraft. Verteuert wurden Benzin und Dieselkraftstoff, Heizöl, Gas und Strom.

Mit dieser ökologischen Steuerreform sind zwei **Ziele** verbunden: Energieverbrauch soll teurer werden, umso einen Anreiz zum sparsameren Umgang mit den wertvollen Ressourcen zu geben. Im Gegenzug soll der Faktor Arbeit billiger werden. Mit dem erwarteten Ökosteueraufkommen wird der Beitragssatz zur gesetzlichen Rentenversicherung gesenkt.

► *Kfz-Steuern*

Der Autoverkehr gilt als einer der Hauptverursacher des Treibhauseffekts. Die Kfz-Steuersätze sind daher nach dem Schadstoffausstoß gestaffelt. Durch den Einbau von Katalysatoren soll der Ausstoß giftiger Schadstoffe (Kohlenmonoxid, Kohlenwasserstoffe, Stickoxide) vermindert werden. Verbleites Benzin wird inzwischen nicht mehr hergestellt.

► *Mineralölsteuer*

Die Mineralölsteuer auf Benzin und Diesel wird nach dem Bleigehalt der Kraftstoffe festgesetzt. Die höhere Steuerbelastung soll bei den Herstellern von Kraftfahrzeugen das Interesse wecken, verbrauchsgünstigere Techniken zu entwickeln. Sie soll aber auch den Verbraucher veranlassen, weniger Auto zu fahren und statt dessen auf öffentliche Verkehrsmittel umzusteigen. Der **Heizölverbrauch** unterliegt ebenfalls der Mineralölbesteuerung.

Auch wenn die ökologische Ziele unstrittig sind, dürfen Risiken nicht übersehen werden. Drastische Anhebungen dieser **Ökosteuern** haben auch erhebliche gesamtwirtschaftliche Auswirkungen. Eine kurzfristige Anpassung von Verbrauch und Produktion an die veränderte Kostensituation ist nicht möglich. Sie würde deutsche Unternehmen, die im internationalen Wettbewerb mit Ländern ohne diese Lasten stehen, benachteiligen. Dies belastet zwangsläufig den Arbeitsmarkt und gefährdet nicht zuletzt auch den Umweltschutz.

Seit 1993 erfolgt die Umsetzung des **Mineralölsteuergesetzes** entsprechend den EG-Richtlinien als einem Teil der Harmonisierung der Verbrauchsteuern in der Europäischen Union.

► *Stromsteuer*

Auch der Stromverbrauch wird bis zum Jahre 2003 jährlich um 2,05 Cent je Kilowattstunde verteuert. Für den Verbrauch mit Nachtspeicheröfen gilt ein ermäßigter Steuersatz. Mit dieser Verteuerung soll ein sparsamerer Umgang mit Energie und die Entwicklung Energie sparender Techniken angeregt werden.

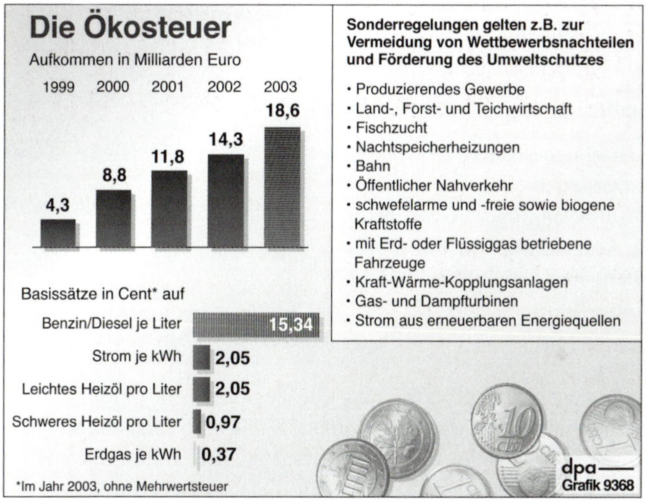

► *Ökologisches Bauen*

Im Wohnungsbau werden durch steuerliche **Förderung ökologischer Bauweise** immer stärker Umweltaspekte berücksichtigt. Der Einbau Heizenergie sparender Maßnahmen (z. B. Solaranlagen, Wärmepumpen, Anlagen zur Wärmerückgewinnung) werden entweder durch direkte Bezuschussung oder durch befristete steuerliche Abzugsfähigkeit begünstigt. Neubauten als Niedrigenergiehäuser erhalten ebenso wie der Bau von Windkraftparks Zuschüsse oder steuerliche Begünstigungen.

► *Modernisierung der Produktionsbedingungen*

Steuerliche Anreize für Investitionen in **Energie und/oder Rohstoff sparende Herstellungsverfahren** sollen zur Verbesserung umweltverträglicher Produktionsbedingungen beitragen. Gleiches gilt auch für die Forschung auf dem Gebiet „erneuerbarer Energien".

13.3 Einkommensbesteuerung

13.3.1 Die Steuern auf Einkommen

▶ Die Einkommensteuer

Die Einkommensteuer ist eine Steuer, die auf Einkünfte natürlicher Personen erhoben wird.

Der Einkommensteuer unterliegen:

- **Einkünfte aus Land- und Forstwirtschaft,**
- **Einkünfte aus Gewerbebetrieb,**
- **Einkünfte aus selbstständiger Arbeit,**
- **Einkünfte aus nichtselbstständiger Arbeit,**
- **Einkünfte aus Kapitalvermögen,**
- **Einkünfte aus Vermietung und Verpachtung,**
- **sonstige Einkünfte.**

Die Lohnsteuer ist eine besondere Erhebungsart der Einkommensteuer. Sie wird auf Einkünfte aus nichtselbstständiger Arbeit erhoben und bei der Auszahlung von Lohn und Gehalt vom Arbeitgeber einbehalten und an das Finanzamt abgeführt.

Die sieben Einkunftsarten

Einkünfte aus Gewerbebetrieb:
Einkünfte aus gewerblichen Unternehmen (Einzelunternehmen); Gewinnanteile der Gesellschafter z. B. einer OHG oder KG; Vergütungen z. B. der OHG-Gesellschafter für ihre Tätigkeit für die Gesellschaft oder für die Hingabe von Darlehen (Zinsen) an die Gesellschaft u. a.

Einkünfte aus selbstständiger Arbeit:
Einkünfte aus freiberuflicher Tätigkeit (Rechtsanwälte, Ärzte, Schriftsteller usw.).

Einkünfte aus nichtselbstständiger Arbeit:
Löhne, Gehälter, Tantiemen (z. B. für Aufsichtsrat einer AG), Pensionen usw. (Renten gelten im Gegensatz zu Pensionen nicht als Arbeitseinkommen.)

Einkünfte aus Kapitalvermögen:
Zinsen aus Sparguthaben, aus Hypotheken und andere Darlehen, Dividenden aus Aktien.

Sonstige Einkünfte:
Spekulationsgewinne, z. B. aus Aktienkäufen und -verkäufen.

Unbeschränkt einkommensteuerpflichtig sind alle Personen, die ihren Wohnsitz oder ihren gewöhnlichen Aufenthalt in der Bundesrepublik Deutschland haben. Sie werden mit ihrem gesamten Einkommen, das sich aus diesen verschiedenen Einkunftsarten zusammensetzt, zur Einkommensteuer herangezogen, auch wenn die Einkünfte im Ausland erzielt wurden. **Beschränkt steuerpflichtig** sind Personen, die nicht ihren gewöhnlichen Aufenthalt im Inland haben. Sie werden nur mit den im Inland erzielten Einkünften einkommensteuerpflichtig.

▶ Die Körperschaftsteuer

Die Körperschaftsteuer ist eine Steuer, die auf Einkommen juristischer Personen erhoben wird.

- Der Körperschaftsteuer unterliegen:

- die **Gewinne der Kapitalgesellschaften** (GmbH, AG, KGaA) und
- die **Gewinne der Erwerbs- und Wirtschaftsgenossenschaften.**

Von der Körperschaftsteuer befreit sind die Deutsche Bundesbank sowie Körperschaften, die gemeinnützige, mildtätige oder kirchliche Zwecke haben.

Steuerschuldner der Körperschaftsteuer ist die **juristische Person.** Wirtschaftlich gesehen trifft die Körperschaftsteuer die Gesellschafter (Aktionäre) der Kapitalgesellschaft bzw. die

Mitglieder der Genossenschaft als steuerliche Belastung. Die ihnen zustehenden Gewinnanteile werden bereits in der Gesellschaft besteuert.

Unabhängig davon, ob Gewinne einbehalten oder ausgeschüttet werden, beträgt der Steuersatz für die Körperschaftsteuer 25%. Zusätzlich ist die Kapitalgesellschaft verpflichtet, 5,5% Solidaritätszuschlag von der Körperschaftsteuer einzubehalten. Die von einer Aktiengesellschaft gezahlte Körperschaftsteuer sowie der Solidaritätszuschlag werden jedoch den Aktionären nicht auf deren Einkommensteuer angerechnet. Dafür müssen diese auch nur für die Hälfte ihrer Bruttodividende (Bardividende) Einkommensteuer entrichten (Halbeinkünfteverfahren).

Beispiel einer Dividendengutschrift:

zur Ausschüttung bereitgestellter Gewinn einer AG:	100,00 EUR	
– 25 % Körperschaftsteuer	25,00 EUR	gesamte Steuerbelastung bei angenommenem Einkommensteuersatz von 30 % **37,4187 EUR = 37,42 %**
– 5,5 % Solidaritätszuschlag von der Körperschaftsteuer	1,375 EUR	
Bruttodividende (Bardividende)	**73,625 EUR**	
zu versteuern (50 % der Bruttodividende) 36,8125 EUR bei Einkommensteuersatz von z. B. 30 % ergibt sich eine Einkommensteuer von	11,0437 EUR	
Nettobetrag	**62,5813 EUR**	

► *Die Kapitalertragsteuer*

Die Kapitalertragsteuer ist eine pauschalierte Einkommensteuervorauszahlung auf Kapitalerträge.

Kapitalgesellschaften müssen vor der Ausschüttung ihrer Gewinne an die Anteilseigner von den Erträgen 20% Kapitalertragsteuer einbehalten und ans Finanzamt abführen. Ebenso wie bei der Lohnsteuer handelt es sich dabei um ein Quellenabzugsverfahren. Bei der jährlichen Einkommensteuerveranlagung werden diese Beträge als Vorauszahlung verrechnet.

Beispiel mit Kapitalertragsteuer und Solidaritätszuschlag:

zur Ausschüttung bereitgestellter Gewinn einer AG:	100,00 EUR	
– 25 % Körperschaftsteuer	25,00 EUR	auf die persönliche Einkommensteuer sind anrechenbar: 14,725 EUR + 0,8098 EUR = 15,5348 EUR
– 5,5 % Solidaritätszuschlag von der Körperschaftsteuer	1,375 EUR	
Bruttodividende (Bardividende)	**73,625 EUR**	
– Kapitalertragsteuer (20 % der Bruttodividende)	14,725 EUR	
– Solidaritätszuschlag (5,5 % der Kapitalertragsteuer)	0,8098 EUR	
= **Nettodividende** (Gutschriftsbetrag, falls kein Freistellungsauftrag)	**58,0902 EUR**	

Bei einem Einkommensteuersatz von z. B. 30 % ergibt sich folgende tatsächliche Steuerbelastung:

Einkünfte aus Kapitalvermögen (50 % der Bruttodividende):	36,8125 EUR	(Halbeinkünfteverfahren)
30 % ESt von 36,8125 EUR	11,0437 EUR	Erstattung vom Finanzamt im Rahmen der Einkommensteuererklärung: 15,5348 EUR – 11,6511 EUR = 3,8837 EUR
+ 5,5 % Solidaritätszuschlag von der ESt	0,6074 EUR	
= **gesamte Steuerschuld**	**11,6511 EUR**	
bereits erhobene Kapitalertragsteuer lt. Bescheinigung	14,725 EUR	
bereits erhobener Solidaritätszuschlag lt. Bescheinigung	0,8098 EUR	
= **Steuergutschrift**	**15,5348 EUR**	

13.3.2 Die Ermittlung des zu versteuernden Einkommens

Grundlage für die Bemessung der Einkommensteuerschuld ist das **zu versteuernde Einkommen.**

Einkommen im Sinne des Einkommensteuergesetzes ist der Gesamtbetrag aller Einkünfte nach Abzug der Sonderausgaben, der außergewöhnlichen Belastungen und einiger besonderer Freibeträge.

Einkünfte ergeben sich, wenn man von den Einnahmen Werbungskosten bzw. Betriebsausgaben abzieht.

Werbungskosten sind alle Aufwendungen, die getätigt werden müssen, um Einnahmen zu erzielen, zu sichern und zu erhalten (§9 EStG).

Ohne Nachweis ist ein Arbeitnehmer-Pauschbetrag von 920,00 EUR zur Abgeltung von Werbungskosten abzuziehen, für Einnahmen aus Kapitalvermögen ein Pauschbetrag von 51,00 EUR für Alleinstehende, 102,00 EUR für Verheiratete.

Für Arbeitnehmer als Werbungskosten u.a. absetzbar:

- Fahrtkosten zur Arbeitsstätte,
- Fachliteratur,
- Gewerkschaftsbeiträge,
- Arbeitskleidung,
- Bewerbungskosten,
- Fortbildungskosten.

Sonderausgaben sind Aufwendungen, die aus sozial- oder wirtschaftspolitischen Gründen den Steuerpflichtigen entlasten sollen.

Sie sind in der Regel nur bis zu bestimmten Höchstbeträgen abzugfähig.

Sonderausgaben sind z.B.:

- Vorsorgeaufwendungen (Lebens-, Unfallversicherung u.a.),
- Lebens- und Unfallversicherungen,
- Steuerberatungskosten,
- Kirchensteuer,
- Spenden an gemeinnützige Einrichtungen,
- Weiterbildung in nicht ausgeübtem Beruf.

Außergewöhnliche Belastungen sind Aufwendungen, die im privaten Bereich zwangsläufig und in größerem Umfang als bei der Mehrzahl der Steuerpflichtigen entstehen und zumutbare Eigenbelastungen übersteigen.

außergewöhnliche Aufwendungen sind z.B.:

- Unterhalt für Kinder in der Ausbildung,
- für die Beschäftigung einer Haushaltshilfe,
- Pflegekosten hilfsbedürftiger Personen,
- Pauschbeträge für behinderte Personen.

Aufgrund eines Grundsatzurteils des Bundesverfassungsgerichts hat der Gesetzgeber die Besteuerung der **Kapitaleinkünfte** neu geregelt. Ab 1993 ist von den Banken auf alle Zinserträge aus Spareinlagen, Bausparguthaben, festverzinsliche Wertpapiere eine **Zinsabschlagsteuer** von 30%, bei Tafelgeschäften von 35%, einzubehalten. Dieser **Vorwegabzug** gilt nur als Vorauszahlung auf die endgültige Einkommensteuer und wird bei deren Veranlagung verrechnet. Bei der Berechnung der zu zahlenden Einkommensteuer wird ein **Sparerfreibetrag** von 1370,00 EUR bei Ledigen und von 2740,00 EUR bei Verheirateten berücksichtigt.

Bis zur Höhe der Freibeträge können Steuerpflichtige ihren Banken einen Freistellungsauftrag erteilen. Dadurch wird der Vorwegabzug verhindert. In der Steuererklärung sind die Kapitaleinkünfte aber anzugeben.

Von den Einnahmen zum steuerbaren Einkommen

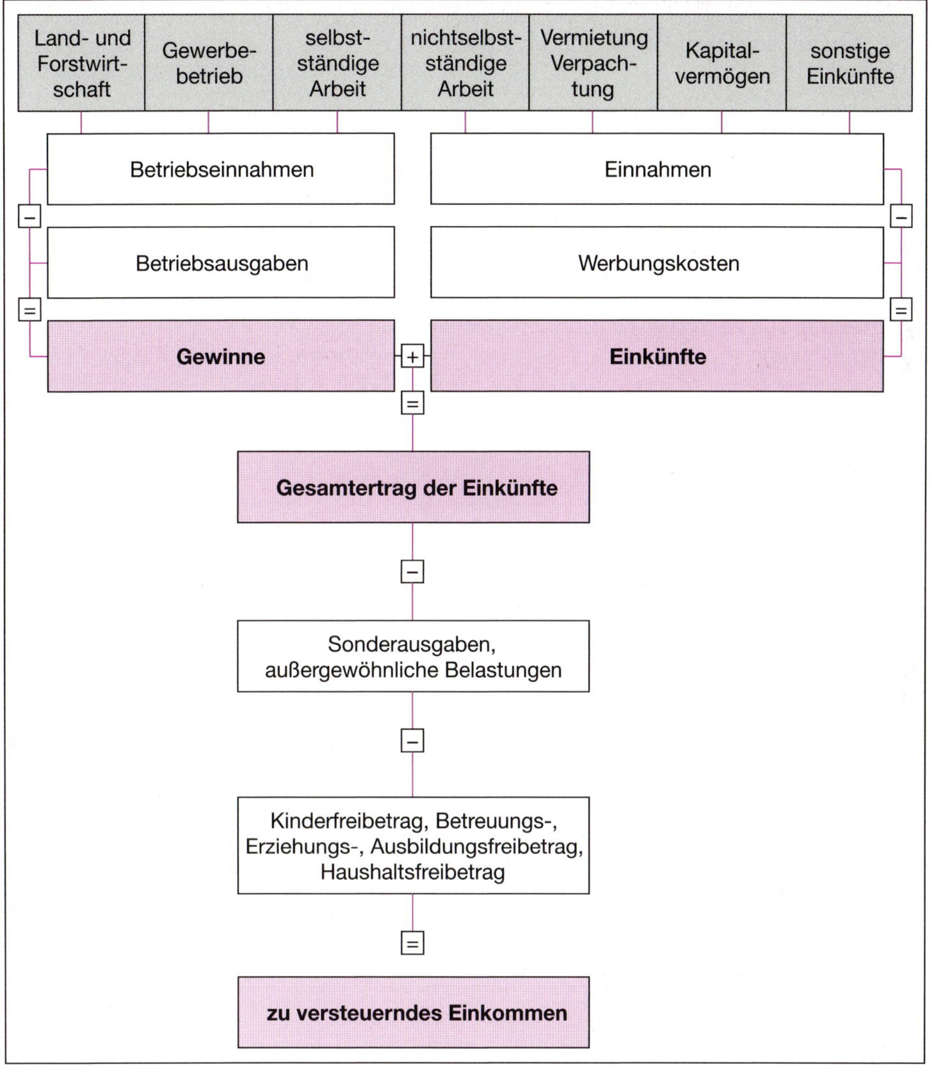

Der Betrag, der sich nach Ausschöpfung aller Abzugsmöglichkeiten von der Summe aller Einkünfte ergibt, ist **das zu versteuernde Einkommen.** Nach diesem Einkommen bestimmt sich die Höhe der Steuerschuld. Die Höhe der zu zahlenden Steuern ergibt sich nach dem **Steuertarif**.

Schema zur Ermittlung des zu versteuernden Einkommens

Einkünfte aus Land- und Forstwirtschaft + **Einkünfte aus Gewerbebetrieb** + **Einkünfte aus selbstständiger Arbeit**	**jeweils Gewinn** (Betriebseinnahmen – Betriebsausgaben)
+ **Einkünfte aus nichtselbstständiger Arbeit**	**Bruttolohn** – **Werbungskosten:** Arbeitnehmer-Pauschbetrag 920,00 EUR je Arbeitnehmer – **Vorsorgeaufwendungen:** Pauschale im Vorwegabzug gem. § 10 c EStG
+ **Einkünfte aus Kapitalvermögen**	**Einnahmen** – **Werbungskosten** (mindestens Werbungskostenpauschbetrag von 51,00 EUR / Verheiratete 102,00 EUR) – **Sparerfreibetrag** (1 370,00 EUR / Verheiratete 2 740,00 EUR)
+ **Einkünfte aus Vermietung und Verpachtung**	**Einnahmen** – **Werbungskosten** (z. B. Hausversicherungen, Grundsteuern, Zinsen; bei voll eigengenutzten Wohnungen oder Einfamilienhäusern besonderes Berechnungsverfahren)
+ **Sonstige Einkünfte** z. B. Spekulationsgeschäfte	**Einnahmen** – Werbungskosten
= **Summe der Einkünfte aus den Einkunftsarten**	
– **Altersentlastungsbetrag**	bei Vollendung des 64. Lebensjahres 40 % des Arbeitslohnes und der positiven Summe der übrigen Einkünfte, höchstens 1 908,00 EUR
= **Gesamtbetrag der Einkünfte**	
– **Sonderausgaben ohne Vorsorgeaufwendungen**	**unbeschränkt abzugsfähig:** z. B. Renten, Kirchensteuer, Steuerberatungskosten **beschränkt abzugsfähig:** z. B. Ausbildungskosten, Spenden
– **Vorsorgeaufwendungen**	**beschränkt abzugsfähig:** Versicherungs- und Bausparverträge, die die Beträge im Vorwegabzug übersteigen nach besonderen Berechnungsverfahren;
– **Verlustabzug**	z. B. Verlustvortrag aus Gewerbebetrieb
– **Außergewöhnliche Belastungen**	z. B. Berufsausbildung von Kindern; Krankheitskosten, die nicht von der Krankenkasse erstattet werden, abzüglich der zumutbaren Eigenbelastung
= **Einkommen**	
– **Freibeträge (z. B. Kinderfreibetrag, Betreuungs-, Erziehungs-, Ausbildungsfreibetrag, Haushaltsfreibetrag)**	
= **zu versteuerndes Einkommen**	

13.3.3 Der Einkommensteuertarif

Der für das Jahr 2004 gültige Einkommensteuertarif ist nach folgendem Stufensystem gestaltet:

Zonen	zu versteuerndes Einkommen	Bedeutung
Grundfreibetrag	7664,00 EUR	Das am Sozialhilferecht orientierte Existenzminimum bleibt steuerfrei.
Erste linear-progressive Zone	7665,00 EUR – 12739,00 EUR	Übersteigt das zu versteuernde Einkommen den Grundfreibetrag, so beginnt die Besteuerung zunächst mit dem **Eingangsteuersatz von 16 %.** Die Steuersätze für die Besteuerung der Einkommenszuwächse (**Grenzsteuersätze**[1]) steigen gleichmäßig (linear) an. Die Steigerung pro 1000,00 EUR Einkommenszuwachs beträgt **1,59 Prozentpunkte.**
Zweite linear-progressive Zone	12740,00 EUR – 52151,00 EUR	Die Steuersätze für die Besteuerung der Einkommenszuwächse (**Grenzsteuersätze**) steigen nicht mehr so stark an wie in der vorausgegangenen Zone. Die Steigerung pro 1000,00 EUR Einkommenszuwachs beträgt lediglich noch **0,53 Prozentpunkte.**
Obere Proportionalzone	ab 52152,00 EUR	Die Einkommenszuwächse werden einheitlich mit dem **Höchststeuersatz** von **45 %** besteuert.

Auszug aus einer Steuertabelle

Zu versteuerndes Jahreseinkommen in EUR	Tarifliche Einkommensteuer in EUR	Grenzsteuersatz	Durchschnittssteuersatz
7664,00	0,00	—	—
8000,00	54,00	16,53 %	0,68 %
9000,00	227,00	18,12 %	2,52 %
10000,00	417,00	19,71 %	4,17 %
....	....	....	....
14000,00	1323,00	24,72 %	9,45 %
15000,00	1573,00	25,25 %	10,49 %
16000,00	1828,00	25,78 %	11,43 %
....	....	....	....
60000,00	18155,00	45,0 %	30,26 %

Seit 1995 ist neben der Einkommensteuer und Kirchensteuer ein Solidaritätszuschlag zu zahlen. Er wird z. Zt. in Höhe von 5,5 % der Einkommensteuerschuld berechnet.

[1] Der Grenzsteuersatz gibt eigentlich die Erhöhung der Steuerbelastung bei Erhöhung des zu versteuernden Einkommens um **einen EUR** an. Hier wird eine Erhöhung von 1 000,00 EUR zugrunde gelegt.

13.3.4 Die Besteuerung der Arbeitnehmereinkommen

▶ Der Lohnsteuerabzug

Bei Arbeitnehmern wird die vom Arbeitslohn zu zahlende Einkommensteuer vom Arbeitgeber direkt abgezogen. Die Lohnsteuer ist nur eine besondere Erhebungsform der Einkommensteuer, hier vom Einkommen aus unselbstständiger Tätigkeit, aber keine eigene Steuerart.

Der Arbeitgeber ist verpflichtet die Lohnsteuer abzuziehen und an das Finanzamt abzuführen. Zur Berechnung der Lohnsteuer muss jeder Arbeitnehmer eine **Lohnsteuerkarte** vorlegen. Sie wird von der Gemeinde ausgestellt. In der Lohnsteuerkarte ist neben den persönlichen Daten eine **Steuerklasse** angegeben. Sie gibt Auskunft über den Familienstand, Kinderzahl und darüber, ob mehrere Arbeitsverhältnisse bestehen.

Die Lohnsteuerkarte ist Grundlage für den Abzug der Lohnsteuer durch den Arbeitgeber.

Die Lohnsteuer wird monatlich nach **Lohnsteuertabellen** berechnet. In diese Tabellen sind neben Grundfreibeträgen Pauschalen für Werbungskosten und Sonderausgaben, sowie Freibeträge für Kinder eingearbeitet.

Auf Antrag können weitere Freibeträge auf der Lohnsteuerkarte eingetragen werden, z. B. erhöhte Werbungskosten bei weiten Anfahrten zum Arbeitsplatz oder für Kinder über 18 Jahren, die sich in der Ausbildung befinden.

Beispiele für die Anwendung der Steuerklassen (ab 1. Januar 1983)

Steuerklasse	
I	Ledige, dauernd getrennt lebende verheiratete, geschiedene oder verwitwete Arbeitnehmer
II	für in Steuerklasse I aufgeführte Arbeitnehmer, wenn sie mindestens ein Kind haben
III	Verheiratete, wenn nur ein Ehepartner Arbeitslohn bezieht
IV	Verheiratete, wenn beide Ehepartner Arbeitslohn beziehen
V	für in Steuerklasse IV aufgeführte Arbeitnehmer, wenn ein Ehegatte in Klasse III eingereiht ist
VI	für ein zusätzliches Arbeitsverhältnis

▶ Einkommensteuererklärung

Die tatsächliche Einkommensteuerschuld kann endgültig erst bestimmt werden, wenn das Jahreseinkommen feststeht. Die Summe der vom Arbeitgeber monatlich einbehaltenen und abgeführten Beträge der Lohnsteuer kann höher oder niedriger sein als die Einkommensteuerschuld, die auf der Grundlage des Jahreseinkommens ermittelt wird. Für den Steuerpflichtigen können sich – je nach Sachlage – Erstattungen oder Nachzahlungen ergeben.

Grundlage für die Ermittlung der Steuerschuld sind die Angaben aus der Einkommensteuererklärung. Der Steuerpflichtige erklärt die Höhe seiner Einkünfte zu jeder der 7 Einkunftsarten. Bezieht er lediglich Einkünfte aus nichtselbstständiger Arbeit (Arbeitseinkommen), so überträgt er die Daten aus der Lohnsteuerkarte auf die Anlage N (N steht für nichtselbstständige Arbeit). Gleichzeitig sind auf dieser Anlage die für diese Einkunftsarten entfallenden Werbungskosten aufzuführen.

Arbeitnehmer sind nur in bestimmten Fällen zur Abgabe einer Einkommensteuererklärung verpflichtet, z. B.

- wenn ein Arbeitnehmer von mehreren Arbeitgebern gleichzeitig Arbeitslohn bezogen hat;
- wenn für den Arbeitslohn aus einer geringfügigen Beschäftigung (400,00 EUR-Arbeitsverhältnis) vom Finanzamt eine Freistellungsbescheinigung vom Lohnsteuerabzug ausgestellt worden ist und die Summe der anderen Einkünfte des Arbeitnehmers positiv ist;
- wenn beide Ehegatten Arbeitslohn bezogen haben und einer von ihnen für das Kalenderjahr oder für einen Teil des Kalenderjahres nach der Steuerklasse V oder VI besteuert worden ist;
- wenn das Finanzamt einen Freibetrag auf der Lohnsteuerkarte eingetragen hat (ausgenommen Pauschbeträge für Behinderte, Hinterbliebene und Zahl der Kinderfreibeträge);

Rechnet ein Arbeitnehmer, der nicht zur Abgabe einer Einkommensteuererklärung verpflichtet ist, mit einer Steuererstattung, so wird er sich dafür entscheiden, freiwillig eine Einkommensteuererklärung abzugeben. Dies ist i. d. R. dann der Fall, wenn z. B. die Summe seiner Werbungskosten den Pauschbetrag von 920,00 EUR übersteigt und ein Freibetrag auf der Lohnsteuerkarte nicht eingetragen ist.

AUFGABEN UND PROBLEME

13.1 Steuerarten

In der Steuerspirale (S. 279) sind die Einnahmen über sämtliche Steuerarten dargestellt.

- 1. Ermitteln Sie die Summe aller ausgewiesenen Verbrauchsteuern.
- 2. Wie viel Prozent der gesamten Steuereinnahmen entfallen auf die vier größten Besitzsteuern?

13.2 Direkte oder indirekte Steuern

Bei jeder Steuerreform stehen die Verantwortlichen vor der Frage, welche Steuerart gesenkt werden soll und wie die entstehenden Steuerausfälle auszugleichen seien. Dabei steht auch die Veränderung der direkten und indirekten Besteuerung zur Debatte.

- Wieso kann man behaupten, dass eine Erhöhung der indirekten Steuerarten i. d. R. unsozialer wirkt als die Erhöhung einer direkten Steuer?

13.3 Einkunftarten

Entscheiden Sie in den folgenden Fällen,

- 1. ob es sich um Einkünfte im Sinne des Einkommensteuergesetzes handelt,
- 2. um welche steuerrechtliche Einkunftsart es sich handelt.

a) Einnahme in Höhe von 8000,00 EUR am 1. März .. aufgrund des Pachtvertrages mit dem Apotheker Schröder zur Überlassung der Apotheke „Am großen Markt“

b) Einnahme des Dr. med. Walter Hahn für einen arbeitsmedizinischen Vortrag vor den Betriebsräten der Westfälischen Kraftwerke Dortmund

Vortragshonorar	1500,00 EUR
Reisekostenvergütung	450,00 EUR

c) Einnahmen des Facharbeiters Dieter Schelle:

1. Monatslohn	3400,00 EUR
2. Erlös aus Pkw-Verkauf	8000,00 EUR

d) Einnahme von Frau Edith Moll aus Lottogewinn 3681,20 EUR

e) Einnahmen bei Gerhard Stark:

1. Gewinn der von ihm als Einzelunternehmung geführten Werbeagentur Stark	143000,00 EUR
2. Gewinnauszahlung der Nordland-Reise-GmbH aus Gesellschaftsvertrag	64000,00 EUR

13.4 Steuerpolitik

Im Zusammenhang mit der Aufteilung der Steuerquellen auf Bund, Länder und Gemeinden werden bestimmte Steuerarten als Gemeinschaftssteuern bezeichnet. Die prozentuale Verteilung der Gemeinschaftssteuern wird durch Bundesgesetz mit der Zustimmung des Bundesrates geregelt.

- 1. Warum ist es nötig, die einmal festgelegten Verteilungssätze von Zeit zu Zeit zu überprüfen und zu verändern?
- 2. Warum kann man eine neu geregelte Steuerverteilung der Gemeinschaftssteuern auch als eine Maßnahme zu „mehr sozialer Gerechtigkeit“ werten?

ZUR WIEDERHOLUNG DES GRUNDWISSENS

1. Nennen Sie die Einnahmequellen des Staates.
2. Wie werden die Steuern nach dem Steuergegenstand eingeteilt?
3. Charakterisieren Sie direkte und indirekte Steuern.
4. Was ist unter Gemeinschaftssteuern zu verstehen?
5. Welche Aufgabe hat der Finanzausgleich?
6. Wodurch unterscheiden sich Einkommensteuer und Lohnsteuer?
7. Welche sieben Einkunftsarten kennt das Steuerrecht?
8. Geben Sie jeweils Beispiele zu den einzelnen Einkunftsarten an.
9. Unterscheiden Sie die Begriffe „Einkünfte“ und „zu versteuerndes Einkommen“.
10. Begründen Sie an Beispielen den Unterschied zwischen Werbungskosten und Sonderausgaben.
11. Welche Bedeutung haben die Lohnsteuerklassen?
12. Was ist unter dem Grenzsteuersatz zu verstehen?
13. Wann wird ein Arbeitnehmer eine Einkommensteuererklärung abgeben, auch wenn er dazu nicht verpflichtet ist?
14. In welchem Fall muss auch ein Arbeitnehmer eine Einkommensteuererklärung abgeben?
15. Welcher Steuerart unterliegt der Gewinn einer GmbH?
16. Welche Aufgaben soll Steuerpolitik erfüllen?
17. Was ist unter Gesamtsteuerlast zu verstehen?
18. Erläutern Sie, welcher Zusammenhang zwischen wachsenden Kollektivbedürfnissen und der Steuerlast besteht.
19. Durch welche steuerlichen Maßnahmen erfolgt Familienförderung?
20. Welche Absichten sind mit der Erhöhung der Ökosteuern verbunden?

14 Geldschöpfung und Geldpolitik

Ein junger Student der Volkswirtschaftslehre praktiziert in den Semesterferien bei einer Bank. Er kommt in ein fachliches Gespräch mit einem Auszubildenden. Er will ihm beweisen, dass auch private, am Gewinn orientierte Banken Geld schöpfen können und nicht nur die Europäische Zentralbank.

Der Auszubildende widerspricht mit folgender Argumentation: Banken können nur das wieder ausleihen, was sie vorher von ihren Kunden als Einlage erhalten haben. Davon können sie sogar nur einen Teil ausleihen, da sie eine Liquiditätsreserve für Barauszahlungen bereithalten müssen. Private Geschäftsbanken vermitteln Geld und sorgen dafür, dass es im Geldkreislauf keine Stockungen gibt. Sie können niemals die Geldmenge einer Volkswirtschaft vergrößern. Dies kann nur die Europäische Zentralbank als Zentralbank für das Euro-Währungsgebiet.

LEITFRAGEN

Was versteht man unter „Geld“?

Welche Arten des Geldes gibt es?

Wie entsteht Geld?

Können auch Geschäftsbanken Geld schöpfen?

INFORMATION

14.1 Die Entwicklung des Geldwesens

14.1.1 Das allgemeine Tauschgut

Heute kann sich kaum noch jemand mit eigener Hand all das schaffen, was er zur Befriedigung seiner Bedürfnisse benötigt. In der arbeitsteiligen Wirtschaft sind wir zu Spezialisten geworden. Die arbeitsteilige Wirtschaft funktioniert nur, wenn der Austausch der Güter reibungslos durchgeführt wird. Solange die Tauschpartner nur solche Waren als Gegenleistung annahmen, die sie unmittelbar benötigten, so lange war das Tauschgeschäft umständlich und kam wohl oft gar nicht zustande, weil der passende Tauschpartner nicht gefunden werden konnte. Um den Tausch zu vereinfachen und häufig überhaupt erst zu ermöglichen, nahm man schließlich auch Waren als Tauschgut an, die man selbst nicht unmittelbar benötigte. Es mussten jedoch Waren sein, die jederzeit wieder als Gegenleistung in Zahlung genommen wurden. So entwickelte sich ein allgemeines Tauschgut.

Mit der Anerkennung eines allgemeinen Tauschgutes entwickelte sich aus der Tauschwirtschaft die Geldwirtschaft.

- **Damit eine Ware zum allgemeinen Tauschgut werden konnte, musste sie vor allem begehrt sein.** Zu verschiedensten Zeiten und in verschiedenen Ländern wurden die unterschiedlichsten Waren als allgemeines Tauschgut benutzt: Salz in Abessinien, Tabak in Virginia, Zucker in den westindischen Kolonien. Adam Smith (1723–1790) berichtet von einem Dorf in Schottland, wo es nichts Ungewöhnliches war, in den Bäckerladen oder ins Wirtshaus Nägel als Gegenleistung mitzubringen.

Mühlsteine als allgemeines Tauschgut

In frühen afrikanischen Kulturen waren Mühlsteine allgemein anerkanntes Tauschgut. Sie wurden als sichtbares Zeichen des Wohlstandes vor den Hütten aufgestapelt. Dass Mühlsteine zum allgemeinen Tauschgut wurden, war deshalb möglich, weil in dieser Gegend Steine dieser Art selten vorkamen.

- **Ein allgemeines Tauschgut muss ohne Wertverlust teilbar sein.** In den Frühzeiten der menschlichen Gesellschaft war Vieh das allgemeine Tauschmittel. Der Wert eines Gegenstandes wurde häufig in der Stückzahl Vieh ausgedrückt. Trotzdem war das Vieh kein sehr geeignetes allgemeines Tauschgut. Wer Salz gegen Vieh tauschen wollte, musste den Gegenwert eines ganzen Ochsen oder eines ganzen Schafes tauschen. Das Schaf und der Ochse sind nicht ohne Wertverlust teilbar.

- **Das allgemeine Tauschgut muss sich auch als Wertaufbewahrungsmittel eignen.** Es darf bei der Lagerung nicht der Gefahr des Verderbs, der Vernichtung oder des endgültigen Verbrauchs ausgesetzt sein.

- **Das allgemeine Tauschgut muss einen hohen spezifischen Wert haben.** Es muss bei möglichst geringem Gewicht und geringem Volumen einen hohen Wert repräsentieren. Damit wird der Tausch erleichtert, da das allgemeine Tauschgut zum Zweck des Tauschs ja transportiert werden muss.

Das allgemeine Tauschgut muss folgende Eigenschaften haben:
- knapp und allgemein begehrt,
- als Wertaufbewahrungsmittel geeignet,
- ohne Wertverlust teilbar,
- von hohem spezifischen Wert.

Das Gold erfüllte alle diese Anforderungen an das allgemeine Tauschgut in idealer Weise. Es ist deshalb kein Zufall, dass es schließlich weltweit als allgemeines Tauschgut anerkannt wurde.

14.1.2 Die staatliche Ordnung des Geldwesens

Auch die Verwendung der Metalle als Tauschgut machte noch viel Umstände: Bei jedem Tauschgeschäft musste das Gewicht des Metallbarrens genau festgestellt werden. Insbesondere bei Edelmetallen konnte man nicht darauf verzichten, den Feingehalt etwa eines Goldbarrens zu prüfen. Schon geringe Beimengungen eines weniger wertvollen Metalls hätten den Wert des Goldbarrens wesentlich verändert. Um den Handel zu erleichtern, kam es schließlich dazu, dass die Metallbarren mit einem staatlichen Prägestempel versehen wurden, der den Feingehalt des Metalls bestätigte. Das Metall musste aber immer noch gewogen werden.

So wurden früher Münzen von Hand geprägt

Um den Aufwand des Wiegens zu vermeiden, entstand schließlich die Münze. Das Metallstück wurde in staatlichen Prägeanstalten auf der Ober- und auf der Unterseite mit einem Prägestempel versehen. Damit wurde nicht nur der Feingehalt, sondern auch das Gewicht garantiert. Die Münzen wurden symbolhaft bezeichnet (Mark, Dollar, Rubel) und wegen ihres Warenwertes im Tauschgeschäft angenommen. Da die Prägung auf den runden Münzen bis zum Rande ging, hielt man die Münzen für so sicher, dass im täglichen Handel jede weitere Prüfung entfiel.

Damit wurde das Geldwesen zu einer staatlichen Einrichtung. Der Staat übernahm die Gewährleistung für das Gewicht und den Feingehalt der Münzen. So entstand auch der Begriff der „Währung“.

Währung nennt man die staatliche Ordnung des Geldwesens in einer Volkswirtschaft.

Im engeren Sinne versteht man unter Währung auch die Geldeinheit einer Volkswirtschaft. Dies war in Deutschland bis 1948 die **„Reichsmark“**, nach der Währungsreform 1948 im Gebiet der 1949 gegründeten Bundesrepublik Deutschland die **„Deutsche Mark“ (DM)** und seit 1. Januar 1999 der **„Euro“** (EUR), der im Jahr 2002 endgültig die DM ablöste.

Der Staat gab den Münzen schließlich die Eigenschaft des gesetzlichen Zahlungsmittels. Durch Gesetz wurde angeordnet, dass nicht nur der Staat sie zur Schuldentilgung annehmen musste, sondern auch jeder Privatmann.

Das gesetzliche Zahlungsmittel muss von jedermann zur Schuldentilgung angenommen werden.

14.1.3 Vom Bargeld zum Buchgeld

▶ Bargeld

Weil das Warengeld nicht willkürlich vermehrt werden kann, war es die einzig mögliche Geldart, solange eine staatliche Ordnung des Geldes nicht bestand. Ob das Edelmetall gemünzt war oder nicht, auf alle Fälle war es umständlich, das zur Durchführung größerer Geschäfte notwendige Edelmetall durch das Land zu transportieren; es war auch risikoreich. Deshalb wurde es üblich, das Edelmetall zuverlässigen Depotstellen zur Aufbewahrung zu übergeben. Da die Depotstellen, die das Gold gegen Hinterlegungsschein zur Aufbewahrung übernahmen, absolut zuverlässig waren, zahlte man der Einfachheit halber nur mit dem Hinterlegungsschein. Das Gold wurde gar nicht mehr abgeholt, obwohl der Inhaber des Hinterlegungsscheins jederzeit das Recht dazu hatte. Im Umlauf war der Hinterlegungsschein, nicht das Gold.

Der Hinterlegungsschein als Geld

In Deutschland nahmen die Fugger Gold und Goldmünzen zur Hinterlegung an. Sie gaben Hinterlegungsscheine aus, mit denen sie bestätigten, dass bei ihnen eine entsprechende Menge Gold hinterlegt ist. In England betrieben dieses Geschäft die Goldschmiede. Auch die ersten Banken, die im Zeitraum des 12. bis 15. Jahrhunderts vor allem in Italien entstanden, wurden ursprünglich zu dem Zweck gegründet, den Zahlungsverkehr zu erleichtern, und waren „Depotbanken".

Schließlich übernahmen staatliche Banken die Aufgabe, das Gold aufzubewahren. Die dafür ausgegebenen staatlichen Zertifikate wurden Banknoten genannt. Als Bargeld im Umlauf waren damit neben den Münzen auch Banknoten.

Als Bargeld bezeichnen wir jede stoffliche Form des Geldes. Zum Bargeld zählen Münzen und Banknoten.

Für die Geschäfte des täglichen Lebens über kleinere Beträge waren Papierscheine unzweckmäßig. Ebenso unpraktisch für diesen Zweck waren **vollwertige Münzen aus Edelmetall (Kurantmünzen).** Sie wären zu klein gewesen und durch natürlichen Verschleiß sehr schnell unter das so genannte „Passiergewicht" gesunken, das durch staatliche Prägung garantiert war. Deshalb wurden Münzen aus weniger wertvollen, aber härteren Metallen eingeführt, deren Metallwert unter dem durch Prägung garantierten Wert lag. Diese unterwertigen Münzen werden **Scheidemünzen** genannt. Die Münzen wurden schließlich nicht mehr wegen des Metallwertes in Zahlung genommen, sondern wegen des Kaisers, der darauf geprägt war. Er garantierte nicht mehr den Umtausch in Edelmetall, aber er garantierte, dass die Münze immer alle Geldfunktionen erfüllen würde. Mit den unterwertigen Münzen ist die echte Form des Warengeldes überwunden.

▶ Buchgeld

Der Zahlungsverkehr wurde von den Banken dadurch weiter vereinfacht, dass sie den Einlieferern von Edelmetall ein Konto eröffneten. Mit der Einlieferung des Edelmetalls erfolgte die Gutschrift des Gegenwerts auf dem Konto des Einlieferers. Dieses Geld existiert nur noch in der Form einer Gutschrift auf dem Konto eines Kunden bei seiner Bank, nicht mehr in der konkreten Form des Bargeldes.

Die Zahlung erfolgt jetzt so, dass der Schuldner die Bank mit Überweisungsauftrag anweist, einen bestimmten Betrag von seinem Konto abzubuchen und auf das Konto seines Gläubigers zu übertragen.

Die Abwicklung einer bargeldlosen Zahlung

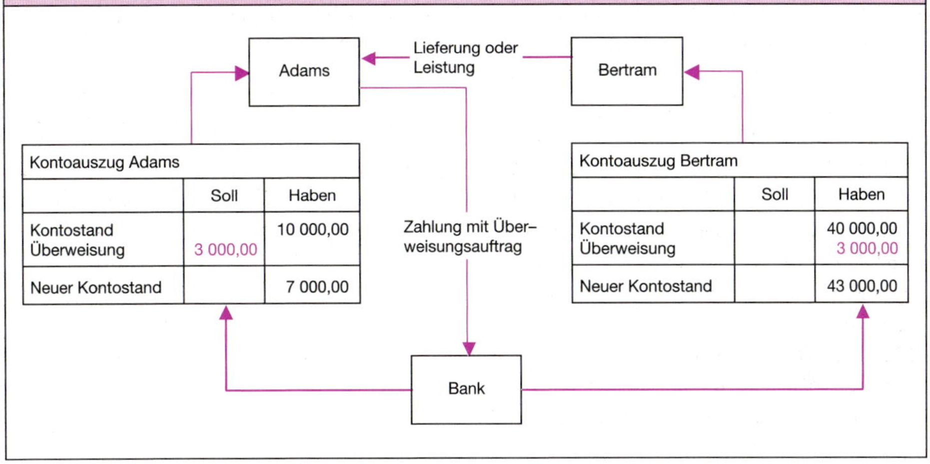

Buchgeld (Giralgeld) besteht in der Form täglich fälliger Guthaben bei Banken.

Täglich fällige Guthaben bei Geschäftsbanken werden auch als **Sichteinlagen** bezeichnet, weil die Geschäftsbank z. B. bei Vorlage eines vom Kontoinhaber ausgestellten Schecks sofort (bei Sicht) zur Auszahlung verpflichtet ist.

Früher durften nach den Bestimmungen der Banken Gutschriften nur ausgeführt werden, wenn der Gegenwert zu 100% in Edelmetall eingeliefert wurde. Der Kontoinhaber hatte jederzeit das Recht, sich den Gegenwert in Edelmetall auszahlen zu lassen. Heute besteht diese Deckung nicht mehr. Der Bankkunde hat nur noch den Anspruch, dass ihm sein Guthaben in Scheinen oder Münzen ausgezahlt wird.

Geldmenge[1] im Euro-Währungsgebiet in Mrd. EURO

Jahr	Bargeld umlauf	Täglich fällige Einlagen	insgesamt
2001	335,2	1688,1	2023,3
2002	332,3	2109,4	2441,7
2003	387,6	2288,6	2676,2

[1] Die Europäische Zentralbank berechnet die Geldmenge in drei unterschiedlichen Abgrenzungen (s. dazu 14.4.2)

Quelle: Monatsbericht der Europäischen Zentralbank, September 2004, Tabelle 2.3

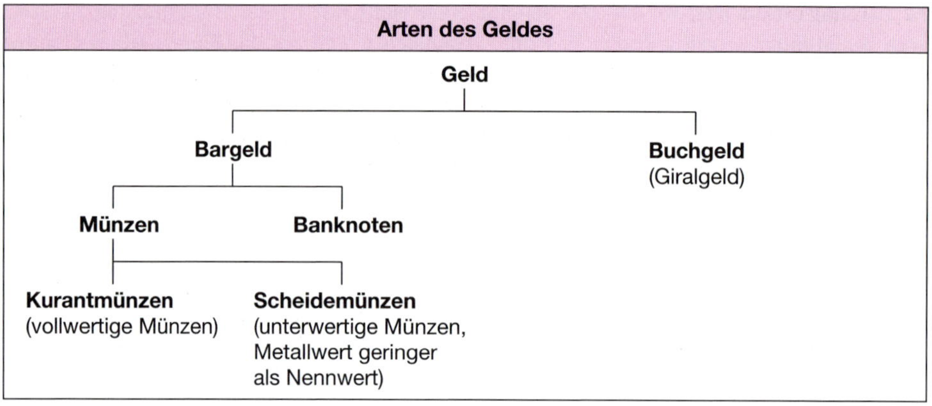

14.2 Die Zahlungsformen

14.2.1 Überblick über die Zahlungsformen

Im Hinblick auf die bei Zahlungen von Schulden verwendeten Zahlungsmittel unterscheidet man zwischen

- Barzahlung,
- halbbarer Zahlung,
- bargeldloser Zahlung,

je nachdem ob die Zahlungsvorgänge über Konten bei Banken und Sparkassen oder mit Banknoten und Münzen abgewickelt werden.

Überblick über die Zahlungsformen

Zahlungsempfänger / Zahlender	hat kein Bankkonto	hat Bankkonto
hat kein Bankkonto	– Übergabe von Münzen und Banknoten – Minuten-Service der Postbank	– Zahlschein
hat Bankkonto	– Barscheck	– Überweisung – Lastschrift – Dauerauftrag – Verrechnungsscheck – Bankkarte, Kreditkarte, Geldkarte

14.2.2 Barzahlung

Zahlungen mit Banknoten und Münzen kommen fast nur noch bei den Geschäften des täglichen Lebens vor. Der Einkauf an Automaten wurde erst durch Bargeld möglich. Diese Art des Einkaufens wird aber zunehmend durch die Verbreitung verschiedener Arten von Geld- und Kreditkarten der Banken und Sparkassen abgelöst.

14.2.3 Halbbare Zahlungen

Von halbbarem Zahlungsverkehr sprechen wir, wenn einer der Beteiligten entweder mit Bargeld zahlt oder Bargeld erhält, während der andere am Zahlungsvorgang beteiligte Partner eine Kontogutschrift oder Kontolastschrift erhält.

Zahlschein
Kassenbeleg
600 501 01
Landesgirokasse
Empfänger
Stiftung Frauenkirche Dresden
Konto-Nr. des Empfängers
970023700
Bankleitzahl
500 800 00
bei (Kreditinstitut)
Dresdner Bank
Betrag: EUR, Ct
50,00
Verwendungszweck (nur für Empfänger)
Aktion „Stifterbrief" Frauenkirche
Auftraggeber/Einzahler: Name und Anschrift
M. Bohnes, 58540 Meinerzhagen

- **Zahlung mit Zahlschein**

Der Zahlungspflichtige zahlt bei einem Kreditinstitut oder bei der Postbank mit Banknoten oder Münzen auf ein Konto des Zahlungsempfängers. Der Zahlungsempfänger erhält von seiner Bank eine Gutschrift. Ein Beleg wird kaum noch mitversandt. Mit dem Zahlschein können auch Einzahlungen auf das eigene Konto erfolgen.

Spende mit dem Zahlschein

Margarete Bohnes aus Meinerzhagen findet bei ihrer Post einen Prospekt der Stiftung Frauenkirche Dresden mit der Bitte um Spenden für den Wiederaufbau. Als alte Dresdnerin möchte sie einen kleinen Beitrag leisten. Den beigefügten Zahlschein füllt sie aus und zahlt den Betrag am Bankschalter.

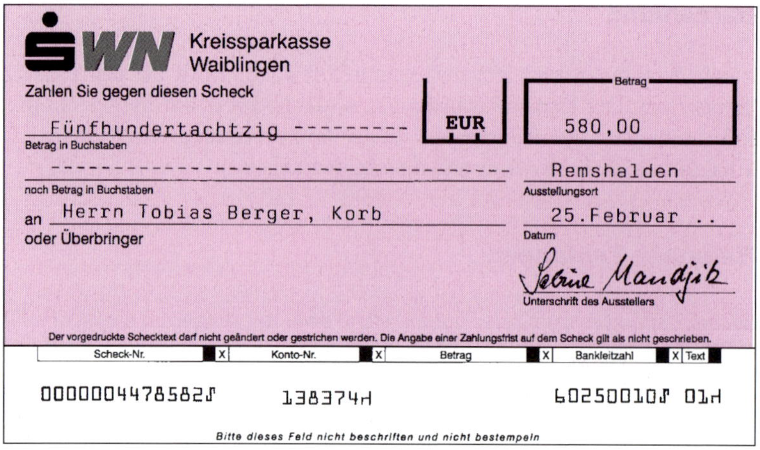

- **Zahlung mit Barscheck**

Der Zahlungspflichtige stellt einen Scheck über den benötigten Geldbetrag aus und übergibt ihn dem Zahlungsempfänger. Der kann sich den Betrag bei der Bank des Ausstellers bar auszahlen oder über seine Bank einziehen lassen.

Barscheck statt Bargeld

Sabine Mandjik aus Remshalden kauft Tobias Berger, Korb, einen Satz gut erhaltener Winterreifen, einen Ski-Gepäckträger und Schneeketten für 580,00 EUR ab. Da sie nicht genug Bargeld dabei hat, stellt sie ihm einen Barscheck aus, den er sich bei der Sparkasse bar auszahlen lassen kann.

14.2.4 Bargeldlose Zahlungen

Der bargeldlose Zahlungsverkehr setzt voraus, dass sowohl der Zahlungspflichtige als auch der Zahlungsempfänger über Konten verfügen. Bei der bargeldlosen Zahlung beauftragt der Zahlungspflichtige sein Kreditinstitut, die auf dem Überweisungsauftrag ausgewiesene Geldsumme von seinem Konto auf das Konto des Zahlungsempfängers zu übertragen.

Beim bargeldlosen Zahlungsverkehr erfolgen Zahlungen durch Übertragung von Buchgeld auf einem Konto des Zahlungspflichtigen auf ein Konto des Zahlungsempfängers.

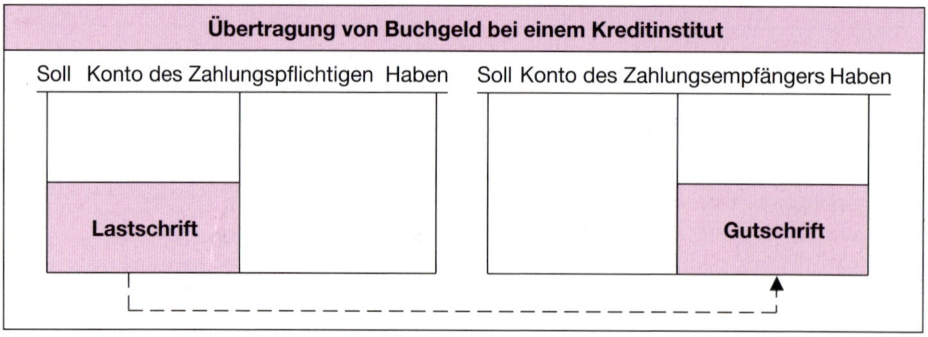

- **Zahlung durch Überweisung**

Der Schuldner weist seine Bank an, einen bestimmten Geldbetrag vom eigenen Konto auf das angegebene Konto des Zahlungsempfängers zu überweisen. Die Durchschrift verbleibt als Beleg beim Auftraggeber. Mithilfe von Datenlesegeräten wird der Auftrag elektronisch erfasst und direkt bearbeitet.

Zahlung von Konto zu Konto
Sandra Karsten, Berghausen, hat sich beim Versandhaus Junge Mode, Burgstall, den im Katalog angepriesenen Pullover zum Sonderpreis bestellt. Mit der Rechnung kommt gleichzeitig ein Überweisungsvordruck. Da sie auf ihrem Gehaltskonto noch ein Guthaben stehen hat, überweist sie den Betrag.

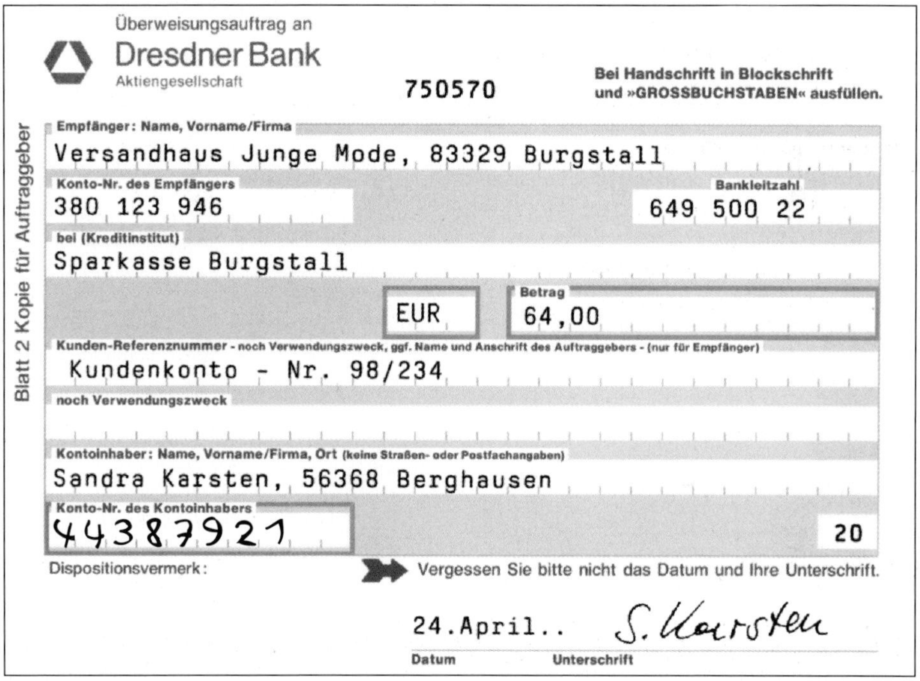
Überweisungsauftrag an
Dresdner Bank
Aktiengesellschaft
750570
Bei Handschrift in Blockschrift und »GROSSBUCHSTABEN« ausfüllen.
Blatt 2 Kopie für Auftraggeber
Empfänger: Name, Vorname/Firma
Versandhaus Junge Mode, 83329 Burgstall
Konto-Nr. des Empfängers
380 123 946
Bankleitzahl
649 500 22
bei (Kreditinstitut)
Sparkasse Burgstall
EUR
Betrag
64,00
Kunden-Referenznummer - noch Verwendungszweck, ggf. Name und Anschrift des Auftraggebers - (nur für Empfänger)
Kundenkonto - Nr. 98/234
noch Verwendungszweck
Kontoinhaber: Name, Vorname/Firma, Ort (keine Straßen- oder Postfachangaben)
Sandra Karsten, 56368 Berghausen
Konto-Nr. des Kontoinhabers
44387921
20
Dispositionsvermerk:
Vergessen Sie bitte nicht das Datum und Ihre Unterschrift.
24.April..
S. Karsten
Datum
Unterschrift

Nach der Freischaltung durch die Bank kann der Kontoinhaber seine Überweisungsaufträge auch per Computer erledigen (Homebanking). Zur Abwicklung benötigt er eine von der Bank vergebene PIN (Persönliche Identifikationsnummer) und eine Liste mit Transaktionsnummern (TAN). Mit jedem Überweisungsauftrag wird eine TAN als elektronische Unterschrift „verbraucht“. Bei Bedarf können weitere Transaktionsnummern angefordert werden.

Wie mit dem Computer lassen sich Überweisungsaufträge auch per Telefon erledigen.

Bargeldloser Zahlungsverkehr in der EU. Seit 01.07.2003 dürfen für Überweisungen ins EU-Ausland höchstens dieselben Gebühren wie für Inlandsüberweisungen berechnet werden. Dies gilt allerdings nur für bestimmte automatisierte Verfahren des Zahlungsverkehrs (EU-Standardüberweisungen).

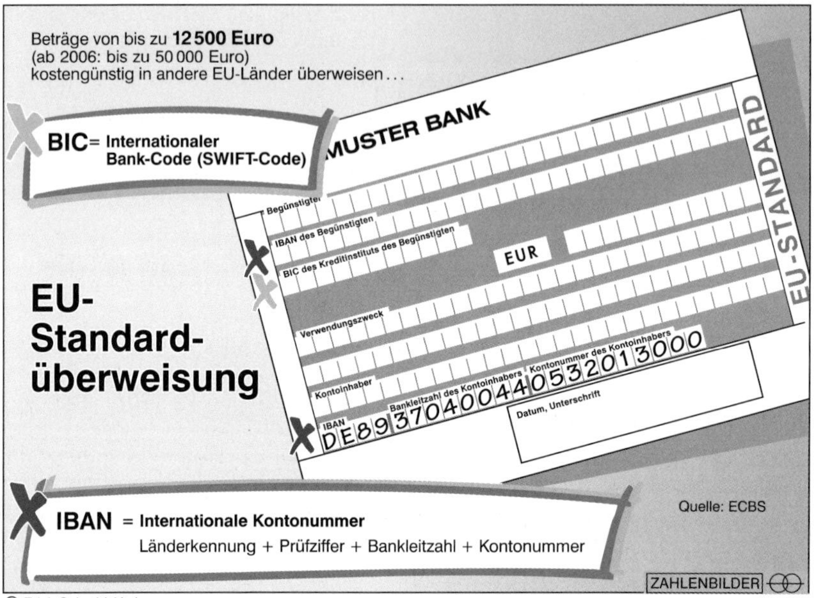

 445 217

- **Zahlung durch Dauerauftrag**

Bei regelmäßig wiederkehrenden, gleich bleibenden Beträgen an den gleichen Empfänger kann man das Kreditinstitut beauftragen, die Überweisung zu den jeweils angegebenen Terminen pünktlich vorzunehmen. Ein Dauerauftrag kann jederzeit widerrufen oder gelöscht werden. Die Abbuchungen sind aus dem Kontoauszug zu ersehen.

Pünktlich automatisch überweisen

Janne Derksen, Studentin der Rechtswissenschaft in Dresden, erhält die monatliche Unterstützung durch ihre Eltern per Dauerauftrag auf ihr Konto bei der Dresdner Bank in Dresden. Sie selbst zahlt auf gleiche Weise ihre Miete und auch den Beitrag an den Sportverein.

- **Zahlung durch Lastschrift**

Regelmäßige Zahlungen können auch direkt vom Konto des Zahlungspflichtigen abgebucht werden. Dazu muss der Zahlungsempfänger ermächtigt werden. Er lässt die Beträge bei Fälligkeit durch seine Bank einziehen. Die Einzugsermächtigung kann gegenüber dem Zahlungsempfänger jederzeit widerrufen werden.

Frau Weiss lässt ihr Zeitungsabo abbuchen

Zahlungspflichtiger:	Melanie Weiss
Konto-Nr.:	390 897 002
Bank:	Südwestbank Waiblingen
Zahlungsempfänger:	Druckhaus Waiblingen
Konto-Nr.:	290 332 004
Bank:	Südwestbank Waiblingen

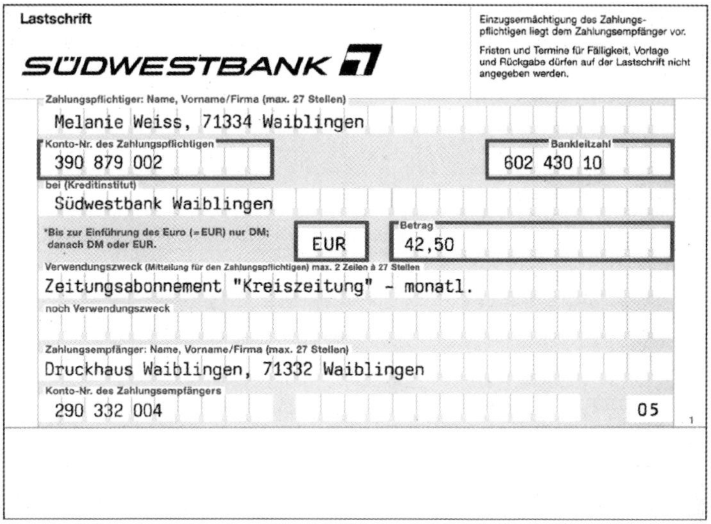

Lastschrift

SÜDWESTBANK

Einzugsermächtigung des Zahlungspflichtigen liegt dem Zahlungsempfänger vor.

Fristen und Termine für Fälligkeit, Vorlage und Rückgabe dürfen auf der Lastschrift nicht angegeben werden.

Zahlungspflichtiger: Name, Vorname/Firma (max. 27 Stellen)
Melanie Weiss, 71334 Waiblingen

Konto-Nr. des Zahlungspflichtigen: 390 879 002

Bankleitzahl: 602 430 10

bei (Kreditinstitut)
Südwestbank Waiblingen

*Bis zur Einführung des Euro (= EUR) nur DM; danach DM oder EUR. EUR

Betrag: 42,50

Verwendungszweck (Mitteilung für den Zahlungspflichtigen) max. 2 Zeilen à 27 Stellen
Zeitungsabonnement "Kreiszeitung" - monatl.

noch Verwendungszweck

Zahlungsempfänger: Name, Vorname/Firma (max. 27 Stellen)
Druckhaus Waiblingen, 71332 Waiblingen

Konto-Nr. des Zahlungsempfängers
290 332 004 05

- **Zahlung mit der Bankkarte und der Geldkarte**

Banken und Sparkassen statten ihre Kunden im Normalfall mit einer auf den Kontoinhaber ausgestellten **Bankkarte** aus. Auf dieser Karte ist ein elektronischer Chip integriert, der an Geldterminals mithilfe der **PIN** (Persönliche Identifikations-Nummer) bis zu 200,00 EUR aufgeladen werden kann. Mit dem Ladevorgang wird gleichzeitig das Konto des Karteninhabers belastet. Das Risiko vor Verlust verbleibt beim Karteninhaber. Die Geldkarte dient als elektronische Geldbörse vorwiegend der Abwicklung kleinerer Einkäufe des täglichen Bedarfs (z. B. Parkscheine, Fahrkarten). Durch das Symbol *Geldkarte* auf der **Bankcard ec** wird auf diese Funktion hingewiesen.

Neben der Verwendung als elektronische Geldbörse dient die Bankcard ec auch der elektronischen Abwicklung von Zahlungen **(electronic cash)** direkt vom Konto des Karteninhabers sowie der Bargeldabhebung von Geldautomaten. Das Symbol **ec** auf der Karte weist auf diese Funktion hin. Eine **electronic-cash** Zahlung wird wie folgt abgewickelt:

1. Der Händler gibt den Kaufbetrag in seine Kasse ein, die mit einem electronic-cash-Terminal verbunden ist.
2. Die Bankkarte des Kunden wird in das Terminal eingeführt.

3. Der Kunde gibt seine PIN-Nummer ein und bestätigt die Richtigkeit des Betrages.
4. Die Autorisierungsstelle der Gesellschaft für Zahlungssysteme (GZS) prüft, ob die Karte echt ist, die Karte gefälscht ist, der Verfügungsrahmen eingehalten ist, die PIN stimmt.
5. Nach erfolgreicher Prüfung erhält der Händler den Gegenwert seiner Forderung abzüglich eines Entgelts von i. d. R. 0,3 % des getätigten Umsatzes, mindestens jedoch ca. 7 Ct, auf seinem Konto gutgeschrieben, das Konto des Kunden wird mit dem eingegebenen Betrag belastet.

Muss bei der Zahlungsabwicklung mit der Bankkarte keine PIN eingegeben werden, so erhält der Händler seine Gutschrift im Rahmen eines Lastschriftverfahrens. In diesem Falle ist der Händler nicht durch eine Zahlungsgarantie des Kreditinstituts gesichert (**POZ**-System; **P**oint **o**f Sale **o**hne **Z**ahlungsgarantie).

Das Symbol edc (electronic debit card) weist darauf hin, dass die Karte auch im Ausland verwendet werden kann.

- **Zahlung durch Scheck**

Die Inhaber eines Kontos können außer durch Überweisungen oder Zahlung mit Bankkarte auch mit dem Scheck über ihr Guthaben verfügen. Die für die Ausstellung, Übertragung und Einlösung eines Schecks wesentlichen Bedingungen sind im Scheckgesetz (SchG) geregelt.

Außer den gesetzlichen Bestandteilen (§ 1 SchG) enthält der Scheck noch weitere Angaben, die als kaufmännische Bestandteile (z. B. Schecknummer, Konto-Nr.) bezeichnet werden. Sie dienen zur Erleichterung der bankmäßigen Abwicklung.

Ein **Barscheck** ist sofort bei Vorlage beim Kreditinstitut des Ausstellers zur Zahlung fällig.

Ein **Verrechnungsscheck** ist durch den besonderen Vermerk **„Nur zur Verrechnung"** gekennzeichnet. Damit wird das Kreditinstitut des Zahlungspflichtigen angewiesen, die auf dem Scheck genannte Summe dem Empfänger nur bargeldlos zu zahlen. Der Zahlungsempfänger kann diesen Scheck bei seinem Kreditinstitut nur zur Gutschrift auf seinem Konto einreichen.

Der Verrechnungsscheck zählt zu den bargeldlosen Zahlungsformen.

- **Zahlung mit der Kreditkarte**

Grundlage für die Zahlung mit einer Kreditkarte ist ein **Kreditkartenvertrag**, der zwischen einem Antragsteller und einer Kreditkartenorganisation (Kreditkarten-Ausgeber), z. B. Mastercard, American Express, Visa, geschlossen wird.

Die Kreditkartenorganisation prüft die Zahlungsfähigkeit des Antragstellers und übergibt dann die Kreditkarte, die vom Inhaber auf der Rückseite zu unterschreiben ist. Der Antragsteller erteilt außerdem dem Kartenausgeber eine Einzugsermächtigung, damit dieser den Gegenwert der beanspruchten Leistungen dem Konto des Karteninhabers belasten kann. Für ihren Service verlangt die Kreditkartenorganisation eine Gebühr. Sie beträgt jährlich z. Z. zwischen 15,00 EUR und 70,00 EUR.

14.3 Das Bankensystem

14.3.1 Zentralbanken und Geschäftsbanken

Als **Banken** bezeichnet man wirtschaftliche Unternehmen, die Einlagen von Kunden annehmen, den bargeldlosen Zahlungsverkehr besorgen, Kredite gewähren, Wertpapiergeschäfte und andere Dienstleistungen für ihre Kunden abwickeln. Banken können den bargeldlosen Zahlungsverkehr ermöglichen, da ihre Verbindlichkeiten in Form von Sichteinlagen allgemein als Zahlungsmittel akzeptiert werden. Der Begriff Banken wird als Oberbegriff für alle wirtschaftlichen Institutionen verwendet, die zum Finanzsektor einer Volkswirtschaft gehören (Kreditinstitute, Geschäftsbanken u. a.), ohne staatliche Hoheitsgewalt zu haben. Hier wird dafür im Folgenden der in der Volkswirtschaftslehre übliche Begriff der **Geschäftsbanken** verwendet.

Geschäftsbanken sind privatwirtschaftlich organisierte Unternehmen, die von jedermann Gelder als Einlage annehmen, Gelddarlehen gewähren, Wertpapiere verwalten und den bargeldlosen Zahlungsverkehr durchführen.

Nach der rechtlichen Stellung und ihren Funktionen ist von den Geschäftsbanken die **Zentralbank** zu unterscheiden. Eine Geldwirtschaft kann unter den heutigen Bedingungen nur funktionieren, wenn eine Institution dieses Geldwesen regelt und überwacht. Diese Aufgabe nimmt die Zentralbank (Währungsbank, Zentralnotenbank) wahr. Zur Erfüllung dieser Aufgaben muss sie mit hoheitlicher Autorität ausgestattet sein. Ihre wirtschaftlichen Aktivitäten sind nicht an der Gewinnmaximierung orientiert, sondern an der Verfolgung globaler wirtschaftspolitischer Ziele. Zentralbanken haben für eine Volkswirtschaft das Monopol der Ausgabe von Banknoten und sind Quelle der Refinanzierung der Geschäftsbanken.

Die Zentralbank ist eine staatliche Bankeneinrichtung, die für die Währungs- und Kreditpolitik sowie für den Zahlungsverkehr der Volkswirtschaft eines Staates verantwortlich ist.

Die Europäische Zentralbank ist die Zentralbank für das Euro-Währungsgebiet. Die Deutsche Bank, die Kreissparkasse Heilbronn oder die Volksbank Waiblingen (z. B.) sind dagegen Geschäftsbanken, die keine staatliche Währungs- und Kreditpolitik betreiben.

14.3.2 Das System der Europäischen Zentralbanken (ESZB)

Mit der Einführung des Euro hat am 1. Januar 1999 die Europäische Währungsunion begonnen. Gleichzeitig hat das Europäische System der Zentralbanken mit der Europäischen Zentralbank (EZB) an der Spitze die volle geldpolitische Verantwortung für den Euro-Raum übernommen.

Das Europäische System der Zentralbanken besteht aus der Europäischen Zentralbank (EZB) mit Sitz in Frankfurt/M. und den nationalen Zentralbanken der Mitgliedsländer.

Die nationalen Zentralbanken haben einen Anteil am Kapital der EZB zu übernehmen, der sich nach der Größe des Bruttoinlandsprodukts im Verhältnis zur gesamten Wirtschaftsleistung aller Teilnehmerländer bemisst. Die Bundesbank hat bei den gegenwärtig 12 Teilnehmern einen Kapital- und damit Stimmanteil von 24,5%.

Hauptziel des ESZB ist die Garantie eines stabilen Geldwerts. Dieses Ziel wird an einem Harmonisierten Verbraucherpreisindex (HVPI) für den Euro-Raum gemessen (s. 14.6.1). Preisstabilität ist demnach dann erreicht, wenn dieser Index im Vergleich zum Vorjahr einen Anstieg von weniger als 2% aufweist. Daneben hat das ESZB die Wirtschaftspolitik in der Gemeinschaft zu unterstützen, soweit die dabei zu ergreifenden Maßnahmen nicht zu einem Konflikt mit dem Hauptziel eines stabilen Euro führen.

Geleitet wird das ESZB von den Beschlussorganen der EZB.

14.3.3 Die Europäische Zentralbank (EZB)

► Aufgaben

Die EZB stellt sicher, dass die Ziele des ESZB entweder durch ihre eigene Tätigkeit oder durch die nationalen Zentralbanken erfüllt werden. Bei der Erfüllung ihrer Aufgaben sind die EZB und die nationalen Zentralbanken im ESZB von den Organen und Einrichtungen der EU und den nationalen Regierungen unabhängig.

Grundlegende Aufgaben der EZB:

- Festlegung und Ausführung der Geldpolitik (einschließlich der Zinsen) in den Staaten der Europäischen Währungsunion,
- Durchführung von Devisengeschäften,
- Halten und Verwalten der offiziellen Währungsreserven der teilnehmenden Mitgliedsstaaten,
- Förderung des reibungslosen Funktionierens der Zahlungssysteme in der Europäischen Währungsunion.

► Beschlussorgane der EZB

Höchstes Entscheidungsgremium ist der **EZB-Rat.** Ihm gehören die Mitglieder des Direktoriums der EZB und die 12 Präsidenten der nationalen Zentralbanken der an der Währungsunion teilnehmenden Staaten an. Der EZB-Rat bestimmt mit einfacher Mehrheit die Geldpolitik in den Euro-Ländern und erlässt die dafür notwendigen Leitlinien und Entscheidungen. Jedes Mitglied hat eine Stimme.[1]

[1] Für einige Beschlüsse (z. B. Kapitalausstattung der EZB, Übertragung von Währungsreserven und Gewinnausschüttung) gilt ein gewogenes Stimmrecht nach den Anteilen der nationalen Zentralbanken am Kapital der EZB.

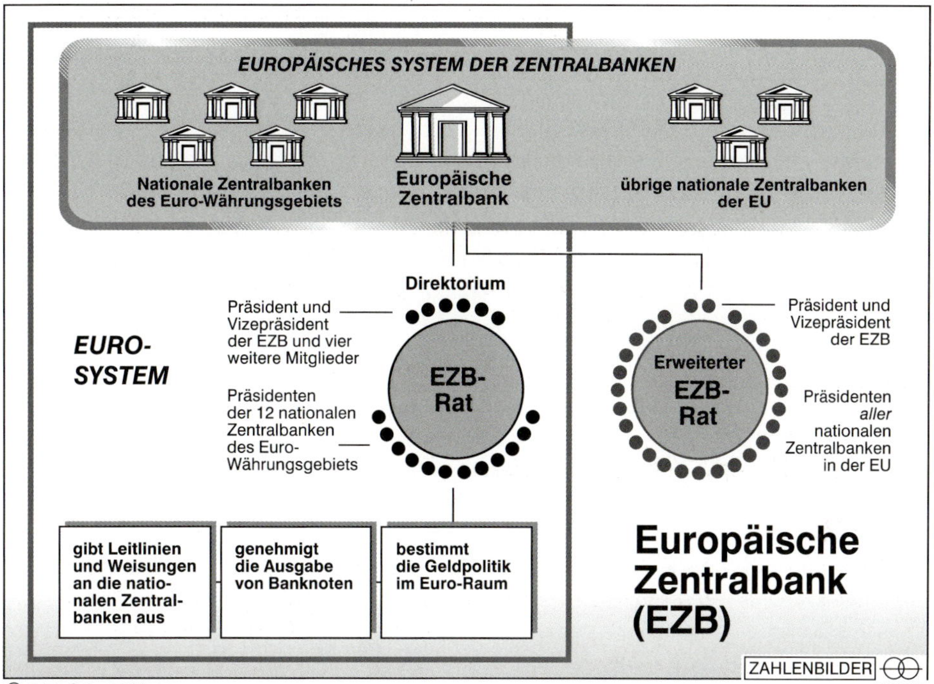

 715 560

Der Rat der EZB legt sein währungspolitisches Instrumentarium selbstständig fest. Er kann damit das gesamte geldpolitische Instrumentarium einsetzen und z. B. Offenmarktgeschäfte durchführen sowie Mindestreserveverpflichtungen festlegen.

Das **Direktorium** führt die Geldpolitik gemäß den Leitlinien und Entscheidungen des EZB-Rates aus. Es besteht aus dem Präsidenten der EZB, einem Stellvertreter und vier weiteren Mitgliedern. Die Mitglieder des Direktoriums werden von den Regierungen der Mitgliedsstaaten einvernehmlich ausgewählt und ernannt. Die Amtszeit beträgt acht Jahre. Eine Wiederernennung ist unzulässig.

14.3.4 Die Deutsche Bundesbank

► Rechtsstellung

Die Deutsche Bundesbank ist die nationale Zentralbank der Bundesrepublik Deutschland. Seit 1. Januar 1999 ist sie Bestandteil des ESZB und handelt nach deren Weisungen. Sie hat die währungspolitischen Entscheidungen des EZB-Rates umzusetzen. Trotz ihrer Einbindung in das ESZB ist sie rechtlich selbstständig.

Die Bundesbank hält an der EZB einen Kapitalanteil von 24,5 %.

▶ Organe

Organe der Deutschen Bundesbank sind der Vorstand und die Präsidenten der Hauptverwaltungen.

Der **Vorstand** besteht aus dem Präsidenten und dem Vizepräsidenten der Deutschen Bundesbank sowie sechs weiteren Mitgliedern. Die insgesamt acht Mitglieder werden je zur Hälfte auf Vorschlag der Bundesregierung und der Landesregierungen ernannt. Der Vorstand bestimmt die Geschäftspolitik der Bank, aber nicht mehr die Währungs- und Kreditpolitik. Auch darf er seinem Präsidenten keine Vorgaben für die Stimmabgabe im EZB-Rat machen.

Die Deutsche Bundesbank unterhält neun Hauptverwaltungen. Diese Hauptverwaltungen werden jeweils von einem Präsidenten geleitet.

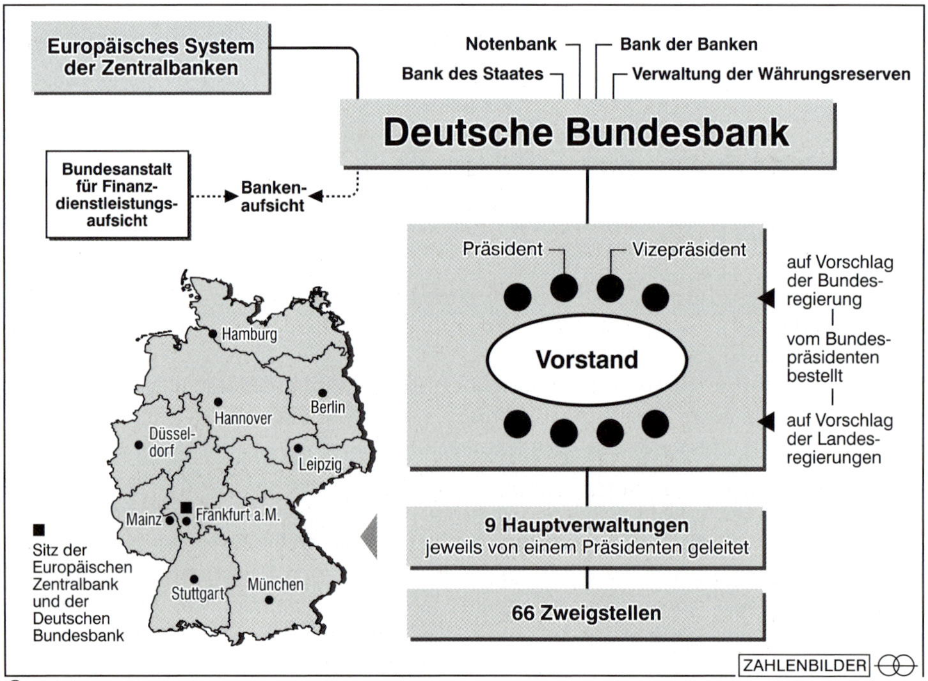

▶ Aufgaben der Deutschen Bundesbank

Mit Beginn der dritten Stufe der EWWU haben sich für die Deutsche Bundesbank entscheidende rechtliche Veränderungen ergeben:

Die Deutsche Bundesbank kann keine nationale Geldpolitik mehr betreiben.

Der Diskontsatz und andere Leitzinsen sind weggefallen. Die EZB bestimmt einen einheitlichen Leitzins für den Euro-Raum.

Obwohl die Bundesbank im Rahmen des ESZB die Aufgabe hat, die währungspolitischen Entscheidungen der EZB umzusetzen, bleiben ihre bisherigen Aufgaben und Funktionen zum Teil erhalten.

- Sie ist weiterhin in den internationalen Organisationen vertreten.
- Sie wirkt weiterhin mit bei der Kreditaufnahme des Bundes und der Länder.
- Sie ist weiterhin im Bereich der Bankenaufsicht, der Statistik und der Außenwirtschaft tätig.
- Sie verwaltet weiterhin den Teil der bei ihr verbliebenen Währungsreserven.
- Sie übernimmt weiterhin die Refinanzierung der Kreditinstitute in der Bundesrepublik Deutschland.
- Sie unterstützt weiterhin die allgemeine Wirtschaftspolitik der Bundesregierung, künftig aber unter Wahrung ihrer Aufgabe als Bestandteil des ESZB.

Bei der Umsetzung der Entscheidungen des EZB-Rates hat sie einen begrenzten Ermessensraum, um nationale Regelungen und Besonderheiten zu berücksichtigen.

14.4 Geldfunktionen und Geldmenge

14.4.1 Geldfunktionen

Im alltäglichen Sprachgebrauch wird das Wort „Geld“ ganz selbstverständlich verwendet; die Wirtschaftswissenschaft tut sich dagegen sehr schwer, eine allgemein gültige Definition des Geldes zu finden. Zweckmäßigerweise geht man dabei von Überlegungen aus, welchen Beitrag das Geld zum reibungslosen Funktionieren des arbeitsteiligen Wirtschaftsprozesses leistet.

Geld ist eine sinnvolle Einrichtung, die unsere arbeitsteilig organisierte Wirtschaft überhaupt erst ermöglicht. Wie sehr das Geld als allgemeines Tauschgut den Güteraustausch erleichtert, wird dann klar erkennbar, wenn in einer außergewöhnlichen Situation das gesetzliche Zahlungsmittel nicht mehr allgemein anerkannt wird und damit seine Funktion als allgemeines Tauschmittel und Schuldentilgungsmittel nicht mehr erfüllt.

Geld ist allgemeines Tausch- und Zahlungsmittel.

Von der „Reichsmark“ über die „Zigarettenwährung“ zur „DM“:

Nach dem Ende des Zweiten Weltkrieges war in Deutschland die Reichsmark gesetzliches Zahlungsmittel. Die Reichsmark war aber so wertlos geworden, dass niemand freiwillig bereit war, Waren gegen Reichsmark zu verkaufen. Allgemein anerkanntes Tauschgut war u. a. die Zigarette. Die Reichsmark war gesetzliches Zahlungsmittel, erfüllte aber nicht mehr die Geldfunktionen. Die Zigarette war kein gesetzliches Zahlungsmittel, hatte aber die Funktionen des Geldes übernommen.

Mit der Währungsreform 1948 entstand die Deutsche Mark, die sofort von jedermann gern genommen wurde. Sie war also gesetzliches und anerkanntes Tauschmittel.

Zwischen der Mittelbeschaffung durch den Verkauf und der Mittelverwendung durch den Kauf vergeht immer etwas Zeit. Verderbliche Waren werden z. B. erst dann gekauft, wenn man sie braucht. Mittel werden so lange angesammelt, bis sie den für eine Anschaffung notwendigen Wert ausmachen. Geld macht es möglich, Kaufkraft von der Gegenwart in die Zukunft zu übertragen.

Geld ist Wertspeicherungsmittel.

Das Geld als Recheneinheit macht es möglich, verschiedenartige Güter zu addieren. Produzenten können mit dem Geld als Recheneinheit die bei der Produktion eines Gutes eingesetzten Produktionsfaktoren, z. B. die verschiedenen Materialien, den Einsatz der Maschinen und der Arbeitskräfte, zu einer Summe addieren. Das Geld als Recheneinheit ermöglicht die Kostenrechnung.

Den Statistikern ermöglicht das Geld als Recheneinheit, das Inlandsprodukt einer Volkswirtschaft zu berechnen.

Geld ist eine Recheneinheit.

14.4.2 Geldmenge

Versucht man, mithilfe der Geldfunktionen den Geldbegriff einzugrenzen, dann kann man zunächst feststellen: **Jedes Objekt, das alle drei Geldfunktionen zugleich erfüllt, rechnet zur Geldmenge** („money is, what money does"). Die Auseinandersetzung um die Abgrenzung der Geldmenge hat als Kern das Problem, über welche monetäre Größen die Zentralbank die gesamtwirtschaftliche Güternachfrage steuern und damit die Entwicklung des Preisniveaus kontrollieren kann. Deshalb kommt es vor allem darauf an, ob die Zahlungsmittelfunktion erfüllt ist.

Für das Euro-Währungsgebiet hat die Europäische Zentralbank (EZB) eine einheitliche Methode zur Berechnung der Geldmenge entwickelt. Die Geldmenge wird in drei unterschiedlichen Abgrenzungen berechnet: Geldmenge M1, Geldmenge M2 und Geldmenge M3.

Zu diesem Zweck werden **folgende Sektoren** unterschieden:

- der „Sektor der monetären Finanzinstitute" (MFI-Sektor),
- der „Geldhaltungssektor" und
- der „Geldneutrale Sektor".

<table>
<tr><th colspan="6">Monetäre Sektoren im Europäischen Währungsgebiet</th></tr>
<tr><th colspan="2">Sektor der Monetären Finanzinstitute (Geldschöpfungssektor)</th><th colspan="2">Geldhaltungssektor</th><th colspan="2">Geldneutraler Sektor</th></tr>
<tr><td colspan="2">Europäische Zentralbank
Nationale Zentralbanken
Geschäftsbanken</td><td colspan="2">Private Haushalte
Unternehmen
Öffentliche Haushalte der Länder, Gemeinden und Sozialversicherungsträger</td><td colspan="2">Öffentliche Haushalte der Zentralregierungen</td></tr>
<tr><td>Bargeld</td><td>Buchgeld</td><td>Bargeld</td><td>Buchgeld</td><td>Bargeld</td><td>Buchgeld</td></tr>
<tr><td></td><td></td><td colspan="3">Geldmenge M 1</td><td></td></tr>
</table>

Die **Geldmenge M1** umfasst das sich außerhalb des „Sektors der monetären Finanzinstitute" befindliche Bargeld und die Sichteinlagen. Nicht zur Geldmenge M1 zählen die Bargeldbestände der Banken sowie die Sichteinlagen der Banken bei anderen Banken, ebenso die Kassenbestände der Zentralregierungen.

Berechnung der Geldmengen M 1 – M 3 im Euro-Währungsgebiet	
	Münzumlauf
+	Notenumlauf
	Gesamter Bargeldumlauf
–	Kassenbestände im Bankensektor
	Bargeld im Nichtbankenbereich
+	Sichteinlagen im Bankensektor
	Geldmenge M 1
+	Einlagen mit einer vereinbarten Laufzeit bis zu 2 Jahren
+	Einlagen mit einer vereinbarten Kündigungsfrist bis zu 3 Monaten
	Geldmenge M 2
+	Schuldverschreibungen mit einer Ursprungslaufzeit von bis zu 2 Jahren
+	Repogeschäfte[1]
+	Geldmarktfondsanteile und Geldmarktpapiere
	Geldmenge M 3

Die Geldbestände der Banken sind nicht dazu bestimmt, unmittelbar zur Nachfrage zu werden. Sie sind deshalb für ökonomische Analysen, die den Einfluss der Geldmenge auf die Entwicklung des Preisniveaus untersuchen, nicht von wesentlicher Bedeutung. Wären die Bilanzen außerhalb des Bankensektors (MFISektor) bekannt (z. B. die Bilanzen der privaten Haushalte), dann könnte das sich in diesem Bereich befindliche Bargeld leicht festgestellt werden. Da dies nicht der Fall ist, kann der Bargeldbestand außerhalb des Bankensektors ermittelt werden, indem von der Summe der von der EZB und den nationalen Zentralbanken in Umlauf gebrachten Banknoten und Münzen der Bestand bei den Geschäftsbanken abgezogen wird.

Zählt man zur Geldmenge M1 die Einlagen mit einer vereinbarten Laufzeit bis zu zwei Jahren sowie die Einlagen mit einer vereinbarten Kündigungsfrist bis zu drei Monaten hinzu, erhält man die Geldmenge M2. Bei der Berechnung der **Geldmenge M2** berücksichtigt die EZB, dass die hinzugerechneten Einlagepositionen relativ schnell für Zahlungszwecke verwendet werden und somit nachfragewirksam werden können. Die am weitesten gefasste **Geldmenge M3** ergibt sich, indem man zu M2 bestimmte marktfähige Wertpapiere hinzuzählt.

Wer die so ausgewiesenen Geldmengen für volkswirtschaftliche Analysen verwenden will, muss im Einzelfall entscheiden, welche Gesamtheit zur Untersuchung der vermuteten ökonomischen Zusammenhänge am zweckmäßigsten ist. Um Fehlschlüsse zu vermeiden, sollte man die Analyse an verschiedenen Geldmengenabgrenzungen überprüfen.

14.5 Geldschöpfung

14.5.1 Die Zentralbank im Prozess der Geldschöpfung

► Ausgabe von Banknoten und Münzen

Während der Übergangszeit bis Ende 2001 blieb die DM in Deutschland alleiniges gesetzliches Zahlungsmittel. Nur so lange hatte die Bundesbank noch das Recht zur ausschließlichen Ausgabe von DM-Noten (§ 14 BBankG).

[1] Unter Repogeschäften versteht man Wertpapierkaufgeschäfte zwischen Geschäftsbanken mit gleichzeitiger Rückkaufsvereinbarung.

Seit 2002 hat allein die EZB das Recht, die Ausgabe von Banknoten und Münzen zu genehmigen.

Münzen werden von den nationalen Regierungen mit unterschiedlicher Rückseite geprägt (Deutschland: Bundesadler, Brandenburger Tor, Eichenzweig). Die Münzen sind jedoch im gesamten Euro-Gebiet gültig.

Zentralnotenbanken wie die EZB geben **Banknoten** aufgrund eines Kredites aus oder sie kaufen Vermögenswerte an, z. B. Gold oder Devisen von Geschäftsbanken oder nationalen Zentralbanken. Die ausgegebenen Banknoten erscheinen als Verbindlichkeiten auf der Passivseite der Zentralnotenbank, obwohl der Besitzer der Banknoten kein Recht mehr hat außer dem, dass Banknoten zur Rückzahlung eines Kredites angenommen werden. Auf der Aktivseite der Zentralbankbilanz erscheint als Gegenwert entweder die bei der Notenausgabe entstandene Kreditforderung oder der erworbene Vermögensgegenstand (z. B. Devisen).

▶ *Wirkungen auf die Geldmenge (M1)*

Durch jede Erhöhung der Aktivbestände einer Zentralbank entsteht Zentralbankgeld. Es ist unerheblich, ob die Zentralbank für die erworbenen Aktiva Banknoten ausgibt oder ein Sichtguthaben einräumt. Zum **Zentralbankgeld** rechnen Sichteinlagen bei der Zentralbank ebenso wie Banknoten.[1]

Teile des Zentralbankgeldes werden in der Geldmenge M1 nicht erfasst. Noten, Münzen und Sichtguthaben werden nur dann zur Geldmenge gerechnet, wenn sie sich außerhalb des Bankensektors befinden. Sichtguthaben von Geschäftsbanken bei der Zentralbank erfüllen diese Forderung z. B. nicht, auch die Sichtguthaben der öffentlichen Hand bei der Zentralbank zählen nicht zur Geldmenge. Die Vergrößerung der in einer Volkswirtschaft vorhandenen Menge an Zentralbankgeld ist deshalb nicht gleichbedeutend mit einer Vergrößerung der Geldmenge.

Vergrößert die Zentralbank die Zentralbankgeldmenge (durch Erwerb von Aktiva oder durch Kreditgewährung), dann führt dies nur dann direkt zu einer Vergrößerung der Geldmenge, wenn private Wirtschaftssubjekte Partner des Geschäftes sind.

Erwirbt die Zentralbank Aktiva von einer Geschäftsbank oder gewährt ihr einen Kredit, dann erhöht sich dadurch zwar die Geldschöpfungsmöglichkeit, nicht aber die Geldmenge.

Schaffung von Zentralbankgeld und seine Wirkung auf die Geldmenge (alle Zahlen in Tsd. EUR)

Erwerb eines Bürogebäudes durch die Zentralbank

Aktiva	Zentralbank		Passiva
bisherige Aktiva	20 000	bisherige Passiva	20 000
Bürogebäude	+ 5 000	Bargeldumlauf	+ 5 000
			↓ privater Wirtschaftsbereich → Vergrößerung der Geldmenge

[1] Die Bundesbank verwendet in ihren Veröffentlichungen einen speziellen Begriff der Zentralbankgeldmenge (Summe aus Bargeldumlauf und Mindestreserve-Soll auf Inlandsverbindlichkeiten zu konstanten Reservesätzen). Hier wird der Begriff des Zentralbankgeldes mit der in der volkswirtschaftlichen Theorie allgemein üblichen Abgrenzung verwendet.

Erwerb von Gold und Devisen durch die Zentralbank

Aktiva		Zentralbank	Passiva
bisherige Aktiva	20 000	bisherige Passiva	20 000
Gold und Devisen	+ 1 000	Sichteinlagen der Geschäftsbanken	+ 1 000

↓

Bereich der Geschäftsbanken
→ Nur Erweiterung der Geldschöpfungsmöglichkeit

Kreditgewährung der Zentralbank an Geschäftsbanken

Aktiva		Zentralbank	Passiva
bisherige Aktiva	20 000	bisherige Passiva	20 000
Forderungen an Geschäftsbanken	+ 3 000	Sichteinlagen der Geschäftsbanken	+ 3 000

↓

Bereich der Geschäftsbanken
→ Nur Erweiterung der Geldschöpfungsmöglichkeiten

14.5.2 Geldschöpfung einer einzelnen Geschäftsbank

► Geldschöpfung durch Kreditgewährung

Die Geschäftsbanken sind am Prozess der Geldschöpfung beteiligt, obwohl sie weder Banknoten noch Münzen ausgeben dürfen. Grundlage der Buchgeldschöpfung der Geschäftsbanken sind die Sichteinlagen von Kunden.

Die täglich fälligen Sichteinlagen dienen dem laufenden Zahlungsverkehr. Die Geschäftsbank macht die Erfahrung, dass über die Sichteinlagen überwiegend bargeldlos verfügt wird, d. h. es wird von Konto zu Konto überwiesen. Von einem gewissen Anteil an Barbewegungen abgesehen bleibt das von den Kunden eingezahlte Bargeld in den Kassenschränken der Banken unbewegt liegen.

Kann eine Geschäftsbank über dieses stillliegende Geld durch Kreditgewährung verfügen?

Beispiel: Eine Geschäftsbank verfügt über eine Sichteinlage von 100 Mio. EUR. Zur Erhaltung der Liquidität benötigt sie eine Barreserve von 10 %.

Die Bank gewährt Kredit in Höhe von 90 Mio. EUR und schreibt den Kreditbetrag dem Kreditnehmer auf einem Konto gut. Die Bank hat durch die Kreditgewährung die Sichteinlagen von 100 Mio. EUR auf 190 Mio. EUR erhöht. Da die Sichteinlagen täglich fällige Gelder sind und zu Zahlungszwecken verwendet werden, hat die Geschäftsbank mit dieser Kreditgewährung die Geldmenge erhöht. Die Kreditgewährung von 90 Mio. EUR war nicht nur eine Geldvermittlung, sondern eine Geldschöpfung. **Die Geschäftsbank hat Buchgeld neu geschaffen.**

Die Kreditgewährung einer Geschäftsbank ist nicht nur dann eine Geldschöpfung, wenn Buchgeld neu geschaffen wird, sondern auch dann, wenn Bargeld ausgezahlt wird. Zwar verringern sich durch die Barauszahlung die Sichteinlagen der Geschäftsbank, d. h. die Menge des

Buchgeldes wird kleiner; dafür erhält der Bankkunde aber Bargeld aus der Kasse der Geschäftsbank. Die Menge des Bargeldes wird dadurch größer. Solange das Geld in der Kasse der Geschäftsbank lag, war es dem volkswirtschaftlichen Kreislauf entzogen und zählte nicht zur Geldmenge.

Bilanz der Geschäftsbank vor der Kreditgewährung

Aktiva		Passiva	
Kasse	100 Mio. EUR	Sichteinlagen	100 Mio. EUR

Bilanz der Geschäftsbank nach der Kreditgewährung

Aktiva		Passiva	
Kasse	100 Mio. EUR	Sichteinlagen	190 Mio. EUR
Forderungen aus Kreditgewährung	90 Mio. EUR		
	190 Mio. EUR		190 Mio. EUR

Bilanz der Geschäftsbank bei Barauszahlung des gewährten Kredits

Aktiva		Passiva	
Kasse	10 Mio. EUR	Sichteinlagen	100 Mio. EUR
Forderungen aus Kreditgewährung	90 Mio. EUR		
	100 Mio. EUR		100 Mio. EUR

Geschäftsbanken sind nicht nur Geldvermittler, sie schöpfen Geld durch Kreditgewährung.

▶ *Grenzen der Buchgeldschöpfung*

Die Sichteinlagen bei den Geschäftsbanken können jederzeit durch Scheck oder Überweisung abgerufen oder in Bargeld umgetauscht werden. Die Geschäftsbanken stehen deshalb vor einem Liquiditätsproblem. Sie müssen zur Sicherung der Liquidität eine Reserve an jederzeit flüssigen Mitteln halten (Bargeld oder Sichtguthaben bei der Zentralbank). Reserven zur Sicherung der Liquidität in Form von Bargeld werden als Barreserve bezeichnet. Die Banken wissen aus Erfahrung, dass in normalen Zeiten sich die Zugänge und Abgänge an Zentralbankgeld weitgehend ausgleichen und eine Barreserve nur zum Ausgleich vorübergehender Schwankungen erforderlich ist. Da mit dem Bestand an Bargeld keine Zinsen erwirtschaftet werden können, wird er von den Banken so gering wie möglich gehalten.

Bargeldbestand und Sichteinlagen der Kreditinstitute in der Bundesrepublik Deutschland (in Mrd. EURO)

Jahr	Sichteinlagen (von inländischen Nichtbanken)	Kassenbestand (Inlandsaktiva)	Kassenbestand in % der Sichteinlagen
2001	526,4	14,2	2,7
2002	575,6	17,5	3,0
2003	624,0	17,0	2,7

Quelle: Deutsche Bundesbank, Monatsbericht Oktober 2004, Tabelle IV.3

Zentralbanken können den Geschäftsbanken vorschreiben, einen bestimmten Prozentsatz der Einlagen als Sichtguthaben bei ihnen zu unterhalten. Dieser Prozentsatz wird als **Mindestreservesatz** bezeichnet.

Die Zentralbank benutzt den Mindestreservesatz als Instrument zur Steuerung der Geldschöpfungsmöglichkeit der Geschäftsbanken. Es ist realistisch anzunehmen, dass der Mindestreservesatz immer höher ist als der Prozentsatz, der nach den Erfahrungen der Geschäftsbanken zur Sicherung der Liquidität in Form von Zentralbankgeld bereitgehalten werden muss. Deshalb können wir bei unseren weiteren Überlegungen davon ausgehen, dass die Mindestreserven zur Sicherung der Liquidität ausreichen.

Eine Geschäftsbank kann nur dann Kredit und damit Geld schöpfen, wenn sie über Zentralbankgeld verfügt, das nicht schon durch Mindestreserve gebunden ist. Der über die Mindestreserve hinausgehende Bestand an Zentralbankgeld wird als **Überschussreserve** bezeichnet.

Mindestreserve und Überschussreserve

Annahme: Mindestreserve darf zur Sicherung der Liquidität verwendet werden und reicht dafür auch aus.

Eine einzelne Bank kann nur in Höhe ihrer Überschussreserve Kredit gewähren und damit Buchgeld schöpfen.

14.5.3 Geldschöpfung im Geschäftsbankensystem

Eine einzelne Geschäftsbank kann nur in Höhe ihrer Überschussreserve Buchgeld schöpfen. Betrachten wir das Geschäftsbankensystem in seiner Gesamtheit, dann lässt sich zeigen, dass in diesem System der Umfang der Geldschöpfung auf ein Vielfaches der ursprünglich vorhandenen Überschussreserve erhöht werden kann.

▶ *Geldschöpfung bei vollkommenem Bargeldrückfluss ins Bankensystem*

Wir verdeutlichen uns den Zusammenhang an einem Beispiel. Bank I erhält eine zusätzliche Sichteinlage von 1000,00 EUR. Sie hält eine Liquiditätsreserve von 20%, die durch den Mindestreservesatz von 20% gedeckt ist. Nach Abführung der Mindestreserve an die Zentralbank verbleiben Bank I aus der Neueinlage von 1000,00 EUR freie Mittel (Überschussreserven) in Höhe von 800,00 EUR. In dieser Höhe gewährt sie Kredit. Über den von Bank I gewährten Kredit wird von dem Bankkunden in voller Höhe durch Überweisung an Bank II verfügt. Bank II erhält also eine Neueinlage von 800,00 EUR und führt 20% Mindestreserve ab. In Höhe der verbleibenden Überschussreserve von 640,00 EUR gewährt Bank II Kredit. Über diesen Kredit verfügt durch Überweisung an Bank III. Wie der Prozess sich fortsetzt, zeigt die Tabelle auf der nächsten Seite.

Geldschöpfung in einem System von Geschäftsbanken bei vollkommenem Bargeldrückfluss				Δ Einlage	Δ Mindestreserve	Δ Überschussreserve → Δ Kredit
Bank I						
+ Mindestreserve	200,00	+ Sichteinlagen	1 000,00			
+ Überschussreserve	800,00			1 000,00	200,00	800,00
Bank II						
+ Mindestreserve	160,00	+ Sichteinlagen	800,00			
+ Überschussreserve	640,00			800,00	160,00	640,00
Bank III						
+ Mindestreserve	128,00	+ Sichteinlagen	640,00			
+ Überschussreserve	512,00			640,00	128,00	512,00
Bank IV						
+ Mindestreserve	102,40	+ Sichteinlagen	512,00			
+ Überschussreserve	409,60			512,00	102,40	409,60
				⋮	⋮	⋮
			Summe	**5 000,00**	**1 000,00**	**4 000,00**

Wir erkennen in dieser Tabelle, dass im Laufe des Prozesses die Überschussreserve, die zu neuer Kreditgewährung führen kann, immer geringer wird. Der Verlauf folgt der Gesetzmäßigkeit einer unendlichen geometrischen Reihe.

▶ Der Geldschöpfungsprozess unter Berücksichtigung einer Barabhebungsquote

Mit steigendem Kreditvolumen steigt erfahrungsgemäß auch der Bargeldbedarf der Unternehmer und Verbraucher. Das bedeutet, dass ein Teil der gewährten Kredite nicht wieder zu Einlagen bei Banken wird, sondern der Kassenhaltung dient. Diesen Betrag bezeichnen wir als **Barabhebungsquote.** Dadurch wird der Geldschöpfungsmultiplikator kleiner.

Der Geldschöpfungsmultiplikator gibt nur an, bis zu welchem Betrag das Geldvolumen aus einer gegebenen Überschussreserve vergrößert werden kann. Es ist nicht wahrscheinlich, dass die volle Wirkung eintritt, da es gar nicht sicher ist, ob bei den Geschäftsbanken auch in der Höhe Kredite nachgefragt werden, die von den Geschäftsbanken aus ihren Überschussreserven gewährt werden könnten.

14.6 Die Messung des Geldwerts

14.6.1 Geldwert und Preisniveau

Geld kann als eine Anweisung auf das Inlandsprodukt gesehen werden. Es berechtigt den Inhaber, sich von dem Güterberg des Inlandsprodukts einen Teil anzueignen. Auch die in den Zeiten der Kriegswirtschaft des Zweiten Weltkriegs von staatlichen Wirtschaftsämtern ausgestellten Bezugscheine verbrieften das gleiche Recht. Sie unterscheiden sich vom Geld aber dadurch, dass auf dem Bezugschein der Gegenstand genannt wurde, zu dessen Beschaffung er berechtigte. Ein solcher Bezugschein war z. B. auf ein Paar Straßenschuhe oder einen HerrenWintermantel ausgestellt. Im Gegensatz zum Bezugschein der Kriegswirtschaft überlässt das Geld dem Verbraucher die Entscheidung, welche Güter er sich damit beschaffen und wann und wo er sie kaufen will. Der Geldbesitzer hat jedoch keine Garantie, für eine Geldeinheit (z. B. einen Euro) immer die gleiche Menge an Gütern zu bekommen: Der Geldwert kann sich verändern.

Der Geldwert (die Kaufkraft des Geldes) wird ausgedrückt durch die Gütermenge, die für eine Geldeinheit zu erhalten ist.

Es kommt dabei nicht darauf an, ob ein bestimmtes einzelnes Gut billiger oder teurer geworden ist. Wenn der Preis des Fleisches gesunken ist, kann man deshalb nicht behaupten, der Geldwert sei gestiegen. Die Preissteigerungen bei anderen Gütern können den gesunkenen Fleischpreis mehr als ausgleichen. Bei der Messung des Geldwerts wird deshalb von einem Durchschnitt aus den Preisen vieler Güter ausgegangen. Eine logisch exakte Berechnung müsste alle Preise in der Volkswirtschaft in diese Berechnung einbeziehen. Das Ergebnis könnte man als das Preisniveau der Volkswirtschaft bezeichnen.

Das Preisniveau ist der Durchschnitt aller Güterpreise in einer Volkswirtschaft.

Der Wert des Geldes ist gestiegen, wenn für einen bestimmten Geldbetrag nach einiger Zeit mehr Güter als bisher erworben werden können. Der Wert des Geldes ist gesunken, wenn weniger Güter für den gleichen Geldbetrag erworben werden können.

Ist das Preisniveau gestiegen, dann ist der Geldwert gesunken. Ist das Preisniveau gesunken, dann ist der Geldwert gestiegen. Der Geldwert ist der reziproke Ausdruck des Preisniveaus.

Würden tatsächlich alle Preise in einer Volkswirtschaft in diese Durchschnittsrechnung einbezogen, dann wäre das Ergebnis zwar logisch richtig, der so errechnete Geldwert würde aber nicht viel aussagen. Wer keinen Kaviar isst, weil er sich ihn gar nicht leisten kann, dem nützt es nichts, wenn der Kaviarpreis sinkt. Sein Geld wird dadurch nicht mehr wert. Für verschiedene Personen haben die Preise bestimmter Waren ganz unterschiedliche Bedeutung. Es gibt weder ein einheitliches Preisniveau, das für alle Verwendungszwecke aussagekräftig ist, noch einen einheitlichen Geldwert, der für alle gleich ist.

14.6.2 Preisindizes

Statt eines einheitlichen Preisniveaus berechnet die amtliche Statistik eine Vielzahl von Preisindizes. Dabei werden die Güter, deren Preise berücksichtigt werden sollen, nach dem Zweck ausgewählt, für den der Preisindex verwendet werden soll.

Die Berechnung eines Preisindex erfolgt in folgenden Stufen:

① Die Güter werden ausgewählt, deren Preise zu berücksichtigen sind.

② Der Anteil, mit dem der Preis jedes dieser Güter in der Berechnung berücksichtigt werden soll, wird bestimmt. Damit wird das Wägungsschema festgelegt.

③ Die Preise der ausgewählten Güter werden im Berichtszeitraum an verschiedenen Orten festgestellt. Für jedes Gut wird ein Durchschnittspreis ermittelt.

④ Der Gesamtpreis der ausgewählten Güter wird berechnet und auf einen Basiszeitpunkt (z. B. Basisjahr) bezogen, dessen Gesamtpreis als 100% gesetzt wird. Das Ergebnis ist der Preisindex des Berichtsjahres.

Beispiel für die Berechnung eines Preisindex:
Preis der ausgewählten Gütergesamtheit Jahr 1: 3000,00 EUR
Preis der ausgewählten Gütergesamtheit Jahr 2: 3300,00 EUR
Preisindex: 110.

Als treffender Ausdruck für den Geldwert wird allgemein der **Preisindex für die Lebenshaltung** anerkannt, da er die Entwicklung des Geldwerts an den Preisen für Güter des privaten Verbrauchs misst, der ja letztlich Zweck des Wirtschaftens ist. Die Zusammenfassung der Güter, die bei der Berechnung des Preisindex für die Lebenshaltung berücksichtig werden, wird als **Warenkorb** bezeichnet.

Der Preisindex für die Lebenshaltung gilt immer nur für eine Familie, die ihr Geld in etwa für die Güter und Leistungen ausgibt, die in dem Warenkorb enthalten sind. Die Zusam-

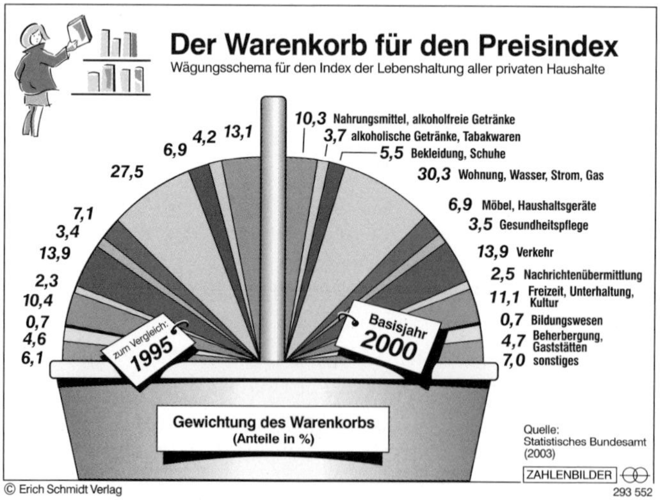

mensetzung des Warenkorbs ändert sich mit der Größe der Familie und der Höhe des Einkommens. Deshalb werden vom **Statistischen Bundesamt** der Bundesrepublik Deutschland verschiedene Preisindizes für die Lebenshaltung berechnet, denen unterschiedliche Haushaltssituationen zu Grunde liegen.

Der Warenkorb wird von Zeit zu Zeit an veränderten Geschmack, neue Produkte und veränderte Lebensgewohnheiten angepasst. Damit wird ein neues Basisjahr gewählt. Die neueste Zusammensetzung des Warenkorbs bezieht sich auf 2000.

Vom Statistischen Bundesamt berechnete Preisindizes

- **Preisindex für die Lebenshaltung**
- **Index der Einzelhandelspreise**
- **Index der Grundstoffpreise**
- **Index der Erzeugerpreise industrieller Produkte**
- **Index der Einkaufspreise für Auslandsgüter**

Im Euro-Währungsgebiet wird die Entwicklung des Geldwerts mit dem neu entwickelten **„Harmonisierten Verbraucherpreisindex (HVPI)“** gemessen. Mit seiner Veröffentlichung soll der Öffentlichkeit die Möglichkeit gegeben werden, den Erfolg der einheitlichen Geldpolitik im Euro-Währungsgebiet zu beurteilen. Für den HVPI liegt noch keine lange Reihe zurückliegender Daten vor.

Harmonisierter Verbraucherpreisindex (HVPI) im Euro-Währungsgebiet
(soweit nicht anders angegeben, Veränderung gegen Vorjahr in %)

	Waren						Dienstleistungen					
	Nahrungsmittel (einschließlich alkoholischer Getränke und Tabakwaren)			Industrieerzeugnisse			Wohnungsdienstleistungen		Verkehr	Nachrichtenübermittlung	Freizeitdienstleistungen und Dienstleistungen aus dem persönlichen Bereich	Sonstige Dienstleistungen
	Zusammen	Verarbeitete Nahrungsmittel	Unverarbeitete Nahrungsmittel	Zusammen	Industrieerzeugnisse ohne Energie	Energie		Wohnungsmieten				
Gewichte in %	19,5	11,8	7,7	39,1	31,0	8,1	10,4	6,4	6,4	2,9	15,0	6,6
	11	12	13	14	15	16	17	18	19	20	21	22
2000	1,4	1,2	1,8	3,0	0,5	13,0	1,5	1,3	2,5	– 7,1	2,4	2,5
2001	4,5	2,9	7,0	1,2	0,9	2,2	1,8	1,4	3,6	– 4,1	3,6	2,7
2002	3,1	3,1	3,1	1,0	1,5	– 0,6	2,4	2,0	3,2	– 0,3	4,2	3,4
2003	2,8	3,3	2,1	1,2	0,8	3,0	2,3	2,0	2,9	– 0,6	2,7	3,4

Quelle: Europäische Zentralbank, Monatsbericht Oktober 2004, S. 43.

14.7 Geldwert und Reallohn

Der Preisindex für die Lebenshaltung allein sagt nichts aus über die Entwicklung des Standards der Lebenshaltung, der auch als Reallohn oder Realeinkommen bezeichnet wird.

Das Realeinkommen (der Reallohn) ist die Gütermenge, die mit einem bestimmten Nominaleinkommen gekauft werden kann.

Steigt das in Geldeinheiten ausgedrückte Nominaleinkommen in gleichem Umfang wie der Preisindex, dann kann der Einkommensbezieher die gleiche Gütermenge kaufen wie vor der Verschlechterung des Geldwerts. Das Realeinkommen bleibt unverändert.

Steigt der Nominallohn stärker als der Preisindex für die Lebenshaltung, dann steigt der Reallohn: Der Konsument kann sich mit seinem gestiegenen Einkommen trotz gestiegener Preise mehr Sachgüter und Dienstleistungen kaufen als bisher. Der Sparer allerdings wird geschädigt. Es ist deshalb falsch anzunehmen, Veränderungen des Geldwerts seien ohne Bedeutung, wenn nur der Reallohn erhalten bliebe oder steigen würde. Sinkt der Geldwert stärker als das Nominaleinkommen steigt, dann sinkt der Reallohn.

14.8 Erscheinungsbild einer Inflation

14.8.1 Inflation und Deflation

Im Jahre 1923 hat man im damaligen Deutschen Reich die Erfahrung gemacht, wie schnell ein Prozess der Geldentwertung verlaufen kann. Die Löhne wurden schließlich täglich ausgezahlt. Ein nachträglich ausgezahlter Wochenlohn hätte nicht mehr für ein Mittagessen ausgereicht. Die Ärzte behandelten die Patienten – außer in Notfällen – nur noch auf private Rechnung. Bis von der gesetzlichen Krankenkasse die Vierteljahresabrechnung kam, reichte das Monatseinkommen eines Arztes nicht einmal mehr zur Zahlung eines Briefportos.

Als Inflation bezeichnet man einen Prozess anhaltender und erheblicher Steigerungen des Preisniveaus und damit sinkenden Geldwerts.

Die Entwicklung des Briefportos vom 15. Januar 1923 bis zum 26. November 1923

Datum	Briefporto in Reichsmark
15.01.	50,00
01.03.	100,00
01.07.	300,00
01.08.	1 000,00
24.08.	20 000,00
01.09.	75 000,00
20.09.	250 000,00
01.10.	2 000 000,00
10.10.	5 000 000,00
30.10.	10 000 000,00
01.11.	100 000 000,00
05.11.	1 000 000 000,00
12.11.	10 000 000 000,00
20.11.	20 000 000 000,00
26.11.	80 000 000 000,00

Preissteigerungen einzelner Güter und geringfügige Steigerungen des allgemeinen Preisniveaus werden nicht als Inflation bezeichnet. Im Euro-Währungsgebiet gilt Preisstabilität als erreicht, wenn die Steigerung des HVPI unter 2% liegt.

Unter **Deflation** versteht man einen anhaltenden und erheblichen Rückgang des Preisniveaus bzw. eine anhaltende und erhebliche Zunahme des Geldwerts. In der Erwartung sinkender Preise kann es zu einer Kaufzurückhaltung der Konsumenten kommen mit der Gefahr einer Wirtschaftskrise.

14.8.2 Arten der Inflation

Offene Inflation. Die oben beschriebene Inflation im Jahre 1923 im Gebiet des damaligen Deutschen Reiches war eine offene Inflation. Bei einer offenen Inflation ist die anhaltende Geldentwertung offen erkennbar, weil der marktwirtschaftliche Preismechanismus in Funktion bleibt.

Verdeckte (zurückgestaute) Inflation. Bei einer verdeckten Inflation bleiben die Preise offiziell durch staatliche Maßnahmen wie Preisstopp, Kontingentierung der Güter oder andere dirigistische Maßnahmen des Staates weitgehend konstant. Deshalb wird eine Steigerung des Preisniveaus auf den offiziellen Märkten nicht erkennbar. Es entstehen „schwarze Märkte“, auf denen dann echte Marktpreise und das Sinken des Geldwerts erkennbar werden. Auch in sozialistischen Ländern mit staatlichen Festpreisen kann es deshalb Inflationen geben. Sie werden nicht durch steigende Preise, sondern durch Schlangen vor den Verkaufsläden angezeigt.

Stagflation. Lange war man der Ansicht, dass Inflation nur mit steigender Produktion und Vollbeschäftigung, ja sogar mit Überbeschäftigung verbunden sein kann. Dann musste man die Erfahrung machen, dass mit steigendem Preisniveau auch eine Stockung in der Entwicklung des Bruttoinlandsprodukts oder sogar rückläufige Produktion und Arbeitslosigkeit verbunden sein können. Ein solcher Zustand wird als Stagflation bezeichnet. Stagflation bedeutet **Stagnation** (Stillstand, Stockung) plus Inflation.

> Die Stagflation ist eine Situation, in der ein steigendes Preisniveau mit rückläufiger Produktion und Unterbeschäftigung zusammentreffen.

14.9 Ursachen der Inflation

Es ist schwierig herauszufinden, welche Ursachen Inflationen haben, da in einer Volkswirtschaft viele Einflussgrößen zuammenwirken. Man müsste im Experiment alle Faktoren bis auf einen unverändert lassen, um auszuprobieren, wie sich die Veränderung des einen Faktors auswirkt. Man müsste also z. B. die Löhne, die Zinsen und die Steuern unverändert lassen und nur das Kreditangebot der Banken erhöhen, um zu erfahren, ob das Kreditangebot Einfluss auf den Geldwert hat. Da man in der Realität solche Experimente nicht durchführen kann, nimmt es nicht wunder, dass es eine ganze Anzahl von Theorien gibt, um die Erscheinung der Inflation zu erklären. Ordnet man die Erklärungsversuche, dann lassen sie sich in zwei Gruppen zusammenfassen: Die eine Gruppe sieht die Ursache der Inflation in einer Vergrößerung der Geldmenge, die andere Gruppe sucht die Ursachen der Inflation auf der Angebots- und der Nachfrageseite des Marktes.

Theorien zur Erklärung der Inflation

Inflationstheorien

- **Nichtmonetäre Theorien**
  Die Ursachen der Inflation liegen auf der Angebots- und Nachfrageseite des Marktes.
  - **Angebotsdrucktheorie**
  - **Nachfragesogtheorie**
- **Monetäre Theorie**
  Ursache der Inflation ist eine Vergrößerung der Geldmenge **(Quantitätstheorie).**

14.9.1 Monetäre Inflationstheorien

Von den monetären Inflationstheorien wird die Ursache allgemeiner Preissteigerungen darin gesehen, dass die Geldmenge stärker steigt als das gesamtwirtschaftliche Güterangebot. Die so genannte **Quantitätstheorie** fasst diesen Zusammenhang in der folgenden Fisher'schen **Verkehrsgleichung des Geldes**[1] zusammen:

[1] Fisher, Irving, 1867–1947, amerikanischer Volkswirt.

Die Verkehrsgleichung des Geldes	
$P = \frac{G \times U}{H}$	P = Preisniveau G = Geldmenge U = Umlaufgeschwindigkeit des Geldes H = Handelsvolumen

Unter der **Geldmenge** wird dabei der Bestand an Bar- und Buchgeld bei inländischen Nichtbanken verstanden.

Die **Umlaufgeschwindigkeit des Geldes** gibt an, wie oft eine Geldeinheit pro Periode (z.B. ein Jahr) umgesetzt wird. Je größer die Umlaufgeschwindigkeit ist, umso größer kann bei konstanter Geldmenge die volkswirtschaftliche Gesamtnachfrage einer Periode werden.

Unter dem **Handelsvolumen** versteht man die (physische) Menge aller in einer Volkswirtschaft in einer Periode umgesetzten Güter. Da in einer arbeitsteiligen Volkswirtschaft ein Produkt in seinen Verarbeitungsstufen von der Urproduktion über das verarbeitende Gewerbe, den Großhandel und den Einzelhandel zum Verwender gelangt, ist in einer Volkswirtschaft die Summe der Umsätze größer als die Summe der Wertschöpfungen. Die Erfassung des Handelsvolumens macht den Statistikern erhebliche Schwierigkeiten.

Die **ältere Quantitätstheorie** behauptete, dass eine Erhöhung der Geldmenge G zu einer proportionalen Erhöhung des Preisniveaus führt. Diese These beruht auf der Annahme, dass die Umlaufgeschwindigkeit des Geldes und das Handelsvolumen unverändert bleiben.

Gegen diese Form der Quantitätstheorie werden folgende kritische Einwendungen vorgebracht:

1. Eine Ausweitung der Geldmenge G muss nicht zwangsläufig zu einer gleich großen Steigerung der volkswirtschaftlichen Gesamtnachfrage führen. Zusätzlich geschaffenes Geld könnte ganz oder doch überwiegend zur zusätzlichen Kassenhaltung werden, wenn die Verbraucher nicht mehr auszugeben bereit sind und die Investitionslust der Unternehmer gering ist.

2. Steigt die Geldmenge, ohne dass die volkswirtschaftliche Gesamtnachfrage größer wird, dann ändert sich die Umlaufgeschwindigkeit des Geldes. Es darf nicht für alle Fälle angenommen werden, dass die Umlaufgeschwindigkeit des Geldes konstant bleibt.

3. Selbst wenn die Erhöhung der Geldmenge zu einer Vergrößerung der volkswirtschaftlichen Gesamtnachfrage führt, hängt die Wirkung auf das Preisniveau doch noch von der Ausgangslage der Volkswirtschaft ab. Ist die Volkswirtschaft unterbeschäftigt, dann kann eine Erhöhung der volkswirtschaftlichen Gesamtnachfrage zu einer Steigerung der Produktion führen. Wenn mit einer Erhöhung der Gesamtnachfrage das Gesamtangebot steigt, muss es nicht zu einer Erhöhung des Preisniveaus kommen.

4. Die Wirkung muss nicht ursächlich immer von einer Erhöhung der Geldmenge ausgehen. Es ist denkbar, dass eine Steigerung der Wirtschaftstätigkeit zu einer Vergrößerung der Geldmenge führt. Ursache und Wirkung wären dann gerade umgekehrt.

Diese Einwände führten dazu, dass die Quantitätstheoretiker die Behauptung einer proportionalen Abhängigkeit des Preisniveaus von der Geldmenge aufgegeben haben. Sie behaupten nur noch ganz allgemein, dass das Preisniveau eine Funktion der Geldmenge ist: P = f (G).

Die **neuere Quantitätstheorie** (Neo-Quantitätstheorie) verfeinert die Analyse der Beziehungen zwischen Geldmenge und Preisniveau. Sie berücksichtigt, dass die Umlaufgeschwindigkeit des Geldes nicht konstant sein muss. Den Prozess der Geldwertveränderungen sieht sie nicht mehr einfach als mechanische Anpassung des Güterstroms an die veränderte Größe des Geldstroms, so lange bis ein neues Gleichgewicht eintritt. Sie berücksichtigt, dass die reale Geldmenge ganz entscheidend von den Neigungen der Verbraucher und Produzenten bestimmt wird, Verbrauchs- und Investitionsausgaben zu machen, Wertpapiere zu kaufen oder lieber ihre Kassenhaltung zu vergrößern. Sie versucht den **Transformationsmechanismus** zu erläutern, mit dem Impulse aus dem monetären Bereich (z. B. Zinsveränderungen oder Geldmengenerhöhung) auf gesamtwirtschaftliche Zielgrößen wie Preisniveau und Beschäftigung wirken. Der bekannteste Vertreter dieser Theorie ist M. Friedman.[1]

14.9.2 Die Nachfragesoginflation (Demand-Pull-Inflation)

Die Theorie der Nachfragesoginflation sieht die Ursachen für Veränderungen des Geldwerts auf der Nachfrageseite: Der Anstieg des Preisniveaus wird dadurch bewirkt, dass die gesamtwirtschaftliche Nachfrage stärker steigt als das (zu konstanten Preisen bewertete) gesamtwirtschaftliche Angebot.

Steigt die gesamtwirtschaftliche Nachfrage stärker als das gesamtwirtschaftliche Angebot, dann entsteht eine Lücke zwischen dem gesamtwirtschaftlichen Angebot und der gesamtwirtschaftlichen Nachfrage, die über Preiserhöhungen geschlossen wird und damit Ursache der Inflation ist.

Die **gesamtwirtschaftliche Nachfrage steigt,** und dies kann zu einer Senkung des Geldwerts führen:

- wenn die Verbraucher einen kleineren Teil ihres Einkommens sparen als bisher;
- wenn die Unternehmer Investitionen durchführen, die erst später zu einer Ausweitung der Produktion führen, infolge der Investition die Einkommen in der Volkswirtschaft aber durch Kreditgewährung sofort erhöht werden;
- wenn der Staat schon im Vorgriff auf künftige Steuereinnahmen Nachfrage ausübt;
- wenn zusätzliche Auslandsnachfrage auf den Binnenmarkt trifft.

14.9.3 Angebotsdrucktheorie

Die Angebotsdrucktheorie sieht die Ursachen der Inflation auf der Angebotsseite. Sie geht von der Annahme aus, dass die Anbieter letztlich preisbestimmend seien. Ursache der Inflation sind nach dieser Theorie die von den Anbietern durchgeführten Preiserhöhungen, mit denen sie gestiegene Kosten auf die Verbraucher überwälzen (Kostendruckinflation) oder mit denen sie ihre Gewinne erhöhen wollen (Gewinndruckinflation).

[1] Friedman, Milton, 1912, amerikanischer Wirtschaftswissenschaftler, Nobelpreisträger für Wirtschaft 1976.

Die **Kostendruckinflation** (Cost-Push-Inflation) kann verursacht sein durch eine Lohnerhöhung, eine Erhöhung der Kostensteuern, der Rohstoffpreise oder des Zinssatzes.

Die **Gewinndruckinflation** (Profit-Push-Inflation) entsteht dann, wenn Unternehmen in Monopol- oder Oligopolsituationen so mächtig werden, dass sie zur Erreichung der von ihnen geplanten Gewinne die Preise erhöhen können.

14.9.4 Beziehungen zwischen den Inflationstheorien

Alle Inflationstheorien stimmen darin überein, dass die Inflation dann eintritt, wenn bei gegebenen Preisen die gesamtwirtschaftliche Nachfrage größer ist als das gesamtwirtschaftliche Güterangebot. Da in der Marktwirtschaft nur Nachfrage ausüben kann, wer Geld besitzt, kann es ohne Vergrößerung der Geldmenge keine Inflation geben. Der Unterschied zwischen der monetären und den nichtmonetären Inflationstheorien besteht im Wesentlichen darin, dass aus Sicht der monetären Inflationstheorie die Erhöhung der Geldmenge die Hauptursache für die Inflation ist, während aus Sicht der nichtmonetären Inflationstheorien die Erhöhung der Geldmenge nur den finanziellen Rahmen für die Inflation schafft, die eigentlichen Ursachen aber auf der Nachfrage- oder auf der Angebotsseite gesucht werden.

Theorien zur Erklärung der Inflation und Maßnahmen zu ihrer Bekämpfung			
Theorien	**Angebotsdrucktheorie**	**Nachfragesogtheorie**	**Quantitätstheorie**
	Ursächlich sind die Veränderungen auf der Angebotsseite.	Ursächlich sind Veränderungen auf der Nachfrageseite.	$P = \frac{G \times U}{H}$ Fisher'sche Verkehrsgleichung des Geldes
	• Kosten (Löhne, Rohstoffe, Zinsen, Steuern) steigen. Gestiegene Kosten werden auf Verbraucher überwälzt. • Gewinnerhöhungen durch Marktmacht.	• Verbraucher sparen weniger, konsumieren mehr. • Unternehmer investieren zusätzlich. • Finanzierung durch Kreditgewährung vergrößert die Geldmenge.	
	Ohne Veränderung der Geldmenge keine Inflation! ◄		
Maßnahmen	Staatliche Eingriffe, z. B. Steuerpolitik	– Fiskalpolitik der öffentlichen Haushalte – Geldmengenpolitik der Europäischen Zentralbank	

14.10 Geldpolitik im Europäischen System der Zentralbanken (ESZB)

14.10.1 Ziele und Orientierungspunkte der Geldpolitik

Vorrangiges Ziel der Geldpolitik im ESZB ist die Sicherung des Geldwerts. Alle Theorien über die Ursachen von Geldentwertungen haben gemeinsam, dass eine wesentliche Ursache eine gegenüber dem gesamtwirtschaftlichen Angebot übergroße gesamtwirtschaftliche

Nachfrage ist. Die gesamtwirtschaftliche Nachfrage hängt entscheidend von der Geldmenge ab. Die geldpolitischen Instrumente dienen deshalb vor allem dazu, die gesamtwirtschaftliche Nachfrage zu beeinflussen.

Die Geldpolitik im ESZB dient dem Ziel der Geldwertstabilität und beruht auf der Regulierung der nachfragewirksamen Geldmenge.

14.10.2 Zuständigkeiten für die Geldpolitik im Europäischen System der Zentralbanken (ESZB)

Mit Beginn der dritten Stufe der Europäischen Wirtschafts- und Währungsunion ging die Verantwortung für die einheitliche Geldpolitik im Euro-Währungsgebiet auf das Europäische System der Zentralbanken über. Eine unterschiedliche Geldpolitik in den einzelnen Ländern kann es damit nicht mehr geben.

Die Mitglieder des EZB-Rates sind bei der Gestaltung der Geldpolitik unabhängig. Sie handeln nicht als Wahrer nationaler Interessen. Die Umsetzung der vom EZB-Rat festgelegten Entscheidungen und Leitlinien zur Geldpolitik erfolgt jedoch, soweit dies möglich und sachgerecht erscheint, dezentral durch die nationalen Zentralbanken.

Mit Beginn der Währungsunion hat die Deutsche Bundesbank ihre generelle geldpolitische Entscheidungskompetenz an den EZB-Rat abgegeben.

Im Bundesbankgesetz mussten die Vorschriften über Diskont-, Kredit- und Offenmarktpolitik aufgehoben werden. Der Rediskontsatz entfällt. Handelswechsel können jedoch noch im Rahmen der Offenmarktpolitik zur Refinanzierung verwendet werden. Die Offenmarktgeschäfte bleiben im ESZB zwar wichtigstes geldpolitisches Instrument. Die Initiative geht jedoch vom ESZB aus.

Auch die devisenpolitische Kompetenz ging an die EZB über. Eigenständige Interventionen der nationalen Zentralbanken zur Beeinflussung des Wechselkurses sind nicht mehr zulässig.

14.10.3 Mittel der Geldpolitik

In der Volkswirtschaft existiert Geld überwiegend nicht als Bargeld, sondern als Buchgeld bei den Geschäftsbanken (Kreditinstitute). Eine Zentralbankpolitik, die die Geldmenge als Grundlage der gesamtwirtschaftlichen Nachfrage kontrollieren will, muss deshalb bei der Geldschöpfungsmöglichkeit der Geschäftsbanken ansetzen. Sie muss mit ihrer Politik auf die Überschussreserven der Geschäftsbanken einwirken, die Grundlage für die Buchgeldschöpfung der Geschäftsbanken sind.

Bestehen im Bereich der Geschäftsbanken Überschussreserven in einer Höhe, die zu einer nicht gewollten Vermehrung der Geldmenge durch Buchgeldschöpfung führen könnten, muss die Zentralbank versuchen, sie abzuschöpfen. Soll zur Unterstützung allgemeiner wirtschaftspolitischer Ziele die gesamtwirtschaftliche Nachfrage erhöht werden, muss die Zentralbank den Geschäftsbanken Überschussreserven zur Verfügung stellen.

Zur Beeinflussung der Überschussreserven gibt es grundsätzlich folgende Möglichkeiten:

14.10.4 Offenmarktpolitik

► Wichtige Varianten der Offenmarktpolitik

Die EZB will als geldpolitisches Mittel vor allem die Offenmarktpolitik anwenden. Dafür stehen folgende wichtige Varianten zur Verfügung. Sie können von der EZB selbst oder in ihrem Auftrag von einer der nationalen Zentralbanken durchgeführt werden:

- Kauf oder Verkauf von zentralbankfähigen Wertpapieren **(Wertpapier-Kaufgeschäfte).**
- Vergabe von Krediten gegen die Verpfändung von Wertpapieren.

- Hauptrefinanzierungsinstrument
  Es spielt die zentrale Rolle im Handlungsrahmen des Eurosystems. Die Laufzeit der Kredite beträgt seit März 2004 eine Woche (davor zwei Wochen). Die Zielsetzung dieses Instruments liegt in der kurzfristigen Versorgung der Geschäftsbanken mit Liquidität. Der von der EZB festgelegte Hauptrefinanzierungssatz hat Leitzinscharakter.
- Längerfristige Refinanzierungsgeschäfte
  Sie dienen der längerfristigen Versorgung der Geschäftsbanken mit Liquidität und weisen eine Laufzeit von drei Monaten auf.

► Wirkung der Offenmarktpolitik

Grundsätzlich haben alle Varianten der Offenmarktpolitik die gleichen Auswirkungen auf die Geldschöpfungsmöglichkeit der Geschäftsbanken und die Geldmenge, unabhängig davon, ob die Wertpapiere von der Zentralbank gekauft oder als Pfand für einen Kredit genommen werden. Die Geschäftsbanken können sich auf diesem Wege „refinanzieren".

Kaufen die Zentralbanken Wertpapiere von den Geschäftsbanken oder gewähren sie ihnen Pfandkredite, dann erhalten die Geschäftsbanken (Kreditinstitute) „Zentralbankgeld". Damit erhöhen sich ihre Überschussreserven und ihre Geldschöpfungsmöglichkeit steigt.
Verkaufen die Zentralbanken Wertpapiere an die Geschäftsbanken oder werden Pfandkredite zurückgezahlt, verringern sich die Überschussreserven der Geschäftsbanken und ihre Geldschöpfungsmöglichkeit sinkt.

▶ *Zuteilungsverfahren*

Die Aktivität geht bei den Offenmarktgeschäften von der Zentralbank aus. Mit regelmäßig durchgeführten Ausschreibungen fordert sie auf, Angebote für ein Offenmarktgeschäft abzugeben. Anschließend nimmt sie die Zuteilung vor **(„Tenderverfahren").**

Die EZB entscheidet, ob sie die Finanzmittel im Rahmen des Mengentender- oder Zinstenderverfahrens zuteilen will. Beim **Mengentender** gibt die EZB einen Zinssatz vor und die Geschäftsbanken können Gebote über die von ihnen gewünschten Kreditbeträge abgeben. Überschreiten die Kreditanforderungen der Geschäftsbanken die von der EZB bereitgestellten Mittel, dann werden die Gebote der Teilnehmer anteilig gekürzt. Beim **Zinstender** geben die Kreditinstitute neben den Beträgen auch die Zinssätze an, die sie zu zahlen bereit sind.

Nach dem zeitlichen Rahmen unterscheidet die EZB noch zwischen Standard- und Schnelltender. Beim Standardtender liegen 24 Stunden zwischen der Tenderankündigung und der Bestätigung des Zuteilungsergebnisses. Schnelltender werden hingegen in ca. einer Stunde durchgeführt.

Die Offenmarktpolitik hat den Vorteil, dass sie nicht alle Geschäftsbanken gleich behandelt, ohne Rücksicht auf ihre Liquiditätslage zu nehmen. Allerdings können die Geschäftsbanken nicht gezwungen werden, Wertpapiere zu kaufen oder zu verkaufen. Sie werden in der Regel nur kaufen, wenn sie überschüssige Liquidität besitzen. Trotz zinspolitischer Anreize werden sie nicht kaufen, wenn sie dadurch in ihrem Kreditspielraum zu sehr eingeengt werden.

14.10.5 Mindestreservepolitik

Mit Einführung der dritten Stufe der Europäischen Wirtschafts- und Währungsunion hat die EZB die Einführung einer Mindestreservepflicht von 2% beschlossen. Die Geschäftsbanken werden damit verpflichtet, einen Teil ihrer Einlagen bei der Zentralbank als Mindestreserve anzulegen. Der Betrag der Mindestreserve wird ihnen folglich als Grundlage für die Buchgeldschöpfung entzogen. Die Einlagen werden mit einem geringen Satz verzinst.

Durch eine Erhöhung des Mindestreservesatzes kann die EZB Liquidität der Geschäftsbanken abschöpfen und damit die Geldschöpfungsmöglichkeiten verringern. Durch eine Senkung des Mindestreservesatzes kann die EZB Liquidität freigeben und damit zusätzliche Geldschöpfung der Geschäftsbanken ermöglichen.

Bei einer Erhöhung der Mindestreserve müssen sich die Geschäftsbanken die Mittel für die erhöhten Mindestreserven meist durch den Verkauf verzinslicher Liquiditätsreserven beschaffen. Wegen der geringen Verzinsung der Mindestreserven beeinflusst dies auch die Rentabilität der Geschäftsbanken. Sie werden versuchen, die zusätzliche Belastung auf die Kreditkunden zu überwälzen. Die Mindestreservepolitik beeinflusst deshalb auch das Zinsniveau.

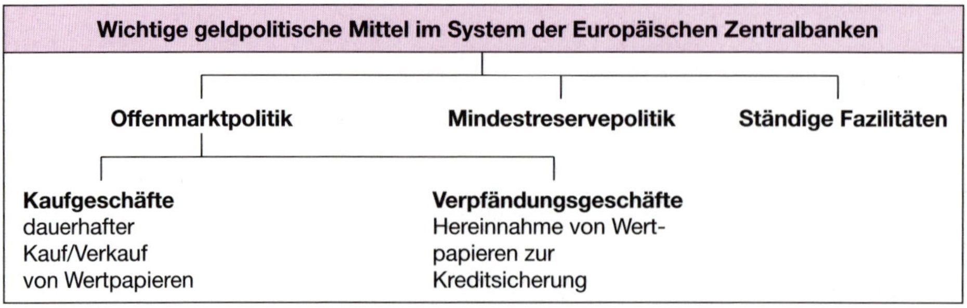
Wichtige geldpolitische Mittel im System der Europäischen Zentralbanken
Offenmarktpolitik
Mindestreservepolitik
Ständige Fazilitäten
Kaufgeschäfte
dauerhafter Kauf/Verkauf von Wertpapieren
Verpfändungsgeschäfte
Hereinnahme von Wertpapieren zur Kreditsicherung

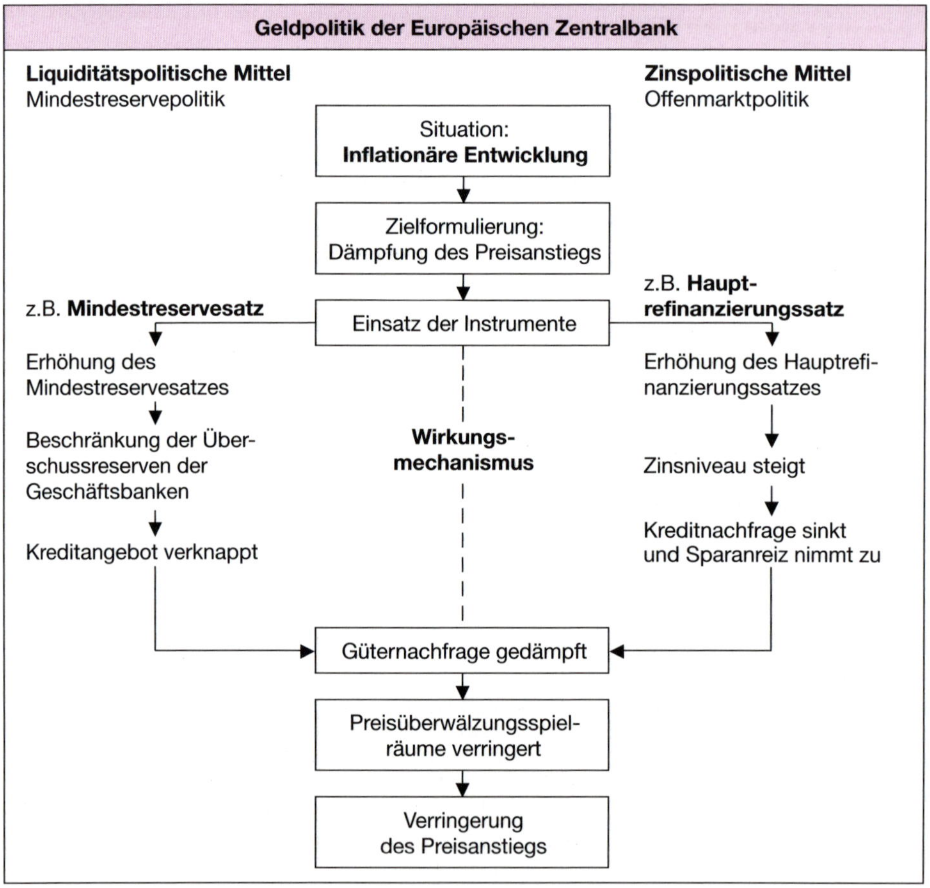
Geldpolitik der Europäischen Zentralbank
Liquiditätspolitische Mittel
Mindestreservepolitik
Zinspolitische Mittel
Offenmarktpolitik
Situation:
Inflationäre Entwicklung
Zielformulierung:
Dämpfung des Preisanstiegs
z.B. Mindestreservesatz
Einsatz der Instrumente
z.B. Hauptrefinanzierungssatz
Erhöhung des Mindestreservesatzes
Beschränkung der Überschussreserven der Geschäftsbanken
Kreditangebot verknappt
Wirkungsmechanismus
Erhöhung des Hauptrefinanzierungssatzes
Zinsniveau steigt
Kreditnachfrage sinkt und Sparanreiz nimmt zu
Güternachfrage gedämpft
Preisüberwälzungsspielräume verringert
Verringerung des Preisanstiegs

14.10.6 Ständige Fazilitäten

► Spitzenrefinanzierungsfazilität

Zur Deckung eines vorübergehenden Liquiditätsbedarfs räumen die nationalen Zentralbanken ihren Geschäftspartnern eine Kreditlinie ein, die es den Banken ermöglicht, sich „über Nacht" Geld zu einem vorgegebenen Zinssatz zu beschaffen. Der Kredit hat eine Laufzeit von einem Tag und dient den Geschäftsbanken vor allem dazu, offene Salden am Ende eines Tages auszugleichen.

► Einlagefazilität

Das Pendant zur Spitzenrefinanzierungsfazilität im Anlagebereich ist die Einlagefazilität. Durch ihre Inanspruchnahme können die Geschäftsbanken überschüssige Liquidität als „Übernachtguthaben" bis zum nächsten Geschäftstag anlegen.

AUFGABEN UND PROBLEME — COMPUTER-SIMULATION

14.1 Zahlungsformen

Janne Derksen hat folgende Zahlungen zu erledigen:
- sie holt ihren reparierten Pkw aus der Werkstatt; Rechnung über 125,00 EUR;
- die Hausratversicherung ist immer im Juli fällig, Jahresprämie 25,00 EUR;
- sie tankt wöchentlich an einer Großtankstelle, die 24 Stunden geöffnet hat;
- sie möchte die von der Freundin geliehenen 200,00 EUR zurückzahlen, Kontoadresse unbekannt;
- Los der ARD-Fernsehlotterie für „Ein Platz an der Sonne" für 5,00 EUR;
- monatlich die Telefonrechnung.

- Machen Sie Vorschläge, wie Janne Derksen am zweckmäßigsten zahlen sollte. Begründen Sie Ihre Vorschläge!

14.2 Scheckeinlösung

Art. 5 des Scheckgesetzes lautet:

> (2) Ist im Scheck eine bestimmte Person mit dem Zusatz „oder Überbringer" oder mit einem gleichbedeutenden Vermerk als Zahlungsempfänger bezeichnet, so gilt der Scheck als auf den Inhaber gestellt.
>
> (3) Ein Scheck ohne Angabe des Nehmers gilt als zahlbar an den Inhaber.

- 1. Wird die Bank einen Scheck, bei dem die Überbringerklausel gestrichen ist, einlösen?
- 2. Welche Auswirkungen auf den Zahlungsverkehr hätte es, wenn die Scheckvordrucke diese Überbringerklausel nicht enthielten?

14.3 Funktionen des Geldes, Bedeutung eines funktionierenden Geldwesens

- Zeigen Sie die Berechtigung des folgenden Satzes von M. Lauderdale[1] an der in dem Inserat[2] beschriebenen Situation:

  Keine Maschine erspart so viel Arbeit wie das Geld.

[1] Lauderdale, James Maitland, 1759–1839, britischer Staatsmann.
[2] „Kocher- und Jagstboten", 17.09.1923, Nachdruck in „Heilbronner Stimme", 15. September 1973.

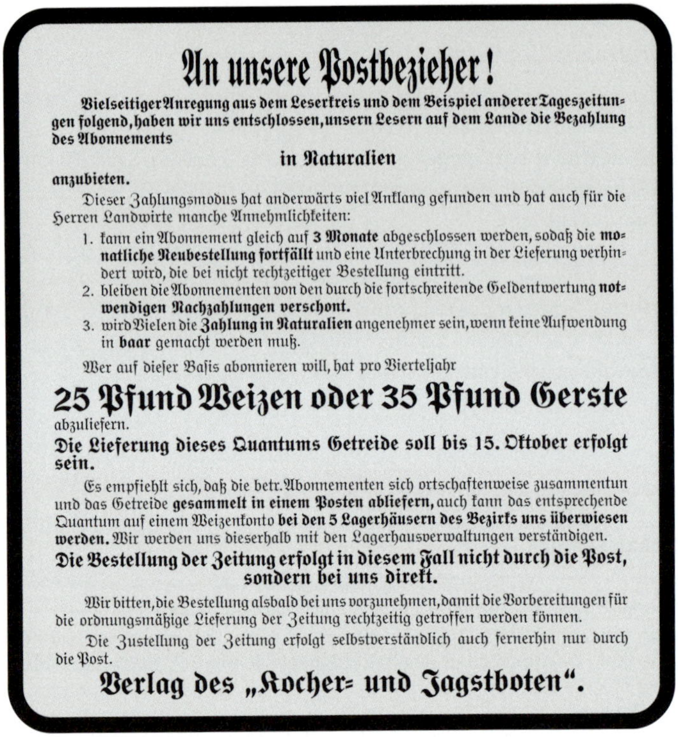

An unsere Postbezieher!

Vielseitiger Anregung aus dem Leserkreis und dem Beispiel anderer Tageszeitungen folgend, haben wir uns entschlossen, unsern Lesern auf dem Lande die Bezahlung des Abonnements

in Naturalien

anzubieten.

Dieser Zahlungsmodus hat anderwärts viel Anklang gefunden und hat auch für die Herren Landwirte manche Annehmlichkeiten:

1. kann ein Abonnement gleich auf **3 Monate** abgeschlossen werden, sodaß die **monatliche Neubestellung fortfällt** und eine Unterbrechung in der Lieferung verhindert wird, die bei nicht rechtzeitiger Bestellung eintritt.
2. bleiben die Abonnementen von den durch die fortschreitende Geldentwertung **notwendigen Nachzahlungen verschont.**
3. wird Vielen die **Zahlung in Naturalien** angenehmer sein, wenn keine Aufwendung in **baar** gemacht werden muß.

Wer auf dieser Basis abonnieren will, hat pro Vierteljahr

25 Pfund Weizen oder 35 Pfund Gerste

abzuliefern.

Die Lieferung dieses Quantums Getreide soll bis 15. Oktober erfolgt sein.

Es empfiehlt sich, daß die betr. Abonnementen sich ortschaftenweise zusammentun und das Getreide **gesammelt in einem Posten abliefern,** auch kann das entsprechende Quantum auf einem Weizenkonto **bei den 5 Lagerhäusern des Bezirks uns überwiesen werden.** Wir werden uns dieserhalb mit den Lagerhausverwaltungen verständigen.

Die Bestellung der Zeitung erfolgt in diesem Fall nicht durch die Post, sondern bei uns direkt.

Wir bitten, die Bestellung alsbald bei uns vorzunehmen, damit die Vorbereitungen für die ordnungsmäßige Lieferung der Zeitung rechtzeitig getroffen werden können.

Die Zustellung der Zeitung erfolgt selbstverständlich auch fernerhin nur durch die Post.

Verlag des „Kocher- und Jagstboten".

14.4 Geldschöpfungsmöglichkeit einer einzelnen Geschäftsbank

In einer Volkswirtschaft gibt es mehrere Geschäftsbanken und eine Zentralbank. Die Zentralbank hat das Recht, von Geschäftsbanken eine zinslose Sichteinlage bei der Zentralbank als Mindestreserve zu verlangen. Die Mindestreserve darf von den Geschäftsbanken als Liquiditätsreserve benutzt werden und reicht dafür auch aus.

- Wie groß ist in den folgenden zwei Fällen jeweils die Geldschöpfungsmöglichkeit dieser Bank?

1. Mindestreservesatz 25 %

Geschäftsbank

Guthaben bei der Zentralbank	600	Sichteinlagen	600
	600		600

2. Mindestreservesatz 20 %

Geschäftsbank

Guthaben bei der Zentralbank	100	Sichteinlagen	500
Kasse	10		
Forderungen	390		
	500		500

3. Mindestreservesatz 10 %

Geschäftsbank

Guthaben bei der Zentralbank	150	Sichteinlagen	800
Kasse	10		
Forderungen	490		
Wechselforderungen	150		
	800		800

4. Mindestreservesatz 25 %

Geschäftsbank

Guthaben bei der Zentralbank	400	Sichteinlagen	1 000
Forderungen	300		
Guthaben bei der Geschäftsbank II	200		
Wechselforderungen	100		
	1 000		1 000

14.5 COMPUTER-SIMULATION: Geldschöpfungsmultiplikator

In dem Bankensystem einer Volkswirtschaft erfolgt eine zusätzliche Bargeldeinlage von 1 000 GE (Geldeinheiten). Auf dieser Grundlage erfolgt ein Prozess fortlaufender Kreditgewährung, bei dem alle Kreditschöpfungsmöglichkeiten ausgenutzt werden. Nach jeder Kreditgewährung fließt der Kreditbetrag wieder vollständig als Bargeldeinlage in das Bankensystem zurück.

- Stellen Sie fest, in welcher Höhe in einem Prozess von 20 aufeinander folgenden Kreditgewährungen auf der Grundlage der zusätzlichen Bargeldeinlage von 1 000 GE in der Volkswirtschaft zusätzlich Kredit und damit Geld geschaffen wird bei einem Mindestreservesatz

  a) von 20 %, b) von 25 %, c) von 30 %.

  Gehen Sie davon aus, dass die Banken über die Mindestreserve hinaus keine zusätzlichen Liquiditätsreserven halten.

Mindestreservesatz (in %)	20	25	30
Kreditschöpfungsmöglichkeit/Geldschöpfungsmöglichkeit in einem Prozess von 20 Kreditgewährungen (GE)			

Fassen Sie die Ergebnisse a) – c) in einer Ergebnistabelle zusammen!

14.6 Geldwert – Nominallohn – Reallohn

- Stellen Sie mit der Genauigkeit, die die unten stehende Statistik zulässt, fest:

  1. Wie hat sich der Geldwert von Jahrzehnt zu Jahrzehnt verändert?
  2. Wie hat sich der Nominallohn von Jahrzehnt zu Jahrzehnt verändert?
  3. Wie hat sich der Reallohn eines Industriearbeiters von Jahrzehnt zu Jahrzehnt verändert?
  4. Wie viel % ist der Reallohn von 1930 auf 2000 gestiegen?

Entwicklung des Preisindex und der Bruttomonatsverdienste von 1950 bis 2000
Früheres Bundesgebiet (2000 = 100)

Jahr	Verbraucherpreisindex Deutschland	Indizes der durchschnittlichen Bruttomonatsverdienste im Produzierenden Gewerbe
1950	24,5	6,0
1960	29,5	11,8
1970	38,0	26,1
1980	62,3	52,5
1990	80,6	74,4
2000	100,0	100,0

Quelle: Statistisches Bundesamt, Wiesbaden, Auszug aus der Fachserie 16, Reihe 2.1 und Fachserie 17, Reihe S 2

14.7 Ursachen der Inflation

- Stellen Sie fest, welche Ihnen bekannte Inflationstheorien im Text des Sachverständigengutachtens aufgegriffen werden. Überprüfen Sie, ob diese Theorien akzeptiert oder abgelehnt werden!

Sachverständigenrat zur Begutachtung der gesamtwirtschaftlichen Entwicklung: Vollbeschäftigung für morgen, Jahresgutachten 1974 Nr. 45, S. 149 (Auszug)

Preisniveau- und Beschäftigungswirkungen der Geldpolitik

375. Unbestritten ist, dass ein Zusammenhang zwischen Geldmenge und Inflation besteht. Die für die Entstehung des nominalen Inlandsprodukts notwendigen Umsätze müssen finanziert werden. Steigt das nominale Inlandsprodukt schneller als das reale, so bedeutet dies, dass auch die gesamtwirtschaftlichen Ausgaben stärker zunehmen als im Falle eines gleich bleibenden Preisniveaus. Zwar können wachsende Ausgaben auch durch die häufigere Verwendung eines konstanten Geldbestandes getätigt werden. Die Umlaufgeschwindigkeit des Geldes kann jedoch nicht beliebig zunehmen oder, anders ausgedrückt, die durchschnittliche Kassenhaltung der Wirtschaftssubjekte im Verhältnis zu den Ausgaben kann in einer arbeitsteiligen Wirtschaft nicht beliebig vermindert werden, so dass schließlich zusätzliches Geld in den Wirtschaftskreislauf gelangen muss, wenn der Anstieg der Ausgaben möglich sein soll. Die Ausweitung der Geldmenge über die Zunahme derjenigen gesamtwirtschaftlichen Ausgaben hinaus, die für die nominale Auslastung eines wachsenden Produktionspotenzials bei gleich bleibendem Preisniveau benötigt wird, ist eine notwendige, wenn auch nicht eine hinreichende Bedingung des Auftretens inflatorischer Prozesse.

Zwischen einer Ausweitung der Geldmenge und zusätzlichen Preissteigerungen steht eine ganze Kette von Anpassungsvorgängen auf den Finanz- und Gütermärkten; diese mögen nicht durchgängig überschaubar sein, der fundamentale Zusammenhang ist dennoch hinreichend bekannt. Angenommen, die Notenbank bewirkt eine Ausdehnung der Geldmenge. Sie kann dies zum Beispiel erreichen, wenn sie von Nichtbanken Wertpapiere erwirbt. Sie kann aber auch den Banken – gleich auf welchem Wege – zusätzliches

Zentralbankgeld zuführen, denn diese werden bestrebt sein, das zinslose Zentralbankgeld gegen ertragbringende Aktiva, zum Beispiel auch Wertpapiere, auszutauschen. Beide Vorgänge führen zu Gutschriften auf Sichtkonten bei Banken oder zur Erhöhung des Bargeldumlaufs. Es werden also zunächst die Kassen voller. Bei gleich bleibendem Preisniveau steigt deren realer Wert, ohne dass dadurch ein entsprechender zusätzlicher Nutzen gestiftet würde. Es besteht deshalb ein Anreiz, das zusätzliche Geld besser verzinslich anzulegen, aber auch mehr Güter zu kaufen. Zusätzliches Geldangebot drückt auf den Zins. Investitionen werden angeregt und weitere Güter nachgefragt. Reichen die realen Angebotsmöglichkeiten nicht aus, die gestiegene Nachfrage zu befriedigen, so steigen die Preise, damit aber auch die Nachfrage nach Geld und somit der Zins, bis schließlich das Gleichgewicht der relativen Preise bei einem höheren Preisniveau wiederhergestellt ist. Man kann sich diesen Transmissionsprozess komplizierter oder einfacher ausmalen, stets lässt sich mit einiger Plausibilität ableiten, dass eine Geldmengenexpansion über den Anstieg der realen Angebotsmöglichkeiten hinaus schließlich auch zu einem Anstieg des Preisniveaus führen wird. Was wir über diesen Transmissionsmechanismus wissen, reicht allerdings nicht aus, jeweils voraussagen zu können, wann und in welchem Ausmaß sich bestimmte monetäre Impulse auf die Höhe des Preisniveaus auswirken.

Freilich muss der Anstoß zu Preissteigerungen nicht von einer Geldmengenexpansion kommen. Steigen die Kosten, etwa weil Importgüter teurer werden oder weil das Kapital relativ knapper wird oder weil über den Produktivitätsfortschritt hinausgehende Lohnforderungen durchgesetzt werden, so versuchen die Unternehmen, die gestiegenen Kosten in den Preis weiterzuwälzen. Dies kann ihnen mittelfristig jedoch nur gelingen, wenn zusätzliches Geld zur Verfügung gestellt wird. Andernfalls müssen die Preise der jeweils anderen Faktoren oder die Gewinne entsprechend sinken oder es geht die Beschäftigung zurück.

Wir können also konstatieren: Auf mittlere Sicht gibt es in einer Volkswirtschaft, deren Produktionspotenzial im Durchschnitt normal ausgelastet ist, keine Inflation ohne eine monetäre Expansion, die das Wachstum des Produktionspotenzials übersteigt. Es kann darüber hinaus unterstellt werden, dass in der Regel eine derartige monetäre Expansion eine entsprechende Inflation zur Folge hat.

ZUR WIEDERHOLUNG DES GRUNDWISSENS

1. Welche Eigenschaften muss ein allgemeines Tauschgut haben?
2. Was versteht man unter Währung?
3. Was zählt zum Bargeld?
4. Was bezeichnet man als Buchgeld?
5. Wie unterscheidet sich der halbbare vom bargeldlosen Zahlungsverkehr?
6. Beschreiben Sie die Möglichkeiten des halbbaren Zahlens.
7. Welche Vorteile bringt das Zahlen mit Dauerauftrag oder im Lastschriftverfahren?
8. Wie werden Electronic-cash-Zahlungen abgewickelt?
9. Welche Bedeutung hat die Bankkarte?
10. Wie unterscheiden sich Geschäftsbanken von Zentralbanken?
11. Welche Aufgaben hat die Europäische Zentralbank?

12. Welche Organe hat die Europäische Zentralbank?
13. Welche Organe hat die Deutsche Bundesbank?
14. Was zählt zur Geldmenge M 1?
15. Wie ist das Recht Bargeld zu schöpfen im Euro-Währungsgebiet geregelt?
16. Erläutern Sie den Vorgang der Bargeldschöpfung einer einzelnen Geschäftsbank.
17. Erläutern Sie die Wirkung des Geldschöpfungsmultiplikators.
18. Was bezeichnet man als Preisniveau einer Volkswirtschaft?
19. Beschreiben Sie die Stufen der Berechnung eines Preisindex.
20. Was bezeichnet man als Inflation?
21. Was bezeichnet man als Deflation?
22. Welche Arten der Inflation können unterschieden werden?
23. Wie lautet die Verkehrsgleichung des Geldes?
24. Welche Einwendungen können gegen die Verkehrsgleichung des Geldes vorgebracht werden?
25. Welche Ursachen der Inflation werden von der Nachfragesogtheorie hervorgehoben?
26. Welche Ursachen der Inflation werden von der Angebotsdrucktheorie hervorgehoben?
27. Zählen Sie die Instrumente auf, die der Europäischen Zentralbank für ihre Geldpolitik zur Verfügung stehen.
28. Erläutern Sie die Wirkung einer Erhöhung bzw. einer Senkung des Mindestreservesatzes.
29. Erläutern Sie die Wirkung der Offenmarktpolitik auf die Geldschöpfungsmöglichkeit der Geschäftsbanken und auf die Geldmenge.

15 Außenwirtschaftliche Beziehungen und Außenwert des Geldes

LEITFRAGE

Beurteilen Sie den Vorschlag und seine Begründung.

Der Welthandel aus der Sicht der rohstoffreichen Entwicklungsländer

Der Welthandel wird marktwirtschaftlich gelenkt und nutzt nur den Industrieländern. Die Industrieländer sind wirtschaftlich stärker und zahlen für die Rohstoffe keinen angemessenen Preis. Nachfrage- oder Ernteschwankungen werden über den Preis ausgeglichen. Für die meisten Entwicklungsländer bilden die Erlöse aus den Rohstoffverkäufen die Haupteinnahmequelle. Diese Einnahmen sind von Weltmarktschwankungen abhängig, die sie nicht beeinflussen können.

Die Industrieländer erhöhen beständig die Produktivität der Arbeit. Davon profitiert nur die Bevölkerung der Industrieländer, an die der Produktivitätsfortschritt als Lohnerhöhung weitergegeben wird. Der Produktivitätsfortschritt führt nicht zur Preissenkung für Industriegüter, von der auch die Entwicklungsländer ihren Nutzen hätten.

Die Entwicklungsländer fordern deshalb ein weltweites Rohstoffprogramm. In einem Vertrag zwischen den Rohstoffproduzenten und den Rohstoffkäufern der Welt muss eine neue Welthandelsordnung festgelegt werden:

- Die Rohstoffproduzenten verpflichten sich, eine bestimmte Mindestmenge zu einem festgelegten Höchstpreis zu liefern.
- Die Importeure verpflichten sich zur Abnahme einer bestimmten Mindestmenge zu einem festgelegten Mindestpreis.
- Um die Rohstoffpreise immer zwischen dem festgelegten Höchstpreis und dem Mindestpreis zu halten, werden Ausgleichslager gebildet. Ein zentraler Fonds, der überwiegend von den rohstoffabhängigen Industrieländern zu finanzieren ist, kauft Rohstoffe, wenn der Preis unter den Mindestpreis sinkt, und verkauft Rohstoffe, wenn der Preis über den Höchstpreis steigt.

INFORMATION

15.1 Bedeutung des Außenhandels

Wenn zwischen Volkswirtschaften Güter ausgetauscht werden, dann wird damit der gleiche Zweck verfolgt, der auch dem Tausch von Sachgütern und Dienstleistungen zwischen Menschen oder Unternehmen zu Grundeliegt: Der Tausch soll beiden Tauschpartnern einen Vorteil bringen.

Außenhandel ist schon deshalb zweckmäßig, weil im Allgemeinen **nicht alle Güter** im Inland produziert werden können, die von inländischen Konsumenten nachgefragt werden. Wir können in der Bundesrepublik z. B. keine Orangen, Zitronen oder Bananen anbauen.

Viele in der Industrieproduktion benötigte **Rohstoffe** kommen bei uns gar nicht oder nur in geringen Mengen vor. In anderen Ländern fehlen technische Einrichtungen oder hoch qualifizierte Arbeitskräfte für die Herstellung bestimmter Industrieprodukte. Der Wohlstand in rohstoffarmen Industrieländern, wie der Bundesrepublik Deutschland, beruht auf einem funktionierenden Außenhandel mit rohstoffreichen Ländern.

Außenhandel ist vor allem dann vorteilhaft, wenn sich jede Volkswirtschaft auf die Produktion der Güter spezialisiert, die sie mit niedrigeren Realkosten herstellen kann als andere Volkswirtschaften.

Unter Realkosten versteht man die Summe der bei der Produktion eines Gutes eingesetzten Produktionsfaktoren.

Durch den Tausch anstelle der Eigenproduktion werden Produktivkräfte eingespart, die zu einer Steigerung der Güterproduktion eingesetzt werden können.

Kostenvorteile für einzelne Güter sind oft nicht von Naturbedingungen vorgegeben, sondern kommen erst durch den Außenhandel zustande. Die moderne industrielle Produktion erfordert große technische Anlagen, die hohe fixe Kosten verursachen. Je besser die Anlagen ausgelastet sind, umso kleiner wird der Anteil, den ein Stück an den fixen Kosten zu tragen hat. So kann es sinnvoll sein, dass ein Land auf die Produktion von Autos verzichtet, ein anderes Land auf die Produktion von Fernsehgeräten und die beiden Güter über den Außenhandel ausgetauscht werden. Beide Länder können so ihre Produktionskosten senken.

15.2 Grundpositionen der Außenhandelspolitik: Liberalismus und Protektionismus

Ein freier Außenhandel (Freihandel) entspricht der gesellschaftlichen Vorstellung des Liberalismus. Der **Liberalismus** betont das Recht auf die freie Entfaltung jedes einzelnen Menschens, auch im Bereich der Wirtschaft. Der Staat soll seine Eingriffe auf das Notwendigste beschränken.

In einem System des Freihandels ist der Außenhandel frei von allen staatlichen Eingriffen und auf den Märkten herrscht vollständige Konkurrenz.

Der Freihandel führt zu einer Spezialisierung, die auch Nachteile mit sich bringt. Wenn sich ein Land z. B. auf den Kaffeeanbau spezialisiert hat, kann eine einzige Missernte für das Land eine wirtschaftliche Katastrophe bedeuten. Es kann deshalb Gründe geben, in einem gewissen Maß auf den Vorteil einer Erhöhung der gesamtwirtschaftlichen Produktivität durch den Außenhandel zu verzichten. Trotzdem wird meist nur für einen vorübergehenden Zeitraum (z. B. die Dauer eines Krieges) der Zustand der **Autarkie** angestrebt, d. h. die vollständige Unabhängigkeit vom Außenhandel. Häufig werden aber vom Staat protektionistische Maßnahmen ergriffen, um einen **Teil** der inländischen Produzenten gegen die ausländische Konkurrenz zu schützen.

Als protektionistisch wird eine Außenhandelspolitik bezeichnet, die den Schutz inländischer Wirtschaft gegen ausländische Konkurrenz betreibt.

Viele Begründungen für eine protektionistische Politik können leicht widerlegt werden, manche verdienen eine sorgfältige Abwägung.

- **Entwicklungsschutz für Industrien.** Wenn eine Industrie des Inlands, die sich noch in der Entwicklung befindet, nur vorübergehend vor der Auslandskonkurrenz geschützt werden soll, dann lässt sich das grundsätzlich rechtfertigen. Die vollständige Konkurrenz soll ja wieder hergestellt werden, wenn der Industriezweig wettbewerbsfähig geworden ist. Dieses Argument ist besonders für Entwicklungsländer von Bedeutung. Die Praxis zeigt, dass bei diesen Maßnahmen die Gefahr besteht, dass aus einer nur als vorübergehend gedachten Schutzmaßnahme ein dauernder Schutz entsteht, weil die angemessene Schutzfrist niemand mit Sicherheit festlegen kann.

- **Vermeidung von Monokulturen.** Als Ergebnis des Freihandels können Monokulturen entstehen, die Volkswirtschaften besonders krisenanfällig machen. Durch Schutz inländischer, auf dem Weltmarkt nicht konkurrenzfähiger Wirtschaftszweige wird deshalb eine ausgeglichene, weniger krisenanfällige Wirtschaftsstruktur angestrebt.

- **Sicherung der Rohstoffbasis.** Als nationale Gründe verdienen Beachtung: Es kann sinnvoll sein, wenn ein Land sich nicht auf die Belieferung mit Rohstoffen aus dem Ausland verlässt. Wer auf eigene Energieerzeugung zu Gunsten des Imports von Heizöl vollständig verzichtet, wird von der Politik der Lieferländer abhängig.

Eine eigene Luftfahrtgesellschaft oder eine eigene Handelsflotte zu haben ist häufig nicht nur eine Angelegenheit des nationalen Prestiges, sondern eine Notwendigkeit für die Verteidigungsbereitschaft eines Landes.

15.3 Die Zahlungsbilanz

15.3.1 Begriff und Zweck

Die Gesamtheit aller ökonomischen Beziehungen mit dem Ausland innerhalb einer Periode wird in der Zahlungsbilanz festgehalten. Die Zahlungsbilanz ist ein wichtiges Informationsmittel des Wirtschaftspolitikers, da viele wirtschaftliche Maßnahmen Auswirkungen auf den Außenhandel haben oder von den außenwirtschaftlichen Beziehungen einer Volkswirtschaft her notwendig werden.

Die Zahlungsbilanz ist die Aufzeichnung aller ökonomischen Transaktionen zwischen Inland und Ausland in einem bestimmten Zeitraum.

Der Begriff „Zahlungsbilanz“ ist missverständlich. Sie enthält keine Bestände. In ihr werden außenwirtschaftliche Transaktionen erfasst (Stromgrößen). Außerdem betreffen die außenwirtschaftlichen Transaktionen nicht nur Zahlungen.

15.3.2 Hauptgruppen der Zahlungsbilanz

► Faktorleistungen mit Wirkung auf das Einkommen

Sinn außenwirtschaftlicher Beziehungen ist der Austausch von Leistungen der einheimischen mit ausländischen Volkswirtschaften. Werden im Inland Produktionsfaktoren (Arbeit, Boden, Kapital) eingesetzt und das Produkt ins Ausland ausgeführt, entsteht Faktoreinkommen im Inland. Faktoreinkommen entsteht im Inland aber auch dann, wenn das Inland Dienstleistungen für das Ausland erbringt.

An das Ausland abgegebene Faktorleistungen haben im Inland Auswirkungen auf Einkommen und Verbrauch. Zu berücksichtigen sind aber die Gegenleistungen des Auslands. Nur der Saldo von abgegebenen und empfangenen Leistungen ist entscheidend für die Veränderung des Einkommens.

Faktorleistungen an das Ausland

Warenhandel

Arbeit und Produktionsanlagen werden eingesetzt, um ein Auto zu produzieren, das exportiert wird. Für die Faktorleistungen (Einsatz der Produktionsfaktoren) entsteht Faktoreinkommen im Inland: Löhne, Gewinn und Zins für das investierte Kapital vergrößern das Einkommen im Inland.

Dienstleistung

Eine inländische Versicherungsgesellschaft übernimmt die Transportversicherung für eine ausländische Reederei. Die von der ausländischen Reederei an die inländische Versicherungsgesellschaft gezahlte Risikoprämie wird zu Einkommen im Inland.

Dem Inland kann Einkommen aus dem Ausland auch in Form von Erwerbs- und Vermögenseinkommen zufließen, wenn z. B. ein Inländer im Ausland ein Haus besitzt und dafür Miete erhält.

Alle außenwirtschaftlichen Transaktionen, aus denen im Inland Faktoreinkommen entsteht, werden in der **Leistungbilanz** zusammengefasst. Der Teil der Leistungen, der an das Ausland unentgeltlich abgegeben wurde, wird in der Position **„Laufende Übertragungen"** noch innerhalb der Leistungsbilanz ausgewiesen. Dazu gehören z. B. Zahlungen an die EU und andere internationale Organisationen. Dadurch wird erreicht, dass der Saldo der Leistungsbilanz nur die Einkommenssumme ausweist, die dem Inland durch den Außenhandel zugewachsen ist und zur Verwendung noch zur Verfügung steht.

► Leistungen ohne Wirkung auf das Einkommen

Übertragungen von Vermögen, z. B. wenn ein Auswanderer sein Vermögen in das Ausland mitnimmt, verändern zwar das Vermögen der Volkswirtschaften, sind aber nicht mit der Entstehung von Einkommen verbunden. Ein Inländer, der ein im Ausland gelegenes Haus erbt und das Eigentum überschrieben bekommt, hat damit noch kein für Verbrauchsausgaben verwendbares Einkommen erhalten. Deshalb werden Vermögenstransfers außerhalb der Leistungsbilanz in einer besonderen Position **„Vermögensübertragungen"** ausgewiesen.

► Finanzielle Transfers

Es wäre ein reiner Zufall, wenn sich außenwirtschaftliche Leistungen und Gegenleistungen ausgleichen würden. Der Saldo der Leistungen insgesamt (Leistungsbilanz + Vermögensübertragungen) muss durch finanzielle Leistungen ausgeglichen werden.

Der Abbau des Saldos der Leistungen kann in Form kurz- oder langfristiger Kreditgewährung erfolgen und wird dann innerhalb der Zahlungsbilanz in der **Kapitalbilanz** erfasst.

Erfolgt der Ausgleich durch „Barzahlung", dann führt dies zu einer Bestandsveränderung an Devisen bei der Zentralbank. In der Zahlungsbilanz der Bundesrepublik Deutschland wird die Bestandsveränderung an Devisen in der Position **„Veränderung der Währungsreserven"** ausgewiesen, die auch als **Devisenbilanz** bezeichnet wird.

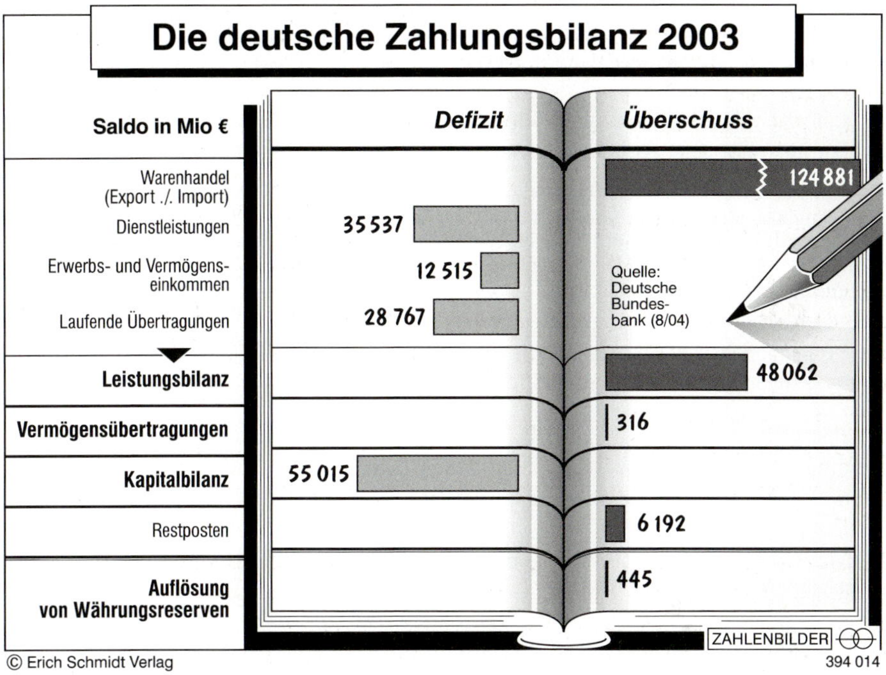

Da Leistungen, die unentgeltlich an das Ausland gewährt werden, bereits in der Leistungsbilanz mit den Faktorleistungen saldiert wurden, müsste der Saldo der Leistungen insgesamt eigentlich mit der Summe der beiden Positionen „Kapitalbilanz" und „Devisenbilanz" übereinstimmen. Da aber nicht alle außenwirtschaftlichen Vorgänge statistisch präzise erfasst werden können, gibt es noch die Ausgleichsposition **„Saldo der statistisch nicht aufgliederbaren Positionen"** (Restposten).

15.3.3 Die Teilbilanzen der Zahlungsbilanz

Die Handelsbilanz ist die Gegenüberstellung des Exports und des Imports von Waren.

In einer marktwirtschaftlich gesteuerten Volkswirtschaft ohne Staatsaußenhandel wäre der Ausgleich der Handelsbilanz ein sehr seltener Zufall. Viele selbstständige Unternehmer bemühen sich um den Export ihrer Waren. Ganz unabhängig davon führen die Importeure Waren ein und sind dabei ganz allein orientiert an den sich bietenden Gewinnmöglichkeiten. Überwiegt die Ausfuhr, dann sprechen wir von einer **aktiven Handelsbilanz.** Ist der Import größer, liegt eine **passive** Handelsbilanz vor.

Die Dienstleistungsbilanz ist die Gegenüberstellung der an das Ausland gewährten und der vom Ausland erhaltenen Dienstleistungen.

Die Dienstleistungen werden auch als unsichtbarer Export oder Import bezeichnet. Zu den Dienstleistungen gehören z. B. Waren- oder Personenbeförderung mit dem Schiff, der Eisenbahn oder dem Lkw und Einnahmen aus Patenten und Lizenzen.

In der Bilanz der Erwerbs- und Vermögenseinkommen werden Kapitalerträge und das Einkommen aus unselbstständiger Arbeit erfasst.

Dazu gehören z. B. die Einkommen aus Zinsen und Dividenden, die ebenso wie die von Inländern im Ausland erworbenen Arbeitseinkünfte Faktoreinkommen darstellen.

Erwerbs- und Vermögenseinkommen gehen nicht in das Bruttoinlandsprodukt ein, obwohl dem Inland Faktoreinkommen zufließt. Der Grund liegt darin, dass die Wirtschaftsleistung im Ausland erbracht wurde. Sie werden jedoch im Bruttonationaleinkommen berücksichtigt, das die Wirtschaftsleistung der Inländer erfasst (Inländerprodukt), gleichgültig, ob der Produktionsprozess im Inland oder im Ausland stattgefunden hat (s. dazu auch S. 253 f.).

In der Übertragungsbilanz werden alle Güter- und Forderungsbewegungen ohne ökonomische Gegenleistung erfasst.

Diese Teilbilanz enthält die unentgeltlichen Leistungen. Dazu gehören z. B. Überweisungen ausländischer Gastarbeiter in ihre Heimatländer, Leistungen im Rahmen der Entwicklungshilfe und Zahlungen an internationale Organisationen wie die EU.

Die Kapitalbilanz weist die Veränderung der Forderungen und Verbindlichkeiten gegenüber ausländischen Volkswirtschaften aus.

Erfasst werden Kreditgewährungen, Wertpapieranlagen (z. B. der Kauf von Aktien) und Direktinvestitionen (z. B. der Erwerb und die Veräußerung von Immobilien).

Wird eine Leistung an das Ausland auf Kredit erbracht, so heißt das, dass auf die Gegenleistung vorläufig verzichtet wird. Die Ansprüche der inländischen Volkswirtschaft gegen das Vermögen der ausländischen Volkswirtschaften sind dadurch gewachsen. Man spricht von **Kapitalexport.** Umgekehrt handelt es sich um **Kapitalimport,** wenn das Ausland dem Inland Leistungen auf Kredit erbringt und damit die Verbindlichkeiten des Inlands gegenüber dem Ausland zunehmen.

In der Devisenbilanz wird die Veränderung des Devisen- und Goldbestandes in der Abrechnungsperiode bei der Zentralbank ausgewiesen.

Die Veränderung des Devisenbestandes wird in der Zahlungsbilanz der Deutschen Bundesbank unter der Position **„Veränderung der Nettoauslandsaktiva der Bundesbank“** erfasst. Unter dieser Position wird der Teil der in der Abrechnungsperiode ins Land gekommenen Devisen eingestellt, der nicht wieder für Importe verwendet wird und deshalb zu einer Bestandserhöhung bei der Zentralbank geführt hat. Zu den Devisen rechnen alle ausländischen Zahlungsmittel, also auch Schecks und Wechsel. Da Gold als internationales Zahlungsmittel benutzt wird, wird in dieser Teilbilanz auch die Veränderung der Goldbestände erfasst.

Zusätzlich wird die Position der **„statistisch nicht aufgliederbaren Transaktionen"** notwendig, weil nicht alle Vorgänge statistisch exakt erfasst werden können und deshalb ein Rest ungeklärter Beträge verbleibt.

15.3.4 Zahlungsbilanz und außenwirtschaftliches Gleichgewicht

Eine Zahlungsbilanz ist formal immer ausgeglichen, da alle Vorgänge doppelt erfasst werden und die Plus- und Minuswerte der erfassten Vorgänge sich gegenseitig ausgleichen. Teilbilanzen wie z. B. die Handelsbilanz, müssen nicht ausgeglichen sein.

Obwohl die Zahlungsbilanz formal immer ausgeglichen ist, wird in Theorie und Praxis von „aktiven" und „passiven" Zahlungsbilanzen gesprochen.

Eine Zahlungsbilanz wird als aktiv bezeichnet, wenn ihr Ausgleich durch Zunahme der Gold- und Devisenbestände erfolgt.
Eine Zahlungsbilanz wird als passiv bezeichnet, wenn ihr Ausgleich durch Abnahme der Gold- und Devisenbestände erfolgt.

Das Gesetz zur Sicherung der Stabilität und des Wachstums nennt das **außenwirtschaftliche Gleichgewicht** als eines der wirtschaftspolitischen Ziele. Damit ist nicht gemeint, dass die Zahlungsbilanz in jedem Augenblick ausgeglichen sein soll. Gefordert ist nur, dass auf längere Sicht die Währungsreserven an Gold und Devisen unverändert bleiben. Zusätzlich wird von der Situation des außenwirtschaftlichen Gleichgewichts noch gefordert, dass vom Außenhandel die anderen wirtschaftspolitischen Ziele (z. B. hoher Beschäftigungsstand und angemessenes Wachstum) nicht beeinträchtigt werden.

Außenwirtschaftliches Gleichgewicht besteht dann, wenn in langfristiger Betrachtung die Währungsreserven unverändert bleiben und von der Außenwirtschaft keine Gefahren für binnenwirtschaftliche Ziele ausgehen.

15.4 Wechselkurse und ihre Wirkung auf den Außenhandel

15.4.1 Die Bedeutung der Wechselkurse für den Außenhandel

Wenn der Außenhandel nicht auf dem primitiven Stand einer naturalen Tauschwirtschaft abgewickelt wird, dann ergeben sich besondere Probleme daraus, dass es keine einheitliche Rechnungseinheit und keine Zahlungsmittel gibt, die weltweit anerkannt sind.

Zur Abwicklung von Außenhandelsgeschäften sind Devisengeschäfte notwendig.

Devisen im engeren Sinn sind die auf ausländische Plätze zahlbaren Anweisungen in fremder Währung, z. B. Schecks und Wechsel.
Im weiteren Sinn zählen zu den Devisen alle ausländischen Zahlungsmittel.

Devisen haben einen Preis, der Kurs genannt wird. Der Kurs bildet sich entweder bei der Umwechslung einer Währung in eine andere ohne staatliche Eingriffe frei auf dem Devisenmarkt und ist dann ein freier Marktpreis oder er ist das Ergebnis staatlicher Festsetzung.

Bis Ende 1998 wurde an der Frankfurter Devisenbörse die amtliche Kursnotiz von 20 europäischen und außereuropäischen Währungen börsentäglich festgestellt. Mit der Einführung des Euro wurde das amtliche Devisenfixing durch die Feststellung von so genannten Referenzkursen ersetzt, die beispielsweise für den Euro von der EZB täglich bekannt gegeben werden.

Der Wechselkurs ist der Preis für eine bestimmte Menge einer Währung, ausgedrückt in einer anderen Währung.

Der Wechselkurs des Euro wird grundsätzlich in ausländischen Währungseinheiten angegeben.

So wie sich der Binnenwert des Geldes darin zeigt, wie viel Gütereinheiten man für eine inländische Währungseinheit im Inland kaufen kann, so zeigt der Wechselkurs den **Außenwert des Geldes** an. Er ermöglicht die Feststellung, wie viel Gütereinheiten man für eine inländische Währungseinheit im Ausland kaufen kann.

Ein deutscher Importeur, der Schweinefleisch einführen will, wird die Preise für Schweinefleisch in all den Ländern prüfen, die als Lieferanten infrage kommen. Um die günstigste Bezugsmöglichkeit festzustellen, muss er die in der jeweiligen Landeswährung angegebenen Fleischpreise in Euro umrechnen.

Der Preis, den ein Importeur für Schweinefleisch zu zahlen hat, hängt damit nicht nur von der Entwicklung der Binnenpreise in den Exportländern ab, sondern auch von der Entwicklung des Wechselkurses. Im Beispiel (s. Tabelle 15.5.2) ist Frankreich das billigste Importland.

Bleiben die Binnenpreise konstant, ändern sich aber die Wechselkurse, dann verändern sich auch die Bezugspreise für den Importeur. In unserem Beispiel (siehe Tabelle 15.5.3) werden die USA statt Frankreich durch die Wechselkursänderung das billigste Exportland!

Euro-Referenzkurse der Europäischen Zentralbank
(Jahresdurchschnitte 2003)

1,00 EURO	1,1312 USD
1,00 EURO	0,69199 GBP
1,00 EURO	7,4307 DKK
1,00 EURO	130,97 JPY
1,00 EURO	1,5212 CHF

Quelle: Deutsche Bundesbank, Monatsbericht Oktober 2004, Tabelle X/11.

Tabelle 15.5.1

Preisvergleich für 1 t Schweinefleisch

Exportland	Preis in Landeswährung	Wechselkurs	Preis in EUR
USA	1 650 US-$	1 EUR = 1,10 US-$	1 500
Schweiz	2 800 sfrs	1 EUR = 1,60 sfrs	1 750
Frankreich	1 400 EUR	identische Währung	1 400

Tabelle 15.5.2

Der Binnenpreis in den Exportländern bleibt unverändert.
Der Wechselkurs der USA ändert sich.

Exportland	Preis in Landeswährung	Wechselkurs	Preis in EUR
USA	1 650 US-$	1 EUR = 1,32 US-$	1 250
Schweiz	2 800 sfrs	1 EUR = 1,60 sfrs	1 750
Frankreich	1 400 EUR	identische Währung	1 400

Tabelle 15.5.3

Der Binnenpreis und der Wechselkurs des Exportlandes USA ändert sich.

Exportland	Preis in Landeswährung	Wechselkurs	Preis in EUR
USA	1 980 US-$	1 EUR = 1,60 US-$	1 320
Schweiz	2 800 sfrs	1 EUR = 1,60 sfrs	1 750
Frankreich	1 400 EUR	identische Währung	1 400

Tabelle 15.5.4

Verändern sich die Binnenpreise, dann kann der Preisveränderung durch Veränderung der Wechselkurse entgegengewirkt werden. In unserem Beispiel (siehe Tabelle 15.5.4) steigen in den USA die Binnenpreise um 20%.

Trotzdem bleiben die USA das billigste Exportland, da der Wechselkurs des US-Dollars steigt.

Der Exportpreis wird nicht nur vom Preis auf dem Inlandsmarkt, sondern auch von den Wechselkursen bestimmt.

Da die Veränderung der Wechselkurse auf den Außenhandel fördernd oder bremsend wirkt, ist die Frage von Bedeutung, wie Wechselkurse gebildet werden.

15.4.2 Das System fester Wechselkurse

▶ Absolut und relativ feste Wechselkurse

Feste Wechselkurse können **absolut feste Wechselkurse** oder **relativ feste Wechselkurse** sein.

Absolut feste Wechselkurse sind Preise für ausländische Währungen, die vom Staat festgesetzt werden und von denen im Inland nicht abgewichen werden darf.

Das staatlich festgesetzte Austauschverhältnis zwischen der eigenen Währung und der ausländischen Währung wird als **Parität** bezeichnet (von „pari", was „gleich" bedeutet).

Bei **absolut festen Wechselkursen** gibt es keinen offiziellen Devisenmarkt. An- und Verkauf von ausländischen Zahlungsmitteln (Devisen) im Inland dürfen nur über dafür zuständige Stellen zu offiziellen Kursen erfolgen. Die Einfuhr von inländischer Währung aus dem Ausland ist verboten oder nur in geringen, betragsmäßig festgelegten Grenzen erlaubt.

Bei relativ festen Wechselkursen legt der Staat das Wertverhältnis zu den ausländischen Währungen so fest, dass geringe Abweichungen von dem festgelegten Leitkurs erlaubt sind.

Bei **relativ festen Wechselkursen** gibt es einen freien Devisenmarkt. Die Exporteure verkaufen ausländische Währungen, die sie als Exporterlöse erhalten haben, gegen inländische Währung an ihre Bank. Die Importeure kaufen bei der Bank ausländische Währungen und zahlen mit inländischer Währung. Der Wechselkurs ergibt sich aus Angebot und Nachfrage.

Überschreitet der Wechselkurs des Marktes die vom Staat festgelegten Grenzen nach oben oder unten, greifen die Zentralbanken ein. Überschreitet der Wechselkurs die Grenze nach unten, kauft die Zentralbank Devisen auf, um die Kurse zu stützen. Übersteigt der Devisenkurs die obere Grenze, verkauft die Zentralbank Devisen. Der Staat legt also keinen Zwangskurs fest und überwacht die Einhaltung dieses Kurses nicht mit polizeilichen Maßnahmen, er greift auf dem Markt als Anbieter oder Nachfrager ein (er interveniert), wenn der Wechselkurs den festgelegten Höchstkurs oder Niedrigstkurs überschreitet. Die festgelegten Höchst- und Tiefstpunkte werden als **Interventionspunkte** bezeichnet.

In einem System relativ fester Wechselkurse interveniert die zentrale Währungsbehörde durch An- oder Verkauf auf dem Devisenmarkt, wenn die festgelegten Höchst- oder Tiefstkurse überschritten werden.

▶ Die Auswirkungen fester Wechselkurse

Die Einengung des Spielraums der Wechselkurse durch Festlegen einer Schwankungsbreite (Bandbreite) hat verschiedene nachteilige Folgen:

Bei festen Wechselkursen ist der Ausgleich der Zahlungsbilanz nicht gesichert.

Es wäre ein Zufall, wenn der Wechselkurs als staatlich festgesetzte Parität ein Gleichgewichtspreis wäre. Die Währung eines Landes wird überbewertet, die des anderen Landes unterbewertet sein. Im Land mit der unterbewerteten Währung lässt sich billig einkaufen. Das Land mit der unterbewerteten Währung wird mehr exportieren als importieren, das Land mit der überbewerteten Währung mehr importieren als exportieren. Die Zahlungsbilanzen beider Länder sind nicht ausgeglichen.

Die Wirkung einer unterbewerteten Währung

Der Paritätskurs für die estnische Krone sei auf 15,6466 (1,00 EUR = 15,6466 estnische Kronen) festgelegt. Angenommen, ein Warenkorb der für den Außenhandel maßgeblichen Güter kostet in Estland 1 000 Kronen, in der Bundesrepublik 50,00 EUR.

Deutsche Importeure müssen also 63,91 EUR aufwenden, um den Warenkorb in Estland zu erwerben. In der Bundesrepublik Deutschland kostet der Warenkorb nur 50,00 EUR. Es ist billiger im Inland zu kaufen.

Estnische Importeure müssen 782,33 Kronen aufwenden und damit 50,00 EUR erwerben, um den Warenkorb in der Bundesrepublik Deutschland zu kaufen. Sie erhalten den Warenkorb in der Bundesrepublik Deutschland billiger als in Estland.

Bei festen Wechselkursen hat die aktive Zahlungsbilanz inflatorische Wirkung.

In dem Land, dessen Währung unterbewertet ist, fließen ständig Devisen zu. Für den Import werden wenig Devisen benötigt, da das Ausland wegen des Wechselkurses zu teuer ist. Das Angebot an Devisen ist größer als die Nachfrage. Die Devisenkurse sinken unter den unteren Interventionspunkt. Bei festen Wechselkursen muss die Zentralbank intervenieren und Devisen kaufen. Dieser Ankauf von Devisen durch die Zentralbank ist eine Geldschöpfung, die eine inflatorische Wirkung hat. Wenn die Zahlungsbilanz wegen einer aktiven Leistungsbilanz unausgeglichen ist, dann ist die Wirkung doppelt: Einmal wird die Geldmenge vermehrt, zum anderen wird das inländische Güterangebot um den Aktivsaldo der Leistungsbilanz vermindert.

Bei festen Wechselkursen ist die Wirksamkeit konjunktur- und währungspolitischer Maßnahmen gering.

Die Mittel der Zentralbankpolitik und der Fiskalpolitik können bei einem fundamentalen Ungleichgewicht der Zahlungsbilanz nicht entscheidend helfen, wenn die Wechselkurse fest sind. Diese Mittel greifen nicht die eigentlichen Ursachen an und können den vom Außenhandel verursachten Geldzufluss nicht verhindern. Würde das Land mit aktiver Zahlungsbilanz im Rahmen seiner Währungspolitik gar die Zinssätze erhöhen, dann würden noch mehr Devisen in dieses Land fließen, da die Geldanlage dort rentabler würde.

Bei festen Wechselkursen überträgt sich eine Geldentwertung im Ausland auf das Inland.

Steigen die Preise in dem Land mit der überbewerteten Währung, ohne dass der Wechselkurs geändert wird, dann wird das Land mit der unterbewerteten Währung relativ noch billiger. Der Export in diesem Land steigt, das Devisenangebot wird größer und die Geldmenge wird weiter vergrößert, da die Zentralbank noch mehr Devisen ankaufen muss. Die Inflation wird importiert.

Bei festen Wechselkursen entstehen internationale Liquiditätsprobleme.

Das Land mit der überbewerteten Währung und der sich daraus ergebenden dauernden passiven Zahlungsbilanz hat bald keine Devisen mehr. Devisenbewirtschaftung oder Kredithilfen werden notwendig, die aber auch nicht auf Dauer helfen können. Die freie Konvertibilität, d. h. die freie Austauschbarkeit der Währungen, ist auf Dauer nicht gesichert.

▶ Aufwertung und Abwertung

Lang anhaltenden Zahlungsbilanzüberschüssen oder Zahlungsbilanzdefiziten kann man mit einer Neufestlegung der festen Wechselkurse begegnen. Eine unterbewertete Währung müsste dann aufgewertet, eine überbewertete Währung abgewertet werden.

Eine Aufwertung ist eine Senkung des Preises für die ausländische Währung.

Bei einer Aufwertung entsteht die Tendenz, dass die Ausfuhr des aufwertenden Landes sinkt und die Einfuhr steigt.

Eine Abwertung ist eine Erhöhung des Preises für die ausländische Währung.

Durch eine Abwertung entsteht die Tendenz, dass die Ausfuhr des abwertenden Landes steigt und die Einfuhr sinkt.

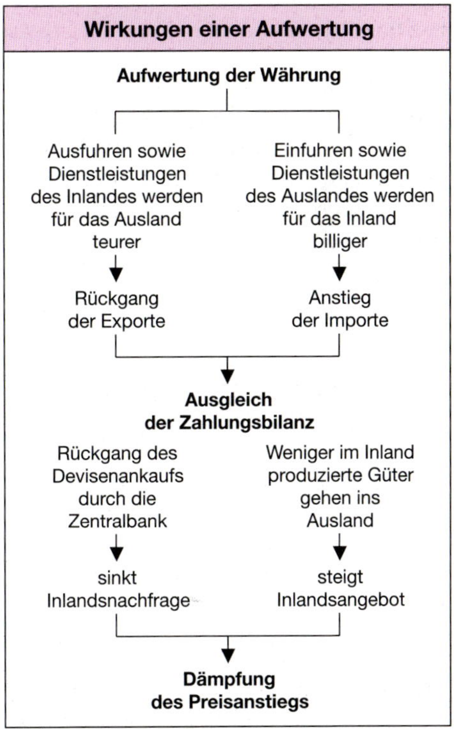

15.4.3 Das System freier Wechselkurse

Erfolgen keinerlei staatliche Eingriffe auf dem Devisenmarkt, dann bildet sich der Kurs frei aus dem Zusammenspiel von Angebot und Nachfrage. Der Wechselkurs ist flexibel.

Beim System freier Wechselkurse spricht man auch vom **Floating** (engl.: Schwimmen, Gleiten). Die Kurse floaten.

Bei freien Wechselkursen gelten die bekannten Gesetze des Marktes.

Steigt das Devisenangebot bei unveränderter Nachfrage, dann sinkt der Preis der Devise. Sinkt das Devisenangebot bei unveränderter Nachfrage, dann steigt der Preis der Devise.

Der freie Wechselkurs ist ein Gleichgewichtspreis

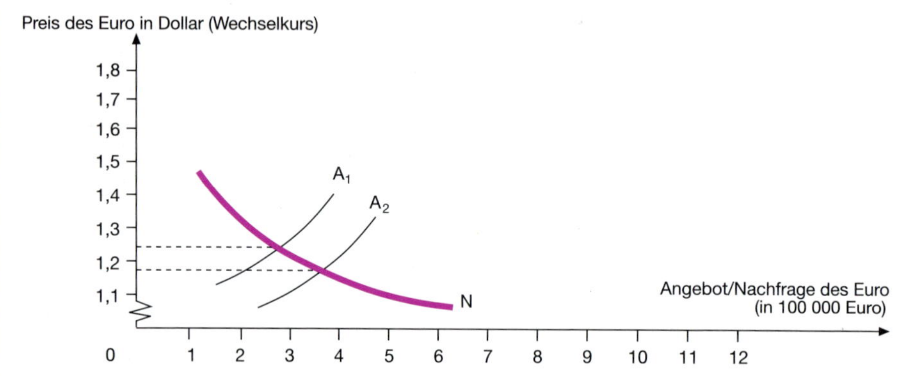

Die Exporteure bieten ihre Devisenerlöse auf dem Devisenmarkt an, da sie inländische Zahlungsmittel für Zahlungen an Arbeitnehmer und Lieferanten benötigen. Die Importeure fragen Devisen nach. Ist bei einem gegebenen Kurs das Angebot an Devisen größer als die Nachfrage, dann sinkt der Kurs. Für Exporteure bringt dies eine Erlösschmälerung. Für Importeure wird die Einfuhr billiger. Der Export geht zurück, der Import nimmt zu.

Bei flexiblen Wechselkursen besteht die Tendenz zum Ausgleich der Zahlungsbilanz.

Der Gleichgewichtskurs bringt das Devisenangebot und die Devisennachfrage zum Ausgleich und damit auch die Devisenbilanz einer Volkswirtschaft.

Ist der Wechselkurs frei, dann hat die Zentralbank keine Ankaufspflicht für Devisen. Gegen den Willen der Zentralbank gibt es deshalb keine Vermehrung der inländischen Geldmenge aus Außenhandelsüberschüssen.

Bei flexiblen Wechselkursen gibt es keine inflatorische Wirkung von Außenhandelsüberschüssen.

In einem System flexibler Wechselkurse kann die Konjunktur- und Währungspolitik wirksam sein, weil die Zahlungsbilanz stets ausgeglichen ist. Die Volkswirtschaft ist gegen finanzielle Auswirkungen von Außenhandelsüberschüssen abgeschirmt.

Bei flexiblen Wechselkursen haben geldpolitische Maßnahmen eine größere Wirksamkeit.

Bei einer Inflation im Ausland wird das Inland relativ billiger, wenn das inländische Preisniveau nicht im gleichen Ausmaß steigt. Der Export kann größer werden. Vermehrte Devisenangebote als Folge des vergrößerten Exports lassen den Kurs der ausländischen Währung aber sinken. Der gesunkene Wechselkurs verteuert die inländischen Produkte für die Ausfuhr, ohne dass sich die Inlandspreise ändern müssen. Eine Wirkung der Inflation im Ausland auf die Außenhandelsbeziehungen wird durch die Veränderung des Wechselkurses vermieden.

Bei flexiblen Wechselkursen überträgt sich die Inflation anderer Länder nicht auf das Inland.

Die Funktionen des Preises übernehmen die Regulierung des Devisenmarktes. Die Konvertibilität der Währungen ist auf Dauer möglich.

Bei flexiblen Wechselkursen wird internationalen Liquiditätsproblemen entgegengewirkt.

In dem System freier Wechselkurse ist der Ausgleich der Zahlungsbilanz oberstes wirtschaftspolitisches Ziel. Die Ansteuerung dieses Ziels erfolgt automatisch. Die Wirtschaftspolitik kann dem Ziel der Vollbeschäftigung keine Priorität vor dem Ausgleich der Zahlungsbilanz einräumen.

Bei flexiblen Wechselkursen sind wirtschaftspolitische Ziele nicht frei wählbar.

Wenn Wechselkurse dauernd schwanken können, entstehen Zufallsgewinne und Zufallsverluste. Spekulation, politischer Druck und politische Machtverhältnisse können den Kurs und damit die Handelsbeziehungen ungünstig beeinflussen.

Bei flexiblen Wechselkursen stört das Kursrisiko den Handels- und Kapitalverkehr.

Ob der Marktmechanismus über den Wechselkurs tatsächlich wirkt, hängt davon ab, ob das Ausland auch tatsächlich mehr Güter abnimmt, wenn über den Wechselkurs der Preis der Güter sinkt, oder weniger Güter nachfragt, wenn über den Wechselkurs der Preis der Güter steigt. Der Marktmechanismus wirkt über den Wechselkurs, wenn die Nachfrage nach den Außenhandelsgütern elastisch ist.

15.5 Internationale Verträge und Organisationen zur Regelung außenwirtschaftlicher Beziehungen

15.5.1 Der Internationale Währungsfonds (IWF)

► Ziele des IWF

Der Internationale Währungsfonds (engl.: International Monetary Fund, IMF) wurde 1944 in Bretton Woods (USA) gegründet. Er ist eine rechtlich selbstständige Organisation der Vereinten Nationen mit Sitz in Washington. Dem Internationalen Währungsfonds gehören, von wenigen Ausnahmen abgesehen, alle Staaten der Welt an.

Ziele und Aufgaben des Internationalen Währungsfonds:

1. Durch internationale Zusammenarbeit Schaffung geordneter Währungsbeziehungen zwischen den Mitgliedsländern,
2. Ausweitung des Welthandels,
3. Stabilität der Währungen,
4. Bereitstellung von befristeten Devisenkrediten zur Behebung von Zahlungsbilanzschwierigkeiten.

Zur Gewährleistung geordneter Währungsverhältnisse bestimmte der Vertrag von Bretton Woods von 1944, dass jedes Mitgliedsland die Parität seiner Währung zum Gold oder zum US-Dollar festzulegen hatte. Vor allem das anhaltend hohe Defizit der amerikanischen Zahlungsbilanz erzwang eine Änderung dieses Systems. Es waren riesige liquide Dollarbestände entstanden, die bei Vertrauensstörungen jederzeit in andere Währungen verlagert werden konnten. Das führte in jenen Ländern zu Inflationsschüben, die durch Ankauf des Dollars zu festem Kurs zur Geldschöpfung gezwungen wurden. Dies musste zum Zusammenbruch des Systems führen. Außerdem wurden die grundsätzlichen Mängel fester Wechselkurse immer deutlicher erkennbar.

Mit der 2. Änderung des Übereinkommens (1978) nahm der IWF Abschied von dem System fester Wechselkurse. Das Währungssystem kann jetzt frei gewählt werden. Untersagt sind den Mitgliedsländern jedoch Manipulationen der Wechselkurse, die eine Anpassung der Zahlungsbilanz verhindern sollen oder auf Erlangung unfairer Wettbewerbsbedingungen abzielen.

► Organe des IWF

Oberstes Organ des IWF ist der **Gouverneursrat.** Jedes Mitgliedsland entsendet einen Gouverneur und einen Stellvertreter. In der Regel ist dies der für die Währungspolitik verantwortliche Minister oder der Zentralbankpräsident. Deutschland wird durch den Präsidenten der Deutschen Bundesbank vertreten. Der Gouverneursrat tagt jährlich mindestens einmal.

Die laufenden Geschäfte führt das **Exekutivdirektorium.** Der Gouverneursrat hat sich jedoch die Aufnahme neuer Mitglieder und die Änderung der Mitgliedsquoten vorbehalten. Die Mitgliedsländer mit den fünf höchsten Quoten (USA, Deutschland, Japan, Frankreich und Großbritannien) können je einen Direktor ernennen. – Die Gouverneure der anderen Länder werden von den restlichen Direktoren gewählt.

Das Exekutivdirektorium wählt seinen **Geschäftsführenden Direktor** auf fünf Jahre. Er ist zugleich Vorsitzender des Exekutivdirektoriums.

► Finanzierung des Fonds

Die Mittelbeschaffung erfolgt dadurch, dass jedem Mitgliedsland eine Quote zugewiesen wird. Die Höhe der Quote wird nach der Wirtschaftskraft des Landes und dem Grad seiner außenwirtschaftlichen Verflechtungen festgelegt. Kriterien sind z. B. das Bruttoinlandsprodukt und die Höhe der Währungsreserven eines Landes.

In Höhe der Quote hat jedes Mitgliedsland eine Einzahlungsverpflichtung. In der Regel sind 75% der Einzahlungen in der Währung des eigenen Landes und 25% in der Währung anderer, vom IWF festgelegten Länder oder in Sondererziehungsrechten (s. dazu unten) zu leisten. Einzahlungen, die in fremder Währung erfolgt sind, werden als „Reservetranche" bezeichnet. Nach der Quote bestimmen sich das Stimmrecht jedes Mitgliedslandes, der Umfang, in dem Devisenkredite in Anspruch genommen werden können und die Verpflichtung der Kreditgewährung an andere Mitgliedsländer. Die USA halten ca. 17,7% des IWF-Kapitals, Japan 6,3% und Deutschland 6,2%.

▶ Ziehungsrecht

Jedes Land hat in Höhe seiner Quote einen **Kreditanspruch (Ziehungsrecht)** gegenüber dem IWF. Das Ziehungsrecht bedeutet, dass es dem Land auf Antrag gestattet ist, die Währung eines anderen Mitgliedslandes gegen die Währung des eigenen Landes zu kaufen. Wirtschaftlich gesehen erhält die Zentralbank, die Devisen gegen eigene Währung kauft, einen Kredit. Sie erhält internationale Liquidität gegen Geld, das sie selber schaffen kann.

Die Inanspruchnahme eines Kredits beim Internationalen Währungsfonds wird als Ziehung bezeichnet.

Macht eine Zentralbank von ihrem Ziehungsrecht im Rahmen der „Reservetranche" Gebrauch, handelt es sich wirtschaftlich gesehen nicht um einen Kredit. Sie greift nur auf Währungsreserven zurück, die sie beim IWF hinterlegt hat.

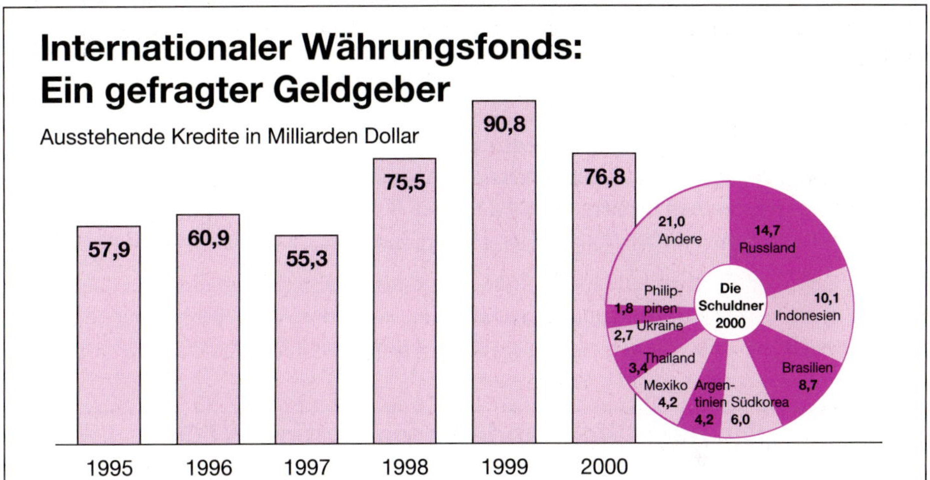

Stand: jeweils 30. April; 2000: 31. Januar; Ursprungsdaten: Internationaler Währungsfonds
Quelle: Institut der deutschen Wirtschaft Köln

Ziehungsrechte nehmen Länder in Anspruch, die ein außenwirtschaftliches Defizit haben und deren Währungsreserven erschöpft sind. Diese Ziehungsrechte sind zeitlich und mengenmäßig begrenzt. Jedes Land kann nur so viel ausländische Währung erhalten, wie es mit seinem Fondsanteil kaufen kann. Außerdem wird die Kreditvergabe meist mit Auflagen für die nationale Währungs- und Wirtschaftspolitik verbunden.

15.5.2 Die Welthandelsorganisation (WTO)

▶ Der GATT-Vertrag als Vorläufer der WTO

Vorläufer der **WTO (engl.: World Trade Organization)** ist das General Agreement on Tariffs and Trade (GATT) von 1947. Das Abkommen hatte zum Ziel, durch eine Liberalisierung und Ausweitung des Außenhandels in allen Mitgliedsländern eine Steigerung des Lebensstandards, der Beschäftigung und des Realeinkommens zu erreichen. Die Absicht der Mitgliedsländer, eine Welthandelsorganisation zu schaffen, wurde erst 1994 erreicht. Die neue WTO trat am 1. Januar 1995 in Kraft. Im Endausbau dürfte die WTO etwa 190 Mitglieder haben. Die WTO hat ihren Sitz in Genf.

▶ Prinzipien der WTO

Um Fortschritte auf dem Weg zu einem internationalen Freihandel zu machen, werden Prinzipien vorgegeben, an denen die Länder ihr wirtschaftspolitisches Handeln orientieren sollen:

Das **Prinzip der Liberalisierung** fordert zum Verzicht auf das Heraufsetzen bestehender und der Einführung neuer Zölle auf. Vereinbart wurde, dass die Industriestaaten ihre Zölle um 1/3 senken. Die meisten Entwicklungsländer frieren ihre Zölle bei höchstens 35 bis 40% ein.

Das **Prinzip der Gegenseitigkeit** fordert, dass die handelspolitischen Leistungen, die sich die Vertragspartner gewähren, gleichwertig sein müssen.

Das **Prinzip der Nichtdiskriminierung** bedeutet, dass ein Land sich verpflichtet, dem Außenhandelspartner alle Einfuhrerleichterungen zu geben, die es auch Drittländern einräumt. Das Partnerland muss also dem meistbegünstigten Land gleichgestellt werden.

▶ Organisation des WTO

Das bisherige GATT ist eine der drei Teilorganisationen des WTO und zuständig für den Warenhandel. GATS (General Agreement on Trade in Services) ist zuständig für den Handel mit Dienstleistungen (z. B. Banken, Versicherungen), **TRIPS** (Agreement on Trade-Related Aspects of Intellectuell Property Rights) für den Schutz geistigen Eigentums. Dazu gehören z. B. das allgemeine Urheberrecht, Computerprogramme, Handelsmarken und Patente.

Oberstes Organ ist die Ministerkonferenz, die mindestens alle zwei Jahre tagt. Der **Allgemeine Rat** tagt monatlich zur Behandlung dringender und laufender Angelegenheiten. Außerdem gibt es Ausschüsse und Arbeitsgruppen, z. B. ein besonderer „Rat für Handelsverhandlungen".

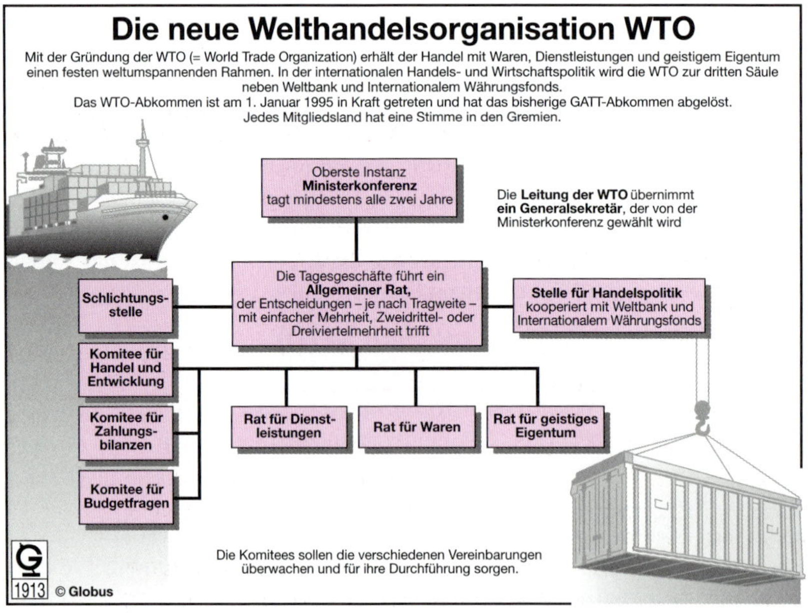

AUFGABEN UND PROBLEME

15.1 Erstellung einer Zahlungsbilanz

- 1. Erstellen Sie die Zahlungsbilanz in Kontoform:

  Ausfuhr 2500
  Einfuhr 1800
  Einnahmen aus der Übernahme von Versicherungen 900
  Überweisung von Gastarbeitern in ihre Heimatländer 200
  Ausgaben für Reiseverkehr und Transportleistungen 1000
  Langfristige Kreditgewährungen von inländischen Privatleuten an das Ausland 500

  Der Restausgleich erfolgte mit Devisen.

- 2. Ist die Zahlungsbilanz aktiv oder passiv?

15.2 Feste Wechselkurse, Kursänderungen

In einer Volkswirtschaft bestehen feste Wechselkurse zu allen Auslandswährungen. Die Wechselkurse werden durch An- und Verkauf von Devisen durch die Zentralbank innerhalb einer Bandbreite von ± 2,25 % stabil gehalten.

Im Ausland sinkt der Geldwert beständig. Die Zahlungsbilanz des Inlandes ist aktiv.

Die Verbraucherverbände des Landes mit der aktiven Zahlungsbilanz fordern von der Zentralbank, dass sie die Wechselkurse neu festlegt.

- 1. Welche Gründe könnten für diese Forderung vorgebracht werden?
- 2. Muss in dieser Situation die inländische Währung auf- oder abgewertet werden, um das Ziel der Verbraucherverbände zu erreichen?

15.3 Freihandel und Protektionismus

Im Zusammenhang mit der Diskussion um Freihandel oder Protektionismus wird resignierend die These aufgestellt:

„Die Freihändler haben zwar die besseren Argumente, aber die Protektionisten gewinnen die Wahlen!"

- Nehmen Sie hierzu kritisch Stellung.

ZUR WIEDERHOLUNG DES GRUNDWISSENS

1. Welche Vorteile kann der Außenhandel bringen?
2. Welche Auswirkungen hat die gesellschaftspolitische Vorstellung des Liberalismus im Bereich der Außenwirtschaft?
3. Erläutern Sie die Begriffe „Protektionismus" und „Autarkie".
4. Aus welchen Teilen besteht eine Zahlungsbilanz?
5. Stellen Sie das Zahlungsbilanzschema der Deutschen Bundesbank dar.
6. Welche Bedingung muss gegeben sein, damit außenwirtschaftliches Gleichgewicht besteht?
7. Was versteht man unter Devisen?
8. Was bezeichnet man als Wechselkurs?
9. Wie unterscheiden sich absolut feste und relativ feste Wechselkurse?
10. Was versteht man unter einer Aufwertung, was unter einer Abwertung?
11. Erläutern Sie die Auswirkung gebundener (fester) Wechselkurse auf den Ausgleich der Zahlungsbilanz und den Geldwert.
12. Beschreiben Sie Ziele und Aufgaben des Internationalen Währungsfonds (IWF).
13. Beschreiben Sie die Ziele und Prinzipien der World Trade Organization (WTO).

16 Die Europäische Union

Aus der Präambel zum Vertrag zur Gründung der Europäischen Wirtschaftsgemeinschaft (EWG) vom 25. März 1957

... in dem festen Willen, die Grundlagen für einen immer engeren Zusammenschluss der europäischen Völker zu schaffen,

entschlossen, durch gemeinsames Handeln den wirtschaftlichen und sozialen Fortschritt ihrer Länder zu sichern, indem sie die Europa trennenden Schranken beseitigen,

in dem Vorsatz, die stetige Besserung der Lebens- und Beschäftigungsbedingungen ihrer Völker als wesentliches Ziel anzustreben,

in der Erkenntnis, dass zur Beseitigung der bestehenden Hindernisse ein einverständliches Vorgehen notwendig ist, um eine beständige Wirtschaftsausweitung, einen ausgewogenen Handelsverkehr und einen redlichen Wettbewerb zu gewährleisten,

in dem Bestreben, ihre Volkswirtschaften zu einigen und deren harmonische Entwicklung zu fördern, indem sie den Abstand zwischen einzelnen Gebieten und den Rückstand der weniger begünstigten verringern,

in dem Wunsch, durch eine gemeinsame Handelspolitik zur fortschreitenden Beseitigung der Beschränkungen im zwischenstaatlichen Wirtschaftsverkehr beizutragen,

in der Absicht, die Verbundenheit Europas mit den überseeischen Ländern zu bekräftigen und in dem Wunsch, entsprechend den Grundsätzen der Satzung der Vereinten Nationen den Wohlstand der überseeischen Länder zu fördern,

entschlossen, durch diesen Zusammenschluss ihrer Wirtschaftskräfte Frieden und Freiheit zu wahren und zu festigen, und mit der Aufforderung an die anderen Völker Europas, die sich zu dem gleichen hohen Ziel bekennen, sich diesen Bestrebungen anzuschließen.

LEITFRAGEN

Welche Schranken sind beseitigt worden?

Wie hat sich der Lebensstandard seit der Gründung entwickelt?

Welche Vereinbarungen haben die Mitgliedsländer zur wirtschaftlichen Integration getroffen?

Welche Handelsbeschränkungen sind beseitigt worden?

Welche Ziele wurden inzwischen erreicht?

INFORMATION

16.1 Die Entstehung der Europäischen Union

16.1.1 Von der Europäischen Gemeinschaft für Kohle und Stahl zur Europäischen Gemeinschaft

Die wirtschaftliche Integration Westeuropas hat 1951 mit der Gründung der Europäischen Gemeinschaft für Kohle und Stahl (EGKS) begonnen. Zwischen den damals sechs Mitgliedsländern Belgien, Bundesrepublik Deutschland, Frankreich, Italien, Luxemburg und den Niederlanden wurden die Handelsschranken für Kohle, Stahl, Eisenerz und Schrott abgebaut.

Dieselben Mitgliedsländer gründeten 1957 in Rom die Europäische Wirtschaftsgemeinschaft (EWG) und die Europäische Atomgemeinschaft (EAG). Seit der Zusammenlegung der wichtigsten Organe der Gemeinschaften werden sie als **„Europäische Gemeinschaft"** zusammengefasst.

Im Vertrag zur Gründung der Europäischen Wirtschaftsgemeinschaft wurden vier Grundfreiheiten festgelegt: Freiheit des Warenverkehrs, Freizügigkeit der Arbeitskräfte, Niederlassungs- und Dienstleistungsfreiheit und Liberalisierung des Kapitalverkehrs.

Stufen der wirtschaftlichen Integration		
Freihandelszone	=	Abbau der Binnenzölle
Zollunion	=	Freihandelszone und gemeinsame Außenzölle
Gemeinsamer Markt	=	Zollunion und Mobilität der Produktionsfaktoren
Wirtschaftsunion	=	Gemeinsamer Markt und Harmonisierung der Wirtschaftspolitik (einschließlich der Währungspolitik)

Der EWG sind 1973 Dänemark, Großbritannien und Irland, 1981 Griechenland und 1986 Spanien und Portugal beigetreten. 1987 einigten sich die damals 12 Mitgliedsländer und unterzeichneten die **„Einheitliche Europäische Akte"**. Darin wurde festgelegt, dass bis Ende 1992 alle noch bestehenden Handelsbeschränkungen zu beseitigen sind und der Europäische Binnenmarkt bis 1993 beginnen soll.

Um die EG zu einer Wirtschaftsunion zu entwickeln, bedarf es noch zahlreicher Maßnahmen; z. B. müssten die unterschiedlichen Steuern angeglichen (harmonisiert), Diplome und Berufsabschlüsse gegenseitig anerkannt, das Gesellschaftsrecht weiter angeglichen werden und die Beteiligung von Unternehmen an öffentlichen Ausschreibungen über nationale Grenzen hinweg möglich sein. Der Grad der Umsetzung dieser Grundforderungen ist in den einzelnen Mitgliedsländern noch sehr unterschiedlich.

16.1.2 Der Vertrag von Maastricht: Von der Europäischen Gemeinschaft zur Europäischen Union

Einen entscheidenden Fortschritt brachte der 1993 in Kraft getretene **Vertrag von Maastricht** für die **Europäische Union.** Ganz bewusst wird der Wortteil „Wirtschafts-" aus der Bezeichnung des Vertrags gestrichen, denn es geht vor allem auch um das Erlangen einer **politischen Union.** Diesem Vertrag traten 1995 noch Finnland, Österreich und Schweden bei.

Im Vertrag von Maastricht ist vereinbart, die bisherige außenpolitische Abstimmung der Mitgliedsstaaten zu einer gemeinsamen Außen- und Sicherheitspolitik fortzuentwickeln. Im Rat **(GASP)** findet in **außen- und sicherheitspolitischen Fragen** eine gegenseitige Unterrichtung und Abstimmung mit dem Ziel statt, einen gemeinsamen Standpunkt festzulegen.

Außerdem wurde eine Zusammenarbeit in der **Innen- und Rechtspolitik** vereinbart. Die Regierungen verstärken Kooperationen u. a. in Fragen der Asylpolitik, der Bekämpfung von Drogenabhängigkeit und Drogenhandel, der organisierten Kriminalität und des Terrorismus. Die Europäische Union beruht demnach auf drei Pfeilern: der Europäischen Gemeinschaft (EG), der Gemeinsamen Außen- und Sicherheitspolitik (GASP) und der Zusammenarbeit in der Innen- und Rechtspolitik.

Zur Vorbereitung auf eine stark erweiterte EU leitete der **Vertrag von Nizza** die dringend gebotene Reform der EU-Institutionen ein. Daran anknüpfend begannen 2002 die Vorarbeiten zu einer EU-Verfassung. Am 1. Mai 2004 wuchs die EU mit dem Beitritt von zehn ost- und südeuropäischen Ländern auf **25 Mitgliedstaaten**. Als weitere Beitrittskandidaten wurden von der EU Bulgarien, Rumänien, Kroatien und die Türkei anerkannt.

Die drei Grundsäulen der Europäische Union		
Europäische Gemeinschaft (EG)	**Gemeinsame Außen- und Sicherheitspolitik (GASP)**	**Zusammenarbeit in der Innen- und Rechtspolitik**
Mehrheitsbeschlüsse auf den Gebieten – Binnenmarkt – Währungsunion – Außenhandel – Landwirtschaftspolitik usw.	Einstimmige Beschlüsse über gemeinsame Aktionen	Einstimmige Beschlüsse z. B. über Einwanderungs- und Drogenpolitik
(Teil-)Souveränität übertragen Mehrheitsbeschlüsse	Nur Kooperation, keine Übertragung von Souveränität	Nur Kooperation, keine Übertragung von Souveränität

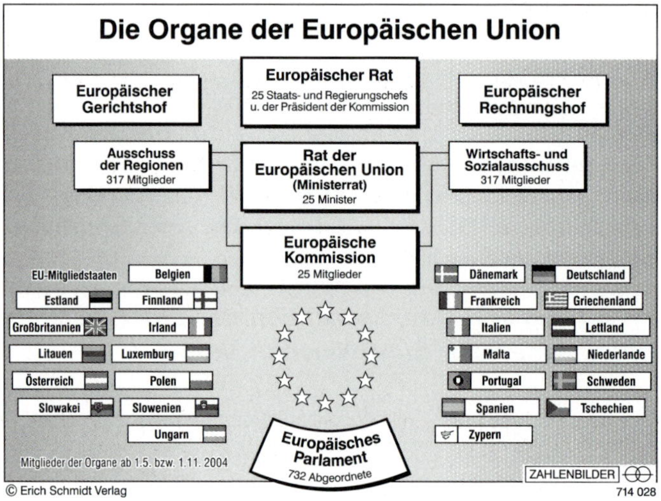

16.2 Agrarpolitik in der Europäischen Union

Die Mitgliedsländer der EWG hatten vor Vertragsabschluss ihre Landwirtschaften in großem Umfang mit Subventionen, Preisgarantien, Einfuhrbeschränkungen, Ausfuhrzuschüssen und Ausgleichszahlungen gestützt. Der Abbau der Zölle und mengenmäßigen Beschränkungen hätte deshalb nicht ausgereicht, um einen gemeinsamen Agrarmarkt herzustellen. Aus politischen Gründen können die Stützungsmaßnahmen für die Landwirtschaft nur allmählich abgebaut werden. Die Landwirtschaft erhielt deshalb im Vertrag eine Sonderstellung.

Ziele der europäischen Agrarpolitik:
1. Die Produktivität der Landwirtschaft zu erhöhen.
2. Durch Erhöhung des Pro-Kopf-Einkommens den in der Landwirtschaft Tätigen eine angemessene Lebenshaltung zu gewährleisten.
3. Die Märkte zu stabilisieren.
4. Die Nahrungsversorgung der Bevölkerung sicherzustellen.
5. Für die Belieferung der Verbraucher zu angemessenen Preisen Sorge zu tragen.

Gegenwärtig wird die Landwirtschaft in der Gemeinschaft durch Sonderregelungen noch erheblich vor den Weltagrarmärkten geschützt. Die wichtigsten Lenkungsinstrumente sind staatliche Eingriffe in die Preisbildung, direkte Subventionen und Abschöpfungen bei der Einfuhr bzw. Erstattungen bei der Ausfuhr landwirtschaftlicher Produkte.

Maßnahmen der Agrarpolitik. Um die Landwirtschaft vor einem durch **Überproduktion innerhalb der Gemeinschaft** hervorgerufenen Preisverfall und der damit verbundenen Einkommensminderung zu schützen, werden für wichtige Agrarprodukte (Getreide, Butter, Milchpulver, Rind- und Schweinefleisch) Mindestpreise festgelegt. Sinkt der Marktpreis im Raum der Gemeinschaft unter diesen Mindestpreis, dann wird die Ware von einer **staatlichen Vorratsstelle** aufgekauft und eingelagert. Diese Mindestpreise werden als **Interventionspreise** bezeichnet.

Interventionspreise sind garantierte Mindestpreise, zu denen die staatlichen Interventionsstellen die ihnen angebotenen Erzeugnisse ankaufen müssen.

Zur Absicherung nach außen werden **Schwellenpreise** festgelegt, die über den Weltmarktpreisen liegen. Sollen in den Raum der EG landwirtschaftliche Produkte eingeführt werden, deren Weltmarktpreis über dem Schwellenpreis liegt, dann wird der Differenzbetrag zwischen dem Schwellenpreis und dem Weltmarktpreis von den Zollbehörden des Einfuhrlandes abgeschöpft. Werden landwirtschaftliche Produkte ausgeführt, deren auf dem Weltmarkt erzielbarer Preis unter dem festgelegten Schwellenpreis liegt, dann wird dem Exporteur die Differenz erstattet.

Abschöpfungen sind Einfuhrabgaben, mit denen importierte Produkte in Höhe der Differenz zwischen dem niedrigeren Einfuhrpreis und dem festgelegten höheren Schwellenpreis belastet werden.

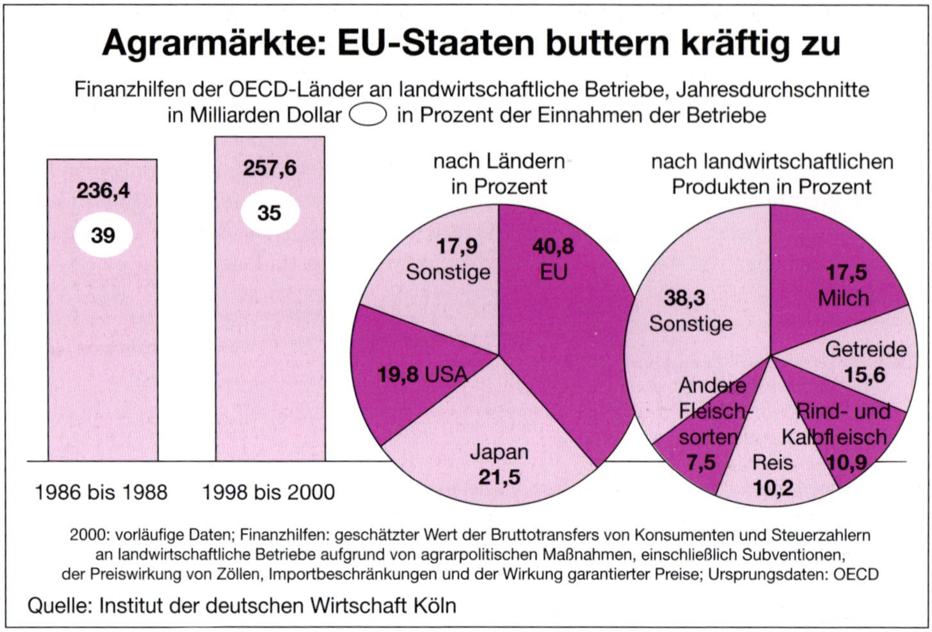

1992 wurde eine Reform der gemeinsamen Agrarpolitik verabschiedet, mit der eine grundlegende Neuorientierung der EG-Agrarpolitik erfolgen sollte. Die staatlich festgelegten Mindestpreise wurden erheblich gesenkt. Zum Ausgleich erhielten die Landwirte flächengebundene Ausgleichszahlungen. Zur Verminderung der Produktionsüberschüsse sollten Flächenstilllegungen erfolgen, für die die Landwirte entschädigt wurden.

Unter dem Sammelbegriff **Agenda 2000** hat die EU-Kommission 1998 einen Vorschlag zur Reform der EU-Agrarpolitik gemacht, der im Zeitraum der Jahre 2000 bis 2006 verwirklicht werden soll. Die Maßnahmen zur Preisstützung landwirtschaftlicher Produkte sollen je nach Produkt zwischen 15 und 30% abgebaut werden. Der Einkommensverlust der Landwirte soll durch direkte Prämienzahlungen ersetzt werden. Von der Landwirtschaft wird dieser Plan überwiegend scharf abgelehnt, weil erhebliche Einkommensverluste erwartet werden.

16.3 Währungspolitik in der Europäischen Union

16.3.1 Historischer Rückblick: Das Europäische Währungssystem

1979 wurde aufgrund einer Entschließung des Rats der Europäischen Gemeinschaft das Europäische Währungssystem (EWS) geschaffen. Die Mitgliedsländer des EWS trafen Vereinbarungen über die Fixierung der Wechselkurse der beteiligten Länder. Dies sollte zu einer stabilen Währungszone in Europa führen und so Unruhen durch Wechselkursschwankungen vom Weltmarkt fernhalten. Die Gründung des EWS hatte neben wirtschaftlichen, auch politische Ziele.

Das Europäische Währungssystem wurde als ein System relativ fester Wechselkurse konzipiert, bei dem die Wechselkurse der Mitgliedsländer um einen festgesetzten Prozentsatz nach oben und unten vom festgelegten Leitkurs abweichen durften.

Mit dem Europäischen Währungssystem wurde die Europäische Währungseinheit ECU (European Currency Unit) geschaffen. Der Wert des ECU ergab sich aus einem so genannten „Währungskorb", in dem die einzelnen Länder mit bestimmten Währungsbeträgen vertreten waren. Am 1. Januar 1999 wurde der ECU im Verhältnis 1:1 durch den Euro abgelöst.

16.3.2 Die Entstehung der Europäischen Wirtschafts- und Währungsunion

Die Europäische Wirtschafts- und Währungsunion ist auf der Grundlage des EU-Vertrags (siehe 16.2.2) in drei Stufen entstanden.

Stufen zur Entstehung der Europäischen Währungsunion

Stufe 1 (seit 1. Juli 1990):
Liberalisierung des Kapitalverkehrs zwischen den Mitgliedsländern; engere Koordinierung der Wirtschafts-, Finanz-, Wechselkurs- und Geldpolitik.

Stufe 2 (seit 1. Januar 1994):
Errichtung des Europäischen Währungsinstituts als Vorläufer der Europäischen Zentralbank mit Sitz in Frankfurt.

Stufe 3 (seit 1. Januar 1999):
Beginn der Europäischen Währungsunion und Einführung des Euro. Für die Geld- und Währungspolitik ist die Europäische Zentralbank (EZB) verantwortlich. 2002 Austausch des nationalen Bargeldes gegen Euro-Banknoten und Münzen.

16.3.3 Der Euro

Mit Erreichen der 3. Stufe der Europäischen Währungsunion wurde am 1. Januar 1999 der Euro als gemeinsame Währung für die elf Mitgliedsländer eingeführt. Der Wert der elf nationalen Währungen wurde zum 1. Januar 1999 unwiderruflich festgelegt.

Unwiderrufliche Euro-Umrechnungskurse (1 EUR =)

Belgien	BEF	40,3399	Niederlande	NLG	2,20371
Deutschland	DEM	1,95583	Österreich	AIS	13,7603
Spanien	ESP	166,386	Portugal	PTE	200,482
Frankreich	FRF	6,55957	Finnland	FIM	5,94573
Irland	IEP	0,787564	Italien	ITL	1936,27
Luxemburg	LUF	40,3399	Griechenland (Eintritt am 01.01.2001)	GRD	340,7500

Die Einführung des Euro ist eine Antwort auf die Herausforderung der Globalisierung. Als ökonomische Wirkung werden u. a. für die Unternehmen eine größere Planungssicherheit wegen der wegfallenden Wechselkursschwankungen und eine größere Transparenz für Preisvergleiche erwartet, wovon der Verbraucher infolge eines stärkeren Wettbewerbs profitiert. Der Wegfall von zwölf nationalen Währungen wird auch den Reservebedarf an Devisen bei den nationalen Zentralbanken verringern.

Währungsgebiet und **Einwohner**

Euro-Raum	303 Mio.
USA	273 Mio.
Japan	127 Mio.

Anteil am Welthandel

Euro-Raum	18,9 %
USA	15,2 %
Japan	9,1 %

Bisher auftretende Kosten für den Devisenumtausch (ca. 20 Mrd. EUR) sowie die Wechselkursabsicherung entfallen zukünftig. Als politisches Ziel soll er das Zusammenwachsen Europas voranbringen und als eine der wichtigsten Handels- und Reservewährungen das Weltwährungsgefüge stabilisieren und Europa als internationalen Wirtschaftspartner stärken.

16.3.4 Der neue Europäische Wechselkursmechanismus (WKM II)

Bis zum Beginn der dritten Stufe der Europäischen Wirtschafts- und Währungsunion (EWWU) waren die Währungen der ursprünglich elf Mitgliedsstaaten durch den Wechselkursmechanismus des Europäischen Währungssystems (EWS) miteinander verbunden. Durch die Einführung des Euro wurde der Wechselkursmechanismus des EWS überflüssig und deshalb außer Kraft gesetzt.

Die drei Mitgliedsstaaten Dänemark, England und Schweden führen den Euro zunächst nicht ein und beteiligen sich noch nicht an der gemeinsamen Währungspolitik. In Griechenland wurde der Euro zum 1. Januar 2001 eingeführt. Um diesen Ländern die Möglichkeit zu geben, ihre Währungen an den Euro anzubinden sowie zur Stärkung des gemeinsamen Binnenmarktes wurde der neue **Europäische Wechselkursmechanismus (WKM II)** geschaffen. Die Mitgliedschaft im WKM II ist grundsätzlich freiwillig. Nur für Länder, die beabsichtigen, den Euro in absehbarer Zeit einzuführen, ist die Teilnahme verpflichtend.

Interventionen auf dem Devisenmarkt im neuen Europäischen Wechselkursmechanismus

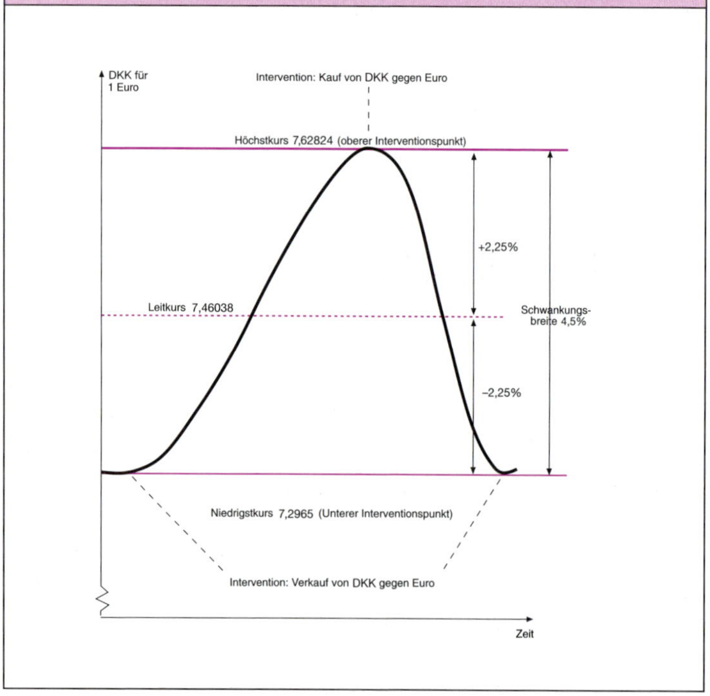

Leitkurs für die dänische Krone (DKK)
1 Euro = 7,46038 DKK
Oberer Interventionspunkt:
1 Euro = 7,62824 DKK
Unterer Interventionspunkt:
1 Euro = 7,2965 DKK

Ankerwährung im WKM II ist der Euro. Zwischen den einzelnen Währungen und dem Euro werden Leitkurse festgesetzt, um die die tatsächlichen Kurse +/– 15% schwanken können. Beim Erreichen der Interventionspunkte sind Interventionen vorgesehen, die allerdings von der EZB geändert werden können, wenn das Ziel der Preisniveaustabilisierung gefährdet ist.

Für Länder, die bald in die EWWU eintreten wollen, gilt eine engere Bandbreite von +/– 2,25%. Bei Erreichen des oberen bzw. des unteren Interventionspunktes werden die Interventionen von den betroffenen Zentralbanken automatisch durchgeführt.

Dänemark und Griechenland nehmen seit 1. Januar 1999 am WKM II teil. Für Dänemark gilt eine Schwankungsbreite von +/– 2,25%, Griechenland ist seit 1. Januar 2001 vollwertiges Mitglied im Eurosystem. Estland, Litauen und Slowenien wurden am 28.06.2004 in den Wechselkursmechanismus aufgenommen. Für ihre Währungen gilt die Standardbandbreite von +/– 15% um den Euro-Leitkurs.

Der neue Europäische Wechselkursmechanismus hat auch Bedeutung für die zu erwartende Erweiterung der Europäischen Union um mittel- und osteuropäische Staaten. Nach Beitritt zur EU werden diese Länder die Möglichkeit haben, ihre Währungen am Euro auszurichten. Damit wird ihnen Gelegenheit gegeben zu zeigen, wie rasch sie ihre Wirtschafts- und Währungspolitik an die Verhältnisse im Euro-Währungsraum anpassen können, um so die Voraussetzungen für die spätere Übernahme des Euro zu erfüllen.

AUFGABEN UND PROBLEME

16.1 Wechselkurssystem und Außenhandel

- Wie unterscheidet sich die Situation eines Exporteurs in der Bundesrepublik Deutschland, der überwiegend in die Vereinigten Staaten exportiert, von der Situation eines Exporteurs, der seine Außenhandelsgeschäfte überwiegend mit Ländern betreibt, die dem neuen Europäischen Wechselkursmechanismus angehören?

16.2 Agrarpolitik in der Europäischen Wirtschaftsgemeinschaft

Durch die Stützung der europäischen Landwirtschaft entstehen als Ergebnis der Agrarpolitik der EG wachsende „Interventionsbestände“ für Butter, Rindfleisch und Getreide.

- Beurteilen Sie diese Situation
  - aus der Sicht eines Landwirts in der EG,
  - aus der Sicht eines Verbrauchers,
  - aus der Sicht der Entwicklungsländer.

16.3 **Finanzierung der Agrarausgaben in der EU**

Ab 2007 sollen die Agrarausgaben gedeckelt werden, um die Osterweiterung der Europäischen Union finanzieren zu können.

- 1. Welche Länder könnten ebenfalls an einer Begrenzung bzw. Rückführung der Agrarausgaben interessiert sein?
- 2. Welche Mitgliedsländer sind die Hauptprofiteure der EU?

EU-Haushalt: Geben und Nehmen

So viele Millionen Euro erhielten die EU-Mitgliedsländer im Durchschnitt der Jahre 1995 bis 2001 mehr (+) bzw. weniger (–) aus dem EU-Haushalt, als sie in ihn einzahlten.

	Insgesamt	darunter	
		Mittel für die Agrarpolitik	Mittel für die Strukturpolitik
Deutschland	**–9548**	**–4808**	**–3261**
Vereinigtes Königreich	–3114	–1218	–1531
Niederlande	–2492	–1003	–1278
Schweden	–926	–474	–498
Italien	–554	–306	207
Österreich	–541	–165	–368
Frankreich	–446	2368	–2165
Finnland	10	12	–88
Dänemark	99	474	–379
Luxemburg	715	–75	–43
Belgien	1287	–479	–658
Irland	2020	1229	782
Portugal	2552	144	2376
Griechenland	4222	1997	2194
Spanien	6719	2306	4710

16.4 **Das Interventionssystem im neuen Europäischen Wechselkursmechanismus (WKM II)**

Nehmen Sie an, in Dänemark, einem Mitglied des WKM II, wäre das Preisniveau um 15% gestiegen, während es im Raum der Europäischen Währungsunion nahezu konstant geblieben wäre.

- 1. Welche Auswirkungen könnte das auf den Wechselkurs des Euro gegenüber der dänischen Krone haben?
- 2. Welche Interventionsmaßnahme müsste dann die Europäische Zentralbank ergreifen?
- 3. Welche Anpassungsmaßnahme könnte notwendig werden, wenn auf dem Devisenmarkt eine Rückkehr des Euro-Kurses der dänischen Krone in die festgelegte Bandbreite nicht zu erwarten ist?

ZUR WIEDERHOLUNG DES GRUNDWISSENS

1. Nennen Sie die vier Grundfreiheiten, die im Vertrag zur Europäischen Wirtschaftsgemeinschaft festgelegt wurden.
2. Aus welchen Teilgemeinschaften besteht die Europäische Union?
3. Welche Staaten gehören der Europäischen Union an?
4. Was versteht man in der Europäischen Agrarpolitik unter Interventionspreisen?
5. Welchem Zweck dient der Europäische Wechselkursmechanismus und wie funktioniert er?
6. Welche Staaten der Europäischen Union nehmen noch nicht am Europäischen Wechselkursmechanismus teil?

Sachwortverzeichnis

A

Ablaufpolitik, 222
Abgaben, 277
Abmahnung, 98 f
Absatz, 119
Abschreibungsfinanzierung, 120
Abwertung, 349
Agenda 2000, 361
Agrarpolitik, 359 f
Akkordlohn, 144
Aktiengesellschaft, 77 ff
- Aufsichtsrat, 79
- Ergebnisverteilung, 80
- Gezeichnetes Kapital, 77 f
- Grundkapital, 77 f
- Hauptversammlung, 79 f
- Organe,78 ff
- Rücklagen, 78
- Satzung, 78
- Vorstand, 79
Allgemeine Geschäftsbedingungen, 46 f
Alterssicherung, 284
Analytische Verfahren, 148 ff
Anfechtbarkeit, 41 f
Angebot, 193
Angebotsdruckinflation, 327 f
Angebotslücke, 195
Annahme, 39
Annahmeverzug, 59
Anreizfunktion des Preises, 207
Antizyklische Haushaltspolitik, 273
Antizyklische Steuerpolitik, 273
Antrag, 39
Arbeit, 20
Arbeitsbewertung, 148 ff
Arbeitsdirektor, 112
Arbeitsgerichtsbarkeit, 102 f
Arbeitskampf, 104 f
Arbeitslosenversicherung, 233
Arbeitsplatzbewertung, 148
Arbeitsproduktivität, 136
Arbeitsrecht, 89 ff
Arbeitsschutz, 101 ff
Arbeitsvertrag, 44, 92 ff, 97 ff, 140 f
Arbeitswertstudien, 148 ff
Arbeitszeitstudien, 144
Arbeitszerlegung, 130
Auflassung, 48
Aufsichtsrat, 110 ff
Aufwand, 158 f
Aufwertung, 349
Ausgaben, 158 f
Ausgleichsfunktion des Preises, 206
Ausrüstungsinvestition, 25
Außenfinanzierung, 120
Außenwirtschaft, 339 ff
Außenwirtschaftliches Gleichgewicht, 220
Aussperrung, 105
Automatisierung, 132 f

B

Bankensystem, 309 f
Bankkarte, 306 f
Barabhebungsquote, 320
Bargeld, 300
Bargeldlose Zahlung, 304 f
Barscheck, 308
Barzahlung, 303
Bauinvestition, 25
Bedarf, 16
Bedürfnispyramide, 15
Bedürfnisse, 14 ff
Beiträge, 277
Beitragsbemessungsgrenze, 233
Bereitstellungsplanung, 123
Beschaffung, 118
Beschäftigungsgrad, 169
Beteiligungsfinanzierung, 120 f
Betreuer, 37
Betrieb, 68 f
Betriebsabrechnungsbogen (BAB), 160, 162
Betriebsausgaben, 291
Betriebseinnahmen, 291
Betriebsrat, 107 ff
Betriebsverfassungsgesetz, 106
Bilanz, 177 ff
Boom, 267
Break-even-Point, 173
Bruttoinlandsprodukt, 254 f
Bruttoinvestition, 24
Bruttonationaleinkommen, 253 f
Bruttoproduktionswert, 254
Buchgeld, 300 f
Buchgeldschöpfung, 319 f
Bundeskartellamt, 227
Bürgerliches Recht, 35

C

CAD, 133
CAM, 133
CIM, 133
CNC, 133

D

Darlehensvertrag, 43
Dauerauftrag, 306
Deckungsbeitrag, 175
Deficit Spending, 272
Deflation, 324
Depression, 267
Deutsche Bundesbank, 311 f
Direkte Steuern, 251
Devisen, 345
Devisenbilanz, 344
Dezimalminute, 145
Dienstleistungen, 18
Dienstleistungsbilanz, 344
Dienstvertrag, 44
Dirigismus, 225
Distributionspolitik, 119
Divisionskalkulation, 165 f
Durchschnittssteuersatz, 293

E

Eigenkapital, 177
Eigentumsgarantie, 225
Einkommensentstehungsgleichung, 250
Einkommenspolitik, 219
Einkommensteuer, 288
Einkommensteuererklärung, 294 f
Einkommensteuertarif, 293
Einkommensverwendungsgleichung, 250
Einkünfte, 288, 291
Einlagefazilität, 333
Einwilligung, 37
Einzelakkord, 144
Einzelfertigung, 125
Einzelunternehmung, 73 f
Einzelwirtschaften, 27
Electronic cash, 307 f
Entlohnung, 139 ff
Entstehungsrechnung, 258
Erfolgsbeteiligung, 141, 147
Ergebniskonten, 180
Erholungsphase, 267
Ersatzinvestition, 24
Erweiterungsinvestition, 24
Erziehungsfunktion des Preises, 207
ESZB, s. System der Europäischen Zentralbanken, 309 f
Europäische Union, 356 ff
Europäische Wirtschafts- und Währungsunion, 357 f
Europäische Zentralbank (EZB), 310 f
Evolutorische Wirtschaft, 248 f
Existenzbedürfnisse, 15

Existenzgründung, 68, 72
EZB-Rat, 310

F

Faktoreinkommen, 344
Faktorleistungen, 342
Familienlastenausgleich, 283f
Faustpfand, 63
Fazilitäten, 333
Fernabsatzvertrag, 45
Fertigung, 122ff
Fertigungsablaufplanung, 123
Fertigungsplanung, 122ff
Fertigungsstraße, 130
Fertigungsverfahren, 124f
Finanzausgleich, 280
Finanzielle Transfers, 342
Finanzierung, 120ff
Firma, 73
Fiskalismus, 272f
Fiskalpolitik, 272f
fixe Kosten, 159, 169
Fließfertigung, 129
Formvorschriften, 40
Freie Marktwirtschaft, 205f
– Lenkungssystem, 205f
– Ordnungsrahmen, 208f
Freihandelszone, 354
Frühindikatoren, 268
Fusion, 86

G

Garantie, 57ff
GATT, 353
Gebrauchsgüter, 17f
Gebühren, 277
Gehalt, 143
Gehaltstarifvertrag, 140
Geldakkordsatz, 145
Geldarten, 302
Geldfunktionen, 313f
Geldhaltungssektor, 314
Geldkarte, 307f
Geldmenge, 314f
Geldmengenpolitik, 274
Geldneutraler Sektor, 314
Geldpolitik, 297ff
– Mittel, 330f
– Ziele, 328f
– Zuständigkeiten, 329f
Geldschöpfung, 297ff, 315f
– bei Barabhebungsquote, 320f
– der Geschäftsbanken, 317f
– bei vollkommenem Bargeldrückfluss, 319f
– der Zentralbank, 315f
Geldstrom, 28
Geldwert, 321f
Geldwesen, 297f
Genehmigung, 37
Genfer Schema, 150f
Genossenschaft, 82ff
Geringfügige Beschäftigung, 233
Gesamtkostenkurve, 172
Gesamtsteuerlast, 282
Gesamtwirtschaftliches Gleichgewicht, 219
Geschäftsbanken, 309
Geschäftsfähigkeit, 37ff
Geschäftsunfähigkeit, 37
Gesellschaft mit beschränkter Haftung, 80ff
Gesetz gegen Wettbewerbsbeschränkungen, 227f
Gesetzliches Zahlungsmittel, 299
Gesundheitsschutz, 101f
Gewährleistungsansprüche, 57f
Gewerbefreiheit, 208, 226
Gewinndruckinflation, 328
Gewinn- und Verlustrechnung, 180
Gewohnheitsrecht, 34
Girovertrag, 44
Gläubigerverzug, 59
Gleichgewichtspreis, 192f
Globalsteuerung, 224f
Gossen'sches Gesetz, 14
Grenzsteuersatz, 293
Grundfreibetrag, 282, 293
Gründung, 70
Gruppenakkord, 144
Gruppenfertigung, 127f
Güter, 16f
Güterstrom, 28

H

Haftpflichtversicherungsvertrag, 44
Halbbare Zahlung, 303f
Handarbeit, 132f
Handelsbilanz, 343
Handelsvolumen, 326
Harmonisierter Verbraucherpreisindex, 323
Haushalt, 27, 250f
Haustürgeschäft, 45
Hemmung der Verjährung, 61
Herstellkosten, 163
Höchstpreise, 222f
HVPI, s. Harmonisierter Verbraucherpreisindex, 323

I

Indirekte Steuern, 251f
Individualbedürfnisse, 15f
Inflation, 324f
Infrastruktur, 72
Inlandprodukt, 248ff, 253f
– Kritik, 259f
– nominal, 257
– real, 257
Innenfinanzierung, 120
Internationale Organisationen, 351f
Internationaler Währungsfonds (IWF), 351f
Interventionspreise, 360
Interventionspunkte, 347
Inventar, 177
Investition, 23f

J

Jahresabschluss, 177
Jahresgutachten, 220f
juristische Personen, 73

K

Kapital, 20
Kapitalbilanz, 344
Kapitalbildung, 22f
Kapitalertragsteuer, 289
Kapitalgesellschaft, 77ff
Kapitalgesellschaften (Überblick), 73
Kartelle, 228
Kartellgesetz, 227f
Katalogverfahren, 149
Kaufvertrag, 42f
Kfz-Steuer, 286
Klageverfahren, 62ff
Kollektivbedürfnisse, 15f
Kommanditgesellschaft, 76ff
Kommunikationspolitik, 119
Konjunktur, 265ff
Konjunkturausgleichsrücklage, 373
Konjunkturindikatoren, 267f
Konjunkturphasen, 267
Konjunkturpolitik, 271f
Konjunkturschwankungen, 268f
Konjunkturtheorien, 268f
Konjunkturverlauf, 267
Konsumgüter, 17f
Konzentration, 85
Konzern, 85f
Kooperation, 85
Körperschaftsteuer, 288f
Kosten, 158f
Kostenanalyse, 175f
Kostenbereiche, 161
Kostendruckinflation, 328
Kostenrechnung, 157ff
Kostenstellen, 161
Kostenstellenrechnung, 160
Kostenträgerrechnung, 163ff
Krankenversicherung, 233
Kreditfinanzierung, 120f
Kreditkarte, 308
Kulturbedürfnisse, 15
Kündigungsschutz, 99ff

L

Länderfinanzausgleich, 283

Lagerinvestition, 24
Laissez-faire Wirtschaft, 204
Lastschrift, 306
Lean Management, 134f
Lean Production, 134f
Leasing-Finanzierung, 122
Leihvertrag, 43
Leistungsbilanz, 342
Leistungserstellung, 117ff
Leistungsprozess, 118
Leistungsrechnung, 157ff
Lenkungsfunktion des Preises, 206
Lenkungssystem der freien Marktwirtschaft, 205f
Lenkungssystem der Zentralverwaltungswirtschaft, 209f
Liberalismus, 203f, 340
Lieferungsverzug, 49f
Lohnformen, 141
Lohngruppen, 142
Lohngruppenverfahren, 149ff
Lohnsteuerabzug, 294
Lohntarifvertrag, 140
Luxusbedürfnisse, 15

M

Magisches Viereck, 219
Mahnbescheid, 62ff
Mahnverfahren, 62ff
Mangelhafte Lieferung, 53ff
Manteltarifvertrag, 140
Markt, 189ff
- Funktionen, 189ff
- Realität, 196f
- unvollkommener, 191f
- vollkommener, 191

Marktbeherrschende Unternehmen, 227
Marktformen, 191f
Marktkonforme Mittel der Wirtschaftspolitik, 223f
Marktkonträre Mittel der Wirtschaftspolitik, 223f
Marktwirtschaft, freie, 205ff
Marktwirtschaft, soziale, 217ff
Maschinenproduktivität, 135
Maschinenstundensätze, 168f
Massenfertigung, 126
Maximalprinzip, 19
Mechanisierung, 132f
Mietvertrag, 43
Minderjährigkeit, 37
Mindestpreise, 223
Mindestreserve, 319
Mindestreservepolitik, 331f
Mineralölsteuer, 286f
Minimalkostenkombination, 26
Minimalprinzip, 19
Minutenfaktor, 145
Mitbestimmung/-gesetz, 106ff, 109ff
Mittel der Wirtschaftspolitik, 222f
Monatslohn, 141f
Monetäre Inflationstheorie, 325f
Monetäre Konjunkturtheorie, 269
Monetarismus, 274
Monokultur, 341
Monopol, 197f
Montanmitbestimmung, 106, 111f

N

Nachbesserung, 55f
Nacherfüllung, 55f
Nachfrage, 16, 194
Nachfragelücke, 195
Nachfragepläne, 195f
Nachfragesoginflation, 327
Neoliberalismus, 218
Netto-Auslandsaktiva, 344
Nettoinlandsprodukt, 256
Nettoinvestition, 24
Nettoproduktionswert, 255
Neu-Anlageinvestition, 24
Neubeginn der Verjährung, 62
Nicht aufgliederbare Transaktionen, 345
Nichterfüllungsschaden, 53
Nichtigkeit, 40f
Nicht rechtzeitige Lieferung, 49ff
Nicht rechtzeitige Zahlung, 51ff
Normung, 131
Nutzenschwelle, 172

O

Offene Handelsgesellschaft, 74ff
Offenmarktpolitik, 330f
Ökonomisches Prinzip, 18f
Ökosteuern, 287
Oligopol, 191
Ordnungspolitik, 225f
Ordnungsrahmen der freien Marktwirtschaft, 208f
Ordnungsrahmen der Zentralverwaltungswirtschaft, 214f
Organisationstyp, 124, 126ff

P

Pachtvertrag, 43
Personengesellschaften, 73
Pfandsiegel, 63
Pfändung, 63
Pflegeversicherung, 233
PIN, 305f
Planabstimmungsfunktion des Preises, 206
Planung, (de)zentrale, 202f
Polypol, 191
Polypol auf dem unvollkommenen Markt, 199f
Präferenzen, 191f
Prämienlohn, 141, 146f
Präsensindikatoren, 268
Preisbildung, 189ff
- Anpassungsprozess, 194f
- Monopol, 197f
- Polypol auf dem unvollkommenen Markt, 199f
- vollkommener Wettbewerb, 192f

Preisbildungsprozess, 195f
Preisfunktionen, 206f
Preisindex der Lebenshaltung, 322
Preisindizes, 322f
Preisniveau, 321
Preispolitik, 119
Preisuntergrenze, 173f
Produkthaftungsgesetz, 59
Produktion, 17
Produktions- und Importabgaben, 251
Produktionsfaktoren, 19f
- abgeleitete, 21
- betriebswirtschaftliche, 21f
- Kombination, 25f
- ursprüngliche, 21
- volkswirtschaftliche, 20f

Produktionsgüter, 17f
Produktionstyp, 124, 125ff
Produktivität, 135
Produktpolitik, 119
Produktprogrammpolitik, 119
Produzentenhaftung, 59
Programmplanung, 122f
Progressionszone, 293
proportionale Kosten, 170
Proportionalzone, 293
Protektionismus, 340

Q

Quantitätstheorie, 325f

R

Rahmentarifvertrag, 140
Rangfolgeverfahren, 149
Ratenlieferungsvertrag, 46
Rationalisierung, 131ff
Rationalprinzip, 18f
Reallohn, 323f
Rechnungswesen, 157ff
Rechtsfähigkeit, 35f
Rechtsformen, 72ff
Rechtsgeschäfte, 39ff
Rechtsmangel, 55
Rechtsquellen, 34
Rechtsverordnungen, 34
Reihenfertigung, 128
Reinvermögen, 177
Rentabilität, 69, 138
Rentenversicherung, 233
Restschuldbefreiung, 64f

Rezession, 267
Roboter, 134
Rüstzeit, 144

S

Sachdarlehen, 43
Sachmangel, 54f
Sachverständigenrat, 220
Saisonschwankungen, 266
Satzungen, 34
Schadensersatz, 56 f
Scheck, 308 f
Schlechtleistung, 53 f
Schuldenbereinigungsplan, 53
Selbstfinanzierung, 120 f
Serienfertigung, 125
Shareholder-Value, 69
Sichteinlagen, 301
Signalfunktion des Preises, 207
Sonderausgaben, 290
Sortenfertigung, 125
Sozialbudget, 231 f
Soziale Marktwirtschaft, 217 ff
Soziales Netz, 231
Sozialhilfe, 230 f
Sozialindikatoren, 260 f
Sozialismus, 204 f
Sozialistische Planwirtschaft, 242 f
Sozialistische Wirtschaftsordnungen, 240 ff
Sozialleistungsziffer, 231
Sozialleistungsquote, 231
Sozialpolitik, 230 f
Sozialstaatlichkeit, 230
Sozialversicherung, 232 f
Sparen und Investieren, 250
Spätindikatoren, 268
Spezialisierung, 131
Spitzenrefinanzierungsfazilität, 333
Staat, 27 f, 251 f
Staatsausgaben, 252
Stabilitätsgesetz, 220
Staffelform, 181
Stagflation, 325
Ständige fazilitäten, 333
Standort, 70 f
Stationäre Wirtschaft, 29 f
Steuerarten, 278
Steuergerechtigkeit, 281 f
Steuern, 277 ff
Steuerpolitik, 281 ff
Steuertarife, 285
Streik, 104 f
Stromsteuer, 287
Stückgeldakkord, 144 ff
Stückzeitakkord, 144
Stützungskäufe, 223
Stufenwertverfahren, 151
Stundenlohn, 141 f
Subventionen, 71, 223
Summarische Verfahren, 148 ff
sustainable development, 20
System der Europäischen Zentralbanken, 309 f

T

Tarifvertrag, 103 f, 140
Tauschgut, 297 f
Teilkostenrechnung, 173
Träger der Wirtschaftspolitik, 221 f
Transferstraße, 130
Transferzahlungen, 252
Trend, 266
Typung, 131

U

Überinvestitionstheorie, 269 f
überproportionale Kosten, 171
Überschussreserve, 319
Übertragungsbilanz, 344
Überweisung, 305
Umlaufgeschwindigkeit des Geldes, 326
Umweltschutzpolitik, 234 f
Unfallschutz, 101 f
Unfallversicherung, 233
Unterkonsumtionstheorie, 270 f
Unternehmung, 68
Unternehmungsformen (Überblick), 73
unterproportionale Kosten, 170

V

variable Kosten, 160, 170
Verbraucherdarlehen, 44, 46
Verbraucherinsolvenz, 64 f
Verbraucherprivileg, 52
Verbraucherschutz, 229
Verbrauchsgüter, 17 f
Verbrauchsgüterkauf, 58f
Verfassungen, 34
Verfassungsrecht, 90
Verfügungsgeschäft, 47f
Verjährung, 60 ff
Verjährung von Mängelansprüchen, 58
Verkehrsgleichung, 326
Vermögenseinkommen, 344
Verpflichtungsgeschäft, 47f
Verrechnungsscheck, 308
Versendungskauf, 59
Verspätungsschaden, 53
Verteilungsrechnung, 258
Verteilzeit, 144
Vertrag, 39, 40 ff
Vertrag von Maastricht, 357
Vertragsarten, 43 f
Vertragsfreiheit, 208 f
Vertragsstörungen, 49 ff
Verwendungsrechung, 258 f
Volkseinkommen, 256
Volljährigkeit, 37
vollkommener Wettbewerb, 192
Vollstreckungsbescheid, 62 ff
Vorgabezeit, 144
Vormundschaft, 37
Vorratsinvestition, 24
Vorwegabzug, 290

W

Währung, 299
Währungspolitik, 361 f
Warenkorb, 322
Wechselkurs, 345 ff
Welthandelsorganisation (WTO), 353 f
Werbungskosten, 290
Werklieferungsvertrag, 44
Werkstattfertigung, 126
Werkstoffe, 21
Werkvertrag, 44
Wettbewerbspolitik, 227 f
Wettbewerbsverbot, 94
Wirtschaftlichkeit, 136 f
Wirtschaftlichkeitsprinzip, 18 f
Wirtschaftsförderung, 285 f
Wirtschaftskreislauf, 26 f, 249 f
Wirtschaftsordnung, 202 ff
Wirtschaftspolitik
- Mittel, 223 f
- Träger, 221 f
- Ziele, 219 f
Wirtschaftsunion, 361 f
World Trade Organization (WTO), 353 f
WTO, s. Welthandelsorganisation, 353 f

Z

Zahlschein, 303
Zahlungsbilanz, 341 f
Zahlungsformen, 302 f
Zahlungsverkehr, 302 f
Zahlungsverzug, 51 ff
Zeitakkordsatz, 144 f
Zeitlohn, 141 f
Zentralbanken, 309
Zentralbankgeld, 316
Zentralbankrat, 312
Zentralverwaltungswirtschaft, 209 ff
Ziehungsrecht, 353
Ziele, 69
Zinsabschlagsteuer, 290
Zuschlagskalkulation, 165 ff
- erweiterte, 167
- summarisch, 166f
Zuschlagssätze, 163
Zustimmung, 37
Zwangsvollstreckung, 63 f